# 云和年鉴

# YUNHE YEARBOOK

# 2017

中共云和县委 云和县人民政府 主办

云 和 县 年 鉴 编 纂 委 员 会 编

方志出版社
Publishing House of Local Records

云和

年鉴

YUNHE YEARBOOK

# 编 辑 说 明

一、《云和年鉴》是中共云和县委、云和县人民政府主办，云和县年鉴编纂委员会组织编纂，《云和年鉴》编辑部负责编辑的综合性地方年鉴，是一部具有公报性、史料性、科学性、权威性的资料工具书。从1997年起，每年编纂出版1部，记述上一年度全县改革开放、经济发展、社会进步等方面的基本状况和最新成就。2017年卷是第21部。

二、本年鉴以马克思列宁主义、毛泽东思想、邓小平理论、"三个代表"重要思想、科学发展观、习近平新时代中国特色社会主义思想为指导，坚持辩证唯物主义和历史唯物主义的立场、观点和方法，力求客观、全面、准确、翔实地记载云和县经济、政治、文化、社会的基本面貌和发展状况。为各级领导科学决策提供可靠的参考依据；为社会各界了解云和、建设云和提供翔实的地情资料；同时，也为续编《云和县志》积累史料。

三、本年鉴设特载、大事记、中国共产党云和县委员会、云和县人民代表大会、云和县人民政府、政协云和县委员会、民主党派、人民团体、人事·劳动·社会保障、法治、军事、农村经济·气象、水利、工业经济·招商引资、贸易、交通、邮电、城乡建设·环境保护、经济管理、财政·税务、金融·保险、教育·科技、文化·旅游、卫生·计划生育、社会生活、乡镇街道、文件选编、附录28个类目。

四、本年鉴稿件由县有关部门、单位和乡镇街道提供，均经各供稿单位领导审阅，主要统计数字以云和县统计局资料为准。

五、本年鉴编纂工作，得到全县各方面的热情支持，众多编纂人员为年鉴撰稿、编辑、校对付出了辛勤的劳动，在此表示诚挚的谢意。由于内容广泛，水平有限，疏漏在所难免，恳请广大读者批评指正。

▲ 2016年11月19日，县委书记叶伯军（左三）调研城中村改造工作 （图片由县委办提供）

▲ 2016年7月5日，县人大常委会主任马国华（左四）考察城市污水管网建设情况 （图片由县人大办提供）

▲ 2016年12月1日，县委副书记、代县长上官国明(左二)到安溪畲族乡调研黄处AAA级景区化示范村建设

（图片由县府办提供）

▲ 2016年12月5日，县政协主席雷一坤（左二）到雾溪畲族乡调研促进农民增收工作 （图片由县政协办提供）

# 目　　录

## 特　　载



## 大 事 记



## 中国共产党云和县委员会

## 云和县人民代表大会



## 云和县人民政府



## 政协云和县委员会

## 民主党派



## 人民团体

## 人事·劳动·社会保障



## 法　治



## 军　事

## 农村经济·气象



## 水　利

## 工业经济·招商引资



## 贸 易

## 交　通



## 邮　电



## 城乡建设·环境保护

## 经济管理

## 财政·税务



## 金融·保险

## 教育·科技



## 文化·旅游

## 卫生·计划生育



## 社会生活

## 乡镇街道

## 文件选编



## 附　录

# 特　载

## 勇于担当　强势开局
## 开启全面建设童话云和的新征程

### 在全县三级干部大会上

中共云和县委书记　叶伯军

2017年2月3日

同志们：

今天是正月初七，年味还非常浓。首先，我代表县委、县人大、县政府、县政协向大家拜个晚年，祝大家在新的一年里身体健康、阖家幸福、万事如意！

在春节后上班第一天召开三级干部会议，是我们坚持多年的做法，既体现了会议的重要性，也体现了县委、县政府抓落实一天也不能耽搁的使命感和紧迫感。刚刚结束的县第十四次党代会，提出了"决胜全面小康、建设童话云和"的奋斗目标，我们希望通过这次会议，使全县上下迅速调整状态、收心归位，以崭新的面貌、饱满的热情和良好的作风，积极投身到今年的各项工作当中，坚决打赢童话云和建设开局战。

下面，我就做好今年工作，讲三个方面：

### 一、肯定成绩，增强信心，昂首迈上新征程。

刚刚过去的2016年，全县上下全面贯彻落实党的十八大、十八届三中四中五中六中全会和习近平总书记系列重要讲话精神，坚定不移走"绿水青山就是金山银山"绿色生态发展之路，深入实施"小县大城"发展战略，以奋战决胜之年"五大攻坚行动"为主抓手，坚定信心、振奋精神、迎难而上，经济社会保持平稳健康较快发展，为高标准全面启动童话云和建设奠定了良好基础。全县实现地区生产总值59.55亿元，增长8.6%、居全市第一位。其中，服务业增加值25.44亿元，增长10.9%、居全市第一位；工业增加值24.53亿元，增长8.5%、位全市第二居。具体来说，主要体现在以下五个方面：

第一，我们坚持抓转型调结构，产业升级迈出新步伐。一是生态农业提效发展。我们立足于良好的生态环境，大力发展生态精品农业，"云和雪梨"成为全市水果类第一个国家地理标志农产品，创成省级农产品质量安全放心县，并被农业部列为食用农产品质量安全合格证管理试点县。积极推动农旅融合发展，打造了"长汀沙滩"、石浦"梦幻花海"等精品项目，新培育农产品旅游地商品37个、生产经营主体20余个,成为全市首个浙江农村一二三产业融合发展项目试点县。二是生态工业提质发展。我们深入实施“十亿企业、百亿产业”行动计划,全力振兴木玩产业,“云和木玩”成为浙江区域名牌产品,我县被授予出口玩具技贸措施通报评议基地。全力打好“低小散”企业整治、“四换三名”等转型升级组合拳,整治“低小散”企业205家,完成9家企业“腾笼换鸟”,成功入选2017年度浙江省“机器换人”分行业试点。大力推进工业平台建设,夯实工业发展基础,小微企业产业园二期、玩具木材加工配送中心等项目建设扎实推进,新增标准厂房3万余平方米。深入实施创新驱动发展战略,万人专利申请量、授权量稳居全市第一,通过省知识产权示范县创建验收。三是生态服务业提速发展。我们坚持把生态旅游业作为第一战略性支柱产业来培育,成功举办第十届梯田开犁节、“原生态音乐节”等活动,旅游知名度和美誉度进一步提升,云和梯田景区门票收入突破千万元大关,全县旅游综合收入增长23.9%。我们不断加快电子商务产业发展,创成省级电子商务示范县,连续三年入选中国电子商务发展百佳县,实现电子商务交易额14.3亿元、同比增长53.8%。

第二,我们坚持抓统筹提品质,城乡环境呈现新面貌。一是“美丽县城”品质不断提升。我们深入实施美丽县城建设“135”行动,先后开工老云和“采真里”等城市建设项目36个,完成投资8.57亿元,获评“丽水最美县城”,得到省委主要领导多次点赞。突出抓好房屋屋顶违法建筑、“蓝色屋面”等专项整治行动,强势推进“三改一拆”,获评全省首批“基本无违建县”。二是“美丽乡村”内涵不断丰富。我们深入推进“六边三化三美”行动,完成省市交办任务整改202个,“十里云河”“最美梯田”等6条美丽乡村风景线品质不断提升,其中,“十里云河”以全省总分第一的成绩创成省级精品示范道路;“六边三化三美”工作年度成绩位居全市前列,获得全市一等奖。深入实施美丽乡村建设“十个一”工程,大力推进食用菌产业转型升级和“洁净乡村”行动,拆除菇棚5.42万平方米,新建标准菇棚1.09万平方米,美丽乡村实现提档升级。三是“美丽生态”优势不断彰显。我们全力打好“五水共治”攻坚战,新增城市污水管网14.3公里,城市污水处理率达到93.3%,农村生活污水治理基本实现全覆盖,地表水、出境水、城乡饮用水源达标率实现“三个100%”。同时,协同推进治气、治山、治土,木玩粉尘专项整治成效明显,完成珍贵树种造林3287亩、平原绿化2526亩、生态景观林抚育8462亩,空气环境优良率达98.9%,我县成功入选国家重点生态功能区。

第三,我们坚持抓改革破难点,项目建设取得新突破。一是有效投资平稳增长。我们进一步健全县领导联系重点项目、重大项目工作例会、公示通报等机制,全力加快项目建设进度,后交线改建工程等重点项目顺利推进,全年完成固定资产投资46.57亿元,增长11.6%。结合“归零翻篇开新局”主题大讨论活动,在全市率先开展“项目难题清零销号大会战”,累计解决政策处理难题36个,消防队迁建工程等一批“卡脖子”问题得到有效破解。二是招商引资成效明显。我们坚持把招商引资作为“一把手”工程,不断完善招商工作机制和招商引资考核奖励办法,大力实施精准招商,累计引进项目55个、大项目4个,实现浙商回归到位资金6.1亿元。同时,坚持在招商中引才,在引才中招商,成功创建2家市级院士专家工作站,成功引进省“千人计划”专家1名,实现了“千人计划”专家“零”的突破。三是改革试点稳步推进。我们坚持一手抓试点争取、一手抓试点推进,一年来,先后争取省级以上改革试点12项,其中国家级试点4项;省级重点生态功能区小城市培育试点,再得考核优秀,获省政府嘉奖;扶贫改革试验和农村金融改革分别获得省政府领导批示肯定。

第四,我们坚持抓民生促和谐,群众生活实现新改善。一是社会事业协调发展。我们始终坚持以人民为中心的思想,举全县之力,加快民生事业发展,全力解决好增收、教育、医疗等群众关心的热点难点问题，城乡居民人均可支配收入分别达到33785元和15420元，增长8.8%和9.3%；云和中学创成省一级特色示范高中，高考一本上线人数再创新高；成功创建省级慢病综合防治示范区和卫生应急示范县，人均期望寿命达79.9岁、居全市第一；包山花鼓戏荣获全国小戏小品大展金奖，《云上的五天》入选第45届坦佩雷（芬兰）国际电影节，“信义少年”叶石云荣登“中国好人榜”。二是社会保障全面加强。我们持续推进大社保体系建设，不断提高社会保险、社会救助、低保、居家养老的覆盖面和保障水平，充分发挥了社会保障的兜底作用。全国“救急难”试点全面完成，累计救助困难群众1587人次，低收入群众实现应保尽保；全面落实残疾人生活补贴和重度残疾护理补贴制度，发放补贴638.78万元；新增居家养老照料服务中心5家，基本实现城乡居家养老服务全覆盖。三是平安建设不断强化。我们深入推进“平安夺金”三年行动，全力打好“平安护航G20大会战”，实现重点时段“零”赴杭进京闹访、县内“零”重大涉稳事件，高标准、高质量圆满完成G20峰会维稳安保任务，信访工作考核和平安“月体检”得分均位居全市第一，有望夺取高含金量的“平安金鼎”。

第五，我们坚持抓作风强党建，干事合力得到新加强。一是干部作风不断好转。我们扎实推进“两学一做”学习教育和“干净干事创新业”专项活动，严厉查处“酒局”“饭局”等突出“四风”问题，推动干部作风持续好转。一年来，累计开展明察暗访53次，查处11起“四风”问题典型案件，严肃处理11名党员干部，集中通报查处12起违反中央八项规定精神典型案件。二是用人导向不断鲜明。我们始终坚持正确用人导向，不断完善干部能上能下机制和“四线培养”机制，全力打造“云和铁军”。一年来，累计选派50多名干部到“四线”岗位接受锻炼，提拔重用了10余名在“四线”锻炼表现突出的干部。同时，对10名干部进行了诫勉谈话，调整了不适宜担任现职的干部2名，乡镇换届又免去实绩差、评议差的现职干部2名，使“能者上、庸者下”成为鲜明导向。三是基层组织不断夯实。我们深入推进“整乡推进、整县提升”工作，135个行政村的党组织达到基本型要求，建成党建示范点35个、示范群4个，基层组织战斗力显著增强，在政策处理、促进增收等重点工作推进上发挥了重要作用。我们扎实开展农村基层作风巡查工作，立案审查了7人，移交司法线索4条，农村基层组织的不正之风和腐败问题得到了有效遏制。

这些成绩的取得，是全县广大干部群众开拓创新、奋力拼搏的结果；是所有关心云和发展的老同志、社会各界朋友鼎力支持的结果。在此，我谨代表县四套班子，向奋战在各条战线上的广大干部群众，向关心支持云和发展的各界人士，表示衷心的感谢和崇高的敬意！

## 二、咬定目标，砥砺拼搏，奋力跑好第一棒。

五年看头年，开局是关键。2017年，是本届党委、政府的开局之年，也是决胜全面小康、建设童话云和的启动之年。开局之年第一棒跑得好不好，直接关系五年奋斗目标能否如期实现。我们必须咬定目标，砥砺拼搏，确保首战告捷。

1.突出项目抓手，推进全域旅游。全域旅游是打开“两山”通道的“金钥匙”。县第十四次党代会提出要把全域旅游作为龙头和“五大战略重点”的首要任务。今后一个时期，要把全域旅游工作作为“一号工程”来抓。我们要立足“一城一湖一梯田”旅游布局，牢牢抓住项目这个“牛鼻子”，精准发力，着力将生态旅游业培育为第一战略性支柱产业。一要加快推进梯田创AAAAA。旅游经济是“眼球经济”，必须要有核心吸引物。我们必须要以云和梯田景区创AAAAA为主抓手，把梯田这个全域旅游的龙头做得更强，品牌打得更响。要高起点编制好梯田景区AAAAA规划和云和湖国家级旅游度假区规划。要按照“AAAAA景区创建标准要求什么就做什么，游客需要什么就做什么”的原则，推进观云索道、栈云山庄、农耕文化村、高山度假酒店一期、摄影基地、畲族文化体验等项目建设,不断丰富景区旅游产品。要加快推进景区运营管理体制改革,明确梯田创AAAAA各职能部门以及管委会的工作责任及分工,切实形成工作合力。要进一步深化"1+3"旅游综合执法模式改革,充分发挥旅游警察、旅游市场监管所、旅游巡回法庭及其他联合执法机构的监管作用,推动梯田景区经营管理水平提档升级。二要加快建设木玩童话小镇。要完善木玩童话小镇建设推进机制,定期召开联席会议,总结进度,破解难题,并加强与省市有关部门的沟通对接,确保木玩童话小镇列入省级旅游类创建特色小镇名单。要加快木玩童话小镇项目建设,推进木玩智造空间、中国幼教创意园等6个项目前期,加快政策处理、土地利用规划调整、农转用报批等工作,重点抓好老云和"采真里"项目,完成新华街道路、立面、桥系和水系改造,开工建设木玩展示体验馆、旅游集散中心等项目,确保全年完成投资6亿元,使木玩童话小镇成为城市旅游的主载体和三平台。三要加快提升美丽环境。要坚决按照省委"决不把违法建筑、污泥浊水和脏乱差环境带入全面小康"的要求,大力推进"五水共治""五气共治""三改一拆"等工作,全力夺取"大禹鼎",全力争创省级"无违建县",让云和更加美丽。要把县城打造得更加精致,按照"逛县城就是逛景区"的目标,深入开展"美丽县城"建设"135"行动,改造提升美丽县城环线,做强县城旅游服务功能。要把集镇打造得更有魅力,以"一加强三整治"和"九个一"工程为重点,加快推进小城镇环境综合整治行动,完成5个乡镇的整治任务,不断提升小城镇整体功能,着力把乡镇所在地打造成为全域旅游的重要节点。要把乡村打造得更具特色,持续深化"六边三化三美""食用菌产业转型升级""美丽林相"建设等工作,全面提升"十里云河"等6条美丽乡村风景线,打造"春天花开、秋天叶黄"的靓丽风景,实现"车在路上行、人在景中游"的目标。四要加快补齐基础设施短板。要加快云和生态养生文化村、云和湖绿道、聚仙岛精品酒店等重大旅游项目建设,加快建设智慧旅游,不断完善全域旅游配套体系。要重点补齐交通基础设施短板,完成云龙公路一期、后交线一期项目建设并投入使用,开工建设G235云和段、后交线二期、云龙公路二期等重点工程,谋划温武铁路、城际轻轨等重大交通连接线,以及环云和湖绿道、环梯田公路、局龙公路等景区通道,把"一城一湖一梯田"紧密连接起来,进一步打造内联外畅的美丽经济交通廊道,着力实现"快旅慢游"。要全力补齐城市基础设施短板,加快推进云雾路、祥云路等污水管网工程和中山街、新华街等截污纳管工程,谋划推进引湖入城和"两溪"贯通工程,完善城市功能,提升城市品质。

2.突出百亿木玩,加快产业升级。产业是发展经济的基础支撑,是经济实力最直接的体现。我们必须要围绕构建"135"生态产业体系,持续打好"拆、治、归"组合拳,不断加快产业转型升级步伐。一要力推传统产业转型。要把木玩产业摆在重中之重的位置,围绕"十亿企业、百亿产业"目标,全面落实木玩百亿产业行动计划,从研发创意、品牌建设和骨干企业培育等方面入手,加快木玩研发、生产、销售全产业链培育,推动木玩与文教、动漫、旅游等产业深度融合。要推进"三强一制造",即标准强县、质量强县、品牌强县、浙江制造,推广《木制玩具》"浙江制造"团体标准,进一步打响"云和木玩""云和教玩"两大集体商标,促进木玩产业向价值链两端攀升。要引导轴承、阀门产业向精密装备制造转型,提高产品附加值和行业核心竞争力。要推动金属压延产业淘汰落后产能,拓展产业链、产品线,实现节能、降耗、增效。同时,要夯实工业发展平台,完成小微企业产业园二期、锯板中心、滚漆中心建设,启动木玩原辅料市场、小微企业产业园三期建设,建成进口保税仓、出口监管仓,进一步促进产业集聚发展。二要强化融合发展。要深化农旅融合发展,推行"农业+旅游""农业+文化""农业+民宿"等发展模式,培育壮大农业经营主体,加快把农产品转化为旅游地商品，推动生态农业提质增效。重点要打响两大“国家地理标志产品”品牌，加快建设雪梨种质基地，扩大云和雪梨种植面积；加快推进黑木耳集约化、标准化生产，进一步做强产业、做精特色。要积极推进“互联网+”，充分发挥电子商务百佳县的优势，扩大云和木玩、云和黑木耳、云和雪梨等特色产品销售，进一步打开网上网下、国际国内市场。要大力推进服务业多业态融合发展，顺应消费升级和产业升级趋势，促进“设计+”“物流+”“养老+”等跨界融合发展，推动文化创意、电子商务、金融等生产性服务业向专业化、现代化和价值链高端延伸，推动养生养老、商贸流通、社区服务等生活性服务业向精细化、高品质转变。三要狠抓精准招商。云和经济底子薄、内生动力不足，必须通过招商引资，借力发展。要落实招商责任，始终把招商引资作为“一把手工程”来抓，完善县领导联系招商机制，进一步发挥乡镇(街道)和相关部门主体作用，形成全县上下齐心合力抓招商的工作格局。要实现精准招商，充分利用生态优势，大力引进生态旅游、养生养老等产业项目，以及对水、空气质量要求较高的生物医药、新能源、食品加工等项目。要按照“既符合国家产业发展大气候，又适应云和产业发展小气候”的原则，选择与云和现有产业关联度高的地区和企业，大力开展补链式、拉链式招商，提高招商实效。要优化招商服务，全面建立“亲”“清”新型政商关系，营造“亲商、爱商、富商”的良好发展环境，着力达到“引进一个，带来一批”的效果。

3.突出问题导向，深化改革创新。改革创新是发展的不竭动力。我们必须紧盯制约云和经济社会发展的关键性问题，着力破解发展瓶颈制约。一要加快国资国企改革。要以“政企分开、政资分开、自主经营，自负盈亏”为改革方向，理顺政府部门与国资、国企的关系，引导和鼓励企业面向市场，强化企业的市场主体地位。要理顺国资国企内部管理机制，按照工资收入与企业效益相挂钩的分配方式，探索建立符合企业运营的选人用人方式和薪酬管理机制。要制定国企分类改革目标，通过整合重组，清理“弱、小、散”企业，逐步推动国企实现集团化发展。要积极推动国有企业对接多层次资本市场，加大政府性资源、资产、资金的整合力度，化存量为增量，推动国有资产保值增值。二要加快“最多跑一次”改革。按照“群众和企业办事最多跑一次”的理念和目标，全面推进简政放权，着力形成覆盖行政许可、行政审批、行政服务等领域的“一次办结”机制。要加快政务服务网建设，实现“在线咨询、网上办理、证照快递送达”的“零上门”机制。要积极推进“最多跑一次”改革向中介机构延伸，研究制定政府购买审批中介服务的具体办法。要以“最多跑一次”的理念，制定完善投资项目前期办理标准流程，深化新入园企业“零”审批、重点项目“局长代办”等机制，不断加快项目前期速度。三要加快推进重大改革试点落地。要加大试点争取力度，深入把握中央、省、市改革重点和方向，为云和的改革工作争取更多的要素资源和政策支持。要加快推进支持农民工等人员返乡创业国家级试点、省产业集群跨境电商发展试点、全省“机器换人”试点、省清洁能源示范县、省级小微企业信用体系试验区等试点工作，努力实现试点政策利用最大化、试点成效取得最大化。特别是要好好思考，细细盘点，我们有什么真正拿得出手、叫得响名、排得上号的试点，加大宣传力度，努力成为亮点，争取在全市、全省乃至全国推广。

4.突出童话特色，增强文化引领。文化是软实力，更是发展的硬实力。我们要丰富发展童话文化，总结提炼云和精神，以先进文化引领童话云和建设。一要提炼云和精神。城市精神对城市的生存与发展具有巨大的灵魂支柱作用、鲜明的旗帜导向作用与不竭的动力源泉作用。一座城市没有精神，就没有灵魂，就没有准确的核心理念定位，就没有奋勇争先的精神动力。我们要遵循“植根历史、基于现实、紧跟时代、引领未来”的原则，总结提炼云和精神，对外树立形象、对内凝聚人心，使全县上下团结一致、一心一意、共谋发展。

二要丰富童话文化。童话文化脱胎于木玩产业，历经40多年的培育涵养，已成为云和独特的城市个性和鲜明的文化特质，具有强大的生命力，是我们的宝贵财富。童话文化来源于云和木玩，但高于木玩，是云和地域特色文化。我们要将木玩文化、抗战文化、银矿文化、船帮文化、畲族文化等富有云和特色的优秀传统文化有机融合起来，不断拓展童话文化内涵和外延，充分发挥其在童话云和建设中的引领作用。要全力办好云和梯田开犁节、云和湖垂钓节等系列节庆活动，研究举办2017木制玩具文化节。要借鉴国内外的优秀城市营销案例，充分发挥自身自然和人文优势，加快打造云和形象，真正让童话文化看得见、摸得着，成为云和对外宣传的金名片。比如，日本南部农业县-熊本县以一只笨拙的熊作为吉祥物打造区域品牌。短短两年内，‘熊本熊”为默默无闻的熊本县带来12亿美元经济效益，包括观光和产品销售，以及相当于9000万美元广告和宣传的效果，创造了区域公用品牌与卡通代言的奇迹，成为县域品牌化策略的典型个案。三要提升市民素质。要深化争做“云和好人”活动，积极开展第二届道德模范、“云和好人榜”评选工作，大力宣传建设童话云和的“最美景观”“最美人物”“最美现象”，充分发挥先进模范的示范带头作用，打造“整洁云和”“友爱云和”。要持续开展幸福社区、文明单位、文明窗口、文明小区、文明楼道、六星文明户、洁净家庭等系列精神文明创建活动，不断提升市民文明素质，加快推进“人的城市化”。要积极倡导志愿服务精神，充分发挥“老李帮忙团”“海燕先锋队”等一批优秀志愿服务团队的带头引领作用，不断激发社会正能量。

5.突出群众增收，更好惠民富民。改善民生是一切工作的出发点和落脚点。我们必须坚持以人民为中心的发展思想，下大力气解决好增收、教育、医疗等群众关心的热点难点问题，让群众有更多的获得感和幸福感。一要持续促进群众增收。要充分发挥云和好山、好水、好空气的独特优势，大力培育和发展农家乐(民宿)、农村电子商务等符合本地实际、又能被广泛复制推广的产业，为群众致富提供丰富的产业选择，努力实现以产业促增收。要深入实施农民培训转移就业、“十百千”帮培、新型职业农民培育“三大工程”，提升素质、激发激情，全力培育一批致富能人和致富带头人，努力实现以培训促增收。要严格落实“一户一策一干部”扶贫责任，确保每一个低收入家庭都有一名帮扶干部、一个帮扶计划、一项帮扶项目，不断提升低收入群众“造血”能力，努力实现以扶贫促增收。二要加强公共服务供给。要坚持教育优先发展，加快云和中学整体改造、城南九年一贯制学校建设，完成城东幼儿园主体工程和崇头小学扩建一期工程等项目建设，深化与文元教育集团合作办学，全力提升教育教学质量，争创省教育基本现代化县。要扎实推进省卫生重点县建设，深化医药卫生体制改革和“双下沉、两提升”工作，培育医养结合、健康管理、康复护理、中医中药等健康产业，加强计划生育指导服务，开工建设城南社区卫生服务中心，加快建设“健康云和”。要加快发展社会保障事业，继续推动社会保险扩面，稳步提高参保人员各项保险待遇水平；开工中心敬老院改扩建工程，完成养老综合福利中心工程，不断完善养老服务体系；狠抓城乡低保扩面，提高“五保”“三无”、重度残疾人员供养水平。三要改善群众居住条件。要加快推进地质灾害综合治理“大搬快治”两年行动，结合搬迁对象的经济状况和搬迁意愿，积极采取货币、公寓式、有土、廉租房、养老院集中供养等方式，引导地质灾害点的群众，搬迁到县城或中心镇、中心村居住，以搬迁促进群众居住条件改善。力争用3个月时间，把群众从地质灾害点搬出来，把危险区域房屋全部拆除。要顺应群众对加快城中村改造的强烈意愿和呼声，研究出台政策，分类确定改造方式，全力推进城中村改造，以改造促进群众居住条件改善。同时，要按照危旧房危险程度，分类加快推进“治危拆违”工作，对可加固维修的房屋，要限期维修到位；对鉴定为不宜居住的房屋，要将住户迅速转移，并按照政策妥善安置；对无法加固维修的危旧房，该停用的坚决停用，该拆除的坚决拆除，确保人民群众住房安全。昨天上午，温州市文成县发生一起四间民房倒塌事故，初步统计有两户9人被埋，再次给我们敲响了警钟。我们必须加快行动，只争朝夕，全力以赴确保人民群众生命财产安全。四要全力维护社会稳定。要时刻紧绷平安建设这一根弦，严防平安建设“一票否决”事项，确保夺取高含金量“平安金鼎”。要在夺取高含金量“平安金鼎”的基础上，认真总结十二年平安创建工作经验，优化平安报表管理、领导下沉督战、下发任务清单等做法，进一步提升平安建设工作水平。要深化“大调解”体系建设，定期开展重点涉稳人员和重大不稳定因素的滚动摸排，继续深化重大决策社会稳定风险评估工作，切实将各类矛盾风险和涉稳隐患化解在萌芽状态，确保全县和谐稳定。

## 三、从严治党，打造铁军，确保赢在起点上。

我们的事业好比一场接力赛，要赢得接力赛，既要有共同的目标，更要依靠团队的力量。当前，目标已定、方向已明，只有把团队打造好了，我们才能赢在起点上，一步领先、步步领先，向着终点大步迈进。党的十八届六中全会聚焦全面从严治党，提出了“党要管党必须从党内政治生活管起，从严治党必须从党内政治生活严起”的新要求。省委十三届十次全会、市委三届十三次全会先后通过了从严加强干部队伍建设的决定，作出了打造铁军的部署。我们必须按照中央、省委、市委要求，努力打造一支勇立绿色发展潮头的云和铁军，为决胜全面小康、建设童话云和提供坚强保障。

1.打造讲政治的铁军。政治标准是最重要的标准，是压倒一切的标准。我们必须把政治标准摆在首位，把讲政治作为第一要求，做到在任何情况下政治信仰不变、政治立场不移、政治方向不偏。一要增强“四个意识”。要结合“两学一做”学习教育，深入学习贯彻十八届六中全会精神和习近平总书记系列重要讲话精神，切实增强“四个意识”，特别是核心意识、看齐意识，坚定不移地向以习近平同志为核心的党中央看齐，向党的理论和路线方针政策看齐，向党中央决策部署看齐，在思想上拥护核心、政治上维护核心、行动上紧跟核心，真正做到党中央提倡的坚决响应、党中央决定的坚决执行、党中央禁止的坚决不做。二要坚定理想信念。要牢牢抓住思想教育这个根本，利用理论中心组学习、“周一夜学”等平台，建好用好小顺、梅湾等红色教育基地，充分发挥党校主阵地作用，从理想信念、党性修养、理论学习、警示教育等方面抓起，引导全县党员干部增强党性修养、坚定“四个自信”，筑牢信仰之基、补足精神之“钙”、把稳思想之舵。三要严守政治规矩。要以党章为根本遵循，坚持党的政治路线、思想路线、组织路线、群众路线，坚持和落实民主集中制，用好批评和自我批评这个利器，着力增强党内政治生活的政治性、时代性、原则性、战斗性。要健全党员领导干部参加支部组织生活制度，落实“三会一课”、党员固定活动日制度，推行党性体检、民主评议，增强组织生活仪式感、实效性。要突出选拔任用干部的政治标准，评价领导干部首先看其政治立场坚定不坚定、政治意识强不强、政治担当够不够。要把是否遵守政治纪律和政治规矩，作为纪律检查和巡视巡察的重要内容，严肃查处违反政治纪律和政治规矩的问题。

2.打造善担当的铁军。有多大担当才能干多大事业，尽多大责任才能有多大成就。我们必须牢牢把握“心中有责”这一从政之要，敢于负责、敢于担当，真正做到守土有责、守土负责、守土尽责。一要增强担当意识。要坚决克服只想保“位子”、不去挑“担子”，只要不出事、宁愿不做事，工作不求有功、但求无过等意识，在其位、谋其政，始终保持“明知山有虎，偏向虎山行”的劲头和勇气，在面对重点难点工作等关键时刻敢于站出来，当“战士”不当“绅士”，绝不辜负党赋予我们的历史使命。二要提升担当能力。要把学习作为提高担当能力的第一需要,既向书本学,加强理论武装,着力提高科学思维的能力;更向实践学、向群众学,自觉到复杂环境、基层一线锤炼作风、积累经验、增长才干,不断增强能抓善管的能力,提高干事创业的水平,克服“本领恐慌”。三要营造担当氛围。担当,首先是领导干部要担当,要为敢担当的人担当。县委、县政府将高举担当旗帜,探索建立容错免责和激励干事机制,宽容干部在工作中特别是改革创新中的失误,旗帜鲜明为敢于担当的干部担当、为敢于负责的干部负责,从而一级带动一级,营造敢于担当的浓厚氛围。

3.打造有活力的铁军。队伍有活力,才会有持久的战斗力。我们必须充分调动广大干部积极性,真正让想干事的有机会、能干事的有平台、干成事的有地位,形成使命在肩、奔竞不息的生动局面。一要以正确的用人导向激发活力。要坚持重实干、重实绩、重一线的用人导向不动摇,完善“四线培养”机制,努力在“五水共治”、“三改一拆”、美丽城乡建设、全域旅游等重点工作中培养选拔干部,让广大干部不当“二传手”“统计员”,争做“指导员”“实干家”,使“想干、敢干、善干”成为云和干部的鲜明特质。二要以“能上能下”的机制激发活力。要建立健全干部退出机制,深入治理“为官不为”,加大调整不适宜不胜任现职干部力度,让优秀干部“上得去”、无作为的干部“下得来”,推动形成能者上、庸者下、劣者汰的干部选拔任用机制。同时,要破除论资排辈、平衡照顾的观念,制定打破隐性台阶的具体办法,优化干部成长路径,加强干部跨条块跨领域交流,增强干部队伍活力。三要以“比学赶超”的氛围激发活力。要深化“周学月比季评”机制,继续开展乡镇(街道)党(工)委书记抓基层党建述职评议、村(社区)党支部书记擂台赛等工作,真正形成“不进则退、慢进也是退步”的竞争态势,切实营造“比学赶超”的良好工作氛围。四要以坚强有力的基础激发活力。要对标中央和省委、市委的新要求,深入推进“整乡推进、整县提升”工作,切实提高基层党组织战斗力,充分发挥党支部的核心作用。今年是村级组织换届年,我们要把换届选举工作作为农村基层党建工作的重中之重来抓,切实把好选人用人的政治关、能力关、廉洁关,真正选拔任用敢为民说话、能为民办事的村“两委”班子,不断激发各级党员干部活力。

4.打造守纪律的铁军。路线是“王道”,纪律是“霸道”。从严加强干部队伍建设,必须体现在严格纪律上。我们要把纪律和规矩挺在前面,恪守道德高线,坚守法律底线,严守纪律红线,保持清正廉洁的政治本色,干干净净干事、清清白白做“官”。一方面,要坚持转变作风力度不减。要牢固树立作风建设永远在路上的意识,锲而不舍落实中央八项规定精神和省市作风建设规定,深入开展“干净干事创新业”“酒局饭局整治”等专项活动,坚决防止“四风”问题反弹回潮。要深入推进正风肃纪,通过典型案例通报,批评教育等方式强化党员干部纪律意识,共同守好第一道防线。另一方面,要坚持反腐败斗争力度不减。要综合运用监督执纪“四种形态”,既坚持抓早抓小,治病救人;又坚持力度不减、节奏不变、尺度不松,完善执纪执法部门信息通报、信访举报等各种问题线索收集机制,以“零容忍”的态度惩治腐败。同时,深化纪检监察体制改革,发挥农村基层作风巡查的“利剑”作用和派驻纪检机构的“探头”作用,真正构筑起不敢腐、不能腐、不想腐的“防火墙”。

同志们,新起点孕育新机遇,大发展须有大作为。让我们更加紧密地团结在以习近平同志为核心的党中央周围,在省委、市委的坚强领导下,闻鸡起舞,登高望远,撸起袖子加油干,开启全面建设童话云和的新征程,奋力实现新一届党委、政府的良好开局,以优异的成绩迎接党的十九大的胜利召开!

# 云和县人民代表大会常务委员会工作报告

*在云和县第十六届人民代表大会第一次会议上*

云和县人大常委会主任　马国华

2017年2月21日

各位代表：

我受县十五届人大常委会委托，向大会报告工作，请予审议。

## 过去五年主要工作回顾

十五届人大一次会议以来的五年，是我县综合实力全面提升、城乡面貌焕然一新、人民生活水平不断提高的五年，也是我县人大制度建设和人大工作稳步推进、创新发展的五年。常委会在县委的领导下，认真贯彻党的十八大和十八届各次全会及习近平总书记系列重要讲话精神，团结带领全体人大代表，紧紧围绕全县发展大局，依法有效行使职权，在民主法治的一线履职尽责，在改革发展的一线发挥作用，为推进我县经济社会发展和民主法治建设作出了积极贡献。

### 一、坚定政治方向，全力促进县委重大决策部署落实。

始终坚持党的领导、人民当家作主、依法治国有机统一，自觉贯彻县委对人大工作的安排部署，做到与县委在思想上同心、目标上同向、行动上同行，确保人大工作沿着正确政治方向不断前进。一是以“四个全面”统领人大工作新实践。主动担当起协调推进“四个全面”战略布局的崇高使命，把握新要求、提高新认识，找准切入点、抓住着力点，充分发挥地方国家权力机关为协调推进“四个全面”提供制度动力和法治保障的作用。二是围绕县委决策部署充分发挥人大作用。组织全体代表在十五届人大三次会议上作出《建设美丽县城打造童话云和的决议》，凝聚了全社会建设美丽县城的思想共识和强大合力，也为县委作出《建设美丽云和、创造美好生活的决定》奠定了扎实的民意基础。作出开展第七个五年法治宣传教育的决议，将县委关于法治云和建设的决策部署通过法定程序成为全县人民的共同意志。协助县委制定《关于进一步加强人大工作和建设充分发挥人大作用的意见》，为新形势下推进人大工作与时俱进、创新发展提供制度保障。三是正确行使人事任免权。始终坚持党管干部原则和人大依法任免的有机统一，五年来共任免国家工作人员274人次，严格落实宪法宣誓制度，培育任命干部的宪法意识和法治理念，为我县经济社会科学发展提供坚强的组织保障。

### 二、强化监督刚性，规范政府财经行为。

认真贯彻落实党的十八大、十八届三中全会关于“加强对政府全口径预算决算的审查和监督”重要论述，积极探索创新符合实际、行之有效的监督方式方法，把紧监督的各个关口，增强监督的针对性和实效性，切实为人民管好“钱袋子”。

一是强化预算审查监督。预算安排直接体现着政府的政策意图，关系到千家万户的民生福祉。我们坚持把预算审查监督作为一项重要工作来抓，通过审议预算草案、半年预算执行报告、决算报告以及债务报告,把好政府资金“总开关”。推行一般公共预算、政府性基金预算、社保基金预算、国有资本经营预算“四本账”提交人代会审查,将政府的每一笔钱都纳入监督中,初步形成全口径预算监督体系框架和审查监督机制。开展“参与式预算”、部门预算提交人代会审查等新做法,组织人大代表和群众代表对政府及其部门预算编制、预算执行情况进行民主恳谈,提高预算安排的科学合理性和透明度,初步实现了人大预决算监督从“为人民作主”向“让人民作主”的转变。

二是善用刚性监督方法。积极适应经济新常态对人大工作的新要求,把推动全县经济持续稳定发展作为更好地行使人大职权的切入点和突破口,选准监督重点,用好“刚性”手段,务求监督实效。2014年,开展存量资金特定问题调查,摸清政府“家底”,督促县政府采取有力措施,积极盘活存量资金、稳妥处理存量债务,逐步化解债务风险。2015年,开展国有固定资产特定问题调查,查清政府存量土地和闲置房屋面积,要求县政府按照“分类处置、有效盘活、效益优先”的原则推进资产盘活工作。特定问题调查工作取得的成效,不仅得到了县委县政府和社会各界的充分肯定,还获得了中共中央政治局常委、全国人大常委会委员长张德江的重要批示,全国人大调研组、中国人大制度理论研究会先后到云和开展专题调研,入选“2015年全国十大民主法治事件”,成为人大制度在浙江发展的典型案例之一。

三是精准监督政府投资。政府投资项目涉及经济、文化及民生的各个方面,其工作进展及实施状况直接关系到地方国民经济发展的好坏及快慢,关系到群众生活质量的变化及和谐平安社会的建设。要管好政府投资项目,就必须抓住资金管理这个龙头。我们从完善议事制度和程序入手,及时修订、制定《讨论、决定重大事项的规定》《政府重大投资项目监督办法》,把政府投资纳入重大事项范畴,规定政府投资项目计划和预算的编制、执行、调整全过程必须接受县人大及其常委会监督,促使县政府在投资决策中慎重行事,提出的年度计划更为科学、严谨。2014年以来,县政府对投资计划和预算的调整都必须由常委会审议通过,进一步规范了政府投资行为,有效提高了财政资金使用的合法性、安全性和经济性。

## 三、凝心聚力促发展,履职尽责惠民生。

紧紧围绕改革发展稳定中的重大问题、人大代表建议意见集中反映的问题和人民群众普遍关注的热点难点问题,改进监督方式,加大监督力度,提高监督实效,在服务经济社会发展、保障民生、维护公平正义方面取得了新的成效。

一是立足服务发展大局,在推动县域经济社会科学发展上尽职尽责。坚持抓大事、议大事的原则,科学谋划监督工作,做到人大工作与全县中心工作合拍同步,努力将人大工作转化为服务发展的成果。着眼于经济发展新引擎,先后审议扶贫开发改革试验工作、旅游产业发展、“山水童话乡村”建设等专项报告,督促政府要深化农村改革、增强农村发展活力,立足生态优势、发展生态产业,培育新的经济增长点;根据县委的部署,牵头并成功打造石浦“花海景观”,敲开了美丽经济的“致富门”。着眼于工业经济转型提升,审议县工业园区体制改革后运行情况、小微企业发展、科技创新等专项工作报告,就加大园区体制机制改革创新力度,推动绿色低碳循环发展,增强科技创新驱动力等方面提出审议意见,督促政府精准找短板,扎实补短板,推动新常态下工业经济新发展。着眼于美丽云和建设提档升级,持续监督美丽县城建设情况,审议城市规划建设管理、“三改一拆”等专项报告,积极参与服务重大项目建设、精准扶贫等工作,组织代表开展专题视察调研,群策群力助推美丽云和建设。

二是牢固树立为民理念,在推动民生社会事业发展上主动作为。民生大如天,民心重于地。常委会高度关注群众最关心、最直接的利益问题,把解决实际问题放在

“第一位置”，把群众满意作为“第一标准”，着力提升人民群众的“幸福指数”。2012年，常委会第一次会议作出了《关于切实保障城乡居民饮用水安全的决议》，督促县政府及有关部门认真办理，全力保障城乡居民饮用水安全。5年来，县长领衔督办饮用水安全工作，持续推进和加大城乡居民饮用水安全保障力度，完成城区供水管网改造和水厂扩容工程，启动雾溪水库水源地群众生态搬迁工程，扎实推进农村饮水安全工程建设，全县农村供水普及率达到98%，切实保障了全县城乡居民的饮用水安全。2013年，常委会首次启用专题询问方式对食品安全问题开展监督并作出决议，要求政府落实主体责任，提升食品安全治理能力和水平，切实维护人民群众“舌尖上的安全”。关注生态文明建设，要求县政府继续执行《十四届人大常委会关于建设“三沿”生态景观林的决定》，专题审议大气污染防治和“五水共治”工作，督促政府努力打造山清水秀的生态走廊，为建设美丽云和提供生态支撑。常委会还围绕教育医疗卫生等热点问题，先后审议卫生工作、教育现代化县创建等专项报告，听取食品安全“四小一市场”整治工作报告，视察人民医院搬迁后运行情况，要求政府加大民生投入，努力让人民群众充分享受发展成果。

三是以法治云和为主线，在维护社会公平正义上求实求效。深刻领会全面推进依法治国的主要内容和精神实质，把坚持依法治国、维护宪法法律权威作为重要任务，努力做法治建设的维护者、实践者和推动者。制定《监督司法机关工作办法》、建立司法机关向常委会报送重要情况、重大事项制度，人大监督司法工作走上了制度化和规范化的轨道。全面督查省人大常委会《关于进一步加强检察机关法律监督工作的决定》在我县贯彻落实情况，一并对公检法司工作进行审议，要求司法机关深入贯彻省人大决定，提高公正司法能力。省市县三级人大联动开展深化司法监督活动，开展《刑事诉讼法》执法检查，督促司法机关和司法工作人员强化主动接受监督的意识，不断提升司法公信力。先后组织开展食品安全“一法两规”、森林法、水污染防治“一法一条例”等执法检查，并对执法检查意见落实情况进行跟踪监督，确保相关法律法规在我县贯彻实施。强化干部任后监督工作，分批次对24个政府组成部门及其主要负责人和全县45名法检“两官”的履职情况进行了工作评议，有力促进任命干部接受人大监督、依法行政、公正司法的意识。对政府制定出台的151份规范性文件进行备案审查，督促政府及时修改与法律法规相抵触的条文，从源头上维护法制统一。畅通人大信访渠道，共受理群众来信来访106件，接待来访群众600余人次，积极做好劝导、解释、转办等工作，力促信访案件及时办结，努力维护群众合法权益。配合省市人大做好《浙江省水土保持条例》《丽水市城市市容和环境卫生管理条例》等十余部立法调研工作，拉近群众与立法工作的距离，为制订出实用、管用的法律法规贡献基层智慧。

## 四、坚持代表主体地位，充分发挥代表作用。

始终突出代表主体地位，不断强化服务意识，创新代表工作方式，全力支持和保障人大代表依法履职。

一是优化服务保障，提升代表履职能力。加强和规范代表在闭会期间的活动，坚持邀请代表分批次列席常委会会议，参与视察调研、执法检查、工作评议等活动，扩大基层代表参与人大例会、专题活动的范围和层次，充分保障代表知情知政权，为代表执行职务提供便利。实行民生实事代表票决制，将项目的选择权交给代表，体现人民当家作主的宪法精神。坚持组织代表集体听取政府半年工作报告、集中学习培训、旁听法院庭审等活动，提高代表履职能力和自身法律素养。开展代表向选民述职、接受评议活动，增强代表接受选民监督的意识。

二是搭建平台载体，增强代表活动实效。开展“履职作表率、代表在行动”主题实践活动，引导代表在任职期间行使职权有作为、联系群众有成效、回报社会有贡献,树立人大组织和人大代表的良好形象。扎实推进代表联络站和网上联络站建设,实现乡镇、街道全覆盖,打通联系服务群众的最后“一纳米”。建立常委会领导分片联系联络站工作制度,支持联络站创新活动方式,增强活动内涵,先后就美丽城乡建设、城区污水处理、“断头路”等重点工作和热点难点问题,开展视察调研、约见部门负责人等活动,共商解决良策,努力将联络站打造成联系群众、化解矛盾、促进发展的重要载体,崇头代表联络站成为全市人大观摩对象。动员部署全县各级人大代表先后开展“关心母亲河溪、查找水污染源”、视察调研地质灾害预防和治理、查找经济社会发展中亟待解决的短板等主题活动,充分调动代表的积极性和主动性,提升代表的履职热情。

三是创新督办方式,提高建议办理质量。认真办理好代表建议,是“一府两院”接受国家权力机关监督的法定职责和义务,是全面依法治国、坚持和完善人民代表大会制度、进一步发挥人大代表作用的内在要求。常委会以提高代表建议解决率为着力点,制定《关于进一步提高代表建议质量和办理实效的若干意见》,规范工作程序,健全督办机制,为提高代表建议质量、增强办理实效提供制度保障。制定出台考核办法,在坚持代表建议办理“三见面”“回头看”以及满意度测评等基础上,开展分类督办、重点建议由分管副县长领办、常委会领导督办等方式,从办理环节彻底扭转过去“重答复、轻落实”的现象,解决率从2012年的19.6%提高到41.5%,有效提高代表建议办理质量和实效。

四是精心组织指导,圆满完成人大代表换届选举工作。县乡人大代表换届选举是全县人民政治生活中的一件大事。常委会深入贯彻落实中央、省委有关会议、文件和指示精神,认真学习领会中央关于辽宁拉票贿选案查处情况通报和全国人大常委会会议精神,自觉把思想和行动统一到中央、省市县委的部署和要求上来,牢牢把握换届选举工作原则,严格换届选举纪律和规矩,确保换届选举每一项工作都操作到位,每一个步骤都依法有序进行,在全县上下的共同努力下,圆满完成了县乡人大代表换届选举工作,为今后县乡人大依法履职奠定坚实基础。

## 五、坚持与时俱进,提高依法履职能力和水平。

主动适应新形势、新常态、新要求,把加强自身建设放在突出位置,注重有为人大、活力人大建设,始终保持昂扬向上的精神状态,努力使人大工作充满生机和活力。

一是强化思想政治建设。坚持把强化理论武装作为加强思想政治建设、严肃党内政治生活的基础一环,大力提升人大系统党员干部的理论素养,教育引导党员干部始终保持理论上的清醒,切实坚定道路自信、理论自信、制度自信、文化自信。把学习贯彻习近平总书记系列重要讲话作为一项长期的政治任务,采取专题学习、会前集中学习等有力措施推动学习贯彻向广度深度拓展,自觉用以武装头脑、指导实践、推动工作,让人大系统党员干部真正弄清楚该做什么、不该做什么,主动在思想上划出红线、在行为上明确界限。

二是持续推进作风建设。坚定不移贯彻党的群众路线,扎实开展“三严三实”“两学一做”等专题教育,严格执行中央改进工作作风、密切联系群众的各项规定,强化问题导向和教育整改,不断改进思想作风和工作作风。坚持以宪法和法律为依据,以规范常委会履职、监督工作、代表工作和机关管理为重点,秉持继承和创新有机统一原则,先后制定、修订了《人民代表大会议事规则》《常委会党组议事规则》《工作评议办法》《提高常委会审议质量的意见》等十六项制度,基本形成了一套内容较为全面的制度框架体系,推进了人大工作的制度化、规范化和程序化建设。一以贯之地践行着“把权力关进制度笼子”的理念,出台《县人大机关工作制度汇编》,进一步扎紧制度笼子,规范权力运行,推动人大机关党风廉政建设工作不断引向深入。

三是加强基层人大建设。修

订《基层人大工作评价办法》，健全乡镇、街道人大工作评价体系，调动基层人大工作的主动性、积极性和创造性。完善县乡两级人大联系制度，定期召开读书会、联席会，加强联系指导，支持基层人大探索依法履职的新方式、新机制，推动基层人大工作完善发展。制定《常委会街道工作委员会工作规则》《关于在街道推行议政会制度的意见》，明确人大街道工委法律地位和职责，规范议事规则和工作程序，为街道人大工作规范有序开展提供制度保障。重视人大干部培训工作，先后组织参加上海人大培训中心、井冈山干部教育学院以及上级人大组织的省人大培训中心、武汉大学、市委党校等各类培训班，并形成常态化机制，提升了干部教育培训工作的针对性和实效性。充分利用各类平台，大力宣传我县基层人大先进工作和基层代表履职的鲜活经验，全面展示我县人大工作和代表风采。

各位代表，县十五届人大常委会在县委的正确领导下，在全体县人大代表、常委会组成人员和常委会机关工作人员的努力下，在“一府两院”和乡镇、街道人大的配合下，在广大人民群众和社会各界的支持下，在继承中前进，在前进中创新，在创新中发展，各项工作取得了显著的成效。全县上下对人民代表大会制度的认识得到进一步深化，“一府两院”自觉接受监督的意识进一步提高，人大“实际地位”和“法律地位”落差进一步缩小，人大工作展现出更大的生机与活力。

在此，我谨代表县十五届人大常委会，向全体人大代表和全县人大工作者，向所有关心、支持人大工作的同志们、朋友们，表示衷心的感谢和崇高的敬意！

各位代表，五年艰辛历程，五年欣喜回望，使我们深刻地体会到做好人大工作必须坚持以下几点：

一是必须自觉坚持党的领导，坚定履职方向。坚持党的领导是我们做好各项工作的根本保证，也是必须严格遵循的一项重大政治原则，任何时候都决不能有丝毫的含糊和动摇。人大工作是党的工作的重要组成部分，但作为地方权力机关又有其独立性和特殊性。一方面，地方人大代表人民行使当家作主的权利，但又不直接处理问题，务虚多一点；另一方面，人大工作既要坚持党的领导，又要得到“一府两院”的支持，还要接受社会的监督。因此，做好人大工作，既要把“虚”功做“实”，又要处理好与同级党委、“一府两院”以及社会各界的关系，才能形成推动人大工作创新发展的合力。

二是必须牢固树立岗位自信，坚守职责担当。人民代表大会制度是保证人民当家作主的根本政治制度。人大及其常委会是由人民群众民主选举产生，对人民负责，受人民监督。人大常委会，必须在思想上有一个清醒的认识，人大工作不是一线二线的问题，也不是“政治养老院”，而是有职、有权、有责，肩负着代表人民管理县域事务，维护好、实现好、发展好人民根本利益的重要责任。必须坚守政治担当、增强岗位自信、勇于履行职责；必须理直气壮地坚持人大制度的特色、发挥人大制度的优势，选择好角度、掌握好尺度、把握好力度，依法主动行使好各项法定职权，不负人民重托。

三是必须围绕促发展惠民生，把握履职要务。人大工作的核心是维护人民群众的根本利益。尽管人大与“一府两院”职责有别，但目标同向，都是为了推动经济社会持续健康发展，保障和改善民生，促进社会公平正义。做好人大工作必须要准确把握和分析发展大势，科学确定全县发展的阶段特征和趋势，找准县委决策、政府工作与群众愿望的结合点，不断完善工作机制，改进工作方法，增强工作实效。五年来，我们始终自觉把人大工作放在全县改革发展稳定大局中来谋划，总目标就是奋力推动县委战略部署的深入实施，为加快建设“两美云和”添油加力，努力使发展成果更多更好地惠及人民群众。

四是必须解放思想与时俱进，善谋监督思路。协调推进“四个全面”战略布局给各级人大及其常委会赋予了新使命，人大工作既要严格依法按程序办事，更要解放思想、与时俱进，顺应新形势的发展要求和人民期望,才能始终保持旺盛的生机和活力,才能推动人大工作不断取得新的突破和进展。五年来,我们坚持解放思想,用新理念谋划工作大局,用新方法强化工作落实,以构建系统完备、科学规范、运行有效的工作制度体系为抓手,不断丰富监督手段、完善监督程序,有效推动人大工作与时俱进、创新发展。

五是必须尊重代表主体地位,发挥代表作用。人大代表是我国人民代表大会制度的主体,是国家权力机关的组成人员,是人民意志的表达者、群众利益的代言人。因此,人大常委会必须坚持发挥代表的主体作用和密切联系群众的优势,完善联系机制,拓宽联系渠道,进一步提高代表和群众对人大工作的有序参与。五年来,我们不断强化代表履职服务保障,坚持把提高代表素质,完善代表履职机制,办好代表议案建议作为发挥代表作用的基础性工作来抓,准确把握开展代表工作与促进经济社会发展的结合点,激发代表履职的活力和动力,促使人大工作更好地接地气、贴民心、合民意。

各位代表,尽管我们在依法履职、加强监督方面做了大量工作,但是,对照宪法和法律赋予的职责,以及新形势下党对人大提出的新要求新任务、群众对人大的新期盼新愿望相比,还存在许多差距。主要是:监督工作的针对性和实效性有待进一步提高,还存在走形式、不深入、表面化等问题,监督力度还需要加大;询问、质询、特定问题调查等"刚性"监督形式运用尚未实现常态化、规范化,相关制度和办法需要加快出台;发挥代表作用有待进一步提高,闭会期间组织代表活动形式比较单一、内容不够丰富,代表议案、建议办理工作与代表的期望和要求还有差距,对代表履职的服务、保障、管理还需进一步优化;常委会履职能力建设还需要进一步加强等。这些问题都需要在今后工作实践中认真研究,不断完善提升,继续创新作为。

## 今后五年的工作建议

县第十四次党代会描绘了我县今后5年发展的宏伟蓝图,新的任务、新的目标、新的征程,对人大工作提出了更高要求。因此,建议新一届人大常委会在今后的工作中,要坚持以习近平总书记系列重要讲话精神为指引,深入贯彻落实县第十四次党代会精神,更好地发挥地方国家权力机关的职能作用,全面监督和推动我县"十三五"规划的落实,为决胜全面小康、建设童话云和做出新的贡献。

1.保持坚强政治定力。坚持把党的领导贯穿于人大依法履职全过程,落实到人大工作的各方面,坚决维护县委总揽全局、协调各方的领导核心地位,积极通过人大法定程序和履职实践,保证县委的决策部署转化为全县人民的共同意志和统一行动,保证县委推荐的人选成为国家机关领导人员。认真落实从严治党的主体责任,严格遵循新形势下党内政治生活准则,营造人大系统良好政治生态。

2.服务科学发展大局。坚持谋全局、抓重点、督大事原则,对我县"十三五"规划的落实、供给侧改革的全面实施等重大事项做好主动参与,全力推进。牢固树立预算法治理念,全面贯彻落实新《预算法》和《政府会计准则》,管好政府"钱袋子"。围绕县委重大战略任务,抓好调查研究,依法行使好重大事项决定权,为县委决策落实提供有力支持。

3.推进民生持续改善。坚持协调共享理念,关注精准扶贫、公共服务、社会治理等重大民生问题,实现好维护好发展好最广大人民的根本利益,在共建共享中切实增进百姓福祉。坚持把推动绿色发展作为人大工作的主旋律,督促政府将环境倒逼压力转化为产业结构调整、全面提升城乡人居环境的动力,实现经济社会发展和生态环境保护双赢。

4.维护社会公平正义。积极适应坚持依法治国、依法执政、依法行政共同推进提出的新使命、新要求,强化对执法、司法工作的监督,确保宪法和法律在本地区得到正确实施,确保行政权和司法权得到正确行使,确保公民、法人和其他组织的合法权益得到尊重和保护。扎实推进"七五"普法工作深入实施，弘扬宪法精神，涵养公民法治意识，让遵纪守法成为一种自觉，依法办事形成一种习惯。

5.发挥代表主体作用。从坚持和完善人民代表大会制度出发，尊重代表主体地位，优化服务保障，完善履职激励和约束退出机制，增强代表政治责任感和履职自觉性。丰富和拓展“双联系”活动，推进联络站工作制度规范化、联系选民常态化、代表履职实效化建设。创新代表建议督办机制，加大督办工作力度，不断提高解决率，激活代表履职热情。

6.全面加强自身建设。认真贯彻落实中央、省市县委关于加强新形势下人大工作的一系列部署和新要求，把自身建设摆在突出位置，不断加强党性修养，增强勇于担当底气，全面提高履职能力，保持一线状态、追求一线作为。坚持继承和创新结合，研究人大工作规律和特点，及时总结经验，不断规范和完善人大工作制度。推进乡镇人大规范化建设，完善街道议政会制度，推动基层民主政治建设。加强人大工作宣传和理论研究工作，讲好人大故事、唱响人大声音、塑造人大形象。

2017年是新一届人大常委会履职的开局之年，是实施“十三五”规划的重要一年。我们建议今年重点抓好以下几方面工作：一是加强对计划和政府重大投资项目的监督，确保人代会确定的目标任务圆满完成。继续跟踪固定资产特定问题调查决议的落实情况，推动政府加快国有资产资源的处置盘活，为经济社会发展提供新的动力。关注木玩童话特色小镇建设、电子商务和旅游产业发展，积极推动“互联网+”时代下农业、工业、旅游业的融合发展。二是关注治危拆违、“五水共治”、老云和“采真里”建设等情况，促进城市人居环境改善，全力助推美丽云和建设。加大对教育、医疗、食品安全等民生热点问题的监督力度，提升共享发展的能力，增强市民归属感和幸福感。三是关注司法体制改革，加强对“一府两院”执法、司法工作的监督，积极推进法治云和建设。四是强化代表履职服务保障，加强代表联络站建设，抓好代表的政治教育和业务培训，促使代表适应新常态、践行新理念，更好地履行职责。

各位代表，县十五届人大常委会已完成历史使命，十六届人大常委会即将产生，站在新的历史起点上，走中国特色社会主义政治发展道路，坚持和完善人民代表大会制度，任重而道远，需要一届连一届，一棒接一棒，坚持不懈，奋勇探索。让我们在中共云和县委的领导下，坚定信心，依法履职，开拓创新，为决胜全面小康、建设童话云和而努力奋斗！

# 2017年政府工作报告

*在云和县第十六届人民代表大会第一次会议上*

云和县代县长 上官国明

2017年2月19日

各位代表：

现在，我代表县人民政府向大会报告工作，请予审议，并请县政协委员和其他列席人员提出意见。

## 一、过去五年工作回顾

2012年以来，在中共云和县委的正确领导下，在县人大、县政协的监督支持下，全县上下坚持“绿水青山就是金山银山”战略指导思想，主动适应经济发展新常态，全力打好转型升级组合拳，统筹推进民生改善和社会建设，加快打造“山水童话”特色的现代化生态休闲旅游名城，着力推动“小县大城”向“小县名城”转型提升，较好地完成了县十五届人大一次会议提出的各项目标任务。2016年，全县实现地区生产总值59.55亿元，5年年均增长8.5%；固定资产投资46.57亿元，年均增长16.6%；工业总产值111亿元，年均增长6%；社会消费品零售总额25.89亿元，年均增长13.8%；外贸出口总额1.59亿美元，年均增长18.8%；一般公共预算收入4.66亿元，年均增长13.8%；城镇居民人均可支配收入33785元、农村居民人均可支配收入15420元，年均分别增长9.5%和11.6%。

五年来，我们致力提品质、优环境，城乡面貌焕然一新。城市品质大幅提升。把“美丽县城”建设作为“一号工程”，确立“老云和、新童话、真山水”规划理念，完成县域总体规划修编，规划体系更加健全。5年累计投入城市建设资金26.53亿元，建成解放街前巷区块等改造项目，新增城市道路22公里、污水管网52.2公里、城市绿地26.3万平方米，城市建成区面积拓展到6.85平方公里。推进“浙江美丽县城”试点，建成浮云溪“童话飘带”、仙宫大道“童话视窗”、新建路“童话街区”等景观线路，圆满完成全省美丽县城现场会考察任务，并获得好评。加强市容环境综合治理，开展雨篷改造、屋顶违建整治等行动，城市洁化序化水平不断提升。我县被列入国家中小城市综合改革试点、省级重点生态功能区小城市培育试点，成为省级园林城市和丽水最美县城。乡村面貌显著改善。建成13个中心村、15个特色村、9个历史文化村和6个美丽宜居示范村，成功打造“红色小顺”“多彩规溪”等精品示范样板。深入实施“六边三化三美”行动，推进农村生活污水治理，完成云和湖水上安全综合整治，在全省率先实现村庄环境综合整治和农村垃圾集中处理全覆盖，“十里云河”风景线获评全省首批精品示范道路。我县被评为全省美丽乡村创建先进县。生态环境保持领先。强势推进“三改一拆”，累计完成“三改”246万平方米，拆除违法建筑155万平方米，在全市率先创成“基本无违建县”。全力开展“五水共治”，严格落实“河长制”，全面消除“垃圾河”“黑臭河”，出境断面水质始终保持Ⅱ类以上，首批通过市“清三河”达标验收。深入实施“五气共治”，空气环境质量优良率达98.9%。成功创建国家级生态县，入选全国重点生态功能区和生态文明建设试点，生态环境状况指数连续5年位居全省前十。

五年来，我们致力调结构、促转型，生态产业快速发展。生态工业提质发展。工业总产值突破百亿元大关，是2011年的1.49倍。开展省级园区循环化改造示范试点，建成小微企业产业园一期、滚漆中心等平台，工业园区面积达到5.9平方公里，入园企业达387家，园区集聚度达77.3%。推进“四换三名”“两化融合”，完成46家企业腾笼换鸟，实现空间换地13.11万平方米，整治淘汰“低小散”企业423家，新增个转企244家、规模以上企业18家、高新技术企业和省科技型企业32家，华宏公司通过国家发改委和工信部合规备案审核，诚创精密在“新三板”挂牌。成功注册“云和木玩”“云和教玩”两大集体商标，万人专利申请量、授权量稳居全市第一，创成省级知识产权示范县。生态服务业提速发展。2016年，实现服务业增加值25.44亿元，是2011年的1.69倍。加快发展生态旅游业，两个国家AAAA级景区通过复核，云和湖获批省级旅游度假区，皇成国际大酒店被评为四星级酒店，云曼酒店荣获最佳度假酒店。连续举办云和梯田开犁节、云和湖垂钓节，云和梯田跻身营业收入千万元级景区，入选中国美丽田园和国家湿地公园建设试点，并被美国有线电视新闻网评为中国最美的40个景点之一，我县获评全省旅游发展十佳县。2016年，实现旅游综合收入25.26亿元，年均增长42%。加速推进电商产业发展，开通“阿里巴巴·云和木玩产业带”，云和木玩入选“中国质造·浙江好产品”，被评为浙江区域名牌，创成巧云、高胥2个中国淘宝村，我县连续三年入选中国电子商务发展百佳县。金融质量稳居全市前列，被评为全国十佳金融生态示范县。生态农业提效发展。2016年，实现农业总产值7.46亿元，是2011年的1.3倍。推进农业“两区”建设，创成崇云省级现代农业综合园区，完成粮食生产功能区建设。推动食用菌等主导产业转型升级，拆除菇棚16.9万平方米、新建标准园区1.18万平方米，打响“仙宫雪毫”茶叶、“山兰牌”黑木耳等优质品牌，“云和雪梨”获评国家地理标志农产品。重视“菜篮子”安全，新增无公害、绿色、有机农产品41个，获评省级农产品质量安全放心县。加快农旅融合发展，累计转化农产品旅游地商品37个，农家乐民宿从52家增加到238家，培育“云上5天”“云栖木屋”等精品民宿，“长汀沙滩”“石浦花海”等农旅体验项目效益初显。

五年来，我们致力扩投资、推改革，发展后劲不断增强。项目推进势头强劲。连年开展项目攻坚专项行动，5年累计完成固定资产投资184.7亿元。云景高速、复兴路（53省道县城过境段）等重大交通项目建成通车，浙北至福州特高压输变电（云和段）、黄源风电等重大能源工程投产送能，商贸物流城、山水购物广场等重大三产项目投入营业。招商引资成效显著。健全招商工作机制，实施驻点招商、精准招商。5年实际利用内资72.76亿元，外资3704万美元，实现浙商回归到位资金21.02亿元，成功引进生态养生文化村、欧菲石油设备等19个亿元以上项目。要素保障扎实有力。完成土地利用总体规划修编，盘活存量建设用地1660亩，完成垦造耕地12471亩，筹集基本建设资金22.18亿元。进一步强化人才保障，农民培训工作实现市级考核“十二连冠”，“云和师傅”获评省级著名商标和浙江名牌，实现院士专家工作站、省级博士后工作站和“国家青年千人计划”零的突破。各项改革纵深推进。5年共列入国家、省、市三级试点改革27项，累计获得补助资金2.1亿元。低丘缓坡综合开发利用试点通过省级验收，拓展工业平台2220亩。扎实开展农村金融改革试点，在全国率先开展生态公益林未来补偿收益质押贷款，新增“三权”抵押贷款5.52亿元。深入实施扶贫改革试验，全面完成村经济合作社股份制改造，实现农村宅基地使用权跨社流转，在全市率先实行城乡统一的户口登记制度，我县扶贫改革试验工作被誉为全国新型城镇化实践中的鲜活样本。

五年来，我们致力惠民生、保稳定，群众福祉明显改善。社会事业全面进步。扎实推进教育现代化建设，新增普惠性幼儿园3所、省标准化学校13所，高考第一批上线人数连续攀升，职技校综合办学实力位居全市前列，创成全国义务教育发展基本均衡县。全面实施“双下沉、两提升”工程，完成县人民医院、妇保计生服务中心迁建,新增民营医院2家,人均期望寿命达79.9岁,居全市第一。实施全面两孩政策,计划生育率连续25年保持在95%左右。云和银矿遗址被列入全国重点文物保护单位,云和梯田农业系统入选第三批全国重要农业文化遗产,建成农村文化礼堂23个,实现农村应急广播“村村通”,我县获评省级文化先进县和全国群众体育先进县。社会保障更加完善。深入推进全民创业,累计培育来料加工队伍1.2万人,新增个体工商户5525户、城镇就业6363人,城镇登记失业率控制在4%以内。加快社会保险扩面,被征地农民基本生活保障与职工基本养老保险制度实现并轨,医保报销范围不断扩大。加大社会救助力度,完成全国“救急难”综合试点,城乡最低生活保障月标准统一提高到608元,全面消除年收入4600元以下贫困现象。推进居家养老“暖巢”工程和保障性安居工程,建成居家养老服务照料中心95家、公共租赁住房390套。实施异地搬迁安置工程,完成大坪安置小区一期、砻铺地质灾害安置点等项目建设,新增异地搬迁1039户3505人。社会和谐稳步提升。安全生产、防火、防汛抗旱、防震减灾、动植物防疫等工作不断加强,雾溪饮用水源保护工程深入实施,县农贸市场、菜市场创成“省级放心农贸市场”。高标准高质量完成护航G20维稳安保任务,人民群众安全感、满意度连续多年位居全省前列,有望实现省级平安县创建“十二连冠”、夺取平安金鼎。老干部、关心下一代、青少年、工会、妇女儿童、残疾人、人民武装、国防动员、人民防空、气象、移民、统计、档案、史志、新闻、文学艺术、科普、民族宗教、台湾事务、侨务、外事、红十字和慈善等各项工作都取得新成绩。

五年来,我们致力转作风、强服务,政府形象有效提升。依法行政不断加强。推行政府法律顾问制度,坚持重大行政决策集体审议,加强行政机关合同审查备案,科学决策水平进一步提升。实施行政规范性文件“三统一”制度,完成政府行政规范性文件清理。主动接受人大法律监督、工作监督和政协民主监督,坚持重大事项向人大报告、政协通报制度,5年累计办理人大代表建议786件、政协提案547件。自觉接受群众监督,累计受理行政复议案件42件,公开各类政府信息7.47万条。行政效能不断提高。完成新一轮政府机构改革,组建县旅游委员会、市场监督管理局、综合行政执法局、卫生计生局。完善“四张清单一张网”,行政权力由8129项核减到4016项。深化行政审批制度改革,全面取消非行政许可审批事项,完成50个“局长代办”项目,行政审批实现提速95%。推进商事登记制度改革,实行“五证合一、一照一码”,市场主体活力进一步激发。作风建设不断深化。深入开展党的群众路线教育实践活动、“三严三实”和“两学一做”学习教育,抓好“四风”问题整改,清退违规占用和超标办公用房1.39万平方米,全面完成省委巡视组反馈问题整改落实。积极推进财政预决算公开,严格执行“三公”经费预算式管理和支出预警机制,完成行政机关公务用车制度改革,“三公”经费年均下降24%。加大审计监督和违法违纪案件查处力度,反腐倡廉工作取得新成效。

各位代表,五年的发展历程艰辛,五年的成就鼓舞人心。这是县委正确领导的结果,是县人大、县政协支持和监督的结果,是全县人民和社会各界团结拼搏、开拓创新的结果。在此,我代表县人民政府,向全县人民以及广大建设者,向人大代表、政协委员,各民主党派、工商联、人民团体和社会各界人士,向驻云部队、武警官兵,表示衷心的感谢和崇高的敬意!

发展成果来之不易,发展经验弥足珍贵。回顾过去五年的工作,我们深切体会到:

必须全面贯彻绿色生态的发展理念。只有始终保持战略定力,坚守生态红线,夯实生态本底,发挥生态优势,不断把生态资源转化为生态产业,把生态产业转化为生态效益,才能实现美丽环境、美丽经济、美好生活“三美融合”,进一步拓宽“绿水青山”向“金山银山”转化的通道。

必须始终坚持集聚集约的发展路径。只有一以贯之地坚持和提升“小县大城”发展战略,加快推进以人为核心的新型城镇化，提高人口集中、产业集聚和要素集约水平，更好地发挥辐射带动作用，才能实现以城带乡、以乡促城、城乡联动，促进城乡统筹协调发展。

必须持续激发改革创新的发展动力。只有解放思想、思进思变，创造性地开展工作，以开放的思路迎接挑战，用创新的办法破解难题，大胆冲破一切不利于改革发展的思想禁锢和体制障碍，才能不断激发全社会的创造活力，在复杂形势和发展困难面前做到从容应对、破难前行。

必须认真践行以民为本的发展宗旨。只有坚持以人民为中心的发展思想，走群众路线，将群众利益作为一切工作的出发点和落脚点，着力解决事关群众切身利益的热点难点问题，让发展成果实实在在地惠及人民群众，才能赢得群众的信任、拥护和支持，形成推动云和发展的强大合力。

必须努力营造勤政高效的发展环境。只有不断深化政府自身改革，充分激发干部队伍的主观能动性，在落实上下功夫、在执行上动真格，持续转作风、树新风、提效能、强服务，做到重实际、说实话、办实事、求实效，才能弘扬主旋律、汇聚正能量，在全面小康路上实现后发赶超。

分析过去五年，我们也清醒地看到，全县经济社会发展和政府工作还存在一些问题和不足：一是县域综合实力较弱，财政收支平衡困难，产业结构不合理，企业创新能力不强，资源环境约束加剧，节能减排压力很大。二是基础设施投入不足，市政设施和交通、水利、能源、信息等基础网络存在欠账。三是社会管理需要进一步加强，公共服务、民生改善与群众期待仍有较大差距。四是政府依法行政能力和科学管理水平有待提高，一些政府工作人员的思想观念、能力作风与工作要求还不适应。对此，我们必须高度重视，认真加以解决。

## 二、今后五年工作建议

今后一个时期，是高水平全面建成小康社会的决胜期，也是我县转型升级、赶超发展的关键时期。当前，世界经济正在深度调整中缓慢复苏。我国经济正处于结构性调整关键阶段，新经济和新动能正加快孕育，但也面临诸多矛盾叠加、风险隐患增多的严峻挑战。随着供给侧结构性改革深入推进和“一带一路”“长江经济带”等重大国家战略深入实施，市委市政府吹响“打造绿色发展中国方案‘丽水样板’”号角，必将为云和的发展带来新的机遇。面对新形势，应对新挑战，我们必须始终坚定生态自信，保持战略定力，强化责任担当，抢抓机遇，迎难而上，实现新作为，开创新局面。

根据县第十四次党代会精神，今后五年县政府工作的指导思想是：高举中国特色社会主义伟大旗帜，以马克思列宁主义、毛泽东思想、邓小平理论、“三个代表”重要思想、科学发展观为指导，深入贯彻习近平总书记系列重要讲话精神，以“四个全面”战略布局为统领，以五大发展理念为引领，以省委“八八战略”为总纲，坚持“绿水青山就是金山银山”战略指导思想，落实市委“绿色发展、科学赶超、生态惠民”发展主线，深化“小县大城”发展战略，全力推进“全域旅游、产业升级、改革创新、文化引领、惠民富民”五大战略重点，努力打造“一心三区”，与全省同步高水平全面建成小康社会，奋力开启全面建设童话云和的新征程。

今后五年经济社会发展的奋斗目标是：

生态环境更加美丽。到2021年，全县河流Ⅰ—Ⅲ类水质断面比例达98%，空气质量指数优良天数比率保持在95%以上，林木蓄积量达到580万立方米，森林覆盖率保持在80%以上，生态环境质量继续走在全国前列。

生态经济更加发达。地区生产总值年均增长8%，一般公共预算收入年均增长6%，固定资产投资年均增长10%，社会消费品零售总额年均增长8%，工业总产值年均增长10%，旅游总收入年均增长20%。到2021年，经济转型升级取得明显突破，基本形成“135”生态产业新体系，三次产业结构从“二三一”迈向“三二一”。

城乡发展更加协调。到2021年，基本打造“美丽县城”和“美丽乡村”升级版，城镇化率达到70%以上。建立完善覆盖城乡、智慧高效的综合交通、现代水利、绿色能源、智慧信息四大基础设施网络。“一心两翼三轴三级”城乡一体化发展格局更趋合理,城乡差距进一步缩小,成为全市城乡统筹发展示范区。

改革开放更加深入。到2021年,各项改革试点加快推进,经济社会发展体制机制障碍有效破除,政府公共服务与社会治理能力现代化水平进一步提高。对外开放平台全面拓展,外向型经济加快发展,区域合作和对外开放水平不断提升。

人民生活更加美好。到2021年,“中国梦”和社会主义核心价值观更加深入人心,人民群众思想道德素质、科学文化素质和社会文明程度显著提高,全社会法治意识不断增强。文化事业全面繁荣,文化产业发展壮大,文化软实力明显增强。就业、社保和分配体系良好有序,城镇和农村居民人均可支配收入年均分别增长8%和10%,形成更加完善的现代国民教育、科技文化、医疗卫生体系,社会更加和谐稳定,人民群众获得感和幸福感进一步提升。

围绕上述指导思想和奋斗目标,今后五年,县政府将重点做好四方面工作:

(一)坚持产业转型发展,筑牢童话云和经济基础。

1.做大做强生态休闲旅游业。坚持把生态休闲旅游业作为第一战略性支柱产业来打造,以创建省级全域旅游示范县为抓手,加快云和梯田、仙宫景区品质提升,推进云和湖旅游度假区、赤石景区、狮山佛教园林景区项目建设,进一步完善“一城一湖一梯田”旅游发展格局,着力将云和打造成为长三角家庭休闲旅游目的地,实现“过路游”向“过夜游”转变。到2021年,云和梯田景区创成国家AAAAA级景区,云和湖旅游度假区达到国家级标准,成功创建1个国家AAAA级景区、5个AAA级景区,景区化乡村旅游示范村达6个以上,实现旅游总收入60亿元,旅游投资5年累计超百亿元。

2.提档升级三大传统产业。深入实施“打造十亿企业、发展百亿产业”行动计划,引导要素资源向生态和骨干企业集聚,培育产值十亿元工业企业1家以上、5亿元企业2家以上,木制玩具行业产值力争突破百亿元。依托全国首个教育玩具研发基地,加强与教育部教育装备研发中心等机构院校合作,推进木玩与幼教产业融合发展。深化国家级出口木制玩具质量安全示范区、电子商务产品(木制玩具)质量提升示范区建设,扎实做好内外贸“同质同标”工作,全力打响“云和制造·世界品质”的品牌形象,打造全球木制玩具创制中心。加快金属压延产业改造提升,拓展产业链、产品线,实现节能、降耗、增效。加大精密装备制造业技术创新力度,推动轴承、阀门产业向精、深加工转型,提高产品附加值和行业核心竞争力。

3.积极培育五大潜力产业。提质发展生态精品农业,推进农业供给侧结构性改革,实施生态农业“611”工程,推动菌茶果蔬等主导产业集群式发展,开发一批旅游农产品和特色农业休闲观光点,促进农旅深度融合。创新发展生物医药产业,着力开发何首乌、黄精等药材产品,培育中药制药和中药保健品产业。深入发展电子商务产业,建成一体式电子商务产业园和木玩产品O2O体验中心,完善县域仓储、物流配送体系,到2021年,全县电子商务交易总额突破25亿元。加快发展养生健康产业,积极开发保健康复、体育健身和养生旅游等产品,建成一批医疗服务平台、养生康体(养老)基地。大力发展文化创意产业,引导社会资本进入木玩创意设计、动漫游戏和婚纱摄影等新型文化业态,培育孵化一批中小微文化企业和文化工作室,到2021年,文化产业增加值占GDP比重达到12%以上。

4.充分激发创业创新活力。打造木制玩具小微企业孵化平台,建立园区创新和信息化服务中心,为创业创新提供“一站式”专业化服务。继续实施科技创新“863”工程,引进各类创业创新领军人才,加快形成以企业为主体、市场为导向的产学研协同创新体系,新增高新技术企业5家、科技型中小微企业30家。深化省级知识产权示范县建设,建立快速维权机制,保护创业创新成果。全面建设省级小微企业信用体系试验区,健全风险共担机制,助推小微企业转型升级。设立生态经济产业引导基金，吸引更多民间资本参与生态经济建设。

（二）坚持城乡联动建设，彰显童话云和品牌特色。

1.塑造“美丽县城”新形象。围绕打造“全省美丽县城建设样板区”目标，全力推动“老云和、新童话、真山水”规划理念落地，力争创成“浙江美丽县城”。突出打造“功能美”，实施地下空间开发和综合管廊等重大市政工程，完成重点城中村、旧小区改造，加快“智慧城市”建设，完善城市公共服务功能。突出打造“环境美”，积极开展城市街道改造、立面改造，加快道路绿化景观带、“三溪”滨水绿廊和山体公园建设，提升城市综合管理水平，创成国家园林县城。突出打造“业态美”，建成“采真里”历史文化街区，大力培育城市民宿客栈、酒吧茶吧、乡土民俗表演等休闲业态，着力把县城建设成为最好的旅游产品，实现“逛县城就是逛景区”目标。

2.培育“美丽集镇”新特色。开展小城镇环境综合整治“126”行动，完善公园绿地、集贸市场、道路交通、环境卫生和污水处理等配套设施，整治乡容镇貌，全面优化小城镇生产、生活和生态环境，打造AAA级景区标准的“美丽集镇”。着力培育崇头省级中心镇，建设“中国最美梯田风情旅游小镇”。加快建设一般镇，打造石塘“湖畔茶乡·宜居小镇”、紧水滩“渔人天堂·船帮古镇”。积极推进乡集镇特色化发展，建设“浪漫赤石·养生小镇”“魅力安溪·风情畲寨”和雾溪“秘境畲乡·天然氧吧”。

3.提升“美丽乡村”新面貌。以村落景区化为目标，开展美丽乡村升级版五年行动，建成15个“主题鲜明、一村一韵”的特色精品村。加强历史文化村落保护利用，完成石浦、黄家畲等15个村项目建设。加快美丽宜居示范村建设，完成坑根、下垟等6个村建设任务。推动农家乐民宿优质化、精致化发展，打响“云和云居·六头民宿”品牌，到2021年，全县农家乐民宿床位突破1万张。深化“六边三化三美”行动，全面提升“十里云河”“最美梯田”等6条美丽乡村风景线，推动美丽乡村建设迈向“块状、环状”整体式发展，争创省级美丽乡村建设示范县。

4.巩固“美丽生态”新优势。全力打好“拆治归”组合拳，深化“三改一拆”“五水共治”行动，实现“决不把违法建筑、污泥浊水和脏乱差环境带入全面小康”的目标。全面实施农村生活污水治理与提升改造项目，到2021年，农户受益率达90%以上。加强天然林保护、森林抚育和公益林建设，完成美丽林相建设20万亩。进一步做好雾溪饮用水源保护工作，让居民喝上更优质的饮用水。推进环保体制机制改革，深入实施大气、土壤污染防治行动，实行最严格的生态管控和负面清单制度，切实提升生态环境质量。

（三）坚持有效投资拉动，强化童话云和动力支撑。

1.构建大招商格局。把招商引资作为“一把手工程”，进一步健全招商机制，完善招商政策，主动接轨长三角、海西经济区，不断拓宽驻点平台，形成多层次、多渠道、多元化招商网络。围绕构建“135”生态产业体系目标，紧盯浙商、央企和高端外企，突出绿色招商，做好产业补链招商，全力引进一批“大好高”项目。优化招商项目跟踪服务，提高项目落地投产效率。力争到2021年底，累计实现实际利用内资80亿元、外资5000万美元、浙商回归到位资金40亿元。

2.强化大项目支撑。加强国家投资重点和政策研究，全力争取中央预算内投资项目和省级重大项目，鼓励和引导民间资金投入基础设施、生态旅游、养生养老和社会事业领域。全力谋划投资亿元以上重大项目，实施城东金属园区改造提升、金龙鱼区块开发等50个重大项目攻坚计划。加快打造生态工业主平台，全面完成杨柳河、沙溪等低丘缓坡区块开发利用工程。大力推进木玩童话小镇、梯田农耕小镇、滨湖养生小镇和金水小镇等特色小镇项目建设，争创1个省级、2个市级特色小镇。到2021年底，累计固定资产投资突破300亿元。

3.完善大基础配套。强化交通网支撑，谋划争取温武铁路、城际轻轨等重大项目，加快建设G235云和段、云和湖水上游线等项目，构建完善“一环二高三主干四连五通道”公路网。推进现代水利六大体系建设,实施紧水滩引调水、龙泉溪治理、浮云溪流域综合治理等重大水利工程。加快清洁能源示范县建设,完成县域输气管道支线工程、林农光互补地面光伏电站等项目,建成电动汽车充电桩500个。推动信息网络建设,新建4G基站30个,实现中心城区及AAAA级以上景区免费WiFi全覆盖。

4.坚持大改革推动。积极谋划和争取新的重大改革试点,深化全国生态文明建设、国家中小城市综合改革、省级重点生态功能区小城市培育等已有试点改革,释放更多改革红利。推进行政管理体制改革,全面推行“互联网+政务服务”,完成综合行政执法和城市管理体制改革。深化城乡综合改革,探索农村集体经营性建设用地入市,推广空闲农房“二次创业”,进一步深化‘三位一体”综合改革,巩固扶贫改革试验成果。加强经济体制改革,健全以“亩产效益”为基础的资源要素差别化配置机制,加快投融资体制和国资国企改革,不断激发经济发展活力。

(四)坚持以民为本宗旨,提升童话云和幸福指数。

1.推进文化强县建设。坚持先进文化引领,大力发展文化事业和文化产业,不断丰富童话文化内涵。完善文体设施共建共享机制,实施数字文化惠民工程、农村文化礼堂“暖心工程”,建成全民健身文化中心、青少年训练馆等项目,打造县城“10分钟文体活动圈”和乡村“30分钟文体活动圈”。加强文化遗产保护开发,深入挖掘地方特色文化,建成8个非遗传承基地。放大节庆与民俗活动效应,推动木制玩具文化节、云和梯田开犁节、云和湖垂钓节等活动品牌化、常态化。加强文艺精品生产创作,扩大本土文化影响力。巩固和提升国家卫生县城、省示范文明县城创建成果,打造“整洁云和”“友爱云和”。

2.促进群众增收致富。推进国家支持农民工等人员返乡创业试点,新增返乡创业就业人员8000人。进一步完善就业帮扶政策,加大就业培训和指导力度,发挥“云和师傅”示范引领作用,切实解决就业难题。发展众创、众包、众扶、众筹等新模式,巩固“老三宝”,推广“新三宝”,增加群众经营性收入。实施低收入农户收入倍增计划,推进“百师扶贫助千家”“扶贫致富带头人”等帮扶行动,力争低收入农户人均纯收入年均增长15%以上,比2016年翻一番,接近全省平均水平。壮大农村集体经济,实现集体经济薄弱村全面脱困。重视民族区域经济社会发展,加快少数民族群众增收步伐。

3.优化公共服务供给。全力推进教育现代化建设,完成城南九年一贯制学校、实验小学园区分校等项目,高质量普及十五年基础教育,普惠性幼儿园和义务教育标准化学校实现全覆盖。深入实施“名师名校长”、骨干教师培养工程,建设高水平教师队伍,全面提升教育教学质量。推进健康云和建设,深化公立医院改革,完善合作办医、分级诊疗机制,确保城乡居民主要健康指标达到全省平均水平。创建国家计划生育优质服务先进县,促进人口长期均衡发展。实施全民参保计划,提高各类社会保险参保率,着力构建覆盖城乡的“五保合一”大社保体系。大力发展社会福利和慈善事业,健全“五保”“三无”对象、失独家庭、留守儿童、残疾人保障和服务体系,打造“9643”养老服务格局。

4.推进社会治理创新。巩固“平安云和”建设成果,健全防灾减灾、安全生产、食品安全等公共安全体系,加强突发事件应急管理,完善社会治安立体防控网络。进一步推行矛盾纠纷大调解机制、阳光和法治信访机制,全力化解各类社会矛盾。健全社区、社工和社会组织“三社联动”机制,积极推动民主监督、基层自治和行业自律,提升“96345”社会公共服务中心服务水平。深化城乡一体化信用体系建设,打造“诚信云和”。做好国防动员、人民防空和双拥优抚安置等工作,促进军民融合深度发展。

## 三、2017年主要工作

各位代表,2017年是新一届政府履政的开局之年,也是实施“十三五”规划的关键之年。做好新一年经济社会发展工作,以优异成绩迎接党的十九大胜利召开,具有十分重要的意义。综合分析发展环境和自身条件，建议今年全县经济社会发展的主要预期目标为：地区生产总值增长8%左右；规模以上工业增加值增长9%左右；服务业增加值增长8.5%左右；农业增加值增长2%以上；旅游总收入增长20%以上；固定资产投资增长11%以上；社会消费品零售总额增长8%以上；一般公共预算收入增长6%左右；城镇和农村居民人均可支配收入分别名义增长8%左右、10%左右；新增城镇就业岗位900个，年末城镇登记失业率控制在4%以内；人口自然增长率控制在8‰以内；万元生产总值综合能耗和主要污染物排放降低率完成省市下达指标。

为实现上述目标，要着力抓好五个方面工作：

(一)坚定不移发展生态经济。

1.壮大发展生态服务业。理顺两大AAAA级景区管理体制，深化“1+3”旅游综合执法模式改革，提升旅游业市场化管理水平。启动环云和湖绿道、金水小镇一期、云和东旅游集散服务中心等项目，完成栈云山庄一期、梯田停车场等项目建设，实现旅游投资6.48亿元。全面启动云和梯田创建AAAAA级景区工作，完成景观质量初评。办好第十一届云和梯田开犁节等活动，进一步打响“中国最美梯田”“中国最美婚纱摄影基地”品牌，创成省级全域旅游示范县。深化农村金融改革，推广农村产权抵押金融服务。推动企业股改上市，争取完成股改1家、“新三板”挂牌1家。推进全省产业集群跨境电商发展试点，建成云和跨境产业带专区，实现60家企业入驻全球速卖通平台。

2.转型发展生态工业。全力打好降成本、提品质、增效率组合拳，推动木制玩具、精密装备制造、金属压延三大传统产业转型提升，分别实现产值49亿元、12.5亿元和34亿元，同比增长9.3%、9%和10%。推进“三强一制造”，推广《木制玩具》浙江制造团体标准，力争认证“浙江制造”品牌1个，新增中国驰名商标1件、省市著名商标4件。实施省级“机器换人”分行业试点，培育2家试点企业。深化“零地技改”项目审批制度改革，推动企业集约高效发展。继续淘汰落后产能，积极开展“腾笼换鸟”，妥善处置“僵尸企业”，盘活存量土地260亩。完成200家以上“低小散”企业(作坊)整治提升任务，确保实现3年600家整治目标。进一步夯实工业发展平台，完成小微企业产业园二期、锯板中心和“两仓”建设，启动小微企业产业园三期、木玩原辅料市场建设，促进产业集聚发展。举办第六届木制玩具文化节，提升云和木玩品牌影响力。

3.优化发展生态农业。深入实施农业精品主导产业提升工程，新增和改造优质雪梨基地2000亩、高产油茶3200亩、良种蜜蜂1000箱，创建生态精品农业示范乡镇1个，培育农业龙头企业2家。加快农产品转化为旅游地商品，培育生产经营主体19个，转化旅游地商品20个。加强农产品质量安全监管，新增无公害、绿色、有机农产品5个，农产品省级抽检合格率达98%以上。加快打造农业“一区两镇”，推进西南片农业产业集聚区建设，争创崇头、石塘2个特色农业强镇。打好畜牧业转型升级攻坚战，建成美丽生态牧场3个。

(二)持之以恒推进城乡建设。

1.加速提升城市品质。深入开展“美丽县城”建设“135”行动，突出抓好老云和“采真里”项目，启动解放街及九巷改造工程，基本完成新华街道路、立面、桥系和水系改造，提升沿街业态。建成复兴路美化和城东大道改造工程，打造新的景观环线。全面启动木玩童话小镇建设，推进木玩智创空间、中国幼教创意园等6个项目前期，开工木玩展示体验馆、旅游集散中心等项目，确保全年完成小镇投资6亿元。全力推进城中村改造，出台改造政策，至少启动1个村改造项目。实施城市综合治理工程，建立源头治理和基层管控机制，创成新华街、城东路2条示范街。深化综合行政执法体制改革，全面完成职能划转，提升城市管理水平。

2.加快改善乡村面貌。深入推进小城镇环境综合整治，完成5个乡镇的整治任务。着力建设特色精品村，重点打造石浦、金水坑、赤石3个村，培育滩下、梅竹、新岭、黄家畲4个村。扎实做好历史文化村落保护利用工作，完成2个重点村和13个一般村的建设任务。深化“六边三化三美”行动,严格落实路段长制,扎实推进“蓝色屋面”和菇棚专项整治,提升“最美梯田”等3条美丽乡村风景线。做精农家乐民宿,打造农家乐特色村(点)3个,新建农家乐综合体1个、精品“云和云居”民宿5个、农家乐民宿50家,新增床位1000张。

3.加力保护生态环境。积极落实“水十条”,启动城区全面截污纳管两年行动计划,新增污水管网20公里,完成10个村生活污水治理设施提升改造,全面剿灭劣Ⅴ类水,全力夺取“大禹鼎”。认真落实“气十条”,实现滚漆行业集中治理,完成燃煤锅炉、黄标车淘汰任务,县城空气质量保持国家二级以上标准。加强珍贵彩色健康森林建设,营造美丽林相3.7万亩。围绕“一控两减四基本”目标,实施化肥农药减量、清洁田园等行动,建成现代生态循环农业示范县。全面打响治危拆违攻坚战,完成城镇危旧住宅房屋治理改造3.03万平方米、农村危旧房改造328户,拆除违法建筑22万平方米,全力争创“无违建县”。

(三)全力以赴扩大有效投资。

1.强势推进项目建设。落实县重点项目领导责任制,大力开展项目集中开工、难题清零销号等攻坚活动,全年实施项目151个,完成投资52.38亿元。强化政府投资引领,开工G235云和段、云龙公路二期等一批新建项目,加快推进后交线改建、中心粮库扩容等一批续建项目,全面完成岗头安置房、工业园区职工公寓等一批完工项目。更加重视民间投资,推进白龙山农家乐综合体、定格动漫文化创意产业园等项目建设,加快三潭旅游综合体、石塘坑大峡谷景区等项目前期,实现民间投资占比较2016年提高10个百分点。

2.精准开展招商选资。突出“一把手”招商,配强招商力量,做好专业招商和以商引商。加强与恰人玩具、上海景域集团、浙旅集团等大企业合作,引进一批投资量大、带动力强的重大产业、重大基础设施、重大民生项目。全年引进大项目4个,完成实际利用内资13亿元、实际利用外资850万美元,浙商回归到位资金6亿元。落实人才新政,加强高层次、高技能、紧缺急需人才队伍建设,争取入选“绿谷精英”1名。

3.着力破解要素制约。创新运用PPP、政府购买服务等模式,积极争取政策性银行融资和各类基金、债券支持。加快国资国企改革试点,加强国有资产动态监管,健全国有企业人事、用工、考核分配等制度,引导和鼓励企业面向市场,自主经营。加强闲置土地盘活利用,完成批而未供土地利用220亩、城镇低效用地再开发90亩,垦造耕地3000亩。出台集体土地上房屋征收补偿办法,扩大货币化安置,坚决打赢政策处理攻坚战。

(四)千方百计改善社会民生。

1.大力发展社会事业。加强教育基础设施投入,开工石塘小学迁建工程,加快云和中学整体改造、城南九年一贯制学校建设,完成城东幼儿园主体工程和崇头小学扩建一期工程。深入实施学前教育第二轮三年行动计划,深化与文元教育集团合作办学,推进现代学徒制试点县建设,创成省教育基本现代化县。开展知识产权联合执法行动,提高知识产权保护力度。扎实推进省卫生重点县建设,实施乡镇卫生院提升工程,加快县中医医院改革,完成城南社区卫生服务中心主体工程。启动健康县城创建,实施全民健身计划,提升群众健康素养。完善公共文化服务体系,举办“民间民俗文化艺术月”等特色文体活动,完成游泳池等文体设施改造。开展文明家庭创建活动,完成金丰嘉苑和同心花园幸福小区试点建设,新启动2个试点,提升社区居民幸福感、满意度。

2.着力加强社会保障。推进创业创新带动就业,新增个体工商户1000户、小微企业200户,统筹做好高校毕业生、农村转移劳动力和城乡就业困难人员就业工作。实施全民参保登记动态管理,继续推动社会保险扩面,稳步提高各项保险待遇水平。加强城乡养老服务设施建设,开工中心敬老院改扩建工程,完成养老综合福利中心、老年大学(一期)工程。做好城乡低保扩面工作,提高“五保”“三无”和重度残疾人员供养水平。

3.全力维护社会稳定。以“平安建设巩固提升年”活动为载体,推进基层治理现代化、平安建设社会化、矛盾化解多元化，努力打造全国最平安县。深入开展省级食品安全县创建活动，实施“放心消费在云和”行动计划，积极创建放心市场、放心商店、放心网店、放心餐饮、放心景区。全面落实安全生产责任制，加强重点领域安全监管，坚决遏制较大以上安全生产事故发生。深化“无欠薪云和”行动，切实保障劳动者权益。加快不良资产处置，开展非法集资和互联网金融风险隐患专项整治，维护县域金融稳定。强力推进地质灾害综合治理“大搬快治”两年行动，确保完成搬迁项目9个、治理项目4个，解危人口876人。

（五）多措并举抓好民生实事。

坚持问题导向，按照关注民生、惠及面广、资金有保障、当年见成效的要求，集中力量办好十件民生实事。

1.实施幼儿园扩容工程，启动2所普惠性幼儿园建设。

2.新建5家居家养老服务照料中心，建成21家示范点，实现农村居家养老服务中心及养老服务机构综合保险两个“全覆盖”。

3.加强食品安全监管，开工建设食品药品农产品检验检测中心，配备流动检测车，为群众提供免费检测服务。

4.新增城市公共停车位200个，建成城市智能停车管理系统，缓解“停车难”问题。

5.推进汽车分时租赁项目，累计投入新能源汽车100辆，建成充电桩200个。

6.推进旅游厕所革命，新建旅游公厕5座、改扩建5座，新建农村公厕20座、提升20座。

7.实施县城公共场所及景区核心区公共免费WiFi项目，新增免费WiFi热点200个，覆盖面积50万平方米。

8.深入开展农民异地搬迁工程，全年实现异地搬迁500人。

9.启动适龄妇女免费“两癌”检查项目，完成乳腺癌免费检查1000人次，宫颈癌免费检查3000人次。

10.推广责任医生签约服务，完成全县30%人口责任医生服务协议签约，为群众提供有效、便捷、价廉的基本医疗卫生服务。

## 四、加强政府自身建设

各位代表，新一届政府重责在肩，任重道远。我们必须牢记使命、不忘初心、继续前进，以永无止境的追求干在实处，以要谋新篇的担当走在前列，切实担负起发展的责任，不辜负人民的期望和重托。

1.奋发有为，实干兴政。大力加强干部队伍建设，努力打造一支政治绝对忠诚、干事尤为担当、做人尤为干净、作风尤为过硬、精神尤为昂扬，勇立绿色发展潮头的云和铁军。坚持以实干为第一导向，撸起袖子加油干，甩开膀子抓落实，全力推动政府各项工作落地。落实容错免责和激励干事机制，旗帜鲜明为敢于担当的干部担当、为敢于负责的干部负责，充分调动广大干部的工作积极性。坚持“红榜黄牌”通报制度，加大对重大部署、重点工作的考核督查力度，加强追责问责，坚决治理行政不作为、慢作为问题。

2.优化服务，高效施政。全力抓好“最多跑一次”改革，推行新入园企业“零”审批机制，加大重点项目“局长代办”力度，打造审批时间最短、办事效率最高、服务质量最优的创业环境。深化政府领导联系基层、乡镇干部“住村联心”制度，深入一线服务基层、服务发展。加快乡镇（街道）“四个平台”建设，推动政府管理重心下移，全面提升基层社会管理和服务群众水平。加强政务公开，发挥“12345”统一政务咨询投诉举报服务中心等平台的监督作用，不断提高政府行政效能。

3.公平公正，依法行政。坚持依法决策、民主决策、科学决策，严格落实《浙江省重大行政决策程序规定》，把公众参与、专家论证、风险评估、合法性审查和集体讨论决定作为重大决策的必经程序。严格执行行政裁量权基准制度，加大行政执法监督检查及案卷评查力度。推进政务服务网行政处罚平台建设，建立行政执法流程网上管理和处罚结果信息公开制度，提高执法效率和规范化水平。健全行政权力监督制约机制，自觉接受人大依法监督、政协民主监督以及监察监督、司法监督，加强政府内部层级监督和审计监督，主动接受社会监督、舆论监督。

4.干净干事,廉洁从政。认真履行全面从严治党主体责任,深入推进党风廉政建设和反腐败斗争,切实把廉政要求落实到政府工作的各个环节。高标准落实中央八项规定、省委"28条办法""六项禁令"和市委有关规定要求,持续整治"四风"问题,严肃查处违法违纪案件,严厉惩处腐败行为,坚决纠正损害群众利益的突出问题。认真落实土地出让、工程招投标、政府采购等制度,用制度"制权、管人、控钱",有效防控廉政风险。坚持厉行节约,注重开源节流,严格执行财政预算制度,强化公务支出和项目绩效管理,切实降低行政成本,真正把有限的财力用到发展最需要、群众最受益的地方。

各位代表,立足新方位,落实新要求,推进新发展,是时代赋予我们的历史重任和光荣使命。让我们在中共云和县委的坚强领导下,紧紧依靠全县人民,以更加开阔的眼界、更加务实的作风、更加昂扬的斗志,开拓创新,扎实工作,为决胜全面小康、建设童话云和而努力奋斗!

## 名词解释

1.六边三化三美:推进公路边、铁路边、水边、山边、城边、村边等区域的洁化、绿化、美化行动,实现城美、村美、房美。

2.五水共治:治污水、防洪水、排涝水、保供水、抓节水。

3.五气共治:治汽车尾气、治工业废气、治城市浊气、治燃煤烟气、治农村废气。

4.四换三名:全面推进腾笼换鸟、机器换人、空间换地、电商换市和培育名企名品名家。

5.两化融合:以信息化带动工业化、以工业化促进信息化,实现信息化和工业化的高层次深度结合。

6.新三板:全国中小企业股份转让系统,是经国务院批准设立的全国性证券交易场所。股票在"新三板"挂牌的公司为非上市公众公司,接受中国证监会的统一监督管理。

7.云和木玩产业带:依托阿里巴巴中国产业带搭建的木玩线上交易平台。通过产业带,在云和本地区域内聚集木玩设计、加工、原辅料供应、营销等各类以木玩生产为中心的上下游企业,建立起紧密的经济技术协作圈,提升产业集群竞争优势。

8."三权"抵押贷款:农村金融改革中的林权、农村承包土地经营权、农民住房财产权抵押贷款。

9."双下沉、两提升"工程:通过完善政策、创新机制,促进医疗卫生"人才下沉、资源下沉",支持基层医疗卫生机构"服务能力提升,服务效率提升"。

10.三统一:行政规范性文件统一登记、统一编号、统一发布。

11.四张清单一张网:政府权力清单、责任清单、企业投资负面清单、财政专项资金管理清单及浙江政务服务网。

12.五证合一、一照一码:"五证合一"指营业执照、组织机构代码证、税务登记证、社会保险登记证和统计登记证"五证合一"登记制度。"一照一码"指通过"一口受理、并联审批、信息共享、结果互认",将工商、质检、税务等三个部门分别核发的不同证照,改为工商部门直接核发加载法人和其他组织统一社会信用代码的营业执照,并将办理时限从8天缩短至3天以内。

13.供给侧结构性改革:从提高供给质量出发,用改革的办法推进结构调整,矫正要素配置扭曲,扩大有效供给,提高供给结构对需求变化的适应性和灵活性,提高全要素生产率,更好满足广大人民群众的需要,促进经济社会持续健康发展。

14.一心三区:全球木制玩具创制中心、国家全域旅游先行区、全省美丽县城建设样板区和全市城乡统筹发展示范区。

15."135"生态产业体系:"1"是指做大做强生态休闲旅游业;"3"是指转型提升木制玩具、精密装备制造、金属压延等三大传统产业;"5"是指培育生态精品农业、电子商务、文化创意、养生健康、生物医药等五个新增长点。

16.一心两翼三轴三级:"一心"是指县城这一中心,"两翼"分别指水翼(云和湖水岸发展翼)和山翼(梯田高山发展翼),"三轴"是指城镇综合发展轴、沿湖经济发展轴和沿后交线绿色发展轴,"三级"

是指形成1个中心城区、6个乡镇、80个左右行政村的三级城乡体系。

17.同质同标：企业出口、内销产品按相同的标准生产，达到同样的质量水准。

18.生态农业“611”工程：到2020年，全县累计创建生态精品农业示范乡镇6个、示范企业11家、示范合作社11个、示范家庭农场110个，生态精品农业产品110个，带动农户10000户，实现农业总产值10亿元。

19.O2O：线上到线下，是指将线下的商务机会与互联网结合，让互联网成为线下交易的平台。

20.智慧城市：运用信息和通信技术手段，感测、分析、整合城市运行核心系统的各项关键信息，从而对包括民生、环保、公共安全、城市服务、工商业活动在内的各种需求作出智能响应，实现城市智慧式管理和运行，进而为城市中的人创造更美好的生活，促进城市的和谐、可持续成长。

21.三溪：浮云溪、黄溪、安溪。

22.小城镇环境综合整治“126”行动：2016年下半年开始，浙江省全面实施了以乡镇政府驻地建成区为主要对象，兼顾驻地行政村的行政区域范围和仍具备集镇功能的原乡镇政府驻地，以“一加强三整治”（加强规划设计引领，整治环境卫生、整治城镇秩序、整治乡容镇貌）为主要内容的小城镇环境综合整治行动。云和县提出实施“126”行动，“1”即所有乡镇一起筹划规划、一起整治建设，“2”即三年行动两年完成，“6”即按各乡镇地域特色和文化内涵，建设各具风格的山水童话集镇，形成六镇六景。

23.云和云居·六头民宿：以“门头、床头、灶头、石头、木头、田头”等为基本要素的云和本土化民宿品牌。

24.特色小镇：是指相对独立于市区，具有明确产业定位、文化内涵、旅游和一定社区功能的发展空间平台，区别于行政区划单元和产业园区。浙江省的特色小镇建设坚持政府引导、企业主体、市场化运作，规划面积一般控制在3平方公里左右，建设面积一般控制在1平方公里左右，固定资产投资要达到30亿元或50亿元左右，所有特色小镇要建成AAA级以上景区，其中旅游类特色小镇要按照AAAAA级景区标准进行建设。

25.一环二高三主干四连五通道：“一环”即云和—崇头—岙头（陈家垟）—麻垟—赤石（阴岩）—梓坊—龙门—紧水滩—（水路）—石塘—云和（根据云和县综合交通运输发展“十三五”规划，“十三五”期间计划开工建设云和—崇头—岙头的后交线改建工程、岙头—麻垟的陈麻线改建工程、紧水滩—石塘的石塘交通码头和石浦交通码头工程），“二高”即丽龙高速、云景高速（均已建成），“三主干”即G235、G322、S328（“十三五”期间计划开工建设G235云和段改建工程、S328朱村至规溪亭段改建工程），“四连”即后交线黄源至交见圩、桃子坑至大东坝、库北至道太、林山下至梧桐（“十三五”期间计划完成桃子坑至大东坝、库北至道太等库北农村公路联网完善及提升工程的课题研究编制工作），“五通道”即局龙（云龙）线、小云线、黄安（梅下）线、张项（岙沙）线、北溪大桥至金村（“十三五”期间计划开工建设云龙线改建工程，完成局龙线项目工可编制）。

26.现代水利六大体系：安全水利体系、资源水利体系、生态水利体系、智慧水利体系、法治水利体系、文化水利体系。

27.互联网+政务服务：各级政务服务实施机构运用互联网、大数据、云计算等技术手段，构建“互联网+政务服务”平台，实现政务服务统一申请、统一受理、集中办理、统一反馈和全流程监督等功能，通过网上大厅、办事窗口、移动客户端、自助终端等多种形式，为自然人和法人提供一站式办理的政务服务。

28.“三位一体”综合改革：建立农民合作经济组织联合会，将农民专业合作、供销合作、信用合作三类组织有机融合，进一步增强为农服务的科技、流通、金融三重功能。

29.数字文化惠民工程：提供以数字图书馆、数字档案馆、数字博物馆为核心的数字化文化服务。

30.众创、众包、众扶、众筹：“众创”指通过创业创新服务平台聚集全社会各类创新资源；“众包”指借助互联网等手段，将传统由特定企业和机构完成的任务,向自愿参与的所有企业和个人进行分工;“众扶”指通过政府和公益机构支持、企业帮扶援助、个人互助互扶等多种途径,共助小微企业和创业者成长;“众筹”指通过互联网平台向社会募集资金。

31.农民增收“老三宝”和“新三宝”:“老三宝”是指种植业、养殖业、外出务工;“新三宝”是指农家乐民宿、农村电子商务、来料加工。

32.“三无”对象:由民政部门收养的无生活来源、无劳动能力、无法定抚养义务人或法定抚养义务人丧失劳动能力而无力抚养的公民。

33.“9643”养老服务格局:96%的老年人居家接受服务,4%的老年人在养老机构接受服务,不少于3%的老年人享有养老服务补贴。

34.“1+3”旅游综合执法模式改革:“1”是指旅游局升格为旅游发展委员会,“3”是指旅游警察、旅游巡回法庭、旅游市场监管所。

35.三强一制造:推进质量强省、标准强省、品牌强省建设,打造“浙江制造”品牌。

36.零地技改:依托多年来形成的产业基础,在土地零扩张的前提下向空间要地,为传统技术的升级改造提供空间,能大幅提高工业用地利用效率。

37.僵尸企业:是指那些无望恢复生气,但由于获得放贷者或政府的支持而免于倒闭的负债企业,特点是“吸血”的长期性、依赖性。

38.两仓:公用型保税仓库和出口监管仓库。

39.“美丽县城”建设“135”行动:“1”是实现“逛县城就是逛景区”的目标,“3”是实施美丽县城建设3年行动计划,“5”是推进老云和“采真里”历史文化街区、复兴路美化工程、污水治理改造工程、城市综合治理工程、城东大道改造提升工程等5大工程建设。

40.水十条、气十条:2013年9月、2015年4月,国务院分别下发了《关于印发大气污染防治行动计划的通知》《关于印发水污染防治行动计划的通知》,分别确定了大气污染、水污染防治的十条措施。

41.一控两减四基本:控制农业用水总量,减少化肥、农药使用量,基本实现畜禽粪便、病死动物、秸秆、废弃农膜等资源化利用和无害化处理,扭转农业“两区”土壤污染加重态势。

42.PPP:公私合作模式,是指政府部门在公共基础设施建设中引入社会资本,共同设计开发,共同承担风险,全过程合作,期满后再移交给政府的公共服务开发运营方式。

43.现代学徒制:指通过学校、企业的深度合作与教师、师傅的联合传授,对学生以技能培养为主的现代人才培养模式。

44.乡镇(街道)“四个平台”:按大口子综合管理原则,对乡镇(街道)和部门派驻机构承担的日常管理服务事务进行归类整合,形成综治工作、市场监管、综合执法、便民服务四个功能性工作平台。

# 中国人民政治协商会议
# 第八届云和县委员会常务委员会工作报告

*在政协第九届云和县委员会第一次会议上*

云和县政协主席　雷一坤

2017年2月18日

各位委员：

我受政协第八届云和县委员会常务委员会委托，向大会报告工作，请予审议，并请列席会议的同志提出意见。

## 八届政协工作回顾

八届县政协履职的五年，是我县全面深化改革，积极适应新常态，着力加快发展，向全面小康目标奋力迈进的五年，也是我县人民政协事业取得积极成果的五年。五年来，在中共云和县委的领导下，八届县政协坚持以十八大精神为指导，深入贯彻落实习近平总书记系列重要讲话精神，切实执行中办《关于加强人民政协协商民主建设的实施意见》，依照《宪法》和《政协章程》，牢牢把握团结和民主两大主题，自觉服从和服务于全县工作大局，团结带领政协各参加单位和广大政协委员，认真履行政治协商、民主监督、参政议政职能，齐心协力谋发展，尽心竭力惠民生，凝心聚力促和谐，为加快打造“山水童话”特色的现代化生态休闲旅游名城，建设“两美”云和作出了积极贡献。

### 一、围绕大事实事建言献策，政治协商水平进一步提高。

政治协商是人民政协的首要职能。八届县政协始终坚持以协商民主为主题，紧紧围绕县委、县政府中心工作，充分发挥人才荟萃、智力密集的优势，就我县经济社会发展中具有综合性、全局性、前瞻性的重大问题，开展了多层次、多形式的广泛协商，有效地促进了全县经济社会的发展。(一)务实开展专题协商。通过议政性常委会、专题协商讨论会等形式，对“五水共治”“招商引资”“‘十三五’规划编制”“推进民族工作”等人民群众普遍关注的热点、难点问题开展广泛协商，提出了40多个方面300多条意见建议，供党委政府决策参考。(二)灵活运用对口协商。通过提案办理协商等平台，对“饮用水安全”“教育均衡发展”“污水垃圾处理”“食品安全监管”和“低收入农户创业增收”等重大而紧迫的现实问题开展对口协商，剖析成因，提出建议，有力地促进了相关工作的开展。(三)有效深化“点题协商”。县政协常委会议、主席会议分别听取“提案办理”“纪检监察”“三改一拆”“五水共治”“六边三化三美”等方面工作的情况通报，并就相关问题进行协商讨论，一些建设性意见得到了党委政府的重视，议政成果得以有效转换。

### 二、围绕决策实施督促问效，民主监督实效进一步增强。

政协的民主监督是我国社会主义监督体系的重要组成部分，是发展社会主义民主的重要实现形式。八届县政协充分发挥位置超脱、直言善谏的优势，坚持以支持和服务为目的，以提出意见、批评、建议为主要方式，扎实有效地组织实施民主监督。(一)专项集体监督有为。在省委发出“五水共治”动员令前,前瞻性地组织委员赴浦江县考察浦阳江水环境综合治理工作,并第一时间向县委、县政府提交《水环境综合治理专项民主监督建议书》。积极响应省政协号召,连续三年开展“五水共治”专项集体民主监督活动,组织省、市、县三级政协委员,通过提案、反映社情民意、调研视察、文艺宣传、捐款捐物等形式为“五水共治”献计出力。广大政协委员深入河溪、村镇、企业,以及“两路两侧”“四边三化”问题点位开展督查指导和明察暗访,重点对河道排污口、项目推进和“河长制”落实情况进行监督检查,共开展河道巡查152次,参与委员1200多人次;企业家委员以身作则,积极整改,并为我县开展“五水共治”捐款197万元;文化教育组委员组织编排的音乐快板表演唱《话五水共治》等节目作为省市县三级政协助推“五水共治”活动内容赴缙云、青田、景宁等地巡演,受到群众的欢迎和好评。(二)提案办理监督有效。八届县政协在坚持完善主席督办重点提案、提案办理“三见面”协商和民主评议提案办理工作的同时,建立了专委会督办重要提案、提案办理“二次反馈”和媒体监督常态化机制,并在全市率先推行党政领导“一人领办一案”的工作机制,全方位推动提案办理向“落实型”转变。五年来,共收到以提案形式提交的意见建议654件,立案576件,各承办单位把办理提案作为重要职责,积极采纳提案建议,全部提案均在规定时限内办复。所提问题已经解决或基本解决的提案297件,占提案总数的51.6%,所提问题部分解决、正在解决或已列入计划解决的提案155件,占提案总数的26.9%,所反映的城市建设、环境保护、教育医疗等一大批民生问题得到了实质性的解决。(三)民主监督员监督有力。为提高民主监督组织化程度,增强民主监督实效,八届县政协积极探索,开展了委派民主监督员工作,将其作为加强民主监督的一项经常性工作来抓。每年选派30多名素质高、原则性强、经验丰富的委员,到党政部门和司法机关担任特约监督员。通过集中监督与分散监督相结合、明察与暗访相结合、书面监督与口头监督相结合等方式,对教育和卫生收费、办事窗口服务、司法审判公正性、小区环卫保洁等民生热点问题进行监督,共开展集中监督活动72次,提出合理化建议320多条,对有关部门改进工作、提高效率、转变作风、提升形象,发挥了积极的监督作用。

## 三、围绕改革发展献计出力,参政议政作用进一步彰显。

参政议政是人民政协履行职能的重要形式。八届县政协充分发挥联系广泛、渠道畅通的优势,通过开展调研视察、反映社情民意等形式,努力把参政议政的成果融入加快“两美”云和建设的实践中。(一)紧扣中心调查研究。坚持以问题为导向,从党委政府关注、人民群众期盼、政协有能力做好的课题入手,组织委员深入实际,发现问题,研究对策,提出建议。五年来,政协领导领衔重点调研课题27个,专委会、委员组撰写的调研视察报告89篇,提出了600多条有见解、有分量、有价值的意见建议。关注古旧民居保护利用,深入全县50多处古旧民居,现场查看保护利用状况,考察安徽黟县、我省德清等地古民居群落,形成了内容翔实、建议中肯、操作性强的调研报告,县委及时吸收调研成果,将古旧民居保护利用与历史文化村落保护利用相结合,积极组织实施,石塘镇桑岭村被列入全省第一批历史文化村落保护利用重点村;重视民族地区发展,组织委员深入安溪、雾溪两个民族乡及相关部门,通过座谈、普查、走访等方式,详细了解我县少数民族在人口、就业、收入、教育、社会保障、干部使用和民族政策落实等方面情况及存在的问题,针对民族经济发展、文化传承、政策普惠及提高少数民族干部任用比例等方面提出意见建议,得到了广泛采纳。《关于生态休闲养生(养老)乡村开发和建设的思考》《努力展示畲族文化,倾力打造黄处特色村寨》《加强复兴路沿线管控的建议》等20多篇调研报告,得到县委主要领导的批示肯定,要求有关部门研究吸纳,推动了相关工作的改进和提升。(二)着眼大局议政建言。组织召开了五次全体会议,通过听取报告、大会发言、小组讨论等形式,围绕"一府两院"报告、"十三五"规划等事关全局的重大发展战略事项,涉及经济社会发展的突出问题和人民群众关心的热点难点问题,开展协商讨论,积极议政建言。八届一次会议以来,共收到大会发言材料123篇,43名委员在大会上作了发言,组织小组讨论160多场次,提出意见建议1570余条。其中,加快"美丽城乡"建设、完善基本公共服务体系、城区限制燃放烟花爆竹等建议,受到县委、县政府的高度重视,在政府部门制订有关政策文件和重要规划中得到较好体现。(三)关注民生反映民意。发挥社情民意信息"直通车"作用,紧扣社会热点,反映民声民情,汇聚民智民力。在全省率先创建"议政云和"微信公众平台、"有事好商量"电子公文平台,通过完善反映社情民意信息考核制度、加强特邀社情民意信息员队伍建设等途径,不断强化社情民意的收集、撰写、编报和反馈工作。五年来,共编发社情民意信息93期,其中12篇民意报道在《人民政协报》《联谊报》等各级报纸刊发,《制定家禽定点屠宰法规,保障公共卫生安全》《关于加快确立城市形象标识的建议》和《关于加快推行"市民卡"打造智慧丽水的建议》等被省、市政协采用。反映的许多意见建议引起了上级领导的关注,为领导机关掌握社会舆情、分析判断形势、进行有效决策提供了参考依据。

## 四、围绕促进和谐凝心聚力,团结民主局面进一步巩固。

团结和民主是人民政协工作的两大主题。八届县政协充分发挥政协联系面广、包容性强的优势和特点,积极协调各方关系、广泛凝聚各方力量,主动服务全县大局,努力营造万众一心、共谋发展的生动局面。(一)发挥优势,凝聚发展合力。认真贯彻"长期共存、互相监督、肝胆相照、荣辱与共"的方针,加强与民主党派、工商联、人民团体和无党派人士的团结合作,通过举办迎新茶话会、政情通报会和邀请参加调研视察等形式,为党派团体、各族各界人士参政议政创造条件,巩固和发展中国共产党领导的多党合作的政治格局,巩固和壮大最广泛的爱国统一战线,凝聚推动全县改革发展的强大合力。(二)履职为民,真心服务群众。积极组织各界有专长的委员,"心"入基层,脚沾泥土,为群众办实事、做好事、解难事。五年来,结合"三下乡"等主题活动,组织开展政策宣传、文艺演出、健康义诊、法律援助和就业培训等丰富多彩的走基层活动60多次,参与委员800多人次。许多委员还积极投身救灾、济困、扶老、助学等慈善活动,充分展现了政协委员扶危济困、热心公益的风采。(三)拓宽渠道,扩大对外影响。积极为省市政协来云视察调研、省内外政协来云考察学习等活动搞好协调及接待服务,五年来,共接待各地政协来云考察交流172批近2000人次,为宣传推介云和、扩大政协影响、联系社会各界发挥了积极的作用。发挥文史资料存史资政、团结育人的作用,扎实做好文史资料的征集整理和编辑出版工作,征编出版了《抗战文化专辑》《山水云和》《客从汀州来》和《云和县畲族革命斗争历史》等文史资料;积极拓宽文史研究领域,文史委与档案部门合作完成了畲语、云和方言和汀州方言的音像建档工作,并编辑出版了《箬水乡音》一书,从语音、词汇、语法等方面收录了三种语言的基础语言资料;配合省、市政协完成了"委员治水故事""我与香港回归发展口述史""丽水新乡贤事迹"等文史资料征集工作。

## 五、围绕自身建设强基固本,政协履职能力进一步提升。

加强政协自身建设,是人民政协强基固本的重要工作,是提高履职水平的重要基础。八届县政协始终坚持以提升履职效能为重点、以完善机制为关键,内强素质,外树形象,不断加强自身建设,着力筑牢履职基础,不断提升政协工作科学化水平。(一)切实发挥委员主体作用。充分利用政协全会、常委会、主席会等政协例会和专题议政会等形式，搭建委员知情明政平台，为“两美”云和建设传播“好声音”，汇聚“正能量”。制定和完善了《关于进一步发挥委员主体作用的实施意见》《云和县政协委员组工作考核办法》《云和县政协社情民意信息工作考核奖励办法》等规章制度，进一步加强委员履职管理，完善综合评价体系，激发委员履职积极性和主动性。五年来，共表彰先进委员85人次、优秀提案42件，履职中涌现出一大批有担当、会协商、善议政的优秀委员。(二)切实提升专委会工作水平。加强专委会组织建设，充实专委会力量。在县委的重视和支持下，内设机构由上届的“一办一委”增加到“一办六委”，使专委会的设置更加符合政协履职需要。制定出台了《政协云和县委员会专门委员会工作规则》《政协云和县委员会委员组工作规则》及有关考核办法，有效提升了专委会工作“三化”水平。(三)切实加强政协机关建设。严格落实中央“八项规定”、《党政机关厉行节约反对浪费条例》及省委“28条办法”“六项禁令”等一系列作风建设新规章制度，确保不打折扣、不搞变通，使政协的会风、文风、工作作风不断得到改进。弘扬政协文化、大兴干事文化，深入开展“机关文化”创建活动，积极培育“主动办、马上办、用心办”的机关服务文化、“愉悦、廉洁、和谐”的机关环境文化和“团结、进取、高效”的机关执行文化，切实增强政协机关的政务性服务能力和统筹协调能力，使政协机关能充分为委员有效履行职能、顺利开展工作提供可靠保障，真正成为“委员之家”。

各位委员，同志们！八届县政协所取得的成绩，是中共云和县委高度重视、县人大和县政府大力支持、各部门密切配合的结果，是广大政协委员、政协各参加单位和政协机关干部共同努力的结果。同时，也离不开历届县政协打下的良好工作基础和社会各界的关心帮助。在此，我代表八届县政协常委会，向各级领导，向全体政协委员，向所有关心、支持政协工作的各界朋友，表示衷心的感谢并致以崇高的敬意！

在肯定成绩的同时，我们也清醒地认识到，对照上级的要求和广大群众的期待，八届县政协在履职过程中还存在诸多不足。主要是：政协界别优势和作用尚未得到充分体现；政协民主监督职能发挥还不够全面和深入；政协工作制度化、规范化、程序化建设仍需加强；政协机关工作中的创新能力和服务水平有待进一步提高。这些问题和不足，需要我们在今后工作中予以充分重视，并切实加以改进。

## 主要履职体会

各位委员，同志们，五年来，我们准确把握人民政协的地位和作用，准确把握时代脉搏，准确把握云和实际，努力在实践中探索，在探索中开拓，在开拓中奋进，积极稳健地推动我县政协工作迈出新步伐。五年来的探索和实践，我们有很多难忘的画面和回忆，也有很多值得总结的经验和体会：

——只有始终坚持中国共产党的领导，政协作用才能有效发挥。五年来，我们坚定不移地贯彻党的基本理论、基本路线、基本纲领，坚定不移地贯彻执行中央和省、市、县委关于加强政协工作的方针政策，始终坚持在中共云和县委的领导下开展工作，主动请示报告重大事项、重要工作。县委把政协工作纳入工作全局，统一研究部署，确保政协政治有地位、建言有机会、出力有舞台、工作有作为。实践证明，只有始终坚持中国共产党的领导，做到与党委心往一处想、劲往一处使，政协事业才能沿着正确的政治方向前进，政协作用才能得到有效发挥。

——只有把协商民主贯穿政协履职全过程，政协特点才能充分体现。五年来，我们深刻理解和准确把握人民政协作为协商民主重要渠道和专门协商机构作用，进一步增强责任感、使命感，明确履职方向，改进履职方式，认真制定年度协商计划，精心组织协商议政活动，努力营造既畅所欲言、各抒己见，又理性有度、合法依章的良好协商氛围，使政协协商民主过程真正成为发扬民主、集思广益的过程，成为统一思想、凝聚共识的过程，成为促进科学决策、民主决策的过程。实践证明，只有在政协履职全过程、各环节中充分体现协商民主，不断提高政协协商民主的水平和实效，才能更好地彰显政协的独特优势和不可替代的作用。

——只有将政协事业融入云和发展大局，政协工作才有广阔天地。五年来，我们牢固树立大局意识，充分发挥自身优势，把履职重点放在事关全县经济社会发展宏观性、战略性重大问题上，放在党委、政府关注的大事、难事上，放在人民群众关注的热点、难点上，努力当好县委的参谋助手，成为云和发展的“助推器”。实践证明，只有紧扣建设“两美”云和的目标任务，切实做到党政工作推进到哪里，政协工作就跟进到哪里，力量就汇聚到哪里，才能参政参到点子上，议政议到关键处，才能真正做到有为更有位。

——只有注重维护和促进社会公平正义，政协工作才能接地气有作为。五年来，我们秉持履职为民理念，紧紧围绕教育、就业、收入分配、社会保障、医疗卫生等涉及群众切身利益的问题，深入调查研究，积极建言献策；建立完善政协组织、政协领导和政协委员联系群众的工作机制，竭诚为基层发展和弱势群体做好事、解难事、办实事。实践证明，只有不断增强宗旨意识，主动将政协工作触角向基层群众延伸，努力为保障和改善民生、促进社会公平正义履职尽责，切实做到人民政协为人民，政协工作才能更加出彩、赢得群众更多的“点赞”。

——只有坚持以改革创新精神推动工作实践，政协事业才能永葆生机活力。五年来，我们不断加强政协履职“三化”建设，认真探索履行职能的新方式，积极开辟发挥作用的新途径。通过创新会议组织方式，扩大协商议政的影响力；通过创新提案工作方式，提高提办双方的积极性；通过创新调研视察方式，增强议政建言的针对性和可操作性。实践证明，只有牢牢把握时代脉搏，始终保持蓬勃朝气，不断深化对新时期人民政协工作特点和规律的认识，积极研究探讨履行职能的新形式新方法，才能为政协事业发展源源不断注入动力、增加活力。

## 今后五年工作建议

各位委员，九届县政协任期的五年，是我县实施“十三五”规划、决胜全面小康、建设童话云和的五年。新时期新任务对政协工作提出了更高要求，也为政协事业提供了更为广阔的舞台。我们要牢牢把握人民政协的性质定位，紧扣中央和省委、市委重大决策部署，围绕县第十四次党代会提出的目标任务，充分发挥协商民主重要渠道和专门协商机构重要作用，认真履职尽责，谋求新作为，展示新风采，努力谱写我县人民政协事业发展新篇章。为此，向九届县政协常委会建议：

坚定信念、把牢方向，在政协事业上要有新定位。牢固树立“四个意识”，讲政治、守规矩、敢担当、善作为。组织广大委员深入学习贯彻中共十八大和十八届三中、四中、五中、六中全会以及习近平总书记系列重要讲话精神，认真贯彻落实十八大以来中共中央对政协工作的一系列新要求新部署，牢牢把握正确的政治方向，保持坚定政治定力，增强政治思想共识，在思想上、政治上、行动上同以习近平同志为核心的党中央保持高度一致，切实做到与县委思想上同心同德、目标上同心同向、行动上同心同行，全力打造“靠谱、有为、和谐”政协。

围绕中心、服务大局，在建言献策上要有新建树。进一步发挥人民政协“人才库”和“智囊团”作用，紧紧围绕全县改革发展稳定大局，突出团结民主两大主题，精心选择党政所需、群众所盼、政协所能的课题，认真开展专题调研，积极为党委政府献计出力。聚焦“十三五”规划实施、打造“一心三区”、全面建成小康等方面课题，有计划、有步骤地组织委员开展调查研究和视察活动，全方位、多角度、深层次地提出富有前瞻性、操作性的意见和建议，促进县委、县政府部署的各项工作落实到位。

以人为本、履职为民，在服务民生上要有新作为。进一步转变作风，深入基层，走近群众，倾听民声民意，关注民生民计。重点围绕涉及人民群众切身利益的问题，深入调查研究，推进实际工作。不断拓展民主监督的深度和广度，寓监督于支持服务之中，以监督促进经济社会又好又快发展。充分利用提案、社情民意、调研视察等形式,推进民生实事工程。聚焦“剿灭劣V类水”“决战治污水、大战防洪水排涝水”,深化开展“三级政协联动、万名委员同行、助推‘五水共治’”专项集体民主监督。围绕小城镇环境综合整治行动情况开展专项集体民主监督,助力打赢“拆治归”三场大仗。继续组织专委会、委员组活动,送政策、送科技、送卫生、送文化、送法律下乡村、入企业、进社区。积极参与扶危济困、爱心救助等社会公益活动,努力为基层群众办实事,办好事,解民忧,帮民困。

广泛联系、团结力量,在凝心聚力上要有新贡献。继续高举大团结、大联合旗帜,充分发挥人民政协广泛代表性和巨大包容性的优势,正确处理好政党关系、民族关系、宗教关系、阶层关系和海内外同胞关系,团结各方力量,汇聚发展智慧。加强同新的社会阶层的联系,引导他们爱国、敬业、诚信、守法,义利兼顾。密切与海内外同胞的联系和交流,进一步拓展港、澳、台人脉资源,为招商引资、聚才引智牵线搭桥和跟踪服务。

提升能力、固本强基,在自身建设上要有新进步。充分发挥政协党组领导核心作用,保证党的路线方针政策贯穿于政协履职工作全过程。更加注重发挥界别特色和优势,扩大社会各界有序政治参与。充分发挥委员主体作用,强化委员教育引导,提升委员履职能力,激励委员在本职工作岗位上建功立业、在履行政协职责上创先争优。进一步加强政协机关建设,着力提高大局意识、核心意识和看齐意识,努力打造学习型、责任型、创新型、服务型政协机关。

各位委员、同志们!凝心聚力开新局,跨越发展谱华章。衷心祝愿九届县政协承前启后、继往开来,在中共云和县委的坚强领导下,同心同德一起干,撸起袖子加油干,开足马力拼命干,为决胜全面小康、建设童话云和作出新的更大贡献!

# 云和县2016年国民经济和社会发展统计公报

云和县统计局

2017年3月22日

2016年，在县委、县政府的正确领导下，全县上下积极应对国内外环境的复杂变化和经济下行压力加大的挑战，坚持"绿水青山就是金山银山"战略指导思想，深入推进"小县大城"发展核心战略，主动适应经济发展新常态，全力打好转型升级组合拳，统筹推进民生改善和社会建设，加快打造"山水童话"特色的现代化生态休闲旅游名城，着力推动"小县大城"向"小县名城"转型提升，较好地完成了县十五届人大五次会议确定的各项目标任务，全县经济社会发展呈现出稳中有进，结构优化，民生改善，社会和谐稳定的良好局面。

## 一、综合

据初步核算，2016年，全县实现生产总值(GDP)595471万元，按可比价格计算，比上年增长8.6%。其中，第一产业增加值46246万元，增长2.7%；第二产业增加值294847万元，增长7.6%；第三产业增加值254377万元，增长10.9%。全县人均生产总值(常住人口)52673元(按年平均汇率6.6423折算为7930美元)，比上年增长7.4%。三次产业增加值结构从上年的8.1:50.6:41.3调整为7.8:49.5:42.7。

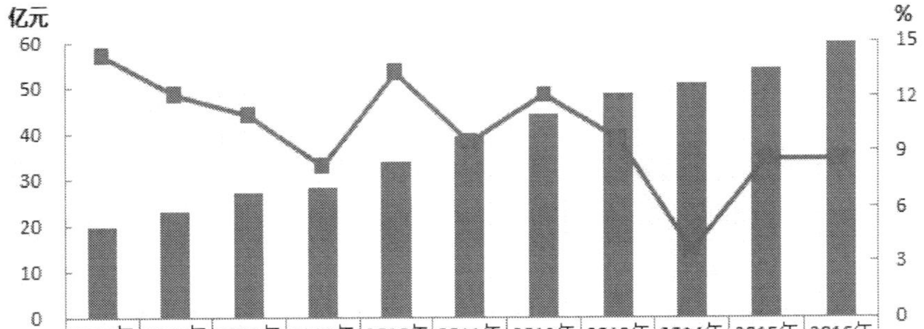


| | 2006年 | 2007年 | 2008年 | 2009年 | 2010年 | 2011年 | 2012年 | 2013年 | 2014年 | 2015年 | 2016年 |
|---|---|---|---|---|---|---|---|---|---|---|---|
| 绝对额 | 19.63 | 23.17 | 27.01 | 28.05 | 33.63 | 39.47 | 44.26 | 48.47 | 50.78 | 54.04 | 59.55 |
| 可比价增速 | 14.2 | 12.1 | 11.0 | 8.2 | 13.3 | 9.5 | 12.1 | 9.7 | 3.6 | 8.6 | 8.6 |

2006—2016年云和县生产总值及可比价增速

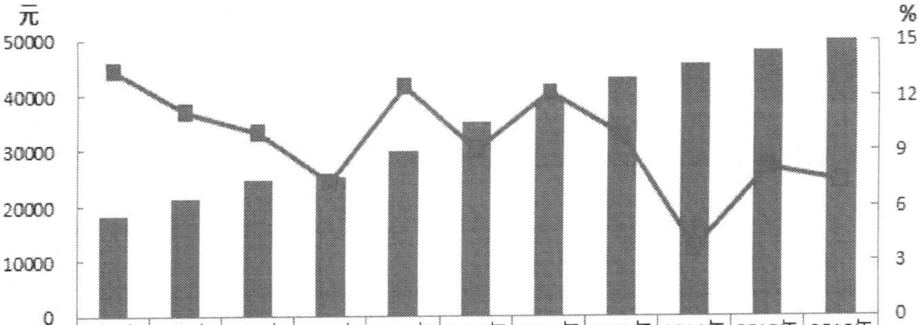


| | 2006年 | 2007年 | 2008年 | 2009年 | 2010年 | 2011年 | 2012年 | 2013年 | 2014年 | 2015年 | 2016年 |
|---|---|---|---|---|---|---|---|---|---|---|---|
| 绝对值 | 18254 | 21354 | 24676 | 25367 | 30147 | 35132 | 39335 | 43228 | 45627 | 48339 | 52673 |
| 可比价增速 | 13.3 | 11.1 | 10.0 | 7.3 | 12.5 | 9.0 | 12.2 | 9.9 | 3.6 | 8.1 | 7.4 |

2006—2016年云和县人均生产总值及可比价增速

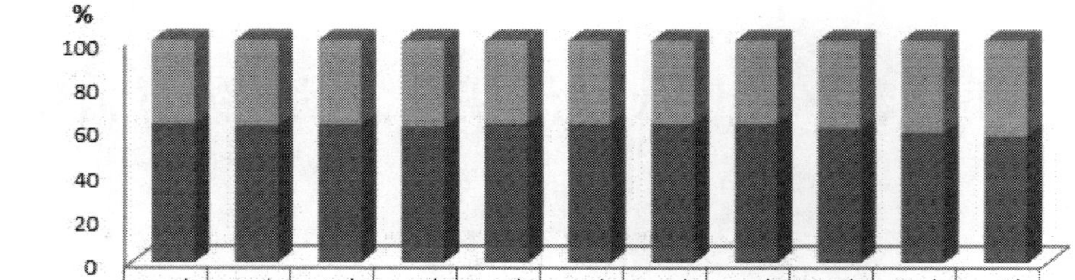


| | 2006年 | 2007年 | 2008年 | 2009年 | 2010年 | 2011年 | 2012年 | 2013年 | 2014年 | 2015年 | 2016年 |
|---|---|---|---|---|---|---|---|---|---|---|---|
| 第三产业 | 37.4 | 38.2 | 37.8 | 38.8 | 37.4 | 37.5 | 37.0 | 37.0 | 39.3 | 41.3 | 42.7 |
| 第二产业 | 50.2 | 50.6 | 51.5 | 50.2 | 52.7 | 53.0 | 54.0 | 54.2 | 52.2 | 50.6 | 49.5 |
| 第一产业 | 12.4 | 11.2 | 10.8 | 10.9 | 9.9 | 9.5 | 9.0 | 8.8 | 8.5 | 8.1 | 7.8 |

2006—2016年云和县三次产业结构占比情况

年末全社会从业人员8.05万人，其中城镇从业人员5.67万人。全年新增城镇就业1095人，全年帮助552名城镇失业人员实现再就业，全年帮助145名困难人员实现再就业。年末城镇登记失业率为3.08%，比上年下降0.07个百分点。

全年全县财政总收入76213万元，比上年增长0.03%，其中一般公共预算收入46640万元，增长0.5%。一般公共预算全口径支出207528万元，比上年增长28.0%。

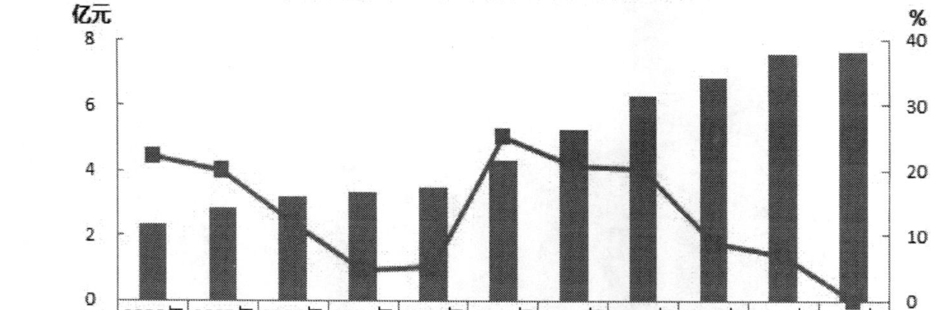


| | 2006年 | 2007年 | 2008年 | 2009年 | 2010年 | 2011年 | 2012年 | 2013年 | 2014年 | 2015年 | 2016年 |
|---|---|---|---|---|---|---|---|---|---|---|---|
| 绝对额 | 2.35 | 2.82 | 3.15 | 3.29 | 3.46 | 4.33 | 5.22 | 6.27 | 6.82 | 7.58 | 7.62 |
| 增速 | 22.2 | 19.9 | 11.7 | 4.5 | 5.0 | 25.1 | 20.7 | 20.1 | 8.8 | 6.8 | 0.0 |

2006—2016年云和县财政总收入及增速

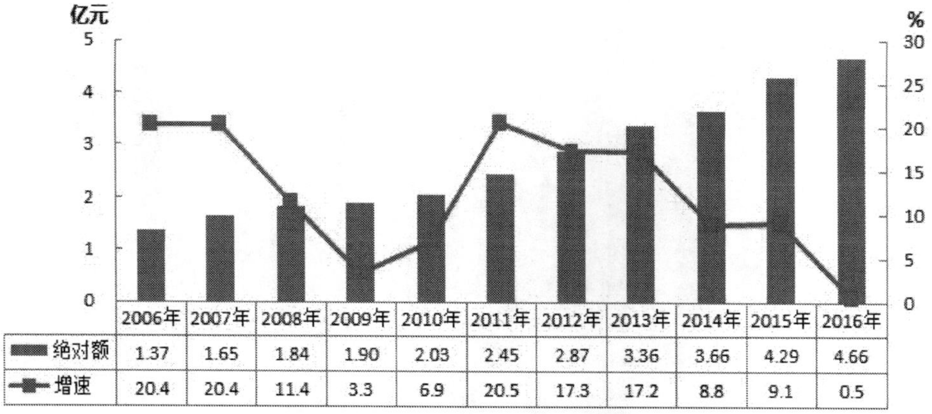


| | 2006年 | 2007年 | 2008年 | 2009年 | 2010年 | 2011年 | 2012年 | 2013年 | 2014年 | 2015年 | 2016年 |
|---|---|---|---|---|---|---|---|---|---|---|---|
| 绝对额 | 1.37 | 1.65 | 1.84 | 1.90 | 2.03 | 2.45 | 2.87 | 3.36 | 3.66 | 4.29 | 4.66 |
| 增速 | 20.4 | 20.4 | 11.4 | 3.3 | 6.9 | 20.5 | 17.3 | 17.2 | 8.8 | 9.1 | 0.5 |

2006—2016年云和县一般公共预算收入及增速

## 二、农业和农村建设

年末农作物播种面积6216公顷，比上年下降2.5%。其中粮食种植面积3992公顷，比上年下降5.3%；油料种植面积141公顷，比上年增长2.2%；蔬菜种植面积1511公顷，比上年下降0.6%；果园面积1576公顷，比上年增长0.1%；茶园面积2261公顷，比上年增长1.3%。

全年粮食总产量20723吨，比上年下降5.2%。油料产量358吨，比上年增长1.4%。蔬菜产量26070吨，比上年下降4.7%。食用菌总产量6267吨，比上年增长0.8%，其中香菇4841吨，比上年下降3.5%；黑木耳1230吨，比上年增长2.5%。水果总产量7999吨，比上年下降7.0%。茶叶产量907吨，比上年增长5.5%。

全年生猪饲养量5.32万头，比上年增长0.4%；年末生猪存栏2.12万头，比上年末增长1.0%；年末牛存栏2366头，比上年末增长14.6%；年末羊存栏0.26万只，比上年末增长4.0%；年末家禽存栏19.91万羽，比上年末增长26.0%。肉类产量3239吨，比上年增长3.4%。全年淡水产品产量1617吨，比上年增长0.8%。

**2016年主要农产品产量及其增长速度**

（单位：吨）

| 产品名称 | 2016年 | 2015年 | 2016年比2015年增长（±%） |
|---|---|---|---|
| 粮食 | 20723 | 21871 | –5.2 |
| 油料 | 358 | 353 | 1.4 |
| 茶叶 | 907 | 860 | 5.5 |
| 蔬菜 | 26070 | 27360 | –4.7 |
| 水果 | 7999 | 8597 | –7.0 |
| 香菇 | 4841 | 5017 | –3.5 |
| 黑木耳 | 1230 | 1200 | 2.5 |
| 肉类 | 3239 | 3133 | 3.4 |
| 禽蛋 | 825 | 462 | 78.6 |
| 淡水产品 | 1617 | 1604 | 0.8 |

全年美丽乡村建设纵深推进，“十里云河”“最美梯田”“畲乡风情”等3条美丽乡村风景线不断提升，“十里云河”风景线以全省总分第一的成绩创成省级精品示范道路。重点打造小顺、长汀、规溪等3个特色精品村，提前完成黄处、麻垟等第二批历史文化村落建设任务，推进石浦、黄家畲等第三批历史文化村落保护利用工作。农村金融改革不断深化，实现“三权”抵押贷款7.52亿元。年末累计卫生厕所普及率为92.5%，全年新增无害化卫生厕所411户。

## 三、工业和建筑业

全年全县实现规模以上工业产值（年主营业务收入2000万元及以上企业，下同）697397万元，比上年增长9.8%。规模以上工业企业实现利润总额30582万元；规模以上工业销售产值677858万元，产品销售率为97.2%；规模以上工业出口交货值120386万元。全部工业实现增加值245334万元，比上年可比增长8.5%。

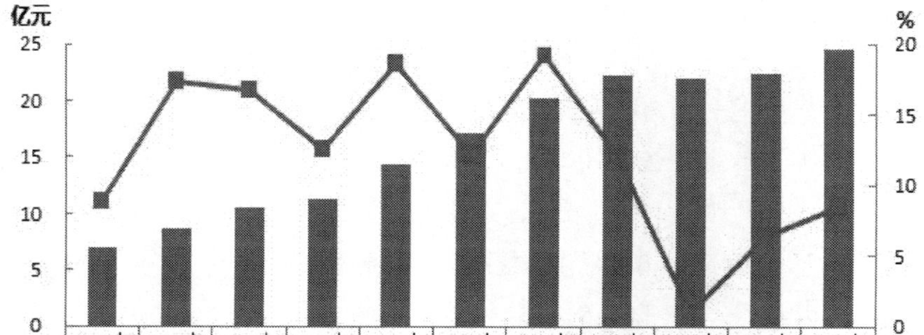


| | 2006年 | 2007年 | 2008年 | 2009年 | 2010年 | 2011年 | 2012年 | 2013年 | 2014年 | 2015年 | 2016年 |
|---|---|---|---|---|---|---|---|---|---|---|---|
| 绝对额 | 7.04 | 8.64 | 10.53 | 11.32 | 14.37 | 17.21 | 20.22 | 22.23 | 21.99 | 22.48 | 24.53 |
| 可比价增速 | 8.8 | 17.4 | 16.7 | 12.6 | 18.6 | 12.2 | 19.3 | 12.0 | 0.9 | 6.4 | 8.5 |

**2006—2016 年云和县工业增加值及可比价增速**

从规模以上工业主要行业产值完成情况看,木制玩具行业全年实现产值188429万元,比上年增长11.7%;黑色金属冶炼及压延加工业全年实现产值354335万元,比上年增长16.6%;通用设备制造业全年实现产值70031万元,比上年增长2.1%;电力生产及供应业全年实现产值62160万元,比上年增长12.3%。以上四大行业全年实现产值674955万元,占全县规模以上工业总产值的96.8%。

全年全社会建筑业实现增加值50397万元,比上年增长3.6%。全年资质以上建筑业完成总产值242959万元,增长15.4%。

## 四、固定资产投资

全年全县实现固定资产投资465712万元,比上年增长11.6%。实现非国有投资153940万元,比上年下降12.1%,占固定资产投资的33.1%,其中,民间投资153940万元,比上年下降12.1%,占固定资产投资的33.1%。

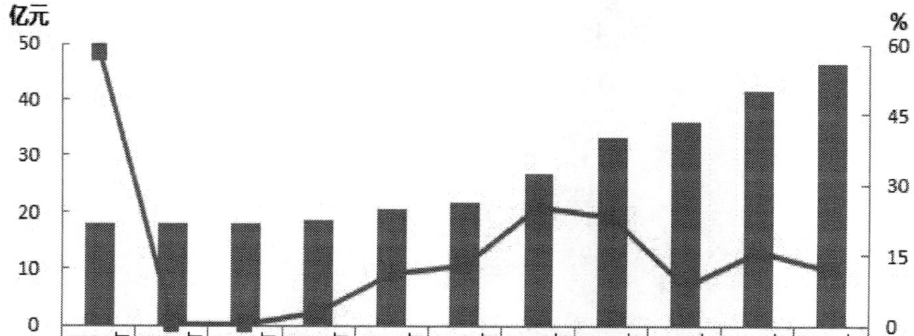


| | 2006年 | 2007年 | 2008年 | 2009年 | 2010年 | 2011年 | 2012年 | 2013年 | 2014年 | 2015年 | 2016年 |
|---|---|---|---|---|---|---|---|---|---|---|---|
| 绝对额 | 17.85 | 17.86 | 17.92 | 18.45 | 20.45 | 21.63 | 27.05 | 33.29 | 36.03 | 41.72 | 46.57 |
| 增速 | 58.0 | 0.1 | 0.3 | 3.0 | 10.8 | 13.0 | 25.1 | 23.0 | 8.2 | 15.8 | 11.6 |

**2006—2016 年云和县固定资产投资及增速**

在固定资产投资中,第一产业投资19756万元,比上年下降14.5%;第二产业投资116181万元,比上年增长3.9%;第三产业投资329775万元,比上年增长16.8%。

全年固定资产投资中完成工业投资116181万元,比上年增长11.1%;基础设施投资291120万元,比上年增长19.2%。

全年投资项目施工194个,比上年增长1%,其中,本年新开工项目129项,比上年增长6.6%。重点建设项目30项,共完成投资202550万元,完成年度计划的

109%。

全年房地产开发累计完成投资36452万元，比上年增长78.0%。商品房销售面积4.29万平方米，比上年增长60.2%；商品房销售额18694万元，比上年下降36.4%。

## 五、内外贸易

全年全县实现社会消费品零售总额258945万元，比上年增长12.8%，其中限额以上社会消费品零售总额31197万元，比上年增长27.0%。分行业看，批发业零售额11414万元，增长17.2%；零售业零售额为212274万元，增长12.0%；住宿业零售额1266万元，增长27.0%；餐饮业零售额为33991万元，增长15.4%。

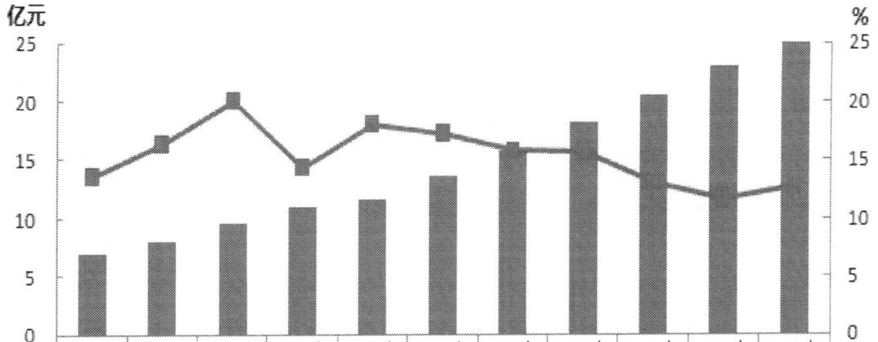


| | 2006年 | 2007年 | 2008年 | 2009年 | 2010年 | 2011年 | 2012年 | 2013年 | 2014年 | 2015年 | 2016年 |
|---|---|---|---|---|---|---|---|---|---|---|---|
| 绝对额 | 6.92 | 8.05 | 9.66 | 11.04 | 11.59 | 13.59 | 15.74 | 18.21 | 20.57 | 22.97 | 25.89 |
| 增速 | 13.6 | 16.3 | 20.0 | 14.3 | 18.0 | 17.3 | 15.9 | 15.7 | 13.0 | 11.6 | 12.8 |

2006—2016年云和县社会消费品零售总额及增速

全年实现外贸进出口总额16357万美元，比上年增长10.9%。其中，出口为15923万美元，比上年增长9.9%。全年实际利用外资850万美元，与上年持平。

全年实现网络零售额143048万元，增长55.4%。

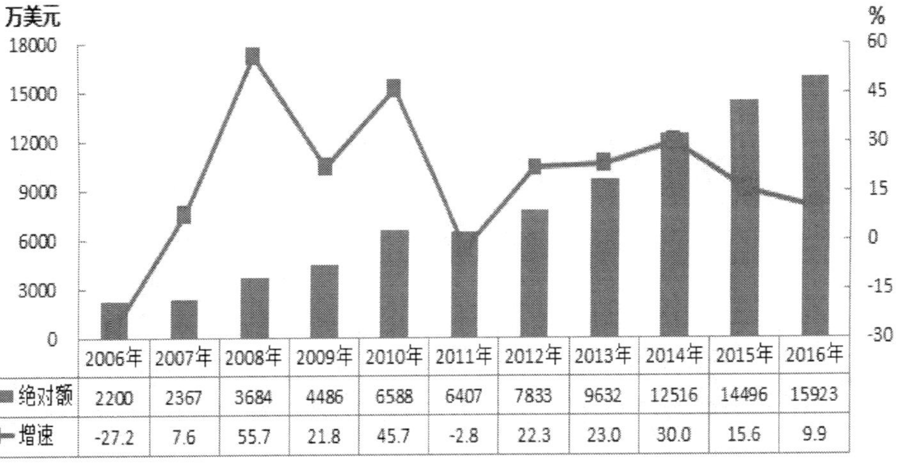


| | 2006年 | 2007年 | 2008年 | 2009年 | 2010年 | 2011年 | 2012年 | 2013年 | 2014年 | 2015年 | 2016年 |
|---|---|---|---|---|---|---|---|---|---|---|---|
| 绝对额 | 2200 | 2367 | 3684 | 4486 | 6588 | 6407 | 7833 | 9632 | 12516 | 14496 | 15923 |
| 增速 | -27.2 | 7.6 | 55.7 | 21.8 | 45.7 | -2.8 | 22.3 | 23.0 | 30.0 | 15.6 | 9.9 |

2006—2016年云和县外贸出口及增速

## 2016年主要市场出口情况

| 国(地区)别 | 出口额(万美元) | 比上年增长(±%) |
|---|---|---|
| 合 计 | 15923 | 9.9 |
| 亚 洲 | 1508 | 1.8 |
| #香 港 | 37 | -31.2 |
| #日 本 | 486 | -9.2 |
| #韩 国 | 458 | 37.1 |
| #东 盟 | 309 | 37.0 |
| #印 度 | 39 | -61.8 |
| 非 洲 | 19 | -37.1 |
| 欧 洲 | 6646 | 35.2 |
| #欧 盟 | 6575 | 34.9 |
| 拉丁美洲 | 149 | -2.6 |
| 北 美 洲 | 7366 | -3.4 |
| #加拿大 | 235 | 8.5 |
| #美 国 | 7131 | -3.8 |
| 大 洋 洲 | 235 | -18.6 |
| #澳大利亚 | 205 | -14.2 |
| #新西兰 | 30 | -40.2 |

## 六、交通运输、邮电和旅游

全年交通运输、仓储和邮政业实现增加值15987万元，比上年增长3.3%。

全年公路和水运等运输方式完成货运周转量17246万吨公里；旅客周转量完成6267万人公里。

## 2016年公路、水路运输完成运输量

| 指标 | 计量单位 | 绝对数 | 比上年增长(±%) |
|---|---|---|---|
| 客运量 | 万人 | 188 | -1.1 |
| 公路 | 万人 | 169 | -2.3 |
| 水路 | 万人 | 19 | 11.8 |
| 旅客周转量 | 万人公里 | 6267 | -1.2 |
| 公路 | 万人公里 | 6175 | -1.4 |
| 水运 | 万人公里 | 92 | 9.5 |
| 货运量 | 万吨 | 192 | 2.7 |
| 公路 | 万吨 | 192 | 3.2 |
| 水路 | 万吨 | 0 | —— |
| 货物周转量 | 万吨公里 | 17246 | 2.6 |
| 公路 | 万吨公里 | 17246 | 2.6 |
| 水运 | 万吨公里 | 0 | —— |

全年全县规模以上快递服务企业业务量累计完1041万件，增长61.3%；业务收入累计完成5692万元，增长41.2%。

年末邮政局（所）数18个。全年邮电业务收入10852万元，其中邮政业务收入1851万元，电信业务收入9001万元。年末固定电话用户（含小灵通）达14225户，其中城市电话用户11938户，农村电话用户1700户。年末住宅电话用户8180户。年末移动电话用户达到171490户。年末互联网宽带接入用户数（固定互联网宽带）36049户。全年规模以上快递服务企业累计业务量1041万件，累计实现业务收入5692万元。

全年全县旅游总收入25.26亿元，比上年增长25.1%。其中，国内旅游收入24.22亿元，比上年增长25.8%。全年共接待入境旅游者人数13706人次，比上年增长1.8%；旅游创外汇收入1556.54万美元，比上年增长2.2%。在接待的入境旅游者中，国外游客为4213人次，比上年增长1.0%；香港游客为3164人次，比上年增长2.8%；澳门游客为2957人次，比上年增长1.7%；台湾游客为3372人次，比上年增长1.9%。

## 七、金融和保险

年末全县金融机构人民币存款余额908598万元，比上年末增长12.1%。其中年末个人存款余额496256万元，比上年末增长15.1%。年末金融机构人民币贷款余额684367万元，比上年末增长10.5%。

全年全县保险业实现保费收入18760万元，比上年增长32.7%。其中，财产险保费收入

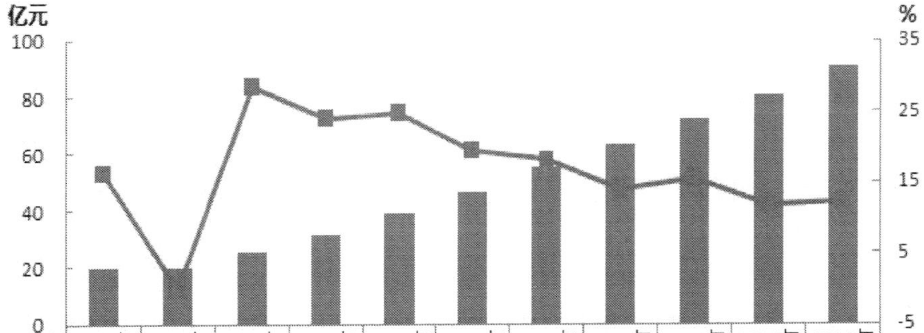


| | 2006年 | 2007年 | 2008年 | 2009年 | 2010年 | 2011年 | 2012年 | 2013年 | 2014年 | 2015年 | 2016年 |
|---|---|---|---|---|---|---|---|---|---|---|---|
| 绝对额 | 19.68 | 19.66 | 25.24 | 31.32 | 39.11 | 46.69 | 55.26 | 62.92 | 72.53 | 81.03 | 90.86 |
| 增速 | 16.1 | -0.1 | 28.4 | 24.1 | 24.9 | 19.4 | 18.2 | 13.9 | 15.3 | 11.7 | 12.1 |

2006—2016年云和县金融机构人民币年末存款余额及增速

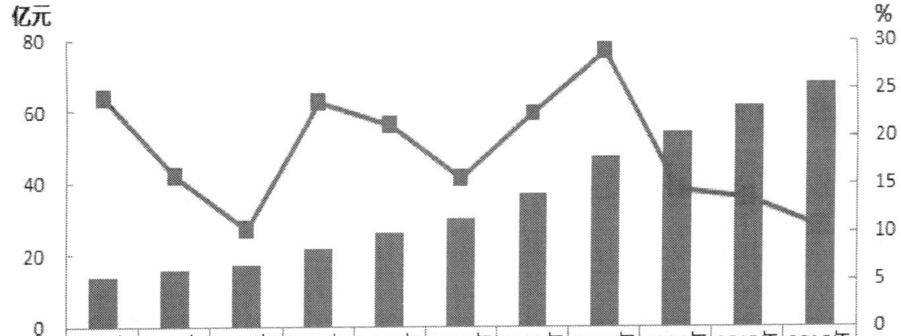


| | 2006年 | 2007年 | 2008年 | 2009年 | 2010年 | 2011年 | 2012年 | 2013年 | 2014年 | 2015年 | 2016年 |
|---|---|---|---|---|---|---|---|---|---|---|---|
| 绝对额 | 13.80 | 15.96 | 17.57 | 21.69 | 26.25 | 30.30 | 37.05 | 47.71 | 54.57 | 61.95 | 68.44 |
| 增速 | 23.8 | 15.7 | 10.1 | 23.4 | 21 | 15.5 | 22.3 | 28.8 | 14.4 | 13.5 | 10.5 |

2006—2016年云和县金融机构人民币年末贷款余额及增速

8077万元,比上年增长13.9%;人身险保费收入10683万元,比上年增长51.6%。全年保险业各类赔款及支出8108万元,其中财产险赔款支出合计3298万元,人身险业务支出合计4810万元。

## 八、教育和科学技术

2016年,全县拥有普通中学5所,招生1582人,在校生4488人,毕业生1623人;职业中学1所,招生688人,在校生1939人,毕业生559人;小学11所,招生1203人,在校生8033人,毕业生1313人。年末有幼儿园18所,在园幼儿4556人。3—5周岁儿童入学率97.50%。6—11周岁儿童入学率100%。12—14周岁儿童入学率100%。15周岁儿童义务教育完成率100%。初中毕业升高中比例为96.84%。

全年地方财政科技投入2339万元(含省转移支付),比上年增长1.7%。全县获市级政府奖的科技成果1项,科技成果登记50项。全年知识产权保护工作得到加强,专利申请受理量921件;共获专利授权822项,其中发明专利3项,专利授权量居全市第一。

## 九、文化和卫生

年末全县共有公共图书馆1个,文化馆1个,档案馆1个,馆藏各类档案156个全宗,共计72332卷,36455件,其中已开放全宗87个,共计16075卷。

年末全县有广播转播电台1座,有线电视台1座,数字电视用户26182户,数字电视入户率66.0%。全县电视人口综合覆盖率和广播人口综合覆盖率均达到100%。

年末全县有医疗卫生机构20个(不含村卫生室、诊所、门诊部),其中,医院5个,卫生院6个,社区卫生服务中心4个,妇幼保健所1个,疾病预防控制中心1个,卫生监督所1个,其他卫生机构2个。年末全县医院实有床位545张。全社会卫生技术人员合计942人(不含诊所、村卫生室和门诊部的卫生技术人员810人),其中,执业医师和助理医师364人(执业医师287人,助理医师77人);注册护士386人;药师(士)50人;技师(士)46人(含检验师39人);乡村医生和卫生员43人;其他卫生技术人员96人(含见习医师55人)。

## 十、人口、人民生活和社会保障

年末全县公安户籍人口为113680人。其中,城镇人口46642人,乡村人口67038人;男性人口为58658人,女性人口为55022人,男女性别比为106.6:100(女性为100)。全年全县出生人口为1085人,出生率为9.56‰;死亡人口为701人,死亡率为6.18‰;全年净增人口384人,人口自然增长率为3.38‰,比上年提高2.16个千分点。

### 2016年云和县人口主要构成情况表

| 指　标 | 年末数(人) | 比重(%) |
|---|---|---|
| 全县总人口 | 113680 | 100 |
| 其中:男性 | 58658 | 51.6 |
| 女性 | 55022 | 48.4 |
| 其中:城镇人口 | 46642 | 41.0 |
| 乡村人口 | 67038 | 59.0 |
| 其中:18岁以下 | 20003 | 17.6 |
| 18—34岁 | 22755 | 20.0 |
| 35—59岁 | 48666 | 42.8 |
| 60岁及以上 | 22256 | 19.6 |

全年全体常住居民人均可支配收入26731元，比上年增长9.0%。其中，城镇常住居民人均可支配收入33785元，比上年增长8.8%；农村常住居民人均可支配收入15420元，比上年增长9.3%。全年城镇居民人均消费性支出21644元，其中食品烟酒消费支出6225元；农村居民人均消费性支出12836元，其中食品烟酒消费支出4304元。

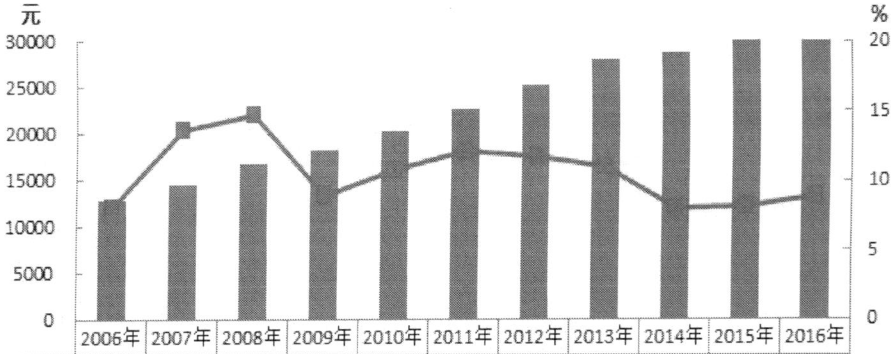


| | 2006年 | 2007年 | 2008年 | 2009年 | 2010年 | 2011年 | 2012年 | 2013年 | 2014年 | 2015年 | 2016年 |
|---|---|---|---|---|---|---|---|---|---|---|---|
| 绝对值 | 12813 | 14556 | 16701 | 18180 | 20131 | 22549 | 25188 | 27933 | 28726 | 31053 | 33785 |
| 增速 | 8.0 | 13.6 | 14.7 | 8.9 | 10.7 | 12.0 | 11.7 | 10.9 | 8.0 | 8.1 | 8.8 |

2006—2016年云和县城镇常住居民人均可支配收入及增速

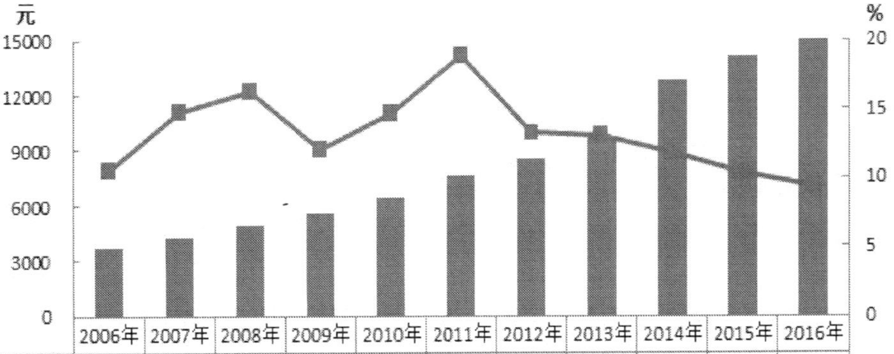


| | 2006年 | 2007年 | 2008年 | 2009年 | 2010年 | 2011年 | 2012年 | 2013年 | 2014年 | 2015年 | 2016年 |
|---|---|---|---|---|---|---|---|---|---|---|---|
| 绝对值 | 3716 | 4267 | 4963 | 5560 | 6370 | 7570 | 8580 | 9704 | 12789 | 14108 | 15420 |
| 增速 | 10.6 | 14.8 | 16.3 | 12.0 | 14.6 | 18.8 | 13.3 | 13.1 | 11.8 | 10.3 | 9.3 |

2006—2016年云和县农村常住居民人均可支配收入及增速

年末全县城乡居民参加基本养老保险人数74604人。参加基本医疗保险人数108160人，比上年末增加1390人。参加工伤保险人数26017人，比上年末增加4594人。参加生育保险人数12371人，比上年末增加1298人。参加失业保险人数10441人，比上年末增加509人。

年末全县城乡低保对象共有1969户3635人，全年共支出低保救助金1423.71万元，其中基本生活保障金1381.48万元，物价补贴42.23万元。特困供养对象共有312户315人，集中供养率91.43%，全年共支出特困供养救助金268.96万元，其中基本生活保障金264.59万元，物价补贴4.37万元。

年末全县各类收养性社会福利单位床位864张，其中民办养老机构556张。社会福利院数1个，农村五保供养人数315人（包括分散和集中供养），社区政府公共服务设施数35个。

## 十一、资源、环境和安全生产

2016年全县水资源总量

135154万立方米，比上年增长5.9%。年降水量201843万立方米，年末全县3座大中型水库蓄水总量70139万立方米。全年平均降水量2130.3毫米，比常年同期偏多498.8毫米，比2015年的2031.5毫米的降水量增长4.9%；年降水日数202天，比常年同期偏多24.7天。年平均温度19.1℃，比常年偏高1.2℃，破历史极值；年日照时数1607.6小时，与常年基本持平。全年空气环境质量监测有效天数为354天，优良天数为350天，优良率为98.9%，污染天数4天，其中，轻度污染2天，中度污染1天，重度污染1天。全年$PM_{2.5}$平均浓度为27微克/立方米，达到大气环境功能区二级标准，同比下降6.7%。

全年建设生态公益林53616公顷，人工造林面积75公顷；迹地更新253公顷；当年新增育苗35公顷，中、幼龄林抚育面积3118公顷，森林覆盖率80.8%。年末实有自然保护小区8个，实有面积1498公顷。

全年规模以上工业企业能源消费比上年增长24.2%，单位规模以上工业增加值能耗增长14.9%。

全年企业职工伤亡事故3起，死亡3人，亿元GDP死亡率为0.0504，直接经济损失45万元；全年无生产经营性火灾事故发生，无直接经济损失；全年共发生道路交通事故3起，造成3人死亡，直接经济损失0.03万元。

附：

## 2016年云和县国民经济和社会发展主要指标表

| 指　标 | 单位 | 2016年 | 2015年 | 2016年比2015年增减(±%) |
|---|---|---|---|---|
| 一、年末总人口 | 人 | 113680 | 113271 | 0.4 |
| 其中：男 | 人 | 58658 | 58543 | 0.2 |
| 女 | 人 | 55022 | 54728 | 0.5 |
| 其中：乡村人口 | 人 | 67038 | 66974 | 0.1 |
| 城镇人口 | 人 | 46642 | 46297 | 0.7 |
| 人口自然增长率 | ‰ | 3.38 | 1.22 | 比上年提高2.16个千分点 |
| 常住人口 | 万人 | 11.39 | 11.22 | 比上年增加0.17万人 |
| 城市(镇)化率 | % | 66.3 | 65.2 | 比上年提高1.1个百分点 |
| 二、云和县生产总值 | 万元 | 595471 | 540430 | 8.6 |
| 农林牧渔业 | 万元 | 47588 | 45214 | 2.8 |
| 工业 | 万元 | 245334 | 224782 | 8.5 |

续表

| | | | | |
|---|---|---|---|---|
| 建筑业 | 万元 | 50397 | 49376 | 3.6 |
| 批发和零售业 | 万元 | 44275 | 39904 | 9.9 |
| 交通运输、仓储和邮政业 | 万元 | 15987 | 15065 | 3.3 |
| 住宿餐饮业 | 万元 | 19727 | 17679 | 8.0 |
| 金融业 | 万元 | 34707 | 30871 | 11.6 |
| 房地产业 | 万元 | 25917 | 23513 | 6.9 |
| 营利性服务业 | 万元 | 26305 | 22814 | 13.5 |
| 非营利性服务业 | 万元 | 85234 | 71212 | 14.1 |
| 第一产业 | 万元 | 46246 | 43964 | 2.7 |
| 第二产业 | 万元 | 294847 | 273369 | 7.6 |
| 第三产业 | 万元 | 254377 | 223096 | 10.9 |
| 三次产业结构占比 | – | 7.8:49.5:42.7 | 8.1:50.6:41.3 | – |
| 人均生产总值(户籍人口) | 元 | 52476 | 47643 | 8.5 |
| 人均生产总值(常住人口) | 元 | 52673 | 48339 | 7.4 |
| 三、农林牧渔业总产值 | 万元 | 74629 | 70588 | 5.7 |
| 农业总产值 | 万元 | 56975 | 55027 | 3.5 |
| 其中:食用菌产值 | 万元 | 35240 | 35099 | 0.4 |
| 林业总产值 | 万元 | 5781 | 5380 | 7.5 |
| 牧业总产值 | 万元 | 8248 | 6789 | 21.5 |
| 渔业总产值 | 万元 | 1444 | 1361 | 6.1 |
| 农林牧渔服务业总产值 | 万元 | 2181 | 2031 | 7.4 |
| 四、规模以上工业产值 | 万元 | 697397 | 635440 | 9.8 |
| 其中:县内工业产值 | 万元 | 688879 | 627677 | 9.8 |
| 石塘电厂 | 万元 | 8518 | 7763 | 9.7 |
| 其中:工业园区 | 万元 | 626620 | 564953 | 10.9 |
| 其他 | 万元 | 70777 | 70487 | 0.4 |

注:(1) 本公报所列各项数据为年度初步统计数据

(2) 全县生产总值和各产业增加值绝对数按现行价格计算,增长速度按2010年可比价格计算。

(3) 人均生产总值按年平均人口口径计算。

(4) 固定资产投资数据为计划投资500万元以上项目数据。

(5) 全社会卫生技术人员数、执业及执业助理医生数包含诊所、村卫生室;卫生机构床位数不含诊所、村卫生室。

(6) 人口资料采用县公安局户籍人口口径计算。

(7) 从2014年开始正式发布城乡住户一体化改革调查数据,农民人均纯收入变更为农村常住居民人均可支配收入;由于城乡住户一体化改革,城镇常住居民人均可支配收入和农村常住居民人均可支配收入绝对值及增速为新统计口径数据。

(8) 社会保障参保人数按人力社保局参保口径计算。

资料来源:本公报中城镇新增就业、登记失业率数据来自县人力资源和社会保障局,财政数据来自县财政局,网络零售额数据来自省商务厅,旅游数据来自县风景旅游局,外贸进出口数据来自县经商局,快递业务量和业务收入来自市邮政管理局,专利数量数据来自县科技局,档案数据来自县档案局,卫生、新农合数据来自县卫生局,社会服务、低保和五保救济数据来自县民政局,水资源、年平均降雨量数据来自县水利局,平均气温、年日照时间数据来自县气象局,空气质量数据来自县环保局,森林覆盖率、生态公益林数据来自县林业局,新农村建设数据来自县农办,公路运输、水运数据来自县交通运输管理局,移动电话、固定电话、移动互联网用户等通信数据来县电信、移动公司,邮政业务总量数据来自县邮政局,货币金融数据来自县人民银行,教育数据来自县教育局,有线电视用户、公共图书馆等数据来自县文化广电新闻出版局,人口数据来自县公安局,生产事故、交通事故等数据来自县安监局,其他数据均来自市统计局和县统计局。

# 2016年云和县党政群团机关及企事业局(部门)、乡镇领导人名录

## 【中国共产党云和县委员会】

书　记:
　　张建明(11月止)
　　叶伯军(11月始)
副书记:
　　叶伯军(11月止)
　　上官国明(11月始)
　　王新荣(3月止)
　　黄力量(5月始)
常　委:
　　施锦华
　　李继仁(12月止)
　　叶石玄仙(12月止)
　　付勇斐(12月始)
　　彭招平(12月止)
　　杨伟业(12月始)
　　周　龙
　　饶钦英
　　徐志雄(12月始)
　　林建文(12月始)
　　吴新立(12月止)
　　陈　骏(5月止)
　　李钧敏
　　周仕雅(7月止,挂职)
　　雷　俊(7月始,挂职)

## 【云和县人民代表大会常务委员会】

主　任:
　　马国华
副主任:
　　蓝斌雄
　　黄文伟
　　柳春华
　　王雨杰(11月止)
　　李石平(7月止)
　　罗培元
党组书记:
　　马国华(12月止)
　　雷一坤(12月始)
党组副书记:
　　马国华(12月始)
党组成员:
　　蓝斌雄
　　黄文伟
　　王雨杰(11月止)
　　李石平(7月止)
　　罗培元
　　袁泽春
办公室主任:
　　袁泽春
办公室副主任:
　　李　伟
法制工作委员会
主　任:
　　杨克法
法制工作委员会
副主任:
　　高文胜
代表工作委员会
主　任:
　　袁志强
代表工作委员会
副主任:
　　季岳英
科教文卫工作委员会
主　任:
　　徐子平(1月止)
　　邱伟荣(1月始)
财经工作委员会
主　任:
　　梁　殷(7月止)
财经工作委员会
副主任:
　　石黎明
农业与农村工作委员会
主　任:
　　黄伟雄(1月止)
　　王志铨(2月始)

城乡建设与环境资源工作委员会
主　任:
方伟清(7月止)
城乡建设与环境资源工作委员会
副主任:
袁国骏(9月止)

## 【云和县人民政府】

县　长:
叶伯军(2月始,11月止)
上官国明(代县长,11月始)
副县长:
陈　骏(6月止)
周仕雅(7月止)
范寿仁(8月止)
施锦华
林　莉(12月止)
叶时扬
叶晓伟
李钧敏
蓝叶培
周　坚
陈伟忠(5月始)
吴新志(12月始)
雷绍丽(12月始)
雷　俊(7月始,挂职)
党组书记:
叶伯军(12月止)
上官国明(12月始)
党组副书记:
陈　骏(6月止)
范寿仁(6月始,9月止)
饶钦英(12月始)
党组成员:
周仕雅(7月止)
施锦华
林　莉(12月止)
叶时扬
叶晓伟
李钧敏
蓝叶培
吴新志(12月始)
周　坚
雷　俊(7月始)
王沿伟
魏启勤
项宗荣(11月始)
林建文(7月止)
潘吉文(7月始)

## 【中国人民政治协商会议云和县委员会】

主　席:
雷一坤
副主席:
童少锋
彭平生
张　峰(2月始,12月止)
林李平
党组书记:
雷一坤(12月止)
王新荣(12月始)
党组副书记:
雷一坤(12月始)
党组成员:
胡惠民(1月止)
张　峰(1月始)
叶毅夫
秘书长、办公室主任:
叶毅夫
社会法制三胞民族宗教委员会
主　任:
宋志伟
科教文卫与文史委员会
主　任:
陶慧明
农业农村与资源环境委员会
主　任:
蓝金玉
经济委员会
主　任:
刘丽明(1月止)
柯志宙(2月始)
提案工作委员会
主　任:
江晓平(1月止)
胡留龙(1月始)
委员工作委员会
主　任:
胡承兄

## 【中国共产党云和县纪律检查委员会(监察局合署)】

书　记:
周　龙
副书记:
唐　欣
颜柏林(7月始)
常　委:
颜柏林(7月止)
林伟兵
叶志明
王雪梅
叶铭亮(12月始)
胡　煜(兼,12月止)
刘伟彪(兼,12月止)
监察局局长:
唐　欣

监察局副局长：
林伟兵
官军军（2月止）
办公室主任：
无
干部室主任：
吴爱红
宣传教育室主任：
柳益平
党风政风监督室主任：
吴巧媛
信访室主任：
雷光斌（1月止）
第一纪检监察室主任：
吴丰元（1月始）
第二纪检监察室主任：
无
第三纪检监察室主任：
无
案件审理室主任：
叶铭亮
案件监督管理室主任：
吴丰元（1月止）
雷光斌（1月始）
正科级纪检员：
颜柏林
正科级监察员：
官军军（2月止）

## 【云和县人民法院】

院长、党组书记：
钱海亮（12月止）
叶爱英（党组书记、代院长，12月始）
党组副书记：
梅金火
副院长：
黄绍林
方乃圣（7月止）
纪检组长：
钟小龙
政治处主任：
余良伟
执行局局长：
李益红
执行二局局长：
叶林波
审判委员会专职委员：
杨剑琼

## 【云和县人民检察院】

检察长、党组书记：
蔡建彧（12月止）
吴剑锋（党组书记、代检察长，12月始）
党组副书记：
郑文义
纪检组长：
林玲瑛
副检察长：
吕　明（1月止）
胡　煜
政治处主任：
蔡平平
检察委员会专职委员：
刘金树
反渎职侵权局局长：
练和云
反贪局教导员：
无
反贪局局长：
马俊杰
反渎局教导员：
无

## 【中国人民解放军云和县人民武装部】

部　长：
陈文斌
政　委：
吴新立
副部长：
咸德征（12月止）
军事科长：
无
政治工作科科长：
范　征
保障科科长：
无

## 【县委工作部门】

### 县委办

办公室、台办主任：
陈伟忠（7月止）
林建文（7月始）
副主任：
汤建飞（兼）
蓝永平（3月止）
雷长育
张孝伟（7月止）
包群伟（2月始）
王兰夏（兼，2月始）
陈　俊（7月始）
政策研究室主任：
林建文（7月始）
政策研究室副主任：
邢决功
保密局局长：
蓝桂英
县委机要局（县密码管理局）
局　长：
包群伟

县委、县政府考核办(督查室)
主　任:
雷长育
副主任:
项丽芳
吴巧媛

## 组织部

部　长:
叶石玄仙(12月止)
付勇斐(12月始)
副部长:
徐志雄
刘伟彪
李建宁(兼)
叶亚飞(兼)
韦望荣(兼)
刘伟华(兼)
叶金宝(11月止)
云和县纪委
派驻县委组织部纪检组
(县直属机关纪工委)
组长(书记):
叶伟琴
县委副科级组织员:
周世福
人才办主任:
董春虹
县委新经济与新社会组织工作委员会
书　记:
刘伟彪
副书记:
孔祥丰

## 宣传部

部　长:
饶钦英
副部长:
黄克汥
练晓锋
张盼星
朱登峰
文明办主任:
无
文明办副主任:
黄海丽
练云伟
社会科学界联合会
主　席:
练晓锋
副主席:
练云伟(兼)
外宣办
主　任:
李成东
云和县纪委派驻第三纪检组副组长:
杨　建

## 统战部(民族宗教事务局合署,挂侨台事务办公室、台湾工作办公室牌子)

部　长:
彭招平(12月止)
杨伟业(12月始)
副部长:
钟晓松
陈伟明
民宗局局长:
钟晓松
侨办主任:
陈伟明
侨联副主席:
陈　烽(7月止)

## 政法委(社会治安综合治理委员会办公室合署)

书　记:
王新荣(3月止)
黄力量(6月始)
副书记:
陈　骏(6月止)
饶钦英(12月始)
李继仁(12月止)
吴新志(12月始)
刘伟玲
颜元祖
王阶才
委　员:
钱海亮(12月止)
叶爱英(12月始)
蔡建彧(12月止)
吴剑锋(12月始)
综治办主任:
刘伟玲
综治办副主任:
王阶才
维稳办主任:
颜元祖
维稳办副主任:
王　芳
阳光大调解协调中心主任:
王　琳
县委、县政府防范和处理邪教问题领导小组办公室
副主任:
王阶才
许　军

## 县委、县政府农村工作办公室（扶贫办）

主　任：
宋韶峰（1月止）
王兰夏（2月始）
副主任：
李志平
林华勋
杜金华
雷春华
农民培训转移就业办公室主任：
徐仙娥

## 县机构编制委员会办公室

主　任：
胡留龙（1月止）
刘伟华（1月始）
副主任：
卢进斌

## 直属机关工委

书　记：
韦望荣
纪工委书记：
柳　敏

## 党　校

校　长：
叶石玄仙（12月止）
付勇斐（12月始）
常务副校长、校务委员会主任：
刘伟华（1月止）
邱长书（1月始）
副校长：
刘智育
王丽琴

## 老干部局

局　长：
叶亚飞
副局长：
朱贤君
刘伟峰

## 信访局

局　长：
汤建飞
副局长：
练奕万
张平仙
俞海波（7月始）
信访督查专员：
俞海波（7月始）

## 档案局（馆）

局（馆）长：
洪广美
副局（馆）长：
龚晓强（7月止）
雷云中
魏世荣（7月始）

## 史志研究室

主　任：
邱长书（1月止）
副主任：
刘叶理

## 新闻中心

主任、党组书记：
蓝晓荣
副主任：
叶小平
邹永文

# 【县政府工作部门】

## 县政府办公室（挂外事办公室、法制办公室牌子）

主任、党组书记：
林建文（7月止）
潘吉文（7月始）
副主任：
叶　俊
蓝雪飞
徐建明（7月始）
李林平（7月始）
曹刚毅（12月始）
吴广丰
陈伟平
陈吉望（1月始）
周华伟（1月始）
毛华锋
蓝利华（12月始）
张小伟（兼）
云和县纪委派驻第二纪检组组长：
钱松伟（11月止）
云和县纪委派驻第二纪检组副组长：
徐伍民
周芳芳
金融办主任：
蓝雪飞
金融办副主任：
戴建英
法制办副主任：
赵志军（2月始）
机关人武部部长：
董盛强
应急管理办主任：
邱荣宴（1月始）

## 机关事务管理局(县委、县政府接待室)

局长(主任)、党组书记:

吴　莹

副局长(副主任):

练　涛

叶雪芳

## 房屋与土地征收工作办公室

主任、党组书记:

王兰夏(2月止)

方伟清(7月始)

副主任:

吴孔平

李益红(兼)

林友平

## 发展和改革局(粮食局)

局长、党组书记,粮食局局长:

潘吉文(1月始,7月止)

任军伟(7月始)

副局长、粮食局副局长:

王燕梅

徐　琳

王伟友

养生养老经济办主任:

潘吉文(1月止)

养生养老经济办副主任:

项大伟(1月止)

重点建设领导小组办公室主任:

王燕梅

## 统计局:

局长、党组书记:

洪为平

副局长:

余　媛

总统计师:

李　俐

## 经济商务局

局长、党组书记:

王长荣

党组副书记:

陈吉望(1月止)

副局长:

陈吉望(1月止)

杨恒斌

季　剑

王明友(1月始)

郭丽莉(7月始)

徐　旸(9月始,挂职)

纪检组长:

周金宝(1月止)

## 经合办(招商局)

主任(局长)、党组书记:

宋建英

副主任(局长):

王燕萍

宋志明(7月止)

叶建军(7月止)

## 教育局

局长、党组书记:

梅显平

党组副书记:

周春波

副局长:

周春波

官玉和

唐　毅

杜兴华(1月始)

刘定华(兼)

## 县行政学校

校长:

饶钦英(12月始)

常务副校长:

刘伟华(1月止)

邱长书(1月始)

## 科技局

局长、党组书记:

肖飞龙

党组副书记:

卢洋海

副局长:

卢洋海

周新余

咸德征(12月始)

## 公安局

局长、督察长、党委书记:

李继仁(12月止)

吴新志(12月始)

政委、党委副书记:

沙建民

党委副书记:

梅显云(7月止)

副局长:

梅显云(7月止)

饶小平

周仁礼

赖建平

副政委:

王思罡

纪委书记:

项　明

政治处主任:

陈小平

交警大队大队长:

黄叶银

交警大队教导员：
　　叶　敏
经侦大队大队长：
　　阙夏波
看守所(拘留所)所长：
　　卢　飞
国保大队大队长：
　　徐晓军
治安大队大队长：
　　林德法

## 司法局

局长、党组书记：
　　褚伟军
副局长：
　　陈小仙(7月止)
　　饶　威
　　刘海波(7月始)

## 民政局

局长、党组书记：
　　余高进
副局长：
　　曾观明
　　赵文清(兼)
　　叶晓波
　　余　芳(1月始)
老龄委办主任：
　　赵文清

## 财政局、地方税务局

财政局局长、党组书记，
地税局局长：
　　柯志宙(2月止)
　　柳成东(2月始)
财政局党组副书记：
　　陈文平
财政局副局长：
　　陈文平
　　王建平
财政局总会计师：
　　任乐群
地税局副局长：
　　孟学军
　　陈　东
地税局稽查局
局　长：
　　周晓鸣
地税局直属分局
局　长：
　　王素梅(12月始)
财政局预算局
局　长：
　　吴林娟
财政局预算执行局
局　长：
　　黄金娟
农业综合开发办公室
主　任：
　　毛一明(7月止)

## 人力资源和社会保障局

局长、党组书记：
　　李建宁
副局长：
　　金建明
　　贺　凌
　　宋建荣(12月止)
纪检组长：
　　宋建荣(1月止)
社会保险事业管理局
局　长：
　　蓝国华

## 国土资源局

局长、党委书记：
　　柳成东(2月止)
　　蓝永平(3月始)
副局长：
　　徐向前
　　周华伟(1月止)
　　干　宇
　　阙陈通(1月始)
纪委书记：
　　叶发水
执法监察大队大队长：
　　陈伟军
土地收储中心主任：
　　陈露明
不动产登记中心主任：
　　潘月平

## 住房和城乡建设局

局长、党组书记：
　　毛晓伟
党组副书记：
　　李建康
副局长：
　　李建康
　　张　霞
　　陈春财
总工程师：
　　阙陈通(1月止)
城市建设发展有限公司
董事长、总经理：
　　刘　伟(8月止)

## 环保局

局　长：
　　邢春苗
党组书记：
　　邢春苗
副局长：
　　练　飞

张盛武
党组副书记、纪检组长：
杜兴华(1月止)
总工程师：
刘　巍

## 交通运输局

局长、党组书记：
邱发强
副局长：
陈智明
彭季伟
雷兰军
邱德锋
总工程师：
徐建平

## 农业局

局长、党组书记
王永春
副局长：
何顺平(7月止)
王伟荣
商剑芳
黄献娟(7月始)
总农艺师：
徐剑琴
畜牧兽医局
局长：
雷健平(7月止)
董益禄(7月始)

## 林业局

局长、党组书记：
梅小燕
副局长：
方中富
王存宝
林久旺
总工程师：
曾秋敏
森林公安局
局　长：
宋有芝

## 水利局

局长、党组书记：
项宗荣(11月止)
副局长：
傅根明
孙　健
陈　红
洪永波
总工程师：
官剑锋
防汛办主任：
孙　健
防洪工程有限公司
董事长、总经理：
林　川

## 文化广电新闻出版局(体育局)

局长、党组书记：
邱伟荣(2月止)
副局长：
朱林宝
叶　敏
佐占奎

## 广播电视台

台长、党组书记：
刘国标
副台长：
阮宏波
毛华康
总工程师：
叶建伟

## 卫生局

局长、党组书记：
高洪波
党组副书记：
林　海(1月止)
副局长：
戴建民
李慧龙(7月止)
洪美英
徐金玲(7月始)

## 审计局

局　长：
叶长火
党组书记：
李克河
副局长：
王少艳
魏唐华
县经济责任审计联席会议办公室
主　任：
郑成文

## 安全生产监督管理局

局长、党组书记：
叶通海
副局长：
徐志强
肖建伟
周金宝(1月始)
安全生产委员会办公室
主　任：
叶通海

副主任：
　　肖建伟

### 市场监督管理局

党组书记、局长：
　　林志龙
党组副书记：
　　杨进寿
副局长：
　　杨进寿
　　张启华
　　梁伟华
　　秦　志
　　林珊珊(1月始)
县纪委派驻第十纪检组组长
　　黄俊毅

### 县政府行政审批中心

主　任：
　　吕　明(1月始)
党组书记：
　　洪广斌
副主任：
　　雷章荣
　　张晓东

### 云和工业园区管理委员会

主　任：
　　林李平(兼，12月止)
党委书记：
　　季伟忠
常务副主任：
　　季伟忠
党委副书记：
　　高　峻
　　李晓鹏
副主任：
　　高　峻
　　毛连清
　　杨伟兵
　　练　飞(7月始)
纪委书记：
　　王明友(1月止)
总工程师：
　　王荣启

### 旅游委员会

主任、党组副书记：
　　朱振华
副主任：
　　梁超炜(7月止)
　　张启水
　　叶世秋(7月始)
云和湖管理委员会
副主任：
　　穆晓通
生态休闲养生养老经济办公室
副主任：
　　季绍斌
　　胡凌凌
纪检组长：
　　余　芳(1月止)

### 供销社

主任、党组书记：
　　李水平
副主任：
　　董丽云

### 移民安置库区开发办公室

主任、党组书记：
　　项文伟(7月始)
副主任：
　　陈善林
　　李向军

### 县人民防空办公室(民防局)

主任(局长)、党组书记：
　　谢光兴
副主任(副局长)：
　　杨建飞
　　咸德征(兼，12月止)

### 住房办

主任、党组书记：
　　杨晓明
副主任：
　　张　莹
　　李丽红

### 综合行政执法局

局长、党组书记：
　　叶晓彬(11月止)
党组副书记：
　　谢岩伟
副局长：
　　谢岩伟
　　吴伟勇
　　董伟平
　　吴　东(7月始)

## 【民主党派】

### 中国民主同盟云和县总支委员会

主　委：
　　陈　岑(8月始)

副主委:

叶　峰

贺　凌

## 【部分群众团体】

### 总工会

主席、党组书记:

夏达旦

副主席:

季巧英

钟学敏

### 团县委

书记、党组书记:

鲍　艳(7月始)

副书记:

林　政(7月止)

张　悦

蓝　涛(7月始)

### 妇女联合会

主席、党组书记:

桑旭婷

副主席:

练琼苗(7月止)

刘　君

### 文学艺术工作者联合会

主席、党组书记:

邱伟生

副主席:

宋世明

### 科学技术协会

主　席:

朱伟文

党组书记:

郑福平

副主席:

张旭春

韦小委

### 工商业者联合会

主　席:

叶　峰

党组书记:

李双喜

副主席:

李双喜

王伟明

### 残疾人联合会

理事长、党组书记:

吴兆江

副理事长:

洪方普

周　朵

### 关心下一代工作委员会办公室

主　任:

黄蔚芳

### 红十字会

会　长:

副会长:

王志铨(1月止)

宋韶峰(1月始)

## 【中央、省和县双重管理部门】

### 中国人民银行云和县支行

行长、党组书记:

梅景付(9月止)

王培林(9月始)

副行长:

彭秋伟

连明富

纪检组长:

彭秋伟

### 中国工商银行云和县支行

行　长:

葛建华

副行长:

徐婷婷

刘春霞

### 中国建设银行云和县支行

行　长:

叶兆阳(7月止)

副行长:

江　舟(8月份起主持工作)

叶继伟

齐爱民(7月始)

陈林霞(7月始)

### 中国农业银行云和县支行

行　长、党委书记:

阙玉宏

副行长:

夏克胜

纪检书记:

吴耀火

### 中国农业发展银行云和信贷组

主　任:

叶莉敏(11月止)

吴哲明(11月始)

## 邮政储蓄银行云和县支行

行　长：
叶良雄（12月止）
副行长：
单　杰（12月始）
潘小明

## 云和县农村信用联社

理事长、党委书记：
吴慧来
主　任：
副主任：
刘李锋
监事长：
毛益平
纪委书记：
毛益平

## 中国人民保险公司云和县支公司

经　理：
樊毅成
副经理：
王　勇

## 中国人寿保险公司云和县支公司

经　理：
吴倩燕

## 国家税务局

局长、党组书记：
吕建勇
副局长：
叶明伟
徐　军
程繁华
纪检组长：
李志光
国税稽查局
局　长：
林川云

## 国网云和县供电公司

总经理、党委副书记：
李泳泉
党委书记：
黄祖金（10月始）
纪委书记：
谢嘉旺
副经理：
吴建勇
陈丽明
工会主席：
谢嘉旺

## 气象局

局　长、党组书记：
孙莉莉
副局长：
朱　科
罗俊华

## 烟草专卖局（云和分公司）

局长（经理）、党组书记：
章建军（8月始）
副局长、纪检组长：
梅振中（9月止）
杜　桦（9月始）
烟草分公司副经理：
杜　桦（9月止）
梅振中（9月始）

## 邮政局

局长、党委书记：
留珣浩
副局长：
杜良斌

## 电信公司

总经理、党委书记：
吴宗南
副总经理：
林祖伟

## 中国移动云和分公司

总经理：
叶旭伟
副总经理：
吴雪琴

## 中国联通云和分公司

总经理：
丁杰芳
副总经理：
无

## 县广播转播台

台　长：
刘　兵

# 【部分事业企业单位】

## 道路运输管理局

局长：
吴祖培
党支部书记：
章首明

## 公路管理局

局　长：

王庆敏

党支部书记：

易火伟

## 云和中学

校长、党总支书记：

刘定华

党总支副书记：

柳伟忠

副校长：

陈善鸿

吴建平

叶永信

陈伟华

袁明月(6月始,挂职)

## 第二中学

校　长：

吴林辉

党总支书记：

吴　汛

## 第三中学

校　长：

陈春伟

党总支书记：

王柳娟

## 中等职业技术学校

校　长、党总支书记：

董士林

党总支副书记：

陈剑和

副校长：

张华燕

邱晓兰

吴根荣

## 浙江广播电视大学云和分校

校　长：

叶跃平

党支部书记：

苏立群

## 人民医院

院　长：

陈　岑

党总支书记：

林　海

执行院长：

王　伟(10月止)

周小庆(10月始)

副院长：

洪广秋

潘晓峰

官兴荣

赵军飞(12月止)

周崇斌(12月始)

院长助理：

蓝文广(10月始)

## 中医院

院　长：

蓝文广(10月止)

戴建民(10月始)

党支部书记：

蓝张蔚(7月止)

# 【乡镇、街道】

## 浮云街道

党工委书记：

任军伟(7月止)

梅显云(7月始)

党工委副书记：

邱向明

齐荣军(7月止)

占大鲸(7月始)

党工委委员：

任军伟(7月止)

梅显云

邱向明

齐荣军(7月止)

占大鲸

陈德华

刘海波(7月止)

李海芳(7月始)

黄伟堂

刘　锋(7月止)

鲍　艳(7月止)

陈励耕(7月始)

叶　俊(7月始)

张　毅(1月始)

办事处主任：

邱向明

办事处副主任：

刘海波(8月止)

李海芳(8月始)

王洪英

徐　斌(7月止)

周永庆

纪工委书记：

陈德华

人大工委主任：

柳建坪

人大工委副主任：

刘顶友

人武部长：

黄伟堂(7月止)

叶　俊(7月始)

## 元和街道

党工委书记：
武　燚
党工委副书记：
项文伟(7月止)
齐荣军(7月始)
张慧丽(7月止)
王永春(7月始)
党工委委员：
武　燚
项文伟(7月止)
齐荣军
张慧丽(7月止)
王永春
阙祖飞
徐雪飞
叶淑英
马芳芳(7月始)
张媛媛(7月始)
陈胜文(7月始)
办事处主任：
项文伟(7月止)
齐荣军(7月始)
办事处副主任：
徐雪飞
谢加利(7月止)
姜　轸
刘裕林
蓝振荣(8月始)
纪工委书记：
阙祖飞
人大工委主任：
符达利
人大工委副主任：
叶建华(7月止)
谢加利(9月始)
人武部长：
王永春(7月止)
陈胜文(7月始)
党工委正科级组织员：
张慧丽(9月止)
阳光便民服务分中心
主　任：
赵劲松

## 白龙山街道

党工委书记：
饶伟贞(7月止)
魏　斌(7月始)
党工委副书记：
魏　斌(7月止)
张文军
张孝伟(7月始，11月止)
黄育金(11月始)
党工委委员：
饶伟贞(7月止)
魏　斌
张文军
张孝伟(11月止)
黄育金
林在忠
高时圣
徐宇波
蓝卫国
雷华燕(6月止)
严海虹(7月始)
邱寒冰(1月始)
办事处主任：
魏　斌(8月止)
张孝伟(8月始，11月止)
黄育金(11月始)
办事处副主任：
高时圣(8月始)
蓝卫国(8月止)
刘小荣(7月止)
蓝　菲
李朝阳
叶文伟(8月始)
纪工委书记：
林在忠
人大工委主任：
张安守(7月止)
张慧丽(9月始)
人大工委副主任：
蓝新奎(7月止)
蓝呈清(9月始)
人武部长：
高时圣(8月止)

## 凤凰山街道

党工委书记：
王晓燕
党工委副书记：
李禄伟
蒋　浩
党工委委员：
王晓燕
李禄伟
蒋　浩
林　政(7月始)
徐建军(7月止)
陈晓华(7月始)
柳伟方
章首林(7月始)
魏刘仙
黄亚飞(7月止)
项文平
杨亨忠
办事处主任：
李禄伟
办事处副主任：
陈晓华(8月始，常务副主任)
杨妍英(7月止)

董益禄(7月止)
王建平
黄亚飞(7月止)
蓝建军(11月止
纪工委书记:
徐建军(7月止)
林　政(7月始)
人大工委主任:
柳　源
人大工委副主任:
叶金祥
人武部长:
杨亨忠
党工委正科级组织员:
林华明

## 崇头镇

党委书记:
陈　俊(7月止)
饶伟贞(7月始,11月止)
项宗荣(11月始)
党委副书记:
黄育金(11月止)
郑云良(7月止)
钱松伟(11月始)
吴巧红(7月始)
刘　锋(7月始)
党委委员:
陈　俊(7月止)
饶伟贞(11月止)
项宗荣
黄育金(11月止)
郑云良(7月止)
钱松伟
吴巧红
刘　锋
黄献娟(7月止)
钟鼎春
陈胜文(7月止)
邱寒冰(1月止)
陈晓波
毛作跃
马晓玲(7月始)
何　俊(7月始)
镇　长:
黄育金(11月止)
副镇长:
黄献娟(7月止)
钟鼎春(12月始)
潘　峥(12月止)
叶文伟(8月止)
高　诚
蓝丽芳(12月始)
陈　炜(12月始)
纪委书记:
陈晓波
人大主席:
李叶平
人大副主席:
程泽华
林敏春
人武部长:
陈胜文(7月止)
何　俊(7月始)
阳光便民服务分中心(黄源)
主　任:
刘海斌
阳光便民服务分中心(云丰)
主　任:
罗俊青
阳光便民服务分中心(沙铺)
主　任:
林永红
阳光便民服务分中心(大湾)
主　任:
徐正忠

## 石塘镇

党委书记:
王　乐(11月止)
叶晓彬(11月始)
党委副书记:
马叶俊
叶金宝(11月始)
党委委员:
王　乐(11月止)
叶晓彬
马叶俊
叶金宝
张媛媛(7月止)
叶世秋(7月止)
高启龙
魏世荣(7月止)
雷华兴
袁石忠(7月始)
陈　烽(7月始)
柳林静(7月始)
凌益春(7月始)
镇　长:
叶金宝(12月始)
副镇长:
叶世秋(7月止)
李宏杰
张定谷
袁石忠
叶　萌(12月始)
纪委书记:
雷华兴
人大主席:
廖海英

人大副主席：
卢　春
人武部长：
高启龙
阳光便民服务分中心
主　任：
季时长

## 紧水滩镇

党委书记：
李林平(7月止)
叶府平(7月始)
党委副书记：
叶府平(7月止)
郑云良(7月始)
占大鲸(7月止)
柳奕红(7月始)
党委委员：
李林平(7月止)
叶府平
郑云良
占大鲸(7月止)
柳奕红
陈德明
谢　勇
黄　娅
吴永贵
陈晓华(7月止)
王晓为(7月始)
金叶剑(7月始)
镇　长：
叶府平(7月止)
郑云良(12月始)
副镇长：
谢　勇(12月始)
蓝振荣(7月止)
李奕均
陈晓华(7月止)
夏　阳(3月始)
蓝彦青(12月始)
纪委书记：
陈德明
人大主席：
梁必武
人大副主席：
吴知醒
人武部长：
谢　勇(7月止)
金叶剑(7月始)
阳光便民服务分中心
主　任：
江礼胜

## 赤石乡

党委书记：
徐建明(7月止)
张安守(7月始)
党委副书记：
何子儋
徐金玲(7月止)
陈水菊(7月始)
党委委员：
徐建明(7月止)
张安守
何子儋
徐金玲(7月止)
陈水菊
骆递宾
余火亮(7月止)
项德华
李海芳(7月止)
王继东(7月始)
宋志明(7月始)
钟　骅(7月始)
刘　鑫(7月始)
乡　长：
何子儋(2月始)
副乡长：
杨环锋
蓝建军(8月止)
陈水菊(7月止)
王　伟
王继东(2月始)
王思雄(2月始)
纪委书记：
余火亮(7月止)
骆递宾(7月始)
人大主席：
叶挺凡
人大副主席：
蓝呈清(9月止)
余火亮(12月始)
人武部长：
项德华
阳光便民服务分中心
主　任：
梅　浩

## 安溪畲族乡

党委书记：
江佳杰
党委副书记：
雷汉雄
郭丽莉(7月止)
黄亚飞(7月始)
党委委员：
江佳杰
雷汉雄
郭丽莉(7月止)
黄亚飞
项仁来(7月止)

钟　骅(7月止)
刘海鑫
吴巧红(7月止)
蔡志林(7月始)
蓝张蔚(7月始)
林　煊(7月始)
刘晓东(7月始)

乡　长:
雷汉雄

副乡长:
吴巧红(7月止)
蔡志林(7月始)
赵雪华(12月始)

纪委书记:
郭丽莉(4月止)
刘海鑫(4月始)

人大主席:
江佳杰(7月止)
林建明(12月始)

人大副主席:
楼海东

人武部长:
项仁来(7月止)
刘晓东(7月始)

## 雾溪畲族乡

党委书记:
陈婧伊

党委副书记:
林建明(7月止)
蓝建军(11月始)
叶建军(7月始)

党委委员:
陈婧伊
林建明(7月止)
蓝建军(11月始)
叶建军
王继东(7月止)
刘晓东(7月止)
雷云娟
赵丽萍
杨恒贵(7月始)
蓝伟忠(7月始)
项仁来(7月始)

乡　长:
蓝利华(12月止)
蓝建军(乡长人选11月始,12月当选)

副乡长:
王继东(7月止)
赵丽萍(12月始)
蓝丽芳(7月止)
刘　伟(12月始)

纪委书记:
雷云娟

人大主席:
陈婧伊(2月始,7月止)
刘小荣(12月始)

人大副主席:
许少王

人武部长:
刘晓东(7月止)
项仁来(7月始)

(县委组织部提供)

# 大事记

## 2016年大事记

### 1月

4日　全县领导干部会议召开。市委年度考核组对云和县党政领导班子和领导干部进行年度考核，对干部选拔任用工作进行民主测评和民主评议。

6日　副市长林亮到云和调研市场监管和电子商务工作。

7日　中国计量学院党委书记、省“五水共治”科技专家组组长张土乔到云和调研。

同日　举行县人民医院院士专家工作站授牌仪式暨段树民院士团队学术报告会。

8日　召开小微企业三年成长计划工作推进会。

11日　县委召开理论学习中心组学习(扩大)会。会议邀请“云上5天”民宿业主武晓芳作《民宿实践之云上5天客栈》专题讲座。

同日　召开第二次“路段长制”任务点评会。

12日　市委常委、组织部长胡侠率考核组到云和县检查考核2015年度党风廉政建设主体责任落实情况，并走访了云和县绿林工艺品有限公司。

同日　召开全县安全生产工作会议。

13日　召开省委巡视组反馈意见建议整改工作进度汇报会。

14日　县委召开第十三届常委会第59次会议。会议审议通过《县委十三届十一次全会报告(送审稿)》《中共云和县委关于云和县国民经济和社会发展第十三个五年规划的建议》《云和县非领导职务评定方案和云和县公务员职级晋升评定方案(送审稿)》；听取县十五届人大五次会议和县政协八届五次全会筹备情况汇报、2015年全县安全生产工作情况汇报、2015年度全县社会稳定(平安、信访)形势分析情况汇报和相关案件情况汇报。

16日　杭州云和商会—云和县新生代企业家联合会新年联谊慈善会在云和举行。

18日　县委十三届十一次全体(扩大)会议召开。县委书记张建明代表县委常委会作《践行五大发展理念 全力奋战决胜之年 加快建设“山水童话”特色的现代化生态休闲旅游名城》的工作报告。会议审议通过《中共云和县委关于制定云和县国民经济和社会发展第十三个五年规划的建议(草案)》。

同日　举行中层岗位民主评议活动。

19日　省发改委主任谢力群到云和调研。

20日　召开全县离退休干部政情通报会和副县级以上离退休干部座谈会。

21日　县委召开第十三届常委会第60次会议。会议传达省纪委十三届五次全会精神，讨论通过《中共云和县委常委会班子“三严三实”专题教育对照检查材料》，听取全省农村工作会议精神汇报，并研究人事工作。

同日　举行台侨界迎春团拜会。

22日　县委常委会“三严三实”专题民主生活会召开。

25日　县政府召开2016年《政府工作报告》征求意见座谈会。

26日　县政府召开第十五届人民政府第51次常务会议。会议审议通过《云和县2015年国民经济和社会发展计划执行情况与2016年国民经济和社会发展计划草案的报告(送审稿)》《云和县2015年预算执行情况和2016年预算草案的报告(送审稿)》《云和县2016年固定资产投资计划(送审稿)》《云和县2015年政府投资项目计划(送审稿)》《云和县2016年重点建设项目计划(送审稿)》《云和县2016年重大建设项目前期计划(送审稿)》《云和县2016年基本建设预算编制情况(送审稿)》《云和县2016年房屋与土地征收计划(送审稿)》《云和县关于进一步加强企业技能人才队伍建设的实施意见(试行)(送审稿)》《2016年政府工作报告(送审稿)》《云和县行政事业单位银行账户及公款竞争性存放实施细则(送审稿)》《云和县留用地和安置地建房违法建筑处置意见(送审稿)》《云和县房屋屋顶违法建筑专项整治工作实施方案(送审稿)》《云和县人民政府关于加快推进企业直接融资工作意见的补充意见(送审稿)》《云和县加快推进生态精品农业发展的若干意见(2016—2018)(送审稿)》。

同日　市委常委、组织部长胡侠到云和走访慰问。

27日　中国云和e创园开园仪式在云和商贸物流城举行。

同日　召开2015年度乡镇(街道)党(工)委书记抓基层党建工作述职评议会。

同日　县政府领导班子“三严三实”专题民主生活会召开。

28日　召开2016年部门预算民主恳谈会。

同月　县委出台《关于进一步加强党对教育工作领导的若干意见》。浙江和信玩具有限公司总裁何彬获省委、省政府表彰，荣获浙江省优秀中国特色社会主义事业建设者称号；国网云和县供电公司石塘供电所工会被中华全国总工会授予“全国模范职工小家”称号；云和县首届“最美云和人”项海燕入选全国励志成长成才典型；云和县中等职业技术学校“信义少年”叶石云获得“CCTV2015年度十大三农人物”称号；云和县原创微电影《云上的5天》入围2015年第45届坦佩雷国际电影节。

## 2月

2日　县委召开第十三届常委会第61次会议。会议传达省“两会”精神和全省宣传思想工作会议精神；审议通过《2016年政府工作报告(送审稿)》《云和县2016年固定资产投资计划(送审稿)》《云和县2016年政府投资项目计划(送审稿)》《云和县2016年重点建设项目计划(送审稿)》《云和县2016年重大建设项目前期计划(送审稿)》《云和县2016年基本建设投资收支预算编制情况(送审稿)》《云和县2015年预算执行情况和2016年预算草案报告(送审稿)》《云和县“十三五”规划纲要(送审稿)》《2016年五大攻坚行动方案(送审稿)》《云和县房屋屋顶违法建筑专项整治工作实施方案(送审稿)》；研究人事工作；听取关于中共云和县第十三届纪委六次全会有关情况的报告；书面审议通过《云和县2015年国民经济和社会发展计划执行情况与2016年国民经济和社会发展计划(草案)的报告》；书面传达市纪委三届五次全会主要精神。

同日　副市长陈景飞到云和调研，并召开征求《丽水市十三五规划纲要》及《政府工作报告》的意见建议座谈会。

3日—4日　省人民政府副省长、省政协副主席黄旭明到云和调研农业农村工作和“美丽城乡”建设工作。

4日　县委、县政府召开2016新春茶话会。县委书记张建明代表县委、县人大、县政府、县政协向各界人士致新春祝福。

10日　举行“浙商之春”新春联谊活动。

14日　召开奋战决胜之年动员大会。

17日—19日　中国人民政治协商会议第八届云和县委员会第五次会议召开。会议应出席委员141人，实到136人。县政协主席雷一坤代表政协第八届云和县委员会常务委员会向大会作工作报告；副主席林李平代表政协第八届云和县委员会常务委员会向大会作关于八届四次会议以来提案工作情况的报告；会议补选张峰为八届县政协副主席，增补胡留龙、柯志宙为常务委员；会议审议通过县政协八届五次会议提案初审情况报告和大会决议。

18日—20日　云和县第十五届人民代表大会第五次会议召开。大会应到代表 143名，实到代表133名。县委副书记、代县长叶伯军代表县人民政府作政府工作报告，县人大常委会主任马国华作人大常委会工作报告，县人民法院院长钱海亮作人民法院工作报告，县人民检察院检察长蔡建彧作人民检察院工作报告。大会审议通过《关于政府工作报告的决议》《关于云和县国民经济和社会发展第十三个五年规划纲要的决议》《关于云和县2015年国民经济和社会发展计划执行情况与2016年国民经济和社会发展计划的决议》《关于云和县2015年财政预算执行情况和2016年预算的决议》《关于云和县人大常委会工作报告的决议》《关于云和县人民法院工作报告的决议》《关于云和县人民检察院工作报告的决议》。大会依法选举叶伯军为云和县人民政府县长，增选叶伯军为云和县出席丽水市第三届人民代表大会代表，补选王志铨、李叶平、李泳泉、邱伟荣为云和县第十五届人民代表大会常务委员会委员。大会主席团首次组织新当选的国家工作人员向宪法宣誓，叶伯军成为云和县首个面向宪法宣誓就职的县长。

20日　市委书记史济锡到云和调研。

23日　召开中共云和县第十三届纪律检查委员会第六次全体(扩大)会议。

25日　省委书记、省人大常委会主任夏宝龙到云和县调研。

同日　县委召开第十三届常委会第62次会议。会议传达省委书记夏宝龙在云和调研时的重要讲话精神、全省组织部长会议和乡镇换届工作业务培训会议精神、全省统战部长会议精神；书面传达省委政法工作会议精神。

26日　召开创业创新暨扩大有效投资工作会议。

26日—27日　省文联党组书记、副主席田宇原一行到云和县开展“蹲点基层找短板”调研工作。

27日　贵州省毕节市委常委、威宁彝族回族苗族自治县委书记肖发君率党政考察团到云和考察区域经济发展工作。

同日　召开房屋屋顶违法建筑专项整治工作动员大会。

29日　县委召开理论学习中心组学习(扩大)会。会议邀请市委党校教育学博士赵伟作《清廉与为官之道》专题讲座。

同月　县委出台《关于制定云和县国民经济和社会发展第十三个五年规划的建议》。

## 3月

3日　省交通厅党组副书记、副厅长陈利幸到云和调研交通工作。

7日　召开重点项目建设工作例会。

8日　省委常委、常务副省长袁家军到云和调研。

同日　召开“归零翻篇开新局”主题大讨论活动动员部署会。

8日—10日　省“三改一拆”办公室副主任朱永斌率省考核验收第五组到云和考核验收“无违建县”创建工作。

9日　县委政法信访工作会议暨平安建设“夺金鼎”誓师大会召开。

同日　召开城乡规划管理委员会第7次会议；召开食品安全工作暨G20峰会食品安全保障工作会议。

10日　省重点生态功能区小城市培育试点考核组一行到云和考核小城市培育试点工作。

17日　召开2016年人大代表建议和政协委员提案交办工作会议。

同日　召开“归零翻篇开新局”领导小组会议。

18日　召开金融工作暨防范和处置非法集资工作会议。

21日　县委理论学习中心组“归零翻篇开新局”专题学习会召开。会议邀请市委党校经济管理教研室主任、市情研究中心主任、副教授陈敬东作《以新理念引领丽水“十三五”发展》专题讲座。

22日　市委书记史济锡到云和调研“六边三化三美”工作。

23日　省政协副主席陈加元

一行到云和督查“五水共治”民主监督“万千行”活动开展情况。

同日　召开税务和社保费结算工作部署会。

24日　县政府召开第十五届人民政府第52次常务会议。会议审议通过《云和县2016年度招商引资工作目标责任制考核办法(送审稿)》和《政府工作报告2016年重点工作责任分解(送审稿)》;听取关于2016年“两会”人大代表建议、政协提案有关情况汇报。

同日　召开农业农村工作会议暨防汛防台抗旱森林防火工作会议。

25日　召开党建工作会议。

26日　县委召开第十三届常委会第63次会议。会议传达省委书记夏宝龙在全省“五水共治”工作会议上的讲话精神;传达全市“归零翻篇开新局”主题大讨论活动领导小组办公室工作会议精神,听取县活动办关于前阶段工作进展情况及下一步工作计划的汇报;审议通过《关于“三重一大”事项集体决策制度实施意见(审议稿)》。

同日　召开生态旅游“找短板、谋发展”座谈会。

同日　县委常委会班子“归零翻篇开新局”主题大讨论活动专题学习讨论会召开。

28日　县政府班子“归零翻篇开新局”主题大讨论活动专题学习讨论会召开。

29日　召开安全生产、消防安全工作会议暨县安委会2016年第一次全体(扩大)会议。

30日　召开“六边三化三美”工作推进会;召开残疾人工作会议。

## 4月

1日　召开旅游及特色小镇工作座谈会。

6日　市委书记史济锡到云和蹲点调研旅游工作。

6日—7日　市委督查组到云和督查《中共中央转发〈中共全国人大常委会党组关于加强县乡人大工作和建设的若干意见〉的通知》和《中共浙江省委关于加强县乡人大工作和建设的若干意见》贯彻落实情况。

7日　县委召开常委(扩大)会议。会议传达学习习近平总书记在全国政协联组会上重要讲话精神和在党的新闻舆论座谈会上的讲话精神;传达中共中央关于郭伯雄严重违纪违法案及其教训的通报。

同日　召开招商引资工作座谈会。

8日　市委常委、组织部长胡侠到云和查找组织工作和组织部门短板。

10日　新疆新和县委书记马国强率新和县代表团到云和考察。

11日—12日　台湾南投县观光协会到云和考察。

12日　召开“项目难题清零销号大会战”活动动员大会。

13日　市督查组到云和县督查“归零翻篇开新局”主题大讨论活动开展情况。

同日　召开屋顶违建专项整治工作汇报会。

14日　召开科技创新工作会议。

15日　全县基层党建工作部署会召开。

17日　召开“归零翻篇开新局”主题大讨论活动领导小组第二次会议。

18日　市政协副主席、市发改委主任邝平正到云和蹲点调研扩大有效投资工作。

20日　召开非公经济人士学习习近平总书记重要讲话精神座谈会。

21日　举行农村(社区)党支部书记“归零翻篇开新局”擂台赛。

同日　召开畜禽养殖污染治理工作会议。

22日　县委召开理论学习中心组学习(扩大)会。会议邀请省气象局党组书记、局长黎健作《气候变化、防灾减灾与生态文明》的讲座。

26日　召开关心下一代工作会议。

27日　省财政厅副厅长王广兵率省政府耕地保护考核组到云和考核。

28日　召开2016年一季度经济和社会形势分析会。

29日　县政府召开第十五届人民政府第53次常务会议。会议审议通过《云和县2016年房屋与土地征收追加计划(送审稿)》《云和县耕地保护补偿机制实施办法(试行)(送审稿)》《云和县砂石料加工行业专项整治相关补助办法(送审稿)》《云和县集体土地所有者之间建房用地调剂办法(修订)(送审稿)》和《云和县工业园区企业不动产转让监管制度(送审稿)》;书面审议通过《云和县"归零翻篇开新局 精准扶贫补短板"行动方案(送审稿)》。

30日　陕西省安康市考察团到云和调研城市建设工作。

同日　举办云和湖水上巴士开通仪式。

## 5月

3日　召开全县领导干部会议。

4日　县政府召开第十五届人民政府第54次常务会议。会议听取关于云和工业园区省级循环化改造示范试点工作的有关情况汇报;审议通过《云和县2016年度规划编制计划(送审稿)》《云和县消防安全责任追究暂行办法(送审稿)》《云和县促进农家乐民宿经济发展的若干意见(送审稿)》。

同日　召开护航G20信访维稳工作汇报会;召开《每周聚焦》栏目报道问题整改会;召开"项目难题清零销号大会战"重点开工项目准备会和重点难题攻坚部署会;举办"归零翻篇开新局"暨"十三五话担当"主题微型党课比赛决赛。

4日—5日　省人大常委会副主任袁荣祥到云和调研"五水共治"工作。

5日　县委召开理论学习中心组学习(扩大)会。会议邀请国防大学教授、空军少将乔良作题为《互联网大时代的中美博弈和金融安全》专题讲座。

6日　县委召开第十三届常委会第64次会议。会议传达夏宝龙、廖国勋同志2016年4月18日在全省"两学一做"专题党课暨学习教育部署会上的讲话精神;审议通过《关于在全县党员中开展"学党章党规、学系列讲话、做合格党员"学习教育的实施方案(送审稿)》《云和县事业单位人才引进实施办法(送审稿)》《2016年度乡镇(街道)换届实施意见》《关于陈伟忠同志任职的建议(送审稿)》《关于撤销云和县公安局纪律检查委员会等纪检机构的建议(送审稿)》和《云和县消防安全责任追究暂行办法(送审稿)》;听取2015年度乡镇(街道)和部门综合考核结果情况汇报、2015年度"五水共治"工作考核情况汇报、《云和县"归零翻篇开新局 精准扶工补短板"行动方案》有关情况汇报、2016年1—4月全县社会稳定(平安、信访)形势分析情况汇报。

同日　召开"两学一做"专题党课暨学习教育部署会。

同日　黄力量任中共云和县委委员、常委、副书记;范寿仁任中共云和县委委员、常委;免去陈骏的中共云和县委常委、委员职务。

9日　市委副书记尹学群到云和调研。

9日—13日　省"三改一拆""四边三化""五水共治"第二督查组到云和督查。

12日　省国土资源厅厅长陈铁雄到云和调研。

同日　召开廉政、依法行政、审计工作会议暨政府系统"两学一做"推进会。

12日—13日　省政协副主席、省侨联主席吴晶率"加快发展浙江民宿经济"调研组到云和调研民宿经济发展情况。

13日　召开乡镇(街道)工作汇报会暨党(工)委书记抓基层党建工作例会。

19日　召开房屋屋顶违建整治情况汇报会。

20日　市咨询委到云和调研"瓯江母亲河生态治理和生态保护"工作。

同日　召开重大发展短板任务交办会。

22日—23日　十一届全国人大法律委员会主任委员、中国人大制度理论研究会理事长胡康生率研究会成员到云和调研"云和人大特定问题调查工作"。

24日　召开重点项目难题推进情况汇报会。

25日　省民宗委副主任钟昌明到云和调研民族工作。

27日　召开"护航G20、平安夺金鼎"第一次专题部署会。

31日　省委组织部副部长、老干部局局长三文序到云和调研。

同日　云和县第十五届人民代表大会常务委员会第39次会议召开，任命陈伟忠为云和县人民政府副县长；免去陈骏云和县人民政府副县长职务。

## 6月

2日　召开城市建设工作例会。

同日　举行第五届未成年人道德文化节暨第十二届未成年人读书节活动启动仪式。

3日　县政府召开第十五届人民政府第55次常务会议。会议审议通过《云和县中医医院引进社会资本合作办医实施方案（送审稿）》《云和县人民政府与华东宁波医药有限公司合作框架协议书（送审稿）》《云和县教育局与文元教育集团合作举办九年一贯制民办学校协议书（送审稿）》《关于建设云和县统一政务咨询投诉举报平台的实施方案（送审稿）》《云和县人民政府部门职责管理办法（送审稿）》；听取关于云和县人民政府领导工作分工情况的汇报。

同日　召开“五水共治”工作领导小组第五次会议。

5日　举行第十届云和梯田开犁节。本届开犁节主题为“和着自然的拍子，领略璞·真梯田”。

8日　县委召开第十三届常委会第65次会议。会议传达全国宗教工作会议、全省宗教工作会议精神；审议通过《云和县中医医院引进社会资本合作办医实施方案（送审稿）》；听取县管领导干部2015年度考核情况汇报、相关案件情况汇报和2015年度市、县综合考核排名末位情况说明；审议试用期满干部转正工作；研究人事工作；书面传达2016年全市对台工作会议精神。

同日　召开农村基层作风巡查工作动员部署会议；召开垦造耕地工作推进会。

12日　召开重点项目工作推进例会；召开重大项目前期工作汇报会。

15日　省委常委、组织部长廖国勋到云和调研。

16日　举行梅振盈同志先进事迹报告会。

17日　县委召开反腐败协调小组（扩大）会议。

23日　召开木玩产业发展座谈会。

24日　召开“两学一做”学习教育暨县委理论学习中心组学习（扩大）会。会议邀请省委讲师办主任王均寅作《习近平治国理政新阶段新思想新境界》讲座。

24日—25日　平湖市委书记盛付祥率党政代表团到云和考察美丽城乡建设。

27日　县政府召开第十五届人民政府第56次常务会议。会议审议通过《关于加快旅游产业发展的实施意见(送审稿)》《关于促进工业经济平稳健康发展的若干意见(送审稿)》《云和县工业企业绩效综合评价和要素差别化管理的实施办法(送审稿)》和《商贸物流城项目建设补充协议书(送审稿)》。

29日　举行纪念建党95周年暨2016年丽水“扬帆·感恩”爱心献给老党员活动启动仪式。

30日　召开庆祝中国共产党成立95周年大会。

## 7月

1日　召开城乡规划管理委员会第8次会议。

4日　召开“三改一拆”和“无违建县”创建工作推进会。

5日　召开企业股改挂牌新三板工作座谈会。

7日　市委书记史济锡到云和检查指导紧水滩电厂防汛防台工作。

同日　召开防汛防台工作碰头会，贯彻落实史济锡书记重要指示精神。

同日　县委召开第十三届常委会第66次会议。传达省委统战工作督查反馈意见；讨论县委十三届十二次全会暨县政府十五届四次全会报告；审议通过《中共云和县委关于补短板的实施意见（送审稿）》《关于促进工业经济平稳健康发展的若干意见（送审稿）》《关于云和商贸物流城项目投资补充协议（送审稿）》和《关于加快旅游产业发展的实施意见（送审稿）》；听取五大攻坚行动、云和县2016年上半年经济和社会形势分析、2016

年上半年全县社会稳定（平安、信访）形势分析情况汇报。

12日　市委书记史济锡到云和调研重大基础设施项目建设。

14日　县委十三届十二次全体（扩大）会议暨县政府十五届四次全体（扩大）会议召开。

同日　县委加强党的新闻舆论工作座谈会召开。

同日　副市长任淑女到云和调研旅游和“三农”工作。

15日　召开“五水共治”工作推进会。

19日　市检察院检察长过孟超到云和调研。

同日　召开2016年第二季度安全生产、消防安全工作例会暨“护航G20、平安夺金鼎”攻坚会。

20日　市委常委、组织部长胡侠率督查组到云和督查G20维稳安保工作。

21日　省旅游局局长王文娟一行到云和调研旅游工作。

同日　市纪委检查组到云和检查党风廉政建设主体责任落实情况。

27日　召开2016年度征兵工作会议。

28日　县委召开第十三届常委会第67次会议。传达全市县（市、区）领导班子换届工作会议精神、全省党校工作会议精神；审议通过《中共云和县委落实党委（党组）意识形态工作责任制实施方案》；研究人事工作。

同日　召开乡镇（街道）换届干部调整通报会暨干部集体谈话会。

同日　市政协副主席邝平正到云和调研绿色产业发展和清洁能源示范县创建工作。

29日　召开2016年上半年经济和社会形势分析会。

30日　召开童话小镇和工业扶持政策汇报会。

## 8月

1日　举行护航G20实战阶段启动仪式。

同日　县委召开常委（扩大）会议，通报县级领导班子换届考察有关事项。

1日—5日　省委省政府“五水共治”“三改一拆”“四边三化”督查组(第二组)到云和督查。

3日　县委召开全面深化改革领导小组第1次会议。会议审议通过《云和县公务用车制度改革实施方案（送审稿）》《云和县公务用车制度改革司勤人员安置分流实施办法（送审稿）》《云和县公务用车制度改革涉改车辆处置办法（送审稿）》《云和县执法执勤用车制度改革办法（送审稿）》《云和县公务用车保障办法（送审稿）》。

同日　副市长陈重到云和调研。

4日　县政府召开第十五届人民政府第57次常务会议。会议审议通过《扶持跨境电子商务发展的若干意见（试行）（送审稿）》《云和县木制玩具百亿产业行动实施方案（2016—2020）（送审稿）》《云和县空闲农房征收再利用试点方案（送审稿）》；听取云和县《进一步降低企业成本 减轻企业负担 优化发展环境的实施意见》制定情况的汇报、2012—2016年工业用地项目城市市政基础设施配套费用征收遗留问题的汇报、定格动漫文化产业基地项目有关情况的汇报和关于审计工作情况的汇报。

5日　召开屋顶违建专项整治工作汇报会。

6日　举行2016年美丽交通走廊·环浙骑行(云和站)开幕式。

8日　召开县处级党员领导干部“两学一做”学习教育第一次专题学习研讨会。

同日　丽水市公共资源交易中心云和分中心在云和挂牌成立。

9日　召开云和童话小镇概念性规划汇报座谈会。

10日　市人大常委会主任虞红鸣到云和考察公共文化服务情况。

同日　市委副书记、政法委书记尹学群到云和检查G20杭州峰会维稳安保工作。

同日　召开全体人大代表会议。会议通报县政府上半年工作情况。

12日　县委常委(扩大)会议暨决战三季度项目推进和招商引资工作会议召开。

同日　县委召开全体（扩大）会议。

同日　召开农民增收工作座谈会。

16日　召开城市建设工作例会。

18日　县委召开常委(扩大)会议,听取2016年以来维稳安保工作情况。

同日　召开换届工作座谈会。

19日　举行第二季度农村(社区)党支部书记"扛旗攻坚大比武"擂台赛。

19日—20日　副省长朱从玖到云和接访。

21日　县委召开第十三届常委会第68次会议。会议研究县级领导班子换届拟新提拔人选和考察对象建议名单;审议通过《云和县木制玩具百亿产业行动计划(2016—2020)(送审稿)》;传达《中共中央关于加强和改进保密工作的意见》精神;书面审议通过《云和县非公有制经济代表人士综合评价工作实施方案(送审稿)》。

22日　启动"村庄整治再提升、洁净村居我最佳"大比拼活动。

24日　市委书记史济锡到云和调研。

同日　举行2016年"爱心圆梦励志学子"大学新生助学金发放仪式。

同日　召开离退休干部和科级以上退休领导干部政情通报会。会议通报2016年上半年全县经济社会发展情况和乡镇(街道)干部人事调整工作情况。

25日　县委召开理论学习中心组学习(扩大)会。会议邀请省安全生产监督管理局副巡视员徐翼麟作《坚守红线 尽职履责 切实做好安全生产工作》专题讲座。

同日　召开市委书记史济锡交办问题整改落实部署会。

同日　上海市奉贤区政府考察组到云和考察美丽乡村建设和农村拆违工作。

29日　中国民主同盟第八届云和县基层委员会第一次盟员大会召开。

30日　县委召开常委(扩大)会议。市委换届考察组反馈县级领导班子换届考察情况。

同月　县委、县政府出台《关于加快旅游产业发展的实施意见》《云和县加强垦造耕地项目后续种植和地力培育工作实施意见》《关于建立云和县职务犯罪预防信息共享平台的实施意见》。

## 9月

5日　召开云和童话小镇概念性规划汇报会。

6日　县政府召开第十五届人民政府第58次常务会议。会议审议通过《云和县关于进一步深化国资国企改革的实施意见(送审稿)》《云和县食用菌产业转型升级工作实施方案(送审稿)》《云和县创建浙江省食品安全县工作方案(送审稿)》《创建幸福社区(试点)建立小区长效管理机制的工作方案(送审稿)》《加快推进残疾人全面小康进程的实施意见(送审稿)》《全面建立困难残疾人生活补贴和重度残疾人护理补贴制度的实施意见(送审稿)》《云和县县域医疗卫生服务能力提升工程(2016年—2018年)实施方案(送审稿)》;听取《云和县1000万以下(不含)国有投资房屋建筑和市政公用工程建设项目预选承包商实施办法(试行)》有关情况的汇报、《城西路西侧1—3号拍品遗留问题有关处理方案》的汇报。

7日　召开垦造耕地工作督办会。

同日　召开城镇危旧房改造工作推进会。

8日　县委召开第十三届常委会第69次会议。会议组织学习《中共中央关于辽宁拉票贿选案查处情况及其教训警示的通报》;研究人事工作;审议通过《云和县乡镇党委换届选举和县党代会农村代表推选工作实施意见(送审稿)》《关于召开中国共产党云和县第十四次代表大会的决议(草案)》《云和县2016年度乡镇(街道)和部门综合考核办法》《关于创建幸福社区(试点)建立小区长效管理机制的工作方案(送审稿)》《关于云和县食用菌产业转型升级工作方案(送审稿)》。

9日　召开创建省食品安全县动员会。

同日　召开教育现代化创建工作推进会暨2016年教师节表彰大会。

13日　召开食用菌产业转型

升级工作部署会。

17日　召开2016年度新兵入伍欢送大会。

26日　县委召开理论学习中心组学习(扩大)会。会议分别邀请中国科学院院士段树民、中国工程院院士王浩作题为《脑科学与脑健康》和《清洁生态小流域理论与实践》的专题报告,并举行王浩院士专家工作站授牌仪式。

同日　召开城乡规划管理委员会会议。

28日—29日　省农办巡视员、副主任高启华率考察团到云和考察扶贫致富带头人培育工程。

30日　举行烈士纪念日纪念活动。

同日　召开"平安护航G20大会战"总结会暨"平安夺金鼎百日大会战"动员会;召开2017年部门预算编制工作部署会;召开乡镇党委换届动员部署会。

## 10月

8日　召开幸福社区创建工作动员会。

9日　县政府召开第十五届人民政府第59次常务会议。会议审议通过《云和县中小企业发展专项资金管理办法(送审稿)》《云和县兴云中小企业发展促进中心筹建方案(送审稿)》《"老云和"采真里项目政府购买服务模式(送审稿)》《云和县推进全域旅游发展工作实施方案(送审稿)》《关于进一步加快科技进步的若干意见(送审稿)》《云和县关于深化供销合作社和农业生产经营管理体制改革 构建"三位一体"农民合作经济组织体系的实施方案(送审稿)》。

同日　召开《今日聚焦》曝光问题整改部署会。

10日　市人大常委会主任虞红鸣到联系民族乡雾溪乡调研。

同日　召开党政联席会议。

11日　省"三比三看一规范"活动互评互比考评组到云和检查"四边三化"工作。

12日　召开园区入园项目决策会议。

同日　召开"低小散"企业(作坊)整治提升工作动员会。

14日　召开房屋屋顶违法建筑专项整治工作总结大会。

同日　召开"六五"法治宣传教育总结暨"七五"法治宣传教育部署会。

13日—14日　浙江省地方统计调查局局长沈强到云和调研。

15日—16日　"青年之声·青青恋"公安卫士缘聚童话云和——浙江省绿水青山大型公益集体婚典暨第三届"浪漫童话真爱云和"婚纱摄影主题活动在云和举行。

17日　召开"三位一体"综合改革动员部署会。

同日　举行"百师扶贫助千家"暨低收入农户帮扶大赶集活动。

18日—19日　省政协副主席、民建浙江省委会主任陈小平到云和调研小城市培育工作。

20日　县委召开第十三届常委会第70次会议。会议听取云和县工商业联合会(总商会)工作总结及换届工作情况、第三批县级劳动模范和模范集体评选表彰工作情况的汇报;审议通过《云和县关于深化供销合作社和农业生产经营管理体制改革 构建"三位一体"农民合作经济组织体系的实施方案(送审稿)》《关于在县乡换届中扎实做好党代会代表、人大代表选举和政协委员协商提名工作的意见(送审稿)》;讨论关于终止雷贤坤第三届市党代表的建议;审议相关违纪案件;传达全省党委系统办公室工作会议精神。

同日　省级精品示范道路检查组到云和,对"十里云河"省级精品示范道路创建现场进行核查。

25日　湖州市委常委、军分区政委温永东到云和慰问支援苏村救援人武干部。

同日　县委召开第十三届常委会第71次会议。会议听取2016年前三季度全县经济和社会形势分析、2016年前三季度全县社会稳定(平安、信访)形势分析、五大攻坚行动情况的汇报;审议通过《云和县推进全域旅游发展工作实施方案(送审稿)》《关于进一步深化国资国企改革的意见(送审稿)》。

26日　省人大常委会副主任厉志海率省人大留守儿童关爱工作专题调研组到云和调研。

同日　市委常委、统战部长廖思红到云和调研。

同日　省商务厅副厅长徐高春到云和调研。

26日—27日　省人大常委会专题检查组到云和检查。

28日　召开2016年度省市考核指标完成情况汇报会。

31日　县委召开常委(扩大)会议。会议传达学习十八届六中全会、全省领导干部会议和全市领导干部会议精神。

同日　召开处级党员领导干部“两学一做”学习教育第二次专题学习研讨会。

## 11月

1日　举行“12345”政务咨询投诉举报服务中心启动仪式。

2日　召开三季度经济运行分析会。

同日　县政府与教育部教育装备研究中心举行合作签约仪式。

3日　县政府召开第十五届人民政府第60次常务会议。会议审议通过《关于建立云和县重大项目前期工作推进机制的若干意见(送审稿)》《云和县基本建设项目前期工作决策规程(送审稿)》《云和县重大建设项目前期工作专项资金管理暂行办法(送审稿)》《云和县大庆寺东侧地块和祥云街东山下地块棚户区(城中村)改造项目实施方案(送审稿)》《云和县工业企业“零土地”技术改造项目审批方式改革的实施意见(试行)(送审稿)》《云和县安全生产“党政同责、一岗双责、失职追责”暂行规定(送审稿)》《云和县安全生产委员会组织结构设置及工作规则(送审稿)》;听取县人民医院迁建工程、县中医医院综合楼工程项目变更和概算调整、县2016年政府投资项目计划调整、山水购物广场违建遗留问题处理建议、县2016年禁毒工作有关情况的汇报。

同日　召开“十三五”重大项目前期和2017年重点项目计划汇报会。

7日　召开公务用车制度改革工作领导小组会议。

同日　召开征收体制改革工作座谈会。

9日　省环保厅党组成员、省环保执法稽查总队总队长单锦炎到云和调研。

同日　县委召开第十三届常委会第72次会议。会议审议通过《中共云和县人大党组关于做好县乡两级人民代表大会换届选举工作的意见(送审稿)》《关于做好政协第九届云和县委员会换届工作的实施方案(送审稿)》《云和县“两代表一委员”人选资格审查工作实施方案(送审稿)》。

10日　召开“平安夺金鼎百日大会战”形势分析会。

12日　全县领导干部会议召开。市委常委、纪委书记方向出席会议,会议宣读了省委、市委关于云和县委党政主要领导干部的任免决定:张建明同志不再担任中共云和县委书记、常委、委员职务;叶伯军同志任中共云和县委书记;上官国明同志任中共云和县委委员、常委、副书记,提名云和县县长候选人。

15日　召开“标准化”专题学习会。

17日　召开县、乡人大代表换届选举工作动员会。

18日　市委常委、组织部长胡侠到云和督战“平安夺金鼎”暨“乌镇峰会”维稳安保工作。

14日—18日　省委、省政府“三改一拆”“四边三化”“五水共治”督查组到云和督查。

21日—22日　丽水地区卫生重点县建设工作座谈会在云和召开。

23日　市委常委、宣传部长陈建波到云和参加代表联络站活动。

24日　县委召开县委全体会议。

同日　县十五届人大常委会第43次会议召开。

28日　县委召开第十三届常委会第73次会议。会议传达全省美丽乡村和农村精神文明建设现场会主要精神及贯彻意见、全国安全生产电视电话会议精神;审议通过《中共云和县人大党组关于在街道推行议政会制度的意见(送审稿)》《云和县安全生产“党政同责、一岗双责、失职追责”暂行规定(送审稿)》;研究人事工作;听取工青妇2016年工作情况汇报。

29日　全县领导干部会议召开。会议传达学习贯彻省委十三届十次全体(扩大)会议精神。

## 12月

1日　省农办副主任严杰到云和调研农村生活污水处理和民宿安全工作。

2日　召开2016年度省对26县考核指标分析会。

3日　县委召开常委（扩大）会议。

4日　广西壮族自治区阳朔县党政考察团到云和考察。

6日　县委召开第十三届常委会第74次会议。会议传达学习县(市、区)纪委书记集体谈话会精神；研究提出市第四次党代会代表候选人初步人选名单；研究确定部门、街道出席县党代会代表预备人选名单，中共云和县第十四届县委委员、候补委员、纪委委员候选人预备人选名单。

7日　召开小城镇环境综合整治行动暨治危拆违和地质灾害治理会议。

7日—8日　省政协副主席孙文友到云和督查调研少数民族经济社会发展工作。

7日—8日　全市“六边三化三美”工作第十八次点评(现场)会在云和召开。

8日　县政府召开第十五届人民政府第61次常务会议。会议审议通过《云和县关于打造乡镇（街道）“四个平台” 推进基层治理体系建设的实施意见（送审稿）》《云和县流动人口IC卡式居住证申领工作实施意见（送审稿）》；听取人武部营院改造项目工程变更和投资调整、入云山庄项目、拟建公用型保税仓库和出口监管仓库、2016年行政复议和行政诉讼案件有关情况的汇报；组织学习《中华人民共和国宪法》《地方各级人民代表大会和地方各级人民政府组织法》。

9日　县委召开第十三届常委会第75次会议。会议确定市第四次党代会代表候选人初步人选名单。

同日　召开县处级党员领导干部学习中共十八届六中全会精神暨“两学一做”学习教育第三次专题学习研讨会。

同日　县委召开全面深化改革领导小组第二次会议。

12日　省军区副政委兼政治部主任单秀华到省军区爱心小学——县城西小学进行走访慰问。

13日　省人大常委会副主任王辉忠到云和调研人大工作。

14日　召开农村(社区)党支部书记“扛旗攻坚大比武”擂台赛。

15日　县委召开理论学习中心组学习（扩大）会。会议特邀省委党校副校长郑仓元作《严肃党内政治生活，筑牢全面从严治党根基——十八届六中全会精神解读》专题辅导报告。

同日　县委召开十三届十四次全会。

同日　召开党代会工作报告征求意见座谈会；召开项目工作推进会。

19日　县委召开务虚会。

20日　召开2016年度省市考核指标工作完成情况汇报会。

21日　县委召开第十三届常委会第76次会议。会议审议通过县第十四次党代会县委工作报告（送审稿）和纪委工作报告（送审稿）、《中国共产党云和县委员会工作规则（讨论稿）》、县第十四次党代会大会日程（草案）、县第十四次党代会选举办法（草案）、县级领导班子换届人事安排建议名单、县第十四次党代会有关人员安排建议名单；听取丽水市“六边三化三美”工作第十八次点评（现场）会会议精神贯彻落实情况、县第十四次党代会筹备工作有关情况汇报，《关于拟对王丽荣、季银环严重违纪给予开除公职处分的报告》。

同日　召开创建国家级电子商务产品(木制玩具)质量提升示范区动员大会；召开木玩童话小镇地标建筑和小镇客厅（旅游集散中心）项目概念设计方案评选会。

22日　县委召开十三届十五次全会。会议传达中央经济工作会议、市委全会精神；通报县第十四次党代会筹备情况、县出席丽水市第四次党代会代表候选人预备人选圈选结果；讨论通过县第十四次党代会大会日程，县委、县纪委工作报告；审议酝酿新一届县委委员、候补委员和县纪委委员候选人建议名单；关于党费收缴管理和使用情况的报告。

同日　召开乡镇（街道）换届选情分析会。

23日　副市长林亮到云和参加人大代表联络站活动。

29日　召开“干净干事创新业”作风建设专项活动动员部署会议。

27日—30日　召开中国共产党云和县第十四次代表大会。开幕式上，县委书记叶伯军代表中共云和县第十三届委员会向大会作题为《以“两山”理论指引绿色发展 为决胜全面小康建设童话云和而努力奋斗》的报告。大会的主要任务是：全面贯彻落实中共十八大和十八届三中、四中、五中、六中全会精神，学习贯彻习近平总书记系列重要讲话精神，回顾总结过去五年的工作，审议确定今后五年的奋斗目标和主要任务，选举产生中共云和县第十四届委员会和纪律检查委员会，动员全县各级党组织、广大党员和干部群众，深入践行“两山”理论，坚持提升“小县大城”发展战略，抢抓机遇，担当实干，为决胜全面小康、建设童话云和而努力奋斗。大会选举出中共云和县第十四届委员会委员、候补委员、中共云和县纪律检查委员会委员和云和县出席丽水市第四次党代会代表，通过关于中共云和县第十三届委员会工作报告的决议和中共云和县纪律检查委员会工作报告的决议。

30日　召开中国共产党云和县纪律检查委员会第一次全体会议。会议选举周龙、唐欣、颜柏林、林伟兵、叶志明、王雪梅、叶铭亮为中共云和县纪律检查委员会常委。周龙当选为县纪委书记，唐欣、颜柏林当选为县纪委副书记。

同日，召开中国共产党云和县第十四届委员会第一次全体会议。会议选举叶伯军、上官国明、黄力量、施锦华、付勇斐、杨伟业、周龙、饶钦英、徐志雄、林建文为新一届县委常委。叶伯军当选为县委书记，上官国明、黄力量当选为县委副书记。会议通过中共云和县第十四届委员会第一次全体会议选举办法和中共云和县纪律检查委员会第一次全体会议选举结果。

（褚夏斌　叶　瑜）

# 中国共产党云和县委员会

## 县委重要会议(2016年)

**【全县奋战决胜之年动员大会】** 2月14日,全县奋战决胜之年动员大会召开。在职副县级以上领导干部,担任过副县级以上领导职务的离退休老同志,县直属各单位主要负责人,各乡镇党委书记、乡镇长,各街道党工委书记、办事处主任,部分规模企业、农业龙头企业和旅游企业主要负责人,县委办、县人大办、县府办、县政协办、县委组织部、县委宣传部副科级以上领导干部,五大攻坚行动牵头部门(县纪委、县发改局、县经商局、县住建局、县旅游局)正股级以上干部参加会议。县直属各部门副股级以上、各乡镇(街道)全体干部和村两委主要负责人在分会场参加会议。会上,五大攻坚行动小组组长作表态发言,县委书记张建明作工作报告,全面总结2015年工作,部署2016年各项重点工作。

**【县委全委(扩大)会议】** 1月18日,县委召开十三届十一次全体(扩大)会议。县委委员、县委候补委员,县纪委委员;在职副县级以上领导干部;各乡镇党委书记、乡镇长,各街道党工委书记、办事处主任;县直属各单位主要负责人;县委办主任、各副主任,县人大办主任、县人大常委会各工委主任,县府办主任,县政协办主任、县政协各专委主任;担任过副县级以上实职的离退休老干部参加会议。县委书记张建明代表县委常委会作《践行五大发展理念 全力奋战决胜之年 加快建设"山水童话"特色的现代化生态休闲旅游名城》的工作报告。会议审议通过《中共云和县委关于制定云和县国民经济和社会发展第十三个五年规划的建议(草案)》。

7月14日,县委召开十三届十二次全体(扩大)会议暨县政府十五届四次全体(扩大)会议。县委委员、县委候补委员,县纪委委员;在职副县级以上领导干部;各乡镇党委书记、乡镇长,各街道党工委书记、办事处主任;县直属各单位主要负责人;县人大办、政协办主要负责人;县委办各副主任,县人大常委会各工委主任,县府办主任、各副主任,县政协各专委主任;各乡镇(街道)"归零翻篇开新局"主题大讨论活动分管领导,县"归零翻篇开新局"主题大讨论活动办公室副主任、各组组长和常务副组长;担任过副县级以上实职的离退休老同志参加会议。县委书记张建明代表县委常委会作《精准发力补短板 加压奋进开新局 加快打造"山水童话"特色的现代化生态休闲旅游名城 确保与全省同步高水平全面建成小康社会》的工作报告。会议审议通过《中共云和县委关于补短板的实施意见(草案)》。

8月12日,县委召开全体(扩大)会议。县委委员、县委候补委员;在职副县级以上领导干部;县纪委领导班子成员;各乡镇党委书记、乡镇长,各街道党工委书记、办事处主任;县直属各有关单位主要负责人;县委办、县人大办、县府办、县政协办主要负责人;县人大常委会各工委主任、县政协各专委主任;担任过副县级以上实职的离退休老同志参加会议。

**【全县领导干部会议】** 1月4日,召开全县领导干部会议。市委年度考核组对云和县党政领导班子和领导干部进行年度考核,对干部选拔任用工作进行民主测评和民主评议。

5月3日，召开全县领导干部会议。民主推荐近期可提任副处级领导干部的人选。

11月12日，召开全县领导干部会议。市委常委、纪委书记方向出席会议，会议宣读了省委、市委关于云和县委党政主要领导干部的任免决定：张建明不再担任中共云和县委书记、常委、委员职务；叶伯军任中共云和县委书记；上官国明任中共云和县委委员、常委、副书记，提名云和县县长候选人。在职副县级以上干部，县纪委领导成员，县直各单位主要负责人，各乡镇(街道)党政主要负责人，担任过副县级以上实职的老同志参加会议。

11月29日，召开全县领导干部会议。会议传达学习贯彻省委十三届十次全体(扩大)会议精神。在职副县级以上领导干部，县纪委领导成员，县直属各单位主要负责人及各乡镇(街道)党政主要负责人参加会议。

**【县委常委会议】** 1月14日，县委召开第十三届常委会第59次会议。会议审议通过《县委十三届十一次全会报告(送审稿)》《中共云和县委关于云和县国民经济和社会发展第十三个五年规划的建议》《云和县非领导职务评定方案和云和县公务员职级晋升评定方案(送审稿)》；听取县十五届人大五次会议和县政协八届五次全会筹备情况汇报、2015年全县安全生产工作情况汇报、2015 年度全县社会稳定(平安、信访)形势分析情况汇报和相关案件情况汇报。

1月21日，县委召开第十三届常委会第60次会议。会议传达省纪委十三届五次全会精神；讨论通过《中共云和县委常委会班子“三严三实”专题教育对照检查材料》；听取全省农村工作会议精神汇报；研究人事工作。

1月22日，县委常委会“三严三实”专题民主生活会召开。市委常委、组织部长胡侠，县委常委，县人大、县政协主要负责人参加会议。

2月2日，县委召开第十三届常委会第61次会议。会议传达省“两会”精神和全省宣传思想工作会议精神；审议通过《2016年政府工作报告(送审稿)》《云和县2016年固定资产投资计划(送审稿)》《云和县2016年政府投资项目计划(送审稿)》《云和县 2016 年重点建设项目计划(送审稿)》《云和县2016年重大建设项目前期计划(送审稿)》《云和县2016年基本建设投资收支预算编制情况(送审稿)》《云和县2015年预算执行情况和2016年预算草案报告(送审稿)》《云和县“十三五”规划纲要(送审稿)》《2016年五大攻坚行动方案(送审稿)》《云和县房屋屋顶违法建筑专项整治工作实施方案(送审稿)》；研究人事工作；听取关于中共云和县第十三届纪委六次全会有关情况的报告；书面审议通过《云和县2015年国民经济和社会发展计划执行情况与2016年国民经济和社会发展计划(草案)的报告》；书面传达市纪委三届五次全会主要精神。

2月25日，县委召开第十三届常委会第62次会议。会议传达省委书记夏宝龙在云和调研时的重要讲话精神、全省组织部长会议和乡镇换届工作业务培训会议精神、全省统战部长会议精神；书面传达省委政法工作会议精神。

3月26日，县委召开第十三届常委会第63次会议。会议传达省委书记夏宝龙在全省“五水共治”工作会议上的讲话精神；传达全市“归零翻篇开新局”主题大讨论活动领导小组办公室工作会议精神，听取县活动办关于前阶段工作进展情况及下一步工作计划的汇报；审议通过《关于“三重一大”事项集体决策制度实施意见(审议稿)》。

5月6日，县委召开第十三届常委会第64次会议。会议传达夏宝龙、廖国勋同志2016年4月18日在全省“两学一做”专题党课暨学习教育部署会上的讲话精神；审议通过《关于在全县党员中开展“学党章党规、学系列讲话、做合格党员”学习教育的实施方案(送审稿)》《云和县事业单位人才引进实施办法(送审稿)》《2016年度乡镇(街道)换届实施意见》《关于陈伟忠同志任职的建议(送审稿)》《关于撤销云和县公安局纪律检查委员会等纪检机构的建议(送审稿)》和《云和县消防安全责任追究暂行办法（送审稿）》；听取2015年度乡镇（街道）和部门综合考核结果情况汇报、2015年度“五水共治”工作考核情况汇报、《云和县“归零翻篇开新局 精准扶工补短板”行动方案》有关情况汇报、2016年1—4月全县社会稳定（平安、信访）形势分析情况汇报。

6月8日，县委召开第十三届常委会第65次会议。会议传达全国宗教工作会议、全省宗教工作会议精神；审议通过《云和县中医医院引进社会资本合作办医实施方案（送审稿）》；听取县管领导干部2015年度考核情况汇报、相关案件情况汇报和2015年度市、县综合考核排名末位情况说明；审议试用期满干部转正工作；研究人事工作；书面传达2016年全市对台工作会议精神。

7月7日，县委召开第十三届常委会第66次会议。传达省委统战工作督查反馈意见；讨论县委十三届十二次全会暨县政府十五届四次全会报告；审议通过《中共云和县委关于补短板的实施意见（送审稿）》《关于促进工业经济平稳健康发展的若干意见（送审稿）》《关于云和商贸物流城项目投资补充协议（送审稿）》和《关于加快旅游产业发展的实施意见（送审稿）》；听取五大攻坚行动、云和县2016年上半年经济和社会形势分析、2016年上半年全县社会稳定（平安、信访）形势分析情况汇报。

7月28日，县委召开第十三届常委会第67次会议。传达全市县（市、区）领导班子换届工作会议精神、全省党校工作会议精神；审议通过《中共云和县委落实党委（党组）意识形态工作责任制实施方案》；研究人事工作。

8月21日，县委召开第十三届常委会第68次会议。会议研究县级领导班子换届拟新提拔人选和考察对象建议名单；审议通过《云和县木制玩具百亿产业行动计划（2016—2020）（送审稿）》；传达《中共中央关于加强和改进保密工作的意见》精神；书面审议通过《云和县非公有制经济代表人士综合评价工作实施方案（送审稿）》。

9月8日，县委召开第十三届常委会第69次会议。会议组织学习《中共中央关于辽宁拉票贿选案查处情况及其教训警示的通报》；研究人事工作；审议通过《云和县乡镇党委换届选举和县党代会农村代表推选工作实施意见（送审稿）》《关于召开中国共产党云和县第十四次代表大会的决议（草案）》《云和县2016年度乡镇（街道）和部门综合考核办法》《关于创建幸福社区（试点）建立小区长效管理机制的工作方案（送审稿）》《关于云和县食用菌产业转型升级工作方案（送审稿）》。

10月20日，县委召开十三届常委会第70次会议。会议听取云和县工商业联合会（总商会）工作总结及换届工作情况、第三批县级劳动模范和模范集体评选表彰工作情况的汇报；审议通过《云和县关于深化供销合作社和农业生产经营管理体制改革 构建“三位一体”农民合作经济组织体系的实施方案（送审稿）》《关于在县乡换届中扎实做好党代会代表、人大代表选举和政协委员协商提名工作的意见（送审稿）》；讨论关于终止雷贤坤第三届市党代表的建议；审议相关违纪案件；传达全省党委系统办公室工作会议精神。

10月25日，县委召开十三届常委会第71次会议。会议听取2016年前三季度全县经济和社会形势分析、2016年前三季度全县社会稳定（平安、信访）形势分析、五大攻坚行动情况的汇报；审议通过《云和县推进全域旅游发展工作实施方案（送审稿）》《关于进一步深化国资国企改革的意见（送审稿）》。

11月9日，县委召开第十三届常委会第72次会议。会议审议通过《中共云和县人大党组关于做好县乡两级人民代表大会换届选举工作的意见（送审稿）》《关于做好政协第九届云和县委员会换届工作的实施方案（送审稿）》《云和县“两代表一委员”人选资格审查工作实施方案（送审稿）》。

11月28日，县委召开第十三届常委会第73次会议。会议传达全省美丽乡村和农村精神文明建设现场会主要精神及贯彻意见、全国安全生产电视电话会议精神；审议通过《中共云和县人大党组关于在街道推行议政会制度的意见（送审稿）》《云和县安全生产“党政同责、一岗双责、失职追责”暂行规定(送审稿)》;研究人事工作;听取工青妇2016年工作情况汇报。

12月6日,县委召开十三届常委会第74次会议。会议传达学习县(市、区)纪委书记集体谈话会精神;研究提出市第四次党代会代表候选人初步人选名单;研究确定部门、街道出席县党代会代表预备人选名单,中共云和县第十四届县委委员、候补委员、纪委委员候选人预备人选名单。

12月9日,县委召开十三届常委会第75次会议。会议确定市第四次党代会代表候选人初步人选名单。

12月21日,县委召开十三届常委会第76次会议。会议审议通过县第十四次党代会县委工作报告(送审稿)和纪委工作报告(送审稿)、《中国共产党云和县委员会工作规则(讨论稿)》、县第十四次党代会大会日程(草案)、县第十四次党代会选举办法(草案)、县级领导班子换届人事安排建议名单、县第十四次党代会有关人员安排建议名单;听取丽水市“六边三化三美”工作第十八次点评(现场)会会议精神贯彻落实情况、县第十四次党代会筹备工作有关情况汇报,听取《关于拟对王丽荣、季银环严重违纪给予开除公职处分的报告》。

## 县委重大活动

**【奋战决胜之年】** 2016年,中共云和县委深入贯彻落实中共十八大和十八届三中、四中、五中、六中全会精神,认真学习贯彻习近平总书记系列重要讲话精神,坚持“绿水青山就是金山银山”战略指导思想,深入实施“小县大城”发展战略,以奋战决胜之年“五大攻坚行动”为主抓手,致力打开“两山”转换通道,加速实现“三美融合、主客共享”,经济社会保持平稳健康较快发展,打赢了决胜之年“收官战”,实现“十三五”规划开局之年“满堂红”。2016年,全县实现地区生产总值59.55亿元,同比增长8.6%;一般公共预算收入4.66亿元,同比增长0.5%;社会消费品零售总额25.89亿元,同比增长12.8%;城镇和农村居民人均可支配收入分别达到33785元和15420元,同比分别增长8.8%和9.3%。

**【经济建设】** 一是做优生态工业。实施“打造十亿企业、发展百亿产业”行动计划,出台促进工业经济平稳健康发展、企业绩效综合评价和要素差别化管理实施办法等促进工业发展的新政策,工业发展环境进一步优化。全年实现规上工业增加值12.16亿元,同比增长8.1%。深入推进“四换三名”,实施企业技改项目33个,入选2017年度浙江省“机器换人”分行业试点;完成9家企业“腾笼换鸟”,盘活工业用地116亩;开展木制玩具“同质同标”行动,进一步提升产品质量,7家企业被评为首批国家级出口工业产品质量安全示范企业,2家企业被评为中国质量诚信企业,云和县被授予出口玩具技贸措施通报评议基地,“云和木玩”成为浙江区域名牌产品。加快平台建设,木玩小微企业产业园、玩具木材加工配送中心等项目建设稳步推进。不断提升科技创新能力,出台加快科技进步的若干意见,新增国家高新技术企业1家、省专利示范企业1家,万人专利申请量、授权量稳居全市第一,通过省知识产权示范县创建验收。有序推进企业股改上市工作,诚创精机成为全县第一家在“新三板”挂牌企业。

二是做精生态农业。推进农业产业集聚区和特色农业强镇建设,农业生产形势保持稳定。全年实现农业增加值4.76亿元,同比增长2.9%。深入实施农业精品主导产业提升工程,新增和改造优质雪梨基地684亩、良种茶叶902亩、良种蜜蜂2044箱,“云和雪梨”成为全市水果类第一个国家“地理标志”农产品,成功列入农业部食用农产品质量安全合格证管理试点县。全面推进食用菌转产、转形、转移、转型“四转”升级,累计拆除菇棚5.42万平方米、改造2400平方米,新建标准化菇棚1.09万平方米,菌光互补项目完成土表附属物调查摸底工作。积极发展乡村休闲旅游,加速推进农旅融合发展,打造了长汀沙滩、石浦梦幻花海、规溪农事摄影基地等乡村观光体验项目,仅石浦花海就吸引游客约100万人次,旅游收入达2000万元，成为浙江农村一二三产业融合发展项目试点县，系全市唯一，获得中央财政1000万元支持。

三是做强生态服务业。紧紧围绕创建省服务业强县目标，全力推进生态旅游、电子商务等生态服务业发展，不断提高服务业增加值占GDP比重。全年实现服务业增加值25.44亿元，增长9.7%。加快旅游规划编制，完成《云和梯田旅游度假区概念性规划》《云和县乡村旅游规划》等规划编制，旅游规划体系进一步完善；加大旅游项目建设力度，栈云山庄、五彩梯田、云和生态养生文化村等项目稳步推进；加强旅游对外营销，成功举办第十届云和梯田开犁节和“原生态音乐节”等节庆活动，云和旅游知名度和美誉度不断提升，实现旅游综合收入25.26亿元，同比增长24.1%，云和梯田景区营业收入首次突破千万元大关。加快推进电子商务发展，中国云和e创园正式开通，成功创建省电子商务示范县，入选省产业集群跨境电商发展试点县，连续3年入选中国电子商务发展百佳县，实现网上交易额12.4亿元，同比增长50%。加快发展农家乐民宿经济，出台促进农家乐民宿经济发展的若干意见，新增农家乐经营户85家、床位1379张。积极发展金融服务业，全县金融机构本外币贷款余额达68.44亿元，同比增长10.5%，增速位居全市第二，金融信贷不良率仅为0.72%。

**【城乡建设】** 紧紧围绕“老云和、新童话、真山水”理念，统筹推进美丽县城、美丽乡村和美丽生态建设，努力扮靓美丽环境。

一是着力提升“美丽县城”品质。坚持规划引领，深入开展《城市AAAA级旅游景区总体规划》编制，基础测绘、房地产发展等3项专项规划全面完成。深入实施美丽县城建设“135”行动，全面启动美丽县城景观环线建设，开工老云和“采真里”、复兴路美化等项目，稳步推进城东大道改造、长垄垃圾填埋场(二期)等项目，全年开展城市建设项目36个，完成投资8.57亿元，新增城市道路4.57公里，新增绿道13.2公里，新增城市公园绿地5.3万平方米；启动“幸福小区”项目建设，实施同心花园、金丰佳苑两个小区改造提升工程；推进城镇危旧房治理改造，完成200幢、8.57万平方米；进一步加强城市管理，开展流动摊贩、停车秩序等专项整治行动，市容环境稳步提升，获评“丽水最美县城”，得到省委主要领导多次点赞。精心谋划特色小镇建设，完成木玩童话小镇概念性规划，着手启动木玩展示体验馆、旅游集散中心等项目前期，争取列入省第三批特色小镇试点。强势推进“三改一拆”，全面完成房屋屋顶违法建筑整治行动，共整治1664户、6.4万平方米，累计完成“三改”147.4万平方米、拆违120.44万平方米，云和县被省政府命名为全省首批、全市首个“基本无违建县”。

二是着力丰富“美丽乡村”内涵。深入推进“六边三化三美”行动，整改完成省市交办的重点点位202个，完成率达100%；“十里云河”“最美梯田”“畲乡风情”等3条美丽乡村风景线品质不断提升，“十里云河”风景线以全省总分第一的成绩创成省级精品示范道路。深入实施美丽乡村建设“十个一”工程，重点打造小顺、长汀、规溪等3个特色精品村，完成投资1015万元；在提前完工并验收第二批长汀等5个一般村的基础上，加快推进第三批石浦重点村以及横山头等5个一般村历史文化村落保护利用工作，完成投资2715万元。深入开展农村环境整治，全面实施“洁净乡村”行动，积极组织机关干部参与农村环境清扫，共组织6.3万人次参与农村环境清扫，清理河道260公里，集中处理垃圾850吨，美丽乡村实现提档升级。

三是着力厚植“美丽生态”优势。深入推进“五水共治”，抓好治污项目建设，新增城市污水管网14.3公里，清淤管网59.2公里，完成工业园区雨污分流改造6公里、河湖库塘清污20万立方米，完成农村32个村庄生活污水治理，整治畜禽养殖散养户603户，城市污水处理率达到93.28%，地表水、出境水、城乡饮用水源达标率全部实现100%；抓好水利设施建设，加快实施独流入海、中小河流治理等工程，完成投资1.52亿元。大力推进“五气共治”，实施木玩粉尘专项整治，淘汰“黄标车”13辆，烟尘尾气污染有效减少，全年空气环境优良率达到98.9%。启动小城镇环境综合整治行动，成立领导小组，完成实施方案编制，加快打造“美丽集镇”。着力推进农业面源污染治理，实现农药减量0.5吨，化肥减量52吨，农作物秸秆、畜牧养殖场排泄物资源化利用率分别达90%和98%。积极推进林相改造，完成珍贵树种造林3287亩、平原绿化2526亩，实施生态景观林抚育8462亩。2016年，云和县成功入选新一批国家重点生态功能区。

**【民生建设】** 坚持以人为本，把解决民生问题摆在更加突出位置，努力构建均衡普惠的公共服务体系，致力营造群众看得见、摸得着、感受得到的美好生活，努力让人民群众拥有更多的幸福感和获得感。

一是协调发展社会事业。深入开展教育基本现代化县创建，与丽水文元教育集团合作创办九年一贯制学校，引进社会资本办学取得突破，多元办学格局初步形成；推进课程改革工作，云和中学创成省一级特色示范高中，县职技校成为全省首批中等职业教育改革发展示范学校，高考一本上线人数继续攀升，教育教学质量稳步提升。深入推进省卫生重点县建设，加快公立医院综合改革，县中医院与华东宁波医药公司签订合作办医协议；加强卫生计生资源整合，完成妇计中心迁建改造工程，成功创建省级慢性病综合防治示范区和卫生应急示范县，人均期望寿命达79.9岁、居全市第一。深入实施文化惠民工程，建成24小时市民书房自助图书馆，推进县体育馆、体育场等场所提升改造，开展送戏下乡105场，送电影下乡1800场，送书下乡1.8万册，县图书馆成为全省首家完成古籍图目出版的古籍普查单位。美丽人文不断彰显，涌现出叶石云、郦云平、钟华燕等一批基层先进典型，3人入选“浙江好人榜”，1人入选“中国好人榜”。

二是全面加强社会保障。全面完成全国“救急难”试点工作，累计救助困难群众1587人次，落实救助资金495.53万元。积极发展老年福利事业，完成县养老综合福利中心和县老年大学(一期)主体工程，基本实现城乡社区居家养老照料服务中心全覆盖。全面落实残疾人生活补贴和重度残疾护理补贴制度，着力解决残疾人生活保障问题。加快建设保障性住房，竣工334套、基本建成100套、交付80套。大力推进社保扩面，全县基本养老保险、医疗保险、工伤保险、生育保险、失业保险参保人数分别达到74285人、108029人、25717人、12258人、10441人。扎实开展就业工作，新增就业1095人，城镇失业人员实现再就业552人，城镇登记失业率控制在4%以内。切实加快群众增收步伐，完成农民培训10289人次，巩固发展来料加工队伍1.53万人，实现来料加工费1.83亿元。

三是不断强化平安建设。全力打好“平安护航G20大会战”，进一步完善“县领导督百案”和重点时段坐班接访制度，切实加大信访积案化解力度，全县实现重点时段“零”重大涉稳事件、“零”赴杭进京闹访滋事。深入开展社会风险隐患排查化解管控专项行动，全县共排查矛盾纠纷2327起，成功调处2303起，成功率达到98.96%。健全安全生产“党政同责、一岗双责、失职追责”压力传导机制，充实安委会成员单位力量，全面开展安全生产大排查、大整治行动，安全生产形势总体稳定。扎实做好食品药品安全工作，食品安全溯源体系实现全覆盖，县农贸市场、菜市场创成“省级放心农贸市场”。统筹抓好反恐防暴、防汛抗台防火等工作，社会继续保持和谐稳定，实现平安建设“十一连冠”，有望夺取高含金量的“平安金鼎”。

**【党的建设】** 坚持固本强基、正本清源，以学习贯彻落实中共十八届六中全会精神为统揽，以开展“两学一做”学习教育为契机，切实增强“四个意识”，扎实推进全面从严治党主体责任的落实，为加快推动全县经济社会发展提供了坚强的纪律和思想保障。

一是强化党风廉洁建设。制定下发《云和县2016年度落实全面从严治党主体责任检查考核办法》，将党风廉政建设列入对乡镇(街道)、部门的年度综合考核，考核结果作为领导班子和领导干部业绩评定、奖励惩处和选拔任用的重要依据。加大对全面从严治党不力、“两个责任”落实不到位、管党治党失之于软等情况的责任追究力度，以严肃问责倒逼责任落实。2016年，累计对2个单位实行党风廉政建设考核“一票否决”，责令2个党风廉政建设问题突出的单位领导班子召开落实“两个责任”专题民主生活会；开展典型案件“一案双查”5起，责任追究9名党员干部，其中8名为乡科级领导干部，党政纪处分7人。针对“酒局”“饭局”问题，开展单位食堂“四风”专项整治行动，约谈存在问题隐患的8个单位主要负责人；同时，成立3个专项组，严肃查处市委明令禁止的“二十类饭局”。围绕违规公款吃喝、公款旅游、公车私用、办公用房超标等“四风”问题，深入开展正风肃纪专项督查工作。2016年，累计开展明察暗访53次，查处“四风”问题典型案件11起，严肃处理党员干部11名，集中查处并通报违反中央“八项规定”精神典型案件12起。加大对机关单位人员接受企业吃请及送礼等不良风气的纠治力度，积极打造“亲清”政商关系，营造风清气正的政务环境。

二是强化干部队伍建设。扎实推进“两学一做”学习教育，制定《干净干事创新业作风建设专项活动实施方案》，组织开展县领导“五带五促”、党员干部“争当三员”等活动，努力打造一支“一个绝对，四个尤为”的云和铁军。坚持把纪律和规矩挺在前，严把“两代表一委员”选举工作的政治关、程序关、结构关，加强换届风气监督，确保选优配强代表队伍。完成领导干部档案专项审核和领导干部个人有关事项报告等工作，消化超职数配备干部40人，干部监管更加严格。坚持正确用人导向，完善干部“四线培养”机制，坚决防止出现选人用人上的不正之风。2016年，累计选派13名干部到省内外挂职，选派50多名干部到“四线”岗位接受锻炼，提拔重用10余名在“四线”锻炼表现突出的干部。建立能上能下机制，不断加强干部管理，调整2名不适宜担任现职的干部，乡镇换届免去2名实绩差、评议差的现职领导干部，对10名干部进行诫勉谈话，其中乡科级干部4人。

三是强化基层组织建设。切实加强对基层落实全面从严治党“两个责任”情况的监督检查，每年年初组织全县基层各单位党委(党组)向县委报告主体责任履行情况，层层传导压力，着力形成管党治党的强大合力。深入实施基层党建“整乡推进、整县提升”，认真开展对标检查，梳理出问题清单800余条，提出整改措施700余条，85个行政村党组织实现整改提升。扎实推进农村基层作风巡查工作，坚决整治和纠正农村基层侵害群众利益的不正之风和腐败问题，立案审查7人，向司法机关移交线索4条。定期召开全县村党支部书记“扛旗攻坚大比武”擂台赛，晒一晒成绩、亮一亮方法，不断提升基层党组织带头人队伍素质。坚持“党建+”工作理念，完善乡镇“云服务”模式、“民情掌上通”手机便民服务平台、“老李帮忙团”党员志愿服务、“新市民”党群服务中心等一系列基层党建特色做法，基层党组织政治功能、服务功能更加优化。

(褚夏斌　叶　瑜)

## 县委办公室工作

**【三办工作】** 办文方面。坚持以服务县委中心工作为第一原则，深入领会县委工作思路，上知“天气”、内聚“才气”、下接“地气”，切实提高“以文辅政”能力。全年共完成各类综合文稿350余篇，文稿质量得到县委领导的充分肯定和社会的一致好评。

办事方面。紧密围绕县委中心工作，充分发挥牵头抓总作用，协助县委协调好人大、政府、政协等各方面关系，使县委的决策部署在四套班子之间得到有效衔接，形成以贯彻县委决策为核心，政令畅通、协调联动的工作体系，确保县委部署的中心工作落到实处。第一时间贯彻落实领导的工作要求和县委的工作部署，对领导交办的任务办一件了一件，绝不拖拉和遗漏，确保县委重大工作的整体推进。同时，高质量完成上级领导考察调研等接待任务，如：省委书记夏宝龙，市委书记史济锡等省市领导来云和考察调研的接待工作。

办会方面。坚持提前准备、分工负责、层层把关，做到会场布置整洁庄严,会场服务细致不马虎,会议材料齐备无差错,确保了县第十四届党代会、县“两会”等会议的顺利召开,全年共主办各类会议90余次。

**【机要保密】** 坚持24小时值班制度,扎实做好机要值班、紧急重要电报办理等工作,机要通信工作任务圆满完成。全年未发生失泄密事件。同时,进一步提升视频会议室硬件设施,对县政府第四会议室会场的背景、视频、音响设备等进行了整体提升,大大提高视频会议效果。严格落实信息保密检查制度,特别是G20杭州峰会期间,加强对重点部门信息发布情况的检查,对检查中发现的可疑信息及时联系、及时整改。加强县域网站管理,签订保密承诺书,定期开展检查,确保网站保密工作管理规范。

**【督查考核】** 聚焦县委、县政府重点工作,坚持以督促考、督考合一,注重过程控制和管理,强化督查结果的运用。把住督查重点和频率,抓住领导关注事项,突出工作重点,确保县委、县政府重大决策部署的贯彻落实。全年共编发和向县主要领导报送《督查通报》《督查专报》48期。紧扣“归零翻篇开新局”主题大讨论活动,深入开展找短板、补短板专项行动,跟踪督办县级各类发展短板,顺利补齐5个市级重大发展短板。扎实做好各类自查整改,不折不扣地落实《今日聚焦》《每周聚焦》等曝光问题的整改工作。进一步规范领导批示件办理流程,认真办理县委、县政府领导批示件,全年按要求办理县领导批示件111份。

**【信息服务】** 按照准、快、好的要求,为县委决策提供及时、准确、全面的信息服务,进一步提升信息服务水平。2016年,共编发紧急信息43条、《云和信息》24期;向市委办报送信息1300余条。其中:《云和县破除城乡二元“隔离墙” 探索扶贫改革新模式》等2篇信息被《浙江信息(工作情况交流)》刊物录用;《以特色名宿搭建沟通桥梁 共创两岸互动合作新篇章》等2篇信息被《浙江对台工作》录用,并作为工作经验向全省推广交流。

**【政策研究】** 牢固树立“围绕中心搞调研,服务决策谋大事”的思想,紧紧围绕全县中心工作和发展大局,抓住县委决策的重大问题和关注点,有目的、有计划、有组织地深入基层、深入群众、深入实际中去调查研究,坚持“高水准、高站位”,积极为县委领导决策献计献策。2016年,共编发《云和调研》6期。

**【台湾事务】** 加强对台工作宣传,积极开展“为台服务月”走访活动,通过走访台属企业,密切关注企业动态,帮助企业排忧解难,为台属企业营造良好的生产环境。同时,积极做好涉台信访、维权、寻亲等工作,及时排解台胞、台属的实际困难和需求,其中《两岸分离70年的兄弟在网上团圆》专访在浙江卫视播放。

(褚夏斌　叶　瑜)

# 纪检监察工作

**【中共云和县第十三届纪律检查委员会第六次全体(扩大)会议】** 2016年2月23日,中共云和县第十三届纪律检查委员会第六次全体(扩大)会议在县文化中心召开。在职副县级以上领导,县纪委委员,各乡镇党委书记、乡镇长、纪委书记,各街道党工委书记、办事处主任、纪工委书记,县直属各单位主要负责人,部分党代表,县纪委(监察局)机关全体干部、派驻纪检组全体干部参加会议。会议回顾总结云和县2015年纪律检查工作,研究部署2016年工作任务。县委书记张建明出席会议并作重要讲话。会议审议通过周龙同志代表中共云和县纪律检查委员会常务委员会所作的《全面从严治党,忠诚履行职责,坚定不移推进党风廉政建设和反腐败斗争》的工作报告。

**【维护党的纪律更加有力】** 坚决贯彻落实中央、省、市和县委县政府的重大决策部署,加强对县委五大攻坚行动、“五水共治”、屋顶违建专项整治、防冻抗台、后交线重点项目推进等重大决策部署贯彻落实情况的督查,有力助推重点工作落实。围绕全县开展“两学一做”“归零翻篇开新局”等学习教育活动，以及各级党组织学习贯彻《中国共产党廉洁自律准则》《中国共产党纪律处分条例》《中国共产党问责条例》《关于新形势下党内政治生活的若干准则》《中国共产党党内监督条例》等情况进行专项督查，确保把中央有关精神和党纪党规传达到每个党组织，传达到每位党员。严格履行换届纪律监督责任，会同组织部门开展换届风气监督专项督查，从快从严核查反映违反换届纪律的问题线索，查处通报凤凰山街道贵溪村党员在县人大代表选举中违反换届纪律案件，全力保障换届环境风清气正。

**【管党治党合力不断凝聚】** 认真落实《浙江省党风廉政建设党委（党组）主体责任和纪委（纪检组）监督责任清单》和《丽水市落实党风廉政建设党委主体责任和纪委监督责任十项制度》有关要求，扎实开展党风廉政建设重点任务分解和责任分工。认真组织基层单位党委（党组）主体责任履职情况报告工作，在书面报告全覆盖的基础上，"面对面"听取10个乡镇（街道）、10个重点县直部门的履职情况报告，当面质询评议，提出存在的问题和不足之处，并对反馈意见整改情况进行跟踪督办。研究制定落实"两个责任"年中专项督查细则，对各乡镇（街道）、各县直部门落实"两个责任"情况进行从细从实地专项督查，切实把压力传导到位。严格贯彻《中国共产党问责条例》，持续加大问责力度，全年共开展典型案件"一案双查"5起，对9名落实"两个责任"不力的领导干部开展责任追究，形成问责常态化、制度化，持续释放失责必问、问责必严的强烈信号。

**【作风建设成效逐步显现】** 围绕违规公款消费、违规发放津补贴、办公用房超标等"四风"问题，深入开展正风肃纪明察暗访53次，查处7起"四风"问题典型案件，严肃处理8名党员干部，给予党政纪处分6人，诫勉谈话2人。坚持执纪越往后越严，对违反中央八项规定精神的问题，按照"一律进行党政纪处分、一律'一案双查'、一律点名道姓通报曝光"进行严肃处理，集中曝光了云和县近2年12起典型案件。组织开展全县单位食堂"四风"专项整治行动，约谈了8个单位主要负责人，督促整改问题隐患25个，全部食堂张挂"廉政十不准"警示牌。认真落实领导干部操办婚丧喜庆事宜报告制度，严肃查处元和街道、紧水滩镇2起干部违规操办婚宴、乔迁宴问题。大力纠治机关工作人员接受企业吃请及送礼等不良风气，督促落实领导干部争当"三员"、重点项目"局长代办"等制度，政商关系得到净化，政务环境得到优化，相关做法和成效相继被《人民日报》《中国纪检监察报》《浙江日报》及浙江卫视等媒体宣传报道。

**【执纪审查力度持续加强】** 坚持以"零容忍"态度惩治腐败，全县纪检监察机关共受理信访举报186件，立案审查党员干部违纪案件75件，其中涉及乡科级干部13人，正科级10人、副科级3人；处分党员干部72人，其中开除党籍处分26人，开除公职3人；移送司法机关3人。深入开展县委巡察工作，根据对县交通运输系统巡察掌握的问题线索，共立案审查党员干部16名，包括原党组书记、局长及相关乡科级领导干部7名，累计结案并给予党政纪处分13人，巡察利剑作用充分发挥，社会反响强烈，营造了"不敢腐"的高压态势，增强了广大党员干部和群众对全面从严治党的信心。注重抓早抓小、防微杜渐，积极实践监督执纪"四种形态"，建立廉政谈话、函询谈话、专题民主生活会等工作机制，综合运用组织处理和纪律处分，提升执纪审查实效。全县纪检监察机关共约谈提醒党员干部197人，批评教育22人，函询谈话17人次；对10名党员干部进行诫勉谈话，其中乡科级干部4名，责令7名乡科级干部作出书面检查。同时，为28名党员干部澄清了问题，保护了干部干事积极性。此外，还对历年遗留36件信访暂存件进行全面排摸清理，根据信访问题分析研判情况，逐一提出处理方案，做到暂存件增量趋于零、存量逐件清，实现信访举报件动态"零暂存"。

**【源头治理基础得到夯实】** 创新开展"风清云和"党风廉政建设系列宣教载体：在县委常委会会前组

织学习各级纪委典型案例通报11次,举办《中国共产党廉洁自律准则》《中国共产党纪律处分条例》《中国共产党问责条例》图版全县巡回展,组织收看《郑义门》《永远在路上》等宣传片,组织党员干部300余人次参加职务犯罪庭审旁听,着力唤醒党员干部党章党规党纪意识,自觉传承优良作风、传统家风,筑牢廉洁自律思想防线。协助县委认真整改省委巡视组巡视反馈问题31个,修订完善规章制度13个,制定出台《云和县"三重一大"事项集体决策制度(试行)》,进一步规范党政机关和领导干部权力运行。切实发挥村(居)监会的基层民主监督作用,加强对村级决策、项目建设、"三务"公开等内容的监督。将县委巡察向农村基层延伸,完成对12个村的基层作风巡查工作。累计开展个别谈话332人次,受理来电、来信、来访143件次,组织明察暗访58次,清查村级"三资"账目32次,收到反映问题256个。根据问题线索立案审查7人,移交司法机关线索4条,全部反映问题均已交办到相关责任单位进行核实和整改,坚决做到件件有着落。

**【干部队伍建设不断强化】** 把全县纪检监察系统"双学双争"教育活动与"归零翻篇开新局"大讨论活动、"两学一做"学习教育相结合,扎实推进"风清云和"学习讲坛、蹲点调研、查补短板、重走红军路等系列活动,纪检干部政治意识、看齐意识、担当精神和业务能力进一步增强。强化内部监督管理,开展派驻纪检组、乡镇(街道)纪(工)委定期巡访工作,通过交心谈心、预警谈话,全面掌握干部队伍思想动态和遵纪守法情况。认真落实纪检干部重大事项报告、纪检工作日志等制度,组织召开全县纪检监察系统"运用'四种形态',加强自身监督"和'两学一做'学习教育"专题生活会,全方位督促纪检监察干部做到忠诚干净有担当。制定出台云和县纪委派驻(出)机构工作"一办法三规定",认真落实县纪委(监察局)联系派驻纪检组制度,通过全员轮训、顶岗锻炼、抽调案件调查组等形式,派驻纪检组履职能力快速提升,累计提出监督单位落实党风廉政建设主体责任方面意见建议92条,提醒教育工作人员121人次,受理信访举报45件次,立案审查违纪问题22起,党政纪处分23人,诫勉谈话5人,"探头"作用逐渐显现。

(李　锋)

## 组织工作

**【概况】** 至2016年末,全县共有党的基层组织582个,党员9524名。其中:党委24个,党总支32个,党支部526个;机关党员2532名,占党员总数的26.58%;农村党员4499名,占党员总数的47.23%;女党员2662名,占党员总数的27.95%;非公企业党员775名,占党员总数的8.1%;少数民族党员691名,占党员总数的7.25%;新中国成立前入党没有工作的老党员5名,占党员总数的0.052%;外出流动党员537名,占党员总数5.6%。

**【基层组织建设】** 坚持学做结合,强化政治理论武装,党内教育有新成果。抓实"学"的基础,组织开展"全员学",县委常委会带头开展了3次专题学习研讨,县乡村三级党组织书记开展讲党课960多场次,专题学习研讨1758次,开展"送教上门"、田间车间"微党课"等学习活动,涌现出"两学一做"学习教育导学团、"党建好故事"巡回宣讲等好经验、好做法,实现全县594个基层党组织、9000多名党员学习教育全覆盖。抓牢"做"的关键,党员干部在"三改一拆""五水共治"等项目一线和日常工作岗位上建功立业,挖掘宣传党建、党史好故事233个,印发《党建好故事汇编》1500份,拍摄微视频15个,云和县荣获全市"千村党建好故事活动"组织奖,其中8个好故事获市级优秀党建好故事。坚持双整带动,推进党建均衡发展,基层基础有新提升。坚持责任导向,建立县乡村三级党组织书记"10+N"党建责任清单,每季度开展村(社区)党支部书记擂台赛。坚持问题导向,梳理出问题清单800余条,提出整改措施700多条,整顿转化软弱落后党组织10个,155个村党组织实现整改提升。坚持效果导向,实现党建引领电商、民宿经济和乡村休闲旅游等发展,建成市级示范型党组织30

个、党建示范群4个。全面推行"六小"工作法，两新组织党组织和党员作用得到进一步提升。深化远程教育整体功能发挥，《云和师傅走天下》电视人物系列片荣获全国党员干部现代远程教育优秀课件节目二等奖。

**【干部选用管理】** 制定完善干部选用制度，先后出台《关于对领导干部进行提醒、函询和诫勉的操作办法》《干部选拔任用工作操作规程》等文件。组织召开干部监督工作联席会议，开展领导干部"反向提名"民主测评，完成领导干部档案专项审核和领导干部个人有关事项报告等工作，干部选用制度和监管措施更加规范。加强领导班子综合分析研判，对全县10个乡镇(街道)、73个县直部门和县管领导干部、后备干部进行兜底式考察，结合日常走访、年度考核、任职考察、专项考核、民主生活会、集中教育活动等成果，逐个班子、逐个干部进行分析研判。整改消化超职数干部41人，消化率100%。严格执行机构编制管理政策规定，对超配单位在职数空缺前一律不新配领导干部。对部分合署、挂牌机构违规配备正职领导的问题进行整改。继续选派年轻干部到"四个一线"锻炼，围绕县委发展战略和中心工作开展干部教育培训，共举办主体班次20多个，参训人员1500余人。围绕"四好"目标，坚持实干实绩，狠抓换届纪律，稳步推进换届工作，选优配强乡镇(街道)领导班子。打好"上下管育爱"组合拳，其中提拔和转任重要岗位47人，交流及其他111人，转任非领导职务16人，免去2名综合表现较差的领导干部，调整不适宜担任现职干部2人。选派150多名年轻干部参与"三改一拆""五水共治"及重点项目大会战等工作，选送18名干部到中央、省、市有关部门挂职锻炼。

**【人才队伍建设】** 科学编制"十三五"人才发展规划，形成以"1个规划体系+2个意见、3个办法"为主要内容的人才政策体系。积极开展高层次人才引进，全年共引进急需紧缺人才31名、硕士研究生6名，入选"绿谷精英"创业C类支持项目1个，入选浙江省"千人计划"专家1人，实现云和县省"千人计划"专家"零"的突破，也是2016年丽水市唯一一位入选的"千人计划"专家。成功举办第四期非公企业(新生代)培训班。完善人才工作制度，召开全县人才工作领导小组会议2次，研究讨论人才奖励政策，对省级博士后工作站、院士专家工作站、绿谷精英等资金补助政策及省151第三层次人才补助政策、人才奖励政策进行了明确，并出台《云和县事业单位人才引进办法(试行)》，明确细化了人才引进的范围、程序、管理等问题。做好紧缺人才引进工作，组织全县10余家企事业单位组团参加西安、成都、武汉、深圳等地的人才招聘会，组织浙江金马工艺品有限公司向省外局申报外专引智项目。加快人才工作平台建设，完成段树民院士专家工作站建设，积极开展王浩院士工作站申报工作，继续深入实施"云和师傅"农村实用人才帮培提质工程。

**【组工自身建设】** 始终围绕中心、聚焦主业，坚持干部队伍、基层党建、人才工作"三驾马车"齐头并进，着重抓好组织部门自身建设，实现常规工作不掉队、重点工作有突破、创新工作有亮点。抓学习精业务，带头开展"两学一做"学习教育，自觉开展"三会一课""党员固定活动日"等党内活动；把"业务通""活字典"作为职业追求，围绕换届工作，开展有针对性的业务学习，紧密对接《党政领导干部选拔任用工作条例》和中央的换届政策，学深学透省委关于乡镇换届职数配备、结构要求、资格条件、组织指导等方面的政策意见，确保换届工作平稳、有序、到位。重服务敢担当，牢固树立服务中心的思想，结合"归零翻篇开新局"活动，查找短板，补齐短板，健全工作制度，主动把抓基层、选干部、聚人才等工作前移到各项重点工作和经济发展的一线。正作风严自律，自觉做作风最正、党性最强的干部。在县乡换届、党代表推选、人大代表选举等工作中，坚持把公道正派这一"生命线"视为自己安身立命的"第一操守"，公平对待干部，公道评价干部，公正使用干部。严格执行党风廉政建设责任制，认真落实组织部门各项规定，不为歪风邪气所扰，不为人情关系所缚，提高组织部门的公信力。开展“组工规矩”大讨论活动，通过学习交流，强化公道正派的核心意识，引导组工干部以规矩促公道、让公道成习惯。主动服务大局，积极参与服务“五水共治”“三改一拆”“美丽县城建设”，进一步彰显组工干部的带头表率作用。

（郑琳健）

## 宣传思想文化工作

**【概况】** 2016年，县委宣传部贯彻落实中央、省、市关于宣传思想文化工作的重要决策部署，围绕县委、县政府中心工作，唱响主旋律、打好主动仗、汇聚正能量，呈现出不断向好向上的良好态势，取得许多新进展、新成效。

**【科学理论武装扎实推进】** 全年共组织专题学习42次，开展集中夜学52次，组织主题宣讲120余场次、党课宣讲80余场次；拍摄了纪录片《口述历史——云和抗战档案》；成功举办云和县第三届微型党课比赛，并组织优秀选手参加丽水市第五届微型党课比赛，荣获一等奖和优秀组织奖。

**【新闻宣传引导有声有色】** 全年在省级以上主流媒体刊播正面报道400余篇（条），其中在《人民日报》等中央级媒体刊播21篇。叶石云荣膺“CCTV2015年度三农人物”，被评为2016年度全国“最美中职生标兵”，并荣获“2016年度浙江骄傲十大人物奖”。“归零翻篇开新局”主题大讨论活动在浙江新闻客户端的发稿数位居全市第一，17篇报道登上《丽水日报》头版。

**【网络宣传管理平稳有力】** 建成18支网评中队、512人的网评员队伍、52人的核心网评员队伍和500余名青年网络文明志愿者队伍，并组建了“新童话特战队”“365应急队”“云和湖写作组”等专业队伍。组织新闻发言人、核心网评员赴上海复旦大学培训，开展网上舆论引导实战演练。组织撰写社会舆情信息，被中宣部录用3篇、省委宣传部录用53篇。全力开展G20杭州峰会和第三届世界互联网大会舆论引导，对十余家部门网站进行归并整合。

**【文化繁荣发展惠民利民】** 举办各类文艺演出142场次，制定文化服务菜单25项，包山花鼓小戏《福妈嫁囡》荣获“中华颂”第七届全国小戏小品曲艺大展金奖。全面实施农村文化礼堂“暖心工程”，所有文化礼堂均配备影院系统，免费提供无线网络服务。所有文化礼堂均设置“暖心帮帮墙”，建立“暖心帮帮队”，帮助解决群众困难1000余件。根据“信义少年”叶石云真实事迹拍摄的微电影《石头的承诺》，荣获丽水市第三届微电影大赛一等奖。

**【精神文明创建成效明显】** 深化“云和好人”评选活动，共有9人入选“丽水好人榜”，3人入选“浙江好人榜”，叶石云入选“中国好人榜”。叶石云、毛征伟入选丽水市第五届道德模范。开展“告别陋习、喜迎G20、做文明有礼云和人”活动和“幸福社区”创建宣传，制作“六星牌匾”7000块，近100个村参与“六星文明户”创建、复评。完成全县7所乡村学校少年宫建设任务并投入使用，实现乡村学校少年宫全覆盖。

**【意识形态职责不断强化】** 出台《中共云和县委落实党委（党组）意识形态工作责任制实施方案》，严格执行媒体“三审制”等工作制度，全面开展宣传骨干、新闻发言人、文艺工作者、文化创意人才等宣传思想文化队伍的全员轮训。将意识形态作为一项重要内容纳入党政领导班子实绩考核评价指标体系，纳入县委、县政府对乡镇（街道）、部门的年度综合考核和“平安云和”建设考核。意识形态工作作为党委班子成员民主生活会、述职报告、履行党建责任制的重要内容，接受社会监督和评议。2016年，云和县意识形态责任制考核全市排名第一，是唯一没有被扣分的县。

（徐松青）

## 统战工作

**【概况】** 2016年，县委统战部在县委的正确领导下，在省、市统战部门的精心指导下，深入贯彻落实统一战线系列重大决策部署，牢牢把握大团结、大联合主题，以“归零翻篇开新局”主题大讨论活动和党的“两学一做”学习教育活动为抓手，围绕全县大局，创新工作思路、开拓工作领域、培育工作亮点、提高工作成效，全县统一战线各领域工作都取得明显成效。

**【非公经济统战工作】** 多形式服务非公企业，加强与相关部门合作，组织召开“银企对接”座谈会，帮助企业解决融资难问题。与县检察院联合开展“诚信发展·检察伴你行”系列活动，出台实施意见和工作方案，组织“六个一”特色服务活动，着力构建“亲”“清”新型政商关系。走访北京、天津、金华等地云和籍在外创业人员，成立天津异地商会。指导杭州云和商会发挥作用，成功处置1起敲诈超市事件。帮助6个异地商会和1个筹建商会落实工作补助经费18万元。积极促进非公经济代表人士健康成长，参与举办非公企业主（新生代）高级研修班，对40名新生代企业家开展经营管理提升培训。指导杭州云和商会与云和县新生代联合会共同举办“资本市场云商峰会”，对企业家开展资本市场相关知识培训，增强对资本市场运行的了解，开拓思路。加强对非公经济人士政治思想引导，增强社会责任感，回报社会，2016年，全县非公经济代表人士主动向社会奉献120余万元。

**【多党合作事业】** 继续开展“坚持和发展中国特色社会主义”学习实践活动，开展多党合作专题谈心，走访、约谈民主党派与无党派人士，进一步达成共识、增进团结。在严格标准条件和发展程序的基础上，支持民盟云和县基层委员会发展新盟员。指导知联会组织开展调研考察、送服务下乡等活动，增强凝聚力和影响力。以换届为契机，切实加强党外代表人士队伍建设。主动加强与组织部门的沟通，召开两部联席会议，协商换届中党外代表人士的政治安排和党外干部、少数民族干部的实职安排。指导民盟云和县基层委员会顺利完成换届，充实了领导班子队伍力量，优化了队伍结构；指导县工商联（总商会）顺利完成换届，加强了领导班子建设，增强工商联凝聚力。加强与县人大党组、县政协党组、组织部门的联系，研究人大代表候选人、政协委员人选提名方案，做好资格审查工作。

**【少数民族工作】** 大力推进民族乡村经济社会发展，主动与上级民宗部门协调，争取到中央、省、市2016年少数民族发展资金540万元。编制实施《云和县少数民族事业发展“十三五”规划》，规划引领全县少数民族事业向前发展。大力推进少数民族特色村寨建设，着力抓好黄处、坪垟岗、新岭3个畲族村建设，其中：新岭畲族特色村寨建设推进较快，已编制完成《新岭村观光果园建设项目可行性报告》，观光果园规划面积100亩（桃园75亩、蓝莓10亩、果桑10亩、樱桃5亩），集吃、住、游于一体，初步显现“桃花园畲村”雏形。认真落实民族群众困难补助政策，全年共向149位困难少数民族群众发放补助款、慰问金12万元。认真落实少数民族教育优惠政策，严格执行少数民族中、高考加分政策，落实少数民族大学新生助学金政策，全年共向51位少数民族大学新生发放助学金10.2万元。高度重视民族文化的保护和传承，加强对畲族语言的保护，专门安排专项资金，与县档案局联合开展畲语建档工作，编印出版畲语书籍《箬水乡音》。积极探索畲语教学，与县教育局共同研究，提出在安溪畲族乡中心小学开展畲语教学的工作思路。再版编印《畲族哀歌选集》，免费向少数民族群众发放，鼓励传承畲族文化。编辑出版《走进云和畲族乡村》，展示云和少数民族乡村建设成果，宣传介绍云和少数民族乡、村的文化历史与风情风貌。

**【宗教事务管理】** 将学习贯彻全国、全省、全市宗教工作会议精神作为一项重要的政治任务来抓，在全县上下掀起学习贯彻会议精神的热潮。县委常委会专题学习会议精神，县委副书记黄力量专题调研宗教工作并实地走访宗教活动场所、宗教界人士和信教群众，县委统战部先后组织乡镇（街道）统战委员专题学习会、统战系统专题学习会,各乡镇(街道)组织全体干部学习会并走访信教群众。认真做好宗教教职人员认定备案和参加社会保障、宗教活动场所财务监督管理等基础性工作,进一步巩固“三改一拆”涉及宗教违法建筑处置工作、宗教标志物规范工作成果。经常性约谈宗教界人士,加强思想引导,配合做好省基督教两会换届等工作。重点推进和指导县基督教堂迁建项目建设,确保新教堂顺利完成验收、投入使用。继续贯彻落实《关于加强民间信仰事务管理的意见》《浙江省民间信仰活动场所登记编号管理办法》,积极做好第二批民间信仰场所登记、编号等工作。积极落实“五水共治·五教同行”活动,向上级民宗部门争取到2016年“五水共治·五教同行”宗教慈善活动结对帮扶项目1个(资金30万元),根据要求,将项目落实到安溪畲族乡上村村,并积极指导项目实施。

**【港澳台与海外统战工作】** 努力促进港澳台与海外联谊交流,坚持在春节等传统节日来临之际,通过发送电子邮件等形式,向海外人士送去祝福和问候,增进彼此感情。坚持开展迎春团拜会、中秋茶话会等联谊活动,借助丽水籍海外侨商经济研修班暨第十期企业家培训班在云和举办之际,组织海外侨团会长、丽水籍海外华侨华人企业家40余人进行座谈、考察和招商项目推介。热情接待回乡探亲、考察、旅游的侨台界人士。积极保障侨台界群众的权益。严格依照有关法律法规和规定,认真办理华侨侨眷身份确认,落实归侨、华侨子女、归侨子女和台湾省籍考生中高考加分政策。关心侨界困难群众生活,帮助解决生活方面的实际困难。利用侨务资源优势,主动服务全县招商引资大局,云和县打好“侨牌”促招商引资工作得到市侨联的充分肯定,被评为2016年度全市侨联系统最具影响力的六项工作之一,并被通报表扬。引导侨界人大代表、政协委员参政议政,围绕县委、县政府年度重点工作,开展专题调查研究,积极建言献策,提交建议、提案6件。

**【统战部门自身建设】** 认真贯彻落实统一战线系列重大决策部署,2016年,市委督查组对各县(市、区)贯彻落实统一战线系列重大决策部署进行了专项督查,县委高度重视,以督查为契机,建立健全统战工作机制,强化工作措施落实,确保统一战线系列重大决策部署落实到位。不断加大基层统战工作组织保障力度,在乡镇领导班子调整过程中,首次配齐乡镇(街道)专职统战委员,切实加强了乡镇(街道)统战干部队伍力量。根据新时期民族宗教工作的新任务、新要求,不断增强工作力量,增设民宗局副局长,设立县民族宗教及民间信仰服务中心。结合“归零翻篇开新局”主题大讨论活动和“两学一做”教育活动,不断提高党员干部的思想素质和宗旨意识,切实转变领导班子和干部队伍作风,努力形成统战系统良好的工作氛围。

(肖珂珂)

## 党校工作

**【概况】** 2016年,中共云和县委党校(以下简称县委党校)认真贯彻落实中共十八届五中、六中全会精神,紧紧围绕县委、县政府中心工作,服务发展大局,解放思想,认真履职,圆满完成各项任务,充分发挥全县干部培训和理论宣传教育的主渠道、主阵地、主力军作用。

**【思想建设】** (一)认真贯彻“归零翻篇开新局”主题大讨论活动的相关要求,查找云和县发展短板,提出改进意见和建议。同时,围绕“党校应该有什么样的新定位、党校在补短板上要有哪些新突破、党校应该追求什么样的新作为、党校教职工需要什么样的新担当”这四个“新”展开讨论,查找党校自身短板,明确党校新要求、新定位。此外,还走访了扶贫结对村岩下村,并撰写了关于岩下村发展之路的调研报告,为岩下村的发展提供意见和建议。(二)认真开展“两学一做”学习教育活动。自“两学一做”学习教育开展以来,县委党校严格按照工作部署和要求,精心组织实施,本着“先学一步、学深一层”的理念,扎实开展“学、做、改”工作,在抓好自身学习的同时,作为“两学一做”学习教育领导小组成员单位，积极发挥自身优势，协助推动全县“两学一做”学习教育工作，确保在学习教育中走在前列。(三)积极创建示范型党支部。在规范化党支部建设的基础上，围绕示范型党支部的创建要求，扎实推进各项党建工作。一是抓好班子建设，提供组织保障。高度重视党建工作，坚持把研究解决党员队伍的思想、组织、作风建设等方面问题作为重要内容纳入工作议程。二是抓好制度建设，提供制度保障。相继完善了政治理论学习制度、“三会一课”制度、民主生活会制度、民主评议党员制度等党建工作制度，用制度约束党员，让党员按制度办事，依靠制度来保持党员和党组织的先进性、纯洁性。三是抓好作风建设，发挥先锋作用。倡导开展“周一夜学”“争当先锋党员”和争当“三员”等活动，积极组织党员干部参与普光寺义务清扫、“洁净乡村”等志愿者活动和“两学一做”学习教育知识竞答、“七一”党员登山比赛、“发现校园之美随手拍”摄影比赛等党员文体活动。

**【定位目标】** (一)学习全国党校工作会议精神，明确当前党校工作新定位。全国党校工作会议召开后，县委党校多次组织学习会议精神，学习《中共中央关于加强和改进新时期党校工作的意见》。通过学习讨论，进一步明确新时期党校工作的新定位：一要坚持“党校姓党”的根本原则。坚定政治方向，在思想上、政治上、行动上与党中央保持高度一致。坚持实事求是，坚持质量立校，坚持从严治校。二要把党的理论教育和党性教育作为党校教学的主课地位。三要提升党校科研水平和影响力，积极推进新型智库建设。四要加强党校师资队伍和干部队伍建设，切实提高师资水平。五要加强资源整合，充分发挥党校系统整体优势。六要坚持党委办党校，加强党委对党校工作的领导。(二)学习全省党校工作会议精神，找准基层党校前进新方向。全省党校工作会议召开后，县委党校认真组织学习会议精神，学习《中共浙江省委关于加强和改进新形势下党校工作的实施意见》，结合云和实际，提出研究制定党校五年发展规划、切实抓好理论教育和党性教育、提升党校科研水平和智库影响力、加强师资队伍和干部队伍建设、推进党校基础设施规范化建设等五项贯彻意见，并向县委常委会作了汇报，受到县委常委会的充分肯定。这五项贯彻意见，指明了今后一个时期党校发展的前进方向。(三)编制云和党校五年发展规划，开创一流县级党校新局面。到2022年，县委党校将迎来70周年校庆。为以优异的成绩迎接70年校庆，县委党校已初步编制今后五年的发展规划，从干部教育、科研、教研、行政管理、后勤保障等五个方面规划出全校各项工作目标，力争把云和党校建设成全市一流的县级党校。

**【干部培训】** 2016年，县委党校共举办各级各类主体班次23期，培训学员达1977人次。(一)结合干部实际，科学设置课程。紧紧围绕全县工作中心，科学制定干部教育培训计划，依据“干部缺什么补什么”的要求设置培训课程，找准干部在理论知识、实践经验、方法技巧等方面的薄弱环节，在设置课程结构、课程内容、授课方式上更加突出针对性，有效提高培训效果。例如：针对云和县干部实际和生态旅游大发展的态势，特别举办了县管领导干部轮训班暨生态旅游专题研修班，以提高全县领导干部在指导生态旅游方面的水平和能力，取得较好成效。(二)加强精神补钙，突出党性教育。高度重视突出理论武装和党性教育的主课地位，将马克思基本原理、中国特色社会主义理论、习近平系列讲话精神、党史党章等内容纳入课程体系，将党性教育放在十分突出的位置，贯穿教学全过程。一方面，建立并充分利用县内现场教学基地。2016年下半年，小顺爱国主义教学基地正式挂牌成立，并在第十五期青年干部培训班中得到充分应用，收到良好的教学效果。另一方面，采取“走出去”的方式，到革命纪念地开展现场教学，接受红色教育，传承红色基因。例如：离退休干部党支部书记培训班赴嘉兴南湖、乡镇街道人大干部培训班赴井冈山、第十五期青干班赴瑞金接受红色教育，使党校学员受到一次深刻的革命传统教育和灵魂的洗礼。(三)坚持从严办学,加强教学管理。严格学员学习管理,实行学校管理与学员自主管理相结合。一方面,班主任加强对学员的思想政治教育,端正学员学习态度;另一方面,在主体班各个班次中建立班委,鼓励和提倡学员自主管理出勤情况、上课纪律等。通过教、学双方的共同努力,做到他律和自律相结合,有效提高学员学习的主动性、自觉性和积极性。建立学习情况通报制度,将学员在培训期间的表现情况及时向县委组织部和学员所在单位进行如实反馈,让县委组织部和学员所在单位能及时掌握学员学习状况,这对学员也是一种压力和鞭策,从而更加自觉地投入党校学习。

**【教研教改】** (一)发挥专长,明确课题。按照"更新旧专题一个,完成新专题一个,筹备新专题一个"的要求,根据专职教师的专业和特长,结合主体班次教学计划,召开教师教学课程选题会,采取自选和指派相结合,明确每位教师新课课题和备课方向,做到年度课题早知道、早落实,让课任教师有比较充裕的备课时间,为提高讲课质量打下良好基础。(二)教教相长,师徒传带。近年来,县委党校通过招才引智,引进数名有研究生学历的青年教师,他们的共同特点是缺乏实际工作经验和教学经验。为改变这种局面,让青年教师尽快成长,县委党校成立了"名师工作室",并开展"拜师结对"活动,让有丰富教学经验的老教师一对一地帮带青年教师。(三)听课评课,精益求精。为帮助青年教师尽快"站稳"讲台,其他教师更好地"站好"讲台,县委党校积极组织教师开展听课评课活动。新教师新课备成,要先行试讲,并组织全体教师听课,然后进行评课,指出不足之处和改进意见。课任教师根据改进意见进行修改完善,然后再试讲、再评课,直到校领导同意,方可正式上主体班次讲台。其他"老"教师每逢新课备成,也要先行试讲,经全体教师评议认可,才能正式向主体班次授课。此外,还邀请到温州市委党校徐声响副教授来校进行评课指导,帮助青年教师成长成才。(四)教学评估,扬长避短。在每个主体班次教学课程结束后,都会发放课堂教学质量评议表和教学效果反馈表给学员,让学员对每位教师的授课情况和教学效果进行测评、打分。通过学员的测评反馈,可以让教师对自己的课堂教学有明确地改进方向,做到有的放矢、精益求精。

**【科研咨政】** (一)办好调研专报,提供决策参考。着眼党校咨政有作为的要求,围绕县委、县政府中心工作、重点工作,精确选好选定研究题目,搞好调查研究,努力推出课题研究精品成果。通过《党校调研专报》,报送县领导和相关部门领导研阅。全年共编撰《党校调研专报》5期,其中《云和县农村文化礼堂建设的调研与思考》获原县委书记张建明的批示,《"民宿"发展之路,如何走得更远更好——云和县农家乐民宿产业发展研究报告》和《加快推进我县生态公益林收益权质押融资的几点建议》获县委副书记黄力量的批示,民宿产业课题的作者、县委党校青年教师李圆圆受邀参加全县民宿旅游相关政策制定研讨会并作主题发言。(二)编发《资讯参阅》,拓展前沿视野。围绕县委、县政府关注的重点问题,密切跟踪、广泛搜集国内外前沿的理论观点、热点资讯和政策动态,汇编成册,送县领导参阅。全年共编发《资讯参阅》8期。(三)撰写科研文章,提高科研水平。2016年,全校教师共撰写、发表论文37篇,其中2篇论文入选全省县级党校智库建设研讨会,2篇论文入选浙江省乡村社会史研究会2016理论研讨会(获三等奖1篇),1篇论文获全市党校系统理论研讨会二等奖。积极申报省、市级各类课题,获省委党校、市社科联立项课题各2项。积极参与各类征文活动,获奖5人次。(四)开展交流协作,谋求共同提升。加强与部门、个人的合作和联合,寻求科研课题合作,共同完成科研成果。同时,组织教师先后赴嘉兴、海宁、嘉善等地党校学习交流教科研工作经验,有效提升全校教师的科研水平和科研技能。(五)抓好招才引智,增强科研实力。通过发布招聘公告、参加人才招聘洽谈会等多种形式,积极引进博士、硕士等高层次人才，不断充实科研队伍。同时，派出教研科3名教师，分赴县委组织部、县“六边三化三美”办公室等单位挂职锻炼，以增强实践工作经验。

**【宣传工作】** （一）办好《求是》手机报，拓展宣传渠道。继续向党政领导干部、规模以上企业主、村（社区）主要负责人推送《求是》手机报，大力传播党的政策和声音。特别是围绕“归零翻篇开新局”“两学一做”“永远在路上”“纪念长征胜利80周年”等专题，编发大量宣传短文和资讯。为助推夜学，2016年还增加了《手机报》夜学版。全年共编发《求是》手机报12期、夜学版10期，接收人数达4.2万人次，有效扩大党校教育覆盖面和影响力。（二）举办“党校月谈”，创新宣讲方式。继续推出面向全县党员干部的教育平台——“党校月谈”讲座，每月开设1次，内容涉及政治、经济、文化、历史等。（三）送党课下基层，服务“两学一做”。围绕“归零翻篇开新局”主题大讨论活动和“两学一做”学习教育活动，积极组织教师到部门、乡镇、农村、企业进行宣讲。全年累计宣讲83场次，受教育人数达5000多人，其中“两学一做”学习教育宣讲50多场次，充分发挥党校理论教育主阵地、党性教育大熔炉、思想引领生力军的职能作用。

**【校园建设】** （一）抓好美化绿化，建设“美丽校园”。新建了九曲水池、花坛、草坪停车位、车棚等设施，安装了观赏路灯，并植入各类花草树木，悬挂红灯、彩旗、同心结，校园环境得到进一步美化。（二）抓好人文建设，打造“红色学府”。致力于在细微处打造红色实体元素，统一校园主基调，突出干部教育大主题。张挂入党、入职誓词以及新时期好干部标准、领袖对党校工作定位题词，制作校史、办学史照片墙。校园、教室和办公区域，处处彰显红色元素。置身其间，无论是党校人还是学员，都能充分感受到“党校姓党”的浓厚氛围，寓教育于无声，充分彰显党校“红色学府、向往之地、精神家园”的风采和神韵。（三）抓好规范管理，保持“洁净校园”。在抓好校园软硬件建设的基础上，注重校园的规范管理，安装了监控，加强校园进出人员、车辆的管理；聘请保洁人员，做好对校园、教学楼的24小时保洁工作；推进“节水型单位”创建，做好节水节能工作。通过规范各项管理措施，校园环境变得更加干净、整洁，初步展现出“洁净校园”的良好风貌。

（徐见日）

## 信访工作

**【概况】** 2016年，云和县信访工作在县委、县政府的正确领导和市信访局的精心指导下，坚持以确保G20杭州峰会万无一失为首要目标，以“四个一”为抓手，加强信访督查督办、压实信访稳控责任，破解信访工作难题，推动信访工作开创新局面，实现全年“零”进京非访，尤其是在G20杭州峰会、十八届六中全会和世界互联网大会等重点时段期间，云和县实现零失控、零赴省、零进京。2016年，县级来信来访总量652件，同比减少10.44%。其中：来信382件，同比上升7.3%；来访270批1352人次，批次和人次同比分别下降27.42%和44.73%，其中来县集体访69批1002人次，批次和人次同比分别下降31.68%和49.52%。越级上访36批67人次，批次和人次同比分别下降12.2%和30.2%。

**【重点时段信访维稳】** 坚持以争创信访“三无县”为目标，从源头预防抓起，厘清问题清单，建立责任清单，细化稳控措施，全力抓好重点时段信访维稳工作。一是把好源头关口。把工作重点放在源头和属地，紧紧盯住重点领域、重点地区、重点群体和重点人员，定期开展矛盾纠纷排查化解，切实做到矛盾化解抓早、抓小、抓细，减少各类矛盾化解不及时而引发成信访问题。二是坚决压实责任。重点时段前夕，县委多次召开常委（扩大）会议，专题部署信访维稳工作，压实信访工作责任。全县上下深入排摸梳理重点人员，进行分级分类管理，成立稳控化解小组，严格落实责任领导、责任人，对能够化解的，千方百计予以化解，对一时不能化解的，动用一切手段跟踪掌握动向，确保不脱管、不失控。三是强化责任倒查。对工作不到位、措施不得力、问题不解决的,严格实行责任倒查。5月,因稳控措施不到位、情报信息掌握不及时,2名信访重点对象进京上访。县信访联席会议对2名负有稳控责任的领导进行了通报,起到较大的警示作用。

**【信访积案化解】** 县委、县政府高度重视信访积案化解工作,坚持以"县领导督百案"活动抓手,成功化解一批疑难复杂案件。2016年,共交办信访积案31件,化解30件,其中省级9件、市级2件、县级19件,化解率达96.77%。一是督案领导带动突破难点。县委每半年召开常委(扩大)会议,专题听取督案县领导汇报信访积案化解情况,督促责任领导率先垂范、竭尽全力化解难题。健全完善县领导接访下访制度,通过带案下访、重点约访、听取汇报等方式,了解信访诉求和工作难点,因案施策提出针对性的指导方案,推动矛盾纠纷就地解决。同时,县领导作为督案主体,深入到问题复杂、矛盾突出、积案难解的乡镇、社区和村,有针对性地开展化疑解难工作,推动了一批重点信访事项的解决。二是信访部门推动化解重点。充分发挥县信访联席办沟通协调作用,不定期召开协调会,重点协调跨部门、跨乡镇(街道)或涉及多个事权单位的疑难信访积案,明确职责分工、研究化解思路、提出建设性方案。县信访局严格跟踪督办,将所有信访积案分成3组,明确督案的班子成员,分头督促事权单位化解。特别是在化解资金方面给予最大的支持,县政府每年安排信访积案化解资金20万元,用于乡镇(街道)对困难信访群众的帮扶解困,并积极向上争取省市信访积案化解资金40.4万元。三是事权单位联动平息焦点。建立政法委、信访局、法院等部门和各乡镇(街道)的联动协作机制,综合运用政策、法律、经济、行政等手段,坚持教育、协商、引导、疏导等情、理、法并举的化解方法,认真妥善地处理好每一起信访积案。

**【"12345"热线】** 坚持提高政务服务水平,积极推进信访阵地建设和统一政务咨询投诉举报平台建设,拓宽群众诉求反映渠道。一是充分整合。对全县33个部门43条非紧急类政务服务热线进行充分整合,以"12345"热线统一对外,受理群众政务咨询和投诉举报。同时,在县信访局增挂"统一政务咨询投诉举报平台管理办公室"牌子,下设事业单位云和县政务咨询投诉举报服务中心。热线接听采用政府购买服务的方式,经过询价确定由云和县电信分公司作为运营商。二是广泛宣传。云和县政务咨询投诉举报服务热线"12345"于11月1日正式投入运行。热线开通后,通过电视、报纸、微信、短信等多种途径进行广泛宣传,群众知晓率稳步提高。三是快捷办理。充分发挥"12345"热线投诉便捷的优势,改变过去信访件办理时限长、答复慢的不足,对于当场能够解决的问题,当场给予答复,对于不能当场解决的问题,必须在5个工作日给予答复,极大缩短了办理时限,提高了行政服务效率。截至12月底,"12345"热线共接受群众来电509件,其中当场答复192件,转后台办理134件,办理时限平均为1.4天。四是改善信访环境。以平台建设为契机,推动信访阵地建设。按照"三化"建设要求,结合办公场所实际情况,对现有接待大厅进行修缮,建设规范化信访接待场所。同时,更新监控系统,建设规范档案室和视频会议室,切实改善信访工作环境。

**【信访事项办理】** 坚持重程序、强督查,提速提质办理信访事项,减少初信初访演变成重信重访。一是压缩时限促提质。7月1日起,将信访件受理期限由原来的15日提速至5日,办理期限从60日提速至15日(疑难复杂的信件最长延期至30日),使群众信访诉求得到更及时的回应。同时,落实见面制度。纠正过去事权单位只进行书面调查就作出答复的弊端,要求经办人员必须与信访人面对面沟通,作出书面调查笔录,倒逼事权单位减少拖延,使群众的利益得到最大的保护。二是注重引导促评价。专门印发《关于进一步做好信访事项办理群众满意度评价工作的通知》(云信领办〔2015〕4号),要求事权单位加强引导,有效提高群众满意度评价的参评率和满意率。三是创新机制强督查。加大信访督查通报力度，实行月检查月通报制度，每月对办理不规范、不及时等情况进行通报，通报内容列入年度信访工作考核。2016年，共通报办理不规范件26件，比上年同期减少55.17%。四是积极督促促整改。重点抓好不规范件和不满意件的督查整改，事权单位落实专人负责整改工作，对答复不规范的，事权单位按照规范要求重新答复，确保信访事项办理规范、程序到位。

（张全敬）

## 老干部工作

**【概况】** 至2016年末，全县离休干部总人数52人，其中：外地安置在云和的离休干部2人，直管单位、军队离休干部3人，本地离休干部47人。在本地离休干部中，行政机关40人、事业单位3人、企业9人；抗日战争时期入伍1人，解放战争时期入伍51人；享受县处级待遇20人，享受科级及科级以下待遇32人；80岁以上39人，90岁以上13人，平均年龄89岁。

**【学习教育】** （一）学习贯彻十八届六中全会精神。一是通知离退休干部收看中国共产党第十八届中央委员会第六次会议新闻公报，并邀请党校老师上了一堂“十八届六中全会精神”专题解读课。二是组织离退休党员集中学习《关于新形势下党内政治生活的若干准则》和《中国共产党党内监督条例》，要求党员干部牢记第一身份是党员，坚持“三会一课”制度，深入开展“两学一做”学习教育，做一个合格党员。（二）学习贯彻《意见》精神。2月4日，中共中央办公厅、国务院办公厅印发《关于进一步加强和改进离退休干部工作的意见》（以下简称《意见》）。《意见》印发后，县老干部局高度重视，多措并举做好《意见》的贯彻落实工作。一是借助移动E管家、老年大学班级QQ群、微信群等平台，及时向全局工作人员、老干部、老年大学学员、全县离退休干部党支部书记发送关于收看、收听《意见》的信息，及时传达《意见》精神，开展学习讨论。二是组织召开全体干部会议、老年大学班干部座谈会，学习《意见》和中组部负责人答记者问内容，并对文件进行了深入解读，与会人员结合工作实际，对《意见》内容展开热烈讨论。三是开展走访慰问，上门倾听感悟。日常工作过程中，组织领导干部和工作人员对老干部进行走访，就《意见》开展征询活动。同时，鼓励老干部以自身的经验、丰富的阅历、开阔的眼界抒写《意见》读后感悟，撰写体悟文章；鼓励他们多提宝贵意见和建议，发挥余热，助力云和县老干部工作科学发展、转型发展。

**【正能量活动】** 以中国共产党建党95周年为契机，以“两个阵地”为载体，围绕“两美云和”建设，组织开展系列活动：组织副处以上老领导赴嘉兴开展党建交流；组织离退休老干部赴紧水滩镇、石塘镇考察“美丽城乡”建设；组织离退休老干部考察公安工作；开展学雷锋月关爱困难留守儿童活动；开展《中华人民共和国老年人权益保障法》解读活动；举办“庆祝建党95周年”暨第十二届结业典礼文艺晚会；组织“庆祝建党95周年”书画摄影展；举办“我为党旗添光彩”演讲比赛；开展“慢走浮云溪畔”健步走活动；开展认领“微心愿”活动，与古坊小学培智班联欢；围绕县委中心工作开展一系列“送文化、送健康、送清凉、送温暖”志愿服务活动。引导老同志向中心聚力，向大局聚焦，发声助力改革发展。

**【特色工作】** （一）老年大学项目建设。项目位于云和县凤凰山街道新云玩具厂以北早畈储备土地地块（公园路与云杨路交叉口），规划总用地面积4163平方米，总建筑面积3500平方米，概算总投资1475万元。该项目主楼一共四层（已结顶），一至三层为教室及展厅，第四层为办公室和会议室。（二）“老兵宣讲团”工作。在建党95周年和长征胜利80周年之际，宣讲团成员朱柏青、陈兴隆、邱广旗、梅显传、戴仰之等5位老兵为青少年、在职干部、离退休干部等宣讲老兵们的革命故事。这些从烽火岁月中走过来的老兵，年龄越来越大，他们的革命故事也面临失传，他们怀揣同一个愿望，就是要发挥余热,将那些难忘的革命故事流传下去,让“老兵精神”代代相传。(三)老干部党校工作。老干部党校自建立以来,依托阵地资源,不断丰富学习教育平台,有效推进离退休干部党支部教育培训的常态化。一是举办培训班。举办了第9期全县离退休干部党支部书记培训班,并赴嘉兴南湖区委老干部局进行党建工作交流。二是组织通报会。全年共组织3次:1月,组织担任过副科级以上退休干部参加县情通报会;3月,县纪委书记向副处级以上离退休干部通报了党风廉政建设情况;8月,常务副县长范寿仁、县委组织部长叶石玄仙分别向老干部通报了2016年上半年全县经济社会发展情况、乡镇(街道)干部人事调整工作情况。三是开办时政班。邀请了县人民法院和县委党校老师为老干部作专题讲座。

**【服务保障工作】** 一是经费保障到位。县财政每年给予专项资金,保障了离休干部学习考察费、健康休养费、综合生活补贴、春节慰问金、特殊困难补助、改制破产企业管理服务费等经费,切实维护离休干部的利益。二是督查到位。及时做好重要政策出台时离休干部生活待遇落实情况的检查指导工作,保证把离休干部的生活待遇落实到位,让老干部得到实惠。三是服务到位。开展社区“四就近”服务、“政府买单送服务”、“关爱通”服务。充分整合社会资源,以“老李帮忙团”为依托,以老年大学“阳光志愿者”为载体,开展“以老助老”活动,志愿者与离退休老干部结成帮扶对子,并与老干部谈心交流拉家常,提供精神慰藉。四是医疗保障到位。解决离休干部的医疗费报销问题。同时,积极与医院沟通,为老干部开通了便捷医疗服务,如:上门医疗服务、优先就诊、开设绿色通道、设老干部病房等。建立离休干部的医疗备用金制度。组织离休干部开展一年一次的健康体检,体检标准高于在职同级别干部。五是走访到位。认真做好离休干部日常家访慰问、生病住院探视慰问。坚持每月2—3次到医院看望住院老同志,每年3—4次走访每个老干部(包括易地安置)。六是帮扶到位。对离休干部或离休干部遗属中有特殊困难、遭遇突发性事件或因病导致家庭负担加重的困难对象,进行资金、精神等方面的帮扶,县财政每年安排特殊困难补助资金5万元。

(李彩凤)

## 直属机关党的建设

**【党员学习教育】** 2016年,县直机关各级党组织深入学习贯彻中共十八届三中、四中、五中、六中全会和习近平总书记系列重要讲话精神,认真落实全县党建工作会议精神,精心部署,扎实开展机关学习教育,不断推进学习型党组织建设。党委(党组)书记带头上党课,各机关党支部以“八个一”为载体,制定学习计划、深入开展学习讨论、开展党员“承诺践诺”活动、挖掘一批“美丽党建好故事”,并结合“归零翻篇开新局”活动查补一批支部短板问题。7月和11月,两次组织督查组对全部县直机关党组织“两学一做”学习教育进行了督查,确保把中央、省委、市委和县委的部署要求抓到位、落到底、见成效。创新载体,浓厚学习教育氛围。以“周一夜学”、理论中心组学习、基层党校、支部学习为平台,有计划、分层次、分专题地组织学习。围绕如何开展“两学一做”学习教育和“归零翻篇开新局”主题,开展金点子征集活动,征集到各单位金点子100余条。挖掘整理机关党组织“美丽党建好故事”60余篇,推选10名优秀选手参加全县“美丽党建好故事”宣讲比赛,取得优异成绩。顺应互联网时代发展,开通“云和机关党建”微信公众号,为机关党员学习教育搭建了新平台。结合“七一”系列活动,积极开展机关党建理论研究工作,组织县直机关各级党组织开展专题调研,对征集到的论文进行评比和表彰。抓好党员电化教育,已播出电化教育片6次,机关党建新闻39条,收看党员达12000多人次。

**【基层组织建设】** (一)落实完善党建工作责任制和责任体系。深入贯彻《机关基层组织工作条例》和《党组工作条例》,落实党组(党委)书记履行党建第一责任人、机关党组织书记直接责任人和具体责任人的职责，从讲政治、讲纪律的高度，树立“抓党建是本职、抓不好党建是失职、不抓党建是渎职”的意识。充分发挥领导带头作用，使各级党组织负责人身先示范，亲自抓、带头抓，真正负起第一责任人的责任，把每条战线、每个领域、每个环节的党建工作抓具体、抓深入。积极争取支持，全面落实中央条例和省、市、县委实施意见。（二）强化党建责任，认真开展党员组织关系集中排查。根据中央、省、市相关要求，于2月25日与县委组织部联合召开了“全县党员组织关系集中排查专题培训会议”，对排查工作进行了具体部署，排查过程中对各支部核查党员信息、查找失联党员、规范组织管理、开展组织处置、健全党员档案等工作进行悉心指导和分类督促。至年末，机关各党组织共排查党员、核查信息3552名，排查出失联党员85名，经查找取得联系党员68名。（三）健全组织，优化设置。根据党章和条例相关规定，及时调整基层党组织设置、配齐班子成员。针对纪检派驻改革、机构改革、干部调配等原因造成的部分县直单位党组织设置、人员配备变化等问题，县直机关工委专门发文，对各单位提出调整基层党组织设置、调整党组织班子成员的建议，要求县直各单位党组织在机构调整或人员变动三个月内，及时采取相应措施，进行支部更名、改选或增补人员。2016年，新建县卫计局机关党委、县经合办（招商局）党支部、县审计局离退休党支部等5个党组织，指导批复县委组织部、县纪委、县政法委、县法院等24个届满的党组织进行了换届选举，对县财政局、县教育局、县电视台、县安监局等20个党组织的委员进行了调整，为机关党建各项工作的开展打好了组织基础。

**【服务型党组织建设】** （一）建立健全党员干部直接联系和服务群众制度。深入开展党员干部下基层活动。推动县直单位党组织发挥职能优势，进一步巩固“结对共建”“结对帮扶”等活动成果，全年共选派37位优秀机关党员干部，担任两新党建工作指导员。依托“老李帮忙团”服务中心，深入开展机关党员下基层送服务活动。不断整合各类资源，建立健全党员激励、关怀、帮扶机制，开展“四必到、四必访”活动，设立党员关爱基金、落实“一户一策一干部”等帮扶政策，增强工作合力。（二）进一步深化“老李帮忙团”党员志愿服务活动。继续将“老李帮忙团”党员志愿服务品牌作为加强基层服务型党组织建设的重要抓手，代拟出台《云和县深化“老李帮忙团”党员志愿服务活动实施方案》（云委办发〔2016〕19号），进一步规范和明确了“老李帮忙团”党员志愿服务活动的指导思想、组织架构、运行模式、活动要求和保障措施等，为如何推动服务型党组织建设和党员直接联系服务群众，全面提升全县“老李帮忙团”党员志愿服务活动的品质和成效提出了具体指导。2016年，“老李帮忙团”共开展党员志愿服务周活动2次、“志愿服务便民超市”下乡进村活动5次，并成立了食品安全服务队、禁毒宣教队等服务小分队。（三）积极融入机关党建省、市、县三级联动机制。推动活动联抓、实事联办、难题联解，提升服务的效果。组织开展基层党组织分类定级工作，根据星级评定结果制定争星晋位措施，对软弱落后的党组织进行整顿转化，努力培育一批特色鲜明、实绩突出的基层服务型党组织。

**【党建主题活动】** 举办县直机关新党员宣誓仪式暨“七一”党课活动，对县直机关、企事业单位的60余名新党员进行了党性修养、宗旨观念教育，并组织全体新党员到县委党校上了一堂“如何做一名新时期合格的共产党员”专题党课。开展“两学一做”学习教育知识竞答暨机关党员健身走活动，丰富党员业余文体生活，促进党员之间沟通交流，树立健康、文明、向上的生活方式。开展“双争双评”活动，树立先进典型，牵头联评出县级先进基层党组织19个，县级优秀共产党员36名，县级优秀党务工作者9名；机关工委先进党支部8个，先进共产党员140名，先进党务工作者25名。组织开展“我为七一献热血”活动，县直机关20余个部门单位的100余名党员报名参加了无偿献血。

【党员发展管理】 按照党员发展的"十六字"方针要求,严把党员"入口关",做到质量保证、程序规范、手续完备。重视在工作一线和优秀青年、优秀妇女、高知识群体中发展党员,严格实行发展党员"一推三公示"和"六制"管理。2016年,县直机关工委直属党支部(党总支)共发展新党员12人,预备党员转正9人;调出党员65人,调入党员86人,减少党员6人。同时,注重对入党积极分子的推荐、培养、教育和考察,确定入党积极分子15人。

【党风廉政建设】 (一)严格落实"两个责任"。全面落实工委抓党风廉政建设的领导班子集体责任、第一责任人责任、班子成员的"一岗双责"责任,突出主责主业、聚焦中心任务,把党风廉政建设与党务工作、业务工作同部署、同落实、同检查、同考核。顺应纪检职能"三转",厘清工委、纪工委职责。加强县直机关纪委班子建设,加大机关纪委新进书记、委员的培训力度。建立完善权力风险清单,健全签字背书、约谈报告、考核等制度,推进党风廉政建设,从源头上治理和预防腐败。(二)深入开展机关作风建设。在基层党组织中深入贯彻执行中央"八项规定"和省委"28条办法""六个严禁"等党风党纪规定,坚决防止"四风"问题反弹,以踏石留印、抓铁有痕的决心和恒心,全力以赴落实加强作风建设的各项任务。继续以窗口单位、服务行业和一线岗位为重点,坚持党员示范岗、党员先锋岗机制和党员亮身份机制,引导党员干部立足岗位比学赶创,增强服务意识,提升服务效能,方便群众办事。(三)加强党内日常教育管理。深入落实中央"八项规定"、省委"28条办法""六个严禁"及县委实施意见等作风建设各项制度,认真组织开展《中国共产党廉洁自律准则》《中国共产党纪律处分条例》学习教育。继续开展正反典型案例、防腐倡廉警示等教育,有计划地组织党员到廉政教育基地开展实地教育。建立健全县直机关党员干部基本行为规范,强化党员干部违反党内规章规范的问责,对党员干部不良倾向早发现、早提醒、早纠正,把抓早抓小、防微杜渐等党内日常教育管理做在纪律处分前面。

(刘　卿)

## 机构编制工作

【概况】 2016年,云和县机构编制委员会办公室(以下简称县编办)在县委、县政府的正确领导和市编委办的精心指导下,认真贯彻落实中共十八届四中、五中、六中全会精神,紧紧围绕县委、县政府中心工作,以"归零翻篇开新局""两学一做"等专题教育活动为契机,统筹兼顾、突出重点,切实转变工作职能,深化政府机构改革,加强机构编制管理,不断提高机构编制工作水平。

【政府职能转变和机构改革】 一是深化完善基层治理能力,推进"四个平台"建设。积极探索乡镇(街道)综治工作、市场监督、综合执法、便民服务等四个平台建设,多次深入白龙山、安溪等乡镇(街道),就"四个平台"如何搭建、如何运行、如何出实效等问题展开探讨和研究,同时与相关部门做好监督、考核、派驻人员管理、网格员整合、工资待遇落实等方面衔接工作,最终拟定《云和县关于打造乡镇(街道)"四个平台"推进基层治理体系建设的实施意见(征求意见稿)》,报经县委、县政府审核通过后,以县委办名义印发。

二是深化综合行政执法体制改革,推进综合执法效能提升。根据省市统一部署和安排,积极开展统一政务咨询投诉举报平台建设工作。统计全县政务咨询投诉举报类号码56个,并对56个号码进行一一核实筛选,同时多次与信访部门沟通、衔接,并赴庆元县社会服务管理中心学习,了解整合后平台的功能、优势、运行机制等情况,最终拟定《云和县统一政务咨询投诉举报平台建设实施方案》,经县政府常务会审议通过后,由县府办发文实施;拟定《云和县政务咨询投诉举报平台机构设置方案》并经县编委会审议通过。

三是深化职能协调,理顺部分单位体制机制问题。针对县污水处理厂、农贸市场、住房办、国资办等单位存在的体制机制机构不顺问题,进行调研。对县农业局、水利局、住建局、市场监管局、财政局、工业园区、环保局等部门和单位进行逐个走访，对各单位目前的人员情况、管理运行机制、存在问题、划转建议等进行调查摸底，并成功参与协调县食药农产品检验检测平台整合职责划转事宜，理顺住房办与公积金管理中心的机构设置问题。

四是深化“两单”工作，厘清部门职责边界。按照省政府相关文件要求，继续做好“两单”工作，指导部门做好上级取消、下放权力事项的衔接、权力事项的清理及权力清单动态管理等工作，积极参与省编办组织的权力清单三级联审会议，根据省市统一部署和分工，联合景宁、庆元、缙云等地编办与县卫计局、水利局做好卫计系统、水利系统省市县三级职权目录的比对规范工作，推进权力清单的“瘦身”。完成将部门年度重点工作目标、基本公共服务项目纳入部门责任清单并在政务网公布的目标任务，拟定《云和县人民政府部门职责管理办法》，提交县政府常务会通过并由县政府行文印发，推进责任清单的“强身”。根据省政府加强基层政权建设、提升社会治理能力，打通制度建设“最后一纳米”的要求，及时组织召开深化权力清单责任清单工作部署会，并采取“一对一”“面对面”的形式进行培训讲解，在规定时间节点内完成乡镇(街道)和村(社区)、工业园区行政权力事项入库和网上展示工作，实现云和县“两单”(权力清单和责任清单)工作的全覆盖。

**【管好用活机构编制资源】** 一是开展调查摸底，规范编外用工管理。将编外用工管理作为工作短板，从摸清全县机关事业单位编外聘用人员基本情况着手，加强和规范全县机关事业单位编外聘用人员管理工作，4—5月对全县编外用工信息进行了收集整理，为云和县编外用工管理办法的顺利出台做好准备。

二是严格机构编制审核，规范部门机构编制需求。认真落实空编使用核准制度，从严从紧审核编制使用计划，坚持满编单位先出后进、超编单位只出不进的原则，将用编计划向县委、县政府重点工作和基层倾斜，同时充分考虑单位自然减员、领导干部退二线、定向培养以及全县士官安置工作等因素，统筹考虑编制的使用。全年共完成调动105人次，核准用编计划选调4名、人才引进52名、公开招考84名、定向培养9名，安置士官15名。

三是加强监督检查，规范股级干部任免。根据《关于进一步规范股级干部选拔任用工作的若干规定》等相关文件，严格审核股级干部任免情况，全年共审核机关事业单位51家。积极配合组织部门做好副科以上实有领导配置与单位编制数相匹配的调查分析，并做好协调分配工作，防止超编情况出现。

四是开展事业单位设立、变更和注销登记工作，规范事业单位登记管理。全年共完成事业单位设立登记10家，变更登记33家，注销登记2家。重点开展应销未销单位的注销清理工作，共清理出应销未销单位6家，其中1家已完成注销登记，另有2家已在报纸刊登注销登记公告，现正在开展资产清算工作。

**【提高机构编制管理能力】** 一是推行《机构编制函告制》，搭建机构编制服务新平台。以“实名制”数据库为基础，以近年来机构撤并、人员增减议题为参考，以主管部门为单位，按党群、政府、群团、公检法、乡镇(街道)的顺序对全县74家单位的编制情况、实有人员、人员信息、领导职数、股级职数、超编情况等信息进行逐一梳理核对，并汇集成全县机构编制概况、部门编制、人员组成详情及机构编制管理相关政策等内容，以信函的形式向特定范围适度公开，在县级班子、部门班子、编办三个层面合力营造优化机构编制管理工作的氛围。

二是撰写《机构编制分析》，打造线下“机构编制思想汇”。该《分析》从当前云和县的实际情况和存在的问题出发，并结合周边县市的具体情况，对领导关注的热点、部门反映的焦点和机构编制部门在实际工作中遇到的难点等问题，进行调研分析和评估，提出合理化建议，及时为县编委成员、县委县政府主要领导和部门答疑解惑，加强与县编委成员和县委县政府主要领导的沟通，打造线下“浙江编办思想汇”。

三是出台《行政事业单位空编调控使用的规定》，盘活现有编制存量。规定对个别职能弱化严重或者人员冗余、编制使用效率不高的单位进行核减，以及县里一些重大改革而新设立机构需要编制时，进行编制核减调剂使用，并明确空编的使用途径、年研究次数、编委调控的幅度和空编数的统计范围等内容，在“财政供养人员只减不增”的中央政策背景下，盘活现有编制存量，提高全县编制资源使用效率。

四是以统一登记为突破，开创事业单位登记管理新局面。根据市编办的统一部署，云和县于2016年2月初启动民办事业单位登记工作。至2016年末，已登记民办事业单位3家，并开始核定报备员额，其中：已核定文元教育集团云和育英外国语实验学校报备员额106名（小学54名，中学52名），拟核定星星幼教集团星星幼儿园报备员额28名、盼盼幼教集团城西幼儿园报备员额24名。同时，积极开展事业单位法人治理结构建设试点工作，制定《云和县事业单位法人治理结构建设试点工作实施方案》，并以县府办名义印发实施；成立以常务副县长为组长、县发改局等11个部门分管领导为成员的事业单位法人治理结构建设试点工作领导小组，领导小组办公室设在县编办；在云和县第二中学和云和县城西小学两所学校开展试点，建立法人治理结构，制定学校章程，顺利完成试点工作。

**【夯实机构编制工作基础】** 一是以党建工作为引领，加强队伍自身建设。以“归零翻篇开新局”“两学一做”等专题教育活动为契机，围绕中共十八届四中、五中、六中全会精神，借助“周一夜学”平台，组织专题学习，加强干部政治理论素养，强化干部对业务理论知识的理解，同时把开展专题教育活动和推进业务工作紧密结合，细化到各环节，做到工作实际和自身建设两促进、两不误。

二是有条不紊地做好日常机构编制工作。做好县委宣传部、民宗局、发改局、经商局、财政局等单位关于机构编制调整、领导职数核定、编外用工核准等事项的调研和答复工作，做好2016年三次编委会40多个议题的前期调研、方案拟定、修改完善、汇报解释以及会议纪要和相关文件的行文印发工作。

三是完成2015年度事业单位法人年度报告公示工作。2016年1月至3月，集中开展2015年度事业单位法人年度报告公示工作。截至3月底，全县应公示事业单位法人124家，共公示124家，全面完成年度报告公示工作。同时，根据《关于〈事业单位法人证书〉改版有关事项的通知》（中央编办函〔2015〕129号）文件要求，完成131家事业单位法人的统一社会信用代码赋码和换证工作。

四是开展机关群团统一社会信用代码赋码工作。根据中央、省、市文件精神，严格按照《关于机关、群团统一社会信用代码赋码工作有关问题的答复》，对符合赋码条件的单位进行赋码工作，全年共完成机关群团赋码44个。

（梅珊珊）

## 云和县新闻中心

**【概况】** 2016年，县新闻中心坚持以邓小平理论和“三个代表”重要思想为指导，深入贯彻落实科学发展观，认真学习贯彻习近平总书记在党的新闻舆论工作座谈会上的重要讲话精神，紧紧围绕县委、县政府中心工作，唱响主旋律，打好主动仗，积极做好舆论宣传引导工作，取得一定的成绩，先后被浙报集团评为先进报道组、被丽报集团评为先进记者站。全年共刊发《今日云和》146期，发表文章3988篇，其中2篇作品获浙江新闻奖（一等奖1篇，二等奖1篇），11篇作品获浙江省县市区域报好新闻奖（一等奖4篇，二等奖3篇，三等奖4篇）；在《丽水日报》《处州晚报》发表新闻稿件437篇，其中丽水日报331篇，头版头条15篇，二版头条10篇，整版17个；在《浙江日报》和《浙江新闻》客户端上发表稿件304篇，其中《浙江日报》48篇，《浙江新闻》客户端256篇；在《人民日报》《新华社每日电讯》《中国新闻网》等国家级媒体发表30余篇，再创历史新高。

【学习教育】 把学习贯彻习近平总书记在党的新闻舆论工作座谈会上的重要讲话精神作为一项重要的政治任务来抓，要求全体采编人员要牢牢树立党性意识，始终坚持党对舆论工作的领导，向党中央看齐，向省、市、县委看齐，并将全年工作要点与中央、省、市、县主要领导讲话、与“归零翻篇开新局”大讨论活动、“两学一做”主题教育实践活动结合起来，将新闻舆论工作与服务云和发展紧密联系起来，要求所有采编人员要讲政治、有担当、强创新、硬作风，深入扎实地学习贯彻习总书记重要讲话精神，努力创作“三有”(有思想、有温度、有品质)作品，并在《今日云和》开设版面，陆续刊登《铁肩与妙手》等8篇采编人员学习心得，以更好地推进舆论宣传工作。

【内宣工作】 (一)围绕中心，服务大局。一是结合“归零翻篇开新局”主题大讨论和“两学一做”学习教育活动，及时在《今日云和》推出专栏，为活动营造氛围。同时，刊发一批符合云和发展实际、有深度、有观点的评论员文章，其中评论员文章《一切始于解放思想》受到市委书记史济锡的点赞。二是围绕“五水共治”“无违建县创建”等重点工作，先后在《今日云和》开设“反对四风 服务群众”“绿水青山就是金山银山”“创建无违建县”“整治提升‘低小散’”“合力拓展新空间”“五水共治好故事”“最美云和人”“喜迎县十四次党代会”等专题专栏，与重点工作同步报道，凝聚共识。(二)注重策划，突出重点。及时对各类重要会议、重大活动进行跟踪报道，不断提升报道的影响力和号召力，从而实现凝心聚力促发展的目标。2016年，先后推出“告别陋习 喜迎G20”“百名记者巡百河”“战高温系列报道”等专题策划近20个，大大丰富了版面内容，提升了可读性，受到广大读者的欢迎。(三)聚焦民生，讲好故事。民生是新闻报道工作的着眼点和落脚点。2016年，县新闻中心组织采编人员深入基层进行蹲点采访，推出600多篇接地气、有深度、有分量、有影响的新闻报道，其中《云和80后夫妻放弃高薪返乡创业》《云和“张海迪”用嘴衔笔为母亲画出幸福》《云和投入2亿元整治县城“大染缸”》《浮云溪以水为媒编织“童话飘带”》等稿件刊发后引起社会较大反响。

【外宣工作】 (一)向国家级媒体进军，不断提升档次。2016年，县新闻中心选送的稿件多次在《人民日报》《新华社每日电讯》《中国新闻网》等国家级媒体刊发，其中在《人民日报》头版刊登的《浙江丽水市从严管理干部、主动服务企业，一项抽样调查折射新变化——民企对公接待“归零”的背后》一文，大篇幅报道了云和县亲商近商的好做法，受到社会广泛赞誉。(二)面向新兴媒体，做好多渠道宣传。在做好传统媒体宣传工作的基础上，主动借助新媒体传播优势，并以多媒体联动的方式和手段，更好地为对外宣传搭建桥梁。2016年，在中国新闻网发表稿件2篇，在浙江新闻客户端上发表稿件256篇，其中《弘扬“三破”“四个不推”精神 全力推进“五大攻坚”行》《云和168名村支书上擂台“比武”》等稿件引起社会广泛关注。(三)上下联动，加强与上级主流媒体的沟通协调。围绕全县重点工作，加强与省、市新闻媒体的沟通与协作，充分利用主流媒体的宣传优势，为全县各项工作开展营造良好氛围。2016年，先后在《浙江日报》刊登《“清零销号”云和破难题》《不该花的不花 该花的要花好 云和县人大监督政府理财》等重点工作稿件，在《丽水日报》头版头条刊登《云和“e创园”圆百名年轻创客创业梦》《云和木玩赶趟供给侧改革打赢“翻篇战”》等新闻稿件，在社会上引起较大反响。同时，结合云和县“美丽城乡”建设、“归零翻篇开新局”主题大讨论活动、“两学一做”等重点工作，积极向上级媒体选送稿件，取得良好的宣传效果。

【媒体融合】 (一)及时发布、更新、丰富网站新闻内容。2016年，云和新闻网站共发布、更新本地原创新闻4000多条，其中视频新闻约170条，及时转载、更新其他各类新闻近3000条。网站的每一篇本地新闻都配有现场图片，有效提高新闻的可读性和网站的阅读量。同时，根据全县中心工作，开设《聚焦2016·云和两会》《“归零翻篇开新局”主题大讨论》《让互联网更好造福国家和人民》等专题专栏，宣传云和县政治、经济、文化、社会等方面的发展。(二)云和问政直通车成效明显。2016年，云和新闻网加强对“云和问政直通车”的宣传，利用“今日云和”“微云和”“云和发布”微信公众号推送“云和问政直通车”的详细介绍和操作说明，让更多云和本地网民了解和使用“云和问政直通车”，并在线为云和网民解难答疑。截至2016年末，“云和问政直通车”总点击量达到15万人次，日均点击量218人次，共收到网民提问290件，回复290件，回复率100%(其中2016年收到网民提问95件，回复95件，回复率100%。)(三)大力发展“今日云和”微信公众号。自2015年4月1日正式开通官方认证微信公众号以来，本着“关注身边事实，传播最美声音”的宗旨，积极推送“童话云和”的热点新闻、精彩故事、美图美文。2016年，“今日云和”微信公众号图文信息推送由一周三期更改为一周五期，进一步增加信息的内容和推送量。截至2016年末，“今日云和”微信公众号已推送269期共1204篇(图文)消息，微信订阅用户达到4400人，较2015年增加一倍多。(四)云和新闻网官方微博广播。云和新闻网站利用微博广播的优势，在腾讯和新浪网站都注册的官方微博账号，并安排专人负责微博每天的更新和转载。至2016年末，云和新闻网微博的粉丝数已达1000多个，广播的各类新闻微博13200多条。(五)完成市网络宣传管理平台要求。2016年，云和新闻网站共落实宣传提示247条，完成管理要求555条，并圆满完成杭州G20峰会和世界互联网大会期间的网络宣传任务和网络安全保障。

**【提升质量】** 一是着力提升《今日云和》质量。严格执行《云和县新闻中心绩效考核管理办法》和《关于报纸差错责任追究制度的有关规定》等规章制度，严格落实读报制度，明确责任分工，提高办报质量。二是提高新闻网站的质量。通过美版美图、提高网页更新速度、增加原创作品等形式，不断提升网站质量。三是通过大家的参与，增加微信公众号的信息量，进一步提升社会关注度和美誉度。

**【组织活动】** 开展“老李帮忙团”党员志愿者服务活动，全体党员网上认领“微心愿”，为霞晓桥村10户困难群众家庭送去电暖锅，帮助他们实现“微心愿”。领取公益项目，为结对村建造公交车站给予5万元的支持。此外，还多次组织党员干部到石塘镇滩下村开展“洁净乡村”活动，为“洁净乡村”建设尽自己的一份力。

(陈晓芳)

## 档案工作

**【概况】** 2016年，云和县档案局在县委、县政府的正确领导下，全面学习贯彻落实中共十八届六中全会和习近平总书记系列重要讲话精神，紧紧围绕县委、县政府中心工作，扎实推进档案基础业务、档案文化、档案信息化、新馆建设等工作，着力提升档案公共服务能力，为“十三五”发展规划开好局，起好步。

**【专题学习教育活动】** 扎实开展“归零翻篇开新局”主题大讨论活动和“两学一做”学习教育，成立云和县档案局“归零翻篇开新局”主题大讨论活动领导小组，制定了《云和县档案局开展“归零翻篇开新局”主题大讨论活动实施方案》。针对主题活动，各班子成员作中心发言，各科室干部结合自身工作作经验交流，并分成两组开展专题蹲点调研，深入联系村、社区，听取基层干部、村民的意见和建议。同时，多次组织以强化政治意识、看齐意识、担当意识等为主题的“两学一做”专题学习教育，认真学习党建好故事。通过“老李帮忙团”平台，积极开展党员志愿服务，认领爱心“微心愿”，开展联系村党员困难慰问。集中组织“七一”主题党日活动，先后开展警示教育、联系群众等内容的各项活动5次，真正让党员干部把学习教育内容贯穿到日常生活和工作中。

**【夯实档案业务基础】** 一是突出“实”字开展档案业务指导。根据省、市档案局对基层档案的工作部署，及时召开班子会、专题研究，与县委组织部联合下发《关于进一步加强全县乡镇(街道)和行政村(社区)档案规范管理的通知》(云组通〔2016〕26号),明确总体目标和工作要求,落实领导责任。及时组织业务骨干对10个乡镇(街道)档案开展实地调研并记录具体情况。对政法系统、民政局、社保局、卫生局、电视台等30多个县直单位的档案安全、档案是否集中保管、档案是否及时归档等工作进行督查。二是突出“广”字开展档案业务培训。为进一步提高全县档案员档案业务能力,先后组织开展党群系统档案工作交流会、乡镇档案规范化建设工作现场会、乡镇(街道)档案提升班等,并通过在线微信推送、公众号转发等方式开展档案指导,累计培训档案员200余人次,分发《文书档案归档整理》《文书档案保管期限办法》《国家档案局八号令》等档案业务资料300余份。完成县委办、人大办、文广新局、审批中心等50多家单位档案业务指导工作。三是突出“专”字开展档案专项工作。积极开展档案管理目标认定,指导县卫生监督所完成档案目标管理创省二级标准工作。先后两次组织重点项目单位的20余名档案员参加全省重点项目建设档案管理培训。主动与交通局、经商局、工业园区、旅委、水利局、民政局等10余个单位对接,成功实行建设过程的档案跟踪管理,建立重点建设项目档案员联络群,实现持续监管。会同地名办、文物办、非遗办、电视台、农办等多个单位开展“千村档案”建设工作,已完成2个村航拍工作。

**【丰富馆藏服务民生】** 一是做好馆藏档案保管利用。2016年,县档案局共接待来人、来电、来信咨询1575 人次,其中接待利用档案者1003人次;查阅档案资料1714卷,其中民国档案237卷;复制档案2294页,出具证明 1003份。二是做好档案收集工作。征集到《吴氏宗谱》《林氏宗谱》《叶氏宗谱》及云和县图书馆古籍普查登记图目、畲族拳、《云和地名志》等重要档案资料14册。接收著名食用菌专家张寿橙先生捐赠的香菇栽培、食用菌历史文化研究、对外学术交流等个人著作、资料手稿、书法字画56件。三是做好档案文化相关工作。积极开展“丽水好家风”档案资料征集工作,向各单位转发文件、向广大市民发放征集启事等,初步推荐3个姓氏上报。开展“红色记忆”主题摄影比赛,组织干部到红色之地梅湾开展实地采风,共收集整理33幅作品。

**【登记备份工作】** 完成馆藏部分全宗档案数字化加工工作,数字化加工成果达75万页。按75%抽查比例对往年数字化成果进行抽检,对漏扫及不合格数据进行补扫、重扫。开展档案数据异地备份工作,对2016年新增的30万页数字化加工成果进行服务器及移动存储硬盘备份,同时异地备份至市档案局,确保档案数据安全。继续推广“1+9+N”档案协同管理系统,对32家单位实施在线档案指导工作。强化档案信息安全管理,落实机房管理、设备巡检制度,提高档案信息运行设备的检查与维护频率。2016年,对机房设备进行2次质检,未发现安全隐患。联合县保密局先后3次对全县20家单位开展档案安全保密检查,未发现任何档案安全隐患。

**【新档案馆建设】** 积极与财政、发改、国土、住建等有关部门沟通联系,确定县档案馆原址拆扩建项目。该项目总用地面积2416平方米,总建筑面积5303平方米,总投资约2661万元,其中省档案局补助500万元。积极推进项目前期工作,已办理好环境评估、水利监测、地质勘探和建设用地规划许可证、建设用地批准书,完成工程施工图审和预算编制。成功将原档案局(馆)进行拆除,并将档案办公楼及档案库房搬迁至原档案局(馆)西侧50米处(人武部弹药库)。档案查阅大厅已正式对外开放,档案机房设备也已通过检测,运行正常。

**【档案宣传工作】** “国际档案日”期间,先后开展档案基础知识比拼、档案技能PK赛、档案趣味运动会等活动,有效加强干部之间的凝聚力,实现档案宣传与业务工作齐推进。同时,由分管领导带队、根据科室分组,先后20余次深入乡镇(街道)、县直部门、企业等单位开展档案指导及宣传,发放《中华人民共和国档案法》《档案管理违法违纪行为处分规定》等宣传资料1300余份。建立“云和县档案群”“云和档案乡镇(街道)群”“云和党群系统档案群”等信息平台,定期推动档案业务知识,时时为各单位档案员答疑解惑。编辑“云和档案”微信公众号,先后推动档案动态20余条,阅读量累计达到3000余次,得到社会各界和群众的一致好评。

(汪丽芳)

## 史志工作

**【概况】** 2015年,云和县史志研究室(以下简称县史志室)认真贯彻落实中共十八大和十八届三中、四中、五中、六中全会精神,深入学习习近平总书记系列重要讲话,牢固树立“创新、协调、绿色、开放、共享”的发展理念,紧紧围绕县委、县政府中心工作,坚持以“存史、资政、育人”为根本任务,以全面推进史志编修为重点,以全员业务能力提升为抓手,以归零的心态、翻篇的姿态,找短板补短板,谋新局开新局,聚焦主业,统筹发展,全力推动党史研究和地方志工作的积极开展。

**【方志编纂工作稳步推进】** (一)做好《云和年鉴(2016)》编纂工作。县史志室的一项重要工作职能是编撰出版《云和年鉴》,该年鉴客观、真实、全面地记载云和县政治、经济、文化、社会等方面基本状况和最新成就。《云和年鉴》从1997年开始编纂,每年编纂出版1部,2007年开始公开出版,已编辑出版19部。2016年,县史志室根据县委办、县府办印发的《关于做好〈云和年鉴〉2016年卷编纂工作的通知》(云委办发〔2016〕14号)精神,组织专人做好年鉴组稿工作,并通过电话、电子邮件、办公助手、QQ、微信等多种方式,催稿组稿,确保稿件及时到位,保障年鉴编纂进度。同时,创新栏目,拓宽内容,贴近社会生活,提高年鉴的社会使用价值。至2016年末,《云和年鉴(2016)》编纂工作已基本完成。(二)继续推进二轮修志。为贯彻落实《全国地方志事业发展规划纲要(2015—2020年)》(国办发〔2015〕64号)和全市地方志编纂委员会成员扩大会议精神,确保2020年全面完成二轮修志规划任务,县史志室加快续编《云和县志》的资料收集、整理、研究、编纂工作。按照《云和县编修地方志工作方案》的要求,开展了1990—2005年的地情资料收集调查和考证工作,并组织编写人员完成1990—2005年县志部分初稿。

**【党史研究工作有序开展】** (一)完成《中国共产党浙江省云和县历史》(第二卷)送审稿。《中国共产党浙江省云和县历史》(第二卷)(1949—1978)的编写工作于2011年正式启动,2013年底完成第一稿,2015年底完成送审稿。全稿共分为4编20章57节175目及8个附录,总计35余万字。2016年9月30日,《中国共产党浙江省云和县历史》(第二卷)评审会在云和召开,会后及时汇总、梳理大家的意见和建议,对书稿进行进一步的修改和完善。(二)完成《小顺浙江铁工厂》初稿。小顺铁工厂即浙江省铁工厂,创办于1938年9月1日,厂址设在云和县小顺村。为研究这一史实,弘扬云和县抗战文化,并起到存史、教化的作用,县史志室设立了《小顺浙江铁工厂》课题组,对浙江铁工厂的创办、发展以及对抗战事业的贡献等问题进行了系统研究,最终形成《小顺浙江铁工厂》一书。完成《小顺浙江铁工厂》初稿并进行审核校对。(三)完成《云和县畲族人民革命斗争简史》(1935—1956)的资料收集、编纂和出版发行工作。该书详细记述了云和畲族人民在革命战争年代艰苦卓绝的斗争史,以及解放后一个时期完成社会主义革命任务的历史,是研究中国共产党云和历史的宝贵文献。(四)深入学校开展爱国主义教育。2016年,县史志室联系了县实验小学作为开展爱国主义教育的基地。期间,多次与该校领导沟通,商讨在学校开展爱国主义教育的方式方法;多次深入学校开展讲课,并通过播放《烽火云和》碟片等形式,开展爱国主义教育活动,受到老师和同学们的一致好评,取得良好的效果。(五)继续做好革命遗址保护利用工作。加强革命遗址的保护利用,着力提升梅湾革命纪念馆和小顺抗战文化基地的影响力，使其真正成为“红色”旅游景点和广大党员干部群众、青少年接受党史教育的重要基地。（六）做好史志宣传教育工作。利用电视、报纸、网络等主流媒介，开展内容丰富、形式多样的党史、方志宣传教育活动，结合“七一”建党纪念日活动，配合相关部门开展党的知识竞赛，丰富人们的党史知识。同时，积极选送优秀人员，参加全市史志系统“弘扬长征精神，做优秀史志人”主题演讲比赛。

**【中心工作抓实抓好】** 以“归零翻篇开新局”主题大讨论、“两学一做”专题学习教育活动为契机，深入开展党员干部争当“三员”和扶贫结对帮扶活动，牢筑“周一夜学”平台，配合做好“五水共治”、“三改一拆”、“无违建县”创建、“洁净乡村”等中心工作。（一）开展“归零翻篇开新局”主题大讨论活动。根据市委和县委、县政府的统一部署，县史志室以归零的心态、翻篇的姿态、奋发的状态、看齐的意识、“严”“实”的要求，深入开展“归零翻篇开新局”大讨论活动，并成立大讨论活动领导小组，及时召开专题动员大会，制定主题活动方案。通过深入学习讨论，形成共识，推动发展。同时，根据单位的历史和现状，积极查找自身短板，并制定相应的应对措施。（二）积极开展争当“三员”活动。根据县里统一安排，2016年，县史志室继续积极开展以“百名领导下基层、千名干部强服务、万名党员争先进”为主题的党员干部争当“三员”活动。领导干部带头走访联系村——崇头镇下坪村，走访了一批农户，对该村反映的问题，县史志室积极与有关职能部门协调沟通，争取问题早日解决。走访了浙江永和阀门制造有限公司，倾听企业对云和县政务服务的意见和建议，了解企业发展中面临的各类情况和问题，营造良好的发展氛围。（三）参与河道清理和网格清扫活动。县史志室根据县里统一部署，每逢单月周六，积极组织人员参与河道清理活动，助力“五水共治”；每逢双月周六，开展“义务清扫”街道网格活动，为提升云和城市品位、助推“美丽县城”建设出一份力。（四）开展“洁净乡村”活动。2016年5月27日下午以及10月28日下午，县史志室组织全体党员干部到紧水滩镇龙门村开展“洁净乡村”活动，以实际行动践行“两学一做”学习教育。

（县史志研究室）

# 云和县人民代表大会

## 县人大重要会议

**【云和县第十五届人民代表大会第五次会议】** 于2016年2月17日至2月20日在云和县城召开，出席会议的正式代表143名，列席和特邀代表196名。会议听取和审查了《云和县人民政府工作报告》《云和县国民经济和社会发展第十三个五年规划》《关于云和县2015年国民经济和社会发展计划执行情况、2016年国民经济和社会发展计划（草案）的报告》《关于云和县2015年预算执行情况和2016年预算草案的报告》《云和县人民代表大会常务委员会工作报告》《云和县人民法院工作报告》《云和县人民检察院工作报告》；会议批准了7个报告，并作出相应的决议。

会议依法举行了选举，叶伯军当选为县人民政府县长；王志铨、李叶平、李泳泉、邱伟荣补选为县十五届人民代表大会常务委员会委员；叶伯军补选为云和县出席丽水市第三届人民代表大会代表。

**【县人大常委会会议】** 全年共召开人大常委会会议10次，主任会议11次，听取和审议"一府两院"专项报告19项，任免地方国家机关工作人员42人次，组织27人次向宪法宣誓，对35件规范性文件进行备案审查，忠实履行宪法和法律赋予的各项职权。

县十五届人大常委会第三十四次会议，于2016年1月18日召开。会议听取了县十五届人大五次会议筹备情况汇报，通过了关于召开县十五届人大五次会议的决定；会议还组织学习了新修订的组织法、选举法、代表法。

县十五届人大常委会第三十五次会议，于2016年1月21日召开。会议审议并决定接受黄伟雄、徐子平辞去云和县第十五届人大代表职务的请求，其常务委员会组成人员的职务相应终止。

县十五届人大常委会第三十六次会议，于2016年2月2日召开。会议听取了县政府、法院、检察院关于"十三五"规划纲要草案、计划、预算等报告的起草说明；会议听取了县林业局、安监局关于2016年部门预算编制情况的说明和县财政局关于林业局、安监局部门预算草案修改完善情况汇报，并书面审查了县司法局、卫计局、环保局2016年预算草案；会议传达了省十二届人大四次会议精神，研究了县十五届人大五次会议有关事项，审议通过了常委会工作报告和相关文件；会议还通过了相关人事任免事项。

决定任命：

邱伟荣为云和县人大常委会科教文卫工作委员会主任；

王志铨为云和县人大常委会农业与农村工作委员会主任；

徐松荣为云和县人民检察院检察员、检察委员会委员、副检察长；

吕圣文为云和县人民检察院检察员、检察委员会委员；

官军军为云和县文化广电新闻出版局局长。

决定免去：

徐子平云和县人大常委会科教文卫工作委员会主任职务；

黄伟雄云和县人大常委会农业与农村工作委员会主任职务；

吕明云和县人民检察院副检察长、检察委员会委员、检察员职务；

柯志宙云和县财政局局长职务；

邱伟荣云和县文化广电新闻出版局局长职务。

县十五届人大常委会第三十七次会议，于2016年3月3日召开。会议审议通过了县人大常委会2016年工作要点（草案）和2016年监督工作计划（草案）。会议还表决通过了人事任免和其他事项，并举行了新任职人员向宪法宣誓仪式。

会议任命：

柳成东为云和县财政局局长。

县十五届人大常委会第三十八次会议，于2016年4月26日召开。会议接受陈骏辞去县十五届人大代表职务的请求，并作出决议通过。

县十五届人大常委会第三十九次会议，于2016年5月31日召开。会议听取和审议了县人民政府关于养老服务体系建设情况和教育现代化县创建工作情况的报告；会议听取了县政府关于执行《盘活存量提高资金使用效益的决议（云人大常〔2014〕10号）》和《加强管理提高资产经营效益的决议（云人大常〔2015〕16号）》情况的报告；会议审议通过了《关于政府重大投资项目监督暂行办法》。会议还表决通过了人事任免事项，并举行了新任职人员向宪法宣誓仪式。

决定任命：

陈伟忠为云和县人民政府副县长。

决定免去：

陈骏云和县人民政府副县长职务。

任命：

练晓锋、张宇明、章首林、刘昌伟、刘少云、吴云武、蓝友梅、范永伟等8名同志为云和县人民法院人民陪审员。

县十五届人大常委会第四十次会议，于2016年7月26日召开。会议审查和批准了县政府2015年决算，书面审查了司法局、卫计局、环保局2015年决算草案；会议听取和审议了县政府《2015年预算执行和其他财政收支情况审计工作报告》《2016年上半年国民经济运行和社会发展计划执行情况的报告》《2016年上半年预算执行情况的报告》《关于提请调整债务限额的议案》《关于提请调整2016年预算的议案》，书面听取了林业局、安监局2016年上半年部门预算执行情况的报告。会议还表决通过了人事任免事项，并举行了新任职人员向宪法宣誓仪式。

决定任命：

雷俊为云和县人民政府副县长。

决定免去：

周仕雅云和县人民政府副县长职务。

免去：

李石平云和县人大常委会副主任职务。

县十五届人大常委会第四十一次会议，于2016年9月27日召开。会议听取和审议了县政府关于旅游产业发展情况的报告；听取了县政府关于河道治理工程实施情况的报告。会议还表决通过了人事任免事项，并举行了新任职人员向宪法宣誓仪式。

决定任命：

潘吉文为云和县人民政府办公室主任；

任军伟为云和县发展和改革局局长。

决定免去：

范寿仁云和县人民政府副县长职务；

林建文云和县人民政府办公室主任职务；

潘吉文云和县发展和改革局局长职务。

任命：

张慧丽为云和县人大常委会白龙山街道工作委员会主任；

谢加利为云和县人大常委会元和街道工作委员会副主任；

蓝呈清为云和县人大常委会白龙山街道工作委员会副主任。

免去：

梁殷云和县人大常委会财政经济工作委员会主任职务；

方伟清云和县人大常委会城乡建设与环境资源工作委员会主任职务；

袁国骏云和县人大常委会城乡建设与环境资源工作委员会副主任职务；

张安守云和县人大常委会白龙山街道工作委员会主任职务；

叶建华云和县人大常委会元和街道工作委员会副主任职务；

蓝新奎云和县人大常委会白龙山街道工作委员会副主任职务。

方乃圣云和县人民法院副院长、审判委员会委员、审判员职务；

周少斌云和县人民法院审判员职务。

县十五届人大常委会第四十二次会议，于2016年11月11日召开。会议听取了县政府关于县十五届人大五次会议代表建议办理情况的报告、关于全县“四小一市场”整治提升工作情况的报告和关于落实教育现代化县创建工作审议意见情况的报告；审议通过了《云和县人民代表大会常务委员会街道工作委员会工作规则(草案)》，研究了县乡人大代表换届选举工作有关事项。会议还表决通过了人事任免事项。

决定免去：

王雨杰云和县人大常委会副主任职务。

县十五届人大常委会第四十三次会议，于2016年11月24日召开。会议听取和审议了县政府关于政府投资项目计划调整方案(草案)的议案、关于全县法制宣传教育第六个五年规划实施情况和第七个五年规划主要内容的报告；听取了县政府关于执行《建设美丽县城 打造童话云和的决议》情况的报告；会议还表决通过了人事任免事项，并举行了新任职人员向宪法宣誓仪式。

决定任命：

上官国明为云和县人民政府副县长。

县十五届人大常委会第四十四次会议，于2016年12月16日召开。会议听取和审议了县政府关于林下经济发展情况的报告；听取了县审计局关于审计查出问题整改落实情况的报告；研究了县乡人大代表换届选举工作有关事项；会议还表决通过了人事任免事项，并举行了新任职人员向宪法宣誓仪式。

决定任命：

吴新志为云和县人民政府副县长、县公安局局长；

雷绍丽为云和县人民政府副县长；

决定免去：

林莉云和县人民政府副县长职务；

李继仁云和县公安局局长职务；

项宗荣云和县水利局局长职务；

叶晓彬云和县综合行政执法局局长职务。

任命：

叶爱英为云和县人民法院审判员、审判委员会委员、副院长；

吴剑锋为云和县人民检察院检察员、检察委员会委员、副检察长。

免去：

王雯雯云和县人民检察院检察委员会委员、检察员职务；

林煊云和县人民检察院检察委员会委员、检察员职务；

练温尧云和县人民检察院检察员职务。

## 重大活动和自身建设

**【制度建设】** 为保障和规范县人大常委会依法行使讨论决定重大事项的职权，加强对项目审查监督，促进政府规范投资、提高投资效益，在总结多年来的实践和借鉴省、市人大常委会经验做法的基础上，起草了《云和县人大常委会政府重大投资项目监督暂行办法(草案)》。经过多次座谈讨论和征求意见，并赴周边县市学习考察，对暂行办法草案进行了修改和完善，于2016年5月30日云和县第十五届人民代表大会常务委员会第三十九次会议审议通过。列入人大监督的政府重大投资项目范围是利用财政性资金进行建设、投资总额达到3000万元以上的固定资产投资项目(包括采取PPP等模式投资的项目)。

**【指导基层人大工作】** 常委会坚持定期组织召开乡镇人大主席联席会议,加强业务交流和工作联系。邀请乡镇人大主席、代表列席常委会会议和参加调研、视察、执法检查等活动,拓宽代表知情知政和履职渠道,提升乡镇人大干部履职能力。经县委转发,在街道推行议政会制度,进一步加强全县基层社会主义民主政治建设,推进街道工作的民主决策、民主监督,使街道工作更好地体现和反映人民群众的意志、愿望。制定街道工作委员会工作规则和乡镇人大主席团、街道人大工作评价办法,促进乡镇人大主席团和街道人大工委依法履行各项职责。

**【丰富代表活动】** 常委会把代表工作摆在重要位置,精心设计载体,搭建活动平台,努力丰富代表活动方式,提高代表履职的积极性与实效性。一是开展"归零翻篇开新局"主题大讨论活动。全体代表结合各自选区的实际情况,直面问题,认真查短板、补短板,积极建言献策,推动工作开展和落实。二是开展"六边三化三美"考察。围绕"美丽城乡建设",要求各乡镇、街道结合本区域实际情况,及时组织代表开展重点工程和"六边三化三美"等工作考察,对存在的问题,代表积极建言献策,提出意见,督促整改、并跟踪问效,以此来促进和推动政府工作。三是组织开展"二优一先"评选活动。坚持公开、公正、择优的原则,通过自荐、代表工委初审筛选、提交主任会议审定、人大常委会通过,评选出先进代表小组3个、优秀人大代表19名、优秀代表建议5件,并在乡镇、街道人大主席联席会上进行了表彰。

**【代表建议督办】** 县第十五届人大五次会议期间,共收到代表议案和建议123件(议案21件、代表建议102件),其中10件经主任会议确定为重点建议,分别由县政府领导领办,县人大常委会领导督办。常委会严格按照《关于进一步提高代表建议质量和办理实效的若干意见》要求进行考核,推进代表建议办理由答复型向落实型转变,并于3月17日召开了代表建议交办会,通过上门督办、现场帮办等形式,加大对办理工作的督办检查力度, 123件建议基本上在法定时间内答复给代表。其中:一年内能解决的(A1类)29件,占总数的23.6%;一年至两年内能解决的(A2类)有22件,占总数的17.9%;两年内能解决的(B类)有43件,占总数的34.9%;因受政策规定或其他原因难以解决留作参考的(C类)有29件,占总数的23.6%。7月,常委会对123件建议办理结果满意度进行了测评,满意和基本满意的111件,不满意的12件。8月,常委会再次督促县府办,将12件不满意件退回重办,并开展二次办理督办。截至9月4日,12件不满意件二次办理结束。9月底,再次征询代表对办理结果的意见,表示满意有5件、基本满意的有7件。123件建议办理结果满意和基本满意率达到100%。

**【县乡人大代表换届选举】** 根据宪法、地方组织法和全国人大常委会关于县乡两级人民代表大会换届选举时间的决定及省委、市委、县委统一部署,从2016年11月开始,县乡两级人民代表大会同步进行换届选举工作。常委会深入贯彻落实中央、省委有关会议、文件和指示精神,认真学习领会中央关于辽宁拉票贿选案查处情况通报和全国人大常委会会议精神,自觉把思想和行动统一到中央、省市县委的部署和要求上来,牢牢把握换届选举工作原则,严格换届选举纪律和规矩,确保换届选举每一项工作都操作到位,每一个步骤都依法有序进行,在全县上下的共同努力下,圆满完成县乡人大代表换届选举工作,为今后县乡人大依法履职奠定了坚实的基础。

**【常委会自身建设】** 常委会主动适应新形势、新常态、新要求,把加强自身建设放在突出位置,注重有为人大、活力人大建设,始终保持昂扬向上的精神状态，努力使人大工作充满生机和活力。一是强化思想政治建设。把学习贯彻习近平总书记系列重要讲话作为一项长期的政治任务，采取专题学习、会前集中学习等有力措施，推动学习贯彻向广度、深度拓展，自觉用以武装头脑、指导实践、推动工作，让人大系统党员干部真正弄清楚该做什么、不该做什么，主动在思想上划出红线、在行为上明确界限。二是持续推进作风建设。严格执行中央改进工作作风、密切联系群众的各项规定，强化问题导向和教育整改，不断改进思想作风和工作作风。坚持以宪法和法律为依据，以规范常委会履职、监督工作、代表工作和机关管理为重点，出台《县人大机关工作制度汇编》，进一步扎紧制度笼子，规范权力运行，推动人大机关党风廉政建设工作不断引向深入。三是加强干部学习培训。重视人大干部培训工作，组织参加井冈山干部教育学院培训，并形成常态化机制，提升了干部教育培训工作的针对性和实效性。充分利用各类平台，大力宣传全县基层人大先进工作和基层代表履职的鲜活经验，全面展示云和县人大工作和代表风采。

（王伊健）

# 云和县人民政府

## 县政府重要会议

**【县政府常务会议】** 1月26日，云和县第十五届人民政府召开第51次常务会议。会议审议通过《云和县2015年国民经济和社会发展计划执行情况与2016年国民经济和社会发展计划草案的报告（送审稿）》《云和县2015年预算执行情况和2016年预算草案的报告（送审稿）》《云和县2016年固定资产投资计划(送审稿)》《云和县2016年政府投资项目计划(送审稿)》《云和县2016年重点建设项目计划(送审稿)》《云和县2016年重大建设项目前期计划(送审稿)》《云和县2016年基本建设预算编制情况（送审稿）》《云和县2016年房屋与土地征收计划（送审稿）》《云和县关于进一步加强企业技能人才队伍建设的实施意见(试行)（送审稿）》《2016年政府工作报告（送审稿）》《云和县行政事业单位银行账户及公款竞争性存放实施细则（送审稿）》《云和县留用地和安置地建房违法建筑处置意见（送审稿）》《云和县房屋屋顶违法建筑专项整治工作实施方案（送审稿）》《云和县人民政府关于加快推进企业直接融资工作意见的补充意见（送审稿）》《云和县加快推进生态精品农业发展的若干意见（2016—2018）（送审稿）》。

3月24日，云和县第十五届人民政府召开第 52 次常务会议。会议审议通过《云和县2016年度招商引资工作目标责任制考核办法（送审稿）》和《政府工作报告2016 年重点工作责任分解（送审稿）》；听取关于2016年“两会”人大代表建议、政协提案有关情况汇报。

4月29日，云和县第十五届人民政府召开第 53次常务会议。会议审议通过《云和县2016年房屋与土地征收追加计划（送审稿）》《云和县耕地保护补偿机制实施办法（试行）（送审稿）》《云和县砂石料加工行业专项整治相关补助办法（送审稿）》《云和县集体土地所有者之间建房用地调剂办法（修订）（送审稿）》和《云和县工业园区企业不动产转让监管制度（送审稿）》；书面审议通过《云和县“归零翻篇开新局 精准扶贫补短板”行动方案（送审稿）》。

5月4日，云和县第十五届人民政府召开第54次常务会议。会议听取关于云和工业园区省级循环化改造示范试点工作的有关情况汇报；审议通过《云和县2016年度规划编制计划（送审稿）》《云和县消防安全责任追究暂行办法（送审稿）》《云和县促进农家乐民宿经济发展的若干意见（送审稿）》。

6月3日，云和县第十五届人民政府召开第55次常务会议。会议审议通过《云和县中医医院引进社会资本合作办医实施方案（送审稿）》《云和县人民政府与华东宁波医药有限公司合作框架协议书（送审稿）》《云和县教育局与文元教育集团合作举办九年一贯制民办学校协议书（送审稿）》《关于建设云和县统一政务咨询投诉举报平台的实施方案（送审稿）》《云和县人民政府部门职责管理办法（送审稿）》；听取关于云和县人民政府领导工作分工情况的汇报。

6月27日，云和县第十五届人民政府召开第56次常务会议。会议审议通过《关于加快旅游产业发展的实施意见(送审稿)》《关于促进工业经济平稳健康发展的若干意见(送审稿)》《云和县工业企业绩效综合评价和要素差别化管理的实施办法(送审稿)》和《商贸物流城项目建设补充协议书(送审稿)》。

8月4日,云和县第十五届人民政府召开第57次常务会议。会议审议通过《扶持跨境电子商务发展的若干意见(试行)(送审稿)》《云和县木制玩具百亿产业行动实施方案(2016—2020)(送审稿)》《云和县空闲农房征收再利用试点方案(送审稿);听取云和县《进一步降低企业成本 减轻企业负担 优化发展环境的实施意见》制定情况的汇报、2012—2016年工业用地项目城市市政基础设施配套费用征收遗留问题的汇报、定格动漫文化产业基地项目有关情况的汇报和关于审计工作情况的汇报。

9月6日,云和县第十五届人民政府召开第58次常务会议。会议审议通过《云和县关于进一步深化国资国企改革的实施意见(送审稿)》《云和县食用菌产业转型升级工作实施方案(送审稿)》《云和县创建浙江省食品安全县工作方案(送审稿)》《创建幸福社区(试点)建立小区长效管理机制的工作方案(送审稿)》《加快推进残疾人全面小康进程的实施意见(送审稿)》《全面建立困难残疾人生活补贴和重度残疾人护理补贴制度的实施意见(送审稿)》《云和县县域医疗卫生服务能力提升工程(2016年—2018年)实施方案(送审稿)》;听取《云和县1000万以下(不含)国有投资房屋建筑和市政公用工程建设项目预选承包商实施办法(试行)》有关情况的汇报、《城西路西侧1—3号拍品遗留问题有关处理方案》的汇报。

10月9日,云和县第十五届人民政府召开第59次常务会议。会议审议通过《云和县中小企业发展专项资金管理办法(送审稿)》《云和县兴云中小企业发展促进中心筹建方案(送审稿)》《"老云和·采真里"项目政府购买服务模式(送审稿)》《云和县推进全域旅游发展工作实施方案(送审稿)》《关于进一步加快科技进步的若干意见(送审稿)》《云和县关于深化供销合作社和农业生产经营管理体制改革构建"三位一体"农民合作经济组织体系的实施方案(送审稿)》。

11月3日,云和县第十五届人民政府召开第60次常务会议。会议审议通过《关于建立云和县重大项目前期工作推进机制的若干意见(送审稿)》《云和县基本建设项目前期工作决策规程(送审稿)》《云和县重大建设项目前期工作专项资金管理暂行办法(送审稿)》《云和县大庆寺东侧地块和祥云街东山下地块棚户区(城中村)改造项目实施方案(送审稿)》《云和县工业企业"零土地"技术改造项目审批方式改革的实施意见(试行)(送审稿)》《云和县安全生产"党政同责、一岗双责、失职追责"暂行规定(送审稿)》《云和县安全生产委员会组织结构设置及工作规则(送审稿)》;听取县人民医院迁建工程、县中医医院综合楼工程项目变更和概算调整、县2016年政府投资项目计划调整、山水购物广场违建遗留问题处理建议、县2016年禁毒工作有关情况的汇报。

12月8日,云和县第十五届人民政府召开第61次常务会议。会议审议通过《云和县关于打造乡镇(街道)"四个平台" 推进基层治理体系建设的实施意见(送审稿)》《云和县流动人口IC卡式居住证申领工作实施意见(送审稿)》;听取人武部营院改造项目工程变更和投资调整、入云山庄项目、拟建公用型保税仓库和出口监管仓库、2016年行政复议和行政诉讼案件有关情况的汇报;组织学习《中华人民共和国宪法》《地方各级人民代表大会和地方各级人民政府组织法》。

**【县政府专题会议】** 1月7日,受县委常委、常务副县长陈骏,副县长林莉委托,县府办副主任叶俊、周华伟联合召集县财政局、县人力社保局、县国土局、县征收办等单位负责人,就调整被征地农民基本生活保障范围有关问题进行专题研究。

1月8日,受副县长叶时扬委托,县府办副主任吴广丰召集县发改局、县住建局、县财政局、县审计局、县林业局及云和工业园区管委会等单位负责人,就县林业局与云和工业园区管委会联合种植景观林有关问题进行专题研究。

1月12日，受副县长叶时扬委托，县府办副主任吴广丰召集县人大办、县纪委派驻第五纪检组、县财政局、云和工业园区管委会、县审计局、县住建局、县招管办等单位相关负责人，就杨柳河二期道路网“白改黑”项目有关问题进行专题研究。

1月14日，受副县长叶时扬委托，县府办副主任吴广丰召集县住建局、县发改局、县国土局、县电力局、县征收办、县国资办、县国资公司、县房管处、县招管办、元和街道、紧水滩镇等单位相关负责人，就紧水滩镇金水坑村房屋及土地处置有关问题进行专题研究。

1月21日，副县长范寿仁召集县考核办(督查室)、县发改局、县住建局、县交通运输局、县水利局等单位负责人，就“老云和·采真里”项目建设有关问题进行专题研究。

1月25日，县委常委、副县长施锦华召集县监察局、县发改局、县财政局、县国土局、县农业局、县林业局、县水利局、县行政审批中心等单位负责人，就“垦造耕地”项目建设有关问题进行专题研究。

1月26日，受副县长施锦华、叶晓伟委托，县府办副主任毛华锋、陈吉望联合召集县法制办、县检察院、县公安局、县国土局、县林业局、县农业局等单位负责人，就“垦造耕地”项目林木采伐有关问题进行专题研究。

1月27日，副县长叶时扬召集县林业局、县财政局、县经商局、县审计局等单位负责人，就2014年林业贷款中央财政贴息补贴发放相关问题进行专题研究，县检察院相关负责人应邀列席会议。

1月28日，受副县长叶时扬委托，县府办副主任吴广丰召集云和工业园区管委会、县经商局、县国税局、县地税局、县国土局、县住建局、县法院等单位负责人，就园区企业产权转让相关问题进行专题研究。

1月29日，受副县长叶时扬委托，县府办副主任吴广丰召集县安监局、县公安局、县市场监管局、县运管局、县消防大队、高速交警丽水支队二大队等单位负责人，就云和县烟花爆竹运输配送有关问题进行专题研究。

2月1日，受副县长叶晓伟委托，县府办副主任毛华锋召集县财政局、县农业局、县审计局、县司法局、凤凰山街道等单位负责人，就2012年度水稻产业提升项目(即育秧烘干中心项目)建设有关问题进行专题研究。

3月1日，副县长叶时扬召集云和工业园区管委会、县经商局、县环保局、县安监局等单位负责人，就《云和县人民政府办公室关于印发云和县阀门行业综合整治提升实施方案的通知》(云政办发〔2015〕15号)涉及整治的阀门企业相关补助政策进行专题研究。

3月11日，副县长叶时扬召集云和工业园区管委会、县发改局、县国土局、县经商局等单位负责人，就浙江科杰机械有限公司、云和县远东铸业有限公司、云和县凯优阀门有限公司等3家企业分立整合后亩产税收标准等有关问题进行专题研究。

3月11日，受县委常委、副县长施锦华委托，县府办副主任陈吉望召集县发改局、县财政局、县检察院、县国土局、县农业局、县林业局、县水利局、县行政审批中心等单位负责人，就“垦造耕地”项目建设有关问题进行专题研究。

3月16日，受副县长范寿仁委托，县府办副主任蓝雪飞召集县电力公司、县电信公司、县移动公司、县联通公司、县城发公司、县华数公司、县供排水公司、县燃气公司等单位负责人，就新华街道路改造项目管线迁移有关问题进行专题研究。

3月21日，县长叶伯军召集县财政局、县卫计局、县审计局、县人民医院、县中医院等单位负责人，就县人民医院融资有关问题进行专题研究。

3月25日，受副县长叶晓伟委托，县府办副主任毛华锋召集县农办(扶贫办)、县财政局、县审计局、县妇联、县卫计局、县民政局、雾溪乡等单位负责人，就“雾溪乡就业服务中心”项目建设有关问题进行专题研究。

3月25日，受副县长叶晓伟委托，县府办副主任毛华锋召集县农办(扶贫办)、县财政局、县审计局等单位负责人,就2015年度第一批农家乐民宿项目补助有关问题进行专题研究。

4月1日,受副县长林莉委托,县府办副主任叶俊召集县财政局、县人力社保局、县老龄办等单位负责人,就解决机关事业单位部分退休退职人员相关待遇发放问题进行专题研究。

4月1日,副县长叶时扬召集县金融办、县人行、县发改局、县财政(地税)局、县国税局、县经商局、县市场监管局、云和工业园区管委会、县环保局、县科技局、县消防大队、县小型企业贷款担保公司等单位负责人,就云和县开展"小微企业信用体系试验区"建设有关工作进行专题研究。

4月8日,受副县长叶晓伟委托,县府办副主任毛华锋召集县财政局、县水利局、县征收办、县电力公司、县长途电信传输局、县电信公司、县移动公司、县联通公司、县华数公司等单位负责人,就中小河流治理工程管线迁改与保护有关问题进行专题研究。

4月12日,受县委常委、副县长施锦华委托,县府办副主任陈吉望召集县财政局、县交通运输局、县运管局、县交警大队、县国资公司、县公交公司等单位负责人,就调整5路公交车运行线路有关问题进行专题研究。

4月18日,受县委常委、副县长施锦华委托,县府办副主任陈吉望召集县发改局、县财政局、县交通运输局、县水利局、云和顺通建设有限公司等单位相关负责人,就后交线(后山至崇头段)改线工程起点至沙溪老桥段引水灌溉系统工程建设有关问题进行专题研究。

4月25日,受副县长施锦华委托,县府办副主任陈吉望召集县监察局、县检察院、县发改局、县财政局、县国土局、县农业局、县林业局、县水利局、县环保局、县行政审批中心等单位负责人,就"垦造耕地"项目建设有关问题进行专题研究。

4月27日,受县委常委、副县长施锦华委托,县府办副主任陈吉望召集县交通运输局、县电力公司、云和顺通建设有限公司、县长途电信传输局、县电信公司、县移动公司、县联通公司、县华数公司、县供排水公司等单位负责人,就后交线(后山至崇头段)管线迁移有关问题进行专题研究。

4月29日,受副县长叶晓伟委托,县府办副主任毛华锋召集县财政局、县农业局、县林业局、县审计局等单位负责人,就珍贵彩色树种苗木和花卉示范基地项目建设有关问题进行专题研究。

5月6日,受副县长叶晓伟委托,县府办副主任毛华锋召集县财政局、县农业局、县环保局、县国土局、县治水办等单位负责人,就畜禽养殖污染整治有关问题进行专题研究。

5月12日,受副县长范寿仁委托,县府办副主任周华伟召集县财政局(国资办)、县国土局、县住建局、县国资公司、县信用联社、石塘镇等单位负责人,就石塘镇小顺信用社区块开发有关问题进行专题研究。

5月13日,县政府党组成员魏启勤召集县发改局(招管办)、县财政局、县审计局、县综合行政执法局、云和工业园区管委会等单位负责人,就小微企业产业园屋顶违建拆除工作有关问题进行专题研究。

5月13日,受副县长叶晓伟委托,县府办副主任毛华锋召集县农办(扶贫办)、县旅委、县国土局、县住建局、县交通运输局、县综合行政执法局等单位负责人,就农家乐民宿庭院设施建设有关问题进行专题研究。

5月16日,受副县长叶晓伟委托,县府办副主任毛华锋召集县农办(扶贫办)、县财政局、县农业局等单位负责人,就农产品电子商务平台项目建设资金补助有关问题进行专题研究。

5月23日,县委常委、副县长施锦华召集县发改局、县国土局、县住建局、县征收办、浮云街道等单位负责人,就庄前村农村土地综合整治项目建设有关问题进行专题研究。

5月30日,受副县长叶晓伟委托,县府办副主任毛华锋召集县发改局、县旅委、县水利局、石塘镇、紧水滩镇等单位负责人,就云和县龙泉溪治理二期工程建设有关问题进行专题研究。

5月30日，副县长叶时扬召集云和工业园区管委会、县环保局、县住建局、县国土局、县经商局、县发改局等单位负责人，就推进城东金属工业区整治提升有关问题进行专题研究。

6日12日，受副县长叶晓伟委托，县府办副主任毛华锋召集县农办(扶贫办)、县发改局、县国土局、县住建局、县综合行政执法局、县新农村建设有限公司等单位负责人，就大坪农民下山转移安置小区一期、二期工程竣工验收有关问题进行专题研究。

6月16日，副县长叶晓伟召集县财政局、县水利局、县环保局、县住建局等单位负责人，就城市污水处理厂项目建设有关问题进行专题研究。

6月17日，县委常委、常务副县长范寿仁，副县长陈伟忠召集县发改局(招管办)、县财政局、县审计局、县教育局、县住建局、县水利局、县交通运输局、县公路局、县城发公司等单位负责人，就“老云和·采真里”、复兴路美化等项目建设有关问题进行专题研究。

6月24日，受县委常委、常务副县长范寿仁委托，县府办副主任周华伟召集县委办(机要局)、县发改局、县财政局、县事管局、县住建局、县国土局、县电视台、县国资公司、县城发公司等单位负责人，就县机要通信站建设有关问题进行专题研究。

6月27日，副县长叶时扬召集云和工业园区管委会、县经商局、县发改局、县国土局、县综合行政执法局等单位负责人，就诚泰置业标准厂房项目中的行政办公及生活服务用房出售等有关问题进行专题研究。

6月27日，副县长叶时扬召集云和工业园区管委会、县金融办、县经商局、县交通运输局、县国土局、县住建局、县环保局、县综合行政执法局、县公路局等单位相关负责人，就浙江诚创轴承有限公司新建厂区验收有关问题进行专题研究。

6月27日，受副县长叶晓伟委托，县府办副主任毛华锋召集县发改局、县财政局、县住建局、县招投标中心、雾溪乡等单位负责人，就“雾溪乡就业服务中心”项目建设有关问题进行专题研究。

6月28日，受县委常委、常务副县长范寿仁委托，县府办副主任周华伟召集县发改局、县公安局、县财政局、县国土局、县住建局、县林业局、县征收办、县城发公司、武警丽水支队直属大队等单位负责人，就武警丽水支队直属大队营房项目建设有关问题进行专题研究。

7月4日，受县委常委、常务副县长范寿仁，副县长叶晓伟委托，县府办副主任毛华锋、周华伟联合召集县财政局、县农办(扶贫办)、县交通运输局、县旅委、县征收办等单位负责人，就中国人民解放军96164部队军事设施迁建工作有关问题进行专题研究。

7月5日，受副县长叶晓伟委托，县府办副主任毛华锋召集县农办(扶贫办)、县安监局、县公路局、县交警大队、浮云街道等单位负责人，就“十里云河”美丽乡村风景线上的局村桥头特色景观式标识标牌建设有关问题进行专题研究。

7月6日，县委常委、常务副县长范寿仁召集县财政局、县金融办、县国资公司、县小型企业贷款担保公司等单位负责人，就设立中小企业发展临时专项资金问题进行专题研究。

7月8日，县委常委、常务副县长范寿仁召集县编委办、县财政局、县人力社保局、县国土局等单位负责人，就事业单位减编过渡期超编人员职称待遇有关问题进行专题研究。

7月8日，受县委常委、副县长施锦华委托，县府办副主任陈吉望召集县发改局、县财政局、县国土局、县住建局、县交通运输局、县农业局、县林业局、县水利局、县环保局、县征收办、凤凰山街道等单位负责人，就云龙公路(县城至新殿垟段)改建工程建设有关问题进行专题研究。

7月11日，副县长叶时扬召集云和工业园区管委会、县林业局、县住建局、县国土局、县经商局、县市场监管局等单位相关负责人，就云和县一般工业固废处理企业入园有关问题进行专题研究。

7月12日，受县委常委、常务

副县长范寿仁委托，县府办副主任周华伟召集县农办(扶贫办)、县公安局、县财政局、县消防大队、县电力公司、凤凰山街道、石塘镇、赤石乡等单位负责人，就农村老旧房屋内隐患电气线路改造有关问题进行专题研究。

7月20日，受副县长林莉委托，县府办副主任叶俊召集县发改局、县住建局、县国土局、县综合行政执法局、县卫计局、县人民医院等单位相关负责人，就县人民医院磁共振机房建设有关问题进行专题研究。

7月26日，受县委常委、副县长施锦华委托，县府办副主任陈吉望召集县发改局、县财政局、县交通运输局、县审计局、县征收办等单位负责人，就后交线(后山至崇头段)改建工程建设有关问题进行专题研究。

7月28日，受副县长叶时扬委托，县府办副主任吴广丰召集云和工业园区管委会、县财政局、县环保局、县征收办、县城发公司、县防洪公司、白龙山街道等单位负责人，就安溪流域污水管网延伸段(复兴路—梅山根高速桥下)工程实施相关问题进行专题研究。

8月2日，县委常委、常务副县长范寿仁召集县住建局、县国土局、浮云街道等单位负责人，就大徐砂场选址问题进行专题研究。

8月3日，受副县长叶晓伟委托，县府办副主任毛华锋召集县农办(扶贫办)、县财政局、县金融办、县人力社保局、县招管办、凤凰山街道、石塘镇、赤石乡等单位负责人，就开展低收入农户"小额商业保险助推扶贫"试点工作有关问题进行专题研究。

8月5日，副县长叶晓伟召集县发改局、县财政局、县住建局、县环保局、县审计局、县水利局、县博华水务有限公司等单位负责人，就城市污水处理厂二期项目商业运行有关问题进行专题研究。

8月16日，县委常委、副县长施锦华召集县旅委、县国土局、县交通运输局、县移开办、县港航所、赤石乡及云和湖度假区有限公司等单位负责人，就云和湖赤石景区项目建设有关问题进行专题研究。

8月17日，县长叶伯军、常务副县长范寿仁、副县长蓝叶培召集县市场监管局、县财政局、县综合行政执法局、县住建局、县国资公司等单位负责人，就农贸市场管理体制改革相关问题进行专题研究。

8月23日，县委常委、常务副县长范寿仁，副县长陈伟忠召集县考核办(督查室)、县监察局、县农办(扶贫办)、县发改局、县财政局、县国土局、县住建局、县交通运输局、县水利局、县综合行政执法局、县文广新局、县审计局、县市场监管局、县旅委、县征收办、县经合办(招商局)、县招投标中心、县文联、浮云街道、元和街道、白龙山街道、凤凰山街道等单位负责人，就"美丽县城"景观环线、"采真里"等项目建设有关问题进行专题研究。

8月24日，受副县长陈伟忠委托，县府办副主任蓝雪飞召集县发改局(招管办)、县财政局、县住建局、县城发公司等单位负责人，就狮山人行栈桥工程建设有关问题进行专题研究。

8月29日，副县长叶时扬召集县国税局、县地税局、县经商局、县科技局等单位负责人，就浙江兴昌轴承有限公司等企业申报国家高新技术企业有关问题进行专题研究。

9月2日，副县长林莉召集县人力社保局、县财政局等单位负责人，就被征地保障资金划转相关问题进行专题研究。

9月9日，受县委常委、副县长施锦华委托，县府办副主任周华伟召集县发改局、县财政局、县住建局、县国土局、县运管局、紧水滩镇等单位负责人，就紧水滩镇公路养护和客货运一体站项目建设有关问题进行专题研究。

9月14日，受副县长叶晓伟委托，县府办副主任毛华锋召集县财政局、县发改局、县水利局、县审计局等单位负责人，就紧水滩库区"生态化、洁水网式养殖整治视频监控"项目建设有关问题进行专题研究。

9月14日，受县委副书记、县长叶伯军委托，县府办副主任周华伟召集县发改局、县财政(地税)局、县国土局、县住建局、县林业局、县征收办、崇头镇等单位负责人，就云和黄源风电场一期项目土地费用结算及相关政策问题进行专题研究。

9月14日，受县委常委、副县长施锦华委托，县府办副主任陈吉望召集县检察院、县发改局、县财政局、县国土局、县农业局、县林业局、县水利局、县环保局、县行政审批中心、元和街道、石塘镇等单位负责人，就“垦造耕地”项目建设有关问题进行专题研究。

9月18日，副县长蓝叶培、陈伟忠召集县委宣传部、县公安局、县财政局、县住建局、县综合行政执法局、县市场监管局、县安监局、县消防大队、县电力公司、浮云街道等单位负责人，就落实新建路小商品购物市场长效管理工作进行专题研究。

9月19日，受县委常委、副县长施锦华委托，县府办副主任陈吉望召集县发改局、县财政局、县交通运输局、县旅委、县审计局、县征收办、县电力公司、崇头镇等单位负责人，就后交线（后山至崇头段）改建工程建设有关问题进行专题研究。

9月28日，受副县长叶时扬委托，县府办副主任吴广丰召集云和工业园区管委会、县发改局、县住建局、县财政局、县审计局等单位负责人，就云和县低丘缓坡综合开发利用区块沙溪开发工程一期道路工程横四路调整和云和县白龙山街道工业园区职工公寓项目、城西区块岗头安置区A区块（一期）工程竣工验收等有关问题进行专题研究。

9月28日，县委常委、副县长施锦华召集县监察局、县农办、县发改局、县财政局、县国土局、县住建局、县旅委、县交通运输局、县招商局、县征收办、白龙山街道等单位负责人，就云和县入云山庄项目准入有关问题进行专题研究。

10月8日，县委常委、副县长施锦华召集县发改局、县财政局、县国土局、县农业局、县林业局、县水利局、县环保局等单位负责人，就“垦造耕地”项目建设有关问题进行专题研究。

10月9日，受县长叶伯军委托，县府办副主任叶俊、周华伟联合召集县发改局、县财政局、县文广新局等单位负责人，就县文化中心改造提升工程有关问题进行专题研究。

10月10日，受副县长蓝叶培委托，县府办副主任周华伟、县直机关人武部部长董盛强联合召集县发改局、县财政局、县林业局、紧水滩镇、华能云和风力发电有限公司等单位负责人，就华能云和紧水滩8兆瓦林农光互补光伏发电项目建设有关问题进行专题研究。

10月11日，县委常委、副县长李钧敏召集县发改局、县财政局、县国土局、县住建局、县审计局、县文广新局、县水利局、县电力公司等单位相关负责人，就云和县全民健身文化中心项目准入有关问题进行专题研究。

10月12日，受副县长陈伟忠委托，县府办副主任蓝雪飞召集县发改局、县财政局、县住建局、县审计局、县综合行政执法局、县城发公司、元和街道、崇头镇、赤石乡等单位负责人，就“四改造三提升”项目店招工程建设等3个问题进行专题研究。

10月14日，受副县长叶晓伟委托，县府办副主任毛华锋召集县农办（扶贫办）、县国土局、浮云街道等单位负责人，就浮云街道庄前行政村黄坑等3个自然村异地搬迁有关问题进行专题研究。

10月24日，副县长李钧敏召集县民政局、县住建局、县消防大队等单位负责人，就县养老综合福利中心工程验收有关问题进行专题研究。

10月31日，受县长叶伯军委托，县府办副主任周华伟召集县国土局、县住建局、县征收办、云和工业园区管委会、元和街道等单位负责人，就云和县小徐砖瓦厂征收补偿有关问题进行专题研究。

11月1日，受副县长陈伟忠委托，县府办副主任蓝雪飞召集县发改局、县住建局、县财政局、县审计局、县城发公司等单位负责人，就“小额工程”实施机制有关问题进行专题研究。

11日2日，受副县长叶晓伟委托，县府办副主任陈吉望召集县农办（扶贫办）、县发改局、县国土局、县住建局、县环保局、崇头镇等单位负责人，就砻铺地质灾害（大坪）公寓安置房项目一期工程竣工验收有关问题进行专题研究。

11月2日,受副县长叶晓伟委托,县府办副主任毛华锋召集县发改局、县财政局、县水利局、县住建局、县国土局、浮云街道等单位负责人,就黄坑溪大徐段河道建设有关问题进行专题研究。

11月8日,受副县长陈伟忠委托,县府办副主任蓝雪飞召集县发改局、县财政局、县住建局、县审计局、县城发公司等单位负责人,就复兴路(53省道)美化工程实施机制进行专题讨论。

11月8日,受副县长陈伟忠委托,县府办副主任陈吉望召集县监察局、县发改局、县财政局、县交通运输局、县水利局、县审计局、崇头镇、云和顺通建设有限公司等单位负责人,就后交线(后山至崇头段)改建工程增设临时道路有关问题进行专题研究。

11月9日,副县长叶晓伟召集县府办、县财政局、县国土局、浮云街道等单位负责人,就“垦造耕地”项目建设有关问题进行专题研究。

11月9日,受副县长陈伟忠委托,县府办副主任蓝雪飞召集县发改局(招管办)、县财政局、县审计局、县环保局、县住建局、县行政审批中心、县城发公司等单位负责人,就长垄垃圾填埋场渗滤液处理厂工程建设模式有关问题进行专题研究。

11月11日,受县长叶伯军委托,县府办副主任周华伟召集县财政局、县审计局、县征收办、云和工业园区管委会、白龙山街道等单位负责人,就高胥村土地征收遗留问题进行专题研究。

11月14日,受副县长叶晓伟委托,县府办副主任毛华锋召集县农办(扶贫办)、县发改局、县财政局、县审计局、县新农村建设有限公司等单位负责人,就大坪农民下乡转移安置小区二期市政工程绿化等4个室外配套工程建设有关问题进行专题研究。

11月25日,受副县长叶晓伟委托,县府办副主任毛华锋召集县发改局、县财政局、县审计局、县交通运输局、县旅委、县“六边”办、石塘镇等单位负责人,就小顺码头提升改造工程(美丽码头渡口创建)建设有关问题进行专题研究。

11月28日,受副县长叶时扬委托,县府办副主任吴广丰召集县住建局、县国土局、县经商局等单位负责人,就浙江新云木业集团厂区技改一期“退二优二”建设项目有关问题进行专题研究。

11月29日,受副县长蓝叶培委托,县直机关人武部部长董盛强召集县经商局、县财政局、县邮政公司等单位负责人,就2016年“E邮柜”项目建设及运维有关问题进行专题研究。

12月6日,受县委常委、副县长候选人饶钦英委托,县府办副主任周华伟召集县财政局、县国土局、县征收办、浮云街道、元和街道、白龙山街道、凤凰山街道等单位负责人,就土地征收资金拨付程序有关问题进行专题研究。

12月6日,受县委常委、副县长雷俊委托,县政府法制办副主任赵志军召集县金融办、云和工业园区管委会、县住建局、县国土局、县法院等单位负责人,就云和京驰科技有限公司杨柳河二期北区块2-A-4地块处置有关问题进行专题研究。

12月12日,受县委常委、副县长候选人饶钦英委托,县府办副主任周华伟召集县财政局、县卫计局、县发改局、县审计局、县监察局、县人民医院、县中医院、县采真里投资有限公司等单位负责人,就县人民医院流动性资金贷款和“老云和·采真里”4A级景区建设项目政府购买服务有关问题进行专题研究。

12月14日,县委常委、副县长李钧敏召集县民政局、县财政局、县住建局、县水利局、县供排水公司、浮云街道等单位负责人及同心花园业主委员会相关负责人,就同心花园创建“幸福社区”实施供水管网改造有关问题进行专题研究。

12月26日,受县委常委、副县长李钧敏委托,县金融办副主任戴建英召集县民政局、县住建局、县消防大队等单位负责人,就县殡仪馆改造扩建工程验收有关问题进行专题研究。

12月26日,受县委常委、副县长李钧敏委托,县金融办副主任戴建英召集县民政局、县住建局、县老干部局、县消防大队等单位负责人，就县老年综合活动中心（老年大学）一期工程验收有关问题进行专题研究。

12月28日，受副县长周坚委托，县府办副主任陈吉望召集县发改局、县财政局、县国土局、县林业局、县交通运输局、县水利局、县审计局、县征收办、崇头镇、云和顺通建设有限公司等单位负责人，就后交线（后山至崇头段）改建工程建设有关问题进行专题研究。

**【县政府其他会议】** 1月，召开全县领导干部会议、全县春运暨交通运输系统安全生产工作会议、“三严三实”专题民主生活会、全县综合行政执法监督员会议、全县第二次“路段长制”任务点评会、全县应对寒潮雨雪冰冻天气工作紧急部署会、低丘缓坡工作例会、全县安全生产工作会议、全县乡镇（街道）人口计生工作会议、全县部门预算民主恳谈会、全县小微企业培育三年行动动员会、县委城市建设工作例会、全县银企对接座谈会。

2月，召开全县奋战决胜之年动员大会、全县2016年创业创新暨扩大有效投资工作会议、全县房屋屋顶违法建筑专项整治工作动员大会、全县人力资源和社会保障工作会议、全县国税工作会议、入园项目决策会、县国资国企改革工作座谈会、中医院合作办医管理委员会会议。

3月，召开县政府“归零翻篇开新局”主题大讨论活动专题学习讨论会、全县安全生产工作会议、全县农民培训工作会议、全县“六边三化三美”工作推进会、全县森林资源二类调查工作动员会、全县农业农村工作会议暨防汛防台抗旱森林防火工作会议、全县金融工作暨防范和处置非法集资工作会议、全县残疾人工作会议、一季度农业统计部门联席会议。

4月，召开县“项目难题清零销号大会战”动员会、全县森林防火工作部署会、全县科技创新工作会议、全县卫生计生工作会议暨省级卫生应急示范创建工作动员会、深化云和出口玩具质量安全示范区建设工作会议暨推进内外贸“同质同标”工作动员会、全县招商引资工作座谈会、全县关心下一代工作会议、低收入农户收入倍增计划审计进点会、旅投改制暨国资摸底调查座谈会。

5月，召开全县廉政、依法行政、审计工作会议暨政府系统“两学一做”推进会；召开全县防汛及地质灾害防治工作会议、全县机关干部合力推进“洁净乡村”行动部署会、全县护航G20信访维稳工作汇报会、全县“两学一做”专题党课暨学习教育部署会、重点项目建设工作例会暨“清零销号”难点项目攻坚部署会、“项目难题清零销号大会战”重点开工项目准备会、2016年全县招生考试工作委员会会议、浙商创业创新和项目落地情况审计调查工作进点会。

6月，召开全县垦造耕地工作现场会，全县国税地税合作工作会议、全县“五水共治”领导小组会议、重大项目前期工作汇报会、全县建设统一政务咨询投诉举报平台工作部署会、2016年上半年GDP核算联席会议、6月项目推进工作例会，“激励领导干部勇于担当，建立容错免责机制”专题座谈会、木玩产业发展座谈会。

7月，召开全县2016年上半年经济和社会形势分析会、全县“三改一拆”和“无违建县”创建工作推进会、房屋屋顶违建整治工作推进会、全县互联网金融专项整治工作会议、全县2016年度征兵工作会议、全县2016年禁毒工作会议、全县“五水共治”工作推进会、全县二季度安全生产工作例会、全县“农旅融合”工作部署会、全县中小学校长论坛会、木玩质量整治提升推进会。

8月，召开全县G20峰会维稳安保决战阶段部署会、全县公务用车制度改革部署会、全县统计工作培训会暨GDP核算联席会议、全县目标责任制考核委员会会议、全县“十三五”重大项目前期工作研究会、全县离休干部和科级以上退休领导干部政情通报会、全县成品油市场专项整治工作领导小组会议、全县深化改革领导小组成员会议、全县木玩质量整治提升工作领导小组会议、云和童话小镇概念性规划汇报座谈会、农民增收工作座谈会、全县“六边三化三美”点评会、国资国企改革工作座谈会。

9月，召开城镇危旧房治理改造工作推进会、全县项目推进工作例会、创建省食品安全县动员大会、特殊时期消防安全工作会议、全县食用菌产业转型升级工作部署会议、全县农家乐民宿创建暨历史文化村落保护利用推进会、全县预算编制部署会、全县固定资产投资运行分析会暨GDP核算部门联席会议、全县2016年度定兵工作会议、全县改革机构节能和节水型单位创建工作部署会、2017年预算编制工作会议、全县露天禁焚工作紧急部署会、全县农村小额保险推进会、全县第三次农业普查领导小组会议、项目推进工作例会、驻外招商工作启动会议、劳模评选工作会议、木玩原辅料市场项目论证会、不良资产处置工作座谈会，“两龙”高速公路股权整合方案协调会，县垦造耕地工作督办会。

10月，召开“平安夺金鼎百日大会战”食品药品安全专项工作第一阶段分析例会、全县“三位一体”综合改革动员部署会、“十里云河”省级示范道路创建工作部署会、全县“六五”法治宣传教育总结暨“七五”法治宣传教育部署会、全县屋顶违建整治表彰大会、全县“六边三化三美”工作推进会、全县危旧房治理改造工作推进会、全县城乡居民基本医疗保险基金筹资工作会议、“低小散”企业整治提升工作动员会、幸福社区工作动员会；召开决战三季度、冲刺四季度贷款投放推进会、10 月份重点项目建设工作例会、“平安夺金鼎百日大会战”专项组分析研判会。

11月，召开全县三季度经济形势分析会、全县第三次农业普查推进会暨综合试点动员会、全县小微企业三年成长计划工作推进会、“十三五”重大项目前期和2017年重点项目计划汇报会、幸福社区创建工作推进会、“五水共治”督查工作交办会、“低小散”企业整治提升工作例会、农贸市场周边环境综合整治提升工作动员会、城乡危旧房治理改造工作推进会、公务用车制度改革工作领导小组会议、县征收体制改革工作座谈会。

12月，召开创建国家级电子商务产品(木制玩具)质量提升示范区动员大会、全县四季度安全生产工作例会、全县全域旅游发展考核工作部署会议、企业欠薪预警与应急处置工作领导小组会议、全县小城镇环境综合整治行动暨治危拆违和地质灾害治理工作会议、全县省市考核指标汇报会、全县投资项目在线审批监管平台全网运行推进工作部署会。

## 县政府重要活动

**【云和县发出全国首张“限驾令”】** 针对当前“限高令”未对“老赖”驾驶小型轿车作出限制的漏洞，云和县人民法院创新发出全国首张“限制被执行人汽车驾驶令”，在原来限制高消费行为的基础上，新增限制被执行人驾驶小型轿车，被执行人不论开的是自己的车，还是别人的车，都违反了该条限制令。被执行人若违反规定驾驶小型轿车，将被处以拘留、罚款等处罚，情节严重构成犯罪的，将承担相应的刑事责任。

**【云和县创成全省首批“基本无违建县”】** 云和县以争创全省首批“无违建县”为目标，全力做好违法建筑治旧、控新、疏导三方面工作，着力减少存量、遏制增量，实现疏堵结合、标本兼治。截至2016年末，共完成“三改”144.12万平方米、拆违113.13万平方米，被省政府命名为“基本无违建县”，属全省首批、全市唯一的县选及考核合格对象。

**【云和木制玩具获批创建国家级电子商务质量提升示范项目】** 2016年10月，国家质检总局正式发文，云和县木制玩具获批创建国家级电子商务质量提升示范项目。云和县木制玩具电子商务销售总额达到14.3亿元，培育25家电子商务示范主体，开展电子商务的企业(网商)数年均增长30%以上，电子商务产品质量监督抽查合格率提高20%，基本形成电子商务应用广泛，保障体系健全，配套服务完善，产业发展集聚的新格局。

**【云和县创成省级农产品质量安全放心示范县】** 2016年，云和县顺利通过省级农产品质量安全放心示范县验收。全县190多家农业生产经营主体已纳入监管系统主体信息库中，开通追溯账户82家，建立农药废弃包装物回收点28个，建成快检室17个，通过有机食品、绿色食品、无公害农产品认证的产品、基地共计53个，“三品一标”认证面积达9.04万亩，农产品合格率达100%，基本建成县、乡、生产经营(农资经营)为主体的三级检测监测网络。

**【云和县成功流转公益林未来补偿金收益权】** 2016年10月，云和县紧水滩镇田垟村491亩公益林未来10年的补偿收益权实现成功流转，使该村筹得资金15万元，系全省首例公益林未来补偿金收益权流转交易。至2016年末，云和县已发放公益林收益权证300本，累计发放公益林未来补偿收益质押贷款1000余万元，有效拓宽农民的融资渠道。

**【云和县获批设立省级知识产权维权援助中心】** 2016年10月，云和县被省知识产权局批准设立“浙江省省级知识产权维权援助中心”，此次全省共批准设立3家省级知识产权维权援助中心。下一步，云和县将进一步建立和完善知识产权维权援助与举报投诉网络，逐步完善知识产权执法与维权援助工作体系，积极开展工作人员业务培训，优化知识产权政策、纠纷处理和诉讼等咨询服务，提升举报投诉案件办理效率，保护企业的合法权益，促进企业创新的热情。通过加强知识产权维权援助工作，来保证创新驱动发展战略更好地实施。

(袁　琦　华海军)

## 县政府办公室工作

**【办文办会】** 2016年，县政府办公室紧紧围绕县委、县政府的中心工作，切实履行政府办公室参谋、协调、服务的职能，有效保障县委、县政府决策的落实。

办文方面，严格按照《党政机关公文处理工作条例》《云和县人民政府办公室公文处理实施细则》等文件要求，认真做好政府各类文件和工作报告的起草把关工作。2016年，政府共发文176个，政府办公室发文166个，抄告单205份，会议纪要112份，公文运转做到规范、及时、准确、安全、保密。

办会方面，严抓会议审批和管理。在精简会议数量、压缩会议规模、控制会议经费等方面提出具体要求，并定期对会议的数量、内容、结构等情况进行综合分析，加以精简和改进，从而形成有效的规章制度，切实改进会风。

**【信息报送工作】** 坚持围绕中心工作报送信息，集中反映领导关注的重点、群众关心的热点和改革进程中的难点、亮点等方面有价值的政务信息，充分发挥信息的参谋助手作用，提高服务领导的水平。将信息录用作为宣传云和和提高云和知名度的重要窗口，强化与国办约稿，加强对国家和省市有关改革试点工作的经验总结，积极报送经验综合类信息。2016年，县政府办公室呈报的政务信息被市级以上政府信息刊物录用329条，其中被国办秘书局录用18条，国务院领导批示5条；省府办专报录用59条，省领导批示9条。国办录用和国务院领导批示创历史新高。

**【政府法制和外事工作】** 不断完善依法行政制度化建设，着力加强行政规范性文件管。2016年，全县未发生行政规范性文件因内容违法或不当被上级备案机关纠错的情况。通过推行重大行政决策事项公开制度、法律顾问工作制度，不断强化法律事务审查，持续推进行政决策科学化、民主化、法治化进程。严格执行重大行政决策法定程序，自觉接受社会监督。以县政府及政府办公室名义发布的35件行政规范性文件，均在县政府信息公开平台“规范性文件”栏目向社会公众公开发布。

外事工作方面。一是严格把关、规范报批。认真遵守省、市因公出国有关规定，切实做好管理工作，全年办理参团4人次的外事审批手续。二是主动调研、精准服务。积极开展企业调研，认真听取企业对外事工作方面的需求和期待，深入探索“走出去”服务的新思路、新举措。提倡“换位思考”，主动与市外办对接，为企业涉外活动提供各类咨询服务，力求优质高效地为企业做好外事服务。

**【督促检查工作】** 围绕县委、县政府的重大决策和县重点工程以及省市督办事项，对重点项目建设、“三改一拆”、“五水共治”、平安建设、安全生产等特定工作开展了一系列督查工作，有力地保证了政府政令的畅通和重点工程的顺利推进。此外，始终把人大代表建议、议案和政协委员提案、意见办理工作当成为民办实事的重点来抓，认真办理人大代表建议和政协委员提案。全年共收到人大建议120件，政协提案93件，办理率均达到100%；人大代表、政协委员满意率100%。

(詹恩怀))

## 行政审批

**【概况】** 2016年，县政府行政审批中心(招投标中心、流动人口服务管理中心)紧紧围绕“建设最优政务环境县”的目标，牢固树立“便民、高效、依法、廉洁”的服务理念，不断完善行政审批运行机制，创新行政审批方式方法，积极推进行政审批制度改革和行政审批中心、招投标中心与流动人口服务管理中心建设。审批中心现有进驻部门(单位)25个(其中18个部门在中心设立服务窗口，7个部门行政许可项目进综合窗口)、中介服务机构5个，分中心4个；审批中心及各部门窗口工作人员共122名。

2016年，审批中心各窗口共受理各类服务事项204982件(含流动人口服务管理中心73523件)，办结204982件，办结率100%，其中即办件192318件，即办率93.8%，午间值班办件450件；窗口工作人员服务实现零投诉，群众办事满意率达到99%以上。招投标工作共完成项目312项，交易金额达72854.43万元，节约项目资金5784.16万元，国有资产增值2460.68万元。

**【建设美丽中心】** 一是开展大厅建设。美化外部环境、改造东门入口、建设文化长廊及读书休闲吧、优化卫生保洁，并对相关办公室进行优化整合。二是开展窗口建设。进行窗口归并整合，成立不动产登记中心；以监控巡查为补充，优化窗口日间巡查制度；建立中心班子成员划片联系窗口制度。三是开展形象建设。分两期开展了职业道德、纪律作风、公务礼仪及形体形象等方面的全员培训；开展迎接G20峰会“微笑服务我最美”、我为“七一”献热血以及迎新登山、“三八节”沙滩烧烤等活动。通过“美丽中心”建设，提升了中心整体形象。

**【推广网上服务】** 与县信息中心、县编办加强联系，督促各部门加强对政务服务网的宣传力度，提升公众和企业对政务服务网的认知度，引导公众和企业运用好政务服务网，逐步推进并实现行政审批项目网上受理和办理，进一步提高全县政务服务的办事效率。2016年，政务服务网共办件4954件。

**【规范中介服务】** 积极运用和推广丽水市投资项目审批中介服务网竞价系统。自2016年7月起，云和县限额以下政府投资项目审批涉及的工程咨询、监理、勘察、设计、评估评审等中介服务事项，已全面实行网上竞价。至2016年末，全县共有55家(全市477家)中介机构入驻中介竞价系统，387个政府性投资项目参与竞价，279个项目中标成功，成交金额达786万元，节约财政资金约80万元。

**【农家乐民宿项目审批】** 2016年3月，云和县成立农家乐民宿项目审批工作指导小组，并在审批中心设立农家乐民宿审批综合服务窗口，实行“一窗式”对外服务。至2016年末，已审批新开办的农家乐民宿85家，其中14家通过消防备案。

**【招投标交易平台建设】** 加强公共资源交易软件系统建设。贯彻落实《丽水市评标专家“一标一评”考核办法》和《丽水市工程建设项目招标投标评标示范办法》，修订完善政府采购文件范本，规范政府采购流程、协议供货制度和当事人行为；贯彻落实《丽水市设计和设备采购招标“评定分离”试点工作实施方案》和《丽水市设计和设备采购招标“评定分离”试点工作操作细则(试行)》,进一步规范设计和材料设备采购招标市场秩序,提升招标的质量和满意度。

**【三级便民服务平台建设】** 已形成县行政服务中心、流动人口服务管理中心与全县10个乡镇(街道)阳光便民服务中心、8个乡镇阳光便民服务分中心、182个村级便民服务中心以及村级流动人口服务管理站相互联动的“一体化”综合性社会服务管理平台。2016年,流动人口服务管理中心共办理计生、临时居住证、就业、培训、维权和社保等服务事项73523件。

(江飞虹)

## 机关事务管理

**【概况】** 2016年,云和县机关事务管理局在县委、县政府的正确领导下,坚持以服务为根本、管理为基础、党建为保证,扎实做好全县公务用车制度改革、“平安大院”创建、党政机关办公用房管理、公共机构节能、会务服务等重点、难点、亮点工作,努力转变服务机制,降低运行成本,保障机关高效有序运行,不断提高机关事务管理工作水平。

**【安保工作】** 加强人防、技防和制度防,积极构建“三位一体”的安保工作机制。(一)加强人防。不定期开展技能培训和安保维稳等专题讲座,每月召开安保工作例会,总结提升保安能力。(二)加强技防。组织排查机关大院监控设备、消防设施和警用器材,更新高清摄像头13个,新增摄像头5个,重新灌装灭火器116个。(三)加强制度防。制定并执行安保人员定岗定责和绩效考核相挂钩制度,坚持落实24小时值班巡逻、节假日消防安全大检查、单位社区共建共促等措施,群策群力推进安保工作。2016年,共接待外来办事人员和上访人员1730余批次、3080余人次,进行安全巡检巡查3100余次,制止各类违规停放车辆560余辆。全年未发生刑事、治安案件和重大安全责任事故,圆满完成护航G20杭州峰会、世界互联网大会等一系列非常时期的安保任务。

**【会务服务】** 投入18万余元对各会议室音视频系统进行升级改造,并聘请专业技术人员加强运行维护,定期查漏补缺。制定实施《会务服务员工作标准》,明确服务流程、应急处置、保密纪律等要求,提升会前、会中、会后服务质量,严格会务管理。全年共完成县党代会、县“两会”、全省“三改一拆”办主任会议、市“六边三化三美”现场会等大小会议服务1500余场次。

**【公务接待】** (一)完善制度,规范接待。认真贯彻落实《云和县党政机关国内公务接待管理办法》,完善公函和接待清单制度,并与符合接待要求的宾馆、酒店、农家乐签订服务协议,强化接待管理。(二)厉行节约,热情服务。严格落实中央“八项规定”和省委“28条办法”“六个严禁”,坚持“热情细致、勤俭节约、地方特色”的原则。接待前由县四套班子办公室主任签批接待任务;接待中主动对接,细化方案,热心服务,菜品安排体现地方特色,注重营养;接待后如实填列接待清单,按规定程序审批。2016年,共接待来宾434批4466人次,圆满完成省委书记夏宝龙、省委副书记袁家军、副省长黄旭明等省领导在云和指导工作期间的接待任务。

**【公车改革】** (一)组建公务用车服务中心。组织外出学习、考察,深入研读、借鉴各地车改政策,结合云和实际,制定出台云和县公务用车服务中心建设方案、公车保障办法、车辆管理办法等工作制度。加强与财政、人事、编办等相关部门的沟通协调,力争在资金、编制、司乘人员招录等工作方面给予最大的理解和支持。同时,按照“公开招考、择优录取”的原则,在涉改单位的编外驾驶员和军队复员退伍的驾驶员中优先录用编外用工92名;按照“择优留用”的原则,从涉改车辆中留用90多辆车,统一进行性能检测、维护,并按规定喷涂统一标志图案。2016年9月,云和县机关公务用车服务中心在全市率先成立。(二)强化公务用车管理。严格落实中央“八项规定”“六个不得”和省委“8个不准”等纪律要求,杜绝超标配备公车、公车私用等行为,严控公务用车经费开支,守住“底线”、不碰“红线”,将规矩和纪律挺在前面。建立“公务用车管理平台”(该平台由“公务用车预约平台”“GPS车载定位系统”“调度监控中心平台”“车辆电子档案管理系统”四部分组成),为公务用车单位提供预约登记和派车服务,实现公务用车管理网络化。制定出台《云和县机关公务用车集中保障暂行办法》,严格实行定点停车、定点加油、定点保险、定点维修,完善公务用车台账,实行“一车一账”,做好“五记录”(车辆派遣记录、行车记录、维护保养记录、车辆安全检查记录和车辆保险购买记录)。

**【基础环境管理】** 推进大院基础设施建设,完成停车场改建项目;改造县府楼老旧电力线路;整改大院办公楼及停车坪排水沟,实现雨污分离;完成大院西面山上围墙、西副楼两侧水泥路的改造;完成大院公用房产水、电、空调、会议系统等设备设施的维修保养446次,办结率达100%。实行保洁工作人员全日制轮流值班制度,加强保洁工作监管考核,保证办公区及生活区整洁卫生。加强日常花草绿植养护,新增绿化面积2000余平方米。完成大院生活区房屋屋顶违建集中专项整治和大院危旧房整治工作任务。共整治危旧房3幢,处置验收大院房屋屋顶违法建筑14户291.58平方米,被评2016年度云和县“房屋屋顶违法建筑专项整治工作先进集体”。

**【机关食堂管理】** 2016年7月,建成能容纳360人同时用餐的机关大院职工食堂。着力加强食堂经营管理,推进社会化服务,以公开竞标的形式,确定食堂劳务经营团队。建立并完善附属楼食堂管理办法、机关大院职工食堂管理办法、食材采购验收等管理制度,细化食堂各岗位职责,以制度规范食堂的管理和服务行为。在食堂安排公务接待时,严格按县有关接待管理办法,落实公函接待制度。职工在食堂用餐,按规定收取伙食费,菜品以农家菜为主,注重荤素搭配和营养,让广大职工吃得放心、舒心。成立食堂管理委员会,通过调看监控、实地查看、查阅台账、集中检查、日常抽查等方式,对食堂的经营管理进行考核,考核结果与绩效工资相挂钩,以考核促实干,以实绩创满意。

**【办公用房管理】** (一)夯实数据基础。在全县推广《办公用房智能图形管理系统》,实行动态管理,完善办公用房管理台账,每年开展台账清查核对2次。发文重申并明确办公用房功能分类和标准,并对全县所有办公用房进行督查和统计。(二)活化办公用房资源。在实地考察、充分研讨的基础上,积极对接相关部门,协调完成县纪委派驻纪检组、旅游局、招商局、财政局、检察院等多家单位的办公用房调整工作。(三)严督细查,规范管理。会同县纪委开展办公用房使用督查,重点督查了基层站所以及学校等二级单位,及时反馈发现的问题,并督促落实整改,将办公用房的使用督查纳入各单位派驻纪检组的职责,确保整改不反弹,不折不扣地贯彻落实好上级有关规定。

**【公共机构节能管理】** 2016年,云和县公共机构人均综合能耗、单位建筑面积综合能耗、人均水耗比上年同期分别下降6.75%、1.89%、2.43%,圆满完成上级下达的考核指标。全年共投入专项资金45万元。一是以示范创建推进节能工作。指导云和中学、云和中医院创成县级公共机构节能示范单位。牵头组织30家一级和2家二级公共机构开展第二批节水型单位创建工作并完成验收,实现全县2/3以上的一级公共机构创成节水型单位。二是多形式开展节能宣传。先后开展“节俭养德、节水光荣”、“提倡绿色出行、关爱美丽县城”主题宣传日活动、“庆三八·妇女节绿色骑行”、“创建节约型校园”主题书画赛等活动,并利用云和信息、板报网站、手机短信、倡议书等多种方式,向大众宣传和普及节能知识。三是加快LED灯节能技改。投入5.2万元资金,完成机关大院LED灯改造,更换率达100%。四是以定期和不定期方式,开展节能督查。以“督”促完善、促改造提升,形成全县各单位齐抓共管的良好局面。

【经费管理】 严格执行财经法规和会计制度，健全内部控制体系，落实部门预算、公务卡制度，按规定公开公示经费开支。贯彻落实中央“八项规定”和《党政机关厉行节约反对浪费条例》，切实加强费用审核和资金支付管理工作，严控“三公”经费支出。2016年，“三公”经费支出同比下降52%。开展内部审计，落实工程项目全过程跟踪审计工作，强化对局属企事业单位行政经费运行的监督检查，重点监管财务支出审核和项目建设的预算、建设、决算等环节。同时，根据相关政策，将限额以下政府投资项目涉及的中介服务事项上传至平台，进行网上竞价。此外，还通过核对报销凭证、票据等方式，对单位2016年以来的财务账目进行了系统自查和总结，进一步夯实财务工作基础。

【自身建设】 勤学习，抓好作风建设。坚持夜学制度，丰富夜学内容，多形式、多渠道增强干部职工的理论水平，全年共组织各类学习教育活动60余次。扎实开展“两学一做”学习教育活动，组织观看《做合格党员》《镜鉴》《榜样》等专题片10次，开展换届纪律专题学习测试2次，开展建党95周年小顺革命传统教育体验活动1次，通过组织党员干部深入学习党章党规党纪、习近平总书记系列重要讲话等，切实增强广大党员干部的“四种意识”，推动干部作风不断好转。

严监督，抓好廉政建设。严格执行中央“八项规定”和省委“28条办法”“六项禁令”，层层签订党风廉政建设责任书，层层传递廉政风险防控压力。认真学习党风廉政相关条例，筑牢广大党员干部拒腐防变的思想防线。积极开展规范化党支部创建工作，努力打造“务实、阳光、满意”机关事务党建工作品牌。

讲团结，抓好队伍建设。积极营造比奉献、讲团结、讲合作的良好氛围。(一)坚持正确的用人导向，完善干部职工梯度培养模式。严格按股级干部管理办法，经民主推荐、组织考察、任前公示等环节，报批调整中层岗位干部8人，推荐后备干部2人，公开招考事业人员5人。完成机关公务用车服务中心的机构设置和人员配备，调转事业职工5人，转录合同聘用工42人，公开招考23人。(二)加强干部培训。积极参加机关事务系统干部学习讲座，有计划地安排干部参加上级组织的领导干部培训班、中青班、专业技术培训班等。(三)开展系列活动。组织开展网格路段和责任河道清扫、“洁净乡村”等工作，助力“美丽县城”建设；组织干部职工参加趣味运动会、气排球友谊赛等活动，进一步促进干部职工心往一处想、劲往一处使、分工不分心。

(柳海娟)

## 住房公积金

【概况】 2016年，全县共有328个单位建立住房公积金账户，8202人缴存住房公积金，净增382人(指标数270人)，完成全年目标的141%；归集住房公积金16650.91万元(指标数13000万元)，完成年度目标任务的128.08%。累计归集总额达114047.22万元，归集余额50142.74万元。全年共提取住房公积金11759.18万元，累计支取公积金63904.48万元。资金收支规模呈加速上升趋势。

2016年，共发放个人住房贷款382户17709万元，累计发放住房公积金贷款3395户88419.33万元，现有贷款户数1601户、贷款余额50791.23万元，贷款余额占公积金归集余额比率为101.29%。个贷逾期率低于市中心0.02%的指标要求，实现住房公积金净增值收益966.97万元，增值收益率达2%。

【住房公积金管理】 全方位推广制度扩面，让公积金惠民政策惠及于民。(一)抓政策宣传，营造扩面氛围，进一步扩大社会的认知度。加强住房公积金政策宣传，利用电视、报纸、户外LED显示屏、网络、微信、短信等宣传媒介，并采取走访交谈、召开座谈会等形式，进一步宣传实行住房公积金制度的政策意义、缴存住房公积金的优惠条件、对职工的保障作用等内容，增强企业和职工依法缴交公积金的积极性和自觉性,为推进扩面工作营造良好的社会舆论氛围。至9月,已超额完成公积金扩面、归集年度目标任务。(二)抓服务,促公积金扩面。借助“归零翻篇开新局”和“两学一做”学习教育等活动,深入开展学习,切实转变作风,加强服务意识、提高工作效能,以优质的服务推动扩面工作。一是利用“公积金宣传月”等活动开展现场咨询,分发宣传资料,向广大群众宣传有关住房公积金缴存、提取、贷款等政策,现场解答群众提出的问题。二是结合党员干部争当“三员”开展进企业送服务活动。通过走访、听取企业的意见和建议,有效推动企业职工的扩面工作。三是深入社区、工业园区进行面对面宣传。采取召开座谈会、发放宣传资料、宣讲相关政策等形式,加强住房公积金宣传。四是充分利用现有工作平台,如“周一夜学”、移动短信等大力宣传公积金政策,让更多的人知道并了解住房公积金。五是注重与群众沟通交流,重点听取职工对公积金办事效率、服务态度、工作作风等方面的意见和建议,做到立整立改、边整边改,切实提升工作能力和服务水平,提高群众满意度。

规范发展个人住房贷款,积极启动跨区异地贷款业务,继续推进“按月提取还贷”政策的顺利实施,切实改善职工住房条件,增强住房公积金的保障作用。一是做好住房公积金贷款发放工作,满足职工贷款需求。在开展个贷业务中,按照市中心的制度、政策统一规范操作,严格审批程序,执行贷款审核工作制度,确保贷款质量和安全。二是继续推进公积金按月提取工作。2016年,共为933位公积金缴存人办理按月提取业务,提取金额总计189.03万元。三是积极开展公积金异地贷款业务。2016年,共为9户异地公积金缴存人办理公积金贷款,贷款金额总计422万。四是加强资金风险防控。严格按照贷款实施细则和个贷审批授权管理等要求,规范操作,做到逐级授权,明确责任。加大逾期催收力度,采取自身、银行“双管齐下”的催收措施,注重做好贷后逾期2个月以上人群的催收工作,采取上门催收、发送手机信息、贷款人所在单位联合催收等方法,取得明显效果。对逾期6个月以上的贷款,及时提起诉讼,明确担保连带责任,确保贷款资金安全回收。

**【住房保障】** 一是强化公共租赁住房的监督管理。积极贯彻落实省、市有关精神和要求,将廉租住房和公共租赁住房并轨运行,并向社会公开公共租赁住房相关政策、规划建设、资格审核、房源、配租等信息,提高工作透明度。严格界定公共租赁住房各类保障对象,全面落实申请、轮候、年度审核与退出制度,特别加强退出管理,对连续欠租6个月以上的租户,取消其保障,并通过法律途径追缴租金。同时,对享受对象进行定期检查,实行动态管理,对不符合条件的,坚决予以清退和调整,确保公共租赁住房发挥最大效益。二是扩大公共租赁住房保障范围。6月,启动2017年度云和县公共租赁住房申报工作,公共租赁住房保障对象从城镇低收入住房困难家庭扩大至城镇中等偏下收入无房居民、外来务工人员、新就业大学毕业生等。此次申报共有9个社区380户家庭提出申请,通过审核,共有340户家庭纳入2017年度公共租赁住房保障。三是全面完成住房保障任务:新增低收入家庭货币补贴5户,竣工保障房334套,基本建成保障房100套,交付保障房80套。四是加大危旧房腾退工作力度,腾退清空D级危房23处90户,翻修C级危旧房11处126户。

**【住房货币化分配】** 一是认真做好住房补贴发放工作。依据2004年出台的《云和县住房分配货币化及住房补贴管理实施细则》,遵照“分期、分批,轮候制”的发放原则,基本做到县内“退休1人、申请1人、发放1人”。2016年,共发放35个单位52人的住房补贴,发放补贴金额60.6万元,其中财政性资金59万元。累计发放1925人的住房补贴,补贴金额2109.4万元,其中财政性资金1618.8万元。二是继续做好房改房上市管理和开具职工住房情况证明的工作。2016年,共有43户房改房(经登记备案)进入市场交易，为职工开具住房分配情况证明112份。

**【党风廉政建设】** 一是加强班子廉政制度建设。建立廉政目标责任制，落实“一岗双责”，由主要领导负总责，其他领导分工负责，各自抓好职责范围内的党风廉政建设，坚持集体领导与个人分工负责相结合，一级抓一级，层层抓落实，形成齐抓共管的良好态势。二是建立廉政风险防控体系。根据班子分工，以行政权力运行过程为主线，以人员岗位为重点，开展岗位“查、防、控”，通过廉政风险管理，把权力的监督制约贯穿于行政和业务运行的各方面，使权力运行公开化、权力廉政风险公开化、防范措施公开化、监督公开化。三是全面完善监督体系。全力推行政务公开和信息公开，认真做好浙江政务服务网建设工作，完成权力清单、责任清单、部门便民服务事项梳理和信息上传，明确职责、完善监督，确保及时纠正不正之风。

**【队伍建设】** 深入践行“归零翻篇开新局”“两学一做”专题教育，以归零的心态、翻篇的姿态、奋发的状态、看齐的意识，进一步擦亮“严”“实”的作风底色。认真贯彻落实中央“八项规定”“六个严禁”和浙江省“28条办法”，率先垂范，带头改进工作作风，带头密切联系群众，带头减少各项事务性活动和应酬活动。加强干部教育培训，提升队伍整体素质，促进云和县住房公积金、住房保障事业健康快速发展。

（谢宜谓）

# 政协云和县委员会

## 县政协重要会议

**【县政协九届一次会议】** 2016年2月17日至19日，政协云和县第九届委员会第一次会议在县文化中心举行，143名委员参加了会议。委员们认真听取和审议县政协常委会工作报告和提案工作报告，听取并讨论政府工作报告和其他有关报告，积极协商议政。九届一次会议，共形成大会发言材料20篇，提出了许多具有前瞻性、科学性、可操作性的意见建议。大会共收到以提案形式提出的意见、建议142件。

**【县政协常委会议】** 2016年，召开县政协常委会议5次，就县政协年度履职重点工作、县委县政府的年度工作要点及社会经济发展等重大问题开展协商议政。

1月29日，县政协召开八届十九次常委会。会议协商讨论《政府工作报告》《人民法院工作报告》《人民检察院工作报告(讨论稿)》；审议通过了《政协常委会工作报告(送审稿)》《提案工作报告(送审稿)》；听取了县政协八届五次会议筹备情况的汇报；审议通过了2015年度各类履职先进名单；审议通过了有关人事事项；审议决定了县政协八届委员调整有关事项；审议通过了县政协八届五次会议有关事项及其他事项。

2月19日，县政协召开八届二十次常委会。会议在县政协九届一次会议期间召开，听取了各委员组情况汇报，通过提案审查情况报告(草案)和大会选举办法(草案)，确定八届县政协副主席及常务委员正式候选人，审议通过大会决议(草案)等其他大会事项。

4月5日，县政协召开八届二十一次常委会。会议组织学习了全国政协十二届四次会议精神和浙江省委《关于加强人民政协协商民主建设的实施意见》；审议通过了《云和县政协2016年主要工作安排(草案)》；组织开展了常委会议专题学习。

8月18日，县政协召开八届二十二次常委会。会议听取了县政府主要领导关于2016年1—7月全县经济社会运行情况的通报和政府下一步工作思路；学习了《中共中央关于加强和改进人大代表、政协委员有关工作的通知》；听取了县政协各委员组关于县政协八届五次会议以来工作情况的汇报；听取了云和县老云和“采真里”项目建设情况的通报，并实地视察了云和县老云和“采真里”项目。

12月21日，县政协召开八届二十三次常委会。会议学习了中共十八届六中全会精神，学习了严肃换届纪律有关规定和中共丽水市委办公室《关于加强人民政协协商民主建设的实施意见》；听取了县政府关于县政协八届五次会议以来提案办理情况的通报；听取了县纪委(监察局)2016年度纪检监察工作通报；听取了政协各委员组汇报的2016年度工作情况和2017年度工作思路。

**【主席会议】** 全年共召开主席会议5次，主要做了以下几项工作：学习了中共十八届六中全会精神；

学习了全国政协十二届四次会议精神；学习了《中共中央关于加强和改进人大代表、政协委员有关工作的通知》；学习了浙江省委、丽水市委《关于加强人民政协协商民主建设的实施意见》；学习了严肃换届纪律相关规定；审议通过了主席会议成员分工调整方案；审议通过了政协机关领导成员工作分工调整方案；协商讨论了政协常委会工作报告、提案工作报告、常委会调研课题及提交常委会通过的文件等；研究全年工作安排、各专委会工作计划及人事安排；组织调研视察及日常工作安排部署等。

## 县政协主要工作

**【协商议政】** 牢固树立大局意识，自觉把服务县委、县政府决策作为政治协商工作的切入点，通过开展多层次协商议政活动，有效促进全县经济社会的发展。(一)务实开展专题协商。在八届五次会议期间，组织召开了“社情民意”办理专题协商讨论会，12名委员分别围绕“城市乱象治理”“历史文化古村落保护”“物业管理”等方面问题，提出了40多个方面的意见建议，供党政决策参考。(二)灵活运用对口协商。通过提案办理协商等平台，对专业性强、民生关切的饮用水安全、教育均衡发展、污水垃圾处理等方面课题展开对口协商。(三)有效深化“点题协商”。县政协常委会议、主席会议分别听取“提案办理”“纪检监察”“美丽县城建设”等方面工作的情况通报，并就相关问题进行协商讨论。通过对例会协商的创新，推动相关工作的顺利实施。

**【民主监督】** 充分发挥自身特点和优势，积极探索民主监督的新形式、新载体、新方法，不断丰富和完善民主监督，取得明显实效。(一)专项集体监督有为。积极响应省政协“三级政协联动、万名委员同行、助推五水共治”专项集体民主监督的号召，组织能力强、热心公益的政协委员，分成4个民主监督小组、8个监督小分队，开展徒步巡河“挑刺”。监督小分队选择每条溪流河道最难管理的河段，定时定点拍摄，严格对比、直观反映河面水质变化情况。同时，根据群众举报和平时巡查情况，随时对河面“脏、乱、差”等现象进行不定时拍摄，及时发现反馈问题，并提出合理化建议。2016年，累计开展河道督查100余次，河道巡查800余人次，坚决防止“黑臭河”“垃圾河”反弹。(二)提案办理监督有力。坚持把提案工作摆在重要位置，努力提高提案质量，切实增强办理实效，不断推动提案工作创新发展。八届五次会议以来，共收到以提案形式提出的意见建议108件，整理合并了14件，不予立案1件，实际立案93件。县委、县政府高度重视提案办理工作，每位党政领导分别领办重点提案，各承办单位把办理提案作为重要职责，积极采纳提案建议，93件提案均在规定时限内办复，所反映的城市建设、环境保护、教育医疗等一批民生问题得到实质性的解决。(三)委员视察监督有效。坚持把开展视察活动作为履行监督职能的重要载体。先后就老云和“采真里”项目建设、农村污水处理、阀门产业优化升级、土地开发整理后续管理等事关发展和群众关心的问题，组织开展了十多次不同层面的视察活动，提出各类意见建议50余条，有力促进相关工作的开展。

**【参政议政】** 充分发挥渠道畅通、智力密集的优势，通过开展调研、反映社情民意等形式，努力把参政议政成果融入到“两美云和”建设中。(一)紧扣中心调查研究。把专题调研作为密切联系群众的重要途径，力促调研成果有效转化落实。县政协领导分别牵头年度调研重点，围绕“推进全域旅游发展”“农旅融合产业发展”“国有公司运营管理”等方面课题开展了专题调研，专委会和委员组围绕“私人旧房改造”“加强社区建设”“创新社会治理”等17个课题，开展调查研究。经济组撰写的《关于城东金属加工园区有关情况的报告》、资源环境组撰写的《对我县发展“森林碳汇”的调查与思考》等调研报告，得到县委主要领导的批示，要求有关部门认真研究吸纳，推动相关工作的改进和提升。(二)着眼大局议政建言。八届五次会议期间，通过参政议政发言、分组讨论等形式，组织委员就“一府两院”报告、国民经济和社会发展计划报告、财政预决算报告及其他重要报告进行充分协商。县委、县政府领导到各组参加讨论，围绕产业结构优化、行政效能提升、生态文明建设等方面与委员面对面交流沟通，听取意见建议。委员们提出的“从源头抓起，制定切实可行的食品安全监管细则，规范食品生产者的生产、经营行为”“加强招商专业队伍建设，逐步实现由全民招商向专业化招商的转变”“加强知识产权保护工作，努力打造有利于创新型经济发展的法治环境”等300多条建议，在政府部门制订有关政策文件、重要规划和部门工作中得到较好体现。(三)关注民生反映民意。坚持把群众的呼声作为履职要求，积极反映社情民意。形成了“主席带头抓、秘书长重点抓、专委会分头抓、信息员具体抓”的工作格局。2016年，共征集到各类社情民意信息50多条，经归纳整理，向县委、县政府报送社情民意专刊25期，其中《城市乱象治理迫在眉睫》《工程车事故频发 亟待加强管理》等14期得到县党政主要领导的批示肯定，要求相关单位认真研究落实。

**【巩固思想基础】** 坚持团结和民主两大主题，认真做好联系各界、协调关系、凝聚人心的工作，巩固共同思想基础，营造良好政治环境，汇集和谐发展动力。(一)发挥优势，凝聚发展合力。认真贯彻“长期共存、互相监督、肝胆相照、荣辱与共”的方针，加强与民主党派、工商联、人民团体和无党派人士的团结合作，通过举办迎新茶话会、政情通报会和邀请参加调研视察等形式，为党派团体、各族各界人士参政议政创造条件，巩固和发展中国共产党领导的多党合作的政治格局，巩固和壮大最广泛的爱国统一战线，凝聚推动全县改革发展的强大合力。(二)围绕大局，做好中心工作。在认真履行基本职能的同时，班子成员保持“一线”状态，围绕县委、县政府的中心工作，鼓实劲，出实招，努力为推动全县发展贡献力量。按照全县重点建设项目、重点争取实施项目和重大项目前期工作领导责任分工的要求，经常深入重点联系项目建设现场指导工作，督促项目进度，定期组织业主和建设单位相关人员召开协调推进会，研究解决项目过程中出现的困难和问题，确保项目按计划进度推进。多次深入联系乡镇(街道)、村和困难群众家中，了解掌握村情户况，帮助协调解决农村基础设施建设资金，为农村发展出谋划策，为群众排忧解难。(三)强化服务，扩大对外影响。积极为省市政协到云和考察调研、省内外政协到云和考察学习等活动搞好协调及接待服务，为宣传推介云和、扩大政协影响、联系社会各界发挥了积极的作用。发挥文史资料存史资政、团结育人的作用，扎实做好文史资料的征集整理和编辑出版工作，征编出版了《箬水乡音》和《云和县畲族革命斗争简史》两部文史资料专辑。开展“人文云和”系列历史研究，深入居民家中收集文史材料，拍摄文物照片，共撰写调查文章12万字，拍摄照片1000余幅，完成云和县明朝之前迁入的20余个典型姓氏的调查研究，挖掘出许多不为人知的古代人文历史。

**【强化自身建设】** 始终坚持把加强自身建设作为政协履行职责、提高效能的重要工作来抓，不断探索强基固本的有效途径，着力提升政协工作水平。(一)不断增强委员主体意识。邀请委员列席政协常委会，坚持为委员订阅各类报刊和资料，并利用政协网站，及时将政协的重大活动、重要会议、领导重要讲话向委员传递，拓宽委员知情明政渠道。组织主席、秘书长、专委会主任分别挂钩联系委员，听取委员意见建议，帮助委员解决履职中遇到的困难和问题。组织开展先进政协委员和优秀提案评选活动，在委员中大力弘扬求真务实、开拓进取、积极履职、忘我奉献的精神。引导委员积极投身全面深化改革实践，勇当“战士”，不当“绅士”，争当推动全面深化改革的“排头兵”，用自己的实际行动，擦亮政协的牌子，体现委员的风采。(二)不断完善履职制度化建设。认真贯彻落实中央和省、市委关于加强协商民主建设的有关精神，制定并落实好年度协商计划，改进全体会议、常委会议、主席会议等例会协商，更加灵活、更为经常地开展专题协商、对口协商、提案办理协商，增加协商密度、营造协商氛围、增强协商实效，推进政协协商民主制度化、经常化。(三)不断加强机关自身建设。严格落实中央“八项规定”、《党政机关厉行节约 反对浪费条例》及省委“28条办法”“六项禁令”等一系列作风建设新规章、新制度，确保不打折扣、不搞变通，使政协的会风、文风、工作作风得到不断改进。弘扬政协文化、大兴干事文化，深入开展“机关文化”创建活动，积极培育“主动办、马上办、用心办”的机关服务文化、“愉悦、廉洁、和谐”的机关环境文化和“团结、进取、高效”的机关执行文化，切实增强政协机关的政务性服务能力和统筹协调能力，使政协机关能充分地为委员有效履行职能、顺利开展工作提供可靠的保障，真正成为“委员之家”。

(陈　峥)

# 民主党派

## 中国民主同盟云和县基层委员会

**【概况】** 2016年，中国民主同盟云和县基层委员会（以下简称云和民盟）共有盟员61人，分4个支部（经济科技支部盟员14人，文化支部盟员17人，教育支部盟员16人，医卫支部盟员14人）。其中：县政协委员12人，县政协常委2人，县政协特邀社情民意信息员2人；市政协委员2人，市政协特邀社情民意信息员1人；省政协委员1人；县人大代表（常委）1人，市人大代表2人。

**【学习教育】** 一是把学习贯彻中共十八届四中、五中、六中全会精神和学习贯彻习近平总书记系列重要讲话精神作为学习实践活动的核心内容；二是坚持理论学习研讨制度，召开各类会议，及时学习上级民盟文件及会议精神；三是在云和民盟组织成立30周年之际，进行民盟优良传统历史教育，赴小顺红色教育基地开展爱国主义教育，缅怀抗战先烈，弘扬抗战精神，并举办“庆祝云和民盟组织成立30周年书画展”；四是积极参加省、市民盟组织的社情民意信息学习、新盟员培训、全员培训、述盟史等各类学习培训班。

**【参政议政】** 一是配合“两会”，发好言、提好案。在2016年县“两会”上，提交《关于“十三五”规划文化教育方面的建议》的大会口头发言（童少锋撰写），《农村文化建设的困惑和建议》（黄芳撰写）和《让“互联网+”成为云和经济增长新动力》（王伟林撰写）两篇书面交流。全年共提交人大议案、政协提案24件，其中：县政协提案17件（重点、优秀提案5件）；县人大议案1件；市政协提案3件；市人大议案2件；省政协提案1件。二是积极反映社情民意。提交并被采用各级各类社情民意12篇，其中：县政协采用5篇，《建议拆除凤凰山顶废弃的不雅建筑》（黄育盛撰写）获县长叶伯军批示；省民盟采用6篇，省委统战部采用1篇。三是开展专题调研。深入调查研究，撰写《云和县交通项目建设的调查与思考》（吕毅撰写）和《关于“小县大城”背景下开展省重点生态功能区示范区建设的研究》（徐琳撰写）两篇调研报告上报县政协。

**【社会服务】** 一是楹联进乡村文化礼堂。春节前夕，云和民盟会同县图书馆、县社科联、县老年书画研究会走进云和县10个乡镇、11个村文化礼堂，开展送春联下乡活动，为农户送上春联3000多幅。二是开展帮扶献爱心活动。春节期间，云和民盟教育支部联合云和县堂锋农民专业合作社负责人蓝堂锋先生来到云和残疾人小康·阳光庇护中心，看望那里近60名不同程度的残疾人和托养老人，并送上春节慰问品近60份。三是走进乡村送戏活动。2016年，云和民盟文化支部盟员蓝友梅组织、策划送文化下乡文艺演出100场次（其中以民盟名义参与的有30场次）。四是送医下乡义诊咨询活动。2016年，云和民盟医卫支部定期带医疗队到崇头、石塘、赤石、安溪、元和、浮云等地基层卫生院开展送医下乡活动，并组织参与医师节、爱牙日、肿瘤防治宣传周等健康宣传义诊活动。11月26日，在石塘镇开展的送医疗下乡活动中，云和民盟医卫支部主委官兴荣用通俗易懂的云和方言，为村民们作题为《如何预防心脑血管疾病》的健康讲座。

**【信息宣传】** 加强对重要盟务工作的宣传力度，及时报道重大活动。2016年，盟务活动在云和电视台视频报道15次、市电视台报道4次。文字信息报道34篇，其中《今日云和》7篇、云和政协5篇、丽水民盟19篇、浙江民盟3篇。

**【组织建设】** 一是顺利完成换届工作。根据民盟章程的规定和中共云和县委、民盟丽水市委会的工作部署，8月29日，中国民主同盟第八届云和县基层委员会第一次全体盟员大会在云和县政府第四会议室召开。会上，县委书记张建明指出，过去五年，民盟云和县基层委员会在民盟丽水市委和中共云和县委的领导下，坚持党的基本路线，坚持和完善中国共产党领导下的多党合作和政治协商制度，认真履行参政议政、政治协商、民主监督的职能，紧紧围绕县委县政府重点、难点工作和人民群众普遍关心的热点问题，开展调查研究和建言献策，充分发挥民盟组织的独特优势和重要作用。中共云和县委常委、统战部长彭招平肯定了民盟七届基层委员会在提高参政议政水平、拓宽调查研究领域、有效开展社会服务、切实加强自身建设等方面所取得的成绩。民盟丽水市委会副主委吴积雷也充分肯定七届云和县基层委员会在自身建设和履职实践中所取得的各项显著成绩。大会听取并审议了童少锋代表民盟第七届云和县基层委员会所作的工作报告，报告实事求是地回顾了五年来民盟第七届云和县基层委员会的工作。大会选举产生由9名委员组成的中国民主同盟第八届云和县基层委员会。全体盟员对新一届领导集体表示信任和支持，并对他们今后工作寄予厚望。大会还通过中国民主同盟第八届云和县基层委员会第一次盟员大会决议。下属四个支部也在9月份分别进行换届，选出支部主委、副主委、委员。通过换届，进一步优化班子结构，增强班子活力，提高整体素质，顺利完成政治交接和新老交替。二是发展新盟员。坚持高标准、严要求，按照“稳步发展，保证质量”的原则，把组织发展工作与加强盟的建设以及参政议政的需要结合起来，严格按照发展程序，充分听取考察对象所在单位党组织和群众的意见，吸纳了徐琳、吕毅、胡拥军三名同志入盟。

**【盟员活动】** 一是“盟员之家”各类活动丰富多彩。1月，邀请到中书协理事、书法名家王亚洲来云和讲学；6月，云和民盟医卫支部举办健康知识讲座，讲解高血压、高血脂、高血糖的防治，常用保健按摩，易经与现代生活等健康知识；8月，云和民盟教育支部邀请市书协秘书长、民盟丽水市委会委员陈洪大进行书法知识讲座。此外，“盟员之家”还经常性地开展参政议政学习座谈、社情民意信息学习等活动，受到广大盟员的欢迎和好评。民盟浙江省委会副主委、省教育厅副厅长韩平，民盟丽水市委会主委刘国安、副主委吴积雷等领导先后到云和“盟员之家”考察指导，对云和“盟员之家”的工作均给予充分肯定，认为云和民盟有人才、“盟员之家”工作有活力、社会服务有特点、参政议政有影响。二是组织退休盟员外出考察活动。11月1日，云和民盟组织退休盟员赴庆元、龙泉开展考察交流活动，进一步增强民盟组织之间的沟通联系，凝聚工作合力。

**【爱岗敬业】** 2016年，全县盟员在各自岗位上勤奋工作，并取得可喜成绩。盟员吴丽琴荣获省先进盟员；蓝友梅、叶峰、蓝日升3位盟员荣获2016年度市优秀盟员；刘杰华、楼亚波、宋玉娟、吴力耘、朱志华、李土亮、饶文玉、叶志君8位盟员荣获2016年度县优秀盟员。蓝友梅在“中华颂”第七届全国小戏小品曲艺大赛中被评为优秀艺术指导和优秀导演，她编导的《福妈嫁囡》《歇力歌》分获全国小戏小品参赛剧目金奖、丽水市第二届原创舞蹈大赛创作金奖，她撰写的《加大弘扬和发展畲族文化扶持力度》文章在2016年1月26日丽水日报刊登。黄育盛主编撰写的《客从汀州来》一书荣获丽水市社会科学三等奖；童少锋、毛云龙的书法作品参加中国第八届重阳书画展获铜奖；傅瑜诗词类参赛作品《游临海东湖(外八首)》荣获2016年“大好河山”中华全国诗文联赋大赛暨徐霞客文学奖银奖；七绝《邓小平》《叶剑英》参加首届全国“家风·孝道”诗词创作大赛获入围奖；《鹧鸪天·喜迎G20峰会》参加第二届“中华情”全国诗歌散文联赛荣获金奖；盟员王春霞书法作品分别入选浙江省第四届女书法家作品展、沙孟海奖第九届全浙书法大展、丽水第一届春联书法展、丽水市青年十家书法展、丽水书院联盟展；胡拥军撰写的英文文章在国际植物修复杂志刊登；潘光水指导学生参加全国中学生物理竞赛获三等奖；刘蓉获浙江省优秀培训师称号、论文获国家三等奖；吴丽琴获英语学力竞赛优秀辅导师称号、论文获县三等奖；林金娟选送的《倾听花开的声音》获评县优秀德育成果一等奖，并受邀赴景宁中学作“高中思想政治学科教学中的德育渗透”讲座。还有许多盟员风采不作一一叙述。

（毛云龙）

# 人民团体

## 云和县总工会

**【概况】** 2016年，云和县有镇总工会3个、街道总工会4个、工业园区总工会1个、乡工会3个、产业工会3个、系统工委9个，独立建会工会347家，联合工会5家，涵盖单位51家，工会会员17022人。县总工会下属工人文化宫、职工业余学校2个事业单位。

**【服务美丽乡村】** （一）制定出台《云和县职工（劳模）休养基地（接待站）管理办法》《云和县总工会实施〈关于大力发展农家乐民宿经济 促进乡村旅游转型升级发展三年行动计划（2016—2018年）〉方案》《关于鼓励职工市内休养 促进乡村休闲旅游业发展的通知》《关于〈加强云和县职工疗休养管理工作的意见〉的补充意见》等4个文件，进一步规范全县职工疗休养管理和职工（劳模）休养基地（接待站）管理，助推云和县乡村休闲旅游业发展。（二）积极做好职工（劳模）休养基地（接待站）建设工作。至2016年末，全县已建立省级劳模（职工）疗休养基地1家、接待站4家，市级疗休养基地1家、接待站7家，县级疗休养基地1家、接待站23家。（三）强化宣传，吸引更多的县外职工来云和疗休养。2016年，县总工会先后9次率民宿农家乐和景区代表赴杭州、上海、台州、金华、舟山等地开展宣传推荐工作，并与各地旅行社、行业工会签订疗休养合作协议800多份，真正让云和的民宿农家乐和景区“走出去”，让更多的疗休养干部职工“走进来”。

**【抓入会强服务】** 抓好机关、企事业单位干部职工入会工作，并在全市率先开展农民工集中入会活动。至2016年末，全县机关企事业单位职工已全部申请入会，共发放工会会员证7726本；非公企业农民工已申请领证755人。同时，充分发挥工会会员证的作用，不断提高为职工服务的水平和能力。职工可凭证参加省、市、县各类业务培训；凭证申请困难救助；凭证参加文体活动；凭证参加职工疗休养；凭证报销职工医疗互助保障金；凭证获得适当程度的法律援助等，切实发挥工会组织作用。在农民工服务上做实“二大服务”（做实农民工维权服务、做实农民工困难帮扶服务），用实打实的服务吸引更多的农民工自觉自愿入会。

**【抓规范树形象】** 一是抓好工会“十有”建设，即有班子、有牌子、有章子、有专（兼）职工会工作人员、有会员、有场所、有制度、有经费、有活动、有档案。二是抓好工会干部培训。2016年，以“以会代训”的培训形式，共培训工会干部355人，其中送省总工会干校培训50人。三是下派工会工作指导员。派出7名工会干部到非公企业任工会工作指导员，直接指导和帮助非公有制企业工会整章建制、规范运作。四是指导开展好“五个一”活动，即每年召开一次会员代表大会、召开一次职工代表大会、与企业行政开展一次工资集体协商、开展一次劳动技能竞赛活动、开展一项职工群众喜闻乐见的文化体育活动。

【抓活动扩影响】 一是抓好全县性职工文体活动。深入开展“中国梦·劳动美”为主题的系列教育宣传活动,并成功举办以“劳动铸就梦想”为主题的庆“五一”国际劳动节职工文艺会演和以“读书、创业、追梦”为主题的云和县第二届职工读书节活动。二是抓好基层工会职工文体活动。积极引导各基层工会开展职工喜闻乐见、丰富多彩的文体活动,以满足职工群众日益增长的精神文化需求。如:县电力工会先后举办元宵喜乐会趣味比赛、诗歌朗诵、健步走等活动;凤凰山街道总工会组织干部职工,开展了“探秘仙人洞,亲近大自然”登山活动;县教育工会举办了“当好主力军、建功‘十三五’——说说工会事,夸夸娘家人”新媒体演讲比赛;县人民医院工会先后举办职工自编自导自演的文艺晚会、“奔跑吧,青春”闹元宵趣味竞技活动等。全县各级工会组织积极开展各类文体活动,极大地丰富了职工的业余生活,陶冶了职工的情操,增进了职工的身心健康,凝聚了职工的力量,提升了工会的影响力。

【抓维权促稳定】 建立政府与工会联席会议制度和劳动关系三方协商制度,并联合县人力社保局、县工业园区管委会等部门,对各企业“三个合同”(劳动合同、集体合同、工资集体协商合同)的签订与履行、劳动用工等情况进行执法检查。建立10个乡镇(街道)工会劳动争议调解委员会,形成县总工会、乡镇(街道)工会、基层工会三级劳动争议调解委员会网络。积极参与解决各类劳动争议案件,及时把矛盾化解在基层、消除在萌芽状态。参与无锡市华凌环保设备有限公司“4·1”高处坠落事故调查组的工作,负责劳动法律法规政策研究和操作业务指导。积极开展第十五个全国“安全生产月”活动。以“强化安全发展观念,提升全民安全素质”为主题,以“查补安全生产领域短板工作”为牵引,以“落实安全责任、传播法治文化、普及安全知识、曝光非法违法生产经营及建设行为”为重点,先后开展“安全生产月”宣传咨询日活动、安全公益宣传活动、安全生产明察暗访活动、“事故警示教育周活动”、安全生产合理化建议“十佳金点子”评选和“安康杯”竞赛活动、安全文化征文活动、“护航G20、平安夺金鼎”系列比赛活动、校园安全“五个一”活动、《中华人民共和国安全生产法》实施一周年宣传培训、安全生产突发事故应急救援演练活动、“职业病防治”宣传活动等11项活动。

【抓宣传强引领】 充分利用各种媒体宣传工会工作,扩大工会工作影响,提高工会形象,搭建工会组织与职工沟通的桥梁,让社会更加关注工会工作和职工期盼。2016年,共有200多篇工会新闻信息被省、市、县级媒体采用,取得良好的社会效果。

【抓好党工共建】 积极探索“党建带工建,工建服务党建”的新路子,把党工共建活动融入经济发展、和谐稳定、产业提升的具体实践中,实现党群工作和科学发展的同频共振、互促共赢。一是组织引领,企业配合,上下合力抓组建。推出“党建带工建”的“升级版”,着力做到企业建在哪里,党工组织就要建到哪里,党工组织作用就要发挥到哪里。二是整合资源,健全机制,多措并举抓保障。实现队伍联抓、阵地联建、制度联动、经费联筹。三是创新载体,强化功能,内修外炼抓效果,着力使党工组织成为企业科学发展、和谐发展的力量源泉。积极开展“创建学习型组织,争做知识型职工,争做创业型人才”等各种主题活动,培育职工的责任感和主人翁精神,提高职工对企业的认同感和归属感,进一步增强企业的凝聚力。

【实施“服务职工零距离”工程】 以服务职工为导向,以解决突出问题、提升服务效能为主题,不断提升工会组织、工会干部为职工服务的水平,增强各级工会服务职工、凝聚职工的意识和能力,打通联系服务职工群众的“最后一公里”。一是实施“连心”工程听民声。积极开展“走百家企业、访百名职工、解百家困难”工会干部下基层大走访活动。二是实施“爱心”工程暖民心。深化“四送”活动，构建扶贫济困新格局。组织人员到县污水处理厂、县环卫所、汉威阀门公司等11家企业，慰问一线职工430余人。为9户困难职工家庭提供“爱心透析”专项救助，每户发放救助金4500元，共计4.05万元。对26户困难职工家庭进行“金秋助学”专项资助，共发放助学资助金10.8万元。元旦、春节期间，走访慰问各级劳动模范46人、困难职工122人，发放慰问金22.9万元。与县流动人口管理中心工会组织开展外来农民工“平安返乡”活动，现场向25名外来农民工发放“平安返乡”专项救助金1.5万元。三是实施“怡心”工程顺民意。加强职工文化建设，培养职工奉献精神。四是实施“暖心”工程化民忧。建立“在职职工志愿者服务队”，打造具有特色的志愿服务品牌。五是实施“尽心”工程解民难。争创“职工满意服务中心”，努力提高服务职工的水平。积极做好职工医疗互助工作。2016年，全县共有159家基层工会5836名职工参保，实现保费收入46.69万元。六是实施“民心”工程办民事。积极开展各项竞赛活动。紧紧围绕县委、县政府中心工作，在全县4个重点项目建设中开展以“五比五赛”(即比工程质量，赛单体工程优良率；比工程进度，赛工程建设计划完成率；比安全生产，赛事故零发生率；比文明施工，赛施工管理水平；比技术创新，赛节能增效)为内容的立功竞赛活动，着力推进重点项目又好又快建设。与县卫计局联合举办以“竞赛练兵，展我风采”为主题的基层卫生岗位练兵暨技能竞赛，最终有22名优秀选手获得奖项，其中6名选手被推选参加市级岗位练兵竞赛。七是实施“精心”工程应民盼。加强职工教育，提高职工整体素质。与县人力社保局、县市场监管局等部门联合开展人力资源交流大会，有150多家企业设摊招聘，为县内外求职人员提供3344个岗位，涉及机械制造、酒店餐饮、市场营销、玩具、阀门、轴承等行业20多个工种，达成就业意向695人，现场录用62人。组织人员到县永盛公路养护工程公司、县环卫所、县养老综合福利中心、华宏钢铁制品公司等12家企业，慰问一线职工400余人。

(邱巧琴)

## 共青团云和县委

**【概况】** 2016年，共青团云和县委(以下简称云和团县委)深入学习贯彻习近平总书记系列重要讲话精神，贯彻落实党的群团工作会议精神以及县委和团市委一系列重大决策部署，以深化基层服务型团组织建设为主抓手，围绕奋战决胜之年各项工作部署，深入开展三大“青春行动”，引领团员青年为加快建设“两美云和”作出新的贡献。

**【青年创业创新】** 将农村电子商务作为青年创业的首要任务来抓，强化服务、营造氛围、创建示范，进一步夯实服务青年创业创新工作基础。一是农村电子商务稳步发展。依托E创园开展分层次和类别的电子商务培训，全年共开展培训班13期，培训学员766人，超额完成考核指标。积极通过赶街和村邮乐项目延伸农村电商手臂，赶街、村邮乐、淘实惠分别建成村级站点97个、100个、20个。借助淘宝村创建基础，指导高胥村建立农村青年电商孵化服务站。12月，在丽水举办的中国青年电商群英会暨电商扶贫活动周上，云和团县委展出的农旅融合木玩电商产品获得共青团中央书记处第一书记秦宜智的高度赞赏。二是推动青年创业创新。举办青年创业设计大赛，评选出优秀青年10名，并在“五四”青年节当天进行隆重表彰，为他们发放奖金，同时获村镇银行集体授信1000万元。依托基层团组织和团员青年，摸排掌握电商区位分布、营销状况、服务需求等情况，深入掌握和了解青年电商的疑惑、困难，积极与相关部门对接协商。三是树立典型强化引导。推荐6名电商优秀青年入选丽水市青年企业家协会互联网创业分会会员。推荐2名优秀青年民宿代表参加“丽水山居”青年民宿项目大赛。1名青年创业项目——阿婆老茶获评丽水市电商扶贫案例第一名。5月，阿里研究院发布《2015年中国县域电子商务报告》，云和县再度入围中国“电商百佳县”,连续三年成功入围该榜单并蝉联丽水市第一。9月,联合县农训办、白龙山街道、凤凰山街道成功举办首届电子商务营销大赛,有效提升全县电子商务营销水平。元和街道被评为2016年市级农村电子商务示范街道;凤凰山街道贵溪村、勤俭村和白龙山街道高胥村被评为2016年市级农村电子商务示范村。

**【青少年思想引领】** 牢牢抓住社会主义核心价值观教育这一要务,在抓好共青团传统工作的同时,结合云和特色,注重文化培育,开展创新活动。一是围绕主题教育强化引领。以“青春聚力中国梦”“红领巾相约中国梦”主题活动为载体,开展“我的梦想秀”中小学校社团风采展、“美德少年”评选、12355助力中高考等活动。各基层团组织也先后开展一系列主题教育活动,如:云和二中团委开展“14岁青春宣言”仪式教育、县职技校团委开展“励志青春、爱我中华”主题演讲比赛、崇头镇团委开展“助力美丽乡村”活动、县电力局团委开展“重走光明路”活动等。二是围绕青少年儿童需求强化引领。2016年,县青少年宫针对农民工子女和农村留守儿童,开展暑期春泥计划1期、公益自护夏令营活动3期、流动青少年宫校外公益活动10场,惠及2000余人。启动“爱心圆梦励志学子”大学新生阳光助学行动。举办关爱留守儿童慈善羽毛球赛,比赛奖金8000元全部捐赠贫困少年。三是围绕特色活动强化引领。举办“相约青春·你我同行”人才联谊交友会,吸引全县新录用企事业单位青年和引进人才130余人参加。举办“红领巾相约中国梦 做向上向善好队员”主题教育活动暨第二届庆“六一”红领巾跳蚤市场。举办“凝聚青春正能量 归零翻篇开新局”演讲比赛,吸引全县30余名青年参与并决出11人进入决赛。与县委宣传部、县文广新局联合举办“青春绘童话 热血建新功”纪念长征胜利80周年诗歌朗诵比赛,弘扬长征精神和长征文化,让广大青少年领悟革命精神,培养爱国情怀。

**【阳光志愿服务】** 常规化、密集化开展青年志愿者活动和基层团组织的自主公益服务。一是充实队伍规范管理。继续深入开展星级管理制度,不断扩大充实志愿者队伍,对青年志愿者实行公益积分、星级评定、兑奖推优的系统管理。至2016年末,全县共有注册志愿者14000余人,其中平安志愿者近10000人。二是搭建平台促进提升。根据全县志愿者行业分布情况和工作推进实际,多方调研和讨论,初步选取云和泰隆银行、县人民医院、中山社区等场所,筹备建立志愿者之家以及志愿者工作服务站。三是围绕中心开展各类服务。乡镇街道团组织密集开展青年助力“六边三化三美”行动,全年共有5000余名青年志愿者投入到120余次清理活动中。在第十届开犁节、敬老院送温暖、服务春运、抗击大雪、防台防汛等活动中,处处都有志愿者参与,全县累计近万人次参与志愿活动。四是项目化推进志愿服务。每月组织开展民生广场服务活动,全年共开展15次,参与青年志愿者300余人,服务群众2000余人。民间志愿组织“草鞋兄妹”自发开展的“关爱留守老人”项目在“青春暖冬”丽水青年志愿公益系列活动中获得2000元众筹金额。

**【基层基础建设】** 按照以人为本、从严治团的要求,抓学习、重作风,开展系列打基础、强机体的工作。一是严格管理团干队伍。把好团干队伍的入口关,与各单位加强沟通联系,从优秀人才后备库中选择谋事会务实、干事有激情的青年干部作为团组织的成员。2016年新配备7个单位的团组织书记。二是发挥团属阵地作用。牢牢把握“永远跟党走”这一根本点,通过党建带团建,着力打造共青团样板、团属门店等一系列团建的示范点。发挥青少年宫作为县级青少年综合服务中心的重要作用,分战线组织开展乡镇街道、各部门、学校团组织活动,以及红领巾理事会、少先队队长学校等团属活动,扩大青少年宫的影响力。线上,利用团中央“青年之声”平台,开展团干部与团员青年谈心1000多人次。三是加强作风引领。组织全体干部每周集中学习、条线团干每季度集中学习，内容主要为各级党委政府及共青团的最新政策文件及理论知识。同时，结合“1+100”团干部联系青年制度，开展“共青团大脚掌走基层”主题实践活动，切实从思想上凝聚引领团员青年。

（钟超众）

## 云和县妇女联合会

**【概况】** 2016年，全县有乡镇（街道）妇女联合会10个，农村（社区）妇代会177个，城镇机关企事业单位妇委会41个；巾帼文明岗75个；妇联专兼职干部58人，其中县妇联7人，乡镇（街道）10人，城镇机关41人。县妇联被评为县级综合考核优秀单位、安全生产工作考核一等奖、计划生育工作先进集体。

**【发展来料加工】** 来料加工是发展农村经济的“新三宝”之一。2016年，县妇联进一步补齐短板、强化服务，培育来料加工经纪人220人，巩固来料加工队伍1.53万人，发放来料加工费1.47亿元，助农增收成效明显。一是创新载体扩大影响力。推进“来料加工集市日”活动、举办雾溪乡来料加工竞技擂台赛，将“理念、技能、服务”送到群众家门口，确保转移农户“转得出、稳得住、能致富”。二是通过培训，助推妇女创业就业。举办覆盖10个乡镇街道的来料加工技能培训会、两期妇女微商创业培训班、两期育婴师培训班，为30—50岁的妇女群众和下岗失业妇女拓宽就业渠道。三是携手高校，加快来料加工企业转型升级。与浙江水利水电学院建立长期合作关系，在云和建立“产学研合作基地”，并组织40多位经纪人赴该校举办电子商务培训班，为经纪人集体充电。

**【美丽庭院创建】** 深入开展“三级妇联联动、万名妇女同行、助力美丽乡村”活动，以庭院洁化、绿化、美化为目标，助推“六边三化三美”行动。一是调动妇女积极性，齐心创建。把广大妇女群众动员起来，以好家风促好民风，按照“庭院布局美、环境清洁美、物件整齐美、户户和谐美”的要求，积极创建美丽庭院、改善村容村貌。二是寻求各专家指导，推进创建。邀请旅游规划专业人士为美丽庭院建设出谋划策，邀请旅游管理专家、林业专家来云和讲座，面对面指导妇女养花种花，激发妇女创建积极性，学习先进经验扮靓自己的家园。三位确定典型示范点，引领创建。深入挖掘各村文化内涵，立足云和实际，按照创建率为常驻户50%的目标，在花样村庄创建村中开展美丽庭院创建，同时加强特色民宿和示范农家乐的培育引导，使其成为妇女可以参与的致富新途径。

**【构建和谐家庭】** 打响“家”字品牌，充分发挥家庭在构建和谐社会中的基础作用。一是继续开展美丽家庭创建活动。把乡村文化礼堂和“妇女之家”作为发动群众广泛参与评选“美丽家庭”、展示家庭文明风采的第一平台，弘扬家庭美德、树立良好家风，将社会主义核心价值观融入广大妇女和家庭的日常生活。开展省级“最美家庭”争创活动，毛征伟家庭获得省级最美家庭称号。二是深入实施“家庭教育工程”。充分借助丽水市家庭教育研究会的作用，举办“绿谷希望父母成长工程”——百场家庭教育知识下乡公益巡讲云和站活动，以家长的需要作为落脚点，给6个家长学校的3000多名家长送去科学家教知识。三是拓展文明家庭创建领域。大力开展“平安家庭、绿色家庭”等特色家庭创建，开展“三进家庭”（平安知识、法律知识、文明礼仪）、“三关爱”（关爱流动人口、关爱特殊人群、关爱困难妇女）以及“不让毒品进我家”等特色亮点工作，创建省市级绿色家庭4户，省市级文明家庭5户，市级六型文明户11户，县级平安家庭20户、美丽家庭20户、六型文明户20户。

**【优化发展环境】** 坚持以妇女儿童的实际需要为出发点，优化妇女儿童发展环境。（一）编制两个规划。2016年是《云和县妇女发展规划（2016—2020年）》和《云和县儿童发展规划（2016—2020年）》编制年。充分发挥县妇儿工委办设在县妇联的优势,借鉴“十二五”时期中取得的成效和存在的重点难点问题,结合云和发展实际,积极做好组织协调,推动“十三五”妇女儿童两个规划编制工作。(二)加强法制宣传。2016年3月1日,《中华人民共和国反家暴法》正式施行。牵头组织《中华人民共和国反家暴法》电视电话会议,召开贯彻落实专题研讨会,探讨如何真正执行人身保护令、告诫书等相关新内容。调整预防和制止家庭暴力委员会,举办“建设法治中国巾帼在行动”暨反家庭暴力法实施专题宣传活动,在各个乡镇巡回展播反家暴宣传片,引导妇女用法律武器维护自己的合法权益。

**【情系弱势群体】** 春节前夕,为贫困母亲送上母亲邮包和暖秋关爱慰问金;走访14位“两癌”患病妇女,给每人送上两千元到一万元不等的救济金。母亲节,走访慰问全县范围内百岁老人。儿童节,县四大班子领导分赴各小学、幼儿园看望慰问少年儿童;携手城西小学举办“关爱留守儿童”送温暖活动;携手玩具内销协会给3所幼儿园的孩子们送去价值9万元的木制玩具。“七一”期间,开展“巾帼心向党 七一送温暖”活动,前往革命老区南洞村,看望慰问老党员、老妇代会主任和30位留守老人。

**【增强组织凝聚力】** 一是壮大巾帼志愿服务者队伍。动员鼓励乐于奉献、富有爱心的妇女加入到“童话丽人”志愿者队伍,广泛深入地开展各类巾帼志愿服务。春节前夕,志愿者马珊花赶往县中心敬老院,为150多位老人送上大米、鸡蛋、糖果等慰问品。清明小长假期间,组织女企业家协会开展“清洁美丽景区 倡导文明出行”春季公益活动,用实际行动扮靓景区。暑假期间,志愿者陈可云为大学新生送上爱心箱包,鼓励大学生们在求学路上奋勇前进。重阳节前期,志愿者刘宝凤为石塘镇300位困难老人送上暖心棉鞋,弘扬敬老爱老好品德。二是深化巾帼建功活动。以开展“妇女创业创新行动”为载体,以“巾帼文明岗”创建为主抓手,深入开展“争先创优、建功成才”活动。在年初的低温雨雪冰冻天气中,县电力公司电力调度室的“省巾帼文明岗”岗员们冒着大雪,到县残疾人小康阳光庇护中心开展“巾帼暖心寒冬不冷”慰问活动,为60余位孤寡老人送去棉被、热水袋等防寒用品。开展“迎接G20,家家见行动,岗岗展风采”活动,实行岗村结对,助力乡村旅游发展,打响“巾帼文明岗”品牌。9月,带领申报“巾帼文明岗”的相关负责人奔赴温州,学习创建先进经验,深化云和“巾帼建功”活动。2016年,全县共创建省级巾帼文明岗2个、市级巾帼文明岗1个、县级巾帼文明岗5个。三是优化基层组织活力。举办庆“三八”女子登山暨妇联工作知识竞赛活动,增强各级妇联组织的凝聚力。组织“个性报团成功”女企业家联谊活动,将女企业家们团结在一起,共同为发展云和而努力。组织来料加工经纪人协会前往小顺“两学一做”学习教育基地学习,为协会发展注入思想动力。举办妇女干部培训班,全面提升妇女干部整体素质。

(刘 蓉)

## 云和县科学技术协会

**【科协组织网络】** 2016年,云和县科学技术协会(以下简称县科协)下属护理、会计、珠算、财税、药学、教育、防疫、林学、农学、质量、蔬菜专业、云和雪梨、计算机、老科技工作者、云和师傅、卫生协会等16个学(协)会和科普活动中心,共有会员2564名。各乡镇街道、各社区科协组织齐全,科普网络健全。

**【科普建设】** 2016年,县科协为进一步提高全县科普建设能力,提升居民科学素养,积极在居民中弘扬科学思想、普及科学知识、传播科学思想和科学方法,有效推动全县科普工作健康发展。

(一)做好县级农村科普基地管理工作。农村科普示范基地是农村普及推广新技术、新品种、新成果,传播科技信息、管理方法,进行技术示范、品种示范、管理示范的有效途径,是提升农村科普工作水平和广大农民群众科学文化素质的重要载体。(1)做好农村科普示范基地命名工作。2016年,共命名县级科普(教育)示范基地4个,分别是:云和县旺发花卉种植科普示范基地,云和县智梦高山旱稻科普示范基地,梨树上附生种植铁皮石斛产业科普示范基地,和信木玩科普教育示范基地(和信木玩科技馆)。同时,玩具智慧园教育示范基地更名为玩具智慧园教育示范基地(智慧园木玩科普馆)。(2)深入农村科普示范基地开展调研活动。12月6日,县科协主席朱伟文、副主席韦小委一行到云和县旺发花卉农村科普示范基地开展调研活动,实地了解该基地生产经营情况,帮助解决实际困难。

(二)做好农村科技示范户培育工作。农村科技示范户是农村科技发展的带头人,是新农村建设的骨干力量,是科技推广体系的基点,建立和发展科技示范户有利于把科学技术送到千家万户。(1)做好县级农村科技示范户的评定工作。经各乡(镇)、街道推荐,结合农村科技示范户实施细则的要求进行评审,共评出2016—2018年度县级农村科技示范户5户。(2)为农村科技示范户排忧解难。2016年,县科协班子成员多次深入农村科技示范户家中走访调研,了解他们的生产生活情况。走访过程中,了解到科技示范户毛作兴急需一批白莲种子,经多方联系,最终从莲都区老竹镇白莲生产基地联系到这批白莲种子。(3)进一步加强乡土人才培养。10月24—28日,组织科技示范户陈志伟、叶少平等6人,参加丽水市农村科技示范户综合素质提升培训班学习。11月1—3日,组织李时信、彭岳年、林忠平等3位企业负责人,参加中国工程院化工、冶金与材料工程第十一届学术活动。12月5—9日,组织陈宣蔚、刘杨新等6人,参加丽水市石雕类人才培训班学习。(4)积极参与丽水市农村科技示范户摄影作品大赛活动。完成72幅作品,上报丽水市摄影作品大赛组委会。

(三)做好农民技术职称评定工作。培养和造就一支有文化、懂技术、会经营的乡土人才队伍,为推进社会主义新农村建设提供人才保障。(1)做好2016年职称评定工作。举办云和师傅后备人才培训班,通过一个星期的培训和考试,共评出农民技师74名(其中:商业贸易专业13名、电子商务专业32名、食用菌专业6名、畜牧兽医专业1名、餐饮业专业13名、毛竹种植专业2名、水果种植2名、家禽养殖专业1名、淡水养殖专业1名、农业经济管理专业2名、农产品粗加工专业1名)。(2)做好高级农民技师申报工作。经过几个月的调查摸底,最终筛选出毛作兴等5人作为云和县申报农民高级技师候选人,上报至省农民职称评定领导小组评定。(3)做好"云和师傅"品牌创建的服务工作。县政府文件规定"云和师傅"必须具备农民技师资格。按照这个规定,县科协解放思想,创新举措,把一年一次的农民职称评定工作改为一年两次。同时,针对有突出贡献或表现优异、乡镇(街道)党委政府特别推荐的对象,还可以破格晋升,大大激发和调动广大农民学技术、要职称的积极性。

(四)做好挂钩扶贫村调研帮扶工作。2016年,县科协多次深入扶贫挂钩村(元和街道李山前村)开展调研和帮扶,按照"因地制宜、实事求是、统筹安排、量力而行"的原则,为扶贫挂钩村发展出谋划策,并为10户贫困户送上慰问金和棉被、食用油等生活用品。

(五)做好院士工作站服务工作。2016年,争取到王浩院士及其团队落户云和县供排水公司。9月26日,云和县供排水公司院士工作站举行授牌仪式,这是云和县成立的第二个院士工作站。同日,中科院院士、浙江大学医学院院长、神经生物学家段树民率专家团到县人民医院指导,标志着段树民院士工作站启动服务工作。

**【全民科学素质行动计划纲要】** 2015年,根据省、市全民科学素质工作领导小组的统一部署,云和县全民科学素质办公室组织各牵头单位开展了内容丰富的活动,取得较好成效。

(一)未成年人科学素质行动实施情况。组织全县优秀中小学生参加省、市2016年青少年科技创新大赛。(1)组织参加浙江省2016年青少年科技创新大赛。县江滨实验小学选送的《改良的水喷泉》《拯救“剑走偏锋”的蚕宝宝》《馒头里的小人国》分获省科技创新大赛青少年科技创新项目一、二、三等奖,《甜甜梦枕头》获省科技创新大赛少儿科学幻想绘画二等奖,《消防虫》获省科技创新大赛少儿科学幻想绘画三等奖。(2)组织参加浙江省第13届青少年电脑机器人竞赛。县实验小学组织3支队伍参赛,其中:林睿焓、张芯恺获综合技能竞赛一等奖;刘金奇、陈周宇分获虚拟机器人竞赛二、三等奖。(3)组织参加第30届丽水市青少年科技创新大赛。县江滨实验小学选送的《改良的水喷泉》《拯救“剑走偏锋”的蚕宝宝》《馒头里的小人国》均获科技创新成果一等奖,《自主磁悬浮太阳能供电居所》获科技创新成果二等奖,《苏打白醋对对碰》获科技创新成果三等奖。《甜甜梦枕头》等2幅作品获少儿科学幻想绘画一等奖,《尾气变燃料》等2幅作品获少儿科学幻想绘画二等奖,《小孩的火柴》等5幅作品获少儿科学幻想绘画三等奖。(4)举办云和县青少年科技创新大赛。为提高全县中小学生科学素养,培养青少年的观察、思考、动手能力和创新精神,激发青少年爱科学、学科学、用科学的浓厚兴趣。6月17日,县科协在县第三中学举办2016年云和县青少年科技创新大赛。大赛活动包括青少年科技创新成果评选(科技小制作、小发明、小论文)、青少年科技实践活动(冲浪纸飞机竞赛、遥控赛车场地赛)、少儿科学幻想绘画评选等。(5)邀请中科院老科学家作科普讲座。9月13日,县科协邀请到中科院5位老科学家,为云和5所中小学作科普知识讲座。(6)为大学生提供学习实践平台。12月4日,县科协、县电大联合组织40多位大学生,赴紧水滩镇石浦村科普基地开展教学实践行动,进一步激发大学生们在今后创业道路上探索科学知识的浓厚兴趣。

(二)城镇劳动人口科学素质行动实施情况。(1)科普进社区活动。①举办“全民护绿,美化家园”亲子科普活动。3月12日,县科协、普光社区联合开展“爱的家园,一起呵护”亲子植树科普活动,并发放消防安全知识等科普宣传册200余份。②举办“2016年知识产权宣传周”广场咨询服务活动。4月27日,县科技局、县科协等8个单位,联合在中山广场开展以“加强知识产权保护运用,加快知识产权强国建设”为主题的知识产权宣传周广场咨询服务活动,现场为市民答疑解惑,并发放科普宣传资料3000余份。③为社区居民作科普讲座。8月10日,市科协科普宣讲团来到云和普光社区,为80多位社区居民作科普知识讲座。9月—11月,市科协安排市第二人民医院副院长夏朝云来到云和,为浮云、解放、新华等8个社区居民宣讲科普知识。④开展科普进社区活动。9月19日,县科协联合白龙山街道,分别在大坪社区、箬溪社区举办2场科普宣传活动。12月3日,县科协、中山社区联合举办“世界残疾人日”科普宣传活动。(2)举办2016年度科技(科普)周活动。5月16—23日,县科技局、县科协等22个单位,联合在山水购物广场开展“2016年云和县科技(科普)周”活动。活动围绕“创新引领、共享发展”主题,面向群众普及科技农业、专利知识、防震减灾、气象科普等相关知识,同时广泛宣传党和国家的科技方针政策和法律法规。(3)举办2016年度全国科普日活动。9月18日,县科协联合团县委等单位,在中山广场举办2016年全国科普日活动。2016年全国科普日活动的主题是“创新放飞梦想,科技引领未来”。活动现场开展了一系列科普宣传及免费健康体检项目,并发放科普书籍1000余册、科普宣传资料10000余份。(4)积极筹建科技(普)馆建设。科技(普)馆是通过科学性、知识性、趣味性相结合的展览内容和参与互动的形式,反映科学原理及技术应用,鼓励公众动手探索实践,不仅普及科学知识,而且注重培养观众的科学思想、科学方法和科学精神。①为企业科技馆筹建做好服务。8月10—11日,县科协带领和信玩具公司负责人,前往安吉县圣氏科技馆考察学习,借鉴先进经验。②为县级科技(普)馆建设搭建学习平台。11月3日，县科协率领和信木玩科技馆、智慧园科普馆负责人，赴遂昌、松阳参观学习科技（普）馆设施建设。

**【科普活动中心建设】** 2016年，县科普活动中心按照年初制定的科普工作计划，根据科普工作的群众性、社会性、多样性的特点，在总结经验的基础上，精心设计，组织开展了大规模的群众性科技活动。一是举办“金猴闹春，喜乐猜灯谜”活动。2月22日（正月十五），县科普活动中心、县图书馆联合举办“金猴闹春，喜乐猜灯谜”活动。活动共悬挂灯谜1000余条，内容既包含经史辞赋，又涵盖现代知识，吸引众多群众参与。二是全面开启全民阅读节“图书馆之夜”活动。4月23日是第21个世界读书日，县科普活动中心与县图书馆成功举办“图书馆之夜”大型系列活动。三是开展戏曲阅读经典进校园活动。5月11日，由县科普活动中心、县图书馆、云和三中联合开展的“2016未成年人读书节之戏曲阅读经典进校园”主题活动在云和三中举行。四是举办书法公益讲座在县图书馆精彩开讲。7月12日，县科普活动中心、县图书馆联合举办书法公益讲座。讲座特邀中国书法家协会会员、浙江省书法家协会会员、云和箬溪书画院院长王春霞主讲。五是举办公益性国学经典讲座。11月14日，由县科普活动中心、县图书馆、云和三中联合开展的“公益性国学经典讲座”在云和三中举行。讲座特邀莲都区社会学院院长、丽水万象书院院长、资深国学经典教育专家潘正亮主讲。

**【学会工作】** 学会作为党和政府联系科技工作者的桥梁和纽带，在开展学术交流、理论研究，提升社会科普意识，促进科普事业发展等方面都能起到了重要的推动作用。

（一）充分发挥学（协）会学术交流的主渠道作用。2016年，护理学会、卫生协会积极开展形式多样的学术交流活动。（1）举办各种医师实践技能操作讲座、操作比武。先后多次邀请省、市级医院专家来云和讲座和业务指导，大大促进会员学技术、精技艺的积极性，浓厚了学术氛围。（2）利用院士工作站专家团队。邀请到罗本燕、李雯两位教授，为县人民医院医务人员开展学术讲座。

（二）指导学会开展形式多样为民服务活动。（1）举行义诊，给全县人民送上健康保障活动。5月12日，在县人民医院建院76周年暨“5·12”国际护士节之际，县人民医院组织各科专家、名护士工作室成员、糖尿病专科护士、母婴专科护士20余人走上街头举行义诊，给全县人民送上健康保障。义诊活动持续近3个小时，共服务群众500余人，测血糖400余人次，发放宣传资料1000余份，当场为近50名病患进行初步诊断，并为进一步治疗提供指导意见。（2）举办“世界糖尿病日”宣传活动。11月14日，县科协、县卫计局、县预防学会联合在中山广场举办“世界糖尿病日”宣传活动，现场为市民免费测量血糖和健康咨询，并发放各类科普宣传资料2000余份。

（三）积极做好学（协）会的指导规范工作。（1）云和师傅协会第三届会员代表大会召开。8月10日，云和师傅协会第三届会员代表大会在县培训大楼会议室召开，会议依照章程，合法选举产生云和师傅协会第三届理事会成员、理事长、副理事长、秘书长。（2）加强和提高学（协）会的管理工作。这是当前学（协）会运行和发展的重要任务，也是学（协）会改革的重要内容。指导县级学（协）会改革和加强学（协）会管理工作，无疑对全县学（协）会健康发展起到推动作用。2015年，全县19个学（协）会都比较稳定，每年都能按时参加民政部门登记年检。

（四）举办第二届云和生态渔业科技论坛。为进一步提高云和县渔民技术水平，加强各县（市、区）农村科技示范户的交流，12月下旬在皇成国际大酒店举办第二届云和生态渔业科技论坛。论坛邀请丽水市各县（市、区）水产类农村科技示范户参加，其间聘请省内知名专家来云和授课，会期2天，参会总人数60人左右。

（五）老科技工作者协会工作成效显著。（1）坚持开展送医下乡活动,为新农村建设添砖加瓦。多年来,医药卫生分会的老医务工作者一直坚持开展送医下乡活动,风雨无阻。6月19日,15位老医务工作者冒雨前往紧水滩镇石浦村开展送医义诊活动,免费为150余名村民体检、探查病情,并发放健康宣传资料2000多份。9月21日,医药卫生分会组织全体会员前往丽水市人民医院参观学习,进一步提升会员的工作和业务水平。(2)办好银星乐团,丰富群众文化生活。银星乐园坚持每周二排练,并不断更新文艺节目。5月、7月,两次到九和、古竹村(社区)为当地居(村)民表演节目。10月28日,受邀到石塘镇小顺村演出。(3)专家送技术,不断提高服务"三农"质量。农林水利方面的老专家以"百名专家联百村"活动为平台,经常深入全县各乡镇、村庄,为农业企业和村民讲解种养殖技术。(4)搞调研,当参谋,为云和县经济建设建言献策。3月16日,农业农村分会前往石塘镇朱村调研,之后向县政府提交《关于云和县茶叶的调研报告》,县长叶伯军阅后批示:该报告有价值,请农业局认真研读,并提出加快茶叶产业发展的意见。6月28日,林业、水利分会赴松阳县野峰油橄榄有限公司实地考察,之后向县政府提交《关于在紧水滩、石塘水库边山地引种油橄榄的建议》,副县长叶晓伟阅后批示:建议很好,请林业部门进一步调研落实。

**【"归零翻篇开新局"主题大讨论活动】** 3月8日,县科协成立"归零翻篇开新局"大讨论活动领导小组;3月9日,制定活动方案并召开动员部署会;3月23日、29日,先后两次开展"归零翻篇开新局"专题学习讨论会,共形成书面发言材料6篇;4月5日,制定"归零翻篇开新局"集中蹲点调研实施方案;4月6—8日,县科协班子成员分别开展蹲点调研。4月10日,按时上报活动进展情况和"找短板、补短板"专题报告。5月,完成短板整改并上交"补短板,找短板"自查报告。

(蓝春明)

## 云和县文学艺术界联合会

**【文联组织网络】** 云和县文学艺术界联合会(简称县文联)下设作家协会、摄影家协会、美术家协会、书法家协会、音乐家协会、舞蹈家协会、戏剧家协会、民间艺术家协会、观赏石协会、小顺石协会、视听文化艺术协会和诗词协会共12个群众团体。至2016年末,共有会员520人,其中:国家级会员24人,省级会员47人。

**【文艺活动】** 2016年,县文联不断总结工作经验,探索市场经济条件下工作新思路,认真做好组织、联络、协调、服务等工作,为宣传云和、多出作品不懈努力。一是春节期间,组织民间艺术家协会和戏剧协会开展"送戏下乡"活动,全年共开展送戏32场次;组织书法协会及书法爱好者书写春联,为全县各文化礼堂送去春联1500余幅。二是为宣传云和县"绿水青山就是金山银山"这一极具秀山丽水特色的"美丽县城"旅游文化,组织开展"山海协作"活动,邀请到18名外地艺术家、15名省市知名画家来云和采风。三是配合县委、县政府办好浙江省绿水青山大型公益集体婚典暨第三届"浪漫童话,真爱云和"婚纱摄影主题比赛活动。活动(婚礼)共邀请30对新人(均为公安民警)参加,评出优秀摄影作品100余幅。同时,利用网络进行广泛宣传,推广"云和梯田"这一品牌。四是与县委宣传部、县书法协会联合开展"全国中青年书法家写云和"活动。活动共收到书法作品96幅,于9月30日至10月7日在县体育馆展出。五是编辑出版《云和湖》第13期,共征集文学作品100余篇,总字数10余万字。

**【文艺创作】** 文学创作:一是举办"丽水市文学作品加工会",进行作品交流及作品加工,提高创作水平。二是参加"丽水市文学创作大赛",陈兆燕获散文组银奖,刘建明获诗歌组铜奖,4名会员获优秀奖,是全市获奖人数最多的县。三是参加"瓯江情怀·旅游故事"征文比赛,练云伟获三等奖、方丽娟获优秀奖。

摄影活动:一是开展"摄影家新春走基层""摄影文化进万家"

“包山梨花集体摄影采风”“云和湖集体摄影采风”“带走美丽风景，也请带垃圾”及摄影家走进“朱村茶街”等一系列摄影采风活动。二是举办“山水童话、行摄云和”旅游风光摄影大赛、云和湖仙宫景区首届旅游摄影大赛、“最美瞬间”微拍大赛，以及“美丽县城”“五水共治”“元和之春”“包山梨花摄影”、第三届“浪漫童话，真爱云和”婚纱摄影主题等一系列摄影比赛。三是参加各类摄影比赛获奖频频，其中：国际比赛获奖18幅，国家级比赛获奖15幅，省市级比赛获奖40余幅。

美术创作：2016年，颜伟油画《石浦村口》入选全国小幅风景油画作品展。陈元森油画《家的记忆》《晨曦》，黄崧油画《深垟初冬》，蓝新章积木造型设计作品《绽放》入选“丽水市首届青年美展”。吴跃华国画《瓯江晨渔》入选丽水市“庆祝建党95周年”视觉艺术展。陈宣蔚在丽水市美术馆举办个人作品展。

书法创作：组织“陆维钊奖”创作，邀请陈远鸣、杨忠伟、李鹏等市书协负责人来云和讲课、点评作品。蓝晓荣、王春霞、宋世明的书法作品分别入选“浙江省第九届全浙书法大展”“‘温泉杯’全浙书法展”。雷宗堂、项大兴、蓝晓荣、王春霞、宋世明、柳启伟、潘吉礼、柳旭敏、罗长友、李小伟等人的书法作品分别入选“全省农民书法展”“全市书法大展”“全市青少年书法展”等展览。

音乐舞蹈创作：在“中华颂”全国小戏小品曲艺大赛中，陈江涛作曲的新编包山花鼓灯戏《福妈嫁囡》获作曲金奖、司鼓优秀演奏奖。在丽水市第十届原创歌曲大赛中，陈江涛作曲的原创歌曲《云中天堂》获创作金奖，会员季苏菲、郑昕昕、吴陈苑、王菁、陈俏俏、谢逸、王晓红等人小组唱获演唱金奖，王菁获辅导金奖。

诗词创作：2016年，诗词协会共创作诗词一千多首，通过收集、整理，筛选出会员习作诗词576首（其中外地吟友诗词佳作38首）、楹联76联，汇编出版《云和诗词》（第55期）。

（邱晓艳）

## 云和县残疾人联合会

**【概况】** 云和县残疾人联合会（以下简称县残联）成立于1991年1月，1993年5月升格为科（局）级公益一类全额拨款事业单位，执行理事会为常设工作机构。残联集“代表、服务、管理”残疾人三种职能于一身，将残疾人自身代表组织、社会群众团体、事业管理机构融为一体的事业性人民团体，也是党和政府联系残疾人的桥梁和纽带。机构内设办公室、康复科、教就科、组宣科4个职能科室，下设残疾人劳动就业服务所和残疾人康复指导中心2个下属事业单位。

根据2006年第二次全国残疾人抽样调查数据推算，全县约有残疾人7150人，占全县总人口的6.34%，涉及全县近1/5的家庭。至2016年末，全县共核发第二代残疾人证4542本，其中：男性2784人，占61.3%；女性1758人，占38.7%。按残疾类别划分：视力残疾678人，占14.93%；听力残疾982人，占21.62%；言语残疾92人，占2.03%；肢体残疾2160人，占47.56%；智力残疾262人，占5.77%；精神残疾292人，占6.43%；多重残疾76人，占1.68%。按残疾等级划分：一级残疾546人，占12.03%；二级残疾901人，占19.84%；三级残疾1529人，占33.66%；四级残疾1566人，占34.47%。

**【政策保障和规划编制】** 10月，县政府颁布实施《关于加快推进残疾人全面小康进程的实施意见》和《关于全面建立困难残疾人生活补贴和重度残疾人护理补贴制度的实施意见》两个文件。“两个意见”文件是今后一段时期指导全县残疾人事业发展和残疾人工作的纲领性文件，为下一步残疾人工作指明了方向，对于全面建成小康社会具有重要意义。12月，与县发改局联合编制出台《云和县残疾人事业“十三五规划”》，规划明确了四大“残疾人全面小康提升计划”和六大“残疾人全面小康重点工程”10个方面的重点任务。

**【全县残疾人工作会议】** 3月30日，全县残疾人工作会议在县委党校召开，县政府残工委成员单位、乡镇（街道）残联理事长、社区主任、五类残疾人协会主席等70余人参加会议，县委常委、副县长李钧敏出席会议并作重要讲话，县残联理事长吴兆江在会上作工作报告。会议传达全省残疾人工作会议精神，回顾总结2015年全县残疾人工作情况和部署2016年工作任务。

**【提升残疾人保障水平】** 一是推动“两项补贴”工作。联合财政、民政部门出台残疾人“两项补贴”实施办法文件，同时召开培训部署会，对工作进行部署，确保“两项补贴”制度顺利实施。至2016年末，共有1810人享受困难残疾人生活补贴，1768人享受重度残疾人护理补贴，全年发放补贴资金629.87万元。二是全面落实残疾人保险补助政策。全县残疾人参加城乡居民基本医疗保险个人缴纳部分由政府给予全额补助，为334名重度残疾人提供城乡居民养老保险补助，为1369名重度残疾人免费办理人身意外伤害保险。

**【拓展残疾人增收渠道】** 一是开展扶贫济困活动。积极配合省残联对安溪乡扶贫点工作，与安溪乡、县工商联等部门联合举办“优秀残疾人书画作品爱心义拍”活动，筹得善款20多万元全部用于安溪乡“残疾人关爱基金”。春节期间和“七一”前夕，组织党员干部开展“送温暖”和“微心愿”活动，走访慰问贫困残疾人家庭130户，发放慰问品、慰问金6.5万多元。积极推进残疾人扶贫基地建设，完成3家扶贫基地扶持工作。帮助85名残疾人争取到省级扶贫贷款贴息补助，为50名低收入残疾人创业就业提供资金帮扶。二是提升素质教育。结合云和实际，出台职业技能培训补贴制度，并举办民宿经营和淘宝电商培训班2期，共培训人员125人。开展爱心助学，为12名不能到学校接受教育的重度残疾学生开展送教上门服务，完成残疾人及残疾人子女爱心助学60人，发放助学金15万元。三是拓宽就业渠道。积极为残疾人就业创业搭建平台，通过举办招聘会、开发公益性岗位和超比例安排就业奖励等措施，完成新增就业31人。推动残疾人按比例就业政策的落实，依法征收残疾人就业保障金，实现入库241.49万元。

**【满足残疾人康复需求】** 一是深入实施“三助”工程。开展“助听、助明、助行”活动，实现基本康复全免费、普及辅助器具全赠送，发放轮椅200辆，配发助听器70台、助视器3台，验配假肢3条，为72名白内障患者提供复明手术补助。开展无障碍设施进家庭服务，落实个性化改造方案，完成5户家庭的生活设施改造。二是深化抢救性儿童康复项目。完善县残疾人康复中心规章制度和拓展服务项目，成立县幼儿特教中心，进一步提升为0—6周岁抢救性儿童康复训练的服务水平。为18名残疾儿童提供康复训练服务，为3名残疾儿童提供普及型辅助器具资金补助。三是全面落实康复保障政策。加大财政投入，确定定点医疗机构，实现全县持证贫困精神残疾人服用基本抗精神病药物全额保障和重性精神障碍患者免费治疗。与卫生部门联合落实残疾儿童、精神残疾人和“三瘫一截”等成年重度残疾人纳入基层责任医生签约服务范围，服务费个人承担部分由地方财政给予100%补助。

**【营造扶残助残氛围】** 一是事业宣传有力推动。积极组织残疾人和残疾人工作者参加全市残联系统“自强之歌”歌咏比赛并取得三等奖。助残日期间，在新建路大屏幕播放助残标语，在县电视台播放陈红微电影，大力营造良好的扶残助残氛围。同时编发《云和残联》简报14期，向省、市残联和县政府网站报送信息100多条。二是助残活动扎实开展。围绕残疾人节日主题，开展丰富多彩、形式多样的助残活动。如：在古坊小学举办“福彩牵手·关爱残疾孩子”助学金发放仪式暨“全国助残日”联谊活动；到县残疾人小康·阳光庇护中心看望慰问托养的49名重度残疾人；联合县人民医院等单位分别在崇头镇和中山广场举办宣传义诊活动；与云和联诚家电共同举办以“扶残助残、奉献爱心”为主题的爱心大米赠送暨“家电助残卡”发放活动等。

**【夯实事业发展基础】** 一是圆满完成数据更新工作。历时4个多月时间，克服残疾人分布面广、量多、工作量大等困难因素，深入基层与残疾人面对面沟通，倾听呼声，了解需求，圆满完成3600名残疾人基本服务状况和需求数据更新工作，进一步摸清全县残疾人家庭收入、就业扶贫、康复等方面信息。二是做好信访维稳工作。与县人民法院等九部门联合成立县残疾人法律救助工作协调领导小组和县残疾人法律救助工作站，并落实司法救助专项资金3万元，切实维护残疾人合法权益。依法及时处理残疾人来信来访，全年共受理残疾人来信45件，接待来访700余人次。三是加强自身建设。以开展“归零翻篇开新局”主题大讨论活动和“两学一做”学习教育为契机，深刻查找工作中存在的短板问题，科学制定整改措施，进一步增强党员干部的宗旨意识、纪律意识、大局意识和责任意识。召开党风廉政建设工作会议，建立健全党风廉政责任制，细化分解责任清单，层层签订责任书，有效防控干部职工廉政风险。四是认真完成县委、县政府重点工作。积极参与“五水共治”“洁净乡村”“无违建县”创建等重点工作，常态化组织人员开展河道清理、路面清扫及街面巡查活动。认真开展党员干部争当“三员”活动，领导班子成员带头深入基层，走村入户，了解并解决残疾人事业发展中存在的困难与问题。

（叶伟军）

## 云和县工商业联合会（总商会）

**【概况】** 2016年，云和县工商业联合会（以下简称县工商联）紧紧围绕县委、县政府中心工作，牢牢把握“两个健康”主题，努力构建“亲”“清”新型政商关系，深化企业服务、加强组织建设，积极发挥工商联桥梁和纽带作用，全力促进全县非公有制经济的科学发展。2016年，县工商联荣获“丽水市工商联系统先进单位”“统战工作先进集体”“全县安全生产目标管理责任制考核优秀单位”等多项表彰。

**【换届工作】** 换届工作是2016年的一项重点工作。为了更好地完成换届工作，县工商联对各行业商会及企业进行走访，多次研究讨论换届工作方案，及时向县委、县委统战部领导汇报，并成立以县委常委、统战部长彭招平为组长的换届工作领导小组。9月18日，召集18个部门，布置落实对非公有制经济代表人士综合评价会议；9月28日，召开县工商联六届四次执委（扩大）会议，对换届工作做进一步强调和落实，并拟定各层次班子成员。经过一系列换届筹备工作，县工商联（总商会）第七届会员代表大会于2016年10月26日在云和县文化中心胜利召开。会上，县委书记张建明对县工商联的工作给予充分肯定。大会选举产生云和县工商联第七届执委121名，常委61名，主席（会长）1名，专职副主席（副会长）2名，兼职副主席18名，兼职副会长24名（其中异地商会会长6名），秘书长1名，副秘书长2名；叶峰当选县工商联第七届执委会主席、总商会会长。

**【参政议政】** 围绕党委、政府中心工作和非公有制经济发展的热点、难点问题以及自身建设，深入开展调查研究，全面提高参政议政水平。积极鼓励非公经济人士参政议政，有效维系友好和谐的政商关系，促进相互交流。组织工商联界别的政协委员开展社会调研活动，并形成提案18件，大会材料2篇，其中3件提案被评为重点提案，1件提案被评为优秀提案。胡东海、何建云、吴永贵3名委员被评为县政协先进委员。

**【服务企业】** 坚持“服务立会、服务兴会”的宗旨，切实为非公企业提供全方位的服务。

一是建立多形式服务平台。1月22日，召开“银企对接”座谈会，县小型企业融资性贷款担保有限公司与县内5家商业银行负责人现场签订合作协议，有效缓解企业融资难问题。春节期间和县“两会”召开之际，联系在外云商和本地企业家代表参加县内活动，促进建立友好政商关系，增强企业家发展信心。2月17日，与县人力社保局联合举办春季人才招聘会，协助企业解决用工问题。4月9日，在云和举行乐清市商贸行业商会“百人乐商跨界游学研讨会”，增强会员对外交流与学习能力。4月20日，组织非公企业学习贯彻习近平总书记在全国政协十二届四次会议民建、工商联界委员联组会上的重要讲话精神，县工商联主席叶峰着重强调“构建‘亲’‘清’新型政商关系”的深刻意义，并表示要对非公经济人士多关注、多谈心、多引导,帮助解决实际困难,同时希望各企业积极主动地与政府部门多沟通、多交流,说实情,建诤言,满腔热情支持云和县发展。9月,与县检察院共同开展服务非公企业活动,配合县检察院出台《关于依法保障和促进“木玩企业”持续健康发展的实施意见》等2个文件,引导企业树立正确的发展理念,为企业发展提振信心,保驾护航。12月23日,参加“服务非公企业,浙检在行动”检察开放日活动,通过座谈会形式提高企业经营者依法经营的意识。

二是加强人才培育。组织各商会开展形式多样的学习交流活动,尤其是对新生代企业家进行重点培养,着力提升非公经济人士综合素质。1月17日,杭州云和商会与县新生代企业家联合会共同举办“资本市场云商峰会”,对资本市场相关知识进行培训。6月14日,5名新生代企业家参加市里组织的新生代青年企业家研修班,赴延安红色教育基地参加培训,提升企业家的政治素养、参政议政和创业创新能力。9月14日,近40名新生代企业家赴深圳参加县委组织的非公企业主(新生代)高级研修班,对木玩行业转型升级进行理论培训,并通过实地考察与深圳市玩具行业协会开展交流。

三是大力发挥调解委员会作用。工商联人民调解委员会作为县工商联服务企业的一个重要平台,在减少矛盾纠纷、维护社会和谐稳定、促进非公有制经济发展等方面均发挥了积极作用。2016年,县内7个商会的人民调解委员会充分发挥职能,帮助企业解决各类矛盾纠纷12起。

【组织建设】 一是加强商会建设。2016年,先后组织杭州云和商会、建材商会、温州云和商会和义乌云和商会召开年度会员大会,并指导商贸行业商会圆满完成换届工作。此类活动的开展,有利于加强商会建设,增强商会的凝聚力,更有助于及时了解掌握异地商会工作开展情况和在外人员创业发展情况,落实相关工作。5月24日,协助杭州云和商会成功处置2起敲诈超市事件,此次成功维权,有效帮助会员提高法治意识和经营水平。二是成立云和县总商会天津分会。走访北京、天津等地,为筹建异地商会做前期准备工作。12月13日,云和县总商会天津分会在天津塘沽区成立,叶寿平当选为会长;会员65名,主要由在天津及周边创办企业和个体工商户的云和籍人士组成,从事行业涉及超市经营、小吃类生产、宾馆酒店、建材贸易等多个领域;这是继苏州、杭州、温州、义乌、上海、西安之后的第7个异地云和商会。

【外引内联】 通过“引进来,走出去”的经济交流方式,开阔会员的眼界,在考察学习的过程中收获新型生产技术、管理方式和经营理念。9月,组织商贸行业理事会成员赴温岭市进行实地考察交流;11月,在温州市报喜鸟集团参观学习工业4.0智能制造技术;12月,杭州云和商会部分成员在荔波县参加2016浙商(冬季)论坛,实地考察荔波县招商引资项目,并在贵州茅台酒厂有限责任公司进行考察学习。

【光彩事业】 通过开展各种形式的公益活动,增强企业家的社会责任意识,树立企业良好的社会形象。2016年,共组织各类公益活动10余次,筹得公益资金100万余元。1月,杭州云和商会与县新生代企业家联合会共同举办“联谊慈善会”,进行慈善爱心捐赠和拍卖,筹得善款30万元,资金将全部用于云景浙闽古迹的修复。1月下旬,县阀门商会到岩下村慰问困难户,并送去大米、油等慰问品及慰问金。春节期间,义乌云和商会和本地各商会对全县40多户贫困农民进行慰问,并与县民盟一起到联系村开展送春联下乡活动。4月,县新生代企业家联合会开展“莫让烟头扰春色”公益活动,以实际行动为云和梯田景区“洗尘”,为“美丽县城”建设添砖加瓦。5月,30余名企业家参加“残疾人书画作品爱心义拍”活动,共筹得善款20余万元,资金将全部用于安溪乡残疾人关爱基金。“六一”儿童节前夕,9家木玩企业向县内幼儿园捐赠木制玩具,价值9万多元。9月,组织近20名新生代企业家一同走进古坊小学,给10余名患有智力缺陷的学生送去月饼、文具等中秋礼物;温州云和商会结对梅源中学8位学生,支持其在学校三年的所有费用。

(王雯娜)

# 人事·劳动·社会保障

## 人　事

【人事管理】　2016年,云和县人力资源和社会保障局进一步规范和落实人事招考制度,打造阳光考录品牌,坚持凡进必考、选调必考,坚决把好审查关、笔试关、面试关、考察关、审批关,组织好各类人事考试工作。全年共组织公务员、国有企事业单位工作人员和公开选调考试6次,招录公务员62名、企事业单位(国企)工作人员188名。同时,全面推行公务员职务与职级并行制度,开辟晋升职级新通道,拓宽基层公务员职业发展空间。

【人才开发】　立足云和县实际,坚持"引进急需,保证重点"的原则,全年共组织34家企事业单位赴西安、武汉、成都等地参加大型人才招聘活动,引进各类紧缺急需实用型人才45名,其中硕士研究生6名;组织申报国外引智项目2个;获批引智示范项目2个;获批享受政府特殊津贴1人;申报丽水市突出贡献专家2人;申报并成功举办省级重点专业技术人员高级研修班。根据县内实际,调整云和县"副高级以上专业技术职务人员享受政府津贴"政策,进一步扩大津贴发放范围。同时,在全市率先出台《进一步加强企业技能人才队伍建设的实施意见(试行)的通知》(云政办发〔2016〕10号),填补了云和县技能人才培养激励政策的空白。

【专业技术队伍建设】　2016年,共组织专业技术人员继续教育培训考核686人;推荐和评审初、中、高级专业技术职称382人,组织职业技能鉴定1991人;通过举办高技能人才培训班、技能大赛和选拔推荐高技能人才等多种形式,培养各类高技能人才153名。

## 劳　动

【公共就业】　全面做好就业管理服务工作,重点落实各类优惠帮扶政策,有效开展职业技能培训,完善市场化公共就业服务职能,进一步加强基层劳动保障服务平台建设。全年新增城镇就业1095人,城镇失业人员实现再就业552人,其中:就业困难人员再就业145人,城镇登记失业率控制在3.08%以内,就业局势总体保持稳定;组织开展职业技能培训和创业培训20余期,为社会输送各类就业创业人才1808人;积极落实一次性创业社保补贴、场地租金补贴、灵活就业社保补贴、高校生见习补贴和租房补贴等各项优惠政策,形成大众创业、万众创新的良好社会氛围,共发放补贴206万元,补贴人数500余人;积极落实企业稳岗补贴,提高企业用工稳定性,减轻企业负担,共有28家企业通过审核并获得补贴,补贴资金总额122.2万余元;举办大型招聘会和人力资源市场招聘集市日活动11场次,共吸引300余家企事业单位进场招聘,提供就业岗位3972个,1100余人现场达成就业意向。

【构建和谐劳动关系】　深入开展"双爱"活动,把"双爱"活动作为构建和谐劳动关系的"总抓手"。全县劳动关系和谐指数连续4年名列全市前三。进一步加强劳动保障法律宣传和执法检查,全年共开展各项专项检查4次,主动监察、巡查各类用人单位305家,涉及劳动者2.16万人,完成企业书面审查1409家,有效预防和解决农民工工资拖欠问题。全面推进农民工工资支付保证金工作,规范在云和县从事建筑活动的建筑业企业工资支付行为,做实专项应急保障资金,全年共收取农民工工资支付保证金1000余万元。同时,进一步提高劳动监察执法效能,积极维护劳动者的合法权益,全年共办理日常投诉举报案件40件,依法为283名劳动者追回工资289万元,按时结案率达100%。切实加强劳动人事争议调解仲裁工作,积极开展基层劳动争议调解网络体系建设,基本形成县、乡镇(街道)和企业三级劳动争议调解网络。坚持阳光仲裁,加大劳动争议案件调解力度,全年共接待群众咨询450余人次,立案受理劳动争议案件265件,为劳动者挽回经济损失585.06万元。

## 社会保障

**【社会保险制度】** 扎实推进机关事业单位工作人员养老保险制度改革,继续落实被征地农民基本生活保障与城镇职工基本养老保险并轨制度;调整生育医疗政策,将职工生育医疗待遇按照基本医疗保险支付标准纳入基本医疗保险基金支付。

**【社会保险扩面】** 至2016年末,全县基本养老保险、医疗保险、工伤保险、生育保险、失业保险参保人数分别达到74604人、108160人、26017人、12371人、10441人,其中医疗保险、工伤保险、生育保险参保人数分别比2015年底增加1390人、4594人、1298人。

**【社会保障水平】** 连续12年调整企业退休(职)人员的养老金待遇。2016年,为全县10705位企业退休人员调整补发养老金1818.45万元,人均月增142元。调整后,人均月基本养老保险待遇达到1927.54元;被征地农民转保工作取得阶段性成效,转保率高达84%。

**【社保经办服务能力】** 全面启用医保智能审核系统,实现阳光公平审核;探索"互联网+社保"服务模式,解决服务群众"最后一公里"问题;继续推进社会保险档案电子化工作,切实提高社保档案信息化管理水平;不断完善社会保障信息化服务,以社会保障卡应用推广为抓手,扎实推进"12333"咨询服务平台建设。至2016年末,全县社保卡持卡人数达11.29万。

**【社保基金监管】** 严格按照社会保险基金阳光监管实施方案的要求,深化完善内控制度,加强基金征缴、支出稽核管理,确保基金收入平稳、使用安全、监管更加规范。加强对两定单位的管理,全面启动医保智能审核平台,通过阳光医保监管平台,全面、全程、实时监控定点医疗机构的医疗服务行为,促使定点医疗机构规范医疗服务行为,从而控制医疗费用的不合理增长。同时,进一步完善经办机构与医药机构的协议管理,加大对定点医药机构的巡查力度。至2016年末,完成对全县79家定点医药机构的巡查及信用评定工作,核实并扣除违规诊疗用药共3615人次,违规金额达54.39万元。

(李丽玲)

# 法 治

## 县委政法委

**【概况】** 2016年，县委政法委紧紧围绕县委、县政府提出的“高质量平安护航G20”和“夺取高含金量的平安金鼎”两大任务目标，深入开展“平安护航G20大会战”和“平安夺金鼎百日大会战”，切实强化政法平安综治维稳工作，取得显著实效。2016年度，云和县被省委、省政府命名为“平安县”，实现平安建设“十二连冠”，成功夺取“平安金鼎”。

**【“平安护航G20”大会战】** 坚持把打好“平安护航G20”大会战作为2016年政法平安综治维稳工作的重中之重来抓。一是服务大局，着力推动指挥部实体化运作。建立涉稳会商研判工作机制，在实战决战阶段，每日由县领导召集相关单位进行集中研判，落实解决重点难点问题，逐件交办到涉及部门，切实消除各类风险隐患。2016年，县领导就峰会维稳安保工作共作出批示28件(次)，县“平安护航G20”大会战指挥部共组织会商研判58次，编发维稳安保“一日一研判”专报38期，累计下发任务清单3批次49项，通过县平安办督促落实整改的问题168个。二是强化举措，合力促进矛盾积案化解。深入推进“县领导督百案”活动，全县启动重点时段县领导坐班接访制度，由相关县领导对所包信访积案逐个分析，明确稳控措施和化解办法。实行“N对一”的工作专班，严格落实信息报告制度，畅通情报收集渠道。G20峰会和乌镇峰会期间，全县实现“零”重大涉稳事件、“零”重大安全生产事故、“零”到市赴杭进京闹访滋事，高标准实现“云和本地不出事、云和人在外不惹事”的目标。三是万无一失，切实加强反恐防暴工作。实战决战阶段启动反恐最高等级响应，落实每日反恐信息研判机制。加强对刑释解教、社区矫正等12类人员的教育引导和管控工作，做到底数清、情况明。积极开展反邪教宣传和警示教育活动，扎实开展邪教人员底数大排查，全县没有发现新增邪教组织人员，反邪教斗争形势稳定。加强液化气、成品油、民爆物品等重点物资管控，全面推行瓶装液化气销售实名制管理，共排查并取缔超范围经营液化气零售店62家。

**【平安夺金鼎百日大会战】** 以夺取高含金量的“平安金鼎”为目标，全力推进落实“平安夺金鼎百日大会战”，切实补齐平安建设工作短板。一是解读省平安考核评审条件，精准落实平安建设责任。对照《2016年平安考核评审条件》及其解释内容，多次邀请市委政法委业务专家，对全县政法综治维稳大调解干部进行业务培训。同时，分解下发平安建设责任清单，理清责任边界，明确各自职责，并与各乡镇(街道)、重点部门签订平安建设责任状，确保第一时间将责任落实到单位、落实到个人。此外，还多次组织召开“平安夺金鼎百日大会战”形势分析会，向全县10个乡镇(街道)和26个部门交办重点任务清单34项。二是坚持以问题为导向，聚焦查找平安建设短板。组织召开全县“平安护航G20大会战”总结会暨“平安夺金鼎百日大会战”动员会，动员全县查补平安建设工作短板。及时出台《“平安夺金鼎百日大会战”实施方案》，采取“每月研判分析”“对口检查暗访”

"每月对接省市部门"等多种方法分析查找问题;重点开展对标找短"明底账"活动,找准补齐影响"平安夺金鼎"和考核成绩的问题短板,牢牢掌握平安考核主动权。三是促进短板补齐方式创新,重点强化平安建设问题整改。围绕平安考核评审条件,设立维护社会稳定、维护社会治安、维护经济秩序、维护生产安全、维护食品药品安全、维护生态环境安全、维护人民群众安居乐业等8个专项攻坚组,组织开展八大专项行动;实施"县领导带队督战""暗访问题回头看""问题短板挂牌销号"等办法,常态推进问题整改提升,消除隐患漏洞。四是以提升平安"三率"为抓手,全员发动,营造氛围。将平安宣传工作分七大块18个项目部署落实到全县各有关单位,以"举办一次'平安六进活动'、制作一批宣传标语横幅、开展一系列主题宣传"为重点,通过摆摊设点、微信推广、短信群发、悬挂横幅、媒体报道等多种方式,提升平安浙江APP下载注册率。2016年,全县共推广"平安浙江"APP用户8168个,开通率达5.11%,超过全省平均水平。

【深化基层社会综合治理】 打出反恐反爆、安全生产、食品安全、基层社会治理等一系列综治创建"组合拳",切实提升人民群众安全感。一是筑牢基础,全力推进两网融合。在构建"一张网"体系、出台"以奖代补"机制、推动"平安通"运行、初步实现"两网融合"的基础上,实行信息受理1天预警制度,及时兑现奖惩,有效受理并办理各类事件信息。2016年,通过网上网下联动,共处理矛盾纠纷、问题隐患等各类事件信息9286条,发放"以奖代补"奖励经费12.4万元,群众参与平安建设的积极性得到有效提高。二是把握重点,切实夯实基层基础。加快推进县乡两级综合指挥平台规范化建设,完成县乡两级综治视联网建设项目并投入使用。积极推进公安安全视频监控网建设,县综治办、公安局、发改局等13个部门联合下发《云和县公共安全视频监控建设联网应用工作实施方案(2016—2020)》,将全县各重点单位、重点场所的2800个视频监控摄像头无缝接入公安视频监控系统,尽早实现对接互动运行。三是力求实效,有效化解矛盾纠纷。深入开展社会风险隐患排查化解管控专项行动和重大不稳定问题动态摸排化解工作,对排查出来的风险隐患和矛盾纠纷,实施清单管理,限期销号。建立县乡两级重大矛盾纠纷化解领导包案和挂牌督办制度,对各类重大矛盾纠纷,落实包案领导,搭建化解专班,明确化解时限,实行挂牌督办。

【加强政法队伍建设】 秉着特别能吃苦、特别能战斗的工作作风,始终把纪律规矩挺在前,在关键时刻冲锋在前,真正做到"党委政府中心工作推进到哪里,政法工作就服务保障到哪里"。一是精益求精,常态化促进政法干部能力提升。根据中央、省、市政法委要求,定期组织全县政法综治维稳干部参加业务学习培训,全年组织参加中央省市业务培训次数10余次,切实提升了全县政法综治维稳干部的政治素养、业务能力。二是严之又严,切实推进委机关党风廉政建设。充分利用"周一夜学"等平台,切实开展好"归零翻篇开新局"主题大讨论、"两学一做"学习教育等活动,不择不扣地完成"规定动作",高标准做好"自选动作"。强化规矩意识,始终把守规矩、讲纪律挺在前;充分利用全国反腐案例,定期开展防腐倡廉警示教育,强化全委自觉抵制不良之风的能力。

(蓝剑梅)

## 公　安

【概况】 云和县公安局(以下简称县公安局)现址云和县公园路2号,内设机构15个,下辖派出所5个,共有行政编制253名、在编人员238名,其中:民警229名,职工9名;一线实战单位警力为210人,占全局总警力的92%。

2016年,县公安局按照县委、县政府和上级公安机关的决策部署,紧紧围绕"护航G20、平安夺金鼎"这一中心政治任务,将"两学一做"学教活动、纪律作风建设贯穿到全年队伍建设当中,团结奋进,主动作为,扎实推进各项重点工作,全县社会治安形势持续保持和谐稳定的良好态势。具体呈现出

“两降一升”：全年总接警量33705起，同比下降19.10%；刑事案件650起，同比下降34.08%；移送起诉355人，同比上升6.93%。消防、交通等各项安全管控到位，交出一份让全县人民满意的“平安报表”。

2016年，县公安局先后荣获“全省公安机关G20杭州峰会安保先进集体”“全省年度执法质量优秀单位”“全省公安队伍正规化建设示范单位”等称号。此外，还取得全市情报综合研判比武团体第三、全市公安巡特警比武团体第四的佳绩。在2016年全市平安县（市）考核中，云和县群众的安全感、满意度位居全市前列。

**【护航G20杭州峰会】**（一）严管重罚。严格落实行业管控，实行连续罚、顶格罚、追踪罚，为G20峰会安保工作营造强大的声势。联合相关部门在全市率先推行液化气销售实名制管理，该做法得到省公安厅肯定并推广。（二）重兵援杭。精心遴选46名精干民警赴杭州增援G20峰会安保，先后有5名民警因事迹突出受到省公安厅通报表扬，3名民警被评为全省先进个人，4名协警被评为全省安保积极分子，1人受到省委、省政府通报表扬，1人荣获省级个人二等功，10人荣获市级个人三等功。

**【冲刺平安金鼎】** 作为平安建设的主力军，县公安局于2016年年初就将平安夺金鼎列为年度中心工作，细化分解责任清单，提前部署“强基础、除隐患、补短板”专项活动，有效夯实基层基础工作。同时，发动社会力量开展治安大巡防，进一步挤压违法犯罪空间；严防死守，对辖区农家乐、出租房等人群密集场所开展常态化隐患排查，并追踪整改落实情况；交警部门全警上路，严管重罚，紧盯“控大”风险，落实好各项严管措施，确保交通安全平稳。

**【打击违法犯罪】** 2016年，全县共发刑事案件650起，五类案件发1破1（放火案），命案发破1起，五类案件、命案破案率均达到100%；破刑事案件461起，同比下降14.79%；移送起诉355人，同比上升6.93%；查处治安案件991起，同比下降6.42%。对社会影响恶劣的大案要案，举全警之力快侦快破，其中：“6.17”故意杀人案和“10.15”持刀抢劫案均在2小时内快速破获；抓获3个新型网络诈骗犯罪团伙，堵截资金及追回赃款50余万元，打处数同比上升117%；常态化肃清“黄赌毒”等丑恶现象，破获“食药环”案件30起，有力捍卫群众餐桌上的安全。

**【强化处突能力】** 一是部署“135快速反应控制圈”。结合云和实际，认真部署主动高效的快速反应体系，体系明确：在接到暴恐、个人极端暴力犯罪等重大紧急警情报警后，快速在县政府大院范围内构建“3分钟控制圈”，在县汽车站、人民医院、第三中学、实验小学、实验幼儿园五家单位范围内构建“5分钟控制圈”，并不定期开展实战拉练。6月17日，县公安局多警联动，快速破获1起故意伤害致他人死亡案件。二是打造反恐尖兵。以全市巡特警比武为契机，精心选拔优秀干警，组建成立一支8人的特警突击队。三是调整日常巡逻模式。将巡特警大队警力最大限度的摆在街（路）面巡逻防控上，最大程度挤压街（路）面违法犯罪空间，提升群众安全感和满意度。

**【夯实基础工作】** 一是强化“双实”工作。通过实地走访、电话问询等方式，核查地址54302个、关联人员138678人。全面推行流动人口分层次管理模式，力争从中发现预警性、深层次的情报信息和违法犯罪线索。认真落实涉恐情报信息归口处理机制，每月组织开展一次形势分析研判，提前应对，把握主动。

二是强化行业管理。加大对辖区各类行业场所监督检查力度，对违反“四实登记”、违规经营网吧等行为实行连续罚、顶格罚、追踪罚，为G20杭州峰会安保工作营造强大的声势。严格落实寄递业“三个100%”（100%收寄验视、100%实名收寄、100%X光机验视），防范和杜绝安全隐患。强力推进农家乐（民宿）APP的推广和使用，及时掌握入住人员登记信息。

三是强化重点管控。（1）加强重点部位管控。组织政府机关、医院、学校、车站、电厂等重点单位安保人员500余人,进行最小作战单元培训,增强各重点单位的自防意识和自防能力,并配合指导相应的人防、技防、物防建设落实到位。针对车站、水厂等部位存在的反恐安全隐患,发函至相关主管部门,要求进行及时整改。(2)加强重点物品管控。加强对民爆物品、危险化学品、散装汽油等敏感物品的日常管理,大张旗鼓地开展反恐法宣传,并以责任清单形式,要求各有关部门落实监管职责。6月初,县公安局与县住建局、县市场监管局、县安监局联合制发《云和县关于加强液化气安全管理的通告》,推行液化气销售实名制管理。

**【深化队伍建设】** 一是规范执法。全面推开浙江省公安机关执法办案综合应用系统,行政、刑事案件电子化卷宗和行政案件快速办理工作,完成“三位一体”建设,为一线办案民警配齐防护装备和取证设备。2016年,县公安局再次荣获“全省年度执法质量优秀单位”称号。二是美化警营。经常性组织民警开展喜闻乐见的文体活动:成功举办“警营好声音”歌唱比赛;组织参加2016年丽水“半程马拉松”比赛,并取得较好成绩;对一楼大厅进行升级改造,营造出生动活泼、团结和谐的警营环境。三是优化服务。公安各窗口实行“无休日”工作制度,方便群众办理证件、处理交通违章等各项业务。出台《云和县流动人口IC卡居住证申领工作实施意见》,全力做好流动人口服务和管理工作。2016年,章程喜获“全国优秀人民警察”称号。

(雷子杰)

## 检 察

**【概况】** 2016年,云和县人民检察院(以下简称县检察院)在县委和市人民检察院的正确领导下,认真落实全市检察长会议和政法工作会议精神,紧紧围绕县委中心工作,以开展规范司法行为专项整治活动为契机,全面履行检察职责,为维护社会稳定、促进党风廉政建设和反腐败斗争的深入开展起到了积极的作用。

**【刑事检察】** 以提高办案质量和增强服务效果为核心,依法履行批准逮捕和提起公诉等检察职责,严把审查批捕、起诉关,主动与公安、法院等部门密切配合,做到快捕快诉,全力维护社会稳定。全年共受理公安机关提请逮捕案件73件101人,批准逮捕83人,不批准逮捕18人,不捕率17.8%;公诉部门共办理刑事案件271件347人,已审结258件338人,其中提起公诉229件305人,作出不起诉决定案件25件28人。2016年,县检察院坚持“从重从快”的原则,密切与公安机关之间的联系,坚持对重大刑事案件提前介入,积极协助、引导侦查机关收集和固定证据,增强打击合力。在案件办理过程中,对一些情节轻微,危害不大的案件努力促成当事人和解,全年共促成13件故意伤害轻伤案达成刑事和解,协议金额达50余万元。所办理刑事和解案件,均当场付清赔偿款,做到案结事了。

**【控告申诉检察】** 畅通信访服务渠道,落实下访巡访、检察长接待日等制度,妥善处理各类控告申诉案件,实现多年涉检赴省进京零上访。

**【查办职务犯罪】** 2016年,反贪部门对职务犯罪案件共立案10件10人,其中行贿案件4件4人,挪用公款案件2件2人,受贿案件3件3人,主要涉及交通运输系统、社区服务中心、农村基层组织等领域;反渎部门摸排线索7件,立案侦查2件2人,均为滥用职权渎职案件,涉及工业园区石方拍卖和国有资产监管领域。在查办职务犯罪案件中,坚持从实际出发,把查办群众反映强烈的贪污、受贿等犯罪案件作为查办重点,切实保障广大群众的利益,推动反腐败斗争的深入开展。办案中坚持“依法、文明、公正、高效”的办案方针,规范办案工作,提高案件质量。在工作中,严格执行最高人民检察院关于加强办案安全防范规定,落实安全防范措施,对每一起案件都制定周密的安全防范措施,加强对干警的安全防范警示教育。坚持把案件质量作为核心,把程序合法作为提高执法水平的首要环节,严格依法收集、审查、固定证据,案件质量得到明显提升。

【预防职务犯罪】 坚持“打防结合,标本兼治”的原则,立足检察职能,结合案件办理,积极开展预防职务犯罪工作,努力从源头上预防和减少职务犯罪的发生。开展行贿犯罪档案查询工作。2016年,县检察院预防科应县招投标中心等单位和个人申请,共接受行贿犯罪查询80次92人。

【强化法律监督】 2016年,县检察院有效加强刑事诉讼监督,针对刑事立案活动中有案不立、有罪不究,侦查活动中违法办案、取证不规范等问题,督促侦查机关立案5件6人。重点开展“两个专项监督”工作,依法监督行政执法机关移送案件25件32人,监督公安机关立案17件22人。加大刑罚执行同步监督力度,积极开展社区矫正专项检察活动,查阅司法所社区矫正工作档案资料60余份,监督社区矫正收监5件5人,建议财产刑罚执行监督50人,均被法院采纳;扎实开展捕后羁押必要性审查,对符合条件的19名犯罪嫌疑人及时提出变更强制措施的建议。同时,根据修改后的民事诉讼法,调整民事行政诉讼监督工作重心,分别对县交警大队、县市场监管局、县水利局三家行政单位发出检察建议共5份,取得较好的社会效果。

【自身队伍建设】 为进一步鼓励和督促全院干警多干事,干实事。2016年,县检察院修改完善了《岗位目标责任考评办法》,鞭策干警把主要精力和重心放到工作上来。认真开展“归零翻篇开新局”大讨论和“两学一做”学习教育活动,集中力量“找短板、补短板”,确保规定动作走到位、自选动作创特色,有效地把开展活动与重点工作结合起来。同时,以规范司法行为为专项整治活动为抓手,强化内外监督制约,认真落实党风廉政建设责任制,进一步加强自身反腐倡廉建设。平时利用“周一夜学”等平台,大力开展“岗位练兵”;围绕检察理论与实务研究工作,组织干警开展“微课”比赛,并选送优秀作品报送省、市检察院进行评比。深入推进“阳光检察”,打造了检察门户网站、微博、微信为一体的检务公开体系,并通过“检察开放日”“举报宣传周”等平台,让更多的群众了解检察机关,监督支持检察工作。

(徐 阳)

## 审 判

【概况】 2016年,云和县人民法院(以下简称县法院)深入学习贯彻中共十八大和历次全会精神,严格履行宪法和法律赋予的职责,主动适应经济发展新常态,为全面深化改革、建设法治云和、平安云和提供了有力的司法保障。全年共受理各类案件3041(旧存272)件,同比增长32.46%;办结2845件,同比增长41.40%。各类案件一审息诉服判率为95.52%,主要办案质量、效率、效果指标良好。

【刑事审判】 充分发挥刑罚打击犯罪、维护稳定的作用,全年共审结各类刑事案件251件,判处罪犯262人,结案率98.8%,当庭宣判率75%。突出打击重点,保护人民群众生命和财产安全,审结盗窃、抢劫、抢夺等侵犯财产案件32件,审结故意伤害、强奸等侵犯人身权利案件21件32人。坚持宽严相济原则,对具有法定从轻、减轻处罚情节的犯罪分子,依法从宽处理,努力发挥刑罚的教育和感化功能,宣告缓刑90人。为所有符合条件的被告人指定辩护人,“可能判处三年以上辩护率”达到100%。成立未成年人刑事案件审判组,进一步保障未成年人诉讼权利。

【民商事审判】 全年共受理各类民商事案件1931件,审结1917件,同比分别上升45.19%和49.88%。灵活运用调解这一“东方经验”,坚持调解优先、调判结合,最大限度化解矛盾,调撤率为59.68%。慎重审理民生案件,保护弱势群体合法权益,审结婚姻家庭、损害赔偿等案件155件;审结劳动争议相关案件21件,全力维护职工劳动权益;妥善审理民间借贷案件483件,减少社会不稳定因素。如:金丰和佳诚两批物业合同案,涉及住户数百户,县法院法官多次深入小区,组织座谈会,就法律规定的先履行义务、次义务不能对抗主义务、服务瑕疵与违约的区别进行充分的释明,最终促使物业费和解履行,物业公司满意撤诉。《中华人民共和国反家庭暴力法》出台后,县法院释明指导离婚案件当事人使用法律武器保护自身安全,在过某与黄某的离婚案件中发出丽水市首张人身安全保护令,并组织电视台采访和在丽水法院司法服务平台发布,取得良好的社会效果。

**【行政审判】** 履行行政诉讼案件集中管辖职能,支持、监督行政机关依法行政,保障群众的合理诉求,服务法治政府建设。全年共审结行政诉讼案件19件,依法审查、执行行政机关申请强制执行非诉行政案件17件。增强司法与行政良性互动,通过召开行政执法部门座谈会、提出司法建议和提供法律咨询等形式,及时反馈行政执法突出问题,促进依法行政。重视行政诉讼前期沟通化解工作,促进官民和谐。

**【执行工作】** 贯彻最高人民法院《落实"用两到三年时间基本解决执行难问题"实施方案》和市中级人民法院提出关于进一步强化执行工作力度的"六个一律""六个不得"要求,努力推进解决执行难工作建设。全年共受理执行案件1063件(旧存125件),新收案件同比增长53.77%;结案928件,同比增长85.23%,执行到位总金额4361.5万元;民商事案件实际履行率和实际执行率分别为73.01%、61.69%,分别位居全市第一、第二;违法制裁率4.88%,位居全市第二;执行标的清偿率达58.65%,位居全省第一。运用"点对点"执行查控机制查询财产信息18601条,查询到存款5057.79万元,有效打击被执行人规避执行情况,提高案件执行效率。完善执行案件信息与人民银行征信系统、最高人民法院失信被执行人名单库对接机制,累计公开曝光失信被执行人324名;向公安机关发出协助控制被执行人达到201人次,协控到位91人次,出入境报备210人次,吊销护照32人,其中50人在司法威慑下,主动履行了义务,履行标的达47.93万元。强化惩处力度,司法拘留22人。同时,回应群众期盼,创新执行措施,于2016年3月发出全国首张限制被执行人汽车驾驶令,引起社会巨大的反响和认同。

**【改革创新】** 始终坚持改革创新,推动建立科学的司法体制和工作机制,努力维护社会公平正义。

一是丰富民生权益保障机制。严格落实立案登记制,充分保障当事人诉权。2016年,受理立案同比上升41.83%,当场立案率为99.21%,发送一次性补正告知书3份。全面推进诉讼服务大厅、诉讼服务网、"12368"诉讼服务热线"三位一体"的诉讼服务中心建设,推行《云和县人民法院诉讼服务中心便民十条》,实行"无障碍"立案。加大司法救助力度,为当事人缓减、免缴诉讼费21.16万元,发放司法救济金23.72万元,其中发放残疾人司法救济2.7万元,切实解决困难群众打官司难题。

二是完善多元化纠纷解决机制。利用好司法调解中心这一平台,加强诉调对接工作,逐步形成多方参与、司法推动、全程贯通、立体辐射的工作网络。进一步加大对人民调解的指导和支持力度,有效降低民间纠纷成讼率。全年共向阳光人民调解委员会诉前调解室、交通调解室等人民调解组织引调案件375件,调解成功375件,调解率达100%;受理经阳光人民调解委员会调解后当事人申请司法确认案件332件。

三是健全信访良性处理机制。全力护航G20和平安夺金鼎,出台《重大国际峰会维稳安保工作方案》,层层签订责任状,层层分解任务,加强案件矛盾定期排查、问题梳理汇总、焦点研究应对,及时沟通疏导,积极推进社会矛盾化解。完善信访处理长效机制,构建依托诉讼服务中心、法院内外协同、全员参与的大信访工作格局,把矛盾化解在基层,杜绝越级上访,切实发挥好"护城河"作用。全年共受理各类涉法来信来访35件次,办结率100%。

四是创新审判运行机制。坚决落实上级决策部署,遵循司法规律,稳步推进人员分类管理、法官员额制、司法责任制和司法人员职业保障等基础性改革试点。根据省高级人民法院的统一部署,结合单位实际,出台《云和法院司法体制改革实施方案》《首批法官入额工作实施方案》《法官入额考核(考试)办法》,推动首批员额法官遴选工作，积极探索审判权运行机制改革，将“让审理者裁判，由裁判者负责”落到实处。拓展人民陪审员的工作内涵，加强指导培训，使人民陪审员广泛参与到案件审理和调解过程中。2016年，人民陪审员参与合议庭审理案件242件次，普通程序案件陪审率为100%。

五是完善阳光司法机制。进一步深化审判流程、裁判文书和执行信息公开“三大平台”建设。完成门户网站改版升级，优化用户体验，实现一体化公开、一站式服务。完善案件信息查询系统，方便当事人利用网站、微信、电话即时查询涉案办理进度。坚持“公开网拍优先”，与中国银行等四大国有银行协商开通司法网拍按揭业务，为短期资金不足的竞买人提供缓冲空间，有效解决大额标的物一次性付款难的问题，提升网拍成功率。至2016年末，累计上线公告厂房、土地、住房和汽车等拍卖品47件，成交38件，成交总额3723.42万元，平均溢价率达56.59%，为竞买人节省佣金121.25万元。强化司法参与权和知晓度，全年共开展“法律四进”活动14次，公众开放日14次，新闻发布会2次。

**【队伍建设】** 注重加强法官的思想、能力、廉政三大建设，努力建设一支公正、文明、廉洁的高素质司法队伍，推动法院自身科学发展。

一是强化司法理念建设。认真开展“队伍建设年”暨“归零翻篇开新局”大讨论活动，通过“个人自查与单位查”相结合的方式进行找短板、补短板，进一步提升司法保障能力和水平。召开“两学一做”学习教育，通过学党章党规、学系列讲话，强化干警的党性意识，切实解决党组织和党员干部队伍中存在的突出问题，更好地发挥党组织的战斗堡垒作用、党员领导干部的先锋模范作用，为各项工作的开展提供更有力的组织保障。

二是强化党风廉政建设。严格执行党风廉政建设责任制，层层签订廉政建设责任状，教育引导干警严守省委“七个绝不允许”和省高级人民法院“五条纪律”。制定《云和县人民法院党组党风廉政建设“两个责任”清单》，配套出台《“两个责任”和“两个规定”落实情况月报制度》，内设机构和各主体责任人对照“两个责任”清单，按月向纪检组报告主体责任履行情况及干预过问案件情况，确保主体责任和监督责任落到实处。每周开展1次正风肃纪巡查，重点检查上班纪律、着装规范、立案服务、庭审礼仪和公车使用等事项，及时通报巡查结果，狠抓整改落实。

三是强化司法能力建设。以推进学习型法院建设为抓手，以提高司法技能为核心，以提升群众工作能力为重点，采取举办法官论坛、开展旁听庭审、编发调研刊物、组织实务研讨等多种形式，促使法官队伍由知识型向能力型转化。2016年，先后共组织30余名干警到浙江省法官学院参加业务培训，组织相应干警参加市中级人民法院组织的轮职培训，安排全院干警分4批次前往上海华东政法大学参加素质提升培训班，均收到良好的效果。加强学术研讨，鼓励干警开展理论调研工作，进一步提高理论水平和业务能力。全年中标市中级人民法院重点课题2个，省法学会课题2个，《多元化解纠纷，缓解审判压力》《完善民事间接强制执行的几点思考》分别在《人民法院报》发表，有效提升法院发展的文化“软实力”。2016年，省高级人民法院司法警察总队对县法院警队的技能训练科目抽考情况给予通报表扬，认为“云和法院训练要求严，演练内容全，所有干警人人掌握摔擒科目全部动作，处突演练设置逼真，指挥得当，程序完善，贴近实战。”

（梅婷婷）

# 司　法

**【概况】** 2016年，云和县司法局（以下简称县司法局）在县委、县政府的正确领导下，在上级司法行政部门的悉心指导下，紧扣G20峰会安保维稳工作这一中心任务，把风险防控、服务发展与破解难题、补齐短板紧密结合起来，切实做好司法行政各项工作，并取得可喜成效。2016年，县司法局被省委、省政府授予“2011—2015年全省法治宣传教育先进集体”称号，被县委、县政府授予“2015年度平安综治工作先进集体”称号。云和司法所被司法部授予“全国先进司法所”称号。

**【安保维稳工作】** 围绕“四个零”和“六个绝不发生”工作目标,全力做好G20杭州峰会安保维稳工作。一是成立组织明责任。成立“平安护航G20”安保维稳工作领导小组,下设办公室,具体负责峰会安保维稳工作的组织实施、工作协调、督促指导等工作。二是出台方案明任务。先后制定出台《“平安护航G20”安保维稳工作实施方案》《关于做好刑满释放人员安置帮教工作 为“平安G20”护航的通知》等系列工作方案,迅速启动安保各项工作。三是层层部署抓落实。组织召开全局干部“平安护航G20”安保维稳工作会议,分层次先后召开中层以上干部G20安保工作分析会、社区矫正工作人员安保工作任务学习会、刑释人员安置帮教工作部署会、法律服务机构参与维稳工作部署会,层层部署抓落实,全力以赴做好G20峰会安保维稳各阶段工作。

**【服务中心工作】** 围绕全县发展大局,充分发挥职能作用,全力护航“三改一拆”“五水共治”“六边三化三美”等中心工作。一是加强法制宣传。利用《老王说法》、“王律师信箱”、官方微博、微信公众平台等载体,大力宣传相关政策法规,积极营造良好的法治氛围。二是强化服务职能。组织普法讲师团和普法志愿者到各违法建筑、水环境整治重点区域、重点村(居)开展现场宣传咨询活动,为“三改一拆”“五水共治”“六边三化三美”等工作释疑解难。三是排查化解纠纷。积极开展矛盾纠纷和社会不稳定因素集中排查调处工作,重点加强对可能影响、干扰“三改一拆”“五水共治”等重点工作顺利进行的苗头性、倾向性矛盾纠纷和社会不稳定因素的调查排摸、预测预警、分析研判。

**【服务民生工作】** 坚持法治为民,整合司法行政法律服务资源,积极推进覆盖城乡居民的法律服务体系建设,让广大人民群众共享法治建设的成果。一是做好公共法律服务站点建设。全年共建成乡镇(街道)公共法律服务工作站4个,超额完成年度任务指标(2016年指标为2个)。同时,根据云和县实际,依托村(社区)便民中心,建立公共法律服务点试点村7个。二是着力提供便民高效的公证服务。全年共办理各类公证案件677件,其中涉外公证157件。三是积极开展优质高效的法律援助工作。全年共受理法律援助案件502件,其中:民事案件426件,刑事案件76件,接待法律咨询2030余人次。四是加强法律顾问工作。加强村(社区)法律顾问工作,通过开展法治宣传、为村(社区)治理提供法律意见等方式,切实提高基层干部群众的法律意识。推进政府法律顾问工作。至2016年末,全县共有17个政府部门聘请了法律顾问,并建立相关制度。五是加强律师工作。建立法律服务办理重大敏感案件报告制度,稳妥处置一起群体性重大敏感案件。加强对新设立律师事务所的监督指导,提高律师事务所规范化管理水平。

**【依法行政工作】** 坚持依法行政,做到内强管理、外树形象,为司法行政发展提供法治保障。一是开展行政执法专项监督检查工作。采取自查和检查相结合的方式,对规范性文件制定的合法性及备案情况、行政执法及备案情况、法律服务业投诉查处及备案情况等进行检查,有效推进行政执法规范化、文明化、透明化。二是开展案件评查工作。对2015年6月1日至2016年5月31日办理的司法行政系统行政许可案卷和行政处罚案卷进行认真评查,未发现执法人员、法律服务人员、社区矫正人员有违法违纪行为。三是开展重大执法活动核审工作。对社区服刑人员依法办理警告处罚、提请治安处罚、提请撤销缓刑、提请撤销假释、提请收监执行、提请减刑等六类重大执法行为进行审核,发现有不规范的执法行为,及时予以纠正。2016年,共审核社区矫正警告21件,提请收监执行2件、提请撤销缓刑案件5件。

**【社区矫正工作】** 坚持严格监管,推进社区矫正规范化建设,努力提高矫正质量。全年累计接收社区矫正人员111人,解除矫正130人;提请收监执行2人、撤销缓刑5人,警告21人，完成审前调查评估29件。至2016年末，共有在册服刑131人(其中缓刑118人、假释7人、暂予以监外执行6人)，无一人重新犯罪。一是开展宣传教育活动。组织社区服刑人员召开训诫会、签订“争做遵纪守法好公民承诺书”，并开展禁毒宣传、交通安全知识教育等活动，进一步强化社区服刑人员的服刑意识。二是开展“社区矫正安全稳定排查月”活动。对排查出来的22名重点人员实行“定人包案”和“双管控”(手机定位及电子腕带)。同时，主动与县检察院、县法院及时做好沟通工作，只要达到可以行政处罚或者收监条件，第一时间做出处理。三是开展社区矫正工作台账整治和档案卷宗管理整治工作。统一社区矫正工作材料模板和格式，开展社区矫正台账自查和互查工作，确保档案资料准确无误。各司法所完成2016年以前档案归档工作，档案统一移交县司法局社区矫正档案室保存。县司法局完成近3年全县警告、收监、审前调查案卷的梳理编号归档工作。四是发挥社区矫正指挥中心的作用。社区矫正监管大队每天至少查看两次手机定位系统，查到有问题的人员及时通知司法所进行核实情况。司法所每天都要开展自查，对有问题的情况及时进行上报。五是试用电子腕带、“司法E通”、微信等新信息化产品，对社区服刑人员进行监管，进一步提升社区矫正工作的管理水平。

**【安置帮教工作】** 坚持帮教并重，切实做好刑满释放人员安置帮教各项工作，促进刑满释放人员尽快回归社会，有效减少重新违法犯罪的发生。至2016年末，全县共有在册刑满释放人员627名，其中刑满释放人员374人，矫正期满解矫253人。刑满释放人员重新犯罪的7人，重新犯罪率为1.1%，无重大刑事犯罪。重点对象接送率100%，走访帮教率97.8%，安置率95.8%，建档率100%，回访率100%。一是开展“大走访、大排查、大安帮”活动，按照安置帮教“云和模式”，排查出重点对象18名，并对重点对象实行“三对一”的帮教。二是开展困难帮扶活动。走访慰问困难家庭71户，展开临时救助13人，落实低保19户，敬老院安置2名，为11名在监服刑人员子女解决就学问题；举办各种培训班11期，共培训人员200多人次；建立过渡性安置帮教基地10家，落实刑满释放人员就业43人。三是指导乡镇(街道)开展安置帮教工作。如：安溪畲族乡编印了《刑满释放人员安置帮教工作手册》，方便刑满释放人员了解安置帮教工作流程、帮教措施以及相关政策。

**【普法宣教工作】** 坚持普法先行，深入开展法治宣传教育，努力在全社会树立法治信仰，形成依法办事、遇事找法、解决问题用法、化解矛盾纠纷靠法的良好风尚。

一是认真做好“六五”普法总结表彰和“七五”普法启动工作。根据人事变动和工作需要，及时调整云和县普法教育依法治县领导小组人员。编印了《浮云法语》——云和县“六五”普法工作回眸宣传画册。积极开展“六五”普法先进典型和工作成就宣传，浙江日报、浙江法制报等媒体先后报道云和县“六五”普法工作。制定全县“七五”普法规划，召开全县“六五”普法总结表彰暨“七五”普法部署会议，县人大常委会通过“七五”普法决议。

二是积极开展主题法治宣传活动。精心谋划开展国家宪法日暨全国法制宣传日系列宣传活动，举办“宪法宣讲浙江(云和)行”、国家宪法日宪法有奖知识竞赛、“宪法走近你我”网络微文大赛、“国家宪法日全民健身走”法治宣传、“宪法精神网络传播”等活动。G20杭州峰会召开前夕，在全县开展“护航G20·普法宣传在行动”主题宣传活动。此外，还与有关单位共同开展了“三八”妇女维权、知识产权保护、“3·15”消费者权益保护、土地保护、节水节能、安全生产、换届选举等主题宣传活动。

三是加强重点对象法制教育。推进领导干部学法用法，认真落实党委中心组学法、领导干部法制讲座等制度，完成2016年度干部(职工)学法用法考试(考核)建档工作。加强青少年学法用法，在学校、社区开展“青春与法同行”少年模拟法庭展演、“关爱明天，普法先行”“拒绝家庭暴力，呵护美好生活”等法治讲座30余场次，并指导普法成员单位结合自身工作特点与职能积极开展普法工作。

四是加强法治文化建设。在县实验小学成功创建食品安全教育基地，在县江滨实验小学新建成“法治文化角”，在黄处村建立普法农家院。积极谋划县江滨绿廊法治文化公园、元和街道梅湾村法治景观设施建设。

五是深入推进基层依法治理实践活动。以开展“法律六进”活动和“民主法治示范村(社区)”“诚信守法企业”创建为抓手，进一步推进基层民主建设、依法治理水平和能力。2016年，凤凰山街道普光社区成功创建丽水市民主法治示范社区，中国人民财产保险股份有限公司云和支公司成功创建丽水市诚信守法企业。

六是完善普法工作机制。认真落实“谁执法、谁普法”“谁主管、谁普法”责任制，谋划制定普法责任清单等相关普法工作制度。成立由公安、检察、法院、司法及相关部门法律专业人士共20余人组成的县“七五”普法讲师团，建立130余人的普法联络员队伍和150余人的法律志愿者队伍，为深入开展“七五”普法提供保障。

**【基层基础工作】** 坚持创新发展，进一步深化人民调解工作，推进司法所、基层法律服务所规范化建设，努力为“法治云和”营造和谐稳定的社会环境。一是切实抓好矛盾纠纷排查调处工作。规范指导全县开展人民调解工作，切实发挥人民调解工作在维护社会稳定中的“第一道防线”作用。2016年，全县共排查化解各类矛盾纠纷1653件，成功调处1653件，调解成功率为100%；履行1653件，履行率100%；涉及当事人数3729人，协议涉及金额2803.99万元；人民调解协议司法确认110件。二是组织开展“迎峰会疑难复杂纠纷调解攻坚大会战”集中行动。出台《关于开展“迎峰会疑难复杂纠纷调解攻坚大会战”实施方案》，开展陈年积案、重点纠纷、突发纠纷集中调解。成功调处1起发生在云和的跨县域重大疑难复杂纠纷，获得丽水市委书记史济锡的高度评价。三是扎实推进司法所和基层法律服务所规范化建设。组织司法所长和工作人员参加省、市、县各类培训，进一步提升司法所长和工作人员的业务能力。开展基层法律服务工作者办理案件倒查工作，以专项检查为抓手，增强法律服务工作者依法执业意识。

**【队伍建设工作】** 坚持创先争优，打造过硬的司法行政队伍，确保司法行政各项措施取得实效。一是组织干警开展“学党章党规、学系列讲话、做合格党员”学习教育活动。深入学习党章党规和习近平总书记系列重要讲话精神，引导干警严格遵守党的政治纪律和政治规矩。二是全面提升干部队伍整体素质。严格执行“周一夜学”制度，不断提高干警的理论水平和业务能力。以“归零翻篇开新局”主题大讨论活动为抓手，紧扣G20峰会安保维稳工作这一中心任务，组织干警结合本职工作认认真真找准“短板”，扎扎实实补好“短板”。三是大力加强党风廉政建设。认真学习贯彻相关会议精神，严格落实“两个责任”，采取集中学习和个人自学相结合的方式，组织班子成员、干部职工开展十八届六中全会精神等有关知识的学习，在坚持正面教育的同时，通过组织干部职工学习一些违法违纪文件、观看警示教育录像片、通报反腐败典型案例等方式进行反面典型教育，引导干部职工树立正确的世界观、人生观、价值观和政绩观，筑牢干部职工拒腐防变的思想防线。四是注重丰富干警文化生活。组织干警开展庆“三八”厨艺大赛、“我们的节日·中秋”等工会活动，让干部职工在紧张工作的同时，放松身心，增进友谊，并以更加昂扬的斗志、饱满的热情投入到新的工作中。

(赵　爽)

# 军　事

## 人民武装

**【概况】** 2016年，云和县人武部(以下简称县人武部)在军分区党委和县委、县政府的坚强领导下，紧紧围绕“听党指挥、能打胜仗、作风优良”的强军战略思想，深入学习习近平主席“七一”重要讲话精神和关于指挥体制改革的重要指示要求，瞄准省军区党委确立的“三当三创”目标，认真贯彻年初军分区党委二次扩大会议精神，结合“三严三实”“两学一做”专题学习教育，加强组织领导，转变作风，拓宽思路，改进方法，注重抓教育打基础，抓中心促全面，抓管理促正规，抓落实出成效，抓安全保稳定，较好完成上级赋予的各项任务，全县武装工作得到全面提升。

**【思想政治建设】** 坚持把习主席系列重要讲话精神作为精神旗帜、思想灯塔和行动纲领，把加强干部职工和民兵队伍思想政治建设作为首要政治任务紧抓不放。(一)深入推进“两学一做”学习教育。认真制定“两学一做”学习教育活动方案，获省军区肯定和推广。部机关党支部被省军区评为“先进机关党支部”。活动开展以来，部领导带头学，部机关党支部按计划完成4个专题教育、组织4次理论测试，并要求每人至少写4篇心得体会、手抄一遍党章。此外，部机关党支部还通过参与“洁净乡村”、省军分区爱心小学(城西小学)“六一”军民联欢、组织“军民共建示范村”小顺村的民兵党员重走红军路、组织浮云街道红光村民兵党员开展“两学一做”知识竞赛、组织19名革命老战士为新华社区民兵党员讲述革命故事、到小顺村国防教育基地参观见学等活动，进一步提升广大干部职工党员、民兵党员的精气神。(二)抓好思想政治基础工作。针对部队改革大势，扎实开展“进退走留听党的，担当尽责看我的”“深化改革我有责、强军兴军我尽责”等主题教育。重大活动作好思想发动，苏村救援期间，每次出动民兵，都要进行安全教育和纪律教育，确保救援行动扎实有效。2016年，先后两次参加省军区网评员网上集中点验。此外，县人武部还通过民兵整组点验和封闭式训练，积极开展国家整体安全观和军人血性培养教育，进一步提升民兵队伍思想基础。(三)努力创建“法治军营”和人武部正规化建设。推进“法治武装”创建，是省军区“法治军营”建设在国防后备力量领域的延伸拓展。2016年，购买了国防和军队现代化建设系列读本，干部职工人手一册。制定了部务公示栏，让法治进岗入责，并根据省军区《职工管理规定(试行)》，将任务、职责、标准细化到每个岗位、每个人，做到每名干部职工都在法规制度框架内履行职责、行使权力。以省军区、军分区开展民兵党支部书记集训为抓手，结合“红旗党支部”创建活动，全面推进民兵连长“入党入村”工作。至2016年末，全县民兵连长的党员比例和进“村两委”比例均达到100%。(四)发动干部党员开展结对帮扶、助学活动。2016年，县人武部结对安溪畲族乡上村村，捐助资金2万元；结对5个中小学贫困学生，共捐助资金5000元，并号召全体干部党员积极助力地方消除“年收入4600元以下贫困家庭”等活动。(五)新闻报道工作跃居全市前茅。2016年，通过全体干部职工的共同努力，县人武部的新闻报道工作打了个漂亮的翻身仗,排名从全市倒数第二跃居全市第四(最高时位列全市第二)。

**【战备训练和实战化演训】** 坚决贯彻上级的决策部署,顺应军队改革总态势,着眼"能打仗、打胜仗"总目标,坚持任务牵引、抓手推动、问题导向,保持定力,主动作为,确保新一轮作战准备顺利开局。(一)完善战备方案和设施。对照省军区战备规范化建设标准,及时修订完善战备工作、抢险救灾等4个总案37个分案。2月,提交通过年度军事训练计划。同时,投入9万余元,添置民兵信息员通信器材;投入5万余元,更新升级信息指挥调度系统。(二)狠抓战备拉动和战备教育。坚持战备值班常态化,落实每月拉动演练制;结合节日战备教育,采取专题备课、集中授课的办法,抓好干部、职工、专武干部"三位一体"的节日战备教育,并向民兵预备役人员延伸,切实强化战斗队思想。(三)狠抓实战化演训。坚持从基础训练入手,狠抓训练作风,训风演风明显改进。2016年,先后选派民兵骨干,参与上级组织的冲锋舟操舟手、驾驶员和车管干部、应急维稳专业骨干、网评员、民兵预设党支部书记等集训。5月,组织县属重点应急连人员,赴军分区训练基地开展"封闭式"训练演练。6月,选派专武干部参加全省专业骨干跨区联训。8月、11月,先后两次选派人员,参加省军区、军分区预设民兵党支部书记集训。10月,省军区指定崇头镇人武装部副部长陈平参加核心网评员集训。(四)首长机关训练不放松。针对新形势下军事斗争准备要求,认真抓好首长机关训练和专武干部能力素质培养,切实提高首长机关及专武干部的军事素养。积极协调地方有关单位,探索论证军地信息共享共建方案,为信息化作战提供人才和技术保障。(五)"四队"建设抓好抓实。按照"四队"建设标准要求,强化领导、强化节点、强化保障,迅速行动,狠抓落实,切实加快建设进程,为全面实现强军目标和促进云和经济社会发展做出应有的贡献。

**【作风建设】** 以"三严三实""两学一做"专题学习教育活动为抓手,着眼正本清源、固本培元,以"真严真实"的态度,努力转作风、正风气,持之以恒抓好突出问题纠治,作风建设持续保持良好发展态势。(一)强化转改作风的思想自觉。扎实开展"三严三实""两学一做"专题学习教育活动,采取读原文、听辅导、看录像、谈体会等形式,深入学习探讨习主席提出的"三严三实"思想内涵、基本观点和科学论断;以"尊崇党章、遵守党规"为基本要求,认真学习习近平主席系列重要讲话精神,深刻领会党中央、习近平主席狠抓整风整改的决心和意志。通过深入开展"两学一做"8项具体活动(手抄党章100天、体会交流、理论测试、重走红军路、参观见学、祭祀先烈和重温誓词、民兵党员攻难攻坚行动和民兵党员争当"五大模范员"),引导大家深入理解"三严三实"的精髓要义,激励广大党员自觉按照党员标准规范言行,切实塑造"四讲四有"合格党员的好样子。(二)确立能打胜仗的战斗队思想。2016年是新的军队领导指挥体制运行起步之年,也是军队建设"十三五"规划开局之年,县人武部围绕军分区首长提出的国防动员工作"严峻性、连续性、自主性、繁重性"这四个特点,针对干部职工、专武干部和民兵预备役人员存在的满足于当"和平官""和平兵"、战斗队思想弱化、训风演风不实、民兵训练"四落实"标准不高等问题,紧密结合战备演练、整组点验、首长机关训练、民兵训练等工作,抓好具体问题整改,坚持把开展岗位练兵作为提高实际能力的有力抓手,制订落实学习训练计划,着力纠治训风漂浮问题。(三)民主氛围更加浓厚。严格贯彻作风建设"五个领域"整治规范及问题整改,对2015年以来的公务接待、物资采购、公车使用、福利补助、基层风气情况等五个领域进行全面整治规范。同时,结合财务记账凭证进行重点自查,对自查发现的问题不回避、不掩饰,及时进行整改,并健全相关机制,防止类似问题再发生。进一步规范党委议事规则,让权力在阳光下运行,形成主官、干部、职工团结互动的良好氛围。

**【党委班子建设】** 党委班子拥护、

支持、服从、促进改革，带头立起好榜样，带动干部职工努力交上一份合格答卷。(一)指导机关党支部作好“两学一做”专题学习教育，引导干部职工严格贯彻落实作风建设“五个领域”专项整治和党组织建设领域“五个专项整治”工作。(二)把党委工作渗透到完成各项工作任务之中，发动党员牢记职责使命，提高能力素质，干好本职工作，使党员干部的责任感和事业心不断增强。(三)坚持把党员干部经常性教育、管理和监督作为党委的根本任务，搭设平台，常抓不懈，有效提高党员干部的党性修养，促进机关廉政建设和作风建设。(四)通过安装门禁指纹签到系统、狠抓考勤和着装管理等方式，进一步规范职工队伍管理。(五)统筹部机关党支部、民兵“红旗党支部”两个党支部活动计划。积极组织民兵党员开展“五水共治”“洁净乡村”“六边三化三美”“结对扶贫”等活动，助力地方建设，得到地方领导和群众的一致好评。

**【后备力量建设】** 始终坚持把改革创新作为推进后备力量建设的根本动力，积极作为，军地合力谋武装、抓武装、建武装、管武装的氛围不断浓厚。(一)深入开展国防教育。认真贯彻省委、省政府、省军区《关于加强新形势下全民国防教育工作的若干意见》，牢固树立“大国防”意识，借力地方党委中心理论组学习时机，邀请国防大学教授、空军少将乔良来云和作“国防形势和国防动员”专题知识讲座；依托县政府网站、电视、报刊、手机短信等平台，推动国防教育进机关、进学校、进乡村、进社区、进企业；开设八一“光荣榜”，对获得优秀士兵及三等功以上表彰奖励的云和籍现役官兵进行张榜公示；“9.18”国防教育日期间，以云和中学为主体，组织开展“纪念长征胜利80周年”图片展，分发国防教育宣传册2000余册。同时，结合征兵工作，大力开展征兵宣传活动，适龄青年报名参军热情逐年高涨。全年共投入经费4万余元，印制征兵宣传手册5000份、宣传小扇子3000把、宣传横幅150余条，制作大型宣传栏2块。征兵期间，通过广播、电视、报纸、户外LED显示屏等媒介，广泛宣传征兵相关政策和信息；租用宣传车在全县各乡镇(街道)循环播放征兵宣传片；协调县教育局给全县3000多名在校、毕业大学生分发征兵宣传单；利用手机APP“钱塘兵事”“处州E勇军”发送征兵短信和微信，全年累计发送征兵短信10万条。(二)重视优化专武干部队伍结构。努力营造“凭素质立身、靠实绩进步”的选人用人环境。2016年，共调整乡镇(街道)专武部长4名，其中1名调县城任职，1名提升为乡镇(街道)副书记，2名提升为乡镇(街道)常务副镇长(副主任)。另有2名表现优秀的乡镇(街道)专武干部被提升为专武部长，1名从事武装工作20年的老专武干部因工作需要，被调整出队伍。全县专武干部平均年龄从36.4岁降至32.6岁。(三)双拥共建活动有新举措。以创建“双拥模范城”为契机，全年共组织干部职工、民兵预备役人员500余人次参加“五水共治”“洁净乡村”等活动。与省军区爱心小学(城西小学)结对，开展军民共建、捐资助学活动；与石塘镇小顺村建立长期“结对帮扶”关系，深入乡村、农户家庭开展扶贫帮困活动；与浮云街道红光村结对，开展羽毛球比赛、“两学一做”学习教育知识竞赛等活动；与县民政局、县教育局共商“双拥路”“国防教育街”建设。2016年，全县共安置转业士官15名。(四)加强军民共建文化示范村建设。协调军分区投入20万元资金，指导帮建“两学一做”学习教育示范基地。2016年，该基地累计接待参观见学团队200余组次，人员8000余人次。携手县委组织部、县委党校共同组织2016年度青干班军训活动，通过军事化训练和教育，进一步磨炼青年干部的意志和品质。(五)抓好民兵整组工作。全年共完成16支基干民兵的整组工作。人员结构方面：转业退伍军人占比32.88%；专业技术人员占比51.5%；党团员占比86.13%；高中以上文化程度占比90.5%；各项比例比2015年均有所提高。(六)圆满完成抢险救灾等重大任务。高度重视民兵预备役人员在扶贫帮困、文明创建、新农村建设、抢险救灾和维护社会稳定中的积极作用，突出抓好应急力量建设，真正建设一支联得上、拉得出、起作用的民兵应急队伍。2016年，县人武部共组织山林火灾扑救50余次，组织“苏村救援”行动4次，有力保护人民群众的生命财产安全，促进地方经济社会发展。(七)高标准抓好征兵工作。针对兵员征集的主要特点，县征兵办紧紧围绕“确保兵员质量”这一核心，严密组织实施，认真抓好兵役登记、走访调查、体格检查、政治审查、审批定兵、交接运输等各个环节工作。2016年，全县共征集新兵50名。

**【后勤保障】** 牢固树立服务保障意识，着眼提高后勤综合保障效益，自觉加大财经工作宏观调控，注重建章立制，财经秩序不断得到规范，有效促进后勤各项工作的顺利开展。一是严格经费管理。坚持“党委理财，部财区管”制度，认真抓好经费预决算、专项经费、事业经费、机动经费等项目经费的管理和使用。把握经费投向投量，加强财务归口和集中统管；严格经费审批权限，坚持财务公开制度，确保财经管理有序正规。二是加强财务审计。按照军分区的统一部署，对2015年以来作风建设“五个领域”进行全面整治规范，共梳理清退违规发放金额27686元。三是抓好车辆管控。突出抓好车辆的安全管理工作，严格落实车辆派遣手续，严格落实“三证一匙”集中保管制度，实现全年安全无事故。

**【安全管理】** 坚持把安全稳定作为基础保底工程，常抓、常讲、常议，严格落实安全管理“六个规范”各项制度。一是强化安全意识。广泛开展“条令学习月”“暑期百日安全竞赛”等活动，坚持教育引导为先，利用每天交班、集中学习等时机，组织干部职工学习条令条例和安全常识，观看《防微杜渐、安全发展》《警钟长鸣》等警示录像，开展讨论交流，让干部职工在接受教育的同时，认清危害、明辨事理，绷紧安全弦、戴上“紧箍咒”，大力营造“我的安全我负责、他人安全我有责、单位安全我尽责”的浓厚氛围。二是把住安全重点。坚持把“人、车、枪、弹、密”作为防范重点，严格狠抓人员思想排查、“两个以外”管理、军民纠纷防范、武器弹药管理、重大活动安全、自然灾害防御、车辆使用、财经管理、保密办公、涉密载体管理、干部职工家庭计算机上国际互联网等重点安全隐患问题。部党委坚持每月组织一次安全形势分析和隐患排查，明确职责分工，严肃责任追究。三是加强沟通协调。加强与地方公安、维稳办、信访局等单位联系，密切掌握驻地安全稳定形势，每周开展安全形势研判，每月落实一次走访活动；加强与电信、联通和公安网监部门的协作，对干部职工个人及家庭上网情况进行跟踪检查，严防失泄密问题发生。四是认真做好G20杭州峰会安保工作。G20杭州峰会期间，部党委专题研究制定安全工作实施方案，并联合县消防大队、县武警中队对各自所属干部职工、物资装备、营院安全等情况进行摸底调查，汇总后上报军分区。此外，县人武部还及时对民兵情报信息员和网络评论员进行业务培训，要求两支队伍密切关注民社情和网络舆情动态，争取做到第一间发现和处置突发情况。

(范　征)

## 人民防空

**【概况】** 2016年，云和县人民防空办公室(以下简称县人防办)在县委、县政府和县人武部的正确领导下，在市人防办的大力支持和悉心指导下，按照年初制定的工作部署和工作要求，切实转变工作作风，狠抓工作落实，圆满完成年度各项工作目标任务，被丽水市人防办评为2016年度人防工程建设先进单位。

**【工程建设】** 认真贯彻“以建为主”的方针，加快“结建”步伐，坚持把好“项目审查、工程等级、设计审查、建设程序、工程质量、易地建设收费”六个关，使人防“结建”工程在数量和质量上始终保持良好的发展态势。2016年，顺利完成人防地面指挥场所建设，该工程于2015年5月破土动工，2016年12月底竣工并投入使用。

**【指挥通信】** 严格执行防空警报器定期检查维护管理制度，不断强化不同突发事件背景条件下的快速反应和应急处置能力。4月，对全县警报器进行逐台检测，并派专人进行维护，使其始终处于良好状态。同时，结合“找短板”活动，调查研究全县警报器覆盖情况，并在云和三中和工业园区新增警报器2台。“5·12”防灾减灾日进行了警报试鸣，全县警报鸣响率、覆盖率均达到100%。此外，还在云和三中开展了人防疏散演练活动。

**【基层规范化建设】** 结合“归零翻篇开新局”主题大讨论活动，开展基层人防建设调研和“找短板”系列工作，进一步推进人防基层规范化建设。一是以“社区人防规范化建设”为主题，走访县城9个社区，通过座谈会的形式，听取、分析社区人防建设短板。二是组织全县各社区书记主任、人防专业队和人防志愿者队伍进行为期3天的人防综合学习班培训，并组织所有学员到宁波市镇海区“全国十佳学习型社区”——后大街社区和中国防空博览园参观学习，进一步提升学员的人防意识和人防观念。

**【人防宣传】** 3月1日“国际民防日”期间，在中山广场开展以“警钟长鸣抓防范，积极防灾保平安”为主题的宣传活动，向过往市民宣传防灾减灾和公共安全知识。5月12日“全国防灾减灾日”期间，会同县消防大队、县科技局、县红十字会等单位在中山广场开展防灾减灾知识宣传活动，架设人民防空和防灾减灾主题广告，向过往市民发放防空防灾应急手册和宣传扇、宣传伞等宣传用品2000余份，设人防宣传展板12块。重点宣传了人防部门在“战时防空、平时防灾”中的重要作用，取得良好的宣传效果。5月，邀请到国防大学教授、空军少将乔良来云和作“国际形势和国家安全”为主题的知识讲座，使云和县领导干部更准确地认识当前的国家安全形势，增强危机意识，加强对人民防空工作的重视。12月，人防宣传走进党校，上了一堂人防党课。此外，还与县电视台合作制作了人防宣传系列短片，在云和电视台滚动播放，宣传防空防灾知识。

**【“十三五”规划编制】** 《云和县人民防空建设“十三五”规划》编制工作于2015年11月正式启动。2016年5月形成评审稿，6月7日通过评审。《云和县人民防空建设“十三五”规划》为云和县人防事业今后一个时期的发展指明了正确方向。

**【综合工作】** 积极开展“归零翻篇开新局”主题大讨论活动和“两学一做”学习教育活动，补齐工作短板，落实意识形态，推进学习型和服务型机关建设；按照准军事化建设标准，加强对机关工作的管理，坚持高标准、严要求、高质量、高效率地开展各项工作，努力实现“政治坚定、业务精湛、纪律严明、作风过硬、廉洁高效”的准军事化建设目标；切实转变机关工作作风，履行人防工作管理职能，推动云和县人防事业再上新台阶。

（王晓东）

## 武 警

**【概况】** 2016年，云和县武警中队（以下简称中队）在上级党委的坚强领导下，坚持“改革强军”目标，认真学习贯彻中共十八届五中、六中全会精神，以“学职责、明任务”推动从严治队，以“两学一做”学习教育加强党的建设，圆满完成护航G20杭州峰会等各项工作任务。2016年，中队应急班被浙江省武警总队授予“集体三等功”，班长李靖荣立个人三等功，李凯、孙建、刘磊3人被丽水市武警支队评为“安保标兵”，并受到嘉奖。

**【支部建设】** 自5月班子调整以后，中队支部就着力在“加强磨合强班子”上下功夫，充分发挥和运用组织功能，抓好各项制度的落实，认真学习贯彻习主席系列重要讲话精神，深入开展“两学一做”学习教育，确保在思想和行动上，始终与上级党委保持高度一致。坚持书记带支部，支部带队伍，党建带团建，有效提升中队自建能力。2016年，中队共推报优秀士兵3名、评比“最铁哨兵”3名，发展党员2名，选拔流程严格按照组织程序进行，遵循“公平、公正、公开”的原则，受到官兵的一致好评。此外，中队支部还经常组织官兵开展警营卡拉OK、电子竞技、棋牌、篮球等各类文体比赛，不断充实官兵的业余生活、活跃警营氛围。

**【思想政治教育】** 2016年,中队认真学习贯彻中共十八届五中、六中全会精神,围绕"两项教育"(改革强军主题教育和"两学一做"学习教育)活动抓好教育制度的落实,严密组织思想政治教育,筑牢官兵思想基础。扎实做好肃清郭徐案件影响相关工作,认真开展问卷调查,摸清官兵思想底数,修正官兵错误认识,清除案件不良影响。积极开展学雷锋活动,党员主动带头,深入社区清理卫生、宣传党的政策。"七一"建党日期间,组织官兵参加云和县"庆祝建党95周年"有关活动,并收看"中国共产党成立95周年庆祝大会"电视直播;组织全体党员向党旗宣誓,并看望和慰问烈士家属、抗美援朝老兵。开展向烈士张楠学习活动,让官兵深刻理解什么是"四有"军人,并树立争做"四有"军人的目标。组织官兵认真学习李靖同志先进事迹,进一步激发官兵的"爱警精武""比学赶超"思想。开展"强军伴我行,安全在我心中"主题演讲活动,通过组织骨干交流带兵方法,不断提高"科学带兵,以情带兵"能力。严格落实人员思想日报制度,定期召开思想骨干汇报会,有效排除各类隐患,杜绝打骂体罚、"冷暴力"等问题的发生。

**【军事工作】** 根据市武警支队"护航G20峰会"的统一部署,中队出动13名兵力,担负新窑卡点和杭州现地警卫。任务期间,中队严格落实勤务制度,抓好各项工作的落实。2016年,中队先后担负押解勤务13起,押解犯人55人,均圆满完成执勤工作。深入开展暑期"百日安全竞赛"活动,针对暑期天气酷热等原因,中队干部在查午间哨时,都会将矿泉水、饮料等降暑物品送上哨位,并和哨兵聊聊天,以缓解官兵的烦躁心理;高温时间段,中队干部还主动将自卫哨和一号哨进行包哨,让战士心里倍感温暖;中队战士吴志鹏出院归队后,第二天就主动提出要参与执勤。大力表扬执勤突出的人员,中队班长李靖在卡点执勤时,协助县公安局缴获冰毒19千克,得知消息后,中队在第一时间向全体官兵进行通报,有力提振官兵的士气;中队战士张天龙、严小明、张维维等因执勤形象良好,多次受到市武警支队的点名表扬,2016年被市武警支队表彰为"最铁哨兵"。

**【后勤建设】** 严格伙食管理五项制度,餐餐单独留样、每周日晚饭前将食谱定好。落实分餐和"1126""6211"饮食保障模式,以保中心、保生活为重点,大力抓好后勤各项建设,提高保障能力。严格财务制度,坚持重大经费必须经党支部先研究再使用,定期公开财务开支情况,接受官兵的监督。大力倡导以队为家的思想,要求全体官兵养成勤俭节约和爱护公物的良好习惯。注重加强对后勤人员的"传、帮、带",协调炊事员到地方酒店学习,提高伙食质量。大力开展季节性农副业生产活动,并对菜地、水塘及工具房进行整修,平整菜地300多平方米,种植蔬菜品种10多个,养猪3头、兔子10只、鸡15只。

(郑　涛)

# 消　防

**【概况】** 2016年,云和县消防大队(以下简称大队)在支队党委和县公安局的坚强领导下,紧紧围绕"听党指挥、能打胜仗、作风优良"的总要求,以习总书记系列重要讲话精神为指引,以"两项教育"(改革强军主题教育和"两学一做"学习教育)为实践,以打造具有铁一般信仰、铁一般信念、铁一般纪律、铁一般担当的"人民满意消防队伍"为目标,带领全体官兵奋力拼搏、群策群力、奋勇争先,各项工作都取得新的进展。2016年,大队被省公安厅记三等功一次,被支队评为"先进大(中)队";大队班子被评为"一对好班子",大队主官被评为"一对好主官";队列会操获全市第三名;2人因G20杭州峰会安保工作出色,荣立个人三等功。

**【党的建设】** 一是坚持集体领导,发挥"龙头"作用。2016年,大队党委"一班人"团结协作,牢固树立"一盘棋"思想,充分发挥各党支部的战斗堡垒作用。大队认真执行党委议事规则和落实党支部七项组织生活制度，充分发挥基层党组织的战斗堡垒作用和党员的先锋模范作用。2016年，大队全体官兵士气高涨，班子精诚团结，未发生官兵不和谐现象。

二是抓好党员教育，盘活队伍活力。大队党委狠抓党员干部、骨干的学习教育，不断提高党员的思想觉悟和工作能力。结合“忠诚、担当、敬业”专项教育、“改革强警”主题教育和“两学一做”专题学习教育活动，确保新常态下党员队伍始终听党话、跟党走。组织开展“手抄党章”活动，引导全体党员自觉执行党内制度规定。G20杭州峰会安保期间，强化2个战时党支部工作机制，严格落实战时组织生活制度，召开专题组织生活会4次，专题学习讨论8次，签订保证书、承诺书92份。全年共吸收2名积极分子加入党组织，1名预备党员按期转正。

三是强化廉洁建设，确保队伍稳定。严格落实《2016年全市消防部队党风廉政建设工作指示》，进一步细化任务，明确责任分工，大队党委与党员干部逐级签订廉政责任状，不定期组织开展廉政谈话，严格落实《应酬饮酒及八小时外外出报备规定》，并与8名干部家属签订家庭助廉承诺书。落实“5.15”警示教育日和每月一次“纪检日”活动，每月对廉政风险进行摸排分析，并制作“拴心扣”和“平安符”，时刻敲响廉洁的警钟，此项工作得到支队、总队的推广。

四是务实创民满意，提升队伍形象。为进一步巩固创满意成果，大队党委通过多种形式问计于民，发放回收群众满意度测评表302份、公开述职述廉民主评议表50份。内部召开征求意见会，发放回收意见表45份。根据征集到的意见，解决通信室洗澡难、入厕远等实际问题15个。同时，建立“项目警官制”，出台“七项承诺”，实行消防监督干部对重大项目“一对一”负责制及消防预审核、预验收和容缺受理制度，推动消防执法活动从监督型向服务型转变。2016年，大队共受理消防行政许可项目31个，备案项目34个，主动上门服务40余次，预审核、预验收项目12个，容缺受理项目12个，多次上门指导浮云街道市场改造、皇城国际、滚漆中心、零土地技改等项目建设。

**【防火监督】** 2016年，大队紧扣“严格执法、热情服务”的总要求，以各类专项排查整治行动为抓手，以消除火灾隐患、预防和遏制重特大火灾为工作目标，紧盯G20杭州峰会安保，牢固构筑火灾防控网。2016年，辖区共发生火灾44起，直接财产损失1601.6万元，过火面积3915.9平方米，受灾户数74户，受灾人数27人，未发生人员死亡及社会影响较大的火灾事故。

一是落实责任，不断健全火灾防控体系。全面推动“党政同责、齐抓共管”的局面，改变消防部门大包大揽的状况，积极当好政府的参谋。2016年，县政府先后4次召开消防工作会议，尤其是G20杭州峰会期间，县委常委扩大会议和政府常务会议专题研究部署峰会消防安保工作。县委书记、县长3次做出批示，要求加强消防安全监管，6次带队督导重点区域、重点场所的消防安全。10余位分管领导分别带队督查行业部门和乡镇火灾防控工作，下发各类文件通报50余份。出台《消防安全岗位职责规定》《消防安全责任追究暂行办法》两个问责文件，将消防工作纳入政府绩效考评和平安建设内容，明确各乡镇（街道）、行业部门主体责任和监管责任。同时，对10个乡镇（街道）的消防工作情况进行集中检查和约谈；与县教育、民政、卫计等部门联合开展消防安全标准化管理，全县5家养老服务机构均已安装火灾自动报警系统和自动喷水灭火系统；与73家消防安全重点单位逐一签订责任书，督促落实“六加一”措施，稳步推进“自我管理，隐患自除，责任自负”现代消防管理体系。

二是严格执法，全面排查整治火灾隐患。始终坚持“火灾防不住，一切等于零”的理念，严格防控措施，保持对火灾隐患和消防违法行为的高压态势。依托优化环境“八大行动”、公安“清雷”行动，突出抓好严重影响消防安全的违法建筑、居住出租房管理等重点隐患整治，并结合云和产业特点，部署开展重点行业（木制玩具企业）专项整治行动，确保全县火灾形势持续平稳。2016年，大队共检查单位

1847家，发现隐患3548处，已整改3541处；办理处罚案件96起，责令“三停”（停产停业、停止施工、停止使用）35起，临时查封22起，罚款30.79万元，行政拘留3人。

**【队伍管理】** 2016年，大队以执勤岗位练兵为抓手，矢志不渝谋打赢，倾心尽力练精兵，部队灭火抢险、应急救援能力显著提高。2016年，大队共接警65起，出动消防车186辆次，出动警力907人次，抢救被困人员14人，疏散被困人员32人，抢救财产价值835.1万元，未发生参战人员死亡或受伤事故，圆满完成G20杭州峰会、第三届世界互联网大会等重点消防安保任务。成功处置“7 11”诚创精密机械有限公司群众遇险和“11.9”高速隧道内两车相撞起火等火灾事故，受到地方群众一致好评，并收到来电来访感谢40余次、锦旗4幅。

一是紧跟实战导向，突出部队打赢能力。大队坚持从实战出发，以强化“六熟悉”、规范战斗编程为重点，扎实开展单位实地演练，摸清辖区道路和水源，部队攻坚克难能力不断增强。2016年，大队共制作数字化灭火救援预案45份、作战信息卡450份，熟悉单位330余家、演练199家次，保养消火栓192个。拉动演练21次、开展微型消防站指导12家，实地拉动75家。同时，通过建立岗位练兵激励机制，以合成化训练为切入点，对官兵的理论、体能、技能和战术素养进行综合考核，力求实现全面性练兵。

二是紧抓队伍管理，提升部队正规化水平。大队坚持把条令条例、教育指令作为从严治警的根本依据，以“五无”创建为载体，部署开展条令条例学习训练月活动和作风纪律教育整顿活动；认真落实党委参训议训、考勤补训、以会代训、竞争激励等制度，突出抓好经常性管理教育，修订完善各岗位工作职责及考评细则。峰会安保期间，结合总队、支队“战时十项纪律”，出台“管控六项措施”，坚持每天“一报告、一研判、一调度”，实时分析形势，时刻保持队伍管控不失软。

三是增强队伍实力，构建多元化队伍模式。扎实开展多种形式的消防队伍建设，完成专职消防员在队培训36人，在外指导专职消防队训练20次、受训人员72人，新组建乡镇政府专职消防队和乡镇志愿消防队各1支。

**【战勤保障】** 有效利用历年经费结余的50余万元，对大队现有营房（包括俱乐部、健身房、战士宿舍、浴室、阳光晒衣场等）进行升级改造，进一步提升官兵生活的舒适感与满意度、丰富官兵的课余生活。11月26日，大队营房迁建工程正式开工建设，项目总投资5000余万元。

**【社会宣传】** 2016年，大队以消防安全宣传“七进”工作为载体，对全县10个乡镇街道进行地毯式走访宣传，建立消防宣传“七进”示范点20个，开展培训演练176次，接受教育培训人员2万余人；利用消防宣传车，每周两次深入乡镇街道开展消防宣传，全年共发放各类宣传资料5万余份；利用微博、微信等新媒介，及时发布消防最新信息，全年共发布微信990条、微博1750条，发送消防安全提示短信6万条；利用电视和社会单位LED显示屏，滚动播放消防公益广告；制作发放《落实G20峰会消防安全工作告知书》《消防安全“四个能力”建设指导手册》《公民必备消防手册》等宣传资料3万余册；印制并张贴《关于切实加强商（市）场消防安全管理的通告》1000份、《关于严禁电动自行车违规停放、违规充电的通告》3.5万份。此外，大队还先后组织G20杭州峰会消防安保、夏季消防宣传、消防知识进军训、小小消防员护航G20杭州峰会首届儿童消防作文绘画竞赛活动、“119”消防宣传月等一系列消防安全宣传活动，发动全社会关注、参与消防宣传工作，为全县消防宣传的推进营造强大的宣传声势。

（李　伟）

# 农村经济·气象

## 农　业

**【概况】** 2016年，云和县农业局（以下简称县农业局）认真贯彻落实中央、省、市农业农村工作会议精神，积极适应新常态，积极探索，大胆实践，不断发展高效、生态、特色、精品农业，农业农村经济平稳健康发展，农民收入稳步上升。2016年，全县实现农业总产值7.46亿元，增长5.37%，农业增加值4.46亿元，增长0.9%，农民人均可支配收入15420元，增长9.3%。

**【粮食生产】** 2016年，全县完成粮食播种面积6.61万亩，总产量2.17万吨；继续抓好水稻病虫统防统治工作，完成水稻统防统治面积达3.25万亩，超额完成市里下达给云和县的任务指标，统防范围辐射到全县10个乡镇街道。2016年，全县辐射推广农药减量控害增效技术实施面积6.3万亩，超额完成市里下达的考核任务（考核任务为6万亩）；农药减量总计0.5吨，超额完成市里下达的任务指标（任务指标为0.2吨）。大力推广商品有机肥，全年共推广商品有机肥0.45万吨。

**【经济作物生产】** 2016年，全县新建保障型蔬菜基地126亩，精品蔬菜、反季节蔬菜等连续出新；食用菌生产8402.95万袋，其中：花菇6324.05万袋，普通菇318.1万袋，黑木耳1700.6万袋，珍稀食用菌60.2万袋，超额完成食用菌生产计划。特色药材种植和药材加工不断发展，中药材种植面积2200亩，其中：新增中药材面积480亩，创造经济收益2500余万元。水果总面积2.41万亩，新发展和改造水果基地1134亩，其中：云和雪梨684亩，桃217亩，甜橘柚225亩，还有一些果桑、樱桃在采摘园内少量种植，产值达5120余万元。茶叶产业发展势头良好，新发展无性系良种良茶1350亩，全年产量865吨，比上年增长0.58%，产值达10349万元，比上年增长0.1%。

**【畜牧业生产】** 2016年，围绕“稳生猪、振家禽、增牛羊、优特色”的发展思路，推进生态精品畜牧业发展，全县畜牧业产值略有回升。至2016年末，全县生猪存栏2.1万头，与上年同期相比下降5.83%，出栏商品猪3.2万头，同比减少9.6%；家禽存栏20万只，同比增加17.65%，家禽出栏40万只，同比减少6.98%；牛存栏2011头，出栏1300头，比上年分别下降1.64%、2.48%；羊存栏2800只，出栏3000只，与上年基本持平；兔存栏0.28万只，出栏0.4万只，比上年略有下降；肉类总产量4009吨，同比减少6.23%，蜜蜂存栏5261箱，同比增加62.73%。

**【农产品质量安全监管】** 以“农产品质量安全既是‘产’出来的，也是‘管’出来的”为理念，积极投入“农产品质量安全放心县”创建。加强对蔬菜、茶叶、水果、畜产品生产企业(合作社)的监督抽检，配合省、市开展农产品质量安全抽检工作，全年共进行农产品定量检测261批次，合格率均为100%。狠抓农业标准化建设，以推广“三品一标”为工作平台，2016年新增“三品”产品11个，其中：无公害农产品认证7个，有机、绿色食品认证的农产品4个，全县农业标准化覆盖率达到64.65%。全面开展农产品质量安全可追溯平台建设,县级以上骨干农业龙头企业、示范性合作社、示范性家庭农场的农产品质量安全追溯率达到100%。9月,云和县成功创建全省第一批"省级农产品质量安全放心县"。完成"云和雪梨"农产品地理标志申报工作,4月11日,农业部发布第2384号公告,"云和雪梨"通过农业部农产品地理标志登记保护的评审和公示,准予登记,并颁发中华人民共和国农产品地理标志登记证书。

**【生态品牌建设】** "国字号"农业品牌取得新突破。2016年,"云和雪梨"被农业部评为国家地理标志农产品,成为全市首个水果类的国家地理标志农产品。"云和梯田农业系统"在获评"中国重要农业文化遗产"后,正积极准备申报"全球重要农业文化遗产",申报成功将对云和县农业文化的传承、生态农业的发展和精品农业的缔造,具有重大而深远的意义。

**【美丽农业建设】** 坚持"改革强农、统筹惠农、生态立农、合作兴农"的发展理念,以实现"高质量、高水平"农业现代化为目标,通过打造"亮点、特点、节点、拐点",扎实推进"农旅融合"中心工作,切实打造农业风景线,建设美丽农业。(一)塑造农旅品牌,打造农业亮点。着力将农产品转化为旅游地商品,推向市场,形成效益。2016年,全县新培育农产品旅游地商品生产经营主体20家、农产品旅游地商品23个。(二)提升产业结构,打造农业特点。通过农产品结合旅游产业升级换代,从根本上转变农业生产经营方式,规划并启动"一区两镇"(云和县西南片特色产业集聚区、石塘镇特色农业强镇和崇头镇特色农业强镇)建设。(三)丰富农旅业态,打造农业节点。通过招商引资,启动南山湖农旅融合示范点建设。同时,引入异域风情、童话木玩等元素,完善和提升"多彩规溪""石浦花海"等原有农业产业景观带。(四)推进菇棚整治,打造农业"拐点"。主要在丽龙高速沿线、最美梯田风景线沿线以及景中村范围开展食用菌产业"四转"(拆除菇棚促转产、改造菇棚促转形、新建菇棚促转移、菌光互补促转型)工作。2016年,全县累计拆除菇棚151户270个,总面积达5.42万平方米,新建标准化菇棚9100平方米;就地改造项目已完成询价工作并确定生产企业;菌光互补项目已完成土表附属物调查摸底工作,并与农户签订土地租赁合同25户27972平方米,完成基地内土地流转进度的35%。

**【农业主体培育】** 2016年,县农业局积极推进农业主体培育,农业主导产业不断发展,经营主体队伍不断壮大。通过技术改造、信息服务等方式,培育壮大农业龙头组织,鼓励发展专业大户,进一步扶持农民专业合作社发展和规范化建设,创建生态精品农业示范乡镇2个,示范企业2家,示范合作社4家,大学生农业创业典型1个,示范家庭农场21家。

**【动植物疫情防控】** (一)抓好重大动物疫病防控。县畜牧兽医局坚持"依法防治、科学防治、依靠群众防治"的方针,以口蹄疫、高致病性禽流感、猪瘟、高致病性猪蓝耳病等重大动物疫病为防治重点,全面做好全县动物疫病防控工作。2016年,全县共使用猪口蹄疫疫苗11.95万毫升、牛羊口蹄疫疫苗2.17万毫升、高致病性猪蓝耳病疫苗10.34万毫升、禽流感疫苗56.57万毫升、猪瘟疫苗8.14万头份,规模养殖场的免疫率达100%。开展动物防疫可追溯体系建设,发放生猪免疫耳标2.97万个,规模养殖户的耳标佩带率达100%。(二)严格"瘦肉精"检测,实行"双十制"(动物卫生监督机构和屠宰企业对每批次进场生猪的"瘦肉精"检测比例均达到10%以上)。2016年,定点屠宰场企业自检1678套(5034份)、动物卫生监督机构监督抽检624套(1872份),合格率均为100%。同时,加强产地检疫、屠宰检疫和动物卫生监督,确保畜牧产业安全生产。(三)强化植物检疫。落实重大农业植物疫病防控责任制,以源头检疫为重点,以产地检疫和执法检查为抓手,着力创新检疫监管机制,同时结合联合市场检疫检查等活动,强化植物检疫执法监管,遏制打击违法行为,防止重大农林植物疫情传播蔓延,保障农林生产安全。适时开展重大农业植物疫情春、秋防控工作，全年植物疫情发生有：加拿大一枝黄花、柑橘溃疡病，均控制在零星发生分布，其中：加拿大一枝黄花零星发生，主要分布在高速公路两侧，面积约12.7亩，比上年基本持平；柑橘溃疡病零星发生面积20余亩，没有造成较大损失；梨树疫病、柑橘黄龙病、扶桑绵粉蚧等疫情已连续4年没有发现。

**【农业科技服务工程】** 2016年，全县农业科技服务能力不断提升，已拥有农民信箱用户8481户，注册掌上农民信箱用户916户；万村联网工程规范建站100%，发布信息1100多条、买卖信息211条，每日一助154条；网上农博会采编农产品信息31条，地方馆采编农产品信息63条。推进基层农技推广体系改革与建设项目，落实科技示范户150户和60名农技人员的培训工作，完成2015年基层农技推广体系改革与建设补助项目。

**【农业机械化发展和安全生产】** 2016年，继续强化农机安全管理，落实安全生产责任制。县农业局和农机监理站、各乡镇（街道）农机管理员对安全生产责任进行分工负责，对2016年农机系统安全生产目标管理任务进行细化分解，层层签订农机安全生产责任书160多份。制定出台《云和县2016年农机安全生产宣传教育工作方案》，结合农机安全生产各项活动，利用各种宣传方式进行大力宣传。全年共张贴、悬挂标语10条，发放宣传资料500份，开展安全咨询活动1次，利用农民信箱给机手发送安全生产短信28条9000人次，在浙江农机化信息网上发布农机安全信息16条。严格执法，全年上路检查253人次，检查拖拉机台数485台次，查纠拖拉机台数14台次，拖拉机第三者责任险促保工作显著，有效地把事故隐患消灭在萌芽状。2016年，全县未发生上道路拖拉机事故，无人员伤亡，也未发生农业机械人员死亡事故。

**【农村集体经营管理】** 2016年，农村集体经营管理进一步加强，农村产权制度改革稳步推进。全年新增耕地流转2000亩，颁发农村土地承包流转经营权证71本，新增产权交易宗数74宗，完成确权登记比率99%。加强农村土地流转经营权证颁证的宣传和培训，确保农村土地经营权流转颁证政策宣传到位，做到家喻户晓。充分发挥县农村产权流转服务中心LED电子显示屏的作用，大力宣传政府有关农村产权制度改革、土地承包经营权流转扶持等政策。

**【生态循环农业】** 围绕“一控两减四基本”目标，扎实推进“现代生态循环农业示范县”建设。至2016年末，已完成创建工作的中期评估材料编制，实现农药减量0.5吨，化肥减量52吨，农作物秸秆、畜牧养殖场排泄物资源化利用率分别达90.21%和98%。

**【试点项目】** 以项目建设为载体，积极向上争取支持，不断推进农业转型升级。2016年，云和县成功争取到国家级、省级改革试点项目2个，分别是国家农业部食用农产品质量安全合格证管理试点县、浙江农村一、二、三产业融合发展项目试点县，均为丽水市唯一列入试点的县，其中浙江农村一、二、三产业融合发展项目试点获中央财政1000万元支持，拟在元和街道山脚村、白龙山街道黄水碓村开展香菇GLP832连栋钢架菇棚示范园区建设。至2016年末，已建成香菇GLP832连栋钢架菇棚9100平方米。

**【农村审计工作】** 至2016年末，县农村审计中心已对全县112个村集体经济组织2011年以来的财务收支情况进行审计。审计涉及资金15.85亿元，发现违规金额390.83万元，提出审计建议116条，落实审计整改54条，收回违规资金33.54万元，移送公安、纪检部门线索2条，受处分2人(其中受刑事处分1人)，还有4名村干部被限制参加县乡党代表、人大代表竞选。

（李　慧）

## 林　业

**【概况】** 2016年，云和县林业局（以下简称县林业局）以“两山”理论为指引，围绕“生态优化”和“民生改善”两大核心任务要求，开拓创新，砥砺拼搏，全力推进林业各项事业健康持续发展，实现“十三五”时期林业工作的良好开局。2016年，县林业局被省政府办公厅表彰为浙江省国有林场改革工作先进集体，被市政府办公室表彰为丽水市农村金融改革工作先进基层集体、“六五”普法先进单位，被省森林消防指挥部、省林业厅表彰为G20森林消防工作先进单位。

**【生态建设】** 全年共完成造林更新面积12486亩，抚育改造“三沿”生态景观林8462亩，“六边”通道沿线林相改造8000亩，建设美丽林相3.4万亩。完成平原绿化1248亩，新植珍贵树种17万株，成功创建1个省级森林城镇、1个森林村庄和6个市级绿化示范村。建设管护公益林80.4万亩，新增公益林优质林分1.32万亩，发放公益林补偿资金2493.2万元。2016年，全县森林总面积达到120万亩，比上年增长141亩；林木蓄积量462.7万立方米，比上年增长27.1万立方米，年增长率为6.21%。

**【资源管护】** 全面开展森林资源调查，按照省里统一部署，完成新一轮森林资源规划设计外业调查。切实加强林地管理，规范征占用林地审核审批流程，全年共办理林地征占用审核审批41宗、总面积18.55公顷。开展林地许可后监管工作，对9宗已办理林地审批的项目进行监督检查，及时查处检查过程中发现的问题，查结行政案件4起。加大林业执法办案力度，开展联合行政执法，及时查处年度内发生的破坏森林资源、非法占用林地等涉林违法案件，全年共查处各类林业案件40起，人均办案数超出全省指标数1.15件。规范林业项目管理，制定出台《云和县现代林业发展和资源保护项目管理办法(试行)》，建立云和县现代林业发展和资源保护项目储备库。

**【生态文化】** 积极推进生态文明建设，筹备成立云和县生态文化协会。开展古树名木保护工作，完成全县2017年古树名木保护的前期调查工作，拟定10株古树名木普查方案。扎实推进湿地建设保护工作，完成《云和县湿地保护研究》编制；云和梯田湿地公园创成省级林业科普基地，正组织实施国家湿地公园试点建设。至2016年末，已完成“云上花海”建设，恢复白鹤尖杜鹃森林植被506亩、种植各类苗木3.2万株。启动“枫香种质资源库”建设，拟收集枫香全分布区种源600个家系，建立采穗圃30亩、苗圃30亩，培育枫香容器苗20万株，完成枫香定植500亩(数量2万余株以上、分布家系400个以上)，建设林区防火公路2000米、操作道5000米、防火林带3000米。积极参与“浙江最美”活动评选，牛头山被评选为“浙江最美山峰”，并入围“浙江十大秀峰”；S328(原53省道)丽浦线(云和段)和仙宫大道(入城大道)两条通道入选“浙江最美绿化通道”。

**【林权改革】** 持续推进林地流转机制、林业股份制和林业金融改革，新增林地流转34宗、总面积9850亩，规模流转林地办证面积2600亩，培育新型林业经营主体9家、股份合作组织1个，创建示范性家庭林场2个。有序推进生态公益林未来补偿收益质押贷款“增量扩面”工作，在紧水滩镇金水坑村第三村民小组建立生态公益林未来补偿收益质押贷款模式，县联合村镇银行给予该村民小组500万元的贷款授信额度；出台《个人公益林未来补偿金收益权质押贷款管理办法》，农户可以凭公益林收益权证直接向所在的信用网点申请贷款，无须抵押和保证人，贷款额度最高是上一年度公益林补偿金的10倍。积极做好林业小额贷款财政贴息申报工作，全年共发放林业小额贷款贴息9个批次，涉及农户416户，兑付贴息资金77.42万元。全县林贷余额已达3.96亿元，其中小额循环贷款1.61亿元、林权直接抵押贷款2.67亿元。

**【产业培育】** (一)注重林业基地提质增效。新造油茶良种553.5亩、抚育改造油茶3500亩，实施板栗高效复合经营300亩，新增和改造优质雪梨基地890亩；开展“珍贵树种进百村”活动，全年共赠送浙江楠、南方红豆杉等珍贵树种7.3万株，建设珍稀用材林1000亩；依托重河湾省级保障性苗圃，培育珍贵彩色苗木450万株。(二)注重新兴产业培育提升。继续探索实践毛竹林下种植黄精、油茶基地林下种植三叶青、发展林下规模养殖、林下产品采集加工等林下经济发展新模式;依托云和梯田、仙宫湖两大AAAA级景区,推进森林旅游、林家乐等观光、休闲、养生经济的发展。重点做好深山铁皮石斛招商引资项目暨在板栗活树上种植铁皮石斛——活树附生原生态栽培模式项目。(三)注重发展壮大林业品牌。2016年,成功创建市级林业体验园1个、森林人家特色村2个、生态精品农业示范家庭农场3个、生态精品示范合作社1个、生态精品农产品3个。

**【安全管理】** (一)继续做好“两防”工作。森林消防方面:加强扑救队伍装备建设,开展培训和业务指导,配齐配足森林消防物资,新增水罐车2辆、移动灭火系统1套、消防水泵15台。2016年,全县共发生森林火灾2起,受害森林面积3.9公顷,损失林木130立方米,受害率0.05‰,火灾控制率1.95公顷/次,火灾次数发生率2.5次/10万公顷,未发生人员伤亡事故。病虫害防治方面:抓好以松材线虫病为重点的林业有害生物防控工作,完成春季松材线虫病疫情调查,调查总面积42.2万亩、松林监测率达到100%;开展“绿剑林业检疫执法年”活动,出动执法人员65人次,检查涉松企业56家、涉木企业455家;加强外来松质材料监管,共复检外来木质材料120个批次680件。2016年,云和县未发生松材线虫病(全市仅三县〈市〉无松材线虫病)。(二)维护林区稳定。积极推进山林纠纷调处,全年共调处山林纠纷6起,总面积550余亩;积极做好信访维稳工作,全年共接待群众150余人次、办结涉林信访件13起;积极做好积案排查化解工作,重点对3起信访积案进行研究和化解,其中1起积案已得到彻底解决。(三)保障安全生产。开展“护航G20·平安夺金鼎”专项行动和“安全生产月”“查隐患·补短板”等活动,及时排查、消除安全隐患;做好可食林产品的抽检和送检工作,并启动《云和县油茶良种丰产栽培技术规程》《云和雪梨生产技术规程》等地方标准的制(修)订;组织开展节前安全生产大检查,尤其加大对全县30条木材运输索道的安全生产监管,严防涉林安全事故的发生。

(梅明伟)

# 气　象

**【2016年气候特点】** 2016年气候复杂多变,极端气候事件多发,破多个历史同期极值。年平均气温明显偏高,雨量、雨日偏多,日照持平略偏少;冷空气强度强;强对流天气多发;有阶段性高温天气;台风影响个数多,时间偏晚,影响程度重。

年平均气温19.1℃,比常年偏高1.2℃,破历史极值;县城极端最低气温-7.5℃,出现在1月25日,列历史同期第二低;10月份平均气温破历史同期最大值。年降水量2130.3毫米,比常年同期偏多498.8毫米,列历史同期第四多;9月份雨量为历史同期最大值。10月份日照明显偏少,列历史同期第二少。台风“鲇鱼”造成严重影响,总雨量和最大日雨量破历史最大值。

**【2016年气候要素实况】** (一)气温:年平均气温19.1℃,比常年偏高1.2℃,破历史极值。

1月平均气温7.4℃,比常年偏高0.8℃;

2月平均气温8.3℃,比常年偏低0.3℃;

3月平均气温12.7℃,比常年偏高0.5℃;

4月平均气温19.5℃,比常年偏高1.6℃;

5月平均气温23.7℃,比常年偏高1.5℃;

6月平均气温26.4℃,比常年偏高1.3℃;

7月平均气温29.4℃,比常年偏高0.9℃;

8月平均气温29.1℃,比常年偏高1.2℃;

9月平均气温24.5℃,比常年偏高0.3℃;

10月平均气温22.1℃,比常年偏高3.0℃,列历史同期第一;

11月平均气温14.9℃,比常年偏高1.2℃;

12月平均气温10.9℃,比常年偏高2.7℃。

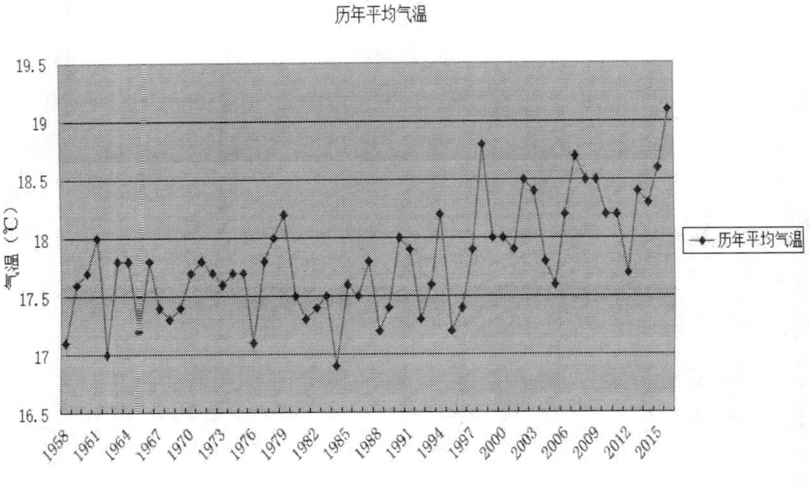


图1 云和县历年平均气温变化图

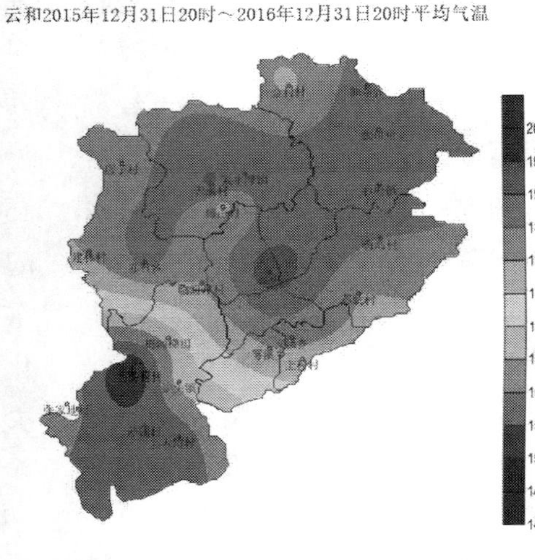


图2 云和县2016平均气温分布图

2016年，各乡镇平均气温在13.5℃—19.1℃之间，最高出现在县城，最低出现在岙头村；日最高气温，最高值为41.0℃，出现在石塘，最低值为31.8℃，出现在岙头村；日最低气温，最高值为-7.0℃，出现在赤石，最低值为-14.1℃，出现在岙头村。

（二）降水：2016年降水量2130.9毫米，比常年同期偏多30.1%。

1月雨量为130.3毫米，比常年偏多85.1%；

2月雨量为59.5毫米，比常年偏少34.4%；

3月雨量为95.9毫米，比常年偏少41.9%；

4月雨量为257.7毫米，比常年偏多45.9%；

5月雨量为255.3毫米，比常年偏多28.7%；

6月雨量为273.2毫米，比常年偏少7.1%；

7月雨量为75.3毫米，比常年偏少49.1%；

8月雨量为172.4毫米，比常年偏多2.8%；

9月雨量为556.5毫米，比常年偏多288.9%，列历史同期第一；

10月雨量为131.6毫米，比常年偏多107.9%；

11月雨量为91.5毫米，比常年偏多33.8%；

12月雨量为31.7毫米，比常年偏少30.9%。

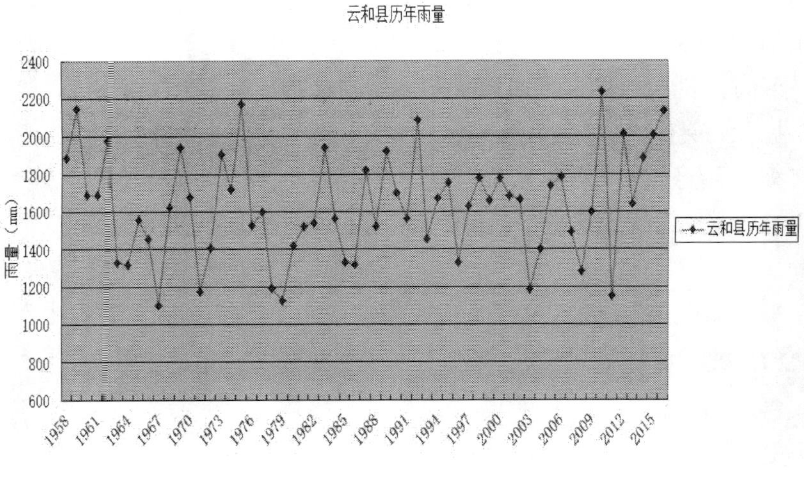


图3 云和县历年雨量变化图

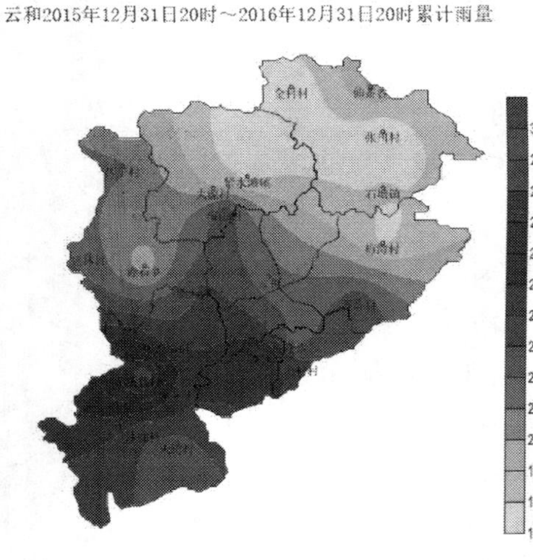


图4 云和县2016年累计雨量分布图

2016年各乡镇降水量分布不均匀，在1716.6毫米—2909.2毫米之间，最大出现在梅竹村，最小出现在金村村。

2016年降水日数202天，比常年同期偏多24.7天。2月、3月、7月、8月雨日较常年偏少；其他月份雨日较常年偏多。月雨日最多为23天，出现在4月，最少为10天，出现在12月。

（三）日照：2016年日照时数1607.6小时，与常年基本持平略偏少4.3小时。除1月、4月、9月、10月、11月比常年同期偏少外，其他月份均偏多。10月日照为63.5小时，列历史同期第二少；7月日照最多，为238.7小时，比常年偏多19.7小时；1月最少，为59.2小时，比常年偏少33小时。

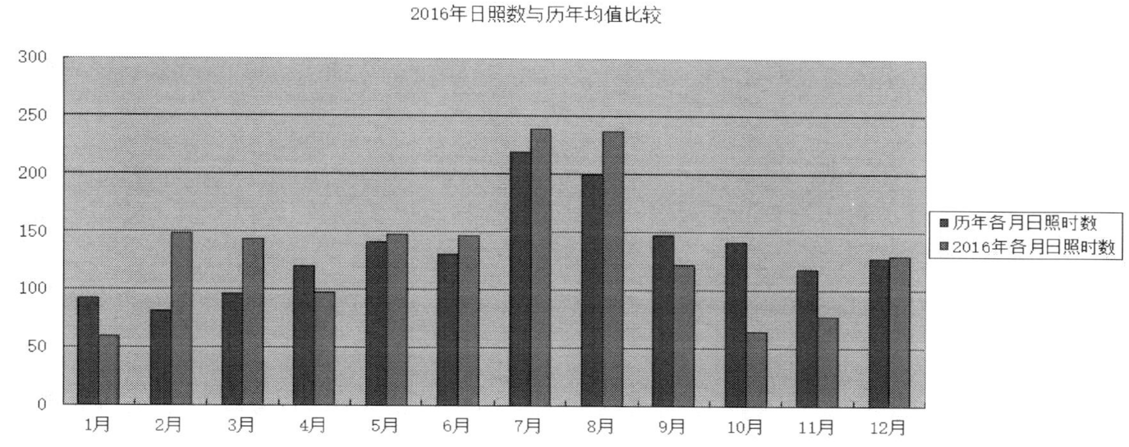


图5　2016年日照数与历年均值比较

（四）天气现象：2016年霜日数3天，比常年偏少19.2天，上年度终霜日12月19日，本年度初霜日12月28日；结冰日数4天，比常年偏少16.8天；大雾日数49天，比常年偏多14.4天；轻雾日数297天，比常年偏多153.2天；霾日数1天，比常年偏多0.7天；降雪日数5天，比常年偏少1.5天；积雪日数4天，比常年偏多1.1天；大风日数1天，比常年偏少0.5天。

**【2016年主要天气气候事件】**

（一）云和县连续11年偏暖，2016年平均气温破历史极值，位列第一。2016年，云和县气温异常偏高、降水明显偏多；年平均气温19.1℃，较常年偏高1.2℃，列历史同期第一高，是2006年以来第11个偏高年；年降水量2130.3毫米，较常年同期偏多498.8毫米，列历史同期第四多。

（二）1月遭遇极寒天气，全县气温骤降，造成严重冻害。1月17—25日，云和县受强寒潮天气影响，过程平均气温降幅达到12℃。其中1月21—25日受强寒潮影响，气温大幅下降，并先后出现大雪和严寒天气。县城极端最低气温-7.5℃，出现在1月25日，列历史同期第二低（历史最低-7.8℃，1963年）；乡镇极端最低气温出现在岙头村，为-14.1℃，出现在1月25日。

（三）3月上旬强寒潮袭击，乍暖还寒。3月8—10日受超强寒潮天气影响，气温骤降，县城过程平均气温降温达16.5℃，县城最低气温达0.7℃，乡镇最低气温出现在崇头镇岙头村，为-7.0℃，其间伴随雨雪天气过程并有霜冻现象，部分地区出现积雪。由于这次寒潮伴随着大风及雨雪天气，强度强、范围广，春茶损失严重，同时给交通和人们出行带来不便，造成感冒等疾病患者增多。

（四）春季多连阴雨，时间长。4月、5月，云和县出现三段持续时间较长的连阴雨天气，最长连阴雨时段出现在4月7—18日，达12天。

(五)春夏之交,强对流天气多发。2016年,云和县强对流天气频发、局地性突发性强、破坏力大,且多发生在5—5月。

4月内短时强降水、雷雨大风等强对流天气较多,较明显的过程有:4月3日下午,全县大部出现6—8级雷雨大风,共有5个站瞬时极大风速超过8级,最大为梅竹村达27.6米/秒(10级);4月16日,全县有2个站出现8级雷雨大风,最大为梅竹村达18.9米/秒(8级)。

5月内多次出现短时强降水、短时雷雨大风等强对流天气。较明显的过程有:5月2日夜里,梅竹村出现小时降水量31.8毫米,瞬时极大风速17.5米/秒(8级);5月5日,全县出现较大范围的暴雨天气,共有10个站日雨量超过50毫米,最大为大源村达82毫米;5月6日,云和县大部出现大雨到暴雨,全县共有6个站出现暴雨,最大为张家地村达76.8毫米;5月10日,全县出现大范围的暴雨天气,共有15个站日雨量超过50毫米,最大为岙头村达65.4毫米。

6月正值主汛期,降水天气多,且多局地暴雨过程。较明显的暴雨过程有:6月1日,全县普降中到大雨,局部暴雨,最大为张家地村达74.2毫米;有2个站出现短时8级以上雷雨大风,最大为张家地村为18.5米/秒(8级);6月12日,全县普降中到大雨,局部暴雨,共有6个站日雨量超过50毫米,最大为安溪乡达67.8毫米;6月15日夜里,店子村出现小时雨量超过30毫米的短时强降水,小时降水量达33.4毫米;6月16日,出现全年范围最大的一次暴雨过程,全县共有21个站日雨量超过50毫米,最大为店子村达90.6毫米。

8月内共有2天出现局地性的短时强降水。其中:6月3日,县城雨量达72.7毫米,最大小时雨量为50.2毫米;6月6日,苏坑村雨量达58.4毫米,最大小时雨量为52.8毫米。

(六)夏季遭遇多轮高温热浪,气温高,强度强。夏季,云和县遭遇多轮大范围的晴热少雨天气。7月内有4个连续高温时段,分别出现在1—2日、4—7日、15—16日、19—31日。县城日最高气温达38℃以上的天数为9天,分别为21~29日。7月24日,县城的最高气温达40.1℃。8月14—25日天气晴热,云和县中部、北部地区连续出现35℃以上高温天气,其中:8月19日,中部、北部大部分地区出现38℃以上高温天气,最高气温出现在赤石乡,为40.5℃。

(七)台风姗姗来迟,影响个数多,带来历史罕见的强降雨。年内有“尼伯特”“莫兰蒂”“鲇鱼”“海马”4个台风活动,其中:“莫兰蒂”和“鲇鱼”对云和县造成较大影响。特别是台风“鲇鱼”影响明显,总雨量和最大日雨量破历史极值。

7月7—11日,受第1601号台风“尼伯特”影响,云和县在7月8日至7月10日出现较明显的降水过程,最高气温明显下降。7月8日8时至7月11日8时,全县面雨量25.3毫米,共有2个站点累计雨量超过50毫米,最大为岙头村57.0毫米。梅竹村出现6级强风,岙头村出现7级疾风。

9月14—16日,受1614 号台风“莫兰蒂”外围影响,云和县在9月14—15日出现明显的降水,全县普降暴雨到大暴雨。9月14日8时至9月16日9时,全县面雨量156.3毫米,最大出现在岙头村,为221.1毫米;南部地区出现5~7级大风,最大出现在张家地村,为14.2米/秒(7级)。据民政局统计,受台风“莫兰蒂”影响,全县受灾人口2200人,转移涉险区人员141人,水稻、蔬菜等农作物受灾面积38.33公顷,成灾面积31.37公顷,37个菇棚进水258.7万袋香菇受损,中药材受损面积2公顷,稻田养鱼受损面积3.33公顷,倒塌房屋4户21间,严重损毁房屋2户3间,一般损毁房屋1户1间。公路中断10条,损坏堤坝71处1130米,损坏浇灌设施93处。全县直接经济损失2170万元,其中农业损失1011万元,工矿企业损失173万元,基础设施损失947万元,家庭财产损失39万元。

9月26—29日,受1617号台风“鲇鱼”外围影响,云和县在9月27—29日出现明显降水,全县普降暴雨到大暴雨,局部特大暴雨。9月27日8时至9月30日8时,全县面雨量为303毫米,总雨量突破1960年08号台风的历史极值(233毫米);最大日雨量206毫米,突破2015年13号台风“泰利”的历史极值(198.5毫米),最大出现在岙头村,为472毫米;南部地区出现8—10级大风,最大出现在梅竹村,为25.1米/秒(10级)。受第13号台风"鲇鱼"的影响,9月27日夜里开始,全县出现强降雨天气,持续时间长、影响范围广。据民政局统计,受台风"鲇鱼"影响,全县受灾人口12622人,转移涉险区人员3001人,水稻、蔬菜等农作物受灾面积360公顷,成灾面积170.3公顷,27个菇棚进水175万袋香菇受损,倒塌房屋12户25间,严重损毁房屋8户12 间,一般损毁房屋30户44间。公路中断25条,损坏堤坝82处1455米,损坏浇灌设施101处。全县直接经济损失9607万元,其中农业损失4278万元,工矿企业损失1112万元,基础设施损失2950万元,家庭财产损失1267万元。

(八)10月闷热,日照少,雨量大,平均气温高,如"黄梅天"再现。10月,云和县多阴雨寡照天气,日照少、雨日多、雨量大、平均气温高。月降水量为131.6毫米,比常年偏多108%(历年均值63.3毫米);降水日数19天,较常年偏多8.7天;月平均气温22.1℃,比常年偏高3.0℃,列历史同期第一高;日照时数63.5小时,列历史同期第二少(历史最少为63.0小时,1964年)。连续阴雨寡照,不利作物生长和秋季水果成熟,影响晚稻灌浆成熟,部分出现穗上发芽和霉变现象,蔬菜病虫害发生偏重。

**【气候影响评价】** (一)气候与农林业:1月是农闲期,除了蔬菜、食用菌、畜禽生产外,其他作物大多处于越冬期。月内多阴雨天气,日照明显偏少,并出现阶段性雨雪低温冰冻天气,对农作物生长和农事活动开展均不利。其中1月21—25日,各地先后出现大雪、冰冻、严寒天气,受寒潮影响,白菜、油冬菜、萝卜、花菜、莴苣等冬菜生长缓慢,产量受到一定影响,大量露地作物受到冻害,茄果类、瓜类等夏菜大棚育苗因低温雨雪天气导致棚内湿度大,灰霉病、立枯病等病害发生普遍,积雪还造成大量农业设施、林木、果树被积雪压塌压断,农业产业遭受严重损失。冰冻对云和县农林业造成较大损失,但总体形势平稳,没有出现人员伤亡事故。另一方面,低温却有利于杀死越冬害虫和病菌孢子,减轻来年病虫危害。

2月初多地出现低温雨雪天气,2月的2—3日、7—8日和16—17日出现较明显低温冰冻,对越冬作物以及露地作物生长发育不利,低温也使部分山区茶园萌发早的春茶受到冻害,降雪还使部分山区林木受雪压出现倒伏,甚至折断。下半月以晴雨相间的天气为主,气温明显回升,对农作物生长发育、春耕备耕以及油菜等春花作物越冬有利,特别是春茶萌芽和采摘。

3月上旬前期多晴少雨,气温回升明显,温高光足,有利于茶叶萌发、采摘以及春耕备耕。3月8—10日,受寒潮天气影响,出现明显的降水降温过程,局部现雨夹雪或雪,导致山区茶园积雪覆盖,春茶遭受不同程度的冻害。3月中、下旬以晴雨相间的天气为主,冷空气影响偏弱少,温高光足,有利于茶叶萌发及采摘上市,茶叶采摘量明显增加,良好的天气条件对于春菜播种育苗、春耕备耕以及油菜开花结荚均有利。后期持续晴多雨少也导致森林火险等级偏高,又临近清明节,森林防火压力陡增。

4月内多降雨天气,雨量明显偏多。持续多雨天气不利茶叶采摘,容易造成早稻秧田出现浮秧,油菜植株容易出现倒伏、滋生病菌。其中4月3—18日和20—27日,各地均出现较明显的连阴雨天气,长期土壤过湿也不利于田作物生长,农作物产量、品质均受到一定影响。另外,月内局地雷雨大风、短时强降水也频繁发生,给农业生产造成一定损失。

5月内雨量、雨日明显偏多,局地雷雨、大风等天气多发,给农业生产带来不利影响。特别是上旬降水集中,且多局地暴雨和短时强降水、雷雨大风等强对流天气,累计雨量大。持续阴雨天气给全县油菜收割、后熟、晾晒均造成不利影响,枇杷、杨梅、桑葚等水果出现明显落果,产量、品质均受到影响。

6月出现多次暴雨过程,且局地雨量大、强度强,给农业生产造成严重影响,农业经济损失严重。上旬先雨后晴,温高光足,对于各类露地作物生长发育较为有利。

中旬多雨水天气,多伴有雷电、大风等强对流天气,给农作物采收上市、农事活动开展带来显著影响,并造成严重损失。下旬先晴后雨、多晴热高温天气,其中6月20—25日,出现了连续6天日最高气温在35℃以上的高温天气,有利各类露地作物生长发育,特别对杨梅、西瓜等作物成熟与采摘较为有利。

7月多晴少雨天气为主,总体有利农作物生长发育,特别是对西瓜、葡萄、桃子等水果品质形成以及采摘上市非常有利,对早稻收割晾晒、单季稻的分蘖以及秧苗生长也较为有利。但月间出现阶段性高温天气,县城日最高气温达35℃以上的天数为20天,县城日最高气温达38℃以上的天数为9天。持续高温酷热天气不利田间劳作,容易引发中暑,灌溉条件差的田块也因缺少灌溉水源出现干旱,影响作物生长,同时持续高温也容易导致作物出现高温热害。

8月内气温偏高,降水与历年平均基本持平。8月上半月多降水天气,温光条件适宜,总体有利于农事活动开展及各类农作物生长,但上旬多局地雷阵雨天气,有雷雨时部分地方有大到暴雨,局地还伴有短时强降水和雷雨大风,容易造成露地作物出现机械损伤,大棚金属钢架、塑料薄膜等农业设施也遭受损失。下半月持续晴热高温,无系统性降水过程,其中8月14—26日出现较长时间的连续高温少雨天气,且高温强度较强,对桃子、葡萄、西瓜等水果的成熟、采收以及上市相对有利,同时也有利于蔬菜、果木及各种农作物生长,以及病虫害防治等农事活动的开展。但持续高温少雨也导致山塘水库水位明显下降,农业用水紧缺,部分灌溉条件差的地区,特别是高山地区出现旱情,影响作物生长及秋菜播种育苗。

9月上旬天气条件相对较好,晴多雨少,对农作物生长有利。中旬雨水天气增多,对于缓解土壤旱情较为有利,同时也有利于秋冬菜播种、出苗,但多雨寡照天气不利于作物光合作用的进行及农事活动的开展,对晚稻灌浆乳熟、产量形成一定影响;多阴雨天气还导致稻飞虱、稻纵卷叶冥等病虫害多发。下旬先晴后雨的天气为主,前期晴好天气有利于成熟晚稻收割晾晒,2016年单季晚稻收割进度较常年略偏早。月底受台风"鲇鱼"的影响,全县出现持续强降雨过程,局地山洪多发,露地作物大量被淹,部分农田被冲毁、菇棚进水,部分水稻植株出现倒伏和机械损伤,收割、晾晒也受到影响,秋收冬种进度有所推迟,农业经济遭受严重损失。

10月是秋收时节,单季晚稻、双季晚稻陆续进入成熟收获期,柑橘大量采摘、上市,移栽油菜开始播种育苗,秋冬蔬菜大量播种、收获。月内雨日异常偏多,日照时数偏少,出现了罕见的秋季阴雨寡照天气,对全县秋收特别是单季稻收割晾晒造成明显影响,对双季稻后期产量形成也非常不利,但多雨天气有利改善土壤墒情,对油菜等秋冬作物播种、出苗以及幼苗生长发育相对有利,也有利于部分晚熟品种柑橘的果实膨大。

11月晴雨相间天气为主,特别是上、中旬,冷空气影响少,气温平稳,有利晚稻收割和晾晒,对油菜移栽成活、柑橘采收以及各类秋冬作物播种出苗、移栽成活、生长发育均有利。11月21—24日受强冷空气影响,出现剧烈变温,县城平均气温降幅15.0℃,高山地区降至0℃以下,达到寒潮天气标准。露地作物容易受到冻害,持续低温也使得农作物生长缓慢,但早晚温差大对食用菌品质形成比较有利。

12月内晴多雨少天气为主,气温显著偏高,降水量明显偏少,日照充足、温光条件较好,对农作物生长发育较为有利。但12—16日和26—28日受强冷空气影响,出现阶段性低温霜冻、冰冻天气,其中16—17日的低温范围较大,出现薄冰和明显的霜冻,一方面低温有利冻死越冬害虫,减少来年病虫害危害,但另一方面也使得露地作物不同程度受冻,作物生长发育明显放慢,产量受到一定影响。另外,12月多连晴天气,森林火险等级持续偏高,不利森林防火。

(二)气候与日常生活:

1月内多阴雨天气,尤其是下旬出现大范围雨雪低温冰冻天气,对人们生产、生活、出行均造成不利影响,极端低温导致民众手脚被冻伤,儿童感冒、老年人心脑血管疾病、呼吸道疾病多发。而且因路面湿滑，甚至出现道路结冰，导致摔伤造成骨折和外伤的患者增加。严重低温冰冻天气还造成自来水管道、水表被冻破裂，居民用水受到严重影响。

2月内晴雨相间，天气总体正常，但上半月出现阶段性低温雨雪冰冻天气，对人们日常生产、生活造成一定影响，好在春节期间多晴少雨，有利人们探亲访友及外出旅游，晴好天气也吸引大批外地游客来云和旅游。

3月内晴多雨少的天气为主，降水明显偏少，方便人们清洗晾晒，对人们生产、生活、交通、旅行等都比较有利，尤其月初出现连晴天气，中、下旬也是多晴少雨的天气为主，有利人们开展旅行、踏青等户外活动。但在8—10日、19—24日出现两次明显的冷空气过程，10—12日、26日和28日早晨气温下降明显，起伏变化大，忽冷忽热的天气致使不少市民患上了呼吸道疾病。

4月内多降雨天气，雨量、雨日明显偏多，对人们外出踏青、旅行及晾晒、室外作业均不利。另外，局地暴雨和短时强降水、雷雨大风、冰雹等局地强对流天气多发，给受影响地区造成一定的损失。

5月内多阴雨天气，特别是上旬和下旬雨日明显偏多，给人们日常生活、生产带来诸多不便。其中上旬降水集中，且多局地暴雨过程，加之雷雨、大风、冰雹等强对流天气多发，给民众日常生产、生活造成明显影响；下旬阴雨天气为主，月末27—28日和31日部分地区出现35℃以上的高温天气，人体感觉闷热潮湿不舒适。中旬多晴少雨天气为主，气温适宜，对居民日常生产、生活及外出旅游等均较为有利。

6月内晴雨相间，上旬和下旬多晴少雨天气为主，有利人们外出、旅行、晾晒及室外作业。中旬多降雨天气，其中12日、16日出现暴雨天气，还伴有局地短时强降水、雷雨大风等强对流天气，导致部分民房被淹，房屋受损倒塌，给人民日常生活造成一定影响。下旬开始气温明显升高，20—25日出现持续高温少雨天气，最高气温基本都超过35℃，室外活动容易造成中暑。

7月内出现阶段性高温天气，县城日最高气温达35℃以上的天数为20天，县城日最高气温达38℃以上的天数为9天。高温天气对人们日常生活以及身体健康有较大的影响，中暑情况明显增多，丘疹性荨麻疹患者和夏季皮炎患者也明显增多。但也催热了“清凉经济”，空调、风扇、凉席成了抢手货，防暑降温的饮料、水果以及防晒用品等销量也一路走高。

8月上半月多阵雨天气，高温明显缓和，但多午后雷雨天气，并伴有短时强降水和大风，给民众生活带来一定影响；后半月出现连续高温天气，其中城区19—20日的最高气温均超过38℃，高温持续时间长达13天，连续晴热容易引发中暑，影响人们日常生活以及身体健康。

9月上旬多晴少雨，气温适宜，天气总体偏凉，对居民日常生产、生活及外出旅游等均较为有利；中旬多阴雨天气，尤其9月15日“莫兰蒂”台风带来强降水，对人民日常生活造成明显影响。下旬先晴后雨，前期气温适宜，有利人们日常生活、生产开展，但月底“鲇鱼”台风来袭，出现较强降水天气，给人民日常生活造成严重影响。

10月上、中旬雨水明显偏多，且多次出现局地暴雨天气，持续多雨寡照天气不利于居民洗衣晾晒、日常生产生活以及外出旅游等活动的开展。28—30日受较强冷空气影响，全县出现一次较明显的降温过程，28—29日24小时日平均气温降幅达9.1℃，冷暖交替容易引发感冒、心脑血管等疾病。

11月内雨量、雨日明显偏多，日照偏少，对居民洗衣晾晒、日常生产生活及外出旅游等相对不利。另外，下旬21—24日受强冷空气影响，县城平均气温降幅15.0℃，高山地区降至0℃以下，剧烈降温也使得呼吸道疾病、心脑血管疾病、支气管炎等疾病多发。

12月内多晴少雨天气为主，对人们日常出行、游玩以及衣物晾晒均有利。但在5—8日、12—16日和26—28日受冷空气影响，其中16—17日和26—28日出现低温冰冻天气，容易发生冻伤，产生冻疮，低温也使得呼吸道疾病、心脑血管疾病、支气管炎等疾病多发。

（陈思炼）

# 水 利

## 水 利

**【概况】** 2015年，云和县水利局（以下简称县水利局）紧紧围绕县委、县政府中心工作，认真贯彻落实“绿水青山就是金山银山”战略指导思想，按照“五水共治”的总要求，切实抓好防汛防台、重大水利工程建设、河湖库塘清污（淤）、水利工程标准化管理、落实最严格水资源管理制度等工作，圆满完成年度各项目标任务。

**【河湖库塘清淤工程】** 根据省水利厅下达的任务要求，“十三五”期间，云和县清淤总任务为40万立方米，总投资2542.55万元，其中：河道11条（13段），总长度32.86公里，清淤量26 85万立方米，总投资1588.15万元；山塘水库20座，清淤面积11.59公顷，清淤量12.95万立方米，总投资934.4万元；池塘1座，清淤面积0.07公顷，清淤量0.2万立方米，总投资20万元。2016年，河湖库塘清淤工作被列入省市“五水共治”考核，且分值较高，占100分。2016年，云和县清淤考核任务为12.83万立方米，总投资750万元。为确保“十三五”计划三年完成，县水利局自我加压，计划完成清淤量16.62万立方米，总投资1191.55万元，其中：河道10条（段），清淤量14.19万立方米，总投资995.65万元；水库2座，清淤量1.28万立方米，总投资105万元；山塘4座，清淤量1.15万立方米，总投资90.9万元。10月，根据市级计划调整，云和县2016年清淤量调整为20万立方米，比原计划增加3.38万立方米。至2016年末，累计完成投资1022万元、清淤量20万立方米，完成年度计划的100%，完成“五水共治”考核任务的155.9%。

**【中小河流治理工程】** 2016年，投资2696万元，实施并完成浮云溪黄水碓段治理工程，治理河道1.8公里，新建堤防2.95公里、加固堤防0.56公里，新建堰坝2座。投资2944万元，实施并完成浮云溪大徐段治理工程，治理河道1.78公里，新建堤防2.9公里。实施浮云溪村头至坪背段治理工程，该工程概算总投资7387万元，计划治理河道3.04公里、建设护岸4.01公里，12月21日，该工程开工建设，至2016年末，已完成投资2500万元（主要为政策处理及项目前期工作费用）。

**【独流入海工程】** 2016年，云和县龙泉溪石浦段治理工程被列入省市“五水共治”重大项目，批复投资1946万元，建设内容为：护岸整治1.62公里及滩地生态修复。至2016年末，该项目已完成所有前期工作并开工建设，完成投资1300万元，圆满完成年度考核任务。

**【水利基础设施治理提升工程】** 2016年，投资9061万元，全面完成崇溪山洪沟治理、高效节水灌溉、低丘红壤开发治理、泉溪小流域水土流失治理、农村饮用水提升改造、横山头水库除险加固、山塘综合整治、农村河道综合治理、农田水利设施维修管护、河湖塘库清淤等11个工程建设。

**【“水旅融合”补短板项目】** 2016年，重点抓好碧水映村项目建设和水利风景区创建。（一）碧水映村项目建设。采取乡镇(街道)村自主申报、专家现场评估相结合的方式,选定安溪流域白垟墩村、梅家源坑流域红光村、安溪流域上村村、梓坊坑流域店子村、泉溪流域金山下村、浮云溪流域崇头村等6个村开展碧水映村项目建设,计划从生态护岸、河沟整治、村庄洁化等方面入手,综合运用水环境治理、生态修复、增殖放流、水系连通等措施进行系统治理。项目概算总投资1119万元,计划建设护岸562米,新建堰坝4座,改建堰坝13座,新建块石步道5010平方米。至2016年末,6个碧水映村项目主体工程均已完工,正进行验收、审计等相关后续工作。(二)水利风景区创建。2016年,市水利局下达的任务为:完成1个市级水利风景区创建。接到任务后,县水利局积极谋划,及时成立水利风景区创建工作领导小组,并对浮云溪城区段、雾溪水库、梅垄水库、店子村、仙茶谷等点段进行多方面的调查和研究,最终拟定浮云溪城区段为2016年市级水利风景区申报创建对象。至2016年末,浮云溪城区段已顺利通过市考评组考评,成功创建为市级水利风景区。

**【水利改革试点】** 云和县于2014年成功申报“农田水利设施产权制度改革和创新运行管护机制”国家试点县,试点包括“小型农田水利建管一体化”“健全项目建设管理公开公示制度”“探索完善小型农田水利项目补助方式”“完善小型农田水利工程产权确权和移交”“探索财政资金购买公共服务的做法”“鼓励和扶持农民用水协会等专业合作组织发展”等6项主要内容。自试点工作开展以来,云和县已累计投入资金1560万元,先后制定出台《云和县小型农田水利工程建设管理一体化实施办法》《云和县小型农田水利工程建设管理公开公示制度》《云和县农民质量监督员管理办法》《云和县农田水利设施维修管护先建后补试点建设实施细则》《云和县小型水利工程建设与管理体制改革实施方案》等一系列政策措施,完成6座小型水库和42座山塘的产权确权发证工作,并利用2座已确权的山塘进行抵押贷款,贷款资金用于村集体公益事业,有效盘活农村水利资产。至2016年末,改革试点工作已完成总任务量的70%。

## 水利水电安全生产

**【概况】** 2016年,县水利局以贯彻落实习近平总书记系列重要讲话精神、大力实施安全发展战略为主线,坚持“安全第一、预防为主、综合治理”和“一手抓安全生产、一手抓经济建设”两不误的方针,以防洪安全、水利工程安全为核心,牢固树立以人为本、安全发展的理念,加强安全基础建设,强化安全责任落实,严格依法监督检查,有效防范各类事故的发生,确保全县水利和渔业生产安全持续稳定。

**【水利水电安全生产】** (一)全面落实安全生产责任制。及时调整水利系统安全生产领导小组。局机关与相关科室及下属单位负责人签订安全生产工作目标责任书,并与各水利生产经营单位签订安全生产责任书,把安全责任落实到各责任人。根据“党政同责、一岗双责、齐抓共管”和“管行业必须管安全、管业务必须管安全、管生产经营必须管安全”的要求,各分管副局长为其分管业务领域的安全责任人,严格落实各业务科室专业安全监管职责。年初召开水利系统安全生产监管工作会议,总结2015年度安全生产工作情况,并布置2016年度安全生产工作任务;每个季度定期召开安全生产例会,听取下属各单位的安全生产工作情况汇报,落实上级政府部门的重大工作部署。(二)加强安全生产宣教培训工作。4月,举办以“如何防御山洪灾害和科学巡查”为内容的培训会议,全县主要水库山塘和山洪灾害危险区预警员、各乡镇(街道)分管领导及其他工作人员共200余人参加培训。在防汛日、防灾减灾日和梅汛期间,通过广播电视、报纸、手机短信和微信等多种途径,广泛宣传防汛安全知识,增强民众的防汛安全意识。积极开展以“强化安全发展观念、提升全民安全素质”为主题的“安全生产月”活动,通过悬挂横幅、张贴宣传画、发放宣传资料等方式,大力宣传水利安全生产知识。深入开展工会组织“查事故隐患,提合理化建议”活动,切实保障职工生产安全,维护职工健康权益。(三)认真开展安全救援演练。为切实提高各级防汛指挥系统的组织协调能力和基层防汛组织的实战能力,检验防汛预案的可操作性,5月13日,由县防汛指挥部牵头,县水利、国土、气象、民政等部门联合在安溪乡开展2016年云和县山洪地质灾害防御演练。(四)深入开展安全生产检查工作。针对春节前夕的雨雪冰冻天气,局领导亲自带队前往供水工程、水利在建工程进行安全检查,确保工程生产安全。汛前,组织人员对辖区内的水库、山塘、河道、农村水电站、水利在建工程、渔业船舶等进行全面的检查,特别是加强对水利水电工程、基层防汛防台体系、山洪地质灾害、危险路段、城市低洼易涝区、依山傍水区、企事业单位、学校等重点部位的检查。针对检查中发现的问题,及时采取整改措施,确保安全度汛。在元旦、春节、“五一”、国庆等重大节假日之前,均开展安全生产大检查,发现问题及时督促整改,努力把事故苗头和安全隐患消灭在萌芽状态。(五)深入开展隐患排查治理行动。建立健全事故隐患整治管理台账,加大事故隐患整改督办力度,加强安全生产检查频率,强化安全生产检查管理,对检查发现的安全隐患点,做到整改责任、措施、资金、时间、方案“五落实”。(六)依法开展水利安全生产执法活动。为确保全县水利工程的安全,水利安全执法人员对在建水利工程进行每月一次的安全生产执法检查。深入开展“打非治违”专项行动,全年共查处水利安全生产违法案件3起,依法对责任单位进行处罚,罚款总额1.5万元(已入缴国库)。(七)认真做好水利工程标准化创建工作。水利工程标准化建设是确保水利工程安全的重要手段。2016年,浮云溪岗头段治理工程、沙溪段治理工程、大徐段治理工程被列入云和县水利工程建设的“安全文明标准化管理工地”。加强农村水电运行安全管理,全面推进农村水电站安全生产标准化建设。至2016年末,已完成锯板坑、靛青山等11座农村水电站的安全生产标准化评审工作。

## 水　产

**【概况】** 2016年,县渔业局以提高产业效益、促进渔民增收为目标,坚持开发与保护并重,以现代渔业园区建设为抓手,狠抓生态渔业建设,积极推进治水保水与渔业发展相结合,不断壮大绿色生态渔业。

**【水产养殖】** 2016年,全县完成水产养殖面积3.55万亩,增殖放流鲢鱼、鳙鱼、瓯江彩鲤、鲫鱼、草鱼等治水鱼种735.8万尾;完成水产品产量1617吨,实现产值2450万元,同比增长7%。抓好12个现代渔业项目建设工作,其中部分项目已完成建设任务。积极推广“稻鱼共生”新技术,在崇头、赤石等乡镇发展稻田养鱼10335亩,形成以稻鱼、稻鳖、稻鳅(田螺)为主的稻田养鱼新模式。大力发展绿色生态渔业,逐步做大做强甲鱼、石蛙、泥鳅、石斑鱼、龙虾、蛙蛙鱼等特色水产养殖。同时,为切实保护云和湖(紧水滩、石塘、玉溪)的水生态环境,保障下游人民群众的饮用水质量,开展并完成紧水滩水库、石塘水库水产禁限养区划定与整治工作,整治面积12350亩。

**【城乡供水】** 2016年,县供排水公司不断创新服务举措、提升服务水平,每日定时检测、分析、纪录水质质量,确保出厂水达到国家标准。(一)提升供水服务质量。2016年,县供排水公司完成总产值1570万元,同比增长21.3%,其中:自来水销售产值1195万元,同比增长20%;建安产值375万元,同比增长13.6%。售水量为625万立方米,同比增长5%;完成供水959万立方米,日平均供水量2.63万立方米,日最高供水量3.1万立方米;抄表总户数27818户,新增1363户;完成抢修156处,其中:DN100以下102处,DN100以上36处,配合数字城管及公安110联动18处;完成直径50毫米以下水表的修理工作共计508起,查处违章用水14起,拆除欠费水表37只;安排听漏18次,查出并及时解决较大漏点9处。(二)抓好污水处理工作。2015年12月25日,县污水处理厂二期工程建成并投入运行。2016年8月8日,县府办召集相关部门,对污水处理厂二期项目建设情况进行审查，同意云和县博华水务有限公司以BOT特许经营模式进行商业运行。县供排水公司作为污水处理厂的业务监管方，参与污水处理厂的运行管理。2016年，污水处理厂共处理污水472万立方米，排放达标率达90%，建成区污水处理率达90.2%，处理设施运行负荷率为86.2%。

## 行政执法

**【概况】** 2016年，县水利局切实加强水行政执法队伍建设，以强化水域资源保护、渔业资源保护、非法采砂管理等为重点，进一步加大水事、渔事违法案件执法力度，保障和维护正常的水事渔事秩序。

**【行政执法管理】** （一）强化宣传教育。充分利用世界水日、中国水周、禁渔期、节水型社会创建活动等有利时机，通过电视、报刊、横幅、宣传画、流动宣传车等深入到重点乡镇、行政村、主要水域进行法律法规、"五水共治"等宣传，发放各类资料1000余份，出动宣传车50余次、人员150余人次，及时将水利法律法规、"五水共治"及禁渔事项告知社会群众，做到家喻户晓，有效提高全社会法制观念，取得较好的宣传效果。（二）加强水政渔政执法力度。2016年，开展水政执法巡查100余次，出动人员320人次，及时制止水事违法事件59起，其中制止违法采砂事件35起，立案查处6起，执行罚没款到位1.3万元；开展渔业执法巡查441次，出动人员1300人次，及时制止渔事违法事件118起，立案查处渔事违法案件31起，收缴网具19付（总长度2100米）、鱼工具38套、地笼52只、海杆106支，执行罚款额总计3.7万元。（三）抓好初级水产品安全监管。全年共出动水产渔政执法人员76人次，检查养殖单位19家次，责令整改1家。通过现场检查监督，对重点区域、重点对象进行拉网式排查，检查养殖单位是否存储、使用禁用鱼药、原料药、人用药等行为，检查养殖单位是否依法依规建立"三项记录"（生产记录、用药记录、销售记录）、记录是否完整全面，发现问题及时整改，坚决杜绝使用孔雀石绿、无色孔雀石绿、氯霉素、呋喃类药物、环丙沙星等行为的发生。开展水产品质量检测，确保水产品质量安全，完成11批次水产品的药残抽检任务，抽检合格率达100%。（四）抓好水土保持工作。全面实施取水许可制度，规范取水许可的申请受理、审查、核验、发证等相关程序，完善取水户"一户一档"管理。全年完成涉河涉堤审批事项6项、水土保持方案审批14项。至2016年末，全县累计发放取水证（保有量）56本。积极落实水功能区管理制度，配合做好水功能区水样抽检、水质达标等工作，结合水政执法，强化对水土保持项目的监管。

**【水环境保护】** （一）强化浮云溪"河长制"落实。县水利局作为浮云溪"河长制"的牵头部门，主动加强与各部门、乡镇街道的沟通协作，强化监督检查，推动各项治水措施的落实。据各责任单位统计上报，浮云溪沿线22个污染源整治工程已全部启动，其中16个污染源已完成阶段整治工作，剩余6个污染源正加快整改和技改中。自实施"河长制"以来，浮云溪水面没有出现大面积漂浮物沉积情况，各相关乡镇（街道）责任河段水域保持较清洁，生活垃圾、菌棒等废弃物投入河道现象明显得到改善。（二）强化河道长效保洁。对县城核心区河道和紧水滩、石塘库区的保洁，通过公开招投标的方式进行市场化运作，实行社会化管理，并安排工作人员对县城主要河道开展全天候巡查，发现问题及时予以解决。对涉及相关部门和乡镇街道管辖范围内的问题，及时主动加强沟通对接，协调解决措施的落实。同时，督促保洁公司进一步加大县城核心区河道的保洁力度，至少落实20名保洁人员进行全天候保洁，其中浮云溪不少于8名、黄溪不少于4名。2016年2月，省委书记夏宝龙莅临云和调研，对浮云溪水环境整治工作给予高度评价。（三）抓好云和湖水上安全工作。牵头组织开展云和湖水上安全综合整治，对违法船舶、违法浮动设施和禁养区养殖行为进行严厉打击；启动渔船信息化管理工作，在所有捕捞、养殖渔船上安装身份标签卡和"严禁载客"警示牌，在休闲渔船上安装"限载3人"警示牌；启动“捕捞、检验、登记”三证合一工作，前期已采集整理大量基础信息，为发放新的船舶证书做好准备。通过整治，云和湖水上综合环境得到全面改善。

## 防汛抗台

**【概况】** 2016年，云和县防汛防旱指挥部（以下简称县防指）严格按照习近平总书记提出的“一个目标，三个不要怕”要求，认真抓好防汛防台抗旱基础工作，全面落实以行政首长责任制为核心的各项责任制，做好防汛指挥系统、通信系统、预警监测系统的运行维护，抓好抢险队伍建设和防汛物资储备，完善相关预案，切实加强预警、预测、预报工作，有效确保防汛防台抗旱工作取得实效。由于主动防汛，科学防汛，实现连续22年汛期无人员伤亡的目标，最大限度地减少灾害损失。

**【灾情】** 2016年，全县面雨量为2086.5毫米，其中县城降水量为2047.4毫米，比上年多206.1毫米，较常年偏多30.2%。期间多次遭受强降雨和台风的侵袭，特别是6.16强降雨、8.3强降雨和第14号台风“莫兰蒂”、第17号台风“鲇鱼”带来的影响较为严重。全县累计受灾人口17522人，倒塌房屋32间，转移人口3298人，直接经济损失12389万元，其中水利设施直接经济损失4007万元。

**【防汛抗台】** 2016年，县防指、县水利局对防汛抗台各项工作进行全面部署：（一）组织开展汛前检查。1月30日，县防指下发《关于做好2016年防汛检查工作的通知》（云防指〔2016〕1号），随即组织人员对全县水库、山塘、河道及水利工程进行全面的检查，发现问题及时要求整改。同时，全面落实各项责任制，并对全县各级各类防汛责任人员、预警巡查人员进行公示，切实做好备汛工作。（二）坚持防汛防台值班。牢固树立责任感和使命感，紧绷“防大汛、抗大旱、抢大险、救大灾”这根弦，做到“警钟长鸣、常备不懈”。自4月15日开始，全体人员坚持24小时值班制度，在梅汛期持续强降雨和抵御“尼伯特”“莫兰蒂”“鲇鱼”等台风侵袭过程中，发扬“五加二、白加黑”的工作精神，克服心理和生理上的种种困难，及时做好预警预报，水库调度、灾情统计、宣传报道等各项工作，为全面赢得防汛防台工作打下坚实的基础。（三）开展宣传、培训和演练。“4·15”全省防汛防台日期间，通过电视、报纸等载体，广泛宣传防汛、防台、抗旱、减灾等知识；4月底，在县文化中心举办以“如何防御山洪灾害和科学巡查”为内容的培训会议；5月份，在安溪乡开展2016年云和县山洪地质灾害防御演练。（四）开展群测群防示范乡镇建设。根据省水利厅《关于下达2016年度山洪灾害防治项目建设任务的通知》要求，结合云和县基层防汛体系建设，制定《云和县2016年度山洪灾害防治项目群测群防示范乡镇建设实施方案》，并选定在安溪乡开展群测群防示范建设。该项目通过丽水行政审批中介网进行网上公开竞价，确定实施单位为河南豫北水利勘测设计院，合同价格19.2万元。至2016年末，该项目已圆满完成。（五）“智慧水利”建设。10月份，通过公开招投标方式，确定浙江警安科技有限公司为“智慧水利”项目建设实施单位，中标价为100.69万元。至2016年末，已完成软件平台的初期框架搭建，机房、控制中心、视频监控站等大部分硬件也已到位。

（宋 佳）

# 工业经济·招商引资

## 工业经济

【概况】 2016年是“十三五”规划开局之年，云和县紧紧围绕省市部署安排，以供给侧结构性改革为主线，以创新驱动、四换三名、两化融合、招商引资和节能降耗为重要抓手，践行五大发展理念，加快产业结构调整，推动传统行业转型升级，提高经济发展质量和效益，促进全县工业和商贸在新常态下实现平稳健康发展。

2016年，全县完成工业总产值111亿元，比2015年增长7.66%，其中规模以上工业总产值69.74亿元，比2015年增长9.8%；全部工业实现增加值245334万元，比2015年增长8.5%，其中规模以上工业增加值12.16亿元，比2015年增长8.1%；完成工业投资11.62亿元，比2015年增长11.1%；完成工业技改投资7.53亿元，比2015年增长28.8%。

【服务企业】 （一）开展企业走访调研。结合“归零翻篇开新局”大讨论活动，积极走访企业，开展蹲点调研，深入查找短板，实施精准帮扶，制定出台《云和县“归零翻篇开新局精准扶工补短板”行动方案》，梳理出理念、政策、融资、人才、平台和产业等六大发展短板，细化形成个性问题，按照“谁引进，谁主管”的原则，予以落实交办，促进项目建设和产能释放，形成合力扶工的良好氛围。（二）做好安全生产工作。建立安全生产责任制，层层签订《安全生产责任书》。结合“护航G20”工作，积极开展企业自查活动和不定期安全生产大检查活动。牵头制定《2016年云和县网络和信息安全检查工作方案》，开展全县网络与信息安全演练活动。（三）强化企业资金保障。加强政策引导，积极鼓励企业上市，充分调动企业上市融资的积极性。创新融资担保机制，充分发挥中小企业融资担保公司资产抵押融资（贷款）功能，探索建立信用担保、外贸出口订单担保、中小企业贷款风险资金池等融资体系。同时，做好建立政府产业基金前期工作。（四）做好企业培训工作。开展出口报检、工业企业基础数据填报、木玩行业产业提升等方面的业务培训，帮助企业提高生产经营能力。特别是组织云和县文化产业创新团队培训班和非公企业主创新研修班学习培训，推动全县企业创新发展，促进文化产业与相关产业融合发展。全年累计培训各类人员500余人次。

【要素保障】 （一）建立综合绩效评价机制。为优化资源要素配置，树立“亩产论英雄”的发展理念，制定出台《云和县工业企业绩效综合评价和要素差别化管理的实施办法》，对全县评价范围内的工业企业实行绩效评价，分类分档、公开排序、动态管理。对亩均效益高、单位能耗低、社会贡献高的企业，将在项目核准、政策优惠、企业融资等资源要素配置方面给予倾斜。同时，建立健全淘汰机制，倒逼企业转型发展。（二）制定木玩百亿产业行动计划。为推动云和县木玩产业跨越发展，实现木玩百亿产业目标，研究出台《云和县木制玩具百亿产业行动计划（2016—2020）》，计划用5年时间，将云和打造成全球木制玩具创制中心、世界最具影响力的木玩原产地、木制玩具行业标准制定的重要参与者、中国木玩领导品牌集聚地、中国教玩研学中心。(三)出台降成本扶持政策。研究出台《进一步降低企业成本 减轻企业负担 优化发展环境的实施意见》,提出22条有云和特色、含金量高、针对性强的减负举措,实实在在惠及云和实体经济,创造出良好的营商环境,助力全县工业经济稳步增长。(四)修订生态工业负面清单制度。为全面提升工业领域项目投资准入管理水平,完善生态工业发展机制,促进产业转型升级,云和县修订发布了《云和县生态工业发展负面清单制度》,集中落实在准入和退出两大关口,一方面从源头上制止有损生态环境建设的产业的投资,另一方面加快引导禁止发展类项目的有序退出,合力助推生态工业发展,实现生态保护与产业发展共赢。2016年,未出现负面清单企业在云和投资情况,9家锯板企业和9家固废处理公司成功组团入园集聚发展。(五)修编完善扶工政策。为适应经济新常态,在原有的工业政策基础上,结合实际,以四换三名、两化融合、创业创新、产业基金、差别化要素改革等作为新工业政策的主体,研究出台《关于促进工业经济平稳健康发展的若干意见》,促进各产业转型升级。

**【结构调整】** (一)开展"机器换人"。积极推进全行业"机器换人"工作,成立云和县"机器换人"工作领导小组;积极发挥企业积极性,进一步提升生产工艺和生产效率;积极与浙江自动化研究所进行深度合作,制定木玩产业"机器换人"方案,争取列入省级"机器换人"试点县和传统优势产业示范区。(二)推进电商换市。紧扣《云和县电子商务发展规划(2014—2020)》,制定出台《云和县人民政府关于加快电子商务发展的实施意见(试行)》;成立云和县电子商务促进会,全面建成云和e创园;建成"云和·木玩"阿里巴巴特色产业带,云和木玩被列为"中国质造·浙江好产品"试点块状特色产业。2016年,云和县连续三年入选中国电子商务发展百佳县(位居丽水市第一),并入选浙江省产业集群跨境电商发展试点县和第三批电子商务示范县创建名单,全年实现网络零售额14.3亿元,同比增长55.4%,其中木制玩具网络零售额9.73亿元。(三)推进"低小散"整治。制定出台2016年度"低小散"整治行动计划,重点完成全县锯板行业和工业固体废物整治任务。进一步畅通疏导途径,制定固体废物入园方案,建设工业固体废物处理中心,引导被整治企业入园发展。全年完成"低小散"企业整治205家,其中整合入园57家,关停淘汰148家。(四)妥善处置"僵尸"企业。对全县范围内的"僵尸"企业进行全面调查摸底,制定出台《云和县工业园区企业不动产转让监管制度》,规范和引导"僵尸"企业通过兼并重组和产权出让等方式实现市场出清,盘活闲置土地、厂房,提高土地利用效率。2016年,完成9家企业"腾笼换鸟",盘活土地111亩,预计释放产能1亿元、新增税收800多万元。(五)开展节能降耗。按照《云和县固定资产投资项目节能评估审查管理办法》,实行发改、电力、住建等部门联动机制,对固定资产投资项目进行能源准入对标审查和总量控制,杜绝高能耗项目进入。强化节能责任考核,加强对乡镇(街道)、部门年度目标任务完成情况的考核;加强对全县重点用能企业的监测,督促企业编写能源利用评价报告;对重点用能企业年度目标完成情况进行综合考核,倒逼企业进一步强化节能责任。

**【主体培育】** (一)推进十亿重点企业培育。根据《云和县十亿产值重点企业培育战略行动计划》,运用德尔菲法对全县46家重点企业未来发展进行预测,并由专家组评选出10家企业作为县培育10亿产值企业的重点对象。(二)加快科技型企业培育。主动与中介机构联系,探索木玩企业申报高新技术企业的可行性途径,在筛选重点培育和发展的对象时,做到木玩、轴承、阀门三产业兼顾,精心规划,悉心指导。(三)积极推进"三名"工程建设。建立"三名"工程建设联席会议制度,实施"品牌强县"战略,着力培养名企、名品、名家。(四)全面完成"小升规"目标。结合"企业服务月"活动,深入开展摸底调查,强化对中小微企业运营情况的监测。对符合规模以上条件的企业,力争早日实现入规；对未达到标准的企业和即将完工的项目，继续进行跟踪推进，确保企业尽快进入规上企业名单。

**【平台建设】** （一）抓好低丘缓坡综合开发工作，推进基础设施建设，促进产业集聚发展。着力开发杨柳河工业园区三期和沙溪区块，依法依规推进工业用地的出让工作。2016年，新开发工业用地500亩，出让工业用地21亩。（二）加快企业发展平台建设。加快木玩小微企业产业园二期、玩具木材加工配送中心、木玩滚漆中心三大小微企业发展平台建设，引导更多小微企业入园发展。至2016年末，已完成木玩滚漆中心工程建设，建成标准厂房10000平方米。此外，还多次召集相关企业进行座谈，专题研究木玩原辅料市场选址等问题；与教育装备研究发展中心签订学前教育玩具研学中心项目合作框架协议。（三）大力开展招商引资工作。深化招商项目的前期谋划，重视产业招商选商，创新招商体制，形成各产业谈判决策机制，及时发布各产业招商信息指南，做好产业链的“强链、补链”工作。

**【科技创新】** （一）加快创新驱动发展。全面实施创新驱动发展战略，强化科技项目管理与实施，提升主导产业发展质量。如：绿林工艺品有限公司和浙江省林科院共同实施的省重大科技专项《木制玩具材料高效利用与设备改进关键技术集成与示范》，已达到同类研究国际先进水平，有效提升传统木制玩具产业的科技水平和竞争力。（二）推进“两化融合”应用。积极完善信息基础设施，加快推动“智慧城市”建设；积极谋划免费Wi-Fi等信息化重点工程建设，支持工业企业开展智能装备技术改造，进一步促进工业企业与信息化的深度融合。（三）推进“零地技改”工作。深化“零地技改”审批制度改革，建立由经商、环保、安监、住建、消防、气象等单位组成的联席机制，明确工作职责，创新审批流程，提高审批效率。同时，加强服务，及时帮助企业解决技改过程中的各类难题。

（叶巧丽）

## 招商引资

**【概况】** 2016年，云和县人民政府经济合作交流办公室（招商局）（以下简称县经合办）坚决贯彻落实“绿水青山就是金山银山”战略指导思想，坚持“绿色招商”“生态招商”，切实把招商引资作为经济转型发展的“主引擎”，努力做到在困境中寻求突破，招商任务完成情况较为理想。

2016年，全县共引进新项目53个，其中一产项目6个，二产项目30个，三产项目17个；实际利用市外内资16.12亿元，完成任务数（年度目标任务13亿元）的124%；实际利用外资850万美元，完成任务数（年度目标任务850万美元）的100%；浙商回归到位资金6.12亿元，完成任务数（年度目标任务6亿元）的102%；引进大项目4个，完成任务数（年度目标任务4个）的100%。绿谷精英和千人计划均完成目标任务。

**【运行特点】** （一）从招大引强角度看。2016年，全县共引进内资大项目4个，合同利用内资9.38亿元，占全部合同利用内资的36%，分别为木制玩具小微企业园二期项目、木制玩具滚漆中心项目、中电云和黄源15兆瓦林农光互补光伏发电项目、云和兴昌钢球有限公司年产60亿粒轴承钢球项目。（二）从产业结构看。2016年，全县新引进的53个项目中，一产项目占6个，合同引资额1.33亿元；二产项目占30个，合同引资额18.96亿元；三产项目占17个，合同引资额9.79亿元。（三）从在建项目看。2016年，续建项目完成投资7.23亿元，占实际利用内资的45%，有6个续建项目累计资超5000万元。（四）从在谈项目看。2016年，全县洽谈盯引的项目有45个，其中一产项目3个，二产项目28个，三产项目14个。（五）从投资方式看。2016年，入库的二产项目里面，厂房转让和租赁的有4个，占总数的17%，涉及投资金额2.2亿元。创投项目4个，分别为浙江泰灵股权投资基金有限公司、丽水泓鼎股权投资有限公司、云和木木创业投资有限公司、云和县金宝创业投资有限公司。

【强化高位推动，完善招商机制】(一)主要领导亲自抓招商。县委书记、县长亲自带队外出招商，洽谈项目、争取资金，亲自推介，先后赴北京、广东、上海、宁波、杭州等地开展招商活动30余次。同时，7个专业招商办分别由四大班子主要领导及县委常委担任组长，全方位参与产业招商工作。(二)招商队伍日趋完善。7月，在县委、县政府的大力支持下，县招商局与县经济商务局的关系正式理顺，人员全部到位。同时，第二轮外派招商队伍也组建完毕，形成县招商局、专业招商办、招商责任单位、驻外招商办有机联系、密切配合的工作体系，构成“一二三产并进、省内外并举、大中小项目并重”的大招商格局。(三)招商机制初步建成。在原有制度的基础上，制定出台《驻外招商管理办法》，明确38个招商引资责任单位的年度目标任务，细化对7个专业招商办的考核，进一步完善“招商引资工作委员会—招商局—专业招商办—各招商部门—驻外招商办”五个层面齐抓招商引资的工作架构，初步建成多层次、多渠道、多元化的主体招商网络格局。

【优化招商环境，做好招商服务】(一)在项目服务协调上，通过定期召开招商引资例会、县级非工项目推进协调会、重点项目现场办公会等会议，及时分析、解决招商引资和项目推进过程中的重大问题，明确项目服务责任主体，落实责任人员，围绕建设“最优政务环境县”的目标，充分运用好企业项目“局长代办制”、党员干部争当“三员”等平台，与全县11个重点招商项目进行结对，对项目实施精准服务，为企业提供“一站式”服务。(二)在跟踪管理上，县委、县政府每季度研究、督查、安排全县招商工作，对名次靠后的招商单位，县主要领导在大会上点名批评，责令改进。积极推行“绿黄红”三色跟踪评价制度，对大项目履约率、开工率、到资率、投产率“四率”进行评价，全面掌握招商项目落地、审批、建设、投产各个环节的实际情况，督促招商项目早日建成、早日投产出成效。(三)在项目督导上，坚持做到“六个一”，即每周一次招商活动信息通报、每两周一次项目汇总、每月一次项目通报、每季度一次项目督查、每半年一次项目“三比三看”、每年一次市级评比，通过以上措施，逐渐形成大抓产业招商的良好氛围。

【明确招商方向，实现精准招商】(一)围绕县“中心工作”招商。以推进云和县全域景区化为主攻方向，加大旅游招商引资力度，由县领导带队，多次与中景信、上海景域、长城影视、浙江旅游集团等旅游文化企业对接，积极探索景区运营新模式。(二)围绕“产业链”招商。完善云和木玩产业链，在实现小微企业产业园二期、木玩滚漆中心等重大招商项目的基础上，继续推出小微企业产业园三期和木玩原辅料市场两大项目，完善木玩产业薄弱环节，推动木玩产业规模集聚发展。(三)紧盯大项目、“高精尖”项目不放松。紧盯大型企业、国有企业和上市企业，积极对接国际木玩品牌，加强与广东高乐玩具股份有限公司(上市企业)的合作，将传统木制玩具与塑料电动玩具进行结合，提高附加值；加快督促中电云和黄源15兆瓦林农光互补光伏发电项目开工建设，该项目是云和县首个农光互补项目。(四)高度重视“民生”项目招商。引进丽水文元教育集团，通过“公办民营公助”的模式，合作举办九年一贯制民办寄宿制学校，满足群众的多元化需求。同时，引进宁波华东医药股份有限公司的“云和中医”健康产业项目，建立现代化中医院管理体制、运行机制和医疗服务模式，打造“云和中医”品牌。

【坚持多措并举，创新招商模式】(一)抓中介招商。加强与知名商(协)会、投资促进机构、金融证券等机构的合作，采取委托招商等形式引进投资项目。(二)抓以商招商。多方法、多途径地推动在云和县投资成功的外来企业带动更多外来客商，推动以商招商。(三)抓驻外招商。充分发挥4个驻外招商办干部的积极性，建立行之有效的后勤保障机制，推进招商引资工作向专业化、精细化方向发展，提升相应产业目标项目的招商引资服务水平。(四)抓各招商单位招商。年初对38个招商单位的招商引资目标任务进行分解,年内及时跟踪检查,年终重点抓好考核奖励。(五)积极外出招商。充分利用招商推介会、异地云和商会年会、各类投资洽谈会等契机,为浙商、云商提供优质的招商服务,加快推动浙商回归。

**【狠抓招商宣传,浓厚招商氛围】** (一)强化项目库建设。采取动态化管理,不断完善招商引资"三库"(项目推介库、盯引库和浙商信息库),并遴选出45个重点项目,编印了《2016年—2017年云和县重点招商项目手册》和《云和县旅游招商手册》。(二)加大宣传力度。充分利用招商简报、招商网站、招商官方微博等媒介,加大对全县经济发展形势、县域环境优势、城市形象、招商工作动态、重点项目情况等方面的宣传,增进社会各界对招商工作的了解与支持。做好各条线上的信息报送工作,包括省市各级经合办、机关工委、宣传部、县委办、县府办、县级刊物等。(三)创新招商宣传手段。在现有微博、网站的基础上,充分利用互联网各类招商平台发布招商信息,如"网上招商会""市县招商网""中国招商投资网"等。利用投资洽谈会、博览会、商(协)会年会等传统招商宣传平台,推荐云和县重点对外招商项目和投资环境。(四)完善政府信息公开工作。严格执行《中华人民共和国政府信息公开条例》,按照"以公开为原则,不公开为例外"的要求,及时、全面,准确地公开各类招商工作发展规划、招商优惠政策以及涉及群众和企业切身利益的信息。

(范小丽)

## 工业园区

**【概况】** 2016年,浙江云和工业园区(以下简称园区)以"调结构、转方式、促升级"为中心,围绕"提升存量、做大增量"两条主线,以重点项目建设、招商引资、优化服务、"腾笼换鸟"等工作为抓手,积极组织实施项目工程建设,奋力推进园区转型升级、提质增效。

至2016年末,园区实现工业总产值90.11亿元,同比增长10.48%,其中规模以上工业产值62.66亿元;园区建设总投入12.36亿元,同比增长0.73%,其中企业固定资产投入7.75亿元,政府性投资4.61亿元;新增标准厂房31802.31平方米;完成供地255.74亩,"腾笼换鸟"腾出工业用地116.31亩。

**【搭建"三个平台"】** (一)倒排时间,迎难而上,建好企业发展平台。按照县政府下达的考核目标,制定工作思路,倒排时间,责任上墙到人,确保平台建设各项工作顺利推进。至2016年末,杨柳河三期区块项目已完成土方开挖量660万立方米,占总工程量的93%,平整到位面积约1100亩,道路网一期工程已竣工通车。沙溪区块项目土方平整已经完成主体工程,道路网一期工程已完成总工程量的80%。(二)千方百计,全力以赴,落实好招商选资平台。按照"扎实推进大平台、大产业、大项目、大企业建设"的工作思路,围绕县委、县政府下达的任务目标,全力以赴,扎实推进。至2016年末,园区实现合同利用市外内资3.5亿元,完成年度目标任务的117%;实际到位资金5.04亿元,完成年度目标任务的336%;浙商回归到位资金1.78亿元,完成年度目标任务的178%;合同利用外资690万美元,完成年度目标任务的345%;实际到位外资221万美元,完成年度目标任务的110%;完成初审入园项目10个,正在供地方案论证项目1个。(三)营造氛围,精准服务,搭建好服务企业平台。加快"腾笼换鸟"工作,出台园区工业企业不动产转让监管制度,规范园区企业不动产转让;谋划建设园区固废处理中心、污水分质处理站,建设生态化园区;启动城东金属园区"退二进三",已着手按市场交易价对企业进行评估;建立园区信息化管理平台,完善企业管理手段;制定园区卫生保洁机制,完成园区景观林建设375亩,进一步美化园区环境;优化服务环境,服务企业早日竣工投产。至2016年末,杨柳河二期南区块38个入园项目,基本竣工21个,部分竣工9个,在建4个,前期审批4个;杨柳河三期区块14个入园项目,进场施工7个,前期审批1个,挂牌项目6个;沙溪区块14个入园项目,进场施工7个,前期审批7个。

【规范“一个产业”】 继续加大力度整治木制玩具产业“低、小、散、乱”现状,进一步规范产业管理。重点建设云和县木制教玩具小微企业产业园(一期已完成建设并全部投入使用,二期部分厂房已结顶,三期挂牌出让时因竞买者未达到保留价而流拍)和云和县玩具木材加工配送中心项目(8宗生产用地已全部出让,其中7宗已进场施工,1宗正在办理前期报批手续);完成木玩原辅料市场项目前期方案论证;完成木玩滚漆中心厂房的验收。

【筑好“三个保障”】 (一)多措并举,积极谋划,构筑好资金要素保障。一是积极谋划,主动与县财政、银行对接,降低企业资产负债率,为2017年融资做好准备;二是加快园区三产开发力度,加快职工公寓、岗头安置地、标准厂房建设进度,力争早日投产、早日收益;三是完善财务制度和资金运行管理。通过多次讨论和修改,进一步完善科室职责、岗位职责以及财务处理流程、资金存放管理等细则,健全财务审核制度,确保资金平稳运行。(二)以全县中心工作为抓手,筑好企业发展的环境保障。一方面,根据县委、县政府要求,积极完成中心工作。2016年,园区共发现违建企业7家,组织强拆和企业自行拆除6家,拆除建筑面积约1659平方米,拆违占地面积约1175平方米;完成“六边三化三美”市督查组交办单20处,完成县各乡镇街道“六边”区域违法广告交办单54处;完成“蓝改灰”整治工作,整改面积约16303平方米;完成公共环境整治工作,清理垃圾200余吨,支出费用211514元;完成“五水共治”主要工程(管网改造),累计改造污水管网1公里,总投资1003万元。另一方面,通过抓组织机构、企业主体责任、安全隐患排查治理、“三大建设”活动、社会化服务、职业卫生监管、安全生产宣传教育等7项工作的落实,牢固安全堡垒。2016年,园区共发生一般安全生产事故2起,死亡2人。(三)围绕主题教育,主动建好组织保障。一是围绕“两学一做”“归零翻篇开新局”“一月一主题”“六小工作法”等主题活动,开展形式多样的党员学习教育。2016年,园区各党支部累计召开党员会议135次,参与党员358人,提出党支部自身短板77条、党员个人短板481条,向党委提出金点子建议52条。二是加强组织管理,进一步优化党支部结构。2016年,园区新建党支部2个,撤销党支部2个,更名改选党支部3个。同时,对359名党员进行全面排查,为每名党员制定基本情况表,查找失联党员4人。三是加强党员管理。一方面高质量发展党员,培养积极分子21人,完成政治审查25人,培训发展对象27人,吸收新党员23人,办理预备党员转正33人;另一方面扎实做好党风党纪建设,修订出台《规范违纪党员处分工作程序》,为制约和监督党员违纪行为提供制度依据,并对2名违纪党员进行处理,分别作出取消党员资格和开除党籍的处分决定。

(郑　静)

## 电　力

【概况】 2016年,经济下行压力持续加大,改革发展任务艰巨繁重,国网浙江云和县供电公司(以下简称公司)认真贯彻省、市电力公司和县委、县政府的决策部署,全面落实公司第八届二次职代会暨2016年工作会议精神,夯实基础、用心实干、奋勇争先,强化执行力建设,公司发展呈现良好态势,先后荣获全国“安康杯”竞赛优胜单位、省电力公司2015—2016年度对标工作先进单位、丽水市五一劳动奖状。石塘供电所被授予全国电力用户满意服务明星班组、国网公司先进班组。2016年,公司完成固定资产投资6142万元,其中配网建设投资4996万元;完成售电量10.96亿千瓦时,同比增长27.41%。至2016年末,公司累计安全日达4130天,安全生产稳定可控。

【安全生产保持平稳】 以深化本质安全为导向,全面开展“安全管理提升”活动,扎实落实各类安全检查、隐患排查、质量监督工作。

强化作业现场安全管控，全面应用“作业项目安全风险管控系统”，落实领导干部到岗到位制度、安全员轮值稽查制度，完善“抓反复”重要问题库，反违章工作取得实效。

以电网、设备安全稳定运行为目标，针对电网改造频繁的特点，精心编制转供方案和保供电应急预案，联合地调定期开展应急演练；扎实开展有序用电、防汛防台等工作。自主研发的供抢“一键式”配网故障停电信息管理插件顺利上线，实现故障停电信息快速准确发布。扎实开展配网设备红外测温、接地电阻测试与改造、配网线路一跳闸一分析等基础性工作。常态化开展配变低电压、超过载、智能总保、在线监测的二级监控，电网精益化运维能力得到提升。

**【电网建设加快推进】** 坚持规划先行，完成云和县《“十三五”配电网专项规划》和《2016—2018年项目需求报告和计划》的编制工作，并创建配电网建设改造项目需求库。加强项目管控，成立配改办并投入实体化运作。全面推进配电网标准化建设，公司成为全省首批配电网标准化建设改造达标单位。35千伏云崇线改造工程竣工投产；2015年新增城农网第一批、第二批项目顺利推进。新能源接入取得新突破，黄源光伏项目竣工投产，紧水滩、包山等光伏送出项目正快速推进中。

**【供电服务持续优化】** 全面启动“业扩报装提质提速工程”。开通“597597”便民服务热线，不断拓展“快响”业务内涵，改进流程机制，增强协同运作能力。率先全市完成年度电子渠道推广任务，促成县政府下发“四表合一”应用文件。加快推进“互联网+”电力服务模式转变，加大电子账单推广力度，全面取消纸质账单。充分利用精益化管控平台和乡供平台，提升供电所末端服务能力。实施精准服务，主动服务政府民生重点工程、电动汽车建设、民宿经济、新能源并网，努力做到让政府放心、用户满意。

**【精益管理不断提升】** 积极应对电改挑战，主动作为，全力实施“电能替代”战略，促成县政府发布“电能替代”支持性文件，全年新增电量1700万千瓦时。完成高速、城区电动汽车快充站建设，阶段性完成电动汽车分时租赁充电桩建设任务。严格规范63家直购电用户管理。电费回收在全市率先实现颗粒归仓。正好供电服务公司成为全市电力系统首家取得五级承修类电力设施许可证的企业。注重实践创新，取得实用新型专利授权6项。

**【依法治企不断深化】** 持续开展依法治企综合检查，重点对公司近5年来内外部审计检查的整改情况进行梳理，并开展2013年新上划县供电企业综合检查问题整改情况“回头看”工作，获评浙江省内审协会优秀审计项目1项。

**【三个建设全面加强】** 以领导上党课、党支部书记交叉上党课、专题学习会等形式，深入开展“两学一做”活动。通过“三亮三比”活动，将党建工作与防汛抗台、护航G20杭州峰会等中心工作深度融合，提升党员干部履责能力。稳步推进集体企业的党、工组织建设，成立云和县正好供电服务公司党支部。圆满完成集体企业直聘人员党组织关系转接。叶洪庆被评为省电力公司劳模、云和县劳模，其抢修照片《微笑电哥》被国网公司、浙江日报和省电力公司三大APP列为新媒体头条照片。

（胡意华）

# 贸　易

## 国内贸易

**【概况】** 2016年，全县实现社会消费品零售总额258945万元，比2015年增长12.8%，其中限额以上社会消费品零售总额31197万元，比2015年增长27%。分行业看，批发业零售额11414万元，比2015年增长17.2%；零售业零售额212274万元，比2015年增长12%；住宿业零售额1266万元，比2015年增长27%；餐饮业零售额33991万元，比2015年增长15.4%。

**【推进项目建设，培育上限企业】** （一）稳步推进大型商贸流通业项目建设。2016年，在4个超5000万元大型投资项目（分别是：云和商贸物流城项目、山水购物广场项目、大坪农家乐综合体建设项目、云和县城西菜市场项目）的带动下，全县商贸流通业项目投资总额超过12.98亿元，实现有效投资1.54亿元。（二）开展农产品市场体系建设项目扶持工作。2016年7月，云和县被列入省级农产品市场体系建设试点县（全省共26个县入选）。按照相关要求，做好云和县城西市场管理有限公司的城西菜市场项目、浙江云城商贸有限公司的快乐购超市农超对接项目、云和县贞观堂农业科技有限公司的农产品营销网络基础设施建设项目等4个农产品市场体系建设项目的扶持工作，配套专项资金23万元。（三）发掘培育上限企业。积极做好与市场监管、国税、统计等部门的对接工作，发掘潜在有实力的企业。2016年，新增丽水翰海进出口有限公司、云和县妙妙晶玩具经营部、云和县匠人玩具经营部、云和县金林大酒店、云和县外滩小厨娘农家乐等5家上限企业。

**【抓好电子商务，促进电商集聚】** （一）强化电商组织。成立云和县电子商务工作领导小组，完善小组主要职能及各成员单位工作职责和工作制度；单设云和县电子商务管理办公室，进一步确保电商工作顺利开展；成立云和县电子商务促进会，并选举产生第一届理事会。（二）出台电商扶持政策。为扶持电商产业发展，县政府出台《关于加快电子商务发展的实施意见（试行）》，县财政每年安排700万元用于扶持电商，主要内容涵盖电商集聚区发展、电商服务平台建设、鼓励电商企业做大做强、电商人才队伍建设等。为提升云和木玩产品知名度和附加值，推进跨境电商发展，县政府出台《关于扶持跨境电子商务发展的若干意见》，县财政第一年安排150万元资金，之后每年安排100万元资金用于跨境电商发展扶持政策的兑现，促进全县跨境电子商务发展。2016年，云和县被列入省级电子商务示范县创建单位、省级产业集群跨境电商发展试点，连续三年入选中国电子商务发展百佳县（位居丽水市第一）。（三）搭建服务平台。一是以“速卖通”跨境电商专区平台推动跨境发展。组织开展浙江省电子商务公共服务资源巡回对接会（云和站），与阿里巴巴签订“建设云和跨境产业带专区”合作协议。二是以云和e创园促进电商孵化。

2016年1月,云和e创园建成开园,累计开展各类电商培训(活动)20余次,参加人数超过2500人次,成功入选2016年浙江省电子商务创业创新园区。三是以阿里巴巴·云和产业带平台实现抱团发展。至2016年末,阿里巴巴·云和产业带已入驻商家210家,全年实现网络交易额1.2亿元。四是以"淘宝·中国质造"平台提升木玩品质。2016年,云和木玩被列为"中国质造·浙江好产品"第一批试点块状特色产业,以此为契机,切实加强平台管理,出台企业入驻管理办法,并委托丽水市出入境检验检疫局对在售的木玩产品进行免费检测。至2016年末,已有20余家企业店铺入驻该平台发展。(四)做好主体培育。2016年,新增81个农村电商服务站,创成巧云、高胥2个"中国淘宝村",创成高胥、巧云、勤俭3个省级电子商务专业村,新建e邮柜10个。引入优质电商运营服务商,专业指导云和本地企业发展。2016年,先后引进浙江万营、丽水亿购等4个专业电商服务团队。

(叶巧丽)

## 供 销

**【概况】** 2016年是"十三五"规划开局之年,云和县供销合作总社(以下简称县总社)认真贯彻落实丽委办发〔2016〕71号、云委办发〔2016〕76号等文件精神,大力开展"三位一体"综合改革工作,积极构建农民合作经济组织体系,各项工作都有较大提升。

**【项目建设】** (一)农副产品展示展销中心大楼建设项目。该项目位于新建南路西侧建,总用地面积1800.43平方米,总建筑面积5993.17平方米(其中地上建筑面积5039.02平方米,地下建筑面积954.15平方米),建筑占地面积924.61平方米,估算总投资3204.33万元。至2016年末,该项目已完成方案设计、选址规划、土地出让、环境评价、地质勘探等前期工作。(二)烟花爆竹储存仓库建设项目。烟花爆竹储存仓库建设项目总用地5980平方米,建筑面积2083平方米,总投资900多万元。因县总社综合改革和发展转型需要,对二期工程不再增资,由3个自然股东投资建设,县总社多次委托代理人召开股东大会,就二期工程(房屋和附属工程)竣工结算相关事宜及烟花爆竹仓库边坡塌方事宜做出相关决议。至2016年末,一期、二期工程已全部竣工验收,批发许可证已办理。

**【综合改革工作】** 2016年,县总社认真贯彻落实中共中央、国务院和省委、省政府关于深化供销合作社综合改革的决定精神,并积极与各乡镇(街道)及农、林、水等涉农部门联系对接,充分讨论"三位一体"改革的相关事宜,做好改革前期准备工作。10月17日,云和县召开"三位一体"综合改革动员部署会。11月1日,县委办、县府办联合下发《云和县关于深化供销合作社和农业生产经营管理体制改革构建"三位一体"农民合作经济组织体系的实施方案》(云委办发〔2016〕76号)文件。11月4日,完成全县10个乡镇(街道)的农民合作经济组织联合会(以下简称农合联)组建工作,共选举产生理事64名、监事44名。12月21日,召开云和县农合联成立大会暨第一次会员代表大会,会议审议并通过《云和县农民合作经济组织联合会章程》《云和县农民合作经济组织联合会选举办法》,选举产生云和县农合联第一届理事会理事25名、监事会监事15名,并召开理事会、监事会第一次会议,选举产生第一届理事会理事长1名、常务副理事长1名、副理事长6名、监事长1名,聘任了秘书长和执委会领导班子。

**【组建农民资金互助会】** 学习借鉴其他县市的成功做法和经验,制定云和县资金互助会组建方案,以云和县云河渔业专业合作社联合社的5位个人会员为发起人,组建云和县信隆农民资金互助会(注册资金3万元),并明确互助会组织构架,制定了章程。

【农作物放心工程】 根据全市农业农村工作会议精神,结合云和县"农村发展六大行动计划"相关要求,积极开展农作物放心工程试点建设,同时邀请市农科院、县农业局等单位技术人员前往主要农业产业基地进行调研,共同分析、探讨工程的可行性方案。9月7日,正式出台《云和县2016年农作物放心工程实施方案》。至2016年末,已完成2个乡镇街道(元和街道、紧水滩镇)的农作物放心工程。

【"三社"建设】 2016年,新增农民专业合作社7家,累计参办、领办农民专业合作社55家;新发展农村综合服务社12家,累计发展农村综合服务社51家。

【"新网工程"建设】 继续推广农资连锁门店"六个一"标准,全年新建农资示范店1家、庄稼医院1家。至2016年末,全县共有农资连锁门店 48家,已覆盖95%以上乡镇。切实做好农资商品淡季储备工作,保证春耕农资市场稳定供应,全年完成淡季农资储备2000吨。

【经纪人协会建设】 积极选送农产品专业合作社参加省、市各类农博会、展销会,取得良好社会效益。积极选送农产品经纪人参加市供销社举办的各类培训班,帮助从业人员提升专业技能。

【主题教育活动】 (一)开展"归零翻篇开新局"主题大讨论活动。结合"周一夜学"和业余时间,深入学习贯彻中共十八大、十八届历次全会和习近平总书记系列重要讲话精神,同时积极查找工作中的不足问题,找准短板、补齐短板,持续给力、精准发力,为下一阶段的工作开好局、起好步。(二)认真开展"两学一做"学习教育活动。根据《关于在全县党员中开展"学党章党规、学系列讲话,做合格党员"学习教育的实施方案》等文件精神,结合县总社实际,拟定领导班子带头参加"两学一做"学习教育活动的方案,及时部署,细化措施,明确职责,围绕中心,扎实开展活动,务求取得实效。

【党风廉政建设】 认真贯彻落实廉政风险防控和"一岗双责"的有关要求,结合"两学一做"学习教育活动,深入开展廉政风险点排摸和风险等级自评,共排摸廉政风险点34个,落实防控措施34条,进一步推进供销系统党风廉政建设。

【安全维稳工作】 (一)围绕"归零翻篇开新局"主题大讨论活动,召开供销系统安全生产专题会议,认真查找安全生产工作中存在的短板,并开展消防安全知识讲座、"安全生产月"宣传等活动。(二)围绕护航G20杭州峰会等重点工作,大力开展安全隐患大排查,抓好平安综治与信访工作,切实维护社会和谐稳定。积极应对原云和区供销社物权纠纷一案,县总社在接到法院传票后,马上召开班子会商议并聘请专业律师进行应对,同时将相关情况汇总上报县领导。9月22日,经法院审理,裁定驳回起诉。

(吴俊杰)

## 烟草专卖

【概况】 2016年,云和县烟草专卖局(分公司)积极应对经济形势和控烟政策发展对卷烟市场的影响,紧盯大盘动态调控,紧跟市场多方挖潜,推进职能优化、能力转型,确保经济运行基本平稳。全年实现卷烟销量5819箱,同比下降3.52%;含税销售额2.03亿元,同比下降5.63 %;单箱销售额3.49万元,同比下降2.18%;实现税利4318万元,同比下降5.99%。经济运行指标对标情况位居全市烟草系统中上游水平。

【专卖监管】 2016年,云和县烟草专卖局专卖管理力度不减,市场监管成效良好,借助"利剑2号"和

“百日会战”专项行动，全力护卫市场空间，共查获各类涉烟违法案件81起，完成追刑案件1起，案件数同比增长30.65%；查获各类卷烟3404.8条，同比增长11.89%，其中查获5万元(20件)以上真烟案件6起，同比增长50%；缴获真烟2175.2条，同比增长19.71%。全年无5万元(20件)以上外流案件发生，外流卷烟总量、相对量、流出省外涉案户均量等指标均位居全市前列。

**【严格规范】** 严格执行中央“八项规定”及行业相关制度，认真落实公务用车、办公用房、公务接待等方面要求，抓住重大节日等关键节点，厉行节约、反对浪费。注重以法治思维和法治方法抓作风，把依法治企、从严管理作为“企业新常态”，做到依法管理、合法经营、合规办事。从严落实“六个严禁、一个严控”制度规定，坚守规范经营底线，以贯彻行业采购管理规定为重点，确保真招实招，降低采购成本。

**【作风建设】** 全面贯彻落实中共十八届四中、五、六中全会精神，扎实做好全面从严治党“两个责任”在云和烟草的落实。全面加强企业党建工作，持续开展“两学一做”学习教育，积极引导广大党员在“学”字上较真，在“做”字上发力，形成浓厚的学习和践行氛围，推进党建工作从班子向基层、从“关键少数”向“重要多数”延伸。深化党员志愿服务，积极参与社会公益事业，资助贫困大学生，结对帮扶“最美云和人”，树立良好的社会形象。

(刘沈俊)

## 石油经营

**【概况】** 2016年，中国石化股份有限公司浙江丽水云和石油支公司(以下简称云和石油公司)全体员工在上级公司的正确领导和关心支持下，牢牢把握保增长、谋发展、强基础、抓党建的工作主线，努力提升企业效益和市场控制力，面对市场疲软、竞争加剧的不利影响，强化全体员工的执行力，真抓实干，各项工作都取得一定成效。全年完成油品零售量17621吨，其中汽油零售10225吨、柴油零售7396吨；非油品销售额258万元。

**【扩销增量】** 围绕“多卖一吨油”活动，深入实施“一站一策”。在市场竞争激烈、经营压力加大的形势下，积极开展实地调研，同时根据各加油站的地理位置、周边环境、站内硬件设施等实际情况，科学合理地为各加油站“量身定制”营销策略，以提升销量。日常工作中，通过优化服务、强化营销等策略，进一步提升客户的满意度，树立企业良好形象，以口碑促销量。

**【护航G20】** 石油公司作为经营危化品的重点单位，承担着巨大的社会责任。尤其是在重大国际峰会期间，加油站的安全防控关乎整个维稳安保工作。为切实做好G20峰会防控安全保卫工作，维护企业内部和谐稳定，云和石油公司成立了安全检查保障组，重点督查加油站、配送站及各部门对《重大国际峰会油品保供和维稳安保工作方案》各项工作任务的落实情况。

**【市场整顿】** 为整顿全县成品油销售市场，县政府成立以副县长叶时扬为组长的专项整治小组，并组织召开成品油专项整治专题会，详细研究部署整治方案。次日，县公安局、云和石油公司、县市场监管局、县经商局、县安监局、县运管局、县国土局等部门联合对全县非法经营点、非法流动销售及运输车辆进行整治，查封私人储油罐2个(分别为15立方米和20立方米)，没收非法改装的成品油运输车1辆。

**【党工团工作】** 为纪念中国共产党建党95周年，云和石油公司党支部组织全体党员到小顺革命教育基地开展“两学一做”学习教育活动。活动邀请中共云和县委党校常务副校长邱长书为党员讲解党在云和的革命历程，激发党员继承和发扬党的优良传统,强化理想信念,充分发挥党员的先锋模范作用,为企业发展做出更大的贡献。

**【安全管理】** 坚持"安全发展"理念,强化安全管理,努力把"三基"工作与日常工作紧密结合起来,确保安全生产形势持续保持稳定。在日常管理中,注重应急预案演练。全年共组织演练3次,以加油站为单位演练28次。在演练过程中,员工各司其职,分工明确,配合默契,行动之间井然有序,干脆利落地完成各项演练项目。

(廖叶青)

## 对外贸易

**【概况】** 2016年,云和县实现进出口总额16357万美元,比2015年增长10.9%。其中:出口额15923万美元,比2015年增长9.9%;进口额434万美元,比2015年增长68.87%。全年实际利用外资850万美元,与2015年持平。

**【深化服务机制】** (一)挖潜增盈,丰富出口产品。2016年,云和木玩文化生态园入选首批省级文化服务和产品出口基地(全省共5个),浙江和信玩具有限公司实现文化出口140多万美元。(二)拉伸长板,扶优龙头企业。引导新云、七彩、振鹏、金马、绿林等重点出口企业实施市场多元化战略,在巩固和扩大欧美市场的同时,加快对中东、拉美、非洲市场的开拓,确保出口增量。(三)因势利导,引进优质外资。围绕"135"生态产业体系构建,精心引进优质外资企业。2016年,共引进中外合资企业4家,涉及产业项目4个,其中光伏发电项目1个,木玩项目3个。

(叶巧丽)

# 交　通

## 交　通

**【概况】** 2016年,云和县交通运输局(以下简称县交通局)在县委、县政府和省、市交通运输主管部门的正确领导下,坚持以中共十八届五中、六中全会精神为指导,全面贯彻落实"五位一体"总体布局和"四个全面"战略布局,自觉践行"创新、协调、绿色、开放、共享"五大发展理念,对标全省"5411"综合交通发展战略,团结带领广大干部职工,瞄准"短板",精准发力,勇于担当,各项事业都取得良好成效,为云和县"十三五"时期综合交通发展奠定坚实的基础。全年完成交通建设项目投资2.14亿元。

**【谋深交通规划】** 2016年6月,县交通局在全市率先发布《云和县综合交通运输发展"十三五"规划》。"十三五"期间,云和县将按照"外畅内联、水陆并进,服务旅游第一支柱产业发展"的思路定位,谋划实施交通项目82个,总投资约116.5亿元,其中实施类项目44个,概算投资约65亿元,计划完成投资34.5亿元,是"十二五"期间的2.76倍,占全县"十三五"时期固定资产投资总额的10%。这些项目的实施,将使云和基本形成"一环、二高、三主干、四联、五通道"的公路水运立体交通网络。

**【紧盯项目建设】** (一)建设一批。完成云龙公路一期(县城至新殿垟段)改建工程,并实现通车,总投资4500万元;后交线(后山至崇头段)改建工程于2016年5月开工,已完成投资9206万元;(二)竣工一批。完成农村公路生命防护工程、公路养护大中修工程、农村公路工程和后交线改造提升工程。同时,完成紧水滩建升交通码头的竣工验收和22个港湾式停靠站建设。(三)谋划一批。重点谋深做细235国道云和段及连接线项目、云龙公路二期(新殿垟至龙门段)改建工程、后交线(接待中心至观景台)提升改造工程、石塘交通中心码头、石浦东西交通码头、综合交通信息(抢险)中心等一批项目,并积极做好向上对接和前期工作。

**【守住安全底线】** (一)守住行业安全底线。2016年,云和县交通运输行业共发生货运事故1起、旅游车事故1起,未发生人员死亡事故,也未发生考核指标范围内的道路营运客车事故、水上交通事故、公路建设及养护事故,与2015年同期相比,事故起数上升50%,死亡人数下降100%。至2016年末,全行业未发生安全生产事故,安全生产形势持续保持稳定。(二)加强重点时段的安全保障。一是积极开展"安全生产攻坚""打非治违"和"平安交通"创建等活动,累计发放各类宣传资料1600余份。同时,做好夏季高温、节假日、汛期"三防"及连续降雨和台风等特殊天气的安全生产工作。二是群策群力,全力护航G20杭州峰会。加强源头管理,投入大量资金和人力,坚决落实旅客人身、行李安检等工作,其间(至9月6日峰会结束)共查处旅客携带违禁物品940余次,其中携带烟花爆竹80余次,管制刀具200余次,违禁液体660余次。同时开展安全隐患大排查,检查企业70家,排查一般隐患80项。2016年10月,县运管局因护航G20杭州峰会表现出色,被省交通运输厅评为"G20杭州峰会交通运输服务保障工作先进集体"。

**【创建美丽交通】** (一)大力开展"美丽公路"创建。先后创成省道丽浦线、云寿线和县道局龙线、后交线等4条"美丽公路",同时积极做好"精品示范道路"建设,在2016年"浙江省20条精品示范道路"评选中,云和县"十里云河"乡村风景线以总分第一的成绩入选全省20条精品示范道路。(二)积极开展"最美行业"创建。在开展埠田码头"最美码头"创建(生态航道示范点工程)的同时,积极参与全省各项"最美行业"评选。2016年,县港航所工作人员刘方贵、渡工王祖玖同时获评全省"最美港航人",仙宫公司获评全省"最美窗口"。

**【推进治堵工作】** (一)坚持公交优先发展战略。开展"公交两创"活动,推进市域公交"一卡通",实现全市公交卡联网通用。2016年,云和县城市公交客运量为143万人次,比2015年增加3万人次,涨幅为2.1%;城市公交刷卡量为65万人次,比2015年增加8万人次,涨幅为14%;新增公交车3辆、运行线路18公里,新建和改造城市公交站点4个。(二)改造主城区城市道路。打通断头路1条,完成南门大桥提升改造工程。(三)遵循"互联网+"思维,建立智能停车诱导系统并投入使用,同时建立"智慧城管"微信工作平台,市民可在微信公众平台实时了解城区内停车场车位情况。

**【加强队伍建设】** 配合第八纪检组开展执纪问责,给予党政纪处分11人,辞退6人;严格干部人事工作纪律,按程序任免中层干部39名,清退临时人员34名;把日常工作与意识形态工作、"归零翻篇开新局"大讨论活动、"两学一做"学习教育等有机结合起来,制定出台《中共云和县交通运输局党组意识形态工作责任制实施方案》,及时落实上级意识形态相关工作要求,认真开展政治思想教育,增强干部职工遵规守纪意识,铲除不良风气;建立健全规章制度,修订完善党风廉政建设及各项内部管理制度17项,形成相互衔接、相互配套的长效监督管理机制,大力营造积极进取、奋发向上的工作氛围。

**【公路提升改造】** (一)完成2016年美丽公路"五个一万"工程,其中:投资1106万元,完成15.36公里的省道大中修工程;投资855.9万元,完成48.32公里的农村公路安保工程;投资682万元,完成31.58公里的农村公路大中修工程;投资733.65万元,完成47.8公里的安全生命防护工程;投资1130万元,完成14.5公里的提升改造工程。同时,圆满完成422.24公里的农村公路养护工作任务。(二)不断推进"公路三化"和"三改一拆"工作,巩固创建成果。将公路沿线(特别是穿镇路段沿线路域)的环境管理与"美丽乡村建设"等载体有效结合起来,加强监督考核力度,借势借力巩固"三化"成果。(三)深化"美丽公路"建设。着重推进"美丽窗口"创建,通过与当地农家乐"共建连营"的模式,实施公路服务站点建设,规划完成云寿线沈岸公路服务站、局龙线金水坑公路服务休息点,以及后交线崇头公路服务站等站点建设,大大提升公路综合服务能力。(四)拓展"美丽公路+"功能。将全域旅游的理念融入"美丽公路"建设,创新"美丽公路+"创建模式,着力打造美丽公路+历史人文、美丽公路+乡村旅游、美丽公路+民宿经济、美丽公路+体育文化等多种发展形态,促进沿线产业转型升级和绿色经济发展。同时,将"美丽公路"建设融入"美丽乡村建设"中,积极推进最美梯田、浪漫婚纱、畲乡风情"美丽乡村风景线"建设,全力打开"绿水青山就是金山银山"的美丽通道。

**【运输管理】** (一)理清思路,提升"十三五"规划编制水平。注重规划编制,历时一年半,于2016年11月在全市率先出台《云和县道路运输"十三五"发展规划》。通过规划编制,进一步掌握全县道路运输行业的发展现状,分析理清发展的主要矛盾,为下一步工作指明了方向。(二)积极谋划,提升农村客运发展水平。根据省交通运输厅、省道路运输管理局提出的2018年在全省实现农村班车“村村通”目标任务及《丽水市人民政府办公室关于加快推进丽水市农村客运发展的通知》(丽政办发〔2016〕105号)文件要求,积极谋划,全力推进客运“村村通”工作的落实。一是开展全面摸底调查。对未通班车的行政村进行深入调研,并制定《云和县通(未)班车行政村示意图》,以便更全面的了解全县农村班车通达情况,为更好、更快实现“村村通”打下坚实的基础。二是制定《云和县农村道路客运班线联合审核机制》。在县政府的协调下,会同交通运输、公安、安监等部门,联合制定出台《关于印发〈云和县农村道路客运班线联合审核机制〉的通知》。根据通知要求,对21个未通班车行政村的道路安全通行情况进行联合审验,对行政村农村道路情况进行全面评估,并按照“村村通”客运通达要求,制定了提升方案,从而为“村村通”工程提供了强有力的安全保障。三是争取县政府出台《云和县农村客运“村村通”三年行动实施方案》。前往磐安县进行农村班车“村村通”工作考察,在借鉴磐安县成功经验的基础上,结合云和县经济发展水平、路网水平和行政村分布情况,初步起草了《云和县“村村通”客车实施方案(讨论稿)》。经过十余次修改,于2016年12月15日正式出台《云和县农村客运“村村通”三年行动实施方案》(云政办发〔2016〕155号),方案明确提出:云和县将在“康庄路”通行条件验收合格的基础上,大力发展区域“康庄小巴”,采取“不定时、不定班、一车多线、定区域叫车服务”的方式运行。该方案的制定,为云和县农村客运“村村通”工程的有序推进和落实提供了强有力的政策支持和行动指南。(三)客货运。2016年,累计完成营业性旅客运输量176.5万人次、旅客周转量6463万人公里,分别比2015年增长2.02%、3.24%;完成营业性货物运输量192万吨、货物周转量17346万吨公里,分别比2015年增长3.23%、3.19%。

**【城(乡)公共交通】** 2016年末,全县共有农村客运班线路15条,其中县内12条,县际3条(云和—英川、云和—大港头、金村—大港头);农村客运车辆34辆、客位628座。

农村客运车队4个。(一)梅源车队:共有车辆10辆,经营云和至梅源、云和至金村、金村至大港头班线,营收票款实行统一结算,云和至梅源班线实行自助售票。(二)张家地车队:共有车辆5辆,经营云和至张家地班线,营收票款实行统一结算。(三)赤石车队:共有车辆3辆,经营云和至赤石班线,营收票款实行统一结算。(四)龙门车队:共有车辆5辆,经营云和至龙门班线,营收票款实行统一结算,实行自助售票。

其余均为单线班车:云和—英川1辆,云和—雾溪1辆,云和—温溪1辆,云和—云坛1辆,云和—大港头3辆,云和—龙门(经河坑)1辆,崇头—沙铺、大湾1辆,康庄小巴(库北—建源)1辆。

此外,还有云和县瓯上旅业投资有限公司,成立于2015年,主要经营县内包车(梯田景区、云和湖景区、仙宫湖景区换乘),现有客运车辆5辆、177座,其中39座4辆、21座1辆,管理人员5人,驾驶人员7人。

**【港航管理】** (一)基本情况。至2016年末,全县共有渡口15个,正规交通码头10个、渡埠29个、渡船22艘共538客位,涉及4个乡镇、51个村、近2.3万群众的出行。全年完成水路旅客运输量18.3万人次,旅客周转量91.5万人公里。(二)继续实施航道养护计划工程项目。2016年,投入资金451万元,先后完成建升交通码头竣工验收、赤石码头水毁抢通修复工程、2015年航道例行养护、2014年12艘简易客船改造、“五水共治”、海巡艇停放船库项目、饭甑砻至阴坑头小桥建桥撤渡、官坑渡埠水毁修复以及田铺渡后庄口、原大源乡政府渡埠,梓坊渡瑞滩、樟坪岗渡埠,饭甑砻渡高山岭脚渡埠,建源渡锯板厂渡埠的改造等14个项目,各码头基础设施得到进一步完善。(三)加强水上交通安全管理和上航巡查工作。全年共开展上航检查435人次,检查船舶440艘次,巡航检查

142次,出动车艇156次,航道巡查741公里,排查整治安全隐患9起;开展水上交通安全进校园活动1次、安全咨询活动1次、应急演习1次,发放宣传资料1400余份,滚动播放安全宣传电视短片一个月。全县水上交通安全状况总体稳定,船员适任、船舶适航、码头适靠、安全责任落实到位。(四)推进渡运公交化改革,并取得明显成效。注册成立云和湖水上公交服务有限公司,承担渡运公交服务职能;正式印发《云和县渡运公交化改革方案》(云政办发〔2016〕103号),对改革步骤、实施内容、要素保障等方面进行明确;完成渡运成本和运营管理经费测算,运营管理经费纳入县财政预算;基本完成渡运资产统计工作,基本确定渡工安置初步方案;建立管理规定、操作规程、服务标准、质量体系等制度,完善农村渡运监管体系和服务体系。

(孙　剑)

# 邮 电

## 邮 政

**【概况】** 云和县邮政局于1998年正式挂牌独立运营，于2015年5月1日正式更名为中国邮政集团公司浙江省云和县分公司（以下简称云和邮政），内设综合办公室、市场部、金融业务局3个管理部门，下设6个储蓄所，1个支局（府前），1个大客户中心，1个发投公司，7个报刊亭，26个便民服务站，92个邮政分销加盟店，在岗职工人数88人，其中合同工62人，派遣制员工26人。

2016年，云和邮政深入贯彻落实“三个一流”的战略转型思路，践行“三个一把手工程”，坚持问题导向，着力解决“五个缺乏”，正确处理好“十大关系”，按照省、市公司的部署，开拓创新，逆势奋进，圆满完成年度业绩考核指标和各项工作任务。

2016年，云和邮政完成邮政业务总收入1724.95万元，累计收寄函件9.21万件，包裹48.89万个，代理汇票5527笔；投送普通信函27.26万封，挂号信函2.65万封，报纸207.91万份，杂志17.86万份。

至2016年末，全县共有汽车邮路18条、城镇投递道段10条、农村投递路线91条，村邮站91个，直接投递到10个乡镇街道、168个行政村，通过接转等方式，投递服务覆盖全县。

**【电子商务】** 建成云和邮乐地方馆1个，县级运营中心1个，乡镇区域中心1个，邮掌柜精品点20个，邮掌柜普及点累计建点数82个，叠加金融助农取款服务点37个，建成自助包裹存取平台“E邮柜”15个，形成较为完善的农村电商三级服务体系。“万斤农产品进城”项目顺利实施，引进汇源果汁批销项目，签约“云和师傅”品牌—梯田大米项目，全年共销售1567份7835斤。

**【包裹业务】** 邮政快递包裹依托寄递市场，充分竞争，量身定制，价格合理，通达全国任一地区和农村，且全年无休假，为全县电商和市民提供了便利。2016年，云和邮政进行包裹队伍扩充，年轻化、有战斗力的包裹团队初步成型。自快递包裹改革启动以来，云和邮政充分利用政府的支持政策，录用了一批见习岗位人员，分别从事快包揽收、客服、营销等岗位，进一步充实包裹队伍的力量，保障快包业务的稳步发展。同时，通过对包裹处理场和投递网的升级改造、增加电动三轮车和汽车邮路等方式，全面提升快包终端投递服务能力。

**【传统业务】** 围绕“两学一做”学习教育活动，组织开展“两学一做”专项营销工作，成功争取县委组织部的图书订单；围绕“G20杭州峰会”，成功举办“G20集邮专项营销活动”；稳步推进投递网改造工作，通过优化投递工具和投递流程，进一步提升各项运营指标。

**【党的建设】** 认真贯彻落实省、市公司要求，制定出台《关于调整中国邮政集团公司浙江省云和县分公司党的工作机构设置的通知》（云邮分27号）和《关于调整中国邮政集团公司浙江省云和县分公司党委办公室人员的通知》（云邮分28号）。开展“两学一做”学习教育活动，组织全体党员认真学习党章党规和习近平总书记系列重要讲话精神,并对每位党员的组织关系进行集中排查。同时,有计划地做好入党积极分子、发展对象、预备党员的培养和考察工作。此外,为庆祝中国共产党建党95周年,行政党支部和退休党支部还组织全体党员前往小顺红色教育基地,重温在抗战时期发生的感人事迹,再次感受红色文化教育。

**【安全生产】** 一是开展安全隐患排查治理活动。2016年,云和邮政多次组织人员对下属各单位的安全生产情况进行检查,针对检查发现的问题,高度重视,认真对待,积极落实安全隐患的整改工作,将各类隐患事故消灭在萌芽状态。二是深化安全宣传教育和演练。广泛利用横幅标语、LED电子显示屏等载体,大力宣传各种安全生产知识,并根据实际情况,组织相关人员进行安全教育培训。各营业网点也相继开展以遇犯罪嫌疑人"持炸药包实施抢劫"为命题的应急预案"实战、桌面演练"及消防演练。通过开展安全宣传教育培训活动,有力保障安全生产宣传的针对性和实效性。

**【队伍建设】** 2016年,云和邮政以节假日慰问、职工医疗互助保障等为抓手,不断丰富和延伸"送温暖工程",注重在职员工的身心健康,关爱离退休人员的日常生活。同时,重视对新员工的业务技能培训,每月定期组织金融从业人员举行技能考试和比赛。2016年,云和邮政工会被县总工会授予"2015年度先进职工之家"称号;行政党支部被县委授予"2015年度县级先进基层党组织"称号;投递员梅盛希荣获"浙江省万名好党员"称号。

(陈 菲)

## 电 信

**【概况】** 2016年,中国电信云和分公司(以下简称云和电信)在省、市公司的正确领导下,坚定信心、振奋精神,围绕"践行三严三实,推进三双三同"的年度工作思路,扬长补短,强化执行,聚焦八项重点工作,以钉钉子的精神抓好执行落地,努力推动企业稳定发展。

**【市场营销】** (一)助力"e创园"。2016年,云和电信以绝对的品牌优势,为"e创园"提供6个点的无线"爱WiFi"和16个点的视频监控项目,实现"e创园"无线"爱WiFi"的全覆盖。(二)助力春季人才招聘会。积极协助县人力资源中心做好招聘会企业入驻工作,并提供30顶帐篷助力企业现场招聘,同时在现场各处覆盖"爱WiFi"信号,得到招聘企业的一致好评。(三)助力"12345"政务咨询投诉举报平台。2016年,云和电信成功承接该平台服务热线接听业务。(四)聚焦"39套餐"业务。通过全体人员和各门店的共同努力,多次荣获"卓越门店""红旗团队""全网通明星店"称号,并获得全省73个经营单元联评的"全网通连锁运营十佳县公司"(第六名)。

**【通信建设】** (一)优化网络,提升网络质量。2016年,完成管线类建设投资246.5万元,新增FTTH线路1300余线、管道24公里、光改村40个。城区全面实现光纤到楼入户,住宅和商务楼宇光纤通达率100%,宽带接入基本能力达到100M;农村宽带进乡入村,宽带接入基本能力达到20M;城镇光网覆盖率达96.84%,农村光网覆盖率达71.31%,城区普遍具备100兆宽带接入能力和100兆光宽带无条件支撑响应能力;LTE基站建设开通59个,累计投入使用的LTE基站共计126个,建设开通率位居全区前茅。(二)加强故障工单和业务工单的管控,实现运维从"面向网络"到"面向客户"的转变,有效提升客户的满意度。2016年,先后完成100多家单位(点)的视联网和云电路平台安装调试工作。

**【综合管理】** (一)积极开展"两学一做"学习教育。充分发挥党支部的主体作用,在学深、悟透的基础上,将"学"和"做"进行有机结合,做到知行合一,提升服务效能;以开展"规范化党支部"建设为载体,实施党支部目标管理责任制,把党建的责任清单细化到人、量化到岗、责任到位,形成履行"一岗双责"的党建工作格局。(二)深入开展党风廉政建设。加强对关键岗位、关键人员和关键环节的管理,完善内控制度,坚持用制度管人、管财、管事；自觉遵守中央“八项规定”和党风廉政建设的相关要求，严格自律，防微杜渐。（三）积极开展各类扶贫帮扶。联合凤凰山街道、县计生协开展“微心愿认领活动”，为15位计划生育“五关怀家庭”送去棉被、大米、食用油、儿童书包等物品。同时，为结对帮扶村—崇头村的6户贫困家庭送去生活物资，鼓励他们努力克服困难，积极发展生产，早日脱贫致富。

（陈时岚）

## 移　动

**【概况】** 中国移动通信集团浙江有限公司云和分公司（以下简称云和移动），成立于2000年，是中国移动集团公司下属的县级分公司，同时也是中国移动(香港)公司的内地运营子公司，是具有外商独资性质的企业机构。内设综合部、市场经营部、政企客户部、网络部等4个职能部门，其中：综合部下辖行政安保、人力资源、党群工会、财务稽核4个专业类别；市场经营部划分本部管理、营业、销售、社会渠道4个专业中心；政企客户部划分政企集团服务、信息化服务2个专业；网络部划分工程建设、网络维护、综合接入3个专业。总人数约200人，其中：在册员工51名。

2016年，云和移动紧紧围绕县委、县政府的战略部署，结合属地文化特色，始终坚持业务发展与社会责任两手抓，积极融入云和经济建设，为创建“童话云和，小县名城”的总体目标贡献力量。

**【市场经营】** （一）以市场掌控为导向，以客户发现为动力，提升市场发展空间。坚持品牌发展，通过细分客户群、细分专业市场（按业务类型可分公众市场、家庭市场、宽带市场和集团市场），有针对性地开展各项营销活动，如：节日营销、预存话费营销、老人机和儿童机组合营销等，大力拓展客户规模。（二）强化目标存量用户、星级渠道保有。围绕渠道专项工程，加强渠道建设力度，统一渠道形象及宣传，提升渠道整体销售服务水平。（三）强化集团管理和成员服务。为加强高价值集团、普通政企集团的保有和维系，对所有集团进行认真梳理，查缺补漏，严格要求客户经理定期对集团业务进行培训，并实行“一人一集团”的“一对一”服务模式，做到每个集团有人、有服务、有产品。（四）提升客户服务管理，重点关注客户感知。以不断提高客户感知为导向，以建立健全服务质量管理体系为核心，以解决服务中心的热点、难点问题为突破口，全面推行优质、规范的服务。2016年，实现投诉处理解决率100%，投诉处理满意率95.36%。

**【网络建设】** （一）实施网络整治，巩固发展基础。以客户感知为导向，不断加大基站建设投入，逐步优化提升网络质量，切实加强网络竞争优势。（二）优化管理模式，提升运维能力。按照上级部署，坚持“有目标、有计划、有措施”的思路，在提升网络覆盖能力的同时，加强精细化规划，制定无线覆盖、有线接入能力评价体系，寻找能力短板并进行针对性整改，确保网络可持续发展。

**【综合管理】** （一）梳理转型意识，提升综合支撑能力。强化后台支撑部门的管理，进一步完善各项综合管理制度，并将工作责任细化到每个环节、每个人，有效确保各项工作落到实处，为企业长远发展奠定了良好的基础。（二）加强综合管理，提升企业软实力。深入开展“四好班子”“达标班组”等创建活动，着力打造高素质干部队伍和员工队伍；认真开展企业文化理念体系宣贯工作，努力实现“做信息社会栋梁”的目标；深入开展学习实践科学发展观活动，树立行业新风，塑造企业形象；积极推进企务公开工作，促进企业和谐发展；强化安全生产，加强治安防范，确保全年“零”事故。（三）持续推行全面质量管理体系，QC课题获国家级荣誉。云和移动历来推行全面质量管理体系，在创新、QC等方面卓有成效。2016年，云和移动全体员工累计提出创新提案1000多条，多人获省、市级总经理创新提案一、二、三等奖；QC小组成果《提升手机上网流量与服务》荣获第十四届“海洋王杯”全国QC小组成果发表赛二等奖。

（江　帆）

## 联 通

**【概况】** 中国联合联网通信有限公司云和县分公司(以下简称云和联通)是中国联通丽水市分公司的分支机构,内设综合支撑部、公众营销中心、集客营销中心3个职能部门,共有在职职工21人。

**【文明创建】** 成立文明单位创建工作领导小组,由总经理任组长,各部门负责人为成员。领导小组下设办公室,主任由综合部经理兼任,负责日常创建工作。领导小组的建立,从组织上保证了精神文明、物质文明和政治文明建设工作得以扎实有效地开展。

**【融合发展】** (一)渠道运营改头换面。10月,原4G合作厅引进OPPO专卖店,经营趋势良好。同时,淘汰原“乐语店”,由员工承包并改建为“沃店”,有效推进“智慧沃企”产品套餐的发展。(二)多样化举措促营销。通过开展劳动竞赛、信息收集排摸、光改定期路演、微信朋友圈转发、存量用户电话营销等举措,有效促进各项业务融合发展。

**【行业应用】** 2016年,云和联通积极拓展行业应用项目,并取得可喜成效,其中:检务通、云和二中无障碍考勤校园信息化、县教育局安防监控、公共视频网、县住建局污水处理、县公安局PDT、县供电局运营监测卡、跨省电路等项目已带来稳定的收入。

**【4G站点建设】** 2016年,新建城区4G站点38个,实现对城区深度覆盖;新建乡镇及旅游景区4G站点19个,农村网络覆盖面进一步扩大。

**【普法教育和安全生产】** 广泛开展普法宣教工作,组织员工学习普法书籍和资料,教育员工学法、懂法、遵法。建立“安全生产领导小组”“消防安全领导小组”“社会治安综合治理领导小组”等组织,切实加强对安全生产、消防、社会综治等工作的组织领导。同时,深入开展安全生产大检查、安全隐患大排查等活动,努力将安全隐患消灭在萌芽状态之中。

(赵东游)

# 城乡建设·环境保护

## 城乡建设

**【概况】** 云和县住房和城乡建设局(以下简称县住建局)主管全县住房和城乡建设工作,主要负责城乡规划管理、地理信息与测绘管理、住宅与房地产业管理、住房保障、物业管理、行政审批制度改革、依法行政、行政许可、村镇建设、市政公用事业管理、市政公用行业管理、建筑业管理、建设工程质量管理、安全生产、招投标管理、政策处理、征收改造等工作。

局机关行政编制8名;局机关事业单位3个,编制16名;局机关内设科室6个,包括办公室、行政许可科、城乡规划管理科、市政公用事业管理科、建筑业管理科、房地产业管理科。下属单位6个,包括城市建设发展有限公司、环境卫生管理所、房地产管理处、村镇规划建设服务站、园林管理处、建筑设计室,共有在职人员72人。

2016年,云和县住建局按照县委、县政府的统一部署,根据"老云和、新童话、真山水"的城市规划理念,深入推进"美丽县城"建设,在全系统干部职工的共同努力下,城市建设速度明显加快,城市品质得到显著提升。

**【城乡规划】** 以"逛县城就是逛景区"为目标,全面开展城市AAAA级景区创建工作,完成《城市AAAA级旅游景区总体规划》编制。开展"十三五"规划编制,完成《"十三五"基础测绘规划》《"十三五"房地产业发展规划》《"十三五"住房保障发展规划》3个规划编制。开展专项规划编制,完成《中心城区道路网专项规划》《云和县管线综合规划》《城西、城北、城南控规图集》《(采真里)解放街区块旧城改造城市设计》《传统村落保护规划》《复兴路沿线绿化景观规划》6个专项规划编制。开展村庄规划编制,完成程宅、三门、渡蛟3个村庄规划修编,张家地、麻垟、黄家畲、沙浦4个中心村村庄设计,城乡规划体系更加完善。

**【城市建设】** (一)实施政府项目建设。2016年,共投入资金8.57亿元,完成政府项目建设36个,重点开展"美丽县城"建设"135"行动,"1"是实现"逛县城就是逛景区"目标;"3"是实施"美丽县城建设3年行动计划","5"是推进老云和"采真里"历史文化街区建设、复兴路美化工程、污水治理改造工程、城市综合治理工程、城东大道改造提升工程等5大工程建设。狠抓重点项目建设,稳步推进消防队迁建、长垄垃圾填埋场(二期)、垃圾渗滤液、古坊小学地下空间、云雾路及祥云街改造等工程建设。(二)深入开展新"六个一"工程。"六个一",即建设一个梯田风情小镇、一条梯田大道、一条新华街历史街区、一个物流城地下空间、一个民宿村和一个滨江绿地公园,全年已完成投资4.37亿元。全面启动面积2平方公里的童话小镇项目和引湖入城、引水入街等城市水系改造工程,逐步实现"美丽县城"建设从"带状"向"块状"推进,着力打造全域旅游的城市景区和城市旅游综合接待平台。(三)开展城镇危旧房治理改造。圆满完成城镇危旧房排查、建档、鉴定等工作,按照"腾、拆、修、控"四字原则进行分类治理改造,共完成城镇危旧房治理改造200幢,总面积8.57万平方米,完成率分别达118%和123%。

完成《城镇危旧住宅房屋治理改造工作三年行动专项规划(2015—2017)》及《城镇危旧住宅房屋治理改造工作计划》的编制工作,出台《房屋安全巡查监管制度》《城镇危险住宅房屋应急处置预案》《旧城区房屋修缮暂行规定》《危险住宅房屋治理改造实施细则》等制度,为城镇危旧房治理改造工作提供了政策依据和保障。(四)强化保障性住房建设任务的落实。2016年,新开工棚户区改造安置住房53套,基本建成保障性住房153套、竣工347套、交付220套,新增低收入住房保障家庭租赁补贴27户。(五)开展"幸福小区"建设。选定开放式小区(同心花园A–D区)和封闭式小区(金丰佳苑)作为"幸福小区"建设对象,已完成两个小区规划方案优化并开工建设。

**【城乡一体化建设】** 在开展"美丽县城"建设的同时,深入开展"美丽乡村"建设。(一)深入开展小城镇环境综合整治。紧紧围绕"一加强三整治"这一重点,结合云和特色,制定了《小城镇环境综合整治"126"行动方案》。按照"一乡(镇)一特色"原则,每个乡镇因地制宜,提出初步定位,谋划"一二三九"工程。(二)做好农村危旧房改造工作,根据"最困难群众,最危险房屋"优先改造原则,完成省里下达的农村困难家庭危旧房治理改造330户,完成率100%,同比增长18%,均通过验收。开展"美丽宜居示范村"建设。2014年开建的赤石村已通过省建设厅验收,2015年度开建的坑根村、下垟村和2016年获批的梅竹村、黄处村正稳步推进中。(三)加强传统村落保护。石塘镇竹子坪村被列入"第四批中国传统村落名单"。至2016年末,全县共有国家传统村落6个,批准获得国家资金补助的村落5个。(四)开展综合试点村建设。小顺村以"乡村园林绿化、乡村基础设施配套建设和乡村环境管理"申报丽水市乡村建设转型综合试点村。(五)加强农村生活污水治理。全县已有118个村庄将农村生活污水运维管理工作移交县住建局,各项设备运维正常。(六)全面启动城中村改造。积极开展前期调查研究,制定完善相关政策,编制实施方案。

**【公用事业管理】** (一)实施城市道路、管网、绿地等城市基础功能有机更新项目。全年新增城市道路4.57公里、绿道13.2公里、城市公园绿地5.3万平方米。(二)开展"五水共治"行动。实施雨污管网新改扩建工程,新增污水管网14.2公里,新建排水管网9公里、清淤管网59.2公里,提标改造管道5.8公里、雨污合流管网6.8公里,新增供水管网5.8公里,改造供水管网6.07公里,完成4个小区截污纳管,管网体系不断健全。(三)开展"交通治堵"行动。充分整合和利用城市空间,新开工地下空间面积3.1万平方米,竣工地下空间面积1.09万平方米,增设公共停车场,切实解决城市交通拥堵问题。(四)推进市容环卫建设。加强公共设施管理,开展节水型社会创建,强化扬尘污染管控,实现环境空气质量保持优良。(五)切实加强燃气安全管理。开展瓶装液化气实名登记工作,先后组织燃气安全专项检查15次,有效保障燃气运行安全。

**【园林绿化建设管理】** 依托良好的生态环境,开展园林绿化建设,力求做到"在景观设计上借山用水,空间组织上依山亲水,道路规划上迎山接水,建筑布局上显山露水",充分展示青山绿水的个性。实施道路绿化、单位绿化、小区绿化、街头绿化,为秀美小城增添迷人色彩。至2016年末,建成区绿地率、绿化覆盖率分别达到32.49%、37.05%;人均公园绿地面积达14.2平方米;道路绿地面积25公顷,道路绿化普及率达88%,达标率为86.2%;建成区绿化覆盖面积中,乔木、灌木所占比率为72.2%;新建、改建居住区绿地达标率均达84.5%以上。

**【建筑业】** 2016年,完成建筑业总产值24.3亿元,同比增长10.5%。先后开展工程质量安全大检查6次,落实质量整改通知书37份;开展安全检查及各项安全隐患排查治理90余次,排查项目187项,发现并治理隐患问题560余条,下达书面整改通知书72份,停工通知单25份,排查出的隐患基本得到整改。

【房地产业】 2016年，房地产业快速发展，全年累计实现房地产投资2.8亿元，同比增长36.6%；在房地产去库存政策推动下，楼市去库存成效明显，年销售商品住宅515套、总面积5.86万平方米，同比分别增长154%、159%；新建商品住房待售住宅221套、总面积2.5万平方米；商品房住宅库存去化周期从年初19个月下降为10个月，保持在10—18个月的合理区间范围。

【测绘事业】 深入开展测绘管理工作，抓好数字城市应用示范推广，完成年度数字城市应用示范推广工作。宣传贯彻地图管理条例，完成地图管理条例宣贯及地图市场监管。加强基础测绘更新，完成1:10000航测图更新及竣工项目1:500地形图更新。开展测绘日常管理工作，完成测绘资质管理系统、测绘信息报送系统、测绘成果目录汇交系统及测绘项目备案系统的日常审核及上报。开展测量标志点巡查与维护，全面完成对全县范围测量标志点的巡查和维护。

（王晓晔）

## 房屋与土地征收

【概况】 云和县房屋与土地征收工作办公室（以下简称县征收办）成立于2011年7月，隶属云和县政府直属公益一类事业单位。核定编制12名，领导职数3名，其中：主任 1名（正科级），副主任 2名（副科级）。主要工作职能是：研究拟定政策、组织协调指挥、监督检查考核。县征收办成立后，对云和县的征收工作机制进行调整，形成以县政府为征收主体、征收办组织实施、各乡镇街道具体执行、业主单位参与、相关单位密切配合的征收工作新格局。2012年4月，县政府又批准成立云和县房屋与土地征收有限责任公司（以下简称县征收公司），县征收公司受县征收办管理，承担房屋与土地征收、补偿、安置房（地）建设、融资等具体事务。县征收公司没有编制，人员与县征收办混岗使用。

根据县委、县政府《关于进一步完善云和县房屋与土地征收工作机制的实施意见》（云委〔2011〕4号）文件精神，县征收办的业务范围为：负责组织实施全县行政区域内的房屋与土地征收安置工作，指导各乡（镇）开展房屋与土地征收安置工作。具体是：制定年度房屋与土地征收计划；负责拟定对被征收人的补助和奖励办法等房屋与土地征收安置工作中的具体政策和规定，制定具体实施方案；负责宣传房屋与土地征收安置的有关法律法规和政策，并提供咨询服务；负责房屋与土地征收安置的督查、考核工作，对房屋与土地征收安置具体实施单位的行为进行监督与指导；负责确定房屋与土地征收范围，对征收范围内房屋与土地的权属、四至、用途、面积等情况进行核准、公布；负责组织征收范围内房屋价值的市场价格评估工作；负责确定土地补偿费、安置补助费、地上附着物和青苗补偿费；负责重大房屋与土地征收安置项目的社会稳定风险评估工作；负责房屋与土地征收安置工作所涉相关文件、资料、档案和台账的收集管理等工作。

2016年，县征收办在县委、县政府的正确领导下，紧紧围绕“依法征收、阳光征收、和谐征收”的工作原则，积极服务云和经济社会发展大局，认真履行职责，依法规范征收补偿工作的各项规程，全力做好房屋与土地征收工作，确保项目建设用地需求。

【征地拆迁】 2016年，列入征收计划的项目共56个，其中：续征类项目19个，新征类项目25个，争取实施类项目9个，追加计划6个（调整任务数2个），征收任务数为历年之最。除争取实施类项目外，实施类项目共需征收土地2525.94亩（包括林地），房屋37244.8平方米。至2016年末，实施类项目已完成土地征收1381.8亩，完成房屋评估2512.17平方米。

【安置建设】 致力于转变现有的安置模式，加快落实项目安置房（地），努力实现房屋征收“以房等人，以地等人”的目标。至2016年末，云和县城西北路拆迁有土安置房、云和县城西北路公寓式安置房、云和县国税大楼东侧地块安置房、云和县总工会北侧拆迁安置房、云和县古坊小学扩建工程房屋征收安置地、云和县物流安置小区、云和中学安置房、云和县古坊小学东侧安置房、云和县城东路53省道城南区块房屋征收安置区8#楼共计9个项目先后竣工,共建设公寓式安置房184套、有土安置地基71直,已完成安置49套、62直。此外,云和县程宅有土安置小区地基、云和县城西岗头安置区、云和县城东路53省道城南区块房屋征收安置区3个项目共规划公寓式安置房250套、有土安置地基163直。

**【政策体系】** 牢牢把握"政府可承受、农民可接受、发展可持续"的三可原则,认真开展政策研究。2016年,对土地征收资金的拨付程度进行进一步规范,并明确征收资金预拨制度。同时,起草制定《云和县集体土地上房屋征收补偿暂行办法(草案)》《云和县征收土地青苗和附属设施补偿标准》等政策,并积极配合县国土局开展《征而未用土地管理制度》等政策文件的讨论和修改工作。这些政策文件的相继出台,逐渐形成一套相对完善的制度措施,为顺利实施征收工作夯实了基础。

**【队伍建设】** 积极组织开展理论中心组学习以及征收相关政策、先进典型等方面的学习,切实提升全体干部的政治理论和征收业务水平;深入开展"归零翻篇开新局""两学一做"等系列专题活动,通过查补短板、学党章党规,不断加强党员干部干事创业和为民服务意识。强化党风廉政建设,严格落实党风廉政建设责任制,在各种会议、各种场合经常性敲响廉政的警钟,要求全体工作人员做到自重、自醒、自警、自励,从思想上筑牢拒腐防线。

**【人员情况】** 2016年,县征收办调入、调出县管领导干部各1名。至2016年末,县征收办共有领导干部3名,事业干部共9名。

(邱　华)

## 环境保护

**【概况】** 2016年,云和县环境保护局(以下简称县环保局)深入贯彻"绿水青山就是金山银山"战略指导思想,以"水气共治""低小散"整治为契机,紧紧围绕"归零翻篇开新局"主题大讨论活动的要求,不断理清工作思路,创新工作方式方法,不断"找短板、补短板",有序推进生态环保各项工作的开展。

**【行业污染整治】** (一)"低小散"整治有序推进。一是全面推进滚漆行业整治。启动滚漆中心项目建设,并制定出台《云和县木制玩具滚漆加工行业整治提升实施方案》,拟将全县范围内的滚漆企业(作坊)统一入驻滚漆中心发展,优化工艺。入驻滚漆中心后,需进行"个转企",未入驻滚漆中心的滚漆企业(作坊),一律停业淘汰。至2016年末,该项目全部厂房已结顶,下一步将进行安装等后续工程。同时,由浙大团队设计的滚漆行业污染治理设施已选定试验地点,并开展组装试验。二是规范锯板加工行业"低、小、散、乱"问题。制定出台《云和县锯板加工行业组团入园工作方案》和《云和县锯板加工行业整治提升实施方案》,拟在云和工业园区沙溪区块建立云和县玩具木材加工配送中心。对取得"木材加工中心"土地的企业,规范其加工工艺,集中入园转型发展;对未取得"木材加工中心"土地的企业(作坊),一律停产停业淘汰。三是规范一般工业固废处理行业发展。制定出台《云和县一般工业固废处理企业入园提升发展工作方案》和《云和县一般工业固废加工处理行业整治实施方案》,拟在云和工业园区沙溪区块建立一般工业固废处理中心。对取得"固废中心"土地的企业,规范其加工处理工艺,集中入园转型发展;对未取得"固废中心"土地的企业(作坊),一律停产停业淘汰。至2016年末,全县已拆除滚漆加工点4家,锯板加工点63处,其他加工点、作坊73处,整治提升企业(作坊)205家。(二)探索推进第三方污染治理。为提高污染治理效率和能力,降低企业管理成本,县环保局正积极推进探索第三方污染治理项目。一是鼓励企业将建好的污染治理设施委托给专业环保公司统一运维。二是针对云和县企业规模小、治污力量不足等问题,积极探索建立第三方分质废水处理项目。计划在工业园区供地5—10亩，建立分别处理阀门、木玩、轴承等生产废水的工艺。(三)部门联动推进畜禽养殖整治。一是根据《浙江省农业厅关于组织畜禽养殖污染治理"回头看"百日行动，严防污染反弹的通知》要求，与县治水办、县农业局联合出台《云和县畜禽养殖污染治理网格化监管实施方案》，建立以乡镇为主体责任，县、乡镇(街道)、村三级畜禽养殖污染线下网格化巡查网，构建巡查、抽查和督查联动机制，实现对养殖场治理的网格化管理；二是会同县治水办、县农业局等部门，对全县的养殖场(户)进行一次全面彻底的大排查，共排查出存在污染隐患的养殖场(户)49家，并联合制定《云和县各畜禽养殖场(户)污染整治方案》，逐户列出污染隐患和整改措施，确保顺利完成整治任务。

**【主要污染物减排】**（一)有序推进主要污染物减排。根据省、市环保部门的统一部署，结合云和县实际，按照统筹衔接、分类指导、分解落实、合理可行原则，计划实施减排项目3个，其中：生活减排项目1个(农村生活垃圾处理)，农业畜禽养殖减排项目2个，河道(湖库)底泥疏浚项目1个，预计削减化学需氧量70吨，氨氮12.25吨；二氧化硫减排项目0个；氮氧化物减排项目0个(不包括机动车减排)。至2016年末，各项工作完成情况尚在统计中。(二)继续抓好"黄标车"淘汰工作。一方面，通过发放环保绿色标志限制黄标车、无标车通行，严格限制黄标车、老旧车上牌；另一方面，出台黄标车、老旧车淘汰补贴政策，最大限度减少"黄标车"的数量，从而减轻污染物的排放。2016年，云和县"黄标车"淘汰任务为12辆，已淘汰13辆，完成年度任务的108%。

**【建设项目管理】**（一)严把建设项目审批关。严格执行空间、总量、环境准入制度和专家评价、公众评价相结合的评价体系。建立规划环评部门联动机制，强化建设项目环境管理，严格依法依规开展项目环评审批，严把环境准入关。全年共出具建设项目审批意见86份，其中：无化工石化、火电及"两高一资"等项目的环评执行率达到100%。同时，完成县工业园区规划环评工作，完成2家企业"零土地"环评承诺备案。(二)严把"三同时"验收关。紧紧围绕《国务院办公厅关于加强环境监管执法的通知》《关于印发〈浙江省全面清理违法违规建设项目环保专项行动实施方案〉的通知》要求和《云和县环境保护局建设项目竣工环境保护"三同时"验收工作方案》，按照"全力清理旧账，确保不欠新账"的原则，严抓新批企业和已投产企业的"三同时"验收。全年共完成18家企业的"三同时"验收工作。

**【环境执法监管】**（一)严格环境执法"零容忍"。2016年，县环保局按照重点分类监管的原则，以"亮剑1号""百日环保执法"等专项执法行动为契机，深入开展"有计划、全覆盖、规范化"环境执法检查，严厉打击环境违法行为。全年共出动执法人员1600余人次，检查企业460余家次，立案查处环境违法行为36起，实施行政处罚24.73万元，下发责令改正违法行为决定书60份，限期改正决定书11份，处理环境信访投诉104起，处理率100%，有效调解2起群体性上访环境污染纠纷，有效打击企业的环境违法行为，切实维护了人民群众的环境权益。(二)建立环境监管网格化管理机制。为推进云和县环境监管全覆盖，提升环境保护工作效能，制定出台《云和县环境监管网格化管理实施方案》，并成立县级网格化工作领导小组，按照"属地管理、分级负责、全面覆盖、责任到人"的原则，建立以县行政区域为一级网格、乡镇(街道)及工业园区为二级网格、行政村(社区)为三级网格的环保监管体系。全县共确定一级网格1个，二级网格11个，三级网格184个。

**【生态文明建设】**（一)创新开展环保宣教工作。为进一步巩固国家级生态县创建成果，向公众宣传生态文明理念，7月29日，县环保局联合老李帮忙团共同开展"丽水生态文明日"宣传活动，活动内容包括：在电视台播放公益广告、"生态文明家庭"评选、环保知识"进学校、进农村、进企业"、绿色骑行、广场大型宣传活动、“生态文明日”文艺晚会等。活动历时1个多月，累计制作宣传展板11幅，发放宣传资料4000余份、宣传扇1500余把，宣传面覆盖全县城乡，现场参与人数达8000余人。(二)科学开展规划编制工作。完成《云和县生态文明建设规划(初稿)》《云和县生态环境保护“十三五”规划》及《云和县均溪断面水质保持方案》的编制工作，并委托第三方中介机构编制《云和县“十三五”减排实施方案》和《畜禽养殖污染防治规划》。(三)着力推进生态示范点建设。2016年9月，云和县成功被国务院列为新一批国家重点生态功能区，成为浙江省首批成功入选的县(市、区)，实现浙江省国家重点生态功能区“零”的突破。为进一步夯实国家生态县创建成果，推进生态文明体制改革，针对2016年省财政厅、省环保厅下达的各类环保专项资金，县环保局及时组织各乡镇(街道)及相关部门开展项目申报工作。至2016年末，共审核完成项目10个，总金额282.61万元。

**【环境质量监测】** (一)监测能力不断提升。2016年5月，安装在云和三中顶楼的空气自动站顺利通过验收，城区空气环境监测能力得到进一步提升。同时，按照标准化建设要求对县环境监测站进行改建，建成后将大大改善监测站实验室面积小、设备不足等问题，进一步提升云和县环境监测能力。(二)水气环境质量持续优良。一是水环境质量持续优良。2016年，云和县地表水Ⅲ类以上水质比例达到100%，集中式饮用水源地水质达到集中式生活饮用水一级保护区Ⅱ类水质要求，出境水交接断面水质达标率100%，考核结果为优秀，水环境质量位居全省前列。二是空气环境质量持续优良。2016年，云和县空气环境质量有效监测天数354天，其中：优良天数350天，优良率为98.9%。$PM_{2.5}$浓度均值为27微克/立方米，同比下降6.9%，排名全省第五、全市第三，低于省、市均值。根据浙江省生态环境质量公众满意度调查结果显示，云和县满意度得分86.2分，排名全省第九，全市第五，继续位居全省前列。

**【主题大讨论活动】** 紧紧围绕“找短板、补短板”的要求，深入开展以“归零翻篇开新局”为主题的大讨论活动。一是通过专题学习会等形式，梳理出局内部工作短板8条，并制定具有针对性的整改措施，及时补短板，其中7条已解决，剩余1条正在持续跟进中。同时，梳理出全县性工作短板10条，已上报县活动办及市环保局。二是局班子成员集中3天时间，先后对“争当三员”联系村桃子坑村、扶贫结队村梅源村开展以“归零翻篇开新局”为主题的蹲点调研活动，积极了解掌握村情、民情，广泛征求意见建议，研究制订结对帮扶计划，指导帮助贫困村民脱贫致富，并结合调研结果，形成题为《精准发力补短板，绿色发展促增收》的调研报告，力求帮助解决村经济发展中遇到的实际问题。

**【党风廉政建设】** (一)落实责任。按照“谁主管、谁负责”的原则，出台《关于印发局党风廉政建设和反腐败工作组织领导及责任分工的通知》，对2016年度局领导班子党风廉政建设责任制进行分工，明确各分管领导对分管工作范围内的党风廉政建设责任，形成“一把手”负总责、分管领导各负其责的工作格局。此外，局党委与班子成员签订党风廉政责任书3份，班子成员与分管科室负责人之间签订党风廉政责任书5份，签订中层干部廉政承诺书7份，普通干部廉政承诺书6份，层层传导压力、层层落实责任。(二)风险防控。局机关“三科一室”及两个下属事业单位对照环保有关法律法规、机构职能“三定”方案，对各科室、单位和岗位职责、权力事项进行全面梳理，摸清底数并确定对管理和服务相对人行使的职权。签订全局、各科室以及个人廉政风险防控登记表共22份，仔细分析潜在风险，确定初步防控措施并报纪检部门备案，有力预防腐败的产生。(三)制度建设。出台《关于印发局党风廉政建设和反腐败工作组织领导及责任分工的通知》《云和县环保局“三重一大”事项集体决策制度实施细则》，严格执行民主集中制，切实履行主体责任，抓好“三重一大”集体决策制度的组织实施。根据全县公车改革相关规定，结合单位自身实际，修订出台《云和县环境保护局车辆使用管理暂行规定》。进一步健全主抓直管、责任清单、签字背书、专题教育、廉政谈话、述职述廉、问题抄告、考察联系、社会评价、责任追究等10项制度。(四)宣传教育。紧紧围绕“两学一做”学习活动和关于严肃换届纪律的有关要求，通过夜学、党组会议、全局会议、视频会议等形式，专题开展《中国共产党问责条例》《永远在路上》《榜样》《做合格党员》《关于新形势下党内政治生活的若干准则》《中国共产党党内监督条例》《镜鉴》和严肃换届纪律相关文件及十八届六中全会精神等专题内容的学习。同时，将《中国共产党纪律处分条例》《中国共产党廉洁自律准则》《中国共产党问责条例》等内容制作成廉政展板，在楼道展出，供干部职工学习观看。通过一系列宣传教育活动，进一步强化全体党员干部的党风廉政观念和政治纪律意识。

(董喻春)

## 城市管理

**【概况】** 2016年，是云和县“奋战决胜”年，也是“十三五”规划开局之年。云和县综合行政执法局(以下简称县执法局)紧紧围绕县委、县政府中心工作，全面落实“童话云和”建设各项任务要求，以城市综合治理为钥，全力做美城区市容环境，以“清存量、控增量”为剑，强力推进“无违建县”创建，以“智慧城市”建设为翼，着力提升城市服务功能，以综合执法改革为路，全面提高队伍管理水平，城市管理工作持续保持良好势态。

**【市容管理】** (一)祛除市容顽疾，形成严管严治新局面。一是规整马路市场。重点在水电路至大会堂、红光路、古竹区块、新建南路、中山西路、城西路、工业园区开展马路市场整治行动，全年共取缔、处罚顽固流动摊贩占道经营行为102起，同时做好规划和引导，在道路两边比较开阔地块划定临时经营场所，根据摊点集散时间采取错时制管理，防止管理“真空”，引导规范有序经营。二是严管渣土运输。与县交警大队、农机站等部门不定期开展联合执法，加强项目工地的源头管理，全年共督促在建工地整改车辆冲洗设备、实施路面硬化等15处(次)，严肃查处工程车、农用车超载、撒漏等违章行为14起。三是狠抓交通治堵。强化非机动车停放管理力度，继续实行人行道非机动车停放外包管理，延伸序化管理路段至浮云路，完成红光路拥堵点整治，完成浮云西路30个路面停车位改造，新增解放东路、浮云西路停车泊位80个，谋划了智慧停车PPP项目，有效缓解停车难问题。四是严控行政审批。严格审批许可办理程序，杜绝违章养犬、占道促销、占道挖掘、广告宣传车及违规设置店牌店招等违章行为，重点加强批后监管力度，健全审批通报机制，确保行政审批信息传达及时畅通。全年共办理登记犬只59只、处罚违章养犬31只，审批场地租赁宣传53件、广告车宣传17件，审批店牌店招、LED等81件。(二)整治重点区块，促进精管水平再提升。一是推进农贸市场周边市容环境综合整治。牵头开展为期3个月的整治工作，抽调市场监管、公安、街道精干力量35名成立整治办公室，形成联合执法合力，落实每日15小时不间断管理措施，分步推进流动摊贩、超门店经营及违章停车治理，共整治流动摊贩97处，拆除违章小菜场21处，整改超门店商铺15家，查处违章车辆80余辆，周边环境得到明显改善。二是开展城东路市容市貌整治。根据美丽县城景观环线项目的工作要求，开展城东路市容环境整治工作，全面取缔沿街建材商铺超店面展示商品、加工作业以及车站附近占道设摊等行为，停车位施划、店牌店招整改、文化墙建设等项目逐步启动。三是完成小商品市场安全隐患整治。开展小商品市场安全隐患集中整治，完成对占用消防通道设摊经营、乱吊挂展示商品以及违章搭建等行为的专项治理，并安排执法人员进行定点监管，以巩固整治成果。

**【规划监察】** (一)严格落实“即查即拆”。各执法中队严格执行违建“日巡查日报告”制度，及时做好巡查记录、案件查处记录，强化对瓦窑、隔溪寮拆迁安置地以及贵溪村、后山村等重点区块的违建巡查与管控，全年共组织违建巡查2900余次，拆除违法建筑8.83万平方米。全面禁止新发违建行为，配合街道完成“蓝色屋面”“两路两侧”、影响消防安全、“低小散”企业和存量缓拆违建等整治任务。（二）完善源头管控机制。一是开展不动产过户和抵押违建审查。全年共完成审查1424户，已拆除（整改）到位409处。二是建立对干部“选拔任用、评优评先、职务晋升”的违建审查制度。全年共审查党员干部900余名，其中发现存在违建问题的有30余人。三是开展违建征信管理。联合县人行等部门，将相关企业违建等行政处罚信息作为不良记录，纳入企业征信系统。（三）完成屋顶违建专项整治。牵头开展云和县房屋屋顶违法建筑专项整治工作，并成立整治领导协调指挥部，建立联动防控机制；大力宣传整治政策、先进典型事例，强化舆论引导；建立微信工作群，定期编制整治工作简报，及时发布整治进度和工作动态；开展整治任务进展情况专项督查，建立销号制度，确保整治工作顺利推进。至2016年10月，完成第一阶段集中整治任务，共处置屋顶违建1664户，处置总面积6.4万平方米，有效治理屋顶搭建乱象，提升县城整体面貌，推动“无违建县”创建工作。

**【智慧城管】** （一）抓平台高效运行。发挥数字城管指挥中心的作用，加大问题交办处置力度，全年共受理案卷25871条，结案24889件，结案率为97.2%。加强信息采集管理，考评采集轨迹，提高城市管理主动性。全力做好视频监控路段监控工作，发挥中山街、新建路人行道视频监控系统智能管理效应，发现非机动车乱停放11554件，无照经营游商和占道经营2913件，处理率100%。（二）建立违法建设智慧管理系统。完成违法建设智慧管理系统建设，组建成立由乡镇街道分管领导、驻村干部、综合执法人员、村（社区）信息员、综合执法监督员等组成的违建信息员监督队伍，并开通以“城管通APP”、微信公众号、“12319”服务热线为主的多层次举报渠道，建立违建处置快速反应机制和新发违建举报考核激励机制，有效提高违建巡查、上报、处置的网络化水平。系统投运行以来，已受理违建信息218件，完成处置办结189件。（三）推进三期项目建设。确定“最小投入、最大效益”为智慧城管三期项目建设思路，拓展和健全二期建设成果，对指挥中心、视频监控系统、GIS运行监管平台进行升级改造，实现城市部件普查、违建处置、沿街商家信息及违法处置情况的实时监管，促进智慧化城市管理体系高效运行。三期项目总投资约400万元，已完成方案制作、专家评审、项目审批、立项等工作。

**【体制改革】** （一）推进综合执法体制改革。一是完成职责边界梳理。梳理了经省政府批准纳入综合行政执法范围的21个方面、553项综合行政执法划转事项及职责边界。二是确定首批划转事项。对首批划转的139项行政处罚职权（包括县市场监管局工商行政管理方面和县住建局市容环卫、城乡规划、城市绿化等方面）进行了梳理，并移交县编办审查。三是拟定三定方案初稿。根据《中共丽水市委办公室 丽水市人民政府办公室关于印发〈云和县人民政府职能转变和机构改革方案〉的通知》（丽委办发〔2015〕17号）和《关于丽水市及所辖县（市、区）综合行政执法工作实施方案的复函》（浙编办函〔2016〕100号）等文件精神，拟定《云和县综合行政执法局主要职责内设机构和人员编制规定》初稿，并移交县编办进行审核。（二）查补短板争创佳绩。围绕“归零翻篇开新局”大讨论活动和“两学一做”主题教育活动，找差距、补短板、明措施。一是领会活动精髓，强化基础认识。以领导班子成员上党课、专题讨论学习等形式，组织全体人员对习近平总书记系列重要讲话、党章、条例、准则等文件进行再学习，再领会。二是坚持问题导向，深入查找短板。通过开展对小区、社区、流动摊贩疏导点、企业的走访，召开元和广场经营户座谈会和留地安置地对象座谈会等形式，广泛听取基层群众对城市管理的意见和建议，并在中层干部中进行“找短板、补短板、创佳绩”演讲、“短板大家评”等活动，深入查找短板问题。三是抓好症结治愈，突出办实事、求实效。组建成立“文明养犬志愿者”小分队，利用休息时间到浮云溪绿道等区域对养犬人进行文明养犬劝导，发放宣传资料，义务清扫沿路宠物遗污。同时，积极开展争当“三员”活动，领导班子实地走访结对帮扶企业和农村，帮助解决实际困难，并把城市管理相关法律、法规和政策带到企业和村庄。(三)抓好队伍规范化建设。一是规范机构设置。统筹分配执法力量，进一步完善工业园区城市管理工作体系，设立直属(机动)中队和派出机构工业园区执法中队。落实一线执法人员82名。二是完善内部管理制度。制定出台《着装制度》《设备管理制度》《绩效考核实施办法》《公务接待管理制度》《差旅内控制度》《公务出差审批制度》《请销假制度》，实行制度化管理。三是科学配置执法装备。按照“综合利用、高效节约、合理保障”的原则，以一线执法人员“每人一台步话机、一台执法记录仪”标准进行配置，共配置步话机45台、执法记录仪45台，并建设规范化装备室，对装备进行统一管理。同时，依托数字城管二期工程建设，完善“城管通APP”平台，积极运用信息化手段，实现行政执法的网上运行和各类执法信息的互通互联。(四)强化党风廉政建设。一是健全内部“监督网”。实行“日检查、周通报、月排名”的督查考核制度，按照《绩效考核实施办法》进行工作实绩和纪律作风考核，考核结果与年度评优评先进行挂钩。2016年，共对18起违反局内规章制度的个人进行通报并扣分。二是紧抓作风“执行剑”。严格控制“三公”经费支出，招待费用比2015年减少87.4%。严格规范执法车辆使用管理，全年无公车私用现象发生。三是警钟长鸣绷紧“廉政弦”。依托夜学平台，每月安排一次以“两个责任”为主要内容的专题学习、通报一次典型案例，并结合实际开展讨论。对新提任的7位股级干部进行党风廉政专题培训教育，打好任前“廉政预防针”。四是做好信访办理“老娘舅”。2016年，共收到信访案件50起，全部完成办理答复。针对信访案件中提出的嘉和苑与九和小区的房屋违建、体育馆周边广场噪音、香菇市场噪音等问题，均落实专人负责，办理效果也得到群众认可。

(王　茜)

# 经济管理

## 发展和改革

**【概况】** 2016年末，云和县发展和改革局（以下简称县发改局）共有在职干部职工39人，其中：行政干部职工26人，事业干部职工13人；离退休干部职工41人，其中离休1人；班子成员6人。行政科室有：办公室、发展规划科、农村经济发展科、投资综合科、产业发展科、价格管理科、粮食管理科、体制改革科；省直属机构有：价格监督检查分局（价格举报中心）；事业单位有：价格认证中心、县招投标管理委员会办公室、前期办、县服务业管理办公室、区划办；所属企业1家（粮食收储有限公司），另设粮食企业退管中心。

**【中小城市改革试点】** 云和县于2015年3月被列为国家中小城市改革综合试点，是丽水市唯一入选该试点的县。试点启动以来，县发改局以各项具体改革试点为载体，在创新产业和城市融合发展、多元化投融资机制、土地要素流动机制、公共服务均等化、城市管理、绿色生态建设等六个方面实施了一系列改革。

**【省级重点生态功能区小城市培育试点】** 云和县于2014年4月被列入省重点生态功能区小城市培育试点，至2016年，已连续两年获全省考核优秀等次，并在全省小城市培育工作交流会上作典型发言。2016年，重点补助云和县云龙公路（云和县城至新殿坪段）改建工程、云和县老年综合活动中心（老年大学）一期工程、云和县人民医院医疗服务品质提升工程、浮云溪中小河流治理工程等4个项目，全年累计完成投资1.2亿元，为投资任务的176%。

**【特色小镇创建】** 一是着力提升特色和质量。在“一城一湖一梯田”的发展格局下，升华“木玩童话小镇”“梯田农耕小镇”“滨湖养生小镇”的特色内涵。二是积极争取将“木玩童话小镇”纳入省级创建。已完成有关申报工作。三是着力推进项目建设。完成“木玩童话小镇”地标建筑的概念设计方案征集，启动方案编制工作。旅游集散中心（小镇客厅）周边配套道路和停车场已开工建设。

**【省级生产性服务业集聚平台建设试点】** 成功争取省级生产性服务业集聚平台建设试点，重点围绕木制玩具产业，推进木玩展销平台、木玩电子商务创业园、木玩滚漆中心、木玩小微企业孵化平台等项目建设。

**【公务用车改革】** 印发《云和县公务用车制度改革实施方案》《云和县机关公务用车集中保障暂行办法》《关于县域内机关机要应急调研用车使用和公务用车租车范围的通知（试行）》以及《编外驾驶员解除劳动关系的经济补偿金计发标准》等。9月10日，顺利实现封车，全县涉改车辆244辆，封存车辆71辆。9月底，审核完成67个涉改单位上报的实施方案，全县符合领取公务交通补贴的人数共1455人，补贴从9月份开始发放，月补贴总额90.41万元，全年共计1085万元。稳步推进封存车辆处置工作，顺利完成公车拍卖，下一步将致力于做好车改后的用车管理工作。

【农民工返乡创业试点】 2016年3月，云和县被列入全国首批结合新型城镇化开展支持农民工等人员返乡创业试点县(市、区)。获此喜讯后，县发改局积极行动，牵头完成年度工作计划及任务书，以及农民工返乡创业试点监测指标填报工作。12月，县政府决定成立云和县农民工返乡创业试点工作领导小组(云政办发〔2016〕159号)，办公室设在县经商局。

【加快推进服务业发展】 一是抓重点，推进服务业发展。2016年，第三产业(服务业)实现增加值25.44亿元，同比增长10.9%，增速居全市第一；服务业占GDP比重为42.7%，同比提升1.5个百分点。二是抓项目，推动有效投资。2016年，完成服务业投资32.98亿元，同比增长16.8%(计划任务12%)，其中：商贸物流城、城西菜市场、栈云山庄、养老综合福利中心、“老云和”(采真里)AAAA级景区改造与提升工程等13个省市重点服务业项目共完成投资8.63亿元。三是抓机制，优化发展环境。进一步修订完善《云和县服务业引导资金管理办法》，并根据小微企业三年成长计划(2015—2017年)，培育服务业小微企业升限上7家。同时，积极申报2016年专项建设基金，为城西菜市场项目成功申请专项基金1100万元。

【大力发展清洁能源产业】 2016年3月，云和县成功创建“省级清洁能源示范县”，获可再生能源发展专项资金1800万元。(一)光伏项目。中电云和黄源15兆瓦林农光互补光伏发电项目已部分建成并网，华能云和紧水滩8兆瓦林农光互补光伏发电项目已于11月开工，包山30兆瓦林农光互补光伏发电项目已列入2016年浙江省光伏增补计划，菌光互补光伏发电项目已进入土地流转环节，光伏助农项目已在大坪村开展试点工作。(二)新能源汽车项目。该项目计划在2016—2017年建设充电桩200个，投入新能源充电汽车100辆。2016年，市里下达给云和县的任务是：建设充电站3个、充电桩20个。至2016年末，已完成充电站(高速路2个、城区1个)、充电桩73个。(三)“五炉”淘汰。已完成淘汰改造139台(全县登记在册的燃煤锅炉共151台)，完成率为92.05%，位列全省第一。

【推进项目谋划和建设工作】 2016年，共安排固定资产投资项目117项，计划投资46.45亿元，同比增长11.6%，其中：安排政府投资项目82项，计划投资20.05亿元，占固定资产投资计划的43%；安排重点建设项目30项，计划投资18.61亿元，其中：省“411”重大项目2项，省重点项目4项，市重点项目13项。安排重大建设项目前期工作58项，其中：市重大建设项目前期11项。一是项目建设攻坚破难。开展项目难题清零销号大会战和五批次集中开工活动，强化建立高密度、高频率的督查通报机制，完善重点项目推进工作机制，在全市率先发布重点项目作战图。二是项目前期精简提速。建立项目前期推进机制，出台《关于建立云和县重大项目前期工作推进机制的若干意见》和《云和县基本建设项目前期工作决策规程(试行)》。强化资金管理，制定出台《云和县重大项目前期工作经费管理暂行办法》。进一步简化审批环节，完成在线审批监管平台建设并实现试运行，编制完成项目审批标准流程。三是项目资金争取积极有力。2016年，全县共有6个项目争取到发改系统补助资金，资金总额2372万元。城市污水管网、城西菜市场、城镇旧住宅区与危旧房改造等3个项目被列入国家专项建设基金资本金投资项目清单，获得专项建设基金5600万元(已累计争取9400万元)。此外，还成功将后交线(后山至崇头段)改建工程申报为2016年省重点建设项目。

【完成规划的管理和编制工作】 一是圆满完成“十三五”规划的编制工作。率先全市完成“十三五”规划发展作战图，并自主完成专项规划3个，同时负责做好“十三五”规划体系中39个专项规划的评审、印发工作。二是加强全县规划的管理。编制《2016年度规划编制计划》，全年共安排规划54个，编制经费1275万元。加强规划日常管理，全年共评审规划57个，核拨经费932.31万元。同时，积极开展云和湖仙宫景区、梯田景区等相关规划的实施宣传工作。三是强化课题引领，出规划谋项目。起草课题编制要求、审查导则，实行课题编制申报制度；建立课题研究要素保障，出台课题研究制度保障等规范性文件。全年共确定研究课题12个，编制完成《云和湖国家级旅游度假区建设的思考》《云和县民宿经济发展的思考》《项目前期工作存在的问题和建议》等重点课题。

**【完成各项综合分析】** 一是认真完成2016年各月度和季度经济运行分析，形成综合报告，并组织召开各季度经济运行分析会。二是根据《“十三五”规划纲要》目标任务，科学落实年度经济社会发展指标，撰写《2015年国民经济和社会发展计划执行情况与2016年国民经济和社会发展计划(草案)的报告》并顺利通过县人大审议。

**【完成两农保险任务】** 一是圆满完成政策性农村住房保险工作目标。全年共完成政策性农村住房保险24803户，参保率达97.4%。二是协调推进政策性农业保险工作。组织完成水稻、林木等8个政策性农业保险品种的投保，保险金额3.75亿元，总保费172万元。

**【粮油安全生产管理】** 每个季度开展“一符四无”粮仓检查考核，县粮食收储有限公司“一符四无”粮仓实绩为100%，“四无”得分每季度均在98分以上；完成2015年1800吨县级储备粮、1400吨周转粮年度轮换计划，并签订应急粮油供应点15个；完成云和县中心粮库迁建项目的招标工作，该项目位于杨柳河工业园区三期地块，总投资7993万元，总用地面积45061平方米。

**【加强市场价格监管】** 一是认真贯彻执行政府定调价制度。调整朱村幼儿园保教费、云和中学住宿费标准；核定云和县公共租赁住房租金标准和专业技术人员继续教育培训等收费标准，出台云和县污水处理收费改革和非居民实行差别水价政策。认真开展对城市供水、污水处理、梯田景区、仙宫景区的成本监审工作。二是开展清费减负工作。制定《云和县涉企行政事业性收费目录清单》和《云和县实行政府定价的涉企经营服务收费目录清单》，通过县政府网站对外公开，并实行动态管理。三是开展价格执法。重视价格举报工作，定期对旅游景点、宾馆酒店等进行价格检查和巡查。2016年，共收到举报和投诉案件32件，其中：30件为职业举报，已处罚和立案、并案处理9件，因举报案件引起的行政复议案件1件。四是完成价格认证各项工作任务。全年共完成价格认证业务42件，价格认证标的额47.31万元，无一起重新认证或复核裁定案件。

**【精心打造干部队伍】** 一是加强思想建设。利用“周一夜学”平台，开展各种专题学习。二是加强反腐倡廉建设。进一步深化“阳光工程”，推行部门权力清单制。三是加强制度建设。做到凭制度管权、管事、管人。四是加强能力建设。注重专业知识和技能培训，提升服务意识和质量，促进参谋助手作用和服务项目审批等职能的发挥。五是加强党风廉政建设。全面落实党风廉政建设责任制，层层签订党风廉政建设责任书，做到责任到岗、到人。扎实开展党风廉政教育和“两学一做”学习教育，切实增强党员干部勤政廉政意识。

(陈　骅)

## 统　计

**【概况】** 2016年，云和县统计局(以下简称县统计局)在县委、县政府的正确领导和省、市统计部门的精心指导下，紧紧围绕全县中心工作，以提高基层统计工作水平和统计数据质量为目标，以服务全县经济工作为宗旨，加强领导，明确责任，强化措施，狠抓落实，圆满完成全年各项工作任务。

**【统计调查实现新跨越】** (一)全面启动第三次全国农业普查。根据省、市普查工作的统一部署，提请县政府印发了《关于做好第三次全国农业普查的通知》(云政发

〔2016〕2号），并成立县、乡两级普查机构及办公室，落实普查经费，先后组织开展普查区的划分、普查小区电子图绘制、普查员和普查指导员选聘、普查物资采购等工作。10月份，召开全县第三次全国农业普查动员会暨“两员”培训会，并在白龙山街道瓦窑村开展县级普查试点工作。同时，通过宣传车、电视台、广播、村村一台戏、张贴宣传标语等多种形式开展宣传，积极营造普查的良好氛围。（二）高标准完成常规统计调查。按照国家现行统计制度规定，全面完成农业、工业、建筑业、投资、贸易、服务业、房地产业、科技、能源和国民经济核算等各项常规统计调查及2015年统计年报。（三）高质量完成专项调查任务。组织实施一体化住户调查、企业景气调查、非公企业（个体）用工等多项调查任务，并认真开展科技进步、循环经济、妇女儿童、粮食生产等领域的统计监测与评价，完成1%人口变动情况抽样调查及平安浙江调查工作。（四）积极探索新统计领域工作。探索开展“三新”统计调查，完成4家“四众”平台企业摸排、收集、录入、审核工作，完成5000万元以上项目“一套表联网直报”工作。

**【服务水平实现新提升】**（一）强化统计数据，服务领导。利用“一套表”平台，及时进行统计数据跟踪、比对、分析，全面、准确、客观地判断经济运行态势，为县委、县政府领导及时掌握全县经济发展趋势和科学决策提供翔实的数据依据。全年共提供统计分析26篇、统计简析40篇、统计专报17篇、统计政务信息108篇，其中：有3篇统计专报获县领导批示。同时，做好考绩服务。在每季度全县经济运行分析会上开展科学点评；围绕淳安等26个县发展实绩和省、市对县综合考核内容，及时与上级部门对接相关信息；密切关注省、市对县考核最新动向，收集、汇总、排序主要经济指标，整理主要经济指标的排名情况，并分析云和县经济运行特点、优势、劣势和趋势。（二）强化统计指导，服务基层。以开展“归零翻篇开新局”大讨论活动为契机，结合市统计局“十百千”、丽水调查队“进百村、入百企、访千户”等活动，深入开展“统计三百”活动，即用100天时间走访100位记账户和100家企业。走访过程中，走访组主动征求企业和记账户的意见，了解他们的统计需求，针对性地提供业务指导、部门沟通、提供指标等服务。（三）强化统计宣传，服务社会。从统计工作实际出发，加强统计数据解读和权威数据发布，以数字客观体现云和县建设成果。编印《2015年统计公报》《2015年云和统计年鉴》，全面反映2015年云和县国民经济和社会发展概况；编印《云和统计信息简要本》《分乡镇街道经济和社会发展统计信息简册》，及时为县领导、各部门及乡镇（街道）提供月度、季度主要经济指标；编印《2015年云和县经济发展统计监测汇报》，供党政部门及“两会”代表参阅。同时，创新宣传媒介，除传统的主流报纸、局门户网外，还开通运行“云和统计”微信公众平台，作为云和统计的一个对外宣传窗口。

**【数据质量实现新突破】**（一）抓实教育培训。在积极组织业务骨干参加省、市统计业务培训的同时，将基层统计人员培训列入年度总体工作计划。先后召开全县工业、固定资产投资、服务业等多个专业的业务培训会议，参训人员达1000多人次。同时，继续发挥农村统计员培训学校的主渠道、主阵地作用，定期对农村调查员进行培训，切实提升基层统计人员的业务水平和综合素质。此外，还连续三年举办全县统计人员综合能力提升班。（二）狠抓基础规范。3月，经县编委会批复同意，县统计局信息中心增加编制2名；巩固乡镇（街道）统计基础规范化成果，完成10个乡镇（街道）统计基础规范化回访工作；深化企业统计基础规范化建设，完成6家企业的统计基础规范化验收工作；强化部门统计基础规范化建设，切实加强部门的沟通联系和业务指导。（三）健全统计工作机制。上下联动，建立云和县乡镇（街道）统计员工作例会制度，下发《云和县乡镇（街道）统计员岗位职责》和《云和县乡镇（街道）统计员主要专业细则》，要求乡镇（街道）统计人员按岗位职责和专业细则做好统计工作，着力解决漏统、瞒报等难题，做到应统尽统。左右联动,建立健全部门联席会议制度,提请县政府下发《关于建立云和县农业农村发展统计工作部门联席会议制度的通知》(云政办发〔2016〕14号),为统准、统全农业基础数据提供了保障。2016年,先后召开GDP联席会议和农业农村统计工作联席会议3次。

**【统计工作实现新提高】** (一)积极做好新增“四上”企业申报工作。从部门沟通、审查说明、材料补充、省市衔接等方面入手,做好“四上”企业挖掘、培养、申报工作,增加县域经济总量。2016年,全县新增“四上”企业7家,5000万元以上投资项目11家。(二)全力抓好基本单位名录库维护工作。积极与编制、民政、工商、税务等部门对接,收集新增、注销、变更单位名录,开展单位资料调查核实,确保单位信息及时准确入库。2016年,共维护法人单位1254家。至2016年末,全县基本单位名录库共有法人单位2654家,产业活动单位272家。(三)加强网络与信息安全工作。认真贯彻落实上级统计部门及县政府关于加强重要信息系统和网络安全工作的重要指示精神,把局门户网站并入云和县政府网,并按照“谁管理,谁负责”的原则,建立计算机用户档案,统一分配IP地址,为每台计算机安装杀毒软件及防火墙,形成人人有责、层层负责的信息系统安全责任体系。

**【统计法治实现新强化】** (一)强化普法宣传,营造良好社会氛围。始终把宣传统计法律法规摆在重要议事日程,围绕每个时期的统计中心工作,把“依法统计”贯穿数据生产的全过程。同时,通过各类培训、会议、调研以及执法检查,不失时机地开展统计普法宣传,有效提高公众对统计法律法规的认知度,为“依法统计”营造了良好的社会氛围。(二)强化执法监督,筑实统计法治堡垒。积极组织开展统计执法检查,把统计执法与统计专业抽查、巡查工作紧密结合起来,认真组织开展“数据造假、以数谋私”专项治理和全县统计数据质量大检查工作,针对统计数据造假、对数据造假惩治遏制不力、以数谋私等行为进行专项清理和整治。全年共稽查统计单位46家,查处违法案件5起,罚款1家。

**【日常工作实现新局面】** (一)深入推进党风廉政建设和统计行风建设。严格落实党风廉政建设责任制,深入开展反腐倡廉教育,认真组织学习《中国共产党廉政自律准则》《中国共产党纪律处分条例》《中国共产党问责条例》,切实夯实党员干部“廉洁从政”的思想基础。(二)认真抓好统计文化建设。通过开展干部职工喜闻乐见的文体活动、亲切看望生病住院的干部职工、走访慰问扶贫结对村困难群众等举措,切实增强干部职工的凝聚力。(三)扎实开展“两学一做”学习教育活动。按照省、市、县“两学一做”学习教育的要求,做到早部署、早安排、早行动,并利用“周一夜学”平台,组织干部职工开展集中学习和专题讨论。为提升学习效果,县统计局还邀请县委党校老师为全体党员上了一堂“两学一做”专题党课。“七一”建党95周年之际,组织全体党员赴梅湾村开展党员活动,通过“重温入党誓词、重走红军路”等形式,缅怀先烈丰功伟绩,接受革命传统教育。此外,县统计局还结合“两学一做”学习教育活动,创新开展统计系统干部“讲学习、练内功、强本领、促服务”活动,进一步提高新时期统计系统干部的业务水平和服务能力。

(周明霞)

## 审　计

**【概况】** 云和县审计局(以下简称县审计局)成立于1984年,内设办公室、法制科、财政审计科、经济责任审计科、综合审计科(计算机审计科)5个职能科室,下属内审指导中心、直属分局两个事业单位(与县审计局合署办公)。

2016年,共完成审计项目21个(不含政府投资审计项目),其中:署、省同步项目8个,经济责任审计项目8个、县定其他项目5个;查出违规金额6930万元,管理不规范金额30916万元,应上缴财政金额5320万元;完成政府投资项目审计519个,送审金额2.96亿元,核减工程价款0.28亿元,核减率为9.46%。全年共有1个审计项目获评省优秀项目,2个项目获评市优项目。

2016年，县审计局在全市综合考核中名列第一，并获评全省县级审计机关考核先进单位；在全市内部审计业务指导与监督工作考核中名列第一，并获评全省内部审计与监督优胜单位。同时获评全县综合考核中获先进单位、县党风廉政先进单位等荣誉称号。

**【专业审计】** (一)财政预算执行审计。根据省审计厅财政同级审工作方案的统一部署和要求，顺利完成财政同级审工作任务，并完成财政存量资金审计及县环保局、县卫计局、县司法局决算(草案)审计。针对国有资本经营预算不完整、部分非税收入未纳入预算管理、财政专户管理不规范、部分存量资金未及时收回国库等问题，提出了进一步完善预算管理、加大国库集中支付力度、加强项目管理、加快预算执行进度等意见和建议。同时，在财政预算执行审计的基础上，综合其他项目审计结果，向县人大常委会作专题报告，提出审计整改建议，受到高度认可，并促进出台了《云和县级部门决算信息公开实施方案》。(二)公务支出及公款消费审计。组织县本级104家单位对2015年度公务支出及公款消费情况进行自查，在自查的基础上，对23家县本级一、二级预算单位进行抽查，对 8家下属企、事业单位和18家协会进行延伸审计。审计结果表明，五项公务支出总额较2012年大幅下降，2014年度发现的问题基本整改到位，但还存在公务接待支出不规范、列支上级会议费等问题(包括在对食堂、工会和协会延伸审计中发现的财务核算不规范、资产未入账等问题)。针对审计结果，县纪委及时制定出台《单位内部食堂廉政“十不准”》等相关规定，对公务接待要求进行再次明确。6月初，县纪委下发《关于对全县贯彻执行中央八项规定精神、财经纪律及审计整改情况开展检查的通知》，对全县公务支出及公款消费中存在的问题进行全面检查和督促整改。

**【政策执行审计】** 完成龙泉市2015年保障性安居工程交叉审计工作，重点关注城镇保障性安居工程工作成效、住房保障目标实际情况、资金的筹集管理和使用、住房分配和运营管理、工程建设和质量管理情况。完成“五水共治”政策措施跟踪专项审计调查(饮用水水源保护区污染防治、医疗废物管理专题)和学前教育政策落实情况专项审计调查，并形成专报上报县领导，受到批示肯定。

**【专项审计调查】** 重点开展县属国有企业运营情况审计调查，对国有企业的经营管理、投资绩效、财务运营等方面进行审计，针对存在的国资监管不到位、国有企业资产负债率高、运营能力差、财务管理薄弱等问题，提出进一步加强国资监管机构建设、完善国有企业运营管理体制等审计建议，并撰写《国有企业财务管理薄弱应引起重视》专报上报县领导，推动出台《关于进一步深化国资国企改革的意见》。

**【经济责任审计】** 坚持“离任审计和任中审计相结合”的原则，完成8个单位9名领导干部的经济责任审计和13个单位30名领导干部的离任交接工作。在经济责任审计中，实行“审计结果、整改结果”双报告制度，发现问题及时督促整改。同时，围绕领导干部履行自然资源资产管理和生态环境保护责任情况，完成雾溪乡自然资源资产责任审计试点工作。

**【政府投资审计】** 促进县政府出台《云和县政府性投资项目竣工财务决算实施方案》，为推动解决竣工决算这个“老大难问题”打下坚实的基础。同时，根据协审合同及工程价款审计质量控制管理规定，加大对2015年度项目的抽查力度，并对抽查结果进行通报和表彰。强化对政府性投资的业务培训和廉政教育，通过组织召开全县性政府投资审计培训会、座谈会、廉政会等形式，切实提高社会中介协审机构人员的廉洁自律意识，强化廉政风险防控。

**【内部审计工作】** 实施新一轮“三年轮审”工作，制定第二轮“三年轮审”计划，并将审计列入县综合考核内容。制定出台《云和县部门和单位内部管理领导干部经济责任审计办法》和《云和县村(居)主要负责人经济责任审计规定》,使云和县开展内管干部和村(居)主要负责人经济责任审计有据可依。继续做好农村审计中心的业务指导工作。2016年,农村审计中心共完成村级(行政村)审计18个,查出违规违纪金额256万元,上缴19万元。

**【审计管理】** (一)以提升"三个率"推进"审计整改落实年"活动。扎实推进审计整改工作,根据"审计整改落实年"活动要求,落实审计整改系统的录入使用,召开业务培训会,制定出台《云和县审计整改督查操作细则》。推动部门联动提升审计成果,继续实行审计整改销号制和重点问题清单制,抓好审计查处问题整改率、审计移送事项成案率、审计成果运用转化率三项工作,制定出台《云和县审计局审计整改办法》,进一步提升审计整改成效。(二)以规范化建设推进"审计质量提升年"活动。为进一步提升审计质量,县审计局在定期组织审计业务讨论的基础上,制定出台《云和审计质量控制内部规范(一、二期)》。第一期对领导干部经济责任审计的责任认定意见、项目审理分类及提交资料清单、撰写审计报告注意问题等方面作了进一步明确。第二期结合审计重点工作和审计业务流程,制作了审计项目业务流程图、云和县审计局具体项目操作图、审计项目作战图3张图。

**【干部队伍建设】** 一是以"省以下地方审计机关人财物管理改革试点"为契机,推进审计干部队伍职业化建设。对科室和分管领导进行大调整,对审计干部进行多岗位锻炼。同时,采取在岗培训、以老带新、横向交流、参加上级审计机关大型审计项目实训等多种措施,进一步提升干部业务综合能力。二是开展"归零翻篇开新局"主题大讨论、"两学一做"学习教育活动。全体审计干部首先围绕"四问"开展"归零翻篇开新局"大讨论,并对蹲点村和政府投资审计业务开展三次集中调研。集中精力查找单位发展短板,并制定《云和县审计局短板责任清单》。积极推进规范性和示范性党组织创建工作,开展党员进社区活动。结合审计业务实际,制订机关党支部"两学一做"学习方案和学习计划,定期组织党员干部进行集中学习和专题讨论,促进开展"两学一做"学习教育与推动审计工作"两不误、两促进"。

(蓝凯媛)

# 国　土

**【土地利用总体规划】** 2016年2月23日,《云和县土地利用总体规划(2006—2020年)2014年调整完善版》获省政府审批通过。在此基础上,编制完成6个乡级规划成果,并于2016年6月13日通过市政府批准。

**【建立耕地保护补偿机制】** 制定出台《云和县耕地保护补偿机制实施办法(试行)》,村级集体经济组织保护耕地以奖代补资金标准为:永久基本农田每亩60元/年(含省补贴资金),其他一般耕地每亩30元/年,有效增强群众保护耕地的自觉性和责任意识,进一步遏制违法占用和抛荒行为的发生。

**【完善宅基地流转退出机制】** 制定出台《关于开展农村宅基地使用权流转试点的实施方案》和《云和县集体土地所有者之间建房用地调剂办法(修订)》,在坚持"一户一宅、拆旧建新、法定面积"的前提下,允许村集体经济组织探索采取土地置换、有偿调剂等方式进行农民建房用地调剂,有效破解农民建房难问题。10月24日,云和县作为典型范例,在全省"规范宅基地管理,破解农民建房难"现场会上发言。

**【永久基本农田和示范区划定】** 根据最新下达的永久基本农田任务要求,划定永久基本农田9.2万亩,划定永久基本农田示范区2.44万亩。同时,切实做好全县永久基本农田数据库更新完善工作,已汇交省国土厅,并通过质量检查。

**【建设用地预审与报批】** 严格依照用地预审相关法律、政策和规定，切实把好建设用地预审关。2016年，共报批用地项目8批次（其中5个农民建房），2个单独选址；新增建设用地指标627亩、农用地指标598亩、耕地指标345亩，有力保障云龙线、后交线、崇头镇中心小学扩建工程等一批重点民生项目的用地需求。

**【垦造耕地工作】** 完成垦造耕地3164亩，其中：旱地2412亩、水田752亩，上交省统筹500亩、市统筹232亩。后期管护措施到位（含种植、质保、每年安排资金对水毁项目修复），对新建项目严格落实耕作层剥离再利用工作。

**【高标准基本农田建设】** 2016年，共立项高标准农田建设项目24个，总面积11480亩，已完成项目18个，完成面积9873亩，超额完成年度目标任务（2016年高标准基本农田任务建设为9800亩）。

**【土地综合整治】** 完成5个新建项目立项工作，总面积77.13亩；完成浮云街道庄前村等3个项目拆旧复垦工作，总面积224.3亩；完成安溪乡下村村等6个项目验收工作，总面积173.42亩。

**【数字地籍基础调查】** 3月，在全市率先通过农村数字地籍调查项目验收，提前完成市局考核任务，实现全县1:500数字地籍调查项目全覆盖。10月，将全县1:500数字地籍地形测绘成果移交县测绘局管理。

**【不动产确权登记】** 2016年，完成农村住房所有权登记发证1568本（任务数1500本），完成率104.53%；完成农村宅基地确权登记发证1020本（任务数1000本），完成率102%。同时，积极做好不动产登记人员划转、前期采购、窗口建设、数据交汇、制度及办事流程制定等工作。5月19日，云和县发出第一本不动产权证。至2016年末，已累计发放不动产权证1920本、不动产登记证明1624本，办理不动产抵押注销登记1125宗、不动产查档查询4309宗，法院查解封130宗。

**【土地卫片执法检查工作】** 2015年度土地卫片新增建设用地457.35亩，其中耕地面积244.2亩；违法用地面积5.93亩，其中耕地面积5.31亩；疑似违法用地图斑7个，经核实，均为违法用地，其中2处立案，2处非立案已纳入拆除行动，3处补办审批手续。

**【矿政管理工作】** 发展绿色矿业、建设绿色矿山，完成云和县土岩岗头庵叶腊石矿的县级绿色矿山建设；完成"两路两侧"山体裸露点治理3个；完成全县砂石整治工作，关停砂石料加工点12家，通过公开挂牌出让砂石料加工经营权3个，收取出让金895万元；认真开展《云和县矿产资源规划(2015—2020年)》编制工作，并完成征求意见与听证工作。

**【节约集约利用工作】** 2016年，全县共上报审批建设项目用地599.24亩，其中：工业用地205亩，农民建房用地27.2亩，土地出让金累计达到7606.6万元，有效缓解财政资金压力，同时也解决了183户无房户、危房户的建房用地需求。积极开展转而未供和闲置低效用地的整治工作，消化批而未供土地233.4亩，盘活存量建设用地242亩。

**【土地收储工作】** 全年共实施土地收储项目9个，总面积1020亩，其中：已完成土地征收的项目4个，涉及待结算入库面积共257亩；已基本完成土地征收的项目2个，涉及面积共633亩；正在实施土地征收的项目3个，涉及面积共130亩。根据县土地征收计划的工作安排，全年共预拨付土地征收资金1690万元。

**【征地阳光工程】** 公开征地批准事项，落实征地补偿安置方案，全年共发布张贴征收土地公告、征地补偿安置方案公告10期次，与4个行政村签订了征地协议。同时，积极配合重点项目征地，做好失地农民保险、资金审核管理与拨付等工作，全年累计拨付征地政策处理补偿资金8041万元。

**【宣传与信访】** 制定2016年普法依法治理工作计划，成立"七五普法”领导小组,并充分利用“4·22”地球日、“5·12”防灾减灾日、“6·25”土地日等法定纪念日,开展全民法制主题宣传活动。6月20—25日,借助广播电台、户外广告、微信公众号等平台,大力开展国土知识宣传。6月23日晚,举办首届大型国土知识竞赛,邀请全县10个乡镇(街道)参与,既传播了国土知识,又增强了与基层部门的联系。同时,深入做好信访答复工作,全年共接待来信来访42件,其中:来信24件,来访18批39人次,已全部做好答复反馈工作。

【地质灾害防治】 落实《“十三五”地质灾害防治与地质环境保护规划》,并制订《云和县2016年度地质灾害防治方案》和《云和县地质灾害防治三年行动计划》。在日常工作中,积极开展地质灾害调查排查、预警预报、应急处置和特殊时段的防灾工作,积极创建地质灾害高标准“十有县”,全力推进地质灾害隐患治理和避让搬迁工作,全年共完成治理工程3项,分别是元和街道睦田滑坡治理工程、赤石乡建林下坑村危岩治理工程、工业园区杨柳河第二期南区块七号路东侧(灰寮垅)边坡治理工程,完成避让搬迁64户230人。

【“三改一拆”和“无违建县”创建】 2016年,全县共拆除违法建筑45.24万平方米。4月15日,云和县被授予全省首批“基本无违建县”称号,成为全市首个获此殊荣的县(市、区)。同时,对2008年以来未清理的临时用地进行整治(共26宗,已拆除11宗,撤销批文2宗,完善手续13宗),对历年来未处置到位的违法用地案件进行清理(共梳理36宗,立案查处30宗)。

【队伍建设】 (一)积极开展各类主题教育活动。2016年,共开展主题学习活动47次,撰写征文12篇,其中5篇在县市级获奖。以通俗易懂的“三句半”表演形式,开展准则、条例主题汇报演出,赢得领导和社会各界点赞。(二)切实抓好党风廉政建设和作风建设。制定下发《2016年度党风廉政建设监督责任清单》和《2016年作风建设督查实施方案》,细化分解党风廉政和作风建设的各项监督责任,并层层签订党风廉政责任书,切实筑牢领导干部廉政思想防线。(三)开展“师徒结对”活动。在局内部选出新老员工20人,结成10对师徒进行“一对一”的帮扶,促进新录用人员尽快进入角色,提升业务能力。

(张曼依)

## 安全监管

【概况】 云和县安全生产监督管理局(以下简称县安监局)是负责全县安全生产综合监管的政府部门,内设办公室(县安委办)、综合安全监督管理科、危险化学品安全监督管理科、行政许可科4个职能科室,下属1个参照公务员法管理的事业单位——安全生产监察大队,共有编制17名(其中行政编制7名,参照公务员法管理的事业编制10名),在职职工12人。

2016年,全县共发生各类安全生产事故6起(不包括火灾),死亡6人,直接经济损失45万元。与2015年同期相比,事故起数减少8起,下降57.14%;死亡人数减少2人,下降25%;直接经济损失增加29.97万元,上升197.69%。各类事故死亡人数占控制指标(10人)的60%。

【责任体系建设】 坚持以安全生产责任体系建设为主线,扎紧、扎实、扎密安全生产“党政同责、一岗双责、失职追责”监管责任体系,确保层层监管、层层履职,构建了“齐抓共管”的监管格局。(一)明确党政同责,突出以督促改。县委常委会和县政府常务会议审议通过关于《“党政同责、一岗双责、失职追责”暂行规定》等制度,明确党委、政府班子成员安全生产职责分工;各乡镇(街道)也都制定出台相关制度及落实措施,明确党政安全生产责任及职责分工,实现安全生产责任体系县、乡、村三级全覆盖。围绕“党政同责、一岗双责、失职追责”监管责任要求,进一步突出以督促改的监管方式,重点把好源头关。2016年,县委常委会专门听取安全生产工作汇报,县委、县政府领导按照“党政同责、一岗双责、失职追责”要求,多次对安全生产工作作出批示,及时协调解决安全生产工作中的突出问题,并带队开展安全生产检查，狠抓安全生产工作措施的落实。通过领导督查，有力推进行业监管责任和企业主体责任的落实，有效构建安全生产齐抓共管的工作格局。(二)完善结构设置，强化部门监管。出台《云和县安全生产委员会组织结构设置和工作规则》，在原有安委会组成单位的基础上，设置“1+9”专业安委会组织结构，下设道路交通、消防、重点工程、民政民宗、特种设备、农林水、教卫文体、建设旅游和交通、商贸服务和工业生产等9个专业安委会，并对县安委会和各专业安委会的工作规则作了进一步明确和细化。同时，充分发挥县安委办的综合协调作用，积极组织开展安全生产大排查大整治行动，推动各专业安委会、有关行业主管部门进一步强化安全监管。重点对烟花爆竹监管、雨雪冰冻天气、节后复工、春节防火、渔船整治等安全生产工作进行研究部署，督促行业主管部门将安全监管职责落实到位。(三)健全考核制度，层层压实责任。2016年，云和县将日常“平安考核”涉及的安全生产重要项目列入考核内容，并将省市督察组明察暗访发现问题的扣分，也一并计入有关乡镇(街道)、部门考核，增强日常监管考核分值比重。同时，根据监管责任，对67个责任制单位进行分类考核，有力推进安全生产责任体系零缝隙对接。此外，县安委会还以签订安全生产目标责任书的形式，将市政府下达的年度指标量化分解到全县各责任部门和乡镇(街道)；各责任部门、乡镇(街道)又与下属各科室、村(社区)、企业签订责任书，层层压实责任，层层传导压力。

**【强化安全监管】** 紧紧围绕“护航G20”和“平安夺金鼎”两大中心任务，全面加强对重点时段、重点领域的安全生产监管执法，严肃事故查处，有效保障全县安全生产形势持续保持平稳。(一)围绕“护航G20”抓安全生产。将“护航G20”作为安全生产工作的头等任务来抓好抓实，积极开展安全生产专项行动和“查隐患·补短板”活动，制订危险化学品企业、矿山、综合类企业等三类事故防范处置方案，并在全县范围内开展全方位地毯式的安全生产隐患大排查大整治行动。县委专门成立指挥部，对安全生产工作临战阶段每旬一督查，实战阶段每周一督查，决战阶段每日一督查，及时发现问题隐患，挂牌跟进整改落实。其间，累计下达责令限期整改指令书29份、现场处置措施决定书17份，暂时停产停业整顿企业1家。对拒不落实隐患整改企业加重处罚力度，单起案件处罚额度达到5.8万元。同时，完成省级挂牌督办重大事故隐患单位(侨都化工有限公司)的整改工作，并实现销号验收。(二)紧盯“安全保金鼎”抓安全生产。根据市“奋战一百天·安全保金鼎”工作方案，从9月开始，开展“攻坚战”，全面发动“排雷战”“歼灭战”“保卫战”，针对事故易发多发的行业领域、重点企业和作业环节进行排查，保持高压态势，采取高密度、高频率的巡查，确保该查的查到位，该管的管到位。至2016年末，全县共查处排查一般事故隐患1246个，已完成隐患整改1221个，整改率达98%以上；行政处罚立案23件，结案23件，结案率100%；实际收缴罚没款76.79万元。(三)深化大排查大整治抓安全生产。围绕国家、省、市重要部署和安全生产电视电话会议精神，组织全县各部门有关单位全面开展“坚决遏制重特大生产安全事故”大检查大整治工作，重点对工贸、非煤矿山、危化品、道路交通、消防、建筑施工和特种设备等7大行业领域进行安全生产大检查，共出动检查人员693人次，检查生产经营单位323家次，责令整改停止违法行为50起。同时，积极开展粉尘作业、煤气作业、有限空间等工贸重点领域专项督查，对42家“三场所”(燃爆粉尘作业场所、喷涂作业场所、有限作业空间场所)进行检查，共排查治理隐患648条。

**【夯实基层基础】** 牢牢守住安全生产底线，不断创新安全生产治理举措，强化企业主体责任的落实，切实夯实安全生产基层基础水平。(一)推开安全生产社会化服务。按照“市场主导、企业自主、政府推动、社会参与”的原则，推进安全生产社会化服务，出台意见、培育中介、规范发展，初步构建“企业购买服务”为主的安全生产社会化服务体系。至2016年末，全县已有1687家企业签订安全服务外包协议，合同金额58.5万元，有效解决企业安全生产管理“不会管、管不好”的问题。（二）创新安全生产监管模式。积极探索“企业互促”安全生产监管模式，以阀门行业为试点，依托“互促办”和行业协会的力量，大力培训各企业安管员，以安管员为核心推动企业自身安全生产工作。至2016年末，已有31家阀门企业开展“行业互促”创新工作，共排查隐患334条。同时，深化智慧安监，大力推广“智慧用电”系统，通过对用电设备和线路的全程监测、数据传送，以弥补“点对点”人防的缺陷，实现隐患早发现、早预警、早治理，有效解决企业“查不出”隐患、“管不好”安全用电的难题。至2016年末，全县已安装“智慧用电”系统22套。（三）积极开展“机器换人”科技强安工作。出台《云和县安全生产委员会办公室关于开展“机械化换人、自动化减人”科技强安专项行动的通知》等文件，结合安全生产隐患排查整治、机器化换人和自动化减人、职业卫生监管等工作，以云和县木玩、轴承、阀门行业为切入点，提升企业生产率和安全本质。（四）扎实推进职业卫生监管。结合滚漆行业治理等工作，改善生产作业环境，提高职业卫生水平。顺利完成职业卫生摸底调查工作，并强化执法硬件条件。全面开展用人单位职业病危害因素定期检测与现状评价，已有50余家企业开展职业病危害因素检测，6家企业进行现状评价，4个新建项目实施建设项目职业卫生“三同时”监管。（五）深化“安全生产标准化”创建。2016年，全县共有规模以上企业（年产值2000万元以上）42家，达标42家，达标率100%；年产值500万—2000万的企业58家，达标50家，8家在创建，达标率94.8%；工贸企业二级达标2家，三级达标101家。（六）推进“安全生产诚信机制”融合建设。将“安全生产诚信机制”建设与“安全生产标准化”创建进行有机融合，开展安全信用评级，研究制定安全失信“黑名单”制度，并将安全信用与安全监管、保险费率、市场资源要素配置挂钩，强化失信惩戒和诚信外部约束，倒逼企业加强安全生产。

**【安全生产宣教】** （一）开展第15个安全生产月活动。积极搭建党委政府层面干部的学法平台，将宣贯新《浙江省安全生产条例》纳入县委理论中心组和青干班培训内容，进一步强化全县领导干部的安全生产责任意识。安全生产月期间，县安委会各成员单位结合行业（领域）特点，开展了安全知识竞赛、演讲比赛、征文比赛、应急演练等丰富多样的宣教活动。（二）营造良好的“攻心战”宣传氛围。充分利用报纸、网络等平台，积极开展安全生产信息宣传，先后在中国安全生产网和《丽水日报》《处州晚报》刊发稿件10篇，超额年度报道任务。（三）开展“查证验证”行动和“三项岗位人员”培训。全力开展“查证验证”专项行动，全面查验规模以上企业和抽查小型企业的负责人、安全管理人员、特种作业人员的持证情况，严查无证上岗等违法违规行为。积极开展“三项岗位人员”培训，共举办企业安管员、电工、电焊工等岗位培训班6期，培训人员475人次。

**【加强队伍建设】** （一）加强党风廉政建设。坚决贯彻落实中央“八项规定”，强力纠正“四风”，以开展“两学一做”学习教育活动为契机，强化局机关廉政文化建设，通过组织观看反腐倡廉教育片、正反典型警示教育等形式，引导党员干部树立责任意识、担当意识，发扬“啄木鸟”精神，破除“为官不为”的官僚思想，切实增强防腐拒变和抵御风险诱惑的能力。（二）积极开展示范型党组织创建。结合“两学一做”学习教育，以“做履职模范、当安全先锋”为载体，按照思想建党和制度建党相结合的要求，将党建工作和安监业务工作相结合，通过“党建+”，统筹安排、协调推进。认真开展“学党规党章、学系列讲话、做合格党员”活动，借力“示范型党组织”创建，进一步增强党员干部的事业心、责任感和担当意识，发挥党员干部带头表率作用，引导干部职工将精神状态调整到“敢担当、愿担当、善担当”的最好状态，努力营造安监干部职工“内和外顺”的良好环境。

（符欢欢）

# 市场监督管理

**【概况】** 2016年,云和县市场监督管理局(以下简称县市监局)在县委、县政府的正确领导和上级主管部门的关心支持下,以"三局合一"为契机,以改革创新为主线,着力围绕中心促发展、围绕改革促转型,围绕市场抓监管、围绕作风抓队伍,凝心聚力,克难攻坚,全面推进市场监管工作再上新台阶。

**【三局合一,深化改革】** 2015年12月,随着县质量技术监督局的全体划入,合并为现在的县市监局,意味着云和县食药、工商、质监"三合一"的市场监管局面正式形成。"三合一"消除了管辖争议,实现了思想融合、职能整合、技术共享,建立了一体化、广覆盖、专业化、高效率的监管体系。整合后的县市监局,取长补短,优势叠加,达到了"一加一大于二"的理想效果。

**【服务经济,释放红利】** (一)商事制度改革持续深化。紧紧围绕注册制度便利化目标,发挥职能,推陈出新,营造"宽松准入、鼓励创业创新"的市场氛围。全年共颁发"一证一码"营业执照1213份,其中790家存量企业完成新版执照换照工作。通过"先照后证"改革,实现前置改后置,简化手续、流程,全面提速、提效,惠及企业1937家。至2016年末,全县共有登记在册的内资企业2015家,新增387家,同比增长18.87%,增幅居全市第一;个体工商户10779家,新增1380户,同比增长12.03%,增幅居全市第三。(二)企业年报工作名列前茅。2016年,云和县的企业、个体工商户、农民专业合作社年报率分别为95.99%、92.83%、79.82%,均完成目标任务,企业年报率连续两年蝉联全市第一,个体年报率稳居前三。同时,有序推进年报抽查工作,共抽查企业48家,注销2家,列入异常名录7家;个体工商户和农民专业合作社按3%比例自行抽查,共计抽查255家(其中:个体工商户241家,农民专业合作社14家),列入异常名录38家。(三)"小微企业三年成长计划"工作成绩喜人。引导和支持个体工商户转型升级为企业,全年共完成"个转企"38家,完成年度任务的126%(年度任务为30家),增幅排名全市第一,其中:个体工商户转公司制企业33家,完成年度任务的183%。同时,组织30家小微企业开展"双对接"活动、联合县人行开展金融对接服务,共对接小微企业162家,完成任务的540%。(四)市场创建如火如荼。做到星级市场复评和市场创建工作两手抓。一方面,云和商贸物流城于10月份通过省四星级商品市场复评,后续工作将严格对照星级市场标准进一步推进。另一方面,县市监局于9月份全面接管农贸市场,投入近百万元资金进行"放心市场"硬件改造,并配合城管开展市场周边环境整治,全面实施《云和县农贸市场、菜市场经营户日常管理考核办法》,进一步巩固市场创建成果;完善农贸市场快速检测体系建设,在2个农贸市场各建设1个快检室,全年共定性检测食品3980批次,合格率100%;推进食品安全溯源体系建设,完成菜市场142只POS机的统一安装及调试,实现刷卡买菜和食品安全追溯双重功能。(五)商标培育和监管齐头并进。做好"木玩世家""云和雪梨"等商标的培育工作,积极参加商标品牌示范企业评比,开展"商标质押百亿融资行动",有效提升商标申请的热度和活力。全年新增注册核准商标164件,其中商品商标150件、服务商标14件。至2016年末,全县商标总数达到1212件,商标增幅位居全市第三。同时,加大商标维权力度,全年共查处侵犯商标注册专用权案件6起,罚没款5.3万元。(六)质量工作强化提升。扎实开展质量强县建设。制定出台《云和县质量发展战略"十三五"规划》和《云和县2016年质量建设行动计划》,明确质量工作目标和任务,确保实施到位;组织申报2016年丽水市中小学质量教育社会实践基地,金成木玩公司被列入培育对象,实现云和县零的突破。开展木玩质量整治提升工作,全力加强木玩质量监督检查,全年综合合格率从2015年的59.7%提高至2016年80.9%。2016年,国家质检总局批准云和县创建"国家级电子商务产品(木制玩具)质量提升示范区"。(七)标准化工作有条不紊。2016年,有2家单位成为《木制玩具"浙江制造"团体标准》的主制定者;1家单位参与市级地方标准制定,并发布县级地方标准2项;培育4家单位申报市级农业标准化示范项目(列入2项),培育7家单位申报县级农业标准化示范项目(列入7项)。同时,组织召开全县“标准化”专题学习会,并邀请省质监局副局长赵孟进来云和进行授课,县政府领导班子及成员单位负责人等120余人参加学习。

**【食药监管,保卫平安】** (一)保障食品安全。一是开展系列整治行动。突出源头治理,部署食品安全“三大一严”、百日会战、网络订餐等专项整治行动,通过现场检查、网络排查、产品抽检等多种方式进行全面摸底调查,共出动执法人员4169人次,排查走访食品生产经营单位2569家次,抽检各类食品337批次,在食品生产、流通、餐饮环节共立案41起,其中移送公安机关6起,排查治理隐患3起。二是深入实施餐桌安全治理。通过集中整治,全县农业标准化覆盖率达到61.3%;城区农贸市场快速检测体系建成率100%;企业内部管理实施远程监控,安装率100%;餐饮量化等级公示率达99%。至2016年末,全县共有A级餐饮单位9家,B级41家,C级526家,色标管理覆盖率达到85.4%。三是开展小作坊分类整治。按照“提升一批、规范一批、取缔一批”的原则,全面铺开小作坊改造工作。通过治理,全县范围内12家小作坊全部整改到位,食品生产加工小作坊建档率和登记率均达到100%,小作坊食品监督抽检合格率92.3%。四是继续开展“阳光厨房”建设。全年共建设“阳光厨房”12家,累计创建“阳光厨房”19家。同时,在全市率先采用“电脑、4G手机+大屏幕”模式对“阳光厨房”进行智慧监管,此举有效提升“阳光厨房”的利用价值,受到市领导的批示肯定,并在全市推广。五是全力提速“省级食品安全县”创建。召开全县“创建省级食品安全县”动员大会,成立创建工作领导小组,制定工作制度,明确实施方案,并印发《云和县创建浙江省食品安全县“二十个”行动计划》。同时,加大宣传力度,全面提高社会对食品安全创建的关注度。六是全面构建食品安全社会共治体系。组建老李帮忙团食品安全服务队,建立校园食品安全教育基地,不断夯实食品安全社会基础,此举受到省人大教科文卫委员会和省食安办领导的一致肯定。(二)保障药械安全。2016年,开展药品生产企业监督检查2次、药品批发企业检查4次;对辖区内17家零售(连锁)药店进行不定期、不定点的突击检查,发放责令整改通知书13份,完成药品监督抽验67批次。重点开展药械质量和药械管理规范的监督检查,对药械供货单位资料的审核、药械的验收和存储等环节进行检查,共检查辖区医疗机构104家,出动检查员332人次,下发责令整改通知书30份,查处过期药品案件10件、无证经营案件22件、非法渠道购进药品案件1件,罚没款总额39030.9元。同时,积极沟通,加强纠错,完善药品不良反应和医疗器械不良事件报表,全年完成ADR上报95例,新重比为49.5%,MDR收集18例,严重比11%。(三)保障特种设备安全。按照县政府《关于进一步加强特种设备安全工作的通知》,开展“电梯安全攻坚战”,对水境佳苑小区7台检验不合格的电梯予以查封,倒逼解决小区电梯“三无”问题。开展“蓝剑2号”特种设备专项执法和隐患排查大整治行动,对全县住宅小区、医院、大型商场超市、学校等人员密集场所的电梯进行全面检查,共查处查封不合格电梯8台,发出指令书12份,立案调查2起。(四)保障G20杭州峰会期间安全。把“护航G20”作为一项政治任务来抓,结合平安创建任务部署,牵头做好批量火柴实名销售,配合做好寄递行业监管,开展易燃易爆物品专项整治。特别是开展液化气销售整治,检查并阻止城区及城乡接合部小食杂店、小百货店代销液化气的行为。全年共出动检查人员105人次,检查商家店铺48家,发出指令书12份。

**【严格执法,攻大戒小】** (一)稽查案件提质提量。根据市局下派的任务数,结合当地具体情况,开展相关工作。至2016年末,累计查处各类案件160件,罚没款总额215万元,其中:竞争执法线案件120 起,大案22起,食品案件52

起，网络案件33起，均超额完成年度任务。(二)违法交易严打严防。通过公检法信息共享平台，实现案源案件共享，协助查获商业贿赂案件3起，成功破获恶意串通拍卖土地案件6起，涉案土地面积3.63万平方米，涉案金额658.8万元，涉案企业9家，涉案人员50余人，总计罚没款167.9万元。5月，查获1起商业秘密大案，并代表丽水市参加省局案件分析比赛，获三等奖好成绩。围绕“互联网＋”新业态下网络经济交易市场，开展“红盾网监剑”稽查执法行动，共检查相关网站、网络经营主体37家，立案调查21件，涉案资金达3.5万元。同时，走访全县10个乡镇街道，发放《防传销宣传知识手册》200余册，严防传销违法活动，切实巩固无传销县创建成果。(三)“六边”整治见实见效。县市监局是“633”工作的重点成员单位，牵头违法广告整治专项组工作。2016年，县市监局在整治违法广告工作中表现突出，共拆除各类违法广告牌、宣传牌2612处，清理牛皮癣14500处，督促户外广告发布单位整改260次，行政约谈、约见100余人次，立案查处广告违法案件9件。在市“六边”办每两个月组织一次考核督查中，两次获全市第一，成绩得到县领导的批示肯定。

**【优化举措，服务民生】** (一)大力维护消费者权益。开展重点领域消费维权专项行动，组织网商参加《中华人民共和国消费者权益保护法》培训，组织问题网商进行行政约谈，治理虚假广告、三无产品，规范网络市场秩序。对购房、预付卡消费等易发群体性消费纠纷的领域进行风险监测，并做好消费投诉处理工作，全年共受理消费者投诉举报件103件，调解成功率100%，为消费者挽回经济损失7.5万元；接待来访咨询352人次；“诉转案”案件3件。(二)开展过期药品回收活动。以药品安全示范乡镇“回头看”为平台，开展居民过期药品回收活动，通过制作方案、设定回收点、制作回收桶等方式，结合“药品安全宣传月”行动，在社区、乡镇、学校、工厂等地大力开展过期药品回收活动，共回收过期药品9000多批次，价值8万多元。(三)重视检测计量工作。加大民生计量监管力度，切实维护和保障群众利益，至2016年末，电能表按期检定率为100%，家用水表检定率为70%，医疗计量器具检定率为98%。加快新“食品药品农产品检验检测中心”建设，已完成中心重新选址、部分设备采购、实验室资质认证等工作。

**【精准培育，锻造铁军】** (一)加强思想政治教育。深入开展“归零翻篇开新局”主题大讨论和“两学一做”学习教育，并组织开展一系列主题演讲比赛和征文比赛，进一步增强党员干部的政治意识、大局意识、核心意识、看齐意识。(二)贯彻落实全会精神。召开局党组会议，传达习近平总书记在十八届六中全会上关于中央政治局工作的报告，并充分利用夜学时间，组织全局干部学习《关于新形势下党内政治生活的若干准则》和《中国共产党党内监督条例》，要求全体干部严守党的纪律，加强自我管理。(三)开展“拜师结对”活动。通过“传、帮、带”，帮助新进干部职工尽快成长，快速提高业务素质和履职能力。(四)开展党风廉政谈话。通过局、科室、所队逐级谈话的方式，切实增强党员干部的廉政意识、自律意识，筑牢拒腐防变思想防线。(五)加强干部职工作风纪律建设。定期不定期开展工作督查，加强管理力度，严明工作纪律，坚决杜绝迟到、早退现象。认真执行公务员岗位对责、绩效对账制度，强化考评，提升效能。(六)创建星级监管所。浮云监管所、农贸市场监管分局积极作为，全方位创建三星级监管所，进一步提升基层监管的实力和水平，为实现有效的市场监管奠定基础。

(范　易)

# 财政·税务

## 财　政

**【概况】** 2016年，云和县实现财政总收入7.62亿元，增长0.03%，其中一般公共预算收入4.66亿元，增长0.5%；税收收入3.9亿元，下降1.2%。一般公共财政预算收入占财政总收入的比重为61.2%，税收收入占公共财政预算收入的比重为83.7%。一般公共财政预算支出20.75亿元，增长28.0%。全年财政收支平衡。

**【组织财政收入】** 不断夯实税收征管基础，健全税收征管机制，提高国地税征管质效。继续推行“五证合一、一照一码”登记制度，全年共办理“一证一码”营业执照1213份。加强规费收入征缴，利用信息比对，开展社保费年度结算，夯实社保缴费基数。规范非税收入管理，健全政府非税收入管理体系，出台《关于深入推进收费清理改革的通知》，清理和规范行政事业性收费和政府性基金。推进浙江政务服务网统一公共支付平台的应用及试点，实现公安交通违法罚款项目网上收缴。坚持全面依法治税，狠抓税收专项稽查，全年累计检查企业36户，查补入库税、费、滞纳金、罚款共计903.31万元。深化纳税信用结果运用，将纳税人遵从度评价纳入社会信用体系建设，将诚信纳税作为评选人大代表、政协委员等资格审查的前置条件，进一步弘扬诚信纳税。

**【支持经济发展】** （一）完善财税政策促转型。深入推进“四换三名”工程，改造提升木制玩具等传统产业，制定出台《关于促进工业经济平稳健康发展的若干意见》等文件，为实体经济发展和科技创新提供制度保障，全年累计落实企业扶持资金5059.11万元，进一步激发企业转型升级，优化产业结构。立足生态优势，设立旅游发展专项资金，把生态旅游产业作为第一战略产业培育，加大政策扶持、强化基础配套、鼓励多元发展、促进产业融合。（二）坚持税收驱动减税负。落实好营改增减税降费政策，圆满完成3402户纳税人税制转化。继续实施城镇土地使用税分类分档减免政策，全年共减免城镇土地使用税703.4万元。（三）扶助中小企业渡难关。积极落实小微企业税费优惠政策，全年累计减免小微企业税、费395户次，减免金额631万元。设立中小企业发展专项资金，解决新常态下中小企业转贷时出现的资金周转难问题。积极推广“税银互动”模式，助推建设银行依据纳税信用向企业发放信用贷款1110万元。

**【保障民生支出】** 2016年，民生类支出14.81亿元，占县本级新增财力的73.01%。（一）促进社会事业发展。完善城乡一体化义务教育经费保障机制，实施对经济困难寄宿学生的生活补助政策，小学补助标准1000元/年，初中补助标准1250元/年。扶持民办学前教育事业发展，建立中等职业学校生均公用经费标准，健全基本公共文化服务体系经费保障，推进基本公共文化服务均等化。（二）完善社会保障制度。继续调整提高企业和机关事业单位退休人员待遇标准。健全城乡低保动态调整机制，月人均低保标准从552元提高至608元，全年累计救助43664人次，发放救助金1709.18万元；建立残疾人“两项补贴”，累计发放补贴737.95万元，有效解决困难残疾人和重度残疾人的基本生活和护理难题。完善基本医疗卫生保障，城乡居民基本医保财政补助标准、基本公共卫生服务经费筹资标准分别提高至530元/年人、45元/年人。（三）支持农业农村发展。深化财政支农体制机制改革，落实各项强农富农惠农政策，农林水支出3.82亿元，增长11.6%。深化村级公益事业一事一议财政奖补政策运用，全年财政奖补2448万元，带动社会力量共同建成村级公益事业项目54个；扎实推进农业综合开发，财政投入1694万元，推进库北片、大源片、祟头片、沙溪片小流域农业生态工程建设和年产180吨精品水果园基地扩建等项目，支持农业绿色、生态、可持续发展；统筹安排1372万元，推动农村基层党组织和基层政权建设。

**【深化财政改革】** 深入贯彻落实新预算法，坚持法治化导向，强化预算约束，加快推进现代财政制度建设。（一）推进政务信息公开，阳光财政进一步彰显。有序推进政府预决算信息公开和“三公”经费公开，进一步细化内容，打造“阳光财政”。及时主动公开云和县2016年预算和2015年决算，指导、督促全县73个部门在预算法要求时限内实现部门预决算向社会公开，公开率达100%。（二）加强账户管理，资金安全进一步保障。制定出台《云和县行政事业单位银行账户及公款竞争性存放实施细则》，有序开展竞争性存放招投标，规范全县行政事业单位银行账户及公款存放管理，提高资金效益，有效避免利益冲突和利益输送。（三）盘活存量资金，资金效益进一步提高。定期对部门（单位）结余结转两年以上的资金进行清理、整合，累计收回部门结余资金3872万元，整合财政专户结余资金3519万元。

**【强化财政监管】** 继续执行《云和县行政事业单位公务费用“预算式”控制管理办法（试行）》，坚持勤俭办事，严格控制“三公”经费预算，“三公”经费支出1895万元，比2015年下降42.6%。完善公务出行经费预算管理办法，开展差旅费管理规定执行情况检查，发现并整改差旅费违规报销428人次。扎实推进国资国企改革，出台《关于进一步深化国资国企改革的意见》，构筑国资国企改革顶层设计方案，全面开展资产清查，厘清家底，夯实国资监管工作基础，同时结合县人大特定问题调查问题导向，即查即改，提升国有资产监管效率。深化预算绩效管理，开展38个部门预算新增项目绩效联审和10个重点项目绩效评价，深入开展农村生活污水治理等财政资金执行情况专项检查，加大绩效评价结果在预算资金分配中的应用力度，逐步健全预算绩效机制。加强财政预算项目审核，累计完成送审基建项目预算及项目变更253个，送审金额14.05亿元，审定金额12.88亿元，净核减金额1.16亿元，核减率8.3%。

## 地方税务

**【收入情况】** 2016年，全县地税部门共组织各项收入7.83亿元，下降5.3%。其中，税收收入2.81亿元，下降8.5%；社会保险基金收入4.69亿元，下降3.9%。

分税种来看，受“营改增”影响，营业税入库6663万元，下降32.2%；企业所得税入库3163万元，下降19%；个人所得税入库5623万元，增长5%。分行业产业来看，第二产业税收入库1.59亿元，下降8.8%，其中制造业税收入库4387万元，增长2.5%；第三产业税收入库1.22亿元，下降8.7%，其中房地产业由于新开发楼盘销售增加，入库税收5679万元，增长8.5%。

**【征收管理】** （一）夯实税收征管基础。密切关注经济运行态势，紧盯税制改革，深入开展税源分析和监控，系统摸底税源结构，深挖增收潜力。对重点税源进行科学合理分类，持续推进风险管理。强化纵向社会数据集中和横向部门信息共享，加强大数据分析应用，有效堵漏增收。强化零星税源、小税种的监控，努力实现应收尽收。

(二)加强规费收入征缴。结合云和实际,扎实开展社保费结算,通过政策宣传、业务培训,强化企业自主准确结算意识;动态跟踪、严格比对,与企业“一对一”核实结算信息;将社保费结算作为企业享受财税优惠政策的前置条件,抓好综合应用,强化规费征管的刚性。全年实现社会保险基金收入4.69亿元。

**【税收法治】** 深入推进财税法制建设,严格依法征收、依法减免,狠抓税收专项稽查。2016年,共检查企业36户,其中:责成自查20户、重点检查16户;查结23户,查补税、费、滞纳金、罚款收入903.31万元,入库903.31万元。同时,将纳税人遵从度评价纳入社会信用体系建设,将诚信纳税作为人大代表等资格审查的前置条件,进一步弘扬税收法定精神,确保公平赋税。

**【营改增工作】** 提前准备、主动应对,倒排工作开展计划,明确分工,狠抓落实。圆满完成3402户纳税人税制转化,积极做好二手房交易、个人出租房屋代征增值税和代开增值税发票业务,全年累计代开增值税发票784张,代征总额438万元。

**【国地税合作】** 互派干部、互设窗口、联合培训、协同稽查,国地税发挥各自优势,全面加强合作,整合税收资源,持续推进联合服务、协同征管和统一执法,不断提升税收服务经济、服务发展的能力。通过国地税合作,实现联合登记1777户、联合变更登记1592户、联合注销登记421户;通过委托代征方式,实现合作征收税费519.4万元;联合开展培训980余人次;联合推开“税易贷”,向9户小微企业累计发放贷款1010万元;联合采集财务报表7877份,实现税源管理更加精准化。

**【金税三期】** 严格按照工作方案的时间节点,按步骤、分层次有序推进,在差异分析、数据迁移、软件升级、测试演练等环节精益求精,比对数据16万余条,培训纳税人2000多户次。10月8日,金税三期系统与全省同步顺利上线,实现数据集中和共享,形成良好的信息交换机制,为企业纳税人带来诸多便利。

**【纳税服务】** 持续推进简政放权、放管结合,地税行政许可实现“零审批”。国地税互设窗口,建立国地税联合电子税务局,实现“让部门信息多跑路,让纳税人少跑路”。进一步完善午间值班、首问责任、导税服务、弹性工作、限时办结等机制,创新“二维码”一次性告知、个人纳税证明“网上查询、自助打印、在线验证”等新举措,便民服务更上新台阶。简化地方税费减免办理手续,从“先征后减”向“征前减免”转变。深入900多家企业,开展“问需求、优服务、促改革”专项活动,找服务“堵点”,主动解决“痛点”“难点”,优质精准的服务赢得广大纳税人的认同。

**【队伍建设】** (一)深入“两学一做”学习教育,全面提升服务能力。坚持“一把手”上党课制度,先后以“学习新党章”“归零翻篇开新局”“两学一做”等为主题上党课。规范周一集中夜学制,局领导轮流带领学习,内容涵盖党风廉政、财税业务知识、文明礼仪等。将干部外出培训计划列入全年培训计划,分两批到浙江师范大学开展为期1周的财税业务和党风廉政知识培训。同时,深入践行“基础在学、关键在做”,坚持“首问责任制”“午休值班制”等便民措施,全面优化财税服务。(二)坚持“一岗双责”,班子示范廉政建设。围绕“责任清单”和“一岗双责”要求,结合财税工作实际,制定清单。紧紧牵住主体责任这个“牛鼻子”,不断强化局班子在落实党风廉政建设责任制中的核心地位,做到守土有责、守土负责、守土尽责。将财税改革、机关建设等纳入问责范围,把严标准、严要求融入财税日常工作和监督管理之中,在“全面”和“从严”中推动落实,在“坚持”和“深化”中形成习惯。坚持“在其位、谋其职、尽其力”,对“不作为、乱作为、缓作为”进行从严问责,营造良好干事氛围。(三)健全“内部控制”,编织权利制度笼子。出台《云和县财政系统内部控制工作实施方案》,聚焦预算管理、资金分配等核心业务环节，制定8个专项风险管理办法，梳理财政政策拟定、预算管理等财政重点领域和主要流程，查找财政业务及财政管理中的风险，厘清责任边界，识别和分析存在的业务风险和廉政风险，建立决策、执行、监督三方面相互制约和相互协调的财政权力约束机制。(四)强化“绩效管理”，营造实干工作氛围。健全绩效考评制度，深化结果运用，将绩效结果与干部管理等事项联动挂钩，充分利用“绩效考核论英雄”机制，狠抓工作落实，充分发挥“绩效管理指挥棒”作用，把责任落实到岗、落实到人，抓实抓细，有力推动各项工作落地见效。(五)严肃“干部任用”，加强财税队伍建设。坚持以干部任用条例为指导，严格按照“健全制度，严格程序，强化监督，加大力度”的工作思路，在干部管理、选人用人上做到科学规范、民主公开、程序到位。切实提高选人用人公信度，在中层干部选拔任用等事项上做到公平、公正，坚决杜绝用人上的不正之风。

（杨亨钦）

## 国　税

**【概况】** 2016年，云和县国家税务局(以下简称县国税局)在县委、县政府和上级国税部门的正确领导下，深入学习贯彻中共十八大和十八届六中全会精神，以营改增、金税三期、国地税合作等工作为着力点，以落实政策、优化服务为切入点，以便企惠民、增加获得感为落脚点，切实转变工作作风，统筹抓好依法组织收入、推进科学征管、优化纳税服务、服务经济发展、规范税收执法、强化党风廉政建设和干部队伍建设七项工作，充分发挥税收部门职能作用，全力推进云和县经济社会平稳健康发展。

**【国税收入】** 2016年，县国税局将组织收入的重心，放在全面细致的挖潜增收上；把税源管理的重心，放在科学有效的风险应对上，全面落实各项组织税收收入措施。全年实现国税税收收入45448万元，同比增收2422万元，增长5.63%。其中：完成中央级收入27207万元，同比减收4200万元，下降13.37%；完成一般公共预算收入16522万元，同比增加5851万元，增长54.83%。

**【税制改革】** 2016年5月1日，云和县圆满完成“四大行业”3415户纳税人税制转换工作。针对纳税人“痛点”，县国税局通过增设窗口、增配设备、成立突击队、国地税互相进驻窗口等方式，升级改造原有纳税服务举措；通过“纳税人学堂”平台，开展业务培训再深化、现场辅导再细化、办税服务再优化等专项行动，不断拓展服务资源，有效应对营改增后的业务激增问题。同时，积极开展营改增税负分析，加强纳税申报辅导和营改增专项辅导，促进税改减税红利有效释放。

**【税源管理】** 定期开展分行业宏观税负分析，完善已有的行业税负指标评价和预警机制，及时掌握并加强税源管理的重点和潜力。完善重点税源管理机制，做到重点税源管理部门专业管理与责任区日常管理相结合，在加强重点税源分析工作的基础上，把分析与管理工作进行有效结合，形成合力。认真落实国家各项税收优惠政策，支持和促进地方经济发展。2016年，累计落实各项税收优惠1.56亿元，其中支持经济转型升级1144.70万元，支持小微企业177.86万元，支持“三农”经济3546.08万元。加快出口退税进度，全年累计完成出口退税1.06亿元，同比增退900万元，首次突破亿元大关，有效促进外向型经济的发展。

**【纳税服务】** 结合云和工作实际，重点围绕落实“公开清单”“减负增效”“落实制度”等内容展开，将便民办税春风行动贯穿纳税服务全过程，拓展服务深度和广度，推动服务水平和管理质量全面提升；落实“简并征期”办法，通过线上线下渠道，扩大新政知晓率，使纳税人对新政应知尽知；每月定期开展“纳税人学堂”免费办学，不定期举办税企座谈会。全面布置纳税人满意度调查工作，通过强化纳税人基础信息管理、开展纳税人满意度回访等手段,不断提高纳税人满意度。

**【征管改革】** 全面深化国地税合作,结合云和实际,确定45项合作事项(其中35项为基本合作事项、10项为创新合作事项),并下发分类落实清单,明确时间表和任务书,从合作事项、合作层次、合作成效三个方面推进国地税深度合作,努力实现“服务深度融合、执法适度整合、信息高度聚合”的国地税合作格局。

**【队伍建设】** 积极组织干部职工利用“周一夜学”学习营改增、金税三期等知识,切实提升队伍专业水平;积极组织中层干部到浙江师范大学参加为期1周的知识更新培训,切实增强队伍“勤学上进”思想观念;积极参加上级国税部门组织的各项培训和活动,努力打造一支有文化、有素质、有活力的国税干部队伍。

(吴新宇)

# 金融·保险

## 中国人民银行云和县支行

**【概况】** 2016年，中国人民银行云和县支行(以下简称县人行)在县委、县政府的正确领导下，以“责任担当年”主题活动为载体，承接新体制、正视新优势、增强新动力，持续深化县域农村金融改革，强化履职服务能力，提升党建工作水平，有力推动各项工作再上新台阶，先后被人行丽水市中心支行授予2016年度一等支行、调研工作先进集体、文明集体，青年文明号等荣誉称号。

**【农村金融改革试点工作】** (一)“三权”抵押贷款持续推进，创新工作成效显著。至2016末，全县“三权”抵押贷款余额7.54亿元，当年新增贷款12759万元，其中：林权抵押贷款余额3.94亿元，比2015年新增4405万元，完成任务数的104.88%；农房抵押贷款余额3.26亿元，新增7255万元，完成任务数的76.37%；土地流转经营权抵押贷款余额3218万元，新增926万元，完成任务数的115.75%。一是公益林收益直接质押贷款试点稳步推进。不断加强与林业部门的沟通协作，推动农户公益林补偿收益权证的发放。同时，指导云和县农村信用合作联社制定出台《公益林未来补偿金收益权质押贷款管理办法(试行)》，并发放全县首笔生态公益林收益权直接质押贷款10万元。至2016年末，全县已建成公益林收益权质押担保组织4个，累计发放质押贷款57笔、金额707万元。省政府朱从玖、黄旭明两位副省长对云和创新开展“生态公益林未来补偿收益质押贷款工作”给予批示肯定。二是农村担保组织作用进一步显现。至2016年末，全县共建立涉农融资性担保公司1家、村级互助担保组织17个，行业协会担保组织2个，累计发放担保贷款2.43亿元，余额达84.1万元，其中：涉农融资性担保公司为全县“三权”抵押贷款提供担保5942万元；村级互助担保组织提供担保1.82亿元，余额5497万元；行业协会担保组织(云河渔业专业合作联合社担保基金)为262名社员提供贷款担保共210万元。三是其他农村产权抵押贷款不断创新。依托村级股权质押担保组织，不断推进农村股份经济合作社股权质押贷款。至2016年末，累计发放质押贷款2237万元，余额826万元；指导云和农村信用联社发放2笔农村水利工程抵押贷款，共计40万元，充分发挥农村小型水利工程的资产价值，拓展农村产权抵押方式。

(二)拓宽工作思路，持续推进信用体系建设。一是稳步推进“整体批发，集中授信”业务。至2016年末，全县各涉农金融机构共对208个行政村(次)开展“整体村批发，集中授信”业务，1.21万名信用农户累计获得授信12.94亿元，累计获得贷款7.87亿元。二是持续推进省级“小微企业信用体系试验区”建设。建立“小微企业信用体系试验区”建设联席会议制度和企业非银信息报送联络员机制，并与相关单位签订信息报送合作协议。至2016年末，已收集中小企业信用信息776条。同时，通过设立中小企业发展专项资金，不断维护和增进中小企业信用。至2016年末，已向9家银行业金融机构推介中小企业162家，达成融资意向企业74家，意向金额达3.09亿元。三是推进食安、民政金融联手信用工程建设。2016年,县人行联合食安部门,将农村食品生产经营者信用情况纳入农村金融信用体系建设。至2016年末,已接收食安部门提供的3批次、77条个人食品安全联合惩戒信息,2批次、4条经济组织食品安全联合惩戒信息;向金融机构发送云和县食安金融联手信用工程惩戒告知书26份,并对10户违规经营户采取惩戒措施。同时,为加强小区住户的信用意识,巩固“信用县”建设成果,县人行积极配合民政部门启动“幸福社区”创建工作,根据《创建幸福社区(试点)建立小区长效管理机制的工作方案》要求,将两个试点小区的住户信息及物业费欠缴情况录入农户信用信息系统。四是率先建立云和县诚信文化教育基地。联合县教育局在云和中学、云和二中、县实验小学3所学校建立云和县诚信文化教育基地,举办“讲诚信 强信念 树德行”校园讲堂,开展“诚信我先行”主题征文活动,并择优在《今日云和》刊登。诚信文化教育基地的建立,为云和县探索建立诚信宣教长效机制起到积极的推动作用。

(三)强化农村支付环境建设,促进农村金融服务改革升级。一是积极创建电子支付应用示范镇、村。组织承办行对电子商务带头村进行实地考察,传达落实电子支付推广任务,创新提升电子支付业务水平,全面推动高胥村、巧云村创建为第一批电子支付应用示范村。至2016年末,网上支付用户数9.85万个,有效用户数9.07万个,占比92%,比2015年提高6.4个百分点;手机支付用户数7.6万个,有效用户数5.7万个,占比75.5%,比2015年提高8个百分点;手机支付交易量达89.6万笔,同比增长106%,交易金额达19.6亿元,同比增长100%。二是不断提升助农取款服务点业务量。积极组织开展银行卡助农服务点风险排查,持续推进小额取款、现金汇款、代理缴费等基础支付业务的应用。至2016年末,助农取款业务笔数60920笔、业务金额2378.84万元;现金汇款业务笔数32573笔,业务金额1536.05万元;转账汇款业务笔数25929笔,业务金额515.45万元;代理缴费业务笔数70985笔,业务金额732.44万元。三是积极开展防范治理电信网络新型违法犯罪。及时召开“防范治理电信网络新型违法犯罪行动”工作会议,成立领导小组,制订行动方案,建立工作机制。行动期间,加强账户实名制管理、转账管理、银行卡业务管理,强化可疑交易监测,健全紧急止付和快速冻结机制,同时加大对无证机构的排查力度,进一步保护人民群众的财产安全,维护人民群众的合法权益。

**【货币政策】** (一)加强“窗口指导”,落实稳健货币政策。一是强化货币政策传导落实。按季组织召开全县金融机构负责人及信贷人员例会,不断加强对县内金融运行及货币政策实施效果的监测分析工作。以宏观审慎评估(MPA)机制为抓手,引导辖内金融机构合理把握好投放总量和节奏,并积极向上级行争取政策支持和规模倾斜。至2016年末,全县金融机构本外币各项存款余额92.88亿元,同比增长14.35%,增速位居全市第二,高于全市平均水平4.8个百分点;各项贷款余额68.44亿元,同比增长10.48%,增速位居全市第二,高于全市平均水平7.05个百分点。二是用好货币政策工具。根据上级行再贷款政策精神,修订支农再贷款管理办法,管好用好再贷款,引导地方法人金融机构扩大“三农”信贷投放,切实降低涉农融资成本。上半年,到期收回支农再贷款专项资金3000万元;下半年,新发放支农再贷款3000万元。云和联合村镇银行年内累计使用支农再贷款专项资金发放涉农贷款3278万元,余额3000万元,支持农户158户,支持涉农小微企业3家。三是加强利率定价指导管理工作。及时传达浙江省市场利率定价自律机制的新要求,做好地方法人金融机构合格审慎评估工作,并指导辖内农村信用合作联社做好发行同业存单备案工作。6月29日,在云和县公款竞争性存款投标活动中,未发生利率定价违规行为。

(二)开展专题活动,支持供给侧结构性改革。一是开展“金融服务小微企业对接月”专题活动及“大走访、大队接、大投放”活动。指导辖内各金融机构积极拓宽思路，探索和尝试股权、应收账款、商位等质押方式，拓展新企业、投放新贷款。至2016年末，辖内9家金融机构共走访企业300余户，其中有融资需求的企业153户，融资需求总额5.07亿元；与各金融机构达成融资意向的企业93户，意向金额3.49亿元；成功签约的企业84户，签约金额2.93亿元。二是加大对特色产业的金融支持。指导辖内金融机构以打造特色小镇为契机，围绕“木玩童话小镇”的发展定位，加大对辖内特色产业的金融支持力度，助推云和经济转型升级。至2016年末，木制玩具制造业贷款余额7.98亿元，同比增长27.71%，高于全部人民币贷款增速17.23个百分点。

（三）坚守“安全”底线，切实加强金融风险监测。一是继续加强日常风险监测和评估。以金融风险监测评估为抓手，以风险处置为最终落脚点，扎实做好法人金融机构存款准备金、稳健性、流动性和民间借贷利率水平、工业企业景气度等基础监测，着重做好出险企业监测和企业逃废债监测，不断完善风险监测体系。二是不断加强对重点领域的风险监测和排查。配合上级行做好不良贷款、非法集资、互联网金融等领域的监测和排查。至2016年末，全县银行业金融机构不良贷款余额4272万元，比2015年增加119万元；不良率为0.62%，比2015年下降0.05个百分点。三是认真开展2016年存款保险风险评级基础数据采集工作。按照上级行的统一部署，组织辖内投保机构开展存款保险风险评级基础数据采集工作，并按要求实施差别保险费率制度。

**【金融服务与管理】**（一）抓监管，完善“两管理、两综合”工作。一是加强对新设金融机构的准入管理，指导浙江稠州商业银行股份有限公司云和凤凰小微企业专营支行、云和联合村镇银行沙溪支行顺利开业，就其机房建设和相关设备配备等有关情况进行指导；二是抓“三评”，即一行一自评、一股（室）一测评、一人一考评，精心组织并按时完成对辖内银行业金融机构上年度相关业务的综合评价，较好地发挥了评价机制的教育和引导作用；三是规范管理，组织人员对温州银行开展现场回访评估，督促新设金融机构全面落实人民银行各项政策要求。

（二）抓法治，全面提升依法行政水平。一是坚持“法定职责必须为、法无授权不可为”的原则，认真贯彻上级行关于法律事务的工作部署，做到依法履职、依法行政。认真履行法律顾问职责，加强对行政格式文书、规范性文件、政务主动公开、行政许可信息等的日常法律审核，并注重与职能部门沟通交流，把好法律审核关。组织召开行政处罚委员会会议，根据县邮储银行及县工行的整改情况，依法对其现场执法检查发现的违规问题进行行政处罚。二是进一步加强金融消费者权益保护工作，深化示范站建设，认真受理投诉事件，并开展金融消费权益保护满意度调查工作。牵头辖内金融机构开展“金融知识普及月”广场宣传活动，通过新闻媒体报道、悬挂横幅、LED显示屏播放、发放宣传资料等形式，将反假币、反洗钱、金融消费者权益保护等金融知识送到村民手中，有力推动金融知识的普及。

（三）抓业务，提升金融服务水平。一是推进账户管理工作。对辖内农村信用合作联社、云和联合村镇银行两家法人金融机构开展账户专项执法检查，进一步加强银行业金融机构人民币同业银行结算账户管理，防范金融风险。二是履行经理国库职责。正确使用会计科目及预算科目，准确、及时地办理国家预算收入的收纳、划分、报解、退库和库款支拨，全年实现各级预算收入报解“零在途”。为进一步规范商业银行代理国库业务行为，县人行执法检查组于8月8日至8月28日，对县工行2013年7月至2016年7月代理国库业务进行专项执法检查。三是加大反洗钱工作力度。对云和农村信用合作联社、云和联合村镇银行等2家法人金融机构开展反洗钱走访工作，并提出整改意见，持续跟踪了解；加大宣传力度，年内开展两次“反洗钱宣传月”活动，向社会公众普及反洗钱知识，提升社会公众对洗钱的认识和防范意识，受众达2000余人，分发宣传资料5000余份。四是提升信息调研水平。在全行青年员工中推进“五个一”自助培训,并创新开展编讲“金改典故”劳动竞赛活动。全年共上报调研信息及报告20余篇、综合性文稿30余篇,其中《生态公益林收益权质押融资的实践与推广应用研究》被杭州《金融研究报告》录用。调研信息得分位列全市第二。

**【构建和谐基层央行】** (一)强化责任担当,补齐各项短板。一是加强组织领导。成立“责任担当年”工作领导小组,对活动的开展进行认真谋划,制定具体的实施方案和工作目标,明确活动安排、实施步骤和工作要求,确保“规定动作”到位、“自选动作”出彩。二是找准发展短板。认真开展查找“短板”工作,督促各股室负责人认真查找在基础工作、创新争优和内部管理等方面中存在的“短板”,深入分析产生的根源并提出对策措施。针对查找出的各类短板,梳理汇总《发展“短板”问题清单》进行交办,并明确时间表、任务书、责任股室,精准发力。三是开展主题联学活动。县人行三大业务股室与松阳县人行对应股室开展“责任担当年”主题联学活动,面对面查找自身股室存在的工作短板,查找出基础工作薄弱、依法行政工作有待加强、调研深度广度有待提高等短板,并根据短板内容,现场签署“责任担当年”主题活动争先移位目标责任承诺书,强化责任担当,提振发展信心。四是补好工作短板。认真开展审计、巡视整改工作。对照检查中发现的问题,县人行党组高度重视,细化措施,将整改内容按责任分工逐一进行分解落实,对各项业务进行全面梳理、评估,对各风险环节逐一进行排查,进一步促进各项业务管理的精细化、规范化,不断强化基础工作,规范履职行为。

(二)推进“两学一做”学习教育,坚强组织堡垒。一是抓党员干部队伍建设,全面开展“两学一做”学习教育。制订印发实施方案,及时召开动员部署大会,在全体党员干部中全面启动“两学一做”学习教育,同时结合争当“三员”活动,务实开展蹲点乡村(商坑下村)、联系企业(浙江宇特阀门制造有限公司)调研帮扶工作。二是相继举办3期“两学一做”专题学习教育党课。党组书记、党组成员、支部书记分别带头上党课,全体党员干部及青年员工参加学习。三是组织人员前往梅湾红色教育基地开展“赏梨园春色、走红军步道”活动,并在活动期间开展集中上党课活动;建党节期间,联合景宁县人行党支部开展瞻仰革命先烈活动,并重温入党誓词;积极响应“手抄党章95天,献礼党建95周年”活动,并组队参加全县纪念长征胜利80周年“青春绘童话 热血建新功”诗歌朗诵比赛,荣获三等奖。

(三)落实“两个责任”,狠抓党风廉政建设。一是始终坚持“党组履行主体责任、纪检组履行监督责任、纪检部门组织协调、各职能部门各负其责”的工作机制,将反腐倡廉工作与业务工作同部署、同检查、同考核。坚持每季度专题召开党组党风廉政建设工作分析会,结合实际对每一阶段的党风廉政工作进行专题研究和任务部署,明确责任、督促推进。二是研究制订《2016年党风廉政建设和反腐败工作要点》,及时调整党风廉政建设工作领导小组成员,进一步完善《党风廉政建设责任书》内容,逐级与14个责任主体签定责任书,并印发《2016年党风廉政建设和反腐败工作任务分解与责任分工意见》,有力促进“一岗双责”责任的落实。三是继续深化廉政文化建设,更新完善内联网“廉政之窗”栏目内容150多篇次,组织党员干部观看由中央纪委宣传部、中央电视台联合制作的8集专题片《永远在路上》;3月9日,组织全体党员前往云和县看守所,接受反腐倡廉警示教育;7月4日,组织全体干部职工前往县人民法院,现场接受案例庭审警示教育,以典型案例为镜、引以为戒。

(四)丰富活动载体,深化文明创建内涵。一是推进社会主义核心价值观建设。组织开展以“爱岗敬业,责任担当”为主题的道德讲堂活动,旨在宣扬凡人善举,弘扬中华美德。此外,为进一步培育和践行社会主义核心价值观,提升云和县中小学生的诚信意识,探索建立诚信宣教长效机制,9月26日,县人行联合县教育局,在云和二中开展“诚信讲堂”主题活动暨诚信教育基地建立启动仪式,受到广大师生的热烈欢迎。二是深入开展志愿服务活动。组织人员参与义务植树、河道清理、金融知识专题宣传、“喜迎G20,礼让斑马线文明劝导”等活动,示范引领身边更多的人规范文明行为、传递社会正能量。三是进一步拓宽和丰富创建内涵。先后组织开展“迎新春、庆元宵”趣味联欢、庆“三八”登山暨知识竞赛、“清风杯”摄影比赛、户外骑行健身等一系列内容丰富、形式多样的文体活动,进一步增强干部职工的向心力。此外,金融系统团工委还协助承办云和县青年创业设计大赛,为一批优秀青年创业者提供实实在在的金融服务与帮助。

（练玲玲）

## 中国工商银行股份有限公司云和支行

**【概况】** 2016年,中国工商银行股份有限公司云和支行(以下简称县工行)在县委、县政府的正确领导下,在县金融办、县人行的关心指导下,以中共十八届五中、六中全会精神为指导,紧紧围绕打造全球木制玩具创制中心和“山水童话”特色的现代化生态休闲旅游名城的工作目标,主动适应经济发展新常态,践行“创新、协调、绿色、开放、共享”五大发展理念,发挥国有商业银行优势,大力支持云和经济建设,坚定不移地走“绿水青山就是金山银山”绿色生态发展之路。至2016年末,县工行各项存款余额170877万元,各项贷款余额120302万元。

**【存储业务】** 至2016年末,县工行对公存款余额101547万元,储蓄存款余额69238万元。(一)做好对公存款的增存工作。积极与工业园区等相关部门联系,及时开立新对公存款账户。全年新增对公客户282户。加强有贷户的维护,唤醒存款。以结算产品吸引客户存款,通过银校通、O2O等产品使用,吸引学校和商户存款。(二)做好储蓄存款的增存工作。利用3G终端,深入企业、单位和农村,为广大客户上门办理业务,在方便客户的同时,带来储蓄存款的增存。加大季季利、节节高等特色存款产品的销售力度,实现稳存增存。做好理财产品的承接以及特色保险理财产品的宣传,赢得客户的青睐。

**【贷款业务】** 至2016年末,县工行贷款余额120302万元,比2015年增加407万元,同比增长0.34%,其中:对公贷款余额58444万元,比2015年减少5140万元;个人贷款余额61858万元,比2015年增加5547万元。

(一)把握重心,大力支持云和产业升级。一是支持生态服务业。紧密衔接浙江诚创精密机械股份有限公司,全力支持“新三板”上市过程中的资金需求;为旅游公司和农家乐安装POS机,提供快捷的结算方式。二是支持生态工业。持续加大对木制玩具企业的贷款投入,全年累计对玩具行业发放贷款22357万元。至2016年末,木制玩具行业贷款余额达18157万元;积极支持精密装备制造企业融资,为新增客户发放贷款250万元。三是支持生态农业。上门走访生态农业客户28户,成功为2户农业企业发放贷款。四是支持项目建设。为清洁能源风力发电项目发放贷款9400万元,为光伏发电和天然气项目积极申报项目贷款。

(二)改革创新,推进金融改革和产品多样化。一是克服困难,努力推进农村金融改革工作。克服农村金融改革工作中存在的诸多困难,如集体土地、农房、林权、流转土地的评估价格偏低,客户对评估价格不认同等困难,全年共办理林权抵押贷款690万元,比2015年净增310万元;农房抵押贷款442万元,比2015年增加420万元;完成企业信用评级12户,完成率100%。同时,主动加强与有关部门的沟通联系,继续推进农村金融改革工作。二是推出商标质押贷款。与县市场监管局对接,为2户企业办理商标质押贷款,合计2000万元。三是贴现业务改变传统。全年累计贴现金额1556万元,全部为电票贴现。

(三)做大做强,满足园区企业融资需求。至2016年末,县工行共有中小企业贷户82户,比2015年净增7户,中小企业贷款余额增加5221万元。2016年,县工行推出的“木制玩具产业集群融资方案”获工商银行总行优秀案例,该案例的成功,将在更大程度上满足园区内企业融资需求。此外,县工行公司业务部还对园区内老客户进行全面走访,摸排广大企业客户的资金需求,广泛宣传转贷预审批、网络化快速贷、网贷通等优良产品,并与中介部门及标准厂房开发商开展合作,对购买标准厂房及有房产交易的客户给予资金支持。

(四)多措并举,满足个人客户融资需求。一是针对居民购房需求,加强与房地产公司和中介机构的合作,及时发放一手房和二手房按揭贷款。响应县政府提升"美丽县城"品质的号召,与和润园等房地产开发企业建立个人信贷业务合作关系,项目落实到人,跟踪服务。2016年,全行共增加个人住房贷款8016万元,占全年新增个人贷款额的145%。二是针对个人经营户不定期的资金需求特点,提供循环贷款等产品,以灵活的提款还款方式,满足个体经济融资需求。三是针对个人消费者融资需求,提供网贷通、质押贷款等产品。四是针对国家公务员、事业单位人员的家庭装修需求,提供"家家乐"信用卡分期付款业务,全年共新增分期付款金额1737万元。

**【风险防控】** 努力推进信贷文化建设和合规文化建设,做到业务和风险两手抓。至2016年末,支县人行不良贷款余额78万元,不良率为0.06%,贷款质量保持较好水平,企业贷款继续保持零不良。

(一)努力防范信用风险,提高信贷资产质量。执行准入审议制度,并做好存量客户转贷的管理。抓实现场走访和非现场监测工作,管户客户经理按月走访客户,掌握企业经营变化和风险点变化情况。同时,充分利用各类外部数据平台,准确衡量客户还款能力,判断企业风险状况。抓紧潜在风险贷款转化和不良贷款风险处置工作,重点管理潜在风险贷款客户,关注企业风险变化情况,及时调整信贷管理措施。通过执行失信曝光平台和老赖清单,加大对执行中止贷款和账销案存贷款的追索。全年共清收不良贷款73万元。

(二)依托内控管理十个平台,切实防范操作风险和案件风险。狠抓细节管理、过程监督、履职检查和违规处罚,着力落实内控管理责任,提高内控管理水平。加强教育培训和员工行为动态管理,将隐患消除在萌芽状态。实施重点检查,消除风险隐患。加强营业网点运行管理,认真履行反洗钱职责。

(三)加强安全保卫工作。认真执行《关于严防外部欺诈 保障客户存款安全的紧急通知》(工银办发〔2015〕298号)的要求,落实"四严禁、五道关"制度。明确各部门主要负责人负责各自管辖办公地点和营业网点安全管理,做好窗户、电源、设备等重要关口的检查。切实把"护航G20、平安夺金鼎"作为一项重要的政治任务来抓,在G20杭州峰会期间,开展调查排摸、严防死守,做好维稳工作。

**【党建工作】** 深入开展"两学一做"学习教育、反腐倡廉教育和警示教育,传达学习十八届六中全会精神,学习《关于新形势下党内政治生活的若干准则》《中国共产党党内监督条例》和习近平总书记系列重要讲话。全体党员以中共十八届六中全会精神为指导,进一步统一思想,深化认识,攻坚克难,开拓创新,全力面推进党的事业和工作事业再上新台阶。

**【提高服务水平】** 开展"服务面貌专项整治季"活动,完成网点动线改造,营业大厅重新规划自助服务区,投放最新的智能设备,更新业务操作说明,统一标识牌,以全新的面貌服务客户;设立"金融消费维权服务站",并明示工作制度、工作流程和投诉电话,切实维护客户的合法消费权益。此外,县工行还每月开展员工星级评定,并完成省分行组织的四星级网点复评。2016年,在市工行组织的全市工行系统服务考核中,县工行位列全市第三。

**【履行社会责任】** 积极落实省级文明单位创建工作,做好"年收入4600元以下低收入农户"的"一户一策一干部"帮扶结对工作;开展"金融知识进社区"、"3·15"消费者权益日等宣传活动,并举办全县"工行杯"足球比赛;加强房屋安全隐患排查,完成新华街老办公楼危房检测评估;支持"采真里"项目,与县征迁办一同完成收储前期工作;全力支持"三改一拆"工作,主动报送蓝色屋面督办点1个并整治到位。2016年，县工行员工叶玉英被市人民银行评为“丽水市十佳最美金融丽人”。

（胡广宇）

## 中国农业银行股份有限公司云和县支行

**【概况】** 2016年，中国农业银行股份有限公司云和县支行（以下简称县农行）紧紧围绕县委、县政府的工作部署，在县人行、县金融办等相关部门的指导下，认真贯彻落实上级行的工作要求，坚持平稳与发展两条主线，突出党建引领作用，巩固已有的业务发展业绩和经营管理基础，提升业务营销能力和市场占比，提升基础管理水平和防控能力，提升团结协作意识和和谐氛围，全行核心业务得到快速发展。至2016年末，县农行各项存款余额135706万元，比2015年增加10298万元；各项贷款余额101812万元，比2015年增加11064万元；不良贷款余额65万元，比2015年增加下降222万元；不良贷款率0.06%，比2015年增加下降0.25%。

**【提升三农服务力】** （一）积极完成农村金融改革指标任务。全年共发放林权抵押贷款502万元，农房抵押贷款1505万元，土地流转经营权抵押贷款120万元；完成企业信用评级8户。超额完成改革指标任务。（二）加大网点服务能力提升力度。以党建引领深化，发挥基层党组织的引领作用，党员佩戴党徽亮身份；开展“党员示范岗”“党员责任区”和“三亮四比三评”工作，充分发挥党员先锋模范作用，不断改进窗口服务、强化基层基础管理、提升社会公众形象；网点每周一组织业务培训，每月开展文明标准规范化服务检查，每季度进行业务技能测试，不断提升员工各项综合业务素质，提高网点服务能力。（三）加大惠农卡和农户小额贷款发放。全年共发放惠农卡22408张，发放农户小额贷款5124万元。（四）继续开展农村金融自治村建设。2016年，县农行与白龙山街道高胥村、凤凰山街道巧云村开展“金融自治村”建设。同时，为进一步促进农村信用环境建设，推动农户金融业务集约经营，培育农村优质客户群体，县农行将浮云街道红光村、紧水滩镇石浦村认定为“三星级信用村”。

**【提升经济建设力】** （一）积极服务地方小微企业。与巧云、高胥2个“电子商务村”签订合作协议，为61户电商授信，授信总额1830万元，并成功发放全市农行首笔“电商贷”。同时，为使小微企业贷款更加方便快捷，县农行积极探索对公贷款网上循环贷业务，并在全市农行中率先开展试点和办理。（二）积极提升金融服务水平。在结算方面，积极推广企业网银、短信通、单位结算卡等电子渠道产品，企业网银可满足企业账户查询、转账、网上代发工资、网上对账等金融需求，短信通可对企业实时进出资金进行提醒，单位结算卡可满足企业在ATM机上办理现金业务的需求。在审批效率方面，对小微企业实现简化流程，新增贷款实行授用信一并审批，对存量贷款实行预审批制，即先审批，再归还，后发放。

**【提升风险控制力】** （一）继续把好风险源头。严把客户准入关口，突出真实性管理；切实强化授信监管，规范风险性防控。2016年，未发生不良贷款。（二）加快不良清收处置。加强与法院的沟通联系，提高案件执行率。2016年，通过法院清收个人不良贷款330万元，结案率达80%以上。（三）加强运营精细管理。将运营质量与运营主管、分管内勤主任、运营监管的业绩考核相挂钩，并要求以“辅导+检查”的方式，提升新员工的运营操作水平。（四）加强安全生产管理。先后组织开展“元旦春节”安全生产、“安全生产月”、消防安全、“平安护航G20”等专项安全检查，并组织消防安全教育4期、应急预案演练4次。（五）加强“三线一网格”工作。充分发挥“党建线”“纪检线”“运营线”三条线的主体作用，并运用网格化管理员工，切实增强工作效率，凝聚人心。2016年，实现平安经营无事故。

**【提升团队凝聚力】** 开展“员工庆元旦”“妇女庆三八”“老干部庆重阳”等文体活动，促进员工相互沟通；开展“健康计划”，每年组织员工参加体检，促进员工身心健康；

开展“夏送凉、冬送暖”、员工慰问、生日祝贺等送温情活动,表达关心关爱之情;开展“三线一网格”谈心谈话、家访等活动,了解员工思想状况,为员工解决困难。

(官海峰)

## 中国建设银行股份有限公司云和支行

**【概况】** 2016年,中国建设银行股份有限公司云和支行(以下简称县建行)坚持“一个好、两个敢、三个提、四个要”的工作要求,坚持问题导向,积极应对,主动作为,各项工作都取得长足进步。

至2016年末,县建行一般性存款余额120118万元,比2015年增加33513万元,同比增长38.7%,其中:对公存款余额87870万元,比2015年增加31805万元,同比增长56.73%;个人存款余额32249万元,比2015年增加1968万元,同比增长5.5%。

至2016年末,县建行贷款余额99757万元,比2015年增加1143万元,同比增长1.16%,其中:对公贷款余额47075万元,比2015年减少5829万元;个人贷款余额53173万元(其中491万元上级行调剂),比2015年增加7463.12万元。

2016年,县建行实现中间业务收入1007万元,其中:对公中间业务收入599万元,个人中间业务收入408万元,完成分行下达目标的106%,完成率位列全市支行第二位。不良贷款余额404万元,不良贷款率0.41%。实现账面利润2470万元。

**【重点项目和重点客户营销】** 立足地方经济特点,重点拓展优质政府类项目、央企国企、机构客户和优质小微企业等客户,坚持效益、质量、规模协调发展的方针,与时俱进,开拓创新。(一)加大对公结算账户营销力度。全年新开账户140户,销户38户,净增账户102户,完成计划的96.23%。在日常账户营销工作中,及时掌握信息,在第一时间了解到县里有关重点项目、新入园企业等信息,高层跟进,做好相关服务工作。经过努力,全年共营销140户,其中:基本结算账户98户、专用账户一般户42户,注册资金500万元以上的账户15户。(二)做好原有重点客户维护工作。多次走访县财政局、县国土局、县民政局等重点客户,就资金存款及账户开立等事项进行全方位沟通与交流,成功争取到土地指标款5亿元(其中2亿元存放10天后缴入国库)、对公定期存款7057万元、社保资金存款3000万元,确保市场应有份额。

**【打造个人客户金融生态圈】** 紧密围绕客户,通过整合资源、优质第三方产品及服务,从客户到渠道、从产品到服务、从平台到技术,满足客户金融需求和相关非金融需求,打造银行、客户、第三方之间“三位一体、共存共荣、实时互动”的客户金融生态系统,形成全方位、综合化金融服务解决方案。通过全体员工的共同努力,2016年,县建行各项业务都取得较好成绩:(一)“善融商务”交易额全年目标数3137万元,完成数2737.56万元,完成率87.27%,全市排名第二。新增“善融商务”入驻商户2户,分别为玩具企业“欢乐宝贝”和房地产企业“和润园”,其中,“和润园”为全市房地产行业第一家入驻“善融商务”的企业。(二)签约网银用户233户,完成计划的103.56%,排名全市第一。(三)手机银行活跃客户数3659户,完成计划的102.2%。(四)移动金融柜面替代率为64.94%,比2015年提升33.43%。(五)签约云闪付438户,比2015年增加382户,签约完成率85.4%,签约数排名全市第一。(六)签约金管家429户,完成计划369.8%,排名全市县级支行第一。(七)完成信用卡有效发卡数751张,完成任务数的70.6%,全市排名第一。(八)个人CTS签约任务超额完成,完成计划的294%,全市排名第一。(九)销售对私保险产品1140万元,实现个人中间业务收入40多万元。(十)代发工资客户增加1701户,完成计划的243%,位列全市建行系统第二。

**【贷款业务】** (一)对公贷款。2016年,对公贷款向两方面延伸,一方面,向地方重点固定资产项目延伸;另一方面,向小微企业延伸,助推地方经济发展。当年新增的对公贷款主要是:小企业“税易贷”

流动资金贷款共9户，授信额度合计995万元，其中：新增3户，金额230万元；为县人民医院贷款授信3000万元，新增贷款投放1750万元；为县工业园区南城低丘缓坡贷款申请延期5800万元，为县新农村建设有限公司延期2000万元。（二）个人贷款。2016年，共发放个人贷款3385笔，贷款余额比2015年增加7463.12万元，其中：个人住房贷款快速增长，全年共发放住房公积金委托贷款206笔，总金额9540万元，贷款总量、余额均居全县银行之首。（三）不良资产处置。成功化解云和县振瓯阀门制造有限公司流动资金贷款1400万元；成功打包核销处置云和县京驰科技有限公司不良贷款400万元。至2016年末，县建行的对公不良贷款余额为零，个人不良贷款也控制在市分行下达的计划指标内。

**【内部管理和风险防控】** 深化“领导负责、条线履责、网点尽责、人人有责”的案件责任体系，坚持从严治行，守住安全底线，加强员工管理。（一）全面落实党风廉政建设责任制。通过召开部署会、签订责任书、制定责任清单等多种举措，层层细化分解主体责任，切实将责任落实到每个岗位、每个人。（二）加强作风建设。严格执行中央“八项规定”和省委“六个严禁”，要求党员干部带头严格自律，自觉遵守改进作风的各项规定，端正思想作风、工作作风、生活作风，并着力建立结构合理、设置科学、程序严密、制约有效的干部作风建设长效机制，切实筑牢党员干部拒腐防变的制度防线。（三）深化“合规建行 人人践行”创建工作。通过开展“违规经营行为歼灭战”“违规操作谋求私利专项整治”“红线问责底线教育”等一系列活动，有效增强全行员工的规矩意识、底线意识、红线意识。（四）深入开展“两学一做”学习教育。组织全体党员认真学习党章党规、学习习近平总书记系列重要讲话精神，坚持领导带头、以上率下，层层推进，确保每位党员“学”得深入，“做”得扎实。（五）认真开展风险隐患排查。每月定期不定期对员工代客等违规行为进行突击检查，切实防范各类风险事项的发生。（六）加强员工出入境管理。要求所有员工将护照、通行证等出入境证件上交办公室，由专人统一保管。（七）开展员工征信排查。要求所有员工上交个人信用报告，并对个人重大事项进行申报。（八）加强会计核算质量和柜面规范化操作水平。按照市分行下发的会计检查提纲及年初制定的会计检查工作计划，由业务管理部对网点实施检查。2016年，累计组织实施非现场业务检查20期、人民币对公结算账户风险排查5期、柜面现金业务专项检查4次、监控及日常业务检查15期、各类专项业务检查20余次，发现问题46个。对查出的问题，做到及时整改、规范和纠正，有效控制操作风险的发生，确保各项规章制度执行到位。

**【队伍建设】** （一）注重班子建设。领导班子内部讲团结，齐心协力谋发展，爱岗敬业，主动承担起自己应有责任和使命，努力做到“促一方发展，保一方平安，练一支队伍”。（二）关心关爱员工。从员工的工作、生活等方面入手，帮助员工解决实际困难，切实提升员工的满意度和幸福感。2016年，共探望生病员工家属4人次，发放慰问金1180元；探望退休员工1人次，发放慰问金800元；家访员工家属3人次，发放慰问金600元。（三）积极开展工、青、团、妇活动。先后开展登山、打麻糍、包水饺等增进员工之间感情的集体活动。（四）积极参加市分行组织的各类活动。举办“转型发展”演讲比赛，并选拔优胜者参加市分行比赛，荣获二等奖。（五）积极普及金融知识。先后2次组织员工到中山广场开展“反假”“反诈骗”咨询宣传活动。（六）积极履行社会责任。围绕县委、县政府“三改一拆”“五水共治”等中心工作，组织员工开展河道清理4次，街道清扫2次。

（万　霞）

## 中国农业发展银行云和县信贷组

**【概况】** 2016年，中国农业发展银行云和县信贷组（以下简称县云和信贷组）在县委、县政府和市分行党委的正确领导下，认真贯彻全省农发行行长会议精神，按照市分行党委的工作部署，坚持稳重求进的工作总基调,主动适应新常态,坚持“两轮驱动”业务发展战略,加大新农村支持力度,切实履行农业发展银行的支农职责。

**【业务经营情况】** 至2016年末,云和县信贷组各项贷款余额1889万元,比2015年减少7827万元,其中:政策指令性贷款余额1606万元,粮食新增财务挂账贷款283万元;日均贷款3466万元,比2015年减少9006万元,减幅72.21%。各项存款余额7611万元,比2015年增加2505万元;日均存款9236万元,比2015年增加3386万元,增幅57.88%。

**【支持地方建设】** 一是做好县级储备粮油库存管理及县级储备粮的轮换与增储工作,确保粮油收储信贷资金供应和管理不出问题。二是紧紧围绕加大新农村支持力度的目标,在上级行的系统指导下,执行国家政策,积极做好中国农发行重点建设基金项目,全年共支持云和县基础设施建设项目3个,范围涵盖公路建设、污水处理、景区改造等,累计投放基金5600万元。三是积极对接云和县棚户区(城中村)改造项目,该项目概算总投资32000万元,计划申请贷款25000万元。

**【风险防控】** (一)坚守政策底线。始终坚持“不是业务支持范围的坚决不支持”原则。(二)坚持合规底线。全面推进“法治农发行”建设,扎实开展“贷后管理年”等活动,切实把“依法合规经营”落实到各岗位、各环节。(三)坚持风险线。认真深入做好风险排查工作,并用好风险排查结果;充分利用CM2006、银监会信息披露和非现场监管等信息系统,强化行业和企业经营情况检测分析,对重要风险信号进行跟踪监测、及时预警、迅速处置;认真开展客户评级授信工作,全年共对2家开户企业(其中:保证担保企业1家)进行信用等级评定,对1家企业进行内部授信,通过开展信用等级评定和统一授信工作,有效提升风险防控能力和信贷管理水平。

(徐　斌)

## 中国邮政储蓄银行云和县支行

**【概况】** 2016年,中国邮政储蓄银行云和县支行(以下简称县邮储银行)在县委、县政府和上级主管部门的正确领导下,坚持“志存高远、追求卓越”的企业核心文化,以“强管理,促发展,控风险,增效益”为主线,以促进各项业务稳步健康发展为目标,以存款增长、不良贷款盘活为工作重点,在横向推动业务发展的同时,纵向深化现有业务领域,全力推动各项工作稳健发展。

**【主要经营指标】** 2016年,县邮储银行实现总收入2271.7万元,完成年计划95.49%,其中:个人金融业务收入517.03万元,占总收入的25.74%,完成年计划的101.98%;零售贷款收入1346.67万元,占总收入的49.01%,完成年计划的95.51%;大公司业务收入369.48万元,占总收入的24.12%,完成年计划的88.6%;电子银行业务收入40.97万元,占总收入的1.13%,完成年计划的91.04%。实现利润990.91万元,完成年计划的95.83%。清收不良贷款229.83万元,不良率为0.06%。

**【主要业务指标】** (一)信贷业务。信贷结余53701万元,净增12510万元。(二)大公司业务。公司存款余额20635.85万元,比2015年减少3147.2万元。公司存款年日均16682.31万,比2015年增长1605.71万。(三)金融市场业务。票据贴现1675万元,净增605万元,其中营销电票918.5万元;新增票据贴现企业2户;信用社理财月月升5000万元。(四)个人金融业务。①个人储蓄:完成个人储蓄余额28486.88万元,比2015年增加6044.41万元。个人储蓄日均余额25582.46万元,净增2638.24万元,日均完成率114%。②大理财业务:新增人民币理财产品日均保有量9500.03万元,完成率172.86%。完成基金有效销量257.37万元,完成率64.34%;保险综合保费687.6万元,完成率59.79%;实物金实际销量8万元,完成率30.77%;国债96.5万元,完成率24.13%。③信用卡业务:发放信用卡1370张,完成率101.48%。④电子银行业务:手机银行4074户，完成率74.47%；个人网银2825户，完成率70.80%。

**【市场营销】** （一）个人金融营销。深入贯彻“存款立行”之理念，紧紧抓住吸储旺季，做到早准备，早布置，早落实。1月，开展个人金融业务“开门红”劳动竞赛，取得较好成效；2月，开展“储蓄营销竞赛”活动，带动个人定期储蓄余额1375万；4月，开展“奋战二季度”竞赛活动，并继续推出“1元刷鲜奶、5元洗车、10元看电影”等信用卡优惠活动，深入挖掘信用卡消费群体，扩大信用卡消费面。同时，积极推进网点转型升级，切实提升服务质量，做到以服务促存款。（二）信贷营销。1月，结合市分行“金猴争棒”活动，及时出台“金猴争棒之信贷业务竞赛”活动方案；4月，开展“奋战二季度之零售信贷业务全员营销”活动，通过活动，共营销贷款79笔，授信金额3701万元；5月底，出台“二手房贷款营销方案”，大力推进二手房贷款，累计营销二手房贷款13笔，贷款金额605万元；8月底，为开拓玩具行业市场，开展“玩具企业大走访”营销活动；10月，制订出台“2017年信贷开门红客户储备活动方案”，明确2017年1季度各客户经理的任务目标以及奖罚机制。此外，县邮储银行还本着“走出去”的营销理念，多次组织员工对全县各行政事业单位、企业及项目进行走访营销，全年共走访行政事业单位30多家次、企业100多家次、商户150多家次，开展消费贷款营销、信用卡联动营销30多场次，达成意向贷款金额600余万元，并成功营销“前巷安置房”“淘宝公寓房”2个建设项目。

**【财务管理】** （一）做好会计条线“清雷防险”专项行动“回头看”工作。为进一步落实“归零翻篇开新局”主题大讨论活动要求，提升运营条线风险管理能力，有效防范各类风险事件，根据《中国银监会丽水监管分局办公室关于开展银行业运营条线“清雷防险”专项行动“回头看”的通知》要求，通过组织开展自查，巩固和深化“清雷防险”专项检查成果。进一步梳理和排查重点业务、关键领域和重要环节存在的风险点，研究提出制度改进、流程优化、系统升级、执行加力、异常监测、客户教育等解决方案，彻查违规问题，严格责任追究，进一步防范操作风险，全面提升运营条线内部管理和风险防控能力，确保安全平稳运行。（二）做好“营改增”政策落地实施工作。根据财政部和国家税务总局《关于全面推开营业税改征增值税试点的通知》和邮储浙江省分行《关于切实做好“营改增”政策落地实施的通知》要求，切实做好相关政策的落地实施工作，并发动全体工作人员深入学习“营改增”政策中与金融业相关的条款，以统一对客应答口径，防范风险事件的发生。（三）做好2016年抵质押品排查工作。为强化抵质押品管理，防范抵质押登记不实、押品存在他方权利等问题，对存量抵质押品进行全面的排查，发现问题及时整改，彻底消除风险隐患。同时，重点关注事实风险，对于存在重大风险的相关部门和人员，做到早介入，早处理，切实保障资金安全。（四）做好“小金库”专项治理自查工作。根据省、市分行的要求，认真逐项开展自查自纠，对不该发的奖励和不符合规定的支用，要求限期清退和纠正，并落实部门负责制。通过开展“小金库”专项治理自查工作，进一步提高干部员工对严肃财经纪律、从严治党和“小金库”整治的思想认识，推进厉行节约，反对铺张浪费，从源头上斩断不良作风的“资金链”，健全和完善防治“小金库”的长效机制。

**【风险防控】** （一）强化责任制的落实。与各部门、各网点负责人层层签订责任书，按照“谁主管、谁负责”的原则，进行相应责任追究。密切关注社会形式，严防不法分子侵害，督促每一个员工遵照规章制度严格执行。（二）强化安全防范。定期组织网点员工开展消防知识培训、防火防抢演练，加强突发事件处置能力，做到人人熟悉防火防抢预案，同时把防盗窃、防诈骗作为安全工作重点，不断提高高科技防犯罪能力。（三）强化安全隐患排查。制定《云和县邮储银行风险管理职责》《云和县邮储银行屡查屡犯整改实施方案》等细则，成立风险与内控工作小组、信贷管理团队，深入查找和治理安全风险隐患，进一步强化营业场所、业务库运钞、自助设备等风险部位、关键环节的安全管控，对检查发现的安全隐患进行及时整改。(四)强化内控管理。严格履行内控管理相关要求，定期组织开展自查自纠，及时查纠基层操作岗的一些违规违章问题。(五)强化教育培训。加强员工合规意识教育，强化各项规章制度培训，严格操作流程和日常管理，特别是加大对个人金融业务、信贷业务、公司业务等日常风险的排查力度，严防操作风险、道德风险和信用风险的发生。(六)强化清收力度。加大对不良贷款、信用卡不良客户的清收力度，一方面，由行领导带队清收，面对不同客户、不同经营环境，采取"一户一策"灵活应对，另一方面，通过联系县公安局经侦大队，进行逐个上门催收。

**【党的建设】** (一)加强党风廉政建设。先后开展"党风廉政建设宣传月""党员政治生日活动""党支部强基固本建设"等活动，并与各部室签订"党风廉政建设防范责任书"。(二)深入开展"两学一做"学习教育。组织全体党员认真学习党章党规、学习习近平总书记系列重要讲话精神，切实提高党员的政治意识和党性意识。(三)加强党纪监督。认真落实新修订的《中国共产党党内监督条例》和《中华人民共和国行政监察法》，加强党内法规执行情况检查，坚持纪在法前、纪严于法。(四)强化制度保障。加强对主要领导干部和"三重一大"事项的监督，严格执行任职廉政谈话制度。

**【文化建设】** (一)积极开展各类文体活动。先后组织开展"庆三八、乐烧烤""周边大走访""夏日送清凉""厨艺大展示"等一系列活动，有效增强员工的凝聚力，丰富员工的文化生活。(二)注重企业文化建设。成立"职工之家"，并增添一批运动健身器械，有效缓解员工的工作压力，为员工业余生活提供一个新的活动场所。(三)注重精神文明建设。积极响应县委、县政府的号召，行领导率先垂范，动员全行员工，以饱满的热情、务实的作风，全力以赴地开展市级文明单位创建工作。

(宋筱娅)

## 云和县农村信用合作联社

**【概况】** 云和县农村信用合作联社(以下简称县信用联社)下辖1个营业部、5个信用社、8个分社、3个空白乡镇服务网点。至2016年末，县信用联社各项存款余额26.15亿元，比2015年增长5.38%；各项贷款余额17.48亿元，比2015年增长5.72%。全年银行卡交易额7.2亿元；累计安装POS机347台，移动3G(自助服务)终端3台。

**【拓领域强发展】** (一)扎实开展劳动竞赛活动。2016年，县信用联社劳动竞赛取得全省第16名、全市第2名的佳绩，超过预期目标，有效激发员工工作干事热情。(二)持续稳抓资金组织工作。认真做好存款结构调整，坚持以中小客户为重点，突出服务农村、服务社区、服务中小企业；加强普惠金融特派员、支农联络员、驻村客户经理的日常管理，在全县168个行政村中，均聘请支农联络员、配备驻村客户经理，覆盖率达100%；不断提高金融服务的便利度、适宜度和满意度，新增助农取款服务示范点3个、丰收驿站2个、ATM机4台、多媒体自助服务终端1台，并积极运用3G移动终端，持续提升农村金融服务覆盖面。(三)不断加大支农支小支实力度。一是大力推广"丰收卡"系列产品。2016年4月，对苏州"外出创业农户联保贷款"开展新一轮回访，连续8年为在苏州农户提供上门金融服务，并实现8年"零"不良。二是坚持服务实体经济。扎实推进"丰收抵押保证组合贷款""小企业主创业贷款""企业信用贷款"等信贷产品，并积极推出"丰收·微易贷""丰收·转贷通"等产品，切实解决小微企业和小额贷款户财务报表不规范、资金周转难等现实问题。三是加大消费贷款力度。在"丰收·安居贷"的基础上，推出"丰收·小康贷"，采取"一次授信、方便放贷、利率优惠、灵活担保"的方式，满足消费贷款的市场需求。四是大力支持电商创业发展。大力推广"青年电商贷款"，同时在网商群体中推广"丰收购"购物平台。(四)全力拓宽服务领域。继续加强与社保、财政、民政、卫生、农业等部门的合作，持续推动财政资金竞争性存放、乡镇国库集中支付以及公务卡、社保卡和农村“三资”管理的对接工作；积极参与农村合作经济组织“三位一体”建设，主动与县财政、供销等部门沟通对接，做好10个乡镇“农合联”的登记和开户工作，并当选副理事长单位，独家代理“农合联”金融服务，现场授信县级“农合联”2亿元；积极开展食品安全溯源体系建设，为云和县2个农贸市场安装食品溯源设备142台，有力保障人民群众的食品安全。

**【防风险强内控】**（一）加大信贷风险防控。积极盘活存量，管好增量，提高质量。严格控制新增不良贷款，始终坚持“支农支小”的市场定位，坚持“小额、流动、分散”的原则，不断加强黑名单、灰名单管理，加强存量贷款的风险排查。（二）加大流动性风险和声誉风险防控。制定出台《云和县农村信用合作联社流动性风险管理办法》，合理把握贷款投放进度，保持信贷平稳适度增长。严格落实舆情管理制度，全面提高舆情危机处理能力；认真落实信访责任制，积极妥善处理信访诉求，并做到事事有落实、件件有回复。2016年，未发生重大流动性风险及声誉风险，也未发生区域性、系统性重大风险案件。（三）加强安保管理。以打造“平安农信”为抓手，持续开展金融安全“心防工程”建设，实现全年安全无事故、无案件。

**【促转型强创新】**（一）管理实现转型创新。一是稳步推进农商行改制工作。完成业务发展规划和资本募集规划，初步拟定增资扩股方案。二是打通社区服务平台。进一步做好对现有9个社区的网格化管理与服务工作，加快离行式自助设备的布设进度，满足社区居民“7×24小时”式金融服务。三是发挥管理信息系统的作用，进一步优化绩效考核。在2015年引入和佳公司专业化绩效薪酬管理系统的基础上，2016年对该薪酬考核制度进行了完善优化，形成客户经理、柜员、联社机关3个层级的绩效薪酬考核办法，初步实现“按劳取酬、多劳多得”的分配原则，逐步打破干好干坏一个样的“大锅饭”格局。（二）业务实现转型创新。探索开展“丰收·光伏贷”“丰收·安居贷”等信贷产品，适时推出“福农卡”。在开展村集体生态公益林未来补偿收益质押贷款业务的基础上，推出“个人公益林未来补偿金收益权质押贷款”，打造林权抵押贷款的升级版，逐步构建出完整的农村产权抵押融资服务体系，为辖内农户提供更加便利的融资服务。创新中间业务平台，开办水费代扣代缴、第三方存管等业务，并不断加强理财、贵金属、保函等产品的推广力度。探索建立“上二休一”制度，率先在赤石、云坛2个分社实行“双休日”，逐步将临柜员工解放出来，提升客户经理、大堂经理职数配比。（三）体系实现转型创新。深入推进“农村信用体系建设”，积极开展农民专业合作社信用等级评定，大力推广“普惠快车”“小微专车”信贷大平台，充实客户基础数据。

**【树品牌强基础】**（一）加强党的建设。一是严格落实党风廉政建设责任制。贯彻落实好惩治和预防腐败体系2013—2017年实施细则，认真执行一把手“七个不直接分管”和领导干部个人事项报告制度，不断完善监察督导工作机制。二是不断推进规范化党支部建设。2016年，对联社党委所属支部进行换届和调整充实，及时调整党风廉政建设、案件防控、文明优质服务、信访等工作领导小组。三是扎实开展“两学一做”学习教育。认真组织全体党员学习党章党规，学习习近平总书记系列重要讲话，学习《准则》《条例》等党内法规，不断强化党员的政治意识、党性意识、纪律意识、责任意识。“七一”期间，深入下垟村开展“‘两学一做’云和农信联社在行动—走访结对联系村”活动。四是深化作风建设。全面落实中央“八项规定”、省委“六个严禁”及浙江农信“三十项细则”，严肃“四风”，并以电话查岗、实地查岗、明察暗访、抽查监控等方式，加大正风肃纪检查力度。2016年，共开展正风肃纪专项检查6次，下发通报4次，检查面达到100%。（二）加强品牌文化建设。一是深入开展文明创建。2016年，元和信用社积极开展“省级文明规范服务示范单位”“市级巾帼文明岗”双创建工作。二是积极开展员工活动。充分发挥党工团妇和老年协会等组织的作用,积极开展“庆三八—普惠金融进农村,助力双创添风采”“云和农信联社‘五四’助美”、职工疗养、职工体检等活动,不断提升干部员工的凝聚力。

(陈礼玲)

## 中国人民财产保险股份有限公司云和支公司

**【概况】** 2016年,中国人民财产保险股份有限公司云和支公司(以下简称县人保财险)在县委、县政府和上级公司的正确领导下,全面贯彻落实“围绕一个中心,突出两个领先,实现三个超越,深化四项转变,提升五项能力”的工作要求,充分发挥保险“经济补偿和社会风险管理”的职能,真抓实干,奋勇拼搏,较好完成全年各项工作任务。(一)保费收入快增长。全年实现保费收入3900万元,同比增长7.35%,增速列全市8个县级支公司第二,其中:车险保费收入3081万元,同比增长8.3%;非车非农业务保费收入705万元,同比增长21.13%。(二)经营利润创新高。全年实现表结利润600多万元,超额完成市公司下达的目标任务,承保利润率17.73%,经营成果趋于稳定。(三)风险保障显功能。全年累计承担保险责任金额202亿元,同比增长9.28%。支付各类保险赔款1702万元,同比增长21.40%;综合赔付率50.02%,同比提高6.64个百分点。其中,支付政策性农房保险赔款68.7万元,赔付率为185%。(四)服务提升显成效。始终坚持“客户至上”的服务理念,微笑服务,快速理赔。全年车险万元以下理赔周期为8.32天,位列全市第一;车险续保率84.52%,位列全市第一;其他各项理赔效率指标均位于全市前列。

**【车险业务】** 面对车险市场竞争日趋激烈,业务获取成本不断攀升的复杂局面,始终坚持成本领先和对标市场两大原则。(一)做好销售资源和考核政策的合理配置。根据自身实际,精打细算,多次动态调整业务政策,在确保市场竞争力的基础上,把有限的资源向新车、次新车、提前签单、优质附加险等业务倾斜,确保车险业务结构持续好转。2016年,事故赔付率维持在45%左右。(二)做好续保业务的过程管控。明确续保维护工作机制,落实续保管理专人专岗,制订续保率考核办法,且每天在微信群中进行续保业务的跟踪反馈,车险续保率持续稳定,保持全市第一。(三)有序做好转保业务。针对云和市场车险客户流动性相对不足、转保业务拓展相对困难的现状,用好用足市公司下发清单和前几年脱保业务清单,重点针对转保次新车,以全员认领和专人呼出为抓手,实现转保业务493万元,同比增长102.88%。

**【商业非车险】** 坚持项目和渠道联动,促进商业非车险各险种平衡发展。全面梳理非车险各产品线的发展现状,深入分析云和非车险市场的发展潜力,结合各险种市场份额和渠道占比情况,明确了“重点拓展银保业务和责任意外险业务”的工作思路及“渠道险种联动”的工作举措。(一)大力发展银保业务。制定银保业务专项考核办法,明确各合作银行的业务责任人,了解掌握各合作银行的行内份额和各网点的业务分配情况,进行有针对性的公关拓展,取得较好效果。全年实现银保业务169万元,同比增长31%,其中:信用联社代理业务超过70万元,同比增长213%,银保业务增速继续保持全市前列。(二)政保业务增量扩面。政保合作业务在非车险中占比超过30%,稳定续保业务自然是重中之重,通过和政府及相关部门沟通汇报,国资企财险、自然灾害公众责任险、库区移民责任险、学平险、校园方责任险、医疗责任险、农村保洁员意外险、残疾人意外险等各项政保相关业务均顺利续保。同时,成功提升监护人责任险和农村小额意外险的承保份额,环境污染责任险实现“破冰”。(三)分散险种全员发动。针对员工非车险销售技能普遍不足的现状,选择金锁家财险、如意行、全车宝、随车行等分散型险种为重点突破口,通过业务操作培训、车险联合销售、提高考核奖励等措施，推动分散性险种较快发展。

【农险业务】 提高合规意识和合规能力，正确处理合规与发展的关系，是农险业务健康可持续发展的关键。（一）坚持依法合规底线。2016年，在上级公司的指导下，顺利完成农险专项自查整改工作，并在水稻保险等农险业务的续保过程中，严格按合规要求进行操作，杜绝了合规隐患。（二）积极开办“协同推进”险种。通过与县农协办和种养殖大户的沟通联系，成功开展大棚、大棚蔬菜、蛋鸡养殖等险种，为农险业务开辟了新的增长点。

【“两学一做”学习教育】 积极落实“两学一做”学习教育，严格按上级党委要求，做好“三会一课”“四查四看”等工作，并在党员队伍中开展“党员标准大讨论”活动，切实提升党员的政治觉悟和先锋意识。同时，充分发挥党支部的战斗堡垒作用和党员的先锋模范作用，切实把党建工作与经营管理工作进行有效结合，做到相互推动、相互促进。

（朱　莉）

## 中国人寿保险股份有限公司云和县支公司

【概况】 2016年，中国人寿保险股份有限公司云和县支公司（以下简称云和人寿）秉承“创费创新”的经营宗旨，主动奋进，跨越发展，努力创建“市场有地位”“公司有费用”“队伍有收入”的“三有精品公司”，实现各项业务稳步增长，并获评省公司“五好单位奖”。全年实现保费收入5291.83万元，同比增长37.45%，占全县寿险市场份额的64.91%，其中：新单保费2897.16万，同比增幅58.72%；给付满期金2040万元，给付件数950件；给付短险赔款369.93万，短险赔付率为62.34%，比2015年下降14.91%。

【个险业务】 2016年，云和人寿个险总期交完成825.30万元，其中：标保完成396.89万，同比增长60.96%；十年期交530万，同比增长87.52%；短险79.79万，同比增幅-17.21%。年度新增人力迅猛增长，达到225人。通过队伍建设，推动一批主管晋升，全年共晋升处经理1人、组经理12人，达到稳定队伍、扩大队伍的预期目标。

【银保业务】 坚持“与银行渠道合作模式多样化、自营模式创新化”的业务发展思路，以建设保险规划师队伍为发展点，提高业务人员自身业务能力为着重点，以服务客户为工作点，确保银保业务实现突破性发展。2016年，云和人寿银保总保费收入666.85万元，同比增幅-12.47%，其中：趸交保费517.2万元，同比增幅-27.94%；期交保费149.65万，同比增长254.87%。银保新增人力46人，在册人力达到61人。

【团险业务】 2016年，云和人寿团险总保费收入495.12万元，同比增长10.14%，其中：意外险292.16万元，贷意险34.72万元，农村小额险122.19万元，女性安康险76.69万元，车上人员意外险23.28万。2016年，团险部在激烈的市场竞争形势下，坚持坚守原市场，不断开拓新市场，新增高龄老人险、女性安康险、计生险等业务，为完成全年任务做出积极贡献。

【客户服务工作】 2016年，云和人寿客户服务工作主要围绕内部风险管控、加强柜面管理、提升业务服务效率与服务水平等方面展开。一是加强与业务部门的事前、事后沟通，积极主动地为业务员提供专业的支持。二是加强业务受理质量及客户服务管理，提高客户满意度，建立一支业务水平高、服务能力强、团结有斗志的队伍。三是加强二线会办的管理，提高投诉处理的准确性和时效性，全年无客户有效投诉。同时，按照省、市公司关于“95519”二线会办工作的相关考核要求，规范流转处理各类会办单，及时准确地解决客户各类投诉、咨询。

（万　方）

# 教育·科技

## 教　育

【概况】 2016年,全县设电大分校1所,普通高中1所,职业高中1所,初中4所(含民办1所),小学11所(含教学点1个),幼儿园18所(含教学点8个),区域成人文化技术学校3所(下辖乡镇街道成人文化技术学校10所),社区学校3所。其中电大(成教)、普高、职高和3所初中(二中、三中、民办育英)、4所小学(实验、江滨、城西、古坊)及规模较大的幼儿园(实验幼教集团、民办的盼盼、星星幼教集团)均分布在城区。全县在校中小学生14475名(其中普高1372名、职高1939名、初中3116名、小学8045名)。在园幼儿4556名,学前三年幼儿入园率97.5%,等级幼儿园招生覆盖面达95.16%。小学适龄儿童入学率、残疾儿童少年入学率、初中入学率均达到100%,初升高比例达96.84 %。全县共有中小学、幼儿园在编教职工1178名(其中普高149名、职高134名、初中283名、小学529名、幼教83名)。

【创建工作积极有效】 集全县之力争创省教育现代化县,对照《浙江省教育现代化县(市、区)评估操作标准(2015年修订版)》41项指标要求,对原有3项不达标项和6项基本达标项进行对标补短。在争创省教育基本现代化县过程中,云和教育的软、硬件不断得到完善,校园环境建设更具现代化气息,文化内涵进一步丰富,功能教室、计算机网络等硬件配套设施逐步健全。至2016年末,各项指标取得重大突破,现已符合教育基本现代化县申报要求并完成申报。

【项目建设稳步推进】 城南九年一贯制学校新建工程已完成各项前期准备工作,进入基础建设阶段;崇头镇中心小学扩建工程一期建设基本完成;云和中学整体改造工程正有序推进,其中体育中心已竣工并投入使用,学生宿舍楼四楼框架施工以及餐厅改造工程正在进行中。三所学校均已通过浙江省义务教育阶段标准化学校评估。至2016年末,全县义务教育省标准化学校比例达到86.7%。

【信息化水平再提高】 2016年,全县千兆宽带到校率达100%、百兆宽带到教室和办公室比率均达到100%,主要教育教学活动场所无线网络覆盖率达88%;拥有精品录播教室的学校占比50%,惠及学生90%以上;多媒体套班比1:1,交互式电子白板班级覆盖率93%;以"一网三平台"为架构的"云和县数字化教育服务平台"建设稳步推进,覆盖全县中小学;以课程改革为导向的"智慧教室"和"创新实验室"建设全面展开。全县教育信息化水平的大幅提升,为云和县教育优质均衡提供了强有力的支撑。

【教育质量逐年攀升】 (一)学前教育。全面完成等级园复评工作,促进学前教育上等级,提升保教质量。(二)义务教育。以活动为载体,以"美丽学校"建设为目标,以开发优质校本特色课程和创设品位独特的校园文化为重点,推进义务教育均衡化发展。(三)普高教育。全力推进高中教育提质工程,云和中学办学质量逐年提升,2016年高考总上线率达98.2%,再创历史新高,并成功创建省特色示范高中。(四)职业教育。2016年,云和县中等职业技术学校被确定为浙江省首批改革发展示范学校，成为丽水市唯一获此殊荣的学校。2016年“单考单招”专科上线率达95.38%，超过全省平均10多个百分点，中级证通过率达92.03%，毕业生一次性推荐就业率达99%以上，位居全省前列。

**【课程改革不断深化】** 高度重视课程改革的顶层设计，强化机制保障和经费保障，全力推进课程改革。全县高中段开发拓展性课程304门，义务教育阶段开发拓展性课程490门，其中被评为省级精品课程9门、市级精品课程43门，课程更具选择性，学生的个性化需求得到更好满足。

**【教师素质快速提升】** 加强师德师风建设，加大教师培训力度，盘活教师培训机制，教师素质快速提升。至2016年末，全县共有省特级教师1人、市名师5人、市学科带头人48人、县学科带头人73人。云和三中钟华燕老师被评为“浙江万名好党员”并当选省党代表，黄源小学校长项宗义被评为“浙江好人”，一支以青年教师为后备、中年教师为引领、爱岗敬业的教师队伍正逐步形成。

**【立德树人成效显著】** 坚持德育为先，加强爱国主义和社会主义核心价值观教育，推动未成年人思想道德建设再上新台阶。2016年，云和县“四化德育”管理经验被《中国教育报》大篇幅报道，云和县中等职业技术学校被评为市优秀德育基地，云和县城西小学被国家教育部评为国防教育特色学校，“信义少年”叶石云被评为“CCTV2015年度三农人物”，全国励志成长成才典型项海燕的事迹在全国引起反响。

**【教育环境更加和谐】** 强化校园“三防”和制度建设，加大校园周边治安环境专项整治，校园环境更加安全；加强党风廉政建设，进一步强化党纪政纪的约束力，教育环境更加廉洁；加强信访维稳工作，认真执行局机关首问负责制、局长接待日制和信访维稳责任制，做到件件有着落，事事有回音；认真落实家访工作，开展“千师访万家”活动，促进家校联通，形成家庭教育和学校教育相融合的教育氛围。

（叶　清）

## 科　技

**【概况】** 至2016年末，全县共有各类科技企业和科研机构118家，其中：国家高新技术企业12家，省级科技型中小企业32家，省农业科技企业12家，省高成长科技型中小企业1家，省级区域科技创新服务中心2家，省级高新技术企业研发中心7家，省农业科技企业研发中心4家，省、市、县专利示范企业40家，县民营科研所8家。全县从事R&D活动人员360人。

2016年，云和县成功创建省级知识产权示范县，成为全市首批省级知识产权示范县，并率先全市建立浙江省(云和)知识产权维权援助中心；县科技局先后被评为2016年度全省科技政务信息工作先进单位、全省科技宣传与普及工作先进单位。周新余被评为2013—2015年度全省科技工作先进个人（浙科发政〔2017〕4号），梅莉军被评为2016年度全省科技政务信息工作先进个人（浙科函〔2017〕15号），叶国荣被评为2016年度全县党委信息工作先进个人（云委办发〔2017〕35号）。2016年1月，县科技局由城北路6号（县府大院内）搬至人民路16号（原检察院后面幢楼）。至2016年末，县科技局共有行政事业在编人员13人，在职干部职工15人。

**【科技领导】** 4月1日，全市科技系统“查短板、补短板”专题座谈会在云和县召开。市科技局领导刘崇民、刘先林、徐晨虹及各县（市、区）科技局长参加会议。4月14日，县政府召开全县科技创新工作会议，贯彻落实中央、省委经济工作会议和全国、省、市科技创新工作会议精神，总结2015年和“十二五”时期全县科技创新工作，研究部署“十三五”时期和2016年工作目标任务，县委常委、副县长周仕雅出席会议并讲话，县科技局党组书记、局长肖飞龙作工作报告，县府办副主任蓝雪飞主持会议。7月11日，市科技局局长刘崇民到云和e创园调研众创空间建设工作。8

月19日，省科技厅（知识产权局）副厅长（副局长）洪积庆率省考核组对云和县创建省知识产权示范县工作进行考核验收，市科技局副局长吕璞琪及县知识产权领导小组成员单位负责人参加验收会，副县长叶时扬代表县政府进行工作汇报，考核组对云和县创建省级知识产权示范县工作给予高度评价，经考核组专家合议，顺利通过验收。8月30日，市科技局副局长程浙军率地震测防中心相关负责人到云和检查G20杭州峰会期间的台站安全保障工作。11月8日，市科技局副局长程浙军率农社处相关负责人到云和督查指导高新技术产业增加值考核指标。2016年5月，副县长叶时扬接替原副县长周仕雅分管科技工作，同年12月，县人民防空办公室（民防局）副主任（副局长）咸德征调任县科技局党组成员、副局长。

**【科技环境】** 县委、县政府高度重视科技创新工作，创新发展环境不断优化。制定出台《关于进一步加快科技进步的若干意见》（云政发〔2016〕37号），加大科技政策扶持力度。认真落实省、市科技创新大会精神，组织召开全县科技工作会议。顺利完成第三批“科技创新券”资金兑现工作，共有49家企业和创业者通过资格审核，76家次企业申领创新券，全年累计兑现资金45万元。协同县经商局建成全市首个面积达3000平方米的众创空间，并在众创空间中建立科技创新服务中心，邀请科技中介组织入驻，就近服务创客和全县企业，进一步激发大众创业、万众创新的热情和活力。

**【科技投入】** 2016年，县财政科技支出2339万元（含省转移支付），比2015年增长1.7%，科技支出占当年地方财政经常性支出的1.13%，其中县财政科技研发经费1069万元。全县研究与试验发展经费总支出0.65亿元，占全县GDP的比重为1.07%。兑现2015年度科技政策资金达375.25万元，比2015年增长18.4%。

**【科技计划】** 2016年，组织申报省、市科技项目19项，立项17项，其中获26县绿色技术应用专项立项2项，共争取到项目经费287万元；实施县级项目25项。通过省重大科技专项验收1项（绿林工艺品有限公司的《木制玩具材料高效利用与设备改进关键技术集成与示范》）。国家科技富民强县专项行动计划项目和省新农村建设科技示范村项目顺利通过验收。

**【科技合作】** 积极为企业牵线搭桥，招才引智，助推产业升级。牵头相关部门与浙江大学开展多方面合作，委托浙江大学环境与资源学院教授田光明开展滚漆工艺设备改进及漆雾净化技术研究，取得新突破。积极组织企业与中国计量大学、杭州电子科技大学、浙江水利水电学院、中国美院、省农科院、省林科院等高等院校对接，并组织10余家玩具企业前往考察、学习，成功帮助浙江木艺工艺品有限公司等企业解决技术难题。

**【科技人才】** 全面实施《丽水市“绿谷精英和创业创新团队引领计划”实施办法》，成功引进省“千人计划”专家1名（浙江和信玩具有限公司创意总监爱知明），实现省“千人计划”专家“零”的突破。成功创建市级“院士专家工作站”2家（县人民医院段树民院士专家工作站和县供排水公司王浩院士专家工作站）。2016年度，分别给予“丽水市绿谷精英”徐菊创业团队创业启动资金补助200万元，郑飞飞创新团队资金补助15万元，王浩院士专家工作站资金补助55万元。

**【高新技术】** 主动与中介机构联系，探索木玩企业申报高新技术企业的可行性途径。2016年，新培育国家高新技术企业1家（浙江兴昌轴承有限公司），重新认定国家高新技术企业4家，新认定省级高新技术企业研发中心2家，组织申报省级高新技术企业研究院1家，新培育省科技型中小企业14家，入选浙江省高成长科技型中小企业1家（云和县半球实业有限公司）；新增省专利示范企业1家，复审2家；新培育市级知识产权示范企业1家，复评1家；培育县级专利示范企业3家。2016年，全县高新技术产业增加值为3.06亿元，累计增长15.9%，增长率全市第二；高新技术产业(制造业)投资0.65亿元,是考核任务数8.7倍。

**【科技特派员】** 2016年,组织申报省、市科技特派员项目16项,争取项目经费87万元。在科技特派员的全力指导和帮助下,崇头镇崇头村的省新农村建设科技示范村项目和国家富民强县项目成效显著,有效提升全县农业科技含量,促进农业增效和农民增收,推动全县农村产业经济发展。充分发挥科技特派员及其团队作用,与省农科院花卉研究开发中心开展技术合作,助推“美丽云和建设”。

**【科技成果】** 2016年,组织申报丽水市科技进步奖3项,获市级三等奖1项(浙江和信玩具有限公司的“积木车拼装玩具研究及产业化”项目)。引导企业做好新产品鉴定,全县申报省级新产品试制计划43个,通过省级鉴定新产品41个。全县规模以上工业新产品产值达10.09亿元,增长28.3%,高于规模以上工业产值增速20个百分点。网上技术市场建设工作稳步推进,全年实现网上技术市场交易额1239.8万元,发布技术难题20项,完成合作并正式签约项目18项,累计发布在线企业信息20家,发布动态信息56条,完成科技成果竞拍1项(浙江木佬佬玩具工艺品有限公司的“滚筒上漆工艺中多环芳香烃全程精控及清洁生产技术”,技术合同交易额1540万)。

**【知识产权】** 8月,成功创建省级知识产权示范县,成为全市首批省级知识产权示范县。通过两年的创建,有利促进县域科技创新体系建设,进一步提升企业自主创新能力和水平,为推进县域产业结构调整和经济转型升级提供了强有力的科技支撑。2016年,全县专利申请量921件,其中:发明专利申请量达62件,是考核任务数的4倍多;专利授权量达822件,同比增长55.98%,授权量居全市第一。同时,在全市9个县(市、区)中率先建立浙江省(云和)知识产权维权援助中心,进一步优化云和县知识产权政策、纠纷处理和诉讼等咨询服务,进一步保护创新成果和企业的合法权益,有利推动创新驱动发展战略更好的实施。加强专利执法检查,进一步提高广大消费者、创新主体与权利人对知识产权的认知程度,以及尊重他人知识产权、维护自身合法权益的意识和能力。全年共受理专利纠纷9件,成功调解7件,终止1件,不认定侵权1件。

**【科技宣传】** 围绕“创新引领 共享发展”主题,周密部署,认真组织开展“科技活动周”活动。活动周期间,通过户外大型LED显示屏播放科技影像、现场咨询和发放宣传资料等形式,广泛宣传科技创新成果及相关知识,共发放宣传资料7600余份、纪念品3500余份,接受科技咨询4000多人次、义诊200多人次,参加活动的部门单位近60家、市民8000多人。同时,围绕“加强知识产权保护运用,加快知识产权强县建设”主题,积极开展“知识产权宣传周”活动,进一步提高公众对知识产权的认识,为加快建设知识产权强县营造良好的社会氛围。

**【防震减灾】** (一)加强保护,地震监测环境进一步优化。加强台站监测设施和观测环境保护,定期巡视检查,随时随地通过手机、网站实时监控台站设备运行、安全防护情况,加强G20杭州峰会期间、节假日的值班工作,及时处理运维故障,确保台站正常运行。(二)强化培训,地震灾害防御能力进一步提升。充分利用“周一夜学”等载体,组织全体干部学习贯彻“第五代区划图”和《浙江省防震减灾条例》《云和县地震应急预案》等有关防震减灾法律法规。积极开展农村民居抗震设防指导,组织全县各乡镇(街道)防震减灾助理员参加丽水市防震减灾助理员培训。(三)开展演练,地震应急管理能力进一步提高。5月11日,与县民政、水利等部门在安溪乡联合开展防灾避险应急演练。11月4日,组织开展县科技局地震应急演练活动。11月11日,在紧水滩镇开展乡镇地震应急桌面推演。同时,编制《云和县科技局地震应急预案》,全县地震应急能力不断得到提高。

**【科技创新服务】** (一)完成“十三五”科技规划的编制。结合云和县国民经济和社会发展第十三个五年规划纲要,立足云和县科技工作实际,编制完成《云和县科学技术"十三五"发展规划》。规划认真总结"十二五"期间科技工作的成绩与不足,阐明"十三五"期间云和县科技发展的基础、面临的形势与挑战,明确发展的重点,是指导未来五年科技发展的纲领。(二)加强服务对接、提升精准服务。结合"归零翻篇开新局"主题大讨论、"两学一做"学习教育和"两企"网格化联络对接服务周活动,局领导班子带头深入企业、农业科技基地进行实地走访,宣传科技政策,了解企业需求,切实帮助解决实际困难。(三)完成科技党政目标责任考核。紧紧围绕经济建设中心任务,全面落实党政科技进步目标责任制,积极推进"科技兴县"战略,进一步强化科技成果转化,不断促进产业结构调整和优化,科学技术在经济发展和社会进步中的作用日益凸显。(四)认真做好科技成果管理。完成2015年度全县高新技术企业、省级科技型中小企业、省农业科技企业所得税地方留成部分返还奖励和省级以上科研计划项目验收、省级研发中心的奖励、国家授权专利补助等,共兑现科技优惠政策资金达375.25万元;新登记、申报玩具类科技成果35项。

**【党风廉政建设】** 制定并实施《县科技局2016年党风廉政建设和反腐败工作实施意见》《县科技局2016年党风廉政建设主体责任和监督责任的实施意见》《县科技局"三重一大"事项集体决策制度实施细则(试行)》,严格执行廉政谈话制度,层层签订党风廉政建设责任书,落实好"一岗双责",切实加强廉政风险防控。深入开展"两学一做"学习教育,认真学习贯彻习近平总书记系列重要讲话精神,组织学习党章、准则、条例等党内法规,引导党员干部争做"四讲四有"合格党员。不断加强党的建设,积极创建规范化党支部,在2016年度"从严治党"主体责任考核中,县科技局的党风廉政建设工作得到县督查组的充分肯定。

(练永伟)

# 文化·旅游

## 文　化

**【概况】** 云和县文化广电新闻出版局(体育局)(以下简称县文广新局)内设机构4个,下属单位6个。至2016年末,全系统共有在职人员50人,其中:局机关7人,事业单位43人,具有高级技术职务资格9人,中级18人。

2016年,县文广新局在县委、县政府的正确领导和上级业务主管部门的精心指导下,坚持以科学发展观为统领,以建设文化强县为目标,以满足人民群众日益增长的精神文化需求为出发点和落脚点,进一步解放思想、改革创新、抢抓机遇、主动作为,各项工作有序推进,在创新实践中实现新突破,取得新进展。

**【坚持服务群众,提升文化品位】** (一)文化惠民力度不断加强。加强对文化馆、图书馆、文化站、体育馆、标准运动场的管理与维护,坚持免费对外开放。积极推进元和广场露天舞台、小剧院改造进度。大力推进全民阅读活动,完成自助图书馆项目建设,建成24小时市民书房自助图书馆。积极与全省公共图书馆联动,成功举办"图书馆之夜"大型系列活动。开展"2016年春泥计划"公益培训活动,为全县200余名农民工子女免费培训舞蹈、戏曲、主持等课程,不断深化文化成果的共享。(二)文化活动品质不断提升。承办和举办"归零翻篇开新局"专题文艺晚会、廉政文化专题晚会、建党95周年文艺晚会等大型文艺晚会12场。举办"乡村春晚"25场。开展送戏下乡105场,送电影下乡1800场,送书下乡1.8万册。同时,深入挖掘各乡镇(街道)文化特色及文化发展成果,立足民风民俗、群众需求,因地制宜开展文化活动,先后组织"多彩规溪　童话乐园"踏春赏花、云和梯田开犁节、石浦花海音乐节、安溪雪梨节、梯田尝新节等特色文化活动,让云和县原生态文化底蕴在精彩纷呈的文化活动中得到不断传承,并得以创新。(三)本土文化外宣不断推动。先后赴金华、嘉兴等地文化交流,全年共开展文化走亲活动16场。《福妈嫁囡》赴京演出荣获全国小戏小品曲艺大展优秀剧目金奖。《红色梅湾》参加浙江省第二届村歌大赛获表演、创作2个兰花铜奖。(四)文体产业融合不断深化。助力木玩产业发展,建立云和e创园"创客书屋"。打造更具文化味的民宿经济,建成"漫享云栖""茶舍生香""船帮驿站"等一批民宿书吧(图书流通点)。组织文艺小分队每周赴"天籁云和"景区演出,着力丰富旅游景区文化内涵,向各地游客展示云和文化魅力,全年共演出102场。组织浙江丹妮婴童用品有限公司、职技校"喜木郎"品牌玩具参加第十一届义乌文博会,不断提升云和县木玩品牌的认知度,扩大木玩文化对外影响力。坑根村穿越步道线路顺利通过验收,并获评全省体育旅游产业优秀项目。

**【坚持惩防结合,加强文化执法】** (一)加强机制建设,规范执法程序。切实做好G20杭州峰会保障工作,加强对重大节假日、重点经营场所及重点地段的执法力度。严格落实24小时值班制度,全年共出动执法人员467人次,检查各类经营场所657家次,立案12起,吊销2家网吧的网络文化经营许可证，以有力的执法行动为G20峰会保驾护航。建全网吧管理长效机制，推动云和县网吧全面转型升级，全县7家网吧全部转型为环境优美、洁净舒适的“网咖”，成为全市首个全面转型成功的典型。（二）加强监督检查，净化文化市场。建立扫黄打非联动机制，加强源头管理，会同有关单位认真开展户外电子屏幕等新媒体及非法地面卫星接收设施的整治。全年共开展“净网”“清源”“固边”“护苗”“清朗”等扫黄打非专项行动18次。积极推进扫黄打非“六进”工作，获评全省“扫黄打非”工作先进集体。坚持依法行政，做好文化、广电、新闻出版和文物领域的日常执法，加大对事前、事中、事后的监管力度，依法打击非法经营活动。（三）加强内部管理，确保安全播出。严格做好广播电视安保工作，强化平时安全播出管理，加强安全演练，多次对台、网的安保工作进行多角度检查。圆满完成“两会”“G20杭州峰会”等重点时段的安全播出保障任务。将应急广播管理纳入乡镇（街道）考核内容，强化乡镇（街道）管理责任的落实。

**【坚持抓实抓组，推进文化传承】**（一）找准载体，文物安全工作水平不断提高。顺利推进全国重点文物保护单位“云和银矿遗址”保护利用规划立项申报工作。完成省级以上文物保护单位“四有”档案编制工作，启动“横山周青瓷窑址”“林山下村双拱石拱桥”2处县级文保单位“四有”档案编制工作，并认真做好第七批省级文保单位的推荐申报工作。推进重点文物保护单位的安全防控系统建设，实施“黄绍竑公馆”“王家祠堂”等省级文保单位的“文物平安工程”。率先全市完成第一次全国可移动文物普查工作，共登录可移动文物345件。云和县可移动文物精粹图录《箬水遗珍》编辑定稿。开展“采真里”等全县重点项目建设改造范围内的文保单位保护工作。圆满完成石塘镇双港村夫人庙、紧水滩镇饭甑砻村平水王殿等文保单位（点）的修缮维护工作。（二）重视申报，强化非遗保护基地建设。八步洪拳入选第五批浙江省非遗保护名录；瓯江水上蛟龙节、云和讨火种习俗入选第六批丽水市非遗保护名录；公布第五批云和县非遗名录、第一批非遗代表性传承人。加强非遗基地建设，浙江新云木业集团有限公司（木制玩具制作技艺）入选第二批浙江省非遗生产性保护基地；赤石“云栖木屋”建立“宜蔚陶瓷”市级非遗体验点；元和街道包山村建立包山花鼓戏传承基地；中山广场建立传统戏剧广角。加强宣传力度，包山花鼓戏《大花鼓》获浙江传统戏剧展演展评活动“展演奖”；承办丽水市首届传统戏剧展演——包山花鼓戏专场，组织云和县首届传统戏剧培训班。深化“非遗进校园”活动力度。探索非遗制作技艺产业化，组织木制玩具创意作品《绽放》参加浙江省非物质文化遗产传统工艺品及衍生品优秀设计创意展。（三）亮点纷呈，古籍保护工作不断突破。着力加强地方文献资源建设，做好古籍保护宣传修复工作。全年共修复古籍189册。完成《云和县图书馆古籍普查登记图目》出版并举行首发式，共收录古籍1796条3258册，集中展示云和县古籍普查工作成果。云和县图书馆成为浙江省首家完成古籍图目出版的古籍普查单位。

**【坚持创新提升，促进体育惠民】**（一）抓品牌，宣传效应成效明显。积极主办、协办“庆三八”爬山比赛、俱乐部篮球赛等群众体育活动。组织开展长汀沙滩排球节、梅竹星空帐篷节、漂流畅游云和湖等系列“六边三化三美”户外运动活动，通过特色活动的举办，吸引游客，提升影响力。成功举办第五届云和湖垂钓节暨浙江省云和湖自然水域全国垂钓拉力赛，着力打造独具云和文化品位的户外专项项目，服务于乡村旅游发展。（二）抓项目，基础设施不断完善。积极推进全民健身文化中心项目招商工作，通过努力，成功引进该项目，填补了云和体育文化商业综合体产业的空白，满足了人民群众对体育运动、文化培训的需求。2016年，该项目已顺利通过“6+1+X”评审会评审。同时，积极推进游泳池、体育馆、体育场等体育场所的提升改造工程。(三)抓训练,竞技体育成效明显。坚持“体教结合”,科学布局业余训练基地,合理设置业余训练项目,挖掘、培养体育后备人才,提升青少年业训水平,促进竞技体育可持续发展。积极参加全市各项竞技比赛,并取得较好成绩。成功承办浙江省第九届中学生篮球联赛(初中男子组晋级赛)、丽水市青少年乒乓球锦标赛、丽水市青少年羽毛球锦标赛等赛事。

**【坚持“两学一做”,强化队伍管理】** (一)认真部署开展“归零翻篇开新局”主题大讨论活动。围绕“归零翻篇开新局 唱响文化谱新曲”活动主题,以查找短板、文体建设、发展定位等内容分别开展“查找短板篇”“干在实处篇”“走在前列篇”3次集中座谈讨论活动。通过讨论、走访、座谈等形式,把全体干部职工的心、气、神凝在一起,合在一块。(二)扎实推进党风廉政各项工作。抓好党风廉政建设、机关作风建设、政风行风建设,不断提升机关效能。召开党风廉政建设工作会议,对推进党风廉政建设和反腐败工作进行部署,层层签订《党风廉政建设责任书》,对党风廉政建设责任进行分解,做好重点领域的“保廉、促廉”工作,切实增强领导干部廉洁自律意识。(三)加强文化人才队伍建设。扎实推进学习型组织建设,不断提高班子成员和干部职工理论水平、服务水平、执政能力和综合素质。积极开展“两学一做”学习教育,优化党的基层组织建设。初步拟订“文化匠人”工作室建设方案,积极争取对文化人才必要的政策扶持,为文化人才队伍发展创造良好的发展环境。

(廖和燕)

## 广播电视

**【概况】** 云和县广播电视台(以下简称县广播电视台)系县委、县政府直属事业单位,共有人员编制(事业)44名。至2016年末,全台总人数54人,其中在编人员42人,中层干部9人。内设办公室、总编室、新闻部、制作部、技术播出部、广告部6个部室。自办节目有:《云和新闻》、手语新闻《新闻周报》、电视专题《云山箬水》栏目、法制类方言节目《老王说法》、农业科技电视专题节目《星火科技》、电视剧节目《周末剧场》、少儿栏目《木娃娃》。广播自办节目有:《云和新闻》和《农民之友》。2016年3 月,正式开通微信公众号“云和电视台”。

2013年4月,根据省委、省政府和市委、市政府的统一部署,云和县全面完成“一省一网”整合发展任务,成立云和县华数广电网络股份有限公司(简称云和华数),成为浙江华数广电网络股份有限公司(简称浙江华数)全资子公司,原县有线电视台的24名事业人员平稳分流到云和华数。至2016年末,云和华数共有员工50人,企业运营情况良好。

**【新闻宣传】** 坚持正确舆论导向和“三贴近”原则,紧贴县委、县政府中心工作,开设专栏,加强策划,切实提升宣传效果。(一)开设专题专栏,突出主题宣传。2016年,先后在《云和新闻》节目和《云山箬水》专题节目中开设“归零翻篇开新局”“两学一做”“六边三化三美”“五水共治”“党建”“三改一拆”“爱心圆梦励志学子”“平安云和”“不文明曝光台”“推进全民创业”“护航G20”“重点工程”“绿水青山就是金山银山”等30多个新闻专栏,切实发挥媒体“主流引导”的核心作用,倾力服务县委、县政府工作大局。(二)关注民生民意,增强宣传效果。投入大量人力物力,对县人大、政协“两会”等重大会议进行全程翔实的报道;对“云和梯田”开犁节等重大节庆活动,精心组织策划,积极与省、市媒体合作,全面做好节前、节中、节后的宣传报道,营造浓厚的喜庆氛围。全年共完成重大会议和节庆活动现场直播2场次,全场录制16场次。同时,完成县委组织部电教中心《云和老雪梨》6集系列专题片、县委宣传部《口述历史 云和抗战档案》纪录片(上下集)等12个专题节目的拍摄制作。(三)深入基层采访,丰富节目素材。根据栏目定位,深入农村,走进“三农”,结合季节变化和党对农村的扶持政策,适时拍摄制作农业农村时令节目。2016年,先后完成《蓝孔雀养殖的美丽"钱途"》《绒山羊养殖促增收》《云和湖冬季大网捕鱼》《90后小伙扎根深山养甲虫》《"IT"男成功变身为"农民"》《云和县生态农产品亮相省城杭州》《探访瓯江古村——长汀村》《体验小顺景区 感受烽火岁月》《紧水滩石浦花海成长记》《走进美丽畲乡村落——黄处村》等13个专题节目。(四)实施精品工程,节目创优见成效。2016年,县广播电视台拍摄制作的《云和师傅走天下》系列片获"2015年度全国优秀课件党教片二等奖"。这是县级电视台作品首次在全国获奖,也是丽水市首个获此殊荣的作品。该系列片被中共中央组织部"共产党员网"收录为地方特色教材,并面向全国公开展播。团队奖项方面,先后获丽水市广播新闻协作先进单位三等奖,丽水市电视新闻协作先进单位二等奖、县安全生产目标管理责任制考核良好单位,2015年度县妇联系统先进集体。栏目奖项方面:《木娃娃》栏目获2015年度浙江省政府奖少儿节目类三等奖,丽水市一等奖;纪录片《战时省会烽火云和》获2015年度浙江省政府奖长纪录片类三等奖,2015年度丽水市广播电视政府奖长纪录片一等奖;《云山箬水综合版》获2016年度县优秀宣传作品评比一等奖。作品奖项方面:长消息《17岁"信义孤儿"叶石云拾荒6年替父还债》获2015年度丽水市新闻类一等奖;《空闲农房"二次创业"唤醒乡村沉睡资源》获2015年度丽水市新闻类三等奖;长消息《石塘镇推出"垃圾兑换超市"换出洁净家园》获2015年度丽水市新闻类三等奖;新闻专题《跨村联调促和谐》获2015年度丽水市新闻类三等奖;电视艺术片《云和湖秋韵》获2015年度丽水市广播电视政府奖三等奖。此外,新闻《云和少年叶石云》还登上中央电视台新闻频道"新闻周刊"栏目。

**【事业建设】** (一)云和华数连续四年完成各项目标考核任务。2016年,云和华数经营效益良好,实现营业收入1576.29万元,比2015年增长29.6%,实现利润总额-393.62万元,比浙江华数下达的经营利润目标-458万元减亏64.38万元;集客业务收入649.18万元,其中Ict监控收入455.27万元,新业务收入占总收入的42%,在全省子公司新业务发展排名中名列前茅;固定资产原值达3383.31万元,比2015年增加47.2万元,在建工程投资303余万元,企业员工工资福利待遇稳步增加。至2016年末,云和华数共有数字电视用户26037户,宽带总用户1947户。(二)改革工作不断推进,网格化管理全面铺开。加强对云和华数的领导与改革力度,从传统的市场管理模式转变为网格化管理模式,通过人员重新双向选聘、中层管理人员竞聘上岗、建立考核奖惩机制等措施,最大限度地调动员工的积极性。(三)全面完成中央广播电视节目无线数字覆盖工程。实现中央12套电视节目(分别为中央电视台第1、2、4、7、9、10、11、12、13、14、15、16套节目)和省、市、县第一套节目(浙江卫视、丽水综合、云和本地节目)的无线数字化。彻底改变以往广播电视无线发射节目少、图像质量差等状况,使全县电视观众能免费收看到中央、省、市、县15套优质数字电视节目。(四)人员队伍进一步稳定。"台网分离"改制后,县广播电视台不断加强干部职工的学习教育,充分发挥党组织和工青妇组织的作用,统一干部职工思想认识。同时,以市场为导向,以效益为中心,积极开展绩效考核,改变过去"要我干"为"我要干"的局面,实现企业效益与职工收入同步增长。

**【安全播出】** 新闻宣传是党和政府的喉舌,广播电视节目的安全播出事关舆论引导。为保证广播电视各类宣传节目的安全播出,县广播电视台建立严格的新闻、专题、广告、外来片源等节目安全播出审查、审片制度体系,切实提高各类节目安全播出的保障能力。同时,积极组织开展广播电视非法插播演练,让员工进一步熟悉和掌握应急预案及操作流程,增强各部门应付和处置突发事件的本领,提高保障安全播出工作的能力和水平,确保安全播出零事故。

（项丽欢）

## 风景旅游

**【概况】** 2016年，云和县旅游委员会（以下简称县旅委）在县委、县政府的正确领导下，坚定不移地走“绿水青山就是金山银山”绿色生态发展之路，创新举措，狠抓落实，旅游产业实现快速健康发展。2016年，全县实现旅游总收入25.26亿元，同比增长25.11%。

**【旅游实体】** 2016年，全县两个AAAA级景区（梯田景区、仙宫景区）的游客接待量迅猛增长，其中：梯田景区实际购票游客达23.21万人次，同比增长123.17%，营业收入1264.6万元，同比增长93.93%；仙宫景区实际购票游客9.08万人次，同比增长25.41%，营业收入452.13万元，同比增长17.55%。星级酒店共接待游客15.98万人次，同比增长23.80%，营业收入3509.4万元，同比增长3.56%，其中：客房收入1733.2万元，同比增长4.3%；餐饮收入1710.45万元，同比增长0.66%。

**【全域旅游】** 成立全县农旅融合工作领导小组及其办公室，统筹协调县农业、林业、水利等部门推进全县农旅融合工作。8月，县委出台《中共云和县委 云和县人民政府关于加快旅游产业发展的实施意见》（云委发〔2016〕34号），确定每年安排旅游专项资金3000万元，用于旅游市场营销、旅游规划、旅游人才培训、旅游商品开发等领域的扶持和奖励，有效弥补旅游事业发展的政策短板，为全域旅游发展奠定有效的政策基础。12月，县委办、县府办联合下发《云和县推进全域旅游发展工作实施方案》（云委办发〔2016〕90号），明确云和全域旅游未来五年的发展方向，并成立由县委书记、县长担任组长的云和县推进全域旅游发展工作领导小组（下设办公室和17个专项组），统筹推进云和县全域旅游各项工作。

**【项目建设】** 2016年，共完成项目投资6.03亿元，完成年度投资计划的100.8%。（一）旅游规划。编制完成《云和梯田旅游度假区概念性规划》，基本完成《云和县乡村旅游规划》编制，《云和湖省级旅游度假区总体规划》正对接省级审查，《环云和湖绿道规划》已委托编制，《金水小镇专项规划》已完成初审，《观云索道项目规划》处于论证阶段，“十里云河”沿线的规溪、长汀、石浦等景点的规划尚在进一步完善。（二）项目前期。金水小镇区块近400亩已完成界限定位和测量，结合危旧房拆除，彻底理清该区块所有问题；三潭及沿库土地确权已拿出可行性方案；定格动漫区块土地确权和规划已调整到位；聚仙岛项目土地指标正在落实；梯田停车场、栈云山庄等项目的前期工作已全部完成。（三）在建项目。梯田景区方面，总投资2680万元的坑根精品民宿群和总投资2000万元的柳山头民宿群项目快速推进，将形成一个含300张床位的特色民宿村落；梯田大道、栈云山庄等重点项目扎实推进，坑根—梅竹桥梁提升工程基本完成，吴坪观景台、露天影院投入使用，梯田景区的营业收入首次突破千万元大关。仙宫景区方面，智慧旅游项目正式投入使用，大穿越项目完成提升改造。赤石景区方面，跨湖大桥工程完成部分基础施工，景观房产项目完成土方平整。省级旅游度假区方面，“十里云河”水上巴士正式开通，沿线环境整治工作基本完成，撬动长汀沙滩、石浦花海等景点的快速发展；养生文化村霞晓桥区块一期8幢养生公寓主体已结顶，宾馆内部装修正加快推进；大徐北区块（60亩）27幢养生房产主体工程进入外立面装修阶段。全县新建、改扩建旅游厕所7座。

**【招商引资】** 以创新融资方式为动力，重点和中景信、海南蜈支洲等旅游投资集团进行对接，就金水小镇项目的融资问题与金融机构签订融资协议，融资额度为项目投资额的70%，年利率4.9%，融资金额4.2亿元。与浙大农科所进行合作的五彩稻米已正式上市，受到市场的普遍欢迎；与杭州定格动漫文化有限公司达成总投资1.8亿元的

《定格动漫文化产业基地项目合作开发协议》。成功引进旅游购物点1家,面积1000平方米以上;与浙江中创旅游开发公司达成成立云和云游旅行社的合作协议。此外,清水湾温泉度假酒店、聚仙岛旅游综合体项目达成合作协议,总投资分别达到2.5亿元、3亿元。

**【旅游营销】** 改变以往以“形象宣传营销”为重点的旅游营销模式,更为务实地与各地旅行社直接对接,借力撬动新兴市场。4月开始,游客接待量呈现几何式增长,其中,苏南市场营销成果突出,累计接待苏南市场游客24578人次,同比增长256.05%。同时,积极开展精准营销,以做大增量为目标,充分利用大数据分析手段,完成梯田景区车辆识别系统设置工作,进一步锁定客源地市场并跟进营销。

**【行业管理】** 完成“1+3”旅游综合执法模式改革,景区派出所、旅游市场监管所、旅游巡回法庭组建到位;强化部门联合执法,深入开展“护航G20·平安夺金鼎”等专项行动,旅游安全生产工作成效明显,全年未发生各类重大旅游安全生产事故;加强旅游人才培训,全年共培训各类旅游人才6726人次,其中培训导游人才1400余人次。

(胡君鸿)

# 卫生·计划生育

## 卫生和计划生育

**【概况】** 2016年，云和县卫生和计划生育工作以提升县域医疗卫生服务能力、创建省级卫生应急示范县和贯彻落实计划生育基本国策为抓手，以完成市政府下达的年度目标管理考核责任为目标，开拓进取，逐步破解制约卫生计生事业发展体制机制问题，推动卫生计生事业持续稳步发展。2016年，云和县成功创建浙江省卫生应急示范县，并被省政府评为“2012—2015年度无偿献血先进县”；云和县人民政府获评“丽水市2016年度人口计生工作优胜单位”。

至2016年末，全县共有医疗卫生机构97家，其中民营医院3家；卫技人员942人，执业（助理）医师364人，注册护士386人，药师50人，乡村医生43人；核定住院床位480张，其中民营医疗机构拥有床位100张，实际床位数545张，每千人拥有住院床位数4.85张。

全县当年上报出生人口1263人，计划生育率98.97%（指标值96%以上）；卫生国统报表出生人口性别比为106.6，近五年均值为105.5（指标值103—107）；国家免费孕前优生健康检查目标人群覆盖率83.46%；县级财政投入人口计生工作经费1154万元，同比增幅3.64%，高于同级经常性财政收入增长幅度3.14个百分点。2016年初，人代会通过的经常性财政收入增长比例为0.5%。

**【深化医改】** “双下沉、两提升”工作继续推进，省新华医院、市人民医院与2家县级公立医院的全面托管合作办医模式继续深化，并取得明显成效。2016年，2家县级公立医院先后开展16项新技术、新项目，医疗服务能力进一步增强。县中医医院积极引进社会资本开展合作办医，拟与华东宁波医药有限公司成立浙江“云和中医”健康产业有限公司。依托县级医院技术力量，成立县域内第一个医技诊断中心——影像诊断中心。

**【中医药工作】** 基层中医药服务网络基本建成，有80%的乡镇卫生院、100%的社区卫生服务中心设置中医科和中药房，并开展中医药服务；65%的社区卫生服务站和村卫生室能够提供中医药服务。县中医医院被市中医医院纳入中医适宜技术推广联合基地，成为云和县培养中医药人才的主要基地。县级2家医院大力推广中医护理技术，受到患者的一致好评。积极推进中医药进乡村、进社区、进家庭“三进”活动，中医药文化知识基本普及全县各行政村（社区）和家庭。建立云和县第一个基层医疗机构中医馆——白龙山街道社区卫生服务中心中医馆。

**【队伍建设】** 一方面，注重医学人才培养。引进招录、定向培养卫计专业人才共59人；云和县首个院士专家工作站——段树民院士工作站落户云和县人民医院，使该院在神经学领域方面研究得到技术上的提升和突破；成立全县卫计人员技能培训中心，解决基层医疗机构“人才带教”瓶颈问题；高层次人才工作进一步推进，1人荣获浙江省优秀基层医师，3人荣获第二届绿谷名医、名护士，7人荣获绿谷医坛新秀培养对象，4人取得正高级专业技术职称，8人取得副高级专业技术职称；举办9项市级继续教育学习班，协办国家级、省级继续教育各1项；完成县级科研项目6项、市级科研项目3项。另一方面，强化乡村基层计生队伍建设。将基层卫生信息员和计生服务员整合为卫计服务员，并严格规范选配工作；择优聘用185名村级卫计服务员，在组织在县委党校开展全县卫计服务员能力测试和岗前业务培训，做到人人持证上岗；卫计服务员的报酬，实行"分类管理"和"绩效浮动制"。继续开展基层卫计干部"素质提升培训工程"，全年共组织150人赴省培训中心参加培训。继续落实乡镇(街道)计生办负责人享受副科级经济待遇和10周年以上计生专干奖励政策。2016年，共有5位乡镇(街道)负责人享受这一(副科级)经济待遇，1名卫计专干被提拔为副科级干部，2名计生专干优先列入县后备干部人才库，10名基层卫计工作者受到"云和县十大感动人物"表彰，基层卫计队伍继续保持稳定。

**【基层卫生】** 完成省级卫生应急示范县创建并命名，崇头镇中心卫生院被命名为国家群众满意乡镇卫生院，石塘镇卫生院等5家乡镇卫生院成功创建乙等卫生院。基本公共卫生服务项目质控体系逐步完善，服务质量稳步提高。注重基层医疗机构服务能力建设，开展岗位练兵和技能竞赛活动。启动以开通住院功能等10项具体指标为重点的中心镇卫生院服务能力三年期项目建设。稳步推进责任医生签约服务工作，全县基层医疗机构累计签约率达20.79%。

**【疾病控制】** 2016年，传染病网络报告法定传染病14种657例，报告发病率为584.33/10万。全年无突发公共卫生事件报告，无甲类传染病报告，无手足口病重症病例和死亡病例报告，未发现狂犬病病人。结核病、艾滋病、麻风病、鼠疫监测等重点传染病防控工作有序开展。全县儿童免疫规划内，本地儿童各疫苗接种率全部保持在90%以上。按要求落实地方病、病媒传染病和寄生虫病防治。完成规范化卫生应急洗消中心建设和县域疫苗冷链安全预警平台建设，健全与推进疾控工作5S管理。

**【妇幼保健】** 完成县妇幼保健计划生育服务中心整体搬迁，新场所占地面积3675平方米，业务用房面积4463平方米，总投资1184万元。妇幼卫生服务指标稳步提高，住院分娩率100%，孕产妇死亡率为零(全县已连续17年无县管孕产妇死亡)，婴儿死亡率5.31‰，5岁以下儿童死亡率7.44‰。完成宫颈癌筛查3100例、乳腺癌筛查900例，农村孕产妇住院分娩补助764例，叶酸服用率98.48%，孕产妇艾滋病、梅毒、乙肝检测率100%，规范驱梅毒治疗率100%，艾滋病感染孕产妇及所生儿童母婴阻断干预率100%。

**【卫生监督】** 打击非法行医，开展医疗机构依法执业等日常监督检查和母婴保健技术服务监督、传染病防治监督、医疗废物处置、职业健康检查机构监督等专项执法检查，办理(含新办及变更)民宿以及县城公共场所卫生许可证112件。组织开展3d电影院卫生监督集中行动和游泳场所夏季保健康"健康卫士"二号专项行动，全面推进公共场所卫生重点监督检查和公共场所量化分级管理。全覆盖推广《社区生活饮用水卫生检测示范项目》，建立生活饮用水检测示范点现场检测和结果公示制度。推进水厂开放日活动，持续开展"校园卫生安全健康行动"，学校教学卫生监督检测率达100%。《云和县安溪畲族乡中心学校教室照明不符合国家标准案》荣获"浙江省卫生计生监督执法十大案件"称号，并入选国家精品案例。"钉钉"移动办公试点工作全面启用，率先从"数字卫监"向"智慧卫监"逐步转变。

**【爱国卫生】** 成功创建省级卫生乡镇2个(紧水滩镇、安溪畲族乡)，市级卫生乡镇4个(崇头镇、石塘镇、赤石乡、雾溪畲族乡)。至2016年末，全县168个行政村中，已创建省级卫生村38个，创建率达22.49%；市级卫生村59个，创建率达34.91%；县级卫生村111个，创建率达65.68%。同时，成功创建省级卫生先进单位47家，无烟单位42家，省健康促进学校金牌2所(江滨小学、云和二中)、银牌4

所(县实验小学、云和三中、云和中学、县职技校)、铜牌2所(梅源小学、城西小学)。

【计划生育】 积极稳妥实施“全面两孩”政策,全面推行生育两个以内(含两个)孩子夫妇的生育登记服务制度。加强出生人口的监测预测,出生人口稳步增加,没有较大幅度的人口变动。加强计划生育正面宣传,在全市率先开展贯彻落实中央决定等情况的专项督查。同时,利用“周一夜学”等载体,大力开展计划生育基本国策教育;利用“云和发布”等平台,做好政策解读。按照“老人老办法、新人新办法”原则,做好新旧政策的衔接,全面落实法律法规规定的计划生育奖励、扶助政策。以构建“政府主导、部门支持、社会关爱”的计划生育利益导向工作协作机制为重点,整合部门资源,全面落实法律法规规定的利益导向政策,并追加独生子女家庭和特扶家庭意外伤害保险经费30万元,拓宽受益范围,提高赔付金。2016年,共落实各类计生奖扶资金152.31万元,1041人受惠。持续推进省级流动人口规范化服务中心建设,切实加强流动人口计划生育服务管理,重新梳理卫生计生基本公共服务事项,逐步实现基本公共卫生计生服务全覆盖。结合“全面两孩”生育政策,在全市率先推动新一轮计生村规民约的修订,并建立与新《中华人民共和国人口与计划生育法》、省条例相衔接的村级计生利益导向机制和优惠措施。探索基层计生目标责任制绩效管理工作机制,基层基础日益夯实。建立党委政府领导、部门协同的工作机制,有效地遏制出生婴儿性别比偏高趋势。统一规范全县卫生计生行政处罚、行政许可、行政确认、行政征收等行政执法,做到执法主体合法、执法程序规范、执法依据正确,坚持依法行政、文明执法、公正执法,全年未发生因违法行政引发的干部群众伤残、死亡和国家、集体、公民个人财产受到严重损失或造成恶劣社会影响的重大案件,未发现违规收费现象。

(严　沁)

## 红十字会

【概况】 2016年,云和县红十字会积极把握全面深化改革和全面推进依法治国的有利契机,按照“夯基础、促规范、抓重点、求实效”的工作思路,明确工作重心,找准自身定位,大力弘扬“人道、博爱、奉献”的红十字精神,积极开展“三救、三献”工作,充分发挥红十字会在人道领域的积极作用。

【宣传传播工作】 以“博爱周”为契机,构建红十字事业“全方位、多层次、立体化”的宣传格局,推动云和县红十字事业的发展。(一)开展以“红十字:处处为人人”为主题的红十字“博爱周”系列宣传活动。开展广场集中宣传活动,提高红十字会工作的社会知晓率;开展“5·12”防灾减灾日活动,增强市民防灾减灾意识;举办应急救护培训班,助力木制玩具企业安全生产;开展汛后走访慰问工作,彰显红十字人道力量。(二)及时上报工作动态,利用新媒体进行宣传。在微信、微博等新媒体上发布工作动态、急救知识、救助情况等相关信息;加强与当地媒体联系,组织采编采访,并积极向省市红十字会上报工作信息,取得良好的宣传效果。

【救灾救助工作】 始终将“动员人道力量,改善最易受损群体境况”作为红十字会工作的出发点和落脚点,做好救灾救助工作。春节期间有序开展“博爱送万家”活动,汛期密切关注汛情,全年针对重病致困、意外事故致困等重特大困难户开展救助行动,帮助困难群众解决实际困难,使群众感受到党和政府的关怀与温暖。2016年,共走访慰问全县范围内因突发事件导致生活困难、急需救助的城乡低收入生活困难家庭270余户,发放救助款、生活物资(棉被、大米、食用油等)共计93459.1元。同时,通过县统一招投标的形式,依法独立设置云和县红十字会捐赠账户,并在微信、微博上予以公示,使民众捐赠更加公开化、透明化。

【应急救护培训】 加强与企业、学校、乡镇(街道)、村(社区)的联系,重点对企业员工、学生、救援队队员、乡镇工作人员开展应急救护培训。积极推广“红十字急救”掌上学堂手机应用APP,让群众随时随地学习急救知识。借助“周一夜学”平台,将急救知识纳入乡镇(街道)“周一夜学”学习内容,以增强乡镇干部、村党员在应对突发事件时的自救互救能力。同时,秉着为企业服务的态度,以提高企业员工自救互救能力为目的,与县工业园区管委会联合发布《关于举办2016年企业员工应急救护培训班的通知》。2016年,共举办培训班(讲座)22场,完成取证培训289人,群众普及培训900余人。

**【红十字青少年】** 与县职技校、赤石小学等中小学联合开展红十字青少年应急救护技能培训及防灾避险知识竞赛,200余名中小学生参加普及培训和全国青少年自救互救知识竞赛。红十字青少年活动的开展,不仅使学生了解和掌握红十字基本知识,也提升学生的应急救护能力和安全意识,更是以此为契机,让更多的学生充当急救知识和红十字精神的传播者,让更多的人了解和加入红十字志愿者队伍。

**【生命关爱工作】** 准确定位、明确目标,加强重点宣传和动员。组织工作人员与志愿者积极配合血站工作,并借此机会开展造血干细胞和遗体(器官)捐献相关政策知识宣传活动,以此推动全县“三献”工作有序开展。2016年,共有19份造血干细胞捐献志愿者资料入库,顺利完成全年入库指标。同时,加大遗体(器官)捐献的宣传力度,在县人民医院ICU病房、急诊室等门口摆放宣传展板,加强对重点人群的宣传。

**【大型义诊活动】** 协助市红十字会、处州晚报、市人民医院等单位在中山社区开展“健康大篷车”大型义诊活动,300多位云和市民免费看上市级医院的“专家门诊”,让群众在家门口享受到优质的医疗服务,解决服务群众“最后一公里”问题。

**【主题教育活动】** 深入开展“归零翻篇开新局”主题大讨论活动,认真查找红十字会工作发展短板,针对查找出的发展短板,认真分析研究,创新服务方式,变被动为主动,对基层组织进行专题走访调研,与相关领导沟通联系,逐步完善相应的工作管理机制。同时,深化党内教育,按照县委关于“两学一做”学习教育实施方案要求,重点开展好“八个一”活动,促进各项工作落实。

(吴伟利)

# 社会生活

## 关心下一代工作

**【概况】** 2016年，云和县关心下一代工作委员会（以下简称县关工委）在县委、县政府的正确领导和市关工委的关心指导下，全面贯彻落实中共十八大和十八届三中、四中、五中、六中全会精神，深入学习贯彻习近平总书记系列重要讲话精神，以社会主义核心价值体系建设为主线，以加强青少年思想道德建设为核心，按照年初制定的工作目标，结合工作实际，充分发挥“五老”的优势和作用，运用多种形式，加强对青少年思想道德教育，积极开展有利于青少年健康成长的各类实践活动，为青少年办实事、办好事，在引导青少年健康成长方面做了大量卓有成效的工作。

**【全县关心下一代工作会议】** 4月26日，全县关心下一代工作会议在县政府第四会议室召开，县委常委、组织部长叶石玄仙，县人大副主任、关工委主任黄文伟，副县长林莉等领导出席会议。会上，副县长林莉组织大家学习习近平总书记在全国关工委成立25周年之际的重要指示。黄文伟代表县关工委作工作报告，总结2015年工作，对2016年工作进行部署。县委常委、组织部长叶石玄仙在大会作重要讲话，充分肯定云和县2015年关心下一代工作，就新常态下如何做好关心下一代工作强调三点意见。副县长林莉要求各部门、各级关工委要贯彻落实好会议精神，切实把2016年关心下一代工作落到实处。

**【青少年思想道德教育】** （一）组织开展革命传统教育和爱国主义教育。3月29日至4月1日，县关工委联合县教育局，组织县城8所学校的3000多名学生代表，在新建路革命烈士纪念碑和太阳山烈士墓开展祭扫活动，通过敬献花圈、默哀、学习烈士生平事迹、唱少先队队歌、宣誓等方式，表达对革命烈士的敬仰之情，进一步激发和鼓舞广大中小学生的爱国之志，增强学生们的历史使命感和民族责任心。此外，县关工委还联合有关部门，印制出版《抗战文化》《云和县妙严寺“劫难碑”揭碑典礼集锦》2本画册，进一步丰富青少年爱国主义教育教材，让全县青少年更加了解云和抗战文化，更加热爱家乡。（二）充分发挥“少儿之家”的作用，关注青少年成长。2016年暑假，县关工委根据工作实际，结合“春泥计划”，开展青少年暑期教育活动，扎实推进农村未成年人思想道德建设，切实做好暑期防溺水工作。活动形式多样、健康有效，让广大学生度过一个“平安、文明、快乐、充实”的假期。（三）开展“学两史，争做三爱少年”主题教育活动。9月21日至10月18日，县关工委联合县教育局，在全县11所中小学开展“学两史，争做三爱少年”主题教育活动，通过巡回宣讲的形式，把学习“党史、国史”活动与“爱学习、爱劳动、爱祖国”教育活动结合起来，引导青少年熟读历史，了解共产党领导全国各族人民建设现代化国家的光辉业绩，从而懂得感恩社会、感恩国家、感恩父母、感恩他人。积极发挥“五老”优势，用他们的亲身经历感染青少年，用改革开放的伟大成就激励青少年，使青少年不断坚定道路自信、理论自信、制度自信。（四）开展青少年法制教育宣传月活动。为进一步推进青少年法制宣传教育的深入开展。县关工委联合县司法局、县教育局和县普法办，在全县中小学开展"珍爱生命，文明出行"道路交通安全宣传活动，通过向各中小学赠送《道路交通安全读本》、组织金点子创意征文大赛等形式，积极引导青少年自觉遵守交通规则，提高他们在道路交通安全中的自救自护、应急避险能力和法律意识。

【帮困助学工作】 2016年，县关工委创新工作机制，整合各界力量，积极宣传发动，得到社会各界的积极响应，帮困助学活动深入人心。先后开展"快报助力高考""圆梦励志学子"大学新生阳光助学行动等一系列助学活动，推动帮困助学工作深入开展。2016年，县关工委共帮助困难学生289人，发放助学金总计74.5万元，其中大学生114人(包括历年结对)，中学生90人，小学生85人。

【网吧义务监管】 2016年，为深入开展网吧义务监督工作，净化社会文化环境，努力减少和杜绝未成年人上网吧等不良行为，"五老"网吧义务监督员冒严寒、顶酷暑，对县城各网吧进行不定期巡查，劝止未成年人上网吧行为，配合有关部门对未成年人进行宣传教育，共同营造良好的文化环境。2016年，"五老"网吧义务监督员共出动巡查725人次，检查网吧369家(次)，劝退未成年人81人次。

【科技下乡工作】 充分利用"双百"活动平台，发挥科技咨询委老同志的优势和作用，根据实际情况，开展专家义务指导工作。2016年，县关工委共组织科技专家集中下乡指导2次(分别为云和县大田水果专业合作社、赤石乡张源头甜橘柚基地)，为农村青年科技创业做好技术指导和服务工作，树立农村科技示范户，促进农村科技创业奔小康。同时，争取在巩固原有的3个示范基地(云和县大田水果专业合作社、云和县清江生态龟鳖养殖专业合作社、云和县上品果业专业合作社)的基础上，创建新的示范基地。

【"归零翻篇开新局"大讨论】 根据《云和县"归零翻篇开新局"主题大讨论活动专题学习讨论实施方案》(云活动办发〔2016〕7号)的统一部署，开展"归零翻篇开新局"主题大讨论活动，并组织全体人员进行蹲点调研，深入查找短板。同时，针对性提出整改措施，制定长效机制，确保短板问题得到有效解决。

【其他工作】 5月27日，县关工委联合县人防办一起到石塘镇下坑村开展清扫活动，打扫道路320米、河道350米，清运垃圾2车，清除杂草4处，收集废弃农药化肥袋28只，清理乱堆物体4处。10月8日，县关工委成立25周年，为答谢"五老"人员对关心下一代工作的大力支持，特在老年节到来之际，组织"五老"人员在县人大会议室召开座谈会，祝贺云和县关工委成立25周年，并为老干部们送去节日的问候。11月24日，县关工委主任童少锋、办公室主任黄蔚芳一行前往杭州，分别走访都市快报、杭州米格尔电子有限公司等爱心企业和有关爱心人士，向他们赠送爱心助学匾牌，并代表受助学生向爱心企业和爱心人士致以崇高的敬意和衷心的感谢。12月，对全县基层关工委领导班子及成员进行调整和充实，进一步健全组织机构。

(吴丽亚)

## 民　政

【概况】 2016年，云和县民政局在县委、县政府和上级民政部门的正确领导下，坚持以科学发展观为指导，深入贯彻落实中共十八大和十八届五中、六中全会精神，紧紧围绕县委、县政府"五大攻坚行动""归零翻篇开新局"主题大讨论活动和国家、省、市、县《民政事业"十三五"规划》要求，坚持"以人为本，为民解困、为民服务"的宗旨，切实履行"解决民生、落实民权、维护民利"的核心职责，真抓实干，务实进取，全力推动民政事业全面发展，各项工作都取得可喜成效。

【民政项目建设】 2016年，全力推进7个省、市、县民生重点建设项目，顺利完成县养老综合福利中心项目、县老年综合活动中心(老年大学)一期工程、县社会公共综合服务中心装修改造工程、县殡仪馆改造扩建工程主体工程建设;积极谋划县社区老年公寓项目、县太阳山生态公墓桑后湾墓区(一期)工程、县中心敬老院改造和特护楼新建工程。

**【社会救助】** (一)扎实开展"支出型贫困救助试点"。立足云和实际,积极探索实践,认真总结经验,为全市支出型贫困救助提供工作经验。(二)积极探索"省赡养费核定试点"工作。出台《关于在全县开展社会救助赡养费核定试点工作的通知》(云政办发〔2016〕131号),明确核定标准、确定赡养费计算公式、简化核定方法、强调严明责任。通过进村入户调查、排摸、民主评议,将全县困难老人家庭130户261人全部纳入低保救助。(三)继续推进"全国救急难综合试点"工作。不断加强相关救助制度的有效衔接,统筹发挥各项制度的功能,形成"救急难"合力。2016年,共救急解难191例,发放救助金105.47万元。(四)最低生活保障工作有序推进。完成医疗救助核对408户1623人,低保救助核对1911户 5552人,低保边缘家庭1649户5240人,公租房1405户4136人,其他救助5户16人;低保标准从552元/人·月提高到608元/人·月,增幅10.14%;全县低保对象为1969户3635人,占比3.21%。累计发放低保救助金1423.71万元(其中物价补贴42.23万元)。(五)认真落实各类救助政策。累计发放五保人员供养资金268.95万元;医疗救助1383人次,发放救助金609.66万元;救助、慰问临时困难群众家庭1468户次,发放救助金214.35万元;发放受灾群众生活困难救助资金75万元;支出流浪救助资金31.6万元,重性精神病人救治82人次,支出51.11万元;困难儿童救助122人,发放救助金78.54万元;助学救助488人次,发放助学金24.98万元;其他救助66人,发放救助金16.2万元。(六)扎实做好防灾减灾演练和宣教工作。5月12日,联合县人防办、县科技局(地震局)与9个社区在中山广场开展"防灾减灾日"宣传活动,进一步提高广大市民的防灾减灾意识。

**【优抚安置工作】** (一)努力做好优抚工作。发放优抚对象抚恤和生活补助744人次,金额392万元;发放重点优抚对象医疗补助423人次,金额48万元;发放141名现役军人家属优待金180万元、38名立功受奖现役军人奖励金1.3万元、36名大学生奖励金18万元,并组织25名重点优抚对象赴省荣军医院短期疗养。(二)提高退伍安置水平。发放2015年冬季退役士兵自主就业一次性经济补助51人次,金额107.2万元;接收退役士兵44人,安置转业士官15名。扎实开展退役士兵教育培训活动,为42名退役士兵举办职业技能培训。(三)扎实开展双拥工作。春节、"八一"期间,走访慰问驻云部队官兵、离退休干部及光荣院孤老复员军人,送去慰问金及慰问品共计22万余元;慰问困难退伍军人39人次,发放慰问2万元、年画7000幅;顺利完成清明节、"9·30"公祭日缅怀烈士活动。

**【社会管理创新】** (一)创新城乡社区治理。开展幸福社区试点创建工作,选取浮云社区(同心花园)、大坪社区(金丰嘉苑)作为幸福社区创建的试点社区,通过"1+8+X"方案实施,构建社区党组织、社区居委会、业委会、物业服务企业和社区志愿者"五位一体"的幸福社区综合治理格局。出台《云和县加强社会工作专业人才队伍建设实施办法(试行)》,加强社会工作人才政策扶持。成功创建城乡社区服务中心示范点12个。(二)激发社会组织活力。开展社会组织公益创投项目,出台《云和县社会组织培育发展专项资金管理办法》,进一步规范专项资金使用要求;召开全县社会组织工作暨业务培训会议,提高社会组织管理水平和服务能力;新登记成立社会组织23家,其中民办非企业单位8家,社会团体15家;提升96345社会公共服务中心服务水平,全年共受理电话7087个,办结率100%,回访满意率99.97%。(三)深化"三社联动"工作。开展社会工作案例评选交流活动,面向社区、社会组织征集案例20篇;积极申报"播撒文化·公益演出进城乡""殡葬服务两送五保障"2个市级公益项目;成立社会工作行业协会;以"老李网上帮忙商城"为载体,打造集政府、社区、社会组织、社工(志愿者)等多方无缝对接的公益服务信息技术平台。至2016年末,"老李网上帮忙商城"已有2197位党员干部注册成为志愿者。

【专项服务管理】 (一)全面做好区划地名工作。认真做好全县第二次全国地名普查第二阶段工作,对普查属性条目进行修改、补充和完善;认真做好城乡地名标志设置和地名命名、更名、销名工作,全年完成街路牌设置更新69块,拆除破损旧牌43块;办理门牌证2931本,制作门牌508块,单元牌54块,幢牌16块;命名(更名)小区2个;自然村新增命名2个,更名1个,销名3个;深化平安边界创建活动,完成云景线、松云线内外联检和资料整理上报工作;加强地名文化保护和清理整治不规范地名工作,印发出台《云和县关于加强地名文化保护清理整治不规范地名工作实施方案》,收集整理《云和县地名文化遗产保护名录》。(二)全力巩固殡葬改革成果。扎实开展"六边"非生态墓治理,继续推行"两送五保障"制度,引导丧户树立科学文明的丧葬方式,全年共为404位丧户实行"两送"服务;加大对"六边"可视范围坟墓的治理力度,免费向乡(镇)街道发放绿化苗木2万余株、生态环保护坡袋1.5万个、绿化草籽180斤;深入开展全县村级公益性墓地建设管理和年检工作,顺利完成平安清明祭扫工作;继续落实基本殡葬服务免费政策,全年共火化遗体761具,免除殡葬基本费367055元。(三)加强婚姻收养登记工作。继续推行结婚登记"两免两送"普惠制,全年共办理结婚登记826对、离婚登记325对,补办婚姻登记204对,查阅婚姻档案102人次。依法办理弃婴儿童收养登记13起。

【养老服务工作】 (一)稳步推进居家养老服务照料中心建设管理。新建城乡社区居家养老服务照料中心20家,出台《关于选配城乡社区居家养老服务照料中心专职服务管理人员的通知》(云民〔2016〕13号),落实专职服务管理人员75名。(二)加强养老机构建设管理。强化养老机构服务能力,充分发挥公办养老机构的托底作用,确保农村五保、城镇"三无"老人及全社会老年人的养老服务需求;支持民办养老服务机构发展,尤其是医养结合的民办养老机构。(三)深入实施居家养老"暖巢"工作。组建以新华社区"老李帮忙团"服务中心为代表的乡(镇)街道和城乡社区(村)"暖巢"服务网格188个,拥有专(兼)职"暖巢管家"队伍1363人、志愿服务队伍958人的。建成"96345"便民服务平台,充分整合"老李帮忙团"、社区家政服务公司、医务室等现有资源,不断完善生活照料、医疗护理等服务配套。

【老龄工作】 坚持老龄工作联席会议制度,及时研究解决老龄工作中遇到困难和问题;调整充实县老龄工作委员会,由分管老龄工作的副县长任主任,各成员单位主要负责人为成员;各乡镇(街道)设立老龄委员会,村(社区)成立老年协会组织,至2016年末,全县共有老年协会158个,规范化建设率达85%。落实高龄老人补贴制度,大力营造尊老敬老的社会环境。编制完成《云和县老龄事业发展"十三五"规划》《云和县2016—2017年为老年人办实事意见》。深入推进"1+6+X"暖巢服务工程,不断完善暖巢服务体系;规范推进老年电视大学实体化办学,建立城乡社区老年活动中心、老年电视大学教学点的专职服务管理人员队伍。2016年,县老年活动中心成功创建省老年体育活动中心,新增老年电视大学教学点5个、县级老年大学和电视大学各1所、电视大学教学点31家,学员6000多人。做好中国长寿之乡绿色产业发展联盟工作,完成5位百岁老人名录和《云和百岁姐妹花》编写,做好中国长寿之乡"特色服务业示范城市、乡情体验基地、乡贤人物、养生养老名优产品"申报工作,李光亮被授予乡贤人物。此外,为丰富老年人的文化生活,还成功举办万名老人健步走、"敬老月"文艺晚会等一系列丰富多彩的活动。

（林　斌）

## 移民安置

**【“十三五”规划编制】** 按照“完善基础设施与推进移民致富相结合、提高项目公益水平与提高资金使用绩效相结合、解决当前问题与长远发展相结”的原则，做好与其他专项规划的衔接，完成《云和县大中型水库移民后期扶持规划（2016—2020）》编制工作。

**【直补资金发放与人口复核】** 继续做好本年度人口复核，准确发放直补资金。按照大中型水库农村移民后期扶持人口核定登记和年度复核的有关要求，及时准确地完成年度人口复核工作，全年共核减移民直补人口109人，完成2016年度678.86万元直补资金的发放工作。

**【项目编报和实施】** 做好年度规划的编报和资金下达工作。全年共落实项目178个，安排资金2300.89万元；完成项目155个，投入资金1722.21万元，项目完成率达87.08%。及时进行项目库日常维护和数据更新，库区村和集中安置村均进行项目储备。至2016年末，共有入库登记项目1796个，总计资金为12205.11万元，其中：建成库项目1435个，拟建库项目160个，储备库项目76个，在建库项目105个。

**【移民创业工作】** 联合县农办、职技校、妇联、团委、乡镇（街道）开展形式多样、内容丰富的移民技能培训，有效提升培训的针对性、扩大培训受益面。全年共投入培训资金29.22万元，开展网络营销、中式面点师等技能培训13期，培训人员939人次。（一）推动移民产业结构调整。2016年，新增年产值百万元以上的基地1个（生态山羊养殖基地），总投资180万元；新开发茶叶、水干果、中药材等种植面积613.5亩，抚育玩具林、茶叶等林木面积3763亩。（二）加大移民创业扶持力度。2016年，共投入后扶创业致富项目资金784.4万元，扶持移民创业致富项目80余个。重点扶持和推进石塘、小顺、长汀等村的旅游基础设施建设，以及麻垟来料加工点、金水坑和梓坊村的精品村提升工程。通过努力，各个移民点的生产基础设施得到不断完善，库区和安置区的移民收入得到较快增长。

**【移民村建设】** 2016年，共投入资金600余万元，对赤石、长汀、小顺、金水坑、石浦等沿库重点移民村开展游步道、护栏、文化长廊、凉亭等旅游基础设施建设。着重发展赤石、梓坊、龙门、局村、小顺、长汀等沿库移民村的农家乐、渔家乐、民宿和特色垂钓旅游业。同时，连续3年在紧水滩、石塘2个库区投放500万尾鱼苗（价值25万元），进一步丰富库区渔业资源。

**【“和美移民村”创建】** 2016年，重点抓好梓坊村和规溪村的“和美移民村”建设。投入78.9万元，完成梓坊村游步道、凉亭及护栏工程建设；投入64.3万元，完成规溪村165米村内道路建设和景观灯安装工程。

**【移民保障体系】** 对全县低收入移民进行全面摸底调查，为全县512名低收入移民人口信息“建档立卡”，并采取“一户一策一干部”的办法，因人而异地制定和实施具体帮扶措施，帮助移民困难户全面脱贫。2016年，共安排救助资金10万余元，用于对困难移民的专项补助。同时，做好粮差补贴、渡船修复、危旧房修缮等工作，全年共发放粮差补贴183万元、投入渡船修复资金10余万元；完成危房修缮6户，补助资金6.82万元；发放英才奖24人，合计2.4万元；补贴农村合作医疗保险10万元。

**【移民子女英才奖】** 为鼓励和调动移民子女的学习积极性，提高移民劳动力，保障移民子女就近接受义务教育的权利，对移民子女考上全日制高等院校并就读的，每人一次性奖励1000元。2016年，共核定移民子女英才奖24人，发放奖励金2.4万元。

**【库区水面交通】** 解决库区群众出行难问题，确保水面交通正常运转，保障库区群众安全出行。全年共投入10多万元，用于修理和维护库区渡船;投入11.78万元,用于23只渡船及生产用船的水面交通经费补助;投入17.35万元,为沿库13个渡口、16条渡船、485个座位和库区两岸7000多名群众投保水上意外保险。

(余文伟)

## 扶贫工作

**【概况】** 2016年,云和县扶贫办紧紧围绕“绿水青山就是金山银山”战略指导思想,紧盯“促农增收”这一主要目标,深入实施“农村发展六大行动计划”,整合资源,全面保障,全力打好美丽乡村建设组合拳,进一步改善农村人居环境,发展美丽经济。

**【加快建设美丽乡村】** (一)重点打造特色精品村。按照每年培育3个、重点打造3个特色精品村的要求,增加投入整合资金1000余万元,着力培育石浦、龙门、梅竹3个特色精品村,重点打造小顺、长汀、规溪3个特色精品村。至2016年末,已累计完成投入1100万元。其中:小顺村主要完成1.12千米特色护岸、曲桥等;长汀村主要完成700余米亲子沙滩、景观灯等项目建设,并开通小顺至石浦“水上巴士”游线;规溪村主要完成“七彩桥”“摄影台”项目建设,并启动摄影长廊、风车等项目建设。(二)稳步推进历史文化村落保护利用。第一批1个重点村和3个一般村已通过全省绩效评估,桑岭重点村被评为优秀等次;第二批5个一般村(长汀、黄处、麻垟、桃子坑、新岭)于2014年启动建设,按要求要在2016年底前完成三年周期工程量。至2016年末,5个村都已提前完成三年周期计划工程项目,累计完成投资930万元;第三批1重点村和5个一般村于2015年启动建设,已累计完成投资2360万元,其中:石浦重点村投入资金1785万元,完成12幢古民居修复、入村景观、沿库立面改造等项目建设。同时,完善充实保护利用项目数据库,全县共有24个村被列入浙江省第二批历史文化村落保有数量和名单库,其中有9个村申报第五批(2017年)历史文化村落保护利用一般村。

**【全面推进综合整治】** (一)深入推进“六边三化三美”工作。整改完成省市交办的重点点位202个,完成率达100%。同时,以省级精品示范道路创建工作为龙头,突出抓好专项整治,有效提升“六边区域”洁化、绿化、美化水平。11月份,“十里云河”美丽乡村风景线以全省总分第一的佳绩,成功创建“省级精品示范道路”。(二)加快推进农村生活污水治理。2016年,计划实施的32个行政村有22个村实行自建集中型处理,10个村实行分户处理。至2016年末,32个行政村已全部治理完毕,新增受益农户2626户。同时,根据《云和县农村生活污水治理验收办法》,完成对2014—2015年治理村(共118个)的县级综合验收和运维管理交接。(三)全面建设美丽田园。大力开展机关干部合力推进“洁净乡村”行动,全县机关干部累计参与人数6.3万人次,清理农村各类河道245公里,集中处理垃圾570余吨。

**【持续深化扶贫改革】** 2016年6月,顺利完成省级扶贫改革试点第三方评估。重点抓好三项工作:(一)稳步推进异地搬迁安置工作。实现异地搬迁149户511人,其中整村搬迁72户237人。大坪小区项目计划分三期实施:一期工程11幢336套公寓已全部建成并对外申购,已安置农户298户996人,其中水源保护地农户109户357人;二期工程20幢468套公寓已全部结顶并通过主体验收,计划于2017年开始对外申购,可安置农户468户1680余人;三期工程正在进一步完善规划和设计。(二)大力推进“空闲农房二次创业”工作。通过网上招租、微信推广等方式,吸引更多市民租赁闲置农房发展农家乐民宿经济。探索实施“将空闲农房征收为国有后再出让”模式,出台《云和县空闲农房征收再利用试点方案》。(三)有序推进生态公益林未来收益补偿质押贷款扩面增量。在总结梓坊、大牛两个试点村经验的基础上,依照以点带面、逐步推广的工作原则,新增金水坑、平里2个试点村,累计提供2500万元贷款授信额度,有效解决村民发展需求。至2016年末,已发放贷款48笔、577万元。率先出台《云和县生态公益林收益权证登记管理办法（试行）》，农户凭该权证无须抵押和担保人，可直接向所在地信用网点申请贷款，贷款额度最高可放大10倍。至2016年末，已累计向试点村农户发放权证312本，发放贷款60余万元。

**【积极推动农民增收】** （一）结对帮扶促增收。继续开展“一户一策一干部”“百师扶贫助千家”等帮扶活动，充分调动社会扶贫力量，提升低收入农户保障水平，并在全省率先启动“扶贫创业致富带头人培育工程”，力争通过两年时间培育扶贫带头人300名，带动2000名低收入农户增收致富。至2016年末，全县已培育扶贫带头人206人，成功帮带低收入农户693户1815人。同时，通过开展技能培训、帮助发展产业、实施临时救助等举措，力促扶贫增收达到实效。2016年，累计开展培训班5期，培训人员250人。此外，还根据项目建设规模、成效给予每户最高补助额度不超过2000元的扶持；投入资金195万，确定对1894户低收入农户开展老旧房室内线路改造，着力解决低收入农户住房安全隐患问题。（二）农旅融合促增收。科学编制《云和县农家乐民宿发展总体规划（2016—2020）》《云和县农家乐民宿三年行动计划（2016—2018年）》，根据县域资源分布和发展实际，明确全县农家乐民宿的发展重点是：围绕两大AAAA级景区（梯田景区、仙宫景区）和3条美丽乡村风景线（“十里云河”“最美梯田”“浪漫婚纱”），2016—2017年集中培育“梯田民宿”产业集聚区和“十里云河”民宿产业带。2016年，向国家商标局申请注册云和云居“六头民宿”本土化民宿商标，并提出建设“门头、床头、灶头、石头、木头、田头”的“六头民宿”建设标准。加强对民宿的规范化管理，并通过简化各项审批程序等方式，重点扶持农家乐民宿的发展。2016年，全县农家乐民宿共接待游客151.1万人次，实现营业总收入11859.2万元，同比分别增长54%、42%；五星级农家乐实现零的突破。（三）加强培训促增收。紧紧围绕“培育新型农民、促进增收致富、创建培训强县”的工作思路，全面实施千万农民素质提升工程，全年共完成农民培训10289人次，完成率为102%；累计转移42841人，创劳务经济净收入6.3亿元。

（周莉娜）

# 乡镇街道

## 浮云街道

**【概况】** 浮云街道地处云和县城东北部，浮云溪以北、新建路以东，是云和县人民政府驻地，也是云和县政治、经济和文化中心。区域总面积40.53平方公里，有耕地1907亩，林地43186亩。下辖8个行政村、3个社区和1个股份经济合作社，总人口2.16万人，其中党员557人。区域内有驻区行政事业单位70多家、工业企业58家、个体工商户3000多户。

2016年，浮云街道在县委、县政府的正确领导下，始终坚持"绿水青山就是金山银山"战略指导思想，紧紧围绕县委、县政府实施"小县大城"核心战略部署，凝心聚力、攻坚克难，抢抓机遇、担当实干，稳妥推进经济发展、项目建设、美丽乡村、综治维稳、基层党建等五大重点工作，全力打造宜居、宜商、宜业"幸福街道"，努力争当"童话云和"建设的"排头兵"。

**【经济发展稳中向好】** 全面完成各项发展指标，产业结构不断优化，三产增势强劲、结构合理、比重优化。全年实现规模以上企业工业产值1.24亿元；完成农作物播种面积3411亩，粮食作物播种面积2027亩，其他农作物播种面积1384亩；完成劳动力培训703人。农家乐民宿发展迅速，全年新发展农家乐2家，新增床位32张；接待游客16万余人，实现旅游收入738万元。全面完成招商引资任务，街道经济发展后续有力。

**【城乡面貌逐步改善】** 紧扣县委、县政府"全域旅游""农旅融合""六头民宿"等施政所向，围绕"美丽乡村"建设总体目标，依托地处省级精品线路"十里云河""梨花微雨""环浮云溪"中心地带的独特区位优势，以美丽乡村"十个一""六边三化三美""五水共治""三改一拆"为抓手，坚持做足生态文章、做精民宿品牌、做深产业特色，实现美丽环境、美丽乡村与美好生活的和谐统一、共建共享。(一)稳步推进美丽乡村"十个一"建设。累计投资1000余万元，先后完成特色节庆、象山村电商大楼、局村村文化长廊等3个项目建设，溪口农家乐民宿示范村、皇城城市休闲项目、庄前100亩油茶基地等项目也正稳步推进。(二)全力推进"三改一拆"和"五水共治"整治。基本完成市"无违建街道"创建工作，全年先后组织集体拆违6次，拆除各类违章建筑102660.78平方米，完成全年任务的257%。持续开展河道保洁，全面落实街道、村(社区)二级"河长制"，全年共组织集体清扫10次，参与人员400余人次，累计投入资金10余万元，完成梅家源溪、水碓港清洗作业，完成云章、溪口、局村、庄前等4个村农村生活污水治理项目。同时，开展庄前村大砻湾养猪场、彭伟明养猪场、大徐养鸭场集中整治。(三)扎实推进"633"专项整治。开展集中整治500余次，参与人员8178人次，清理垃圾801.6吨，清除违法广告及牛皮癣941处，清理乱堆乱放970处4714.7平方米，消除露天粪坑79个。(四)顺利完成蓝色屋顶违建整治。以130天、308户的总成绩完成第一阶段工作任务，其中4个工作组处置率为100%；完成蓝色屋面整治点45个，达到县里整治目标。

【项目建设扎实推进】 紧扣县委、县政府“项目清零销号大会战”“项目集中攻坚专项行动”“决战四季度”等专项攻坚，迅速行动、攻坚克难、全力以赴，适时建立项目攻坚组、制定攻坚方案、挂出作战图、建立一线指挥部等机制，实施全员作战、一线攻坚，并建立“红榜黄牌”考核机制，激发攻坚精气神，营造比学赶超、力争上游的攻坚氛围。全年共完成征收任务15个（计划目标16个），另1个（老百货商场旧住宅区改造工程）因追加房屋征收规模而延期。（一）庄前村农村土地综合整治项目三期安置小区。该安置小区于2010年开始实施，小区建设涉及农户145户，因矛盾纠纷尖锐、安置方式变更、整村搬迁人头费政策等问题长期得不到解决，导致项目拖延6年无法动工。在专项行动引领下，该安置小区于9月29日顺利开工，并完成建设用地清表。（二）云章村农民安置小区。该安置小区于2012年开始规划建设，可建房17幢158直。因涉及土地征收和328省道改建工程等问题，安置小区建设举步维艰。新班子到位后，迅速对项目难题进行再分解、再部署，最终在9月19日实现2号、3号楼集中开工。至2016年末，1、2、3号楼已动工建设31直。（三）养生文化村项目。全年共组织集中清表3次，完成清表交地260亩。（四）新建北路拓宽（老百货商场）区块。该项目涉及房屋征收19户5200平方米（占地面积2800平方米），其中个人住宅16户1300余平方米，国资部分3900平方米。至2016年末，该项目已完成调查登记、房屋征收意愿咨询等前期工作。

【社会环境持续平稳】 根据市委、县委“四个平台”工作要求，扎实推进社会治理“一张网”建设，通过整合平安建设信息系统、社会管理信息系统、视频监控系统等信息资源，提升社会治理和服务水平。（一）抓社会民生救助。全年共完成社会救助1025人次，发放救助资金158.51万元。完成被征地农民、城乡医保、养老保险等各项工作指标。（二）抓矛盾纠纷调处。圆满完成护航G20杭州峰会、第三届世界互联网大会维稳安保工作，辖区整体平稳有序。全年共调处各类矛盾纠纷68起，调处成功率100%。按照“化解一批、终结一批、稳控一批”要求，成功化解信访积案4件。（三）抓安全隐患排查。全年共检查重点行业企业50余家，督促整改隐患120余处；整治“低小散”企业26家，其中改造提升4家，整合入园7家，关停淘汰15家；整改木制玩具生产企业涉及可燃爆粉尘作业 7 家；开展新建路小商品市场安全隐患集中整治，提升小商品市场管理水平；签订食品安全责任书300余份，运用“食安通”上传巡查记录1764条。

【党建工作全面加强】 （一）开展“归零翻篇开新局”主题大讨论活动。先后完成蹲点调研报告11篇，查找问题短板37类，着力补齐环境、项目、发展等3块短板，提升基层党组织活力。（二）开展“两学一做”学习教育。先后开展手抄党章100天、基层上党课等规定动作，创出“老街党支部”“党员帮帮站”等自选动作，积极营造“争做合格党员”的社会氛围。（三）加强村级党支部建设。深化推进“整乡推进、整县提升”工作，持续加大云章、庄前党支部整顿提升力度。（四）开展“把纪律和规矩挺在前面”专项行动。补齐制度短板50余项，转发《共产党员必须牢记的100条党规党纪》等解读文章，全力确保执纪换届。（五）开展“佩党徽、亮身份、树形象”主题活动，坚持守好基层党建阵地；全面推进“3+15”党建元素上墙，实现基层党组织党建元素的全覆盖；组织开展彩绘“民情地图”，推出党建+帮扶、党员结对帮扶、扶贫创业致富带头人培育等系列组合拳，促进困难户增收脱贫；继续深化“住村联心不漏户、事不过夜强服务”工作。

（叶海龙）

## 元和街道

【概况】 元和街道位于县城东南方，即新建路以东，浮云溪以南，由原云坛乡全部和原云和镇部分组建而成，于2011年9月23日挂牌办公。辖区面积118.11平方公里，下辖18个行政村、1个社区，户籍人口4733户13231人，常住人口2.2万人。下设1个党总支，25个基层党支部，党员705名。

2016年，元和街道立足"生态农业优势区、生态休闲先行区、生态美城示范区"的发展定位，勇于担当、敢于破难，干在实处、创新发展，全力奋战决胜之年，辖区经济社会取得长足发展，先后荣获丽水市农村生活污水治理工作优胜基层单位、丽水市安置帮教工作先进集体及县级各类综合先进集体荣誉称号。

**【城乡环境明显改善】** 坚持项目清零、综合整治、品质提升并举，努力把绿水青山护得更美、城乡环境扮得更靓。(一)围绕"清零"目标，补齐项目征迁短板。作为"美丽县城"的主战区，元和街道变压力为动力，通过"班子领衔""挂账销号"等制度，先后完成城南九年一贯制学校、部队XX设施、消防队迁建、浮云溪中小河流治理、国际生态养生文化村、城南区块安置地等6个县重点项目的政策处理工作，共征收土地160亩、林地180亩、房屋750平方米，项目总完成率达92.1%，位居全县前列。尤其是在重点项目"清零销号"行动中，仅用2个多月时间，就圆满解决消防队迁建、国际生态养生文化村等一批历史遗留"老大难"问题，真正跑出"元和速度"。土地开发项目进展顺利，已垦造旱地315亩、旱改水65亩。(二)围绕"拆改"目标，补齐城乡建设短板。扎实推进"三改一拆"工作，在严控新增违章的基础上，有计划地拆除存量违法建筑，2016年共计拆违81983.14平方米，拆后利用率达91.2%。同时，注重拆改结合，积极谋划小徐、古竹等城中村改造项目。强势推进屋顶违建和蓝色屋面整治工作，以机关党员干部家庭及典型违建为突破口，成立5个专项工作组，日夜攻坚，破难前行，共完成违建屋顶处置124户，处置率达95%；蓝色屋面整治35户，基本完成既定目标任务。深入推进城乡危旧房改造、古村落保护等各项惠民工程，多渠道改善村民居住条件，提升生活品质。(三)围绕"整治"目标，补齐环境治理短板。以"六边三化三美""美丽县城环线美化提升工程"为抓手，全面开展"洁净乡村""党员固定活动日"等常态化卫生整治活动。2016年，共收到省市县整治交办单89个，完成率为100%，清运垃圾1000余吨，清除乱堆放420余处，城乡环境得到有效改善。有序推进菇棚整治工作，组织精干力量对辖区废弃菇棚、"人菇混居"棚和改变用途棚等进行全方位整治，全年共拆除菇棚13个，面积10811平方米，完成年度目标任务的112%。同时，注重疏堵结合，山脚村标准化菇棚建设已完成工程量的95%。深化落实"河长制"，完成辖区内工业企业、畜禽养殖、农村面源污染等年度整治任务，完成农村生活污水治理工程9个、提升生态示范点工程1个，实现保洁范围全覆盖。

**【经济结构逐步优化】** 坚持以发展绿色、生态、高效产业为目标，大力推进产业转型升级，实现生态经济健康发展。(一)生态农业提效发展。在稳定粮食耕种任务的基础上，大力引导雪梨、杨梅、中药材等产品向规模化、精品化发展，着力打响区域拳头品牌。全年共完成农作物播种面积9725亩，其中粮食作物播种面积7026亩；种植油茶12560亩，水果2186亩，中药材364亩，食用菌553.8万袋；新增良种蜜蜂150箱，生态精品示范家庭农场2家。(二)生态工业提质发展。按照"绿色环保、高效低碳"的要求，加快推进木制玩具、装备制造、金属加工三大传统产业转型提质，全力做好城东金属工业园区改造提升工程。2016年，实现工业总产值2.05亿元，其中规模以上工业企业产值1.7亿元，辖区25家"低小散"工业企业全部整治到位。(三)生态服务业提速发展。依托红色革命老区梅湾、木制玩具创意园、狮山景区等资源优势，大力发展生态休闲产业，全年新增民宿4家、床位60个。2016年，辖区14家农家乐民宿共接待游客2万余人，比2015年增长3.5倍，其中："岩壁仙居"精品民宿仅国庆7天就接待游客2000余人，成为全县民宿经营的先进典型。同时，依托商贸物流城的辐射作用，全力推进电子商务发展，全年新增电子网商35家，累计实现网上销售额5000余万元，三产优势进一步凸显。

【民生事业统筹推进】　坚持把解决好民生问题作为各项工作的出发点和落脚点，进一步统筹城乡资源，加大城乡融合，着力推进社会事业协调发展。(一)保障体系更加健全。充分发挥民生保障兜底作用，全面完成辖区残疾人两项补贴办理工作，共为415位残疾人办理补贴手续，有效保障残疾人的基本生活。深入实施居家养老“暖巢”工程，完成小徐、沈庄2个村的居家养老服务照料中心建设，沈庄村农村社区、小徐村老年电大、避灾中心等民生工程陆续完工。稳步提高社会保障水平，新增城乡居民基本养老保险19人；城乡医疗保险参保人数10355人，参保率达95.6%。(二)社会事业协调发展。卫生计生事业加快发展，计划生育率达100%，60周岁以上参合农民健康体检率为65%，成功创建市级卫生应急示范街道。群众文化生活不断丰富，以文化礼堂为主阵地，开展“两学一做”专题文艺演出等各类活动36场次、“乡村春晚”7场次。深入开展“六星文明户”创建工作，全年共完成创评村4个、复评村5个，推动社会主义核心价值观在农村落地生根。(三)“平安元和”深入推进。深化落实矛盾纠纷“跨村联调”机制，有效提高人民调解组织化解调处矛盾纠纷的能力，2016年共调处各类矛盾46件，成功率100%。推行街道班子联合接访制度，建立信访投诉箱、主要领导“周三信访接待日”等群众诉求平台，共受理县转信访件26件，办结率100%，成功化解信访积案5件。同时，通过信息的收集和流转，扎实开展“一张网”建设，有效加强重点人群和重点对象的动态稳控，在重大节庆及G20杭州峰会期间未发生进京赴省到市非法上访情况。狠抓安全生产工作，逐级落实安全生产目标责任制，确保辖区和谐稳定。

【党的建设不断加强】　充分发挥党建龙头作用，抓基层、强基础、增活力，保障基层组织高效运转。(一)筑牢基层组织的战斗堡垒。科学安排“党建责任”时间表，街道党工委与班子成员、各支部书记签订党建责任清单31份，村党支部与党员之间签订党员任务清单695份，倒逼各基层党组织、党员干部把党建责任放在心上、扛在肩上，并按照“整乡推进、整县提升”的目标要求，精准绘制党建作战图，建成党建示范型5个、提升型8个、基本型5个，城中村“童话视窗”、云寿线“梨花微雨”党建示范群2个，力争在辖区内涌现一批实绩突出、影响广泛、带动力强的基层党建示范点和服务品牌。至2016年末，辖区18个村党支部全部达到基本型以上创建标准，小徐、睦田等5个党支部自我加压，均按示范型创建要求完成创建。(二)打造攻坚克难的元和铁军。以“归零翻篇开新局”主题大讨论为契机，深化完善“村情民意考试”“重点工作督查问效”“疑难杂症专题会诊”等制度，全面提振干部的精气神。同时，率先推出“H5”系列作品，其中《“五彩元和”创新绩》获新媒体创意大赛一等奖，并通过建立“五彩”长廊、项目作战室等方式，充分营造比学赶超、干事创业的良好氛围，被评为全县主题大讨论活动示范街道。以“两学一做”学习教育为抓手，在编写党建好故事、设立微讲坛、组建讨论群的基础上，创新成立“两学一做”学习教育导学团，以身边的各类典型人物为导师，用接地气的语言和现实案例在各村“巡回导学”。至2016年末，导学团已为各村(社区)授课50余场次，帮助解决基层党组织和党员短板186个，切实提升党员干部的整体素质和信心。(三)营造风清气正的政治生态。全面落实党风廉政建设“两个责任”，组织班子成员公开签订党风廉政建设责任书，认真组织学习廉洁自律准则、纪律处分条例、问责条例等党内法规，切实提高党员领导干部的纪律意识。严格遵守中央“八项规定”和省委“28条办法”“六条禁令”，牢固树立廉洁从政思想，严控行政经费和一般性支出。2016年，元和街道公务接待费用支出大幅下降，办公经费同比下降31.56%。切实把纪律规矩挺在前面，对违纪违规行为发现一起查处一起。全年共受理信访投诉件11件，查办违纪案件8起，其中开除党籍5人，党内警告2人，诫勉谈话1人。

(朱　潇)

# 白龙山街道

**【概况】** 白龙山街道于2011年9月23日正式挂牌成立，地处云和县城西南部，浮云溪以南，新建路以西，东邻元和街道，南接安溪畲族乡、雾溪畲族乡，西靠崇头镇，北连凤凰山街道。区域总面积35.16平方公里，下辖11个行政村、2个社区和1个股份经济合作社，总人口3.1万，其中户籍人口4784户12436人，流动人口18800人。下设党支部18个，党员498名。

至2016年末，白龙山街道共有干部编制43名，其中行政编制23名、事业编制20名；中学2所（云和中学、云和职技校），幼儿园3所（星星幼儿园、城南幼儿园、沙溪幼儿园）。

2016年，白龙山街道在县委、县政府的坚强领导和各部门的大力支持下，围绕“工业经济主平台、城市发展新兴区，和谐幸福大家园”的发展定位，励精图治，团结奋斗，实现经济社会平稳健康发展，先后被命名为省级文明街道（全县唯一）、省无邪教街道、市平安创建先进单位、市综治工作先进单位、市群众体育先进街道、市电子商务示范街道、市金融创新先进街道等荣誉称号。

**【街道经济稳步增长】** 依托工业平台和优越地理位置，按照“优一控二强三”的理念，全面推动一、二、三产协调发展，并形成一产以食用菌、药材、水果种植为主，二产以玩具、阀门、轴承为主，三产以仓储物流、电子商务、来料加工及农家乐为主的产业经济链。（一）传统产业稳中有升。全年种植水稻1300亩，增长11.2%；种植袋料香菇1000万袋，产值3000万元；种植中药材300余亩，产值500余万元；新增土地流转200亩。禾丰蔬菜基地、大田水果专业基地、天一农耕园等多个特色农业产业园利用土地流转，辐射周边，经济效益可观。程宅恒源禽蛋养殖场新增蛋鸡5000羽，总产值达600万元，增长20%。（二）工业经济持续发展。杨柳河工业园区三期投入使用，“低小散”企业整治后入园25家。2016年，街道实现工业总产值15.6亿元，其中：规模以上企业实现工业产值9.6亿元；木制玩具制造业完成产值2.7亿元，同比增长19.6%；轴承制造业完成产值5.4亿元，同比增长3.7%；阀门工业完成产值1.5亿元。（三）电子商务快速崛起。2016年，新增电子商务网店50余家，新增电商从业人员100余人，累计实现电子商务销售额达3.8亿元，同比增长50%；开展电子商务培训20余期，培训人员1000余人；高胥村被评为“中国淘宝村”，长田村被评为“丽水市农村电子商务示范村”。（四）招商引资成效显著。引进家庭光伏项目，该项目已在大坪村开展试点工作，签署协议76户，有50余户完成安装。引进入云山庄项目，该项目选址于53省道与梯田大道交汇处，对带动沙溪区块的经济发展具有重大意义。

**【项目攻坚成效显著】** 2016年，白龙山街道承担9个重点项目的政策处理和建设任务，全体干部发扬“白+黑”“5+2”“雨+晴”的扛旗攻坚精神，较好完成各项任务，土地征迁工作走在全县前列。（一）土地整治项目。2016年，共规划落实垦造耕地项目2个，共计120亩（计划任务为50亩）；农村土地综合整治拆旧复垦项目2个，共计46亩（计划任务为45.8亩）。均超额完成目标任务。（二）低丘缓坡项目（沙溪区块房屋拆迁安置点）。该项目总用地面积14724平方米，总建筑面积28630平方米，有土安置房110直，其中一期安置22户32直。至2016年末，该项目已完成全部前期工作。（三）中小河流治理工程。该工程共有3个项目，分别是：黄水碓段堤防建设项目、浮云溪流域综合治理村头段及坪背段项目，共需征收土地163亩。至2016年末，该项目已完成土地征收工作。（四）后交线项目（梯田大道）。该项目需征收耕地48亩、房屋160平方米，涉及村头村49户村民和13户菇农。至2016年末，该项目已完成土地征收和清表工作，进入施工阶段。（五）建筑材料加工企业选址道路工程。该项目需征收林地19.5亩，涉及黄水碓、程宅、古竹3个行政村，被征收户10余户。至2016年末，该项目已完成土地丈量工作。（六）城南九年一贯制学校。该项目需征收耕地81亩，林地50亩，迁坟180穴。至2016年末，该项目已全面开工。（七）祥云街二期工程。该工程需要征收土地46亩，征收房屋5750平方米，迁移坟墓60穴。至2016年末，该项目已基本完成房屋征收任务。

**【城乡面貌持续改善】**（一）“六边三化三美”工作扎实开展。实行村属地负责、驻村干部定期检查和领导干部轮岗抽查制，实时对辖区行政村的“六边三化三美”工作进行监控，横向到边、纵向到底，全力推进各项工作进度。2016年，共开展集中整治100余次，参与人数3690人次，其中党员干部3200余人次；清运垃圾610吨，清除违法广告及牛皮癣450处，清理乱堆放306处2560平方米。完成省市督办点整治17个。完成丽龙高速和通景公路边立面改造1万余平方米，拆除高速沿线违章建筑和杂乱棚寮2.2万平方米，新建标准化菇棚1.06万平方米。（二）“五水共治”工作稳步推进。继续深化“微信治水”“村规民约治水”等创新性做法，推行保洁工作一体化，实行街道、村两级“河长制”和“每周一巡查制”。全年累计巡查并自我整改河道污染500余处，完成河道清理23.7公里，被评为县级“五水共治”先进单位。（三）“三改一拆”工作持续加强。自“三改一拆”工作开展以来，已累计拆除违法建筑775处，拆除面积达358399.26平方米，其中：“低小散”企业整治共拆除厂房109处，拆除面积达98624.01平方米；三门村地质灾害点旧房（非法“一户多宅”）拆除87处，拆除面积达15094平方米。

**【社会事业协调发展】** 致力于增进民生福祉，加快发展社会民生事业。全年共发放低保补助、大病救助、临时救助、残疾人生活补贴等款项合计200万余元；城乡居民医疗保险参保率达96%，农村小额保险参保率达65.3%，失地农民保险转统筹3488人，申领社会保障卡人数7890人；建立社会保障基层公共服务平台15个、村级养老照料中心6个；计划生育率达96.2%，社会抚养费征收率63.5%；完成农村实用人才培训5620人次。文化宣传显著加强，群众生活不断丰富。新建高胥村文化礼堂1个，举办和承办相关村级文化活动20多场，群众反响热烈；河上、村头等9村联办的乡村春晚，被评为“全市十佳乡村春晚”。注重社会管理创新，经济社会安全稳定。2016年，街道三级服务网络共调处各类矛盾纠纷352起，成功调处346起，调处成功率为98.3%；登记来访来信29件，办结29件，办结率100%；成功化解信访积案3件，全年未出现赴省进京上访事件。创新社会治安综合治理，成立平安志愿者巡逻队，对街道辖区进行巡逻；实施“和谐一家共建会”试点，实现外来流动人口和本地居民的良性互动；组织对农村、企业、小作坊的生产安全、消防安全、卫生安全等进行全方位的排查，累计出动检查人员400多人次，发放宣传资料5000多份，签订责任状800余份。

**【基层党建创新开展】**（一）开展“扛旗攻坚解百难，扬旗亮剑再出发”行动。对基层党建、美丽县城建设、项目推进等方面114个难题，逐一落实扛旗手、攻坚目标和完成时限，做到“踏石有印，抓铁留痕”，使各项工作取得长足发展。（二）开展基层党员“晒、比、评”活动。通过晒成绩、比成效、评先进，切实增强党员干部创业干事的热情。2016年，共开展“书记擂台赛”6期、农村“小擂台赛”100多次。该项工作得到县委、县政府的充分肯定，并在全县推广。（三）加强党风廉政建设和队伍建设。认真落实党风廉政建设责任制，按照“谁主管、谁负责”的原则，形成“一把手负总责、班子成员各负其责、一级抓一级、层层抓落实”的党风廉政建设格局。出台《街道内部管理十项规定》，落实工作、考勤、值班、病事假等相关制度，严禁工作时间炒股、娱乐，严禁吃拿卡要，着力解决在岗不在位、在位不作为等问题，切实提高干部的执行力。

**【四个平台率先试点】** 白龙山街道是云和县“四个平台”建设的试点示范街道。2016年，白龙山街道根据省、市、县统一部署和安排，对照省重点示范乡镇建设标准和要求，全力推进“四个平台”试点建设工作，基本确立“部门主建、街道主管、平台主战”的运行模式。通过构建以街道、村(社区)、网格为单位的三级管理网络体系,形成"一级抓一级、层层抓落实"的工作格局。同时,创新建立"巡查交办"和"实绩比拼"等两项工作机制,进一步健全工作流程,提高工作积极性。至2016年末,"四个平台"共收到上报信息627条,涉及安全、计生、信访、新农村建设等各个方面,已办结611条,办结率达到94.4%。

(季王冰)

## 凤凰山街道

**【概况】** 凤凰山街道位于云和县城西北部,浮云溪以北,新建路以西,东邻浮云街道,南接白龙山街道,西靠赤石乡、崇头镇,北连紧水滩镇。区域总面积45.07平方公里,下辖新华、解放、普光3个社区居委会,勤俭、巧云、梅垄、贵溪、柘园、后山、新岭、西弄、河坑、杨家山等10个行政村,54个自然村,92个村民小组。下设党支部27个,党员650名。

至2016年末,街道共有户籍人口6245户17895人,其中:农业2869户8304人,非农业3376户9591人。流动人口5466户13253人。

工业企业491家,规模以上工业企业18家(包括工业园区)。2016年,规模以上工业企业实现总产值48.89亿元,同比增长14.6%,其中:玩具、铸造、轴承三个行业产值分别占比30.4%、57.75%、7%。

耕地面积3377亩,粮食播种面积4764亩,亩产308公斤,粮食总产量达1468吨。全年实现农业总产值4411万元。村集体经济总收入1268万元。

辖区内有初级中学2所,教师126人,在校生1590人;小学2所,教师191人,在校生3786人;幼儿园6所(其中1个教学点),教职工154人,入托幼儿1335人。

计划生育率98.90%,再生育全过程管理率100%;落实四项节育手术13例,有"三查"育龄妇女5411人次,已查5194人次,"三查率"达96%;育龄妇女"生殖健康"检查率95.16%,重点对象"生殖健康"检查率100% 。

**【企业发展】** 产业乃以木制玩具、轴承、钢铁铸造为主,针对街道企业多的特点,鼓励企业加大转型升级力度,不断提高市场竞争力。实行班子成员联系企业制度,着力解决企业生产发展问题,鼓励辖区规模以上企业扩大技改投入、小微企业加快转型入园步伐,新培育登记个体工商户349户,新登记注册资本金17322万元,8户个体工商户转型升级为小微企业。

**【农业经济】** 以调整优化农业产业结构为重点,推进农业产业平稳增长,全年完成粮食播种面积4764亩,实现粮食总产量1468吨;发展食用菌1151.15万袋。完成油茶幼林扶育468亩,景观林扶育434亩。举办劳动力培训10期,培训人员943人次,完成任务的106.8%。农产品质量检测250个批次,完成任务的83%,检测合格率达100%。

**【来料加工】** 2016年,培养和巩固来料加工经纪人352人,来料加工队伍人数达到3382人,完成来料加工费4630万元。

**【电子商务】** 至2016年末,已累计发展淘宝网店650家,年销售额突破6.2亿元,占全县电商销售总额的69%,带动2000多人就业,人气、规模、种类均走在全市前列。积极创建"电子商务示范街道",打造"一路一带"电商发展战略,鼓励和引导中山西路沿线各村(勤俭、梅垄、贵溪、柘园、后山等村)发展电商,串点成线、连片成面,形成电商经济产业带。5月,成功举办首届"电商节文化"。

**【招商引资】** 2016年,共引进项目4个,分别是:孚提埃(上海)建筑设计有限公司,已于12月开工建设;云和县金采油茶种植专业合作社,总投资3000万元,实际投资1441万元;云和县陈贤伟家庭农场,总投资2000万元,实际投资1055.4万元;云和县半源家庭农场,总投资2500万元,已土地流转和平整。

**【县重点项目建设】** 开展并完成云龙线、后交线、浮云溪流域综合治理工程(村头段)、老豆腐厂、解放西路(城西路-老解放街) 等项目土地征收政策处理,确保无障碍施工。

**【垦造耕地】** 2016年，县里下达的耕地垦造任务为水田50亩、旱地100亩。已落实杨家山村枫树、大岗、排路下、横坑4个点共90亩；在贵溪村杀坑开发水田100亩，项目已进行勘察论证。

**【“无违建街道”创建】** 2016年，累计拆除各类违章建筑161067.21平方米（任务为16万平方米），超额完成全年工作任务。

**【屋顶整治】** 2016年，需整治屋顶违建113个点3927.41平方米，已全部入户核实并发放整治通知书，签订整改协议104户，完成整治102户，整治率90.3%，验收合格70户，政策兑现60户。

**【蓝色屋面整治】** 2016年，需整治蓝色屋面55个点22242平方米，已完成30个点20037平方米，其中：省级3个、市级7个已全部完成，县级完成20个。

**【“低小散”企业整治】** 联合相关部门，对贵溪区块（贵溪村以西至重河）94家未取得合法用地的“低小散”企业（作坊）进行整治，并对其中88家企业进行停水停电。至2016年末，已有92家自行拆除，91家清空场地，70家通过验收，8家入园发展。

**【“洁净乡村”行动】** 全年共组织开展“洁净乡村”行动26次，参与人数3000余人次；累计清扫道路45千米，清理河道55千米，拆除违法广告88 处，收集废弃农药化肥袋320只，清理乱堆放180处，恢复绿化植被5处，处理乱搭建36处；消除整改点80多个，清除卫生死角43处，清运垃圾300多吨；整治清理上级督办点43处。

**【美丽景观线】** 凤凰山街道涉及“最美梯田”“浪漫婚纱”2条美丽乡村风情景观线。2016年，为使景观线达到“环境洁化、景观绿化、村庄美化、小品特色化”的目标，组织党员干部600余人次，对后交线及328省道沿线进行28次环境集中清扫，消除整改点96个，清理卫生死角51处，清运垃圾400多吨。

**【救灾救济】** 2016年，累计救助548人次，发放救助资金173.43万元，有效保障救助对象的生产生活。

**【社会保障】** 完成384名残疾人数据动态更新，完成巧云村居家养老服务照料中心项目建设。新增城乡居民养老保险36人，完成率120%；参加城乡居民基本医疗保险8477人，完成率98%；社保卡持卡人数累计达7812人。完成1921名企业离退休人员的养老金资格认证和1140名60周岁以上农民的免费健康体检。

**【社区建设】** 社区以“老李帮忙团”、社区爱心超市、小李服务队、便民服务中心等为服务载体，为社区居民提供个性化、人性化、全方位的贴身服务。全年共为居民提供服务6008次，解放社区爱心超市有110人持卡按月领取物品。

**【平安建设】** 全面实行领导包案制度，全年共受理群众来信来访7件，已答复解决6件，还有1件在处理；调处各类矛盾纠纷122起，成功调处122起，调处成功率为100%。积极做好G20杭州峰会、乌镇互联网大会期间的维稳工作，对重点稳控对象及各类不稳定因素进行全面分析排查，落实专人负责，加强动态管理，确保重要会议、重大活动、重点敏感时段的社会稳定。平安浙江APP软件注册用户1452人，实现街道、村（社区）两级全覆盖。

**【安全生产】** 切实落实“一岗双责、党政同责”责任，积极搭建企业信息平台，发送安全信息5000余条次。与企业签订安全生产责任书352份，与村（社区）签订安全生产、食品药品安全工作责任书13份。深入农村、企业、出租房、三合一等场所进行全面督查，共检查企业和个体工商户432家次、出租房116户，排除安全隐患、消防隐患101处，发出整改指令书25份，已全部整改到位。结合3年内园区外基本无“低小散”企业的目标，整治提升入园企业53家，关停企业48家。

**【文化活动】** 成功举办第三届“乡村春晚”、首届文化礼堂卡拉OK比赛、“云和师傅杯”农训好声音比赛和“电商文化节”文艺演出。开展了以“绘梦云和”为主题的暑期“春泥计划”活动和“书香云和·全民阅读”系列读书活动，并选送“书香家庭”参加县、市比赛，获丽水市“十佳书香家庭”1户。

**【“归零翻篇开新局”主题大讨论】** 以找短板为出发点、以补短板为落脚点，组织开展学习讨论会44次，发布H5作品5件，上报工作信息20余篇。积极开展蹲点调研，并召开座谈会15次，走访群众516人，征求意见建议42条，解决问题 20个，汇总梳理“短板”14条、收集金点子26个。制作完成“归零翻篇开新局、奋战决胜创新绩”作战图，打响环境卫生大会战、项目保障攻坚战、产业转型突围战、电商发展主攻战、党建提升冲锋战等五大战役。

**【“两学一做”学习教育】** 坚持从思想建设入手，对党章党纪党规和习近平总书记系列重要讲话精神进行深入学习。先后召开动员会、工作部署会、专题研究会8次，举办党课14堂。深入挖掘基层党员感人事迹、先进典型，形成党建好故事17个，并编印成册，供大家学习。同时，将“两学一做”学习教育与各项中心工作结合起来，切实推进各项工作的开展。

**【整乡推进，整县提升】** 把党建示范点作为标杆去打造，高标准、严要求去落实；以巧云村、普光社区党建示范点为引领，积极向各党支部辐射；按照基本型、提升型、示范型党组织建设标准，投入5万余元资金，对党员活动场所进行全面整治提升；同时，有序开展党建责任清单、扛旗攻坚擂台大比武、先锋堡垒指数考评等党建工作，为“整乡推进、整县提升”打下坚实的基础。至2016年末，已完成巧云、贵溪2个示范型党组织，新岭、河坑、梅垄3个提升型党组织，柘园、后山等5个基本型党组织的创建。

**【作风建设】** 落实“一岗双责”，强化领导干部责任意识，严格执行中央“八项规定”和省委“六个严禁”，定期不定期对干部作风纪律进行专项督查，全年共开展督查40次。加大违纪党员处理力度，处理县纪委交办案件9起，处置党员9人，其中：党内警告1人，开除党籍8人。

**【“两代表”换届选举】** 圆满完成街道党代会代表、县党代会代表和县人大代表换届选举工作，选举产生街道党代会代表53名、县第十四次党代会代表14人、县第十六届人民代表大会代表15人。

(董柳娟)

## 崇头镇

**【概况】** 崇头镇是省级中心镇，位于云和县城西南部，距县城9.5公里。区域总面积228.2平方公里，有耕地面积2.75万亩，林地面积23.7万亩，公益林面积15.1万亩。下辖37个行政村，138个自然村，269个村民小组。

2016年，全镇共有6931户，总人口22744人，占全县总人口的20%；人口出生率9.9‰，死亡率7.4‰，人口自然增长率2.5‰。全镇实现工农业生产总值6.25亿元，同比增长5.22%，其中农业总产值2.46亿元，同比增长3.8%；实现旅游产业收入1.68亿元，同比增长30.23%，其中：云和梯田景区实现门票收入1365万元，同比增长109.36%；农民人均纯收入13545元，比2015年增加1377元，同比增长11.32%。

粮食播种面积27655亩，食用菌栽培2500万袋，种植高山蔬菜7115亩、中药材750亩，茶叶产量55吨。

有3家信用社，1家邮政储蓄所，4个邮政储蓄便民办事处；中学1所——梅源中学，为云和县唯一的农村初中，小学2所(崇头小学、黄源小学)，共有中小学教职工89名，学生769人；省三级幼儿园1所，在园幼儿95人，幼儿园教师11人；卫生院1所(由原来崇头、黄源、云丰、沙铺和大湾等5所卫生院合并而成)，共有医护人员31人。全年完成农民健康体检5819人。

崇头镇有行政编制44人(在编37人，缺编7人)，事业编制48

人(在编38人,缺编10人);党支部49个,其中农村党支部37个,党员数1190名。

**【打造最美梯田风情线】** (一)梯田景区基础设施提升。全力推进梯田大道土地征收工作,通过实施"项目难题清零销号大会战",先后完成菇棚征收1万多平方米,耕地和林地征收110亩,迁移坟墓12穴,确保该项目按时开工;投资900余万元,完成后交线梅源至叶垟段道路提升改造工程,解决云和梯田景区后交线大巴车通行难问题;完成梯田景区停车场征收项目,该项目实施后可为景区提供2000多个停车位。(二)梯田沿线村景提升。投资80万元,完成武岱峰森林公园游步道延伸项目。崇溪(三望栏至崇头村段)生态景观河道工程作为梯田大道配套工程已开展规划设计。总投资1600万元的苦枝墩旧村改造项目,已完成规划和土地平整,正实施主体建筑浇筑。完成栈云山庄一、二期土地征收工作,其中:一期已完成土地出让。完成崇头、下垟2个村的"花样村庄"建设,并顺利通过市"六边办"验收。

**【美丽经济有新发展】** (一)建设农家乐(民宿)示范村。实施坑根村的农家乐(民宿)示范村建设,完成梯田文化长廊主体建设和绿化工程,启动村内游步道环线建设方案设计,实施土地流转350亩,打造五彩水稻梯田景观。不断提升农家乐品质,在原有8家(三星级6家)农家乐的基础上,通过招商引资和吸引村民返乡创业的方式,发展高端民宿3家,总投资约900余万元,其中:牧云居、林栖小隐等特色民宿已开始营业。至2016年末,全镇已累计发展农家乐(民宿)92家,拥有床位1350个。(二)建设观光农业示范点和发展农林特色产业。投资200万元,在将军桥水果园和云和梯田世外桃源水果园建设游步道、水果轨道运输系统及观景台,打造全镇首批观光采摘型果园。投资约150万元,在上吴坪发展农林特色产业,实施"黄金茶"基地扩面工程,新种植"黄金茶"120亩,并配套建设观景台、游步道和停车场等设施。(三)打造农村电商平台。积极发展电商经济,培育农村电商龙头。2016年,云和县鹤顶农业科技开发有限公司投资300余万元,建立农产品深加工流水线和种植基地,并带动周边众多农户发展高效农业,增收致富。大学生村官创新"阿婆老茶"网商扶贫模式,为100多位留守老人增加创收,获得团市委电商扶贫项目比赛一等奖。至2016年末,全镇电商已累计带动群众种植各类高山蔬菜6000多亩。(四)发展生态能源产业。2016年,云和县首个光伏发电项目——云和黄源15MWp林农光互补光伏发电项目开工建设,项目位于崇头镇沙铺岭、牛党岗、长湖、箬笠坳等区块,总用地约416.8亩,总装机容量15兆瓦,总投资约13000万元,项目业主为中国电力新能源发展有限公司。该项目的建设,对云和县发展绿色能源经济、建设省清洁能源示范县,都具有非常重要的意义。同时,利用境内水资源优势,推进4个小水电站的扩容提升,促进水电、光电、风电3种清洁能源同步发展。

**【项目建设取得新成绩】** (一)崇头镇小学扩建项目。多次与施工方、涉及农户进行沟通联系,协调解决政策处理问题和纠纷,顺利推进校舍和操场项目的施工。(二)土地开发项目。全年共实施耕地垦造790亩,已经完成240亩,还有550亩尚未立项。(三)垄铺整村搬迁项目。已完成4幢公寓房的主体工程建设。(四)隐居梯田项目。已启动股改,并作为总部经济来培育,拟定在2018年包装上"新三板"。(五)电力大楼项目。已基本完成征收工作,尚存最后1户,正在协调。(六)梯田景区相关土地征收工作正有序推进,其中停车场征收项目已基本完成。

**【社会事业全面发展】** (一)不断完善农村大社保建设。新型农村合作医疗保险参保率达到100%,实现应保尽保;农村住房保险参保率达到99.6%,农村居民的社会保障水平进一步提高。(二)不断提升学校基础设施。通过多次协调对接,使教育部门、工程施工方、学校及周边住户达成一致意见,崇头小学扩建项目顺利开工。至2016年末,该工程主体建筑已完成80%。(三)不断丰富农村文化活动。进一步充实崇头、黄家畲、张家地等村的文化礼堂活动，丰富农村居民的业余文化生活。同时，顺利完成南山村文化礼堂项目建设，并在镇区谋划实施以"农耕文化"为主题的文化小广场和文化走廊提升工程，把传统的农耕文化用现代的艺术形式展现出来。（四）注重举办特色节庆活动。6月5日，第十届云和梯田开犁节在云和梯田景区举行。本届开犁节主题为"和着自然的拍子，领略㶂·真梯田"。开犁节期间，组织开展云和非遗民俗表演、农耕文化体验、星空帐篷客、旗袍走秀、主题音乐会等一系列活动，吸引大批游客前来观光游玩，直接带动周边农村旅游消费，为村民带来较好的经济收益。（五）维护农村社会稳定有序。认真开展防火、防汛、防冻等工作，落实食品安全、项目安全、道路安全、低温寒潮等常规巡查，强化突发事件的应急预防和处置机制，确保人民群众的生命和财产安全。高度重视农村矛盾纠纷调解，全年共调处矛盾纠纷150余件，有效维护社会和谐稳定。

**【基层党建有新气象】** （一）认真开展"归零翻篇开新局"主题大讨论活动。以"有为崇头"为载体，组织全镇干部、各村支部开展集中学习讨论41次；深入基层开展调研，解决问题39个，汇总梳理各类"短板"11条，有效实现集民智、聚民意、策群力谋发展的活动目的，干部队伍的思想意识进一步提升。（二）全面推进"整乡推进、整县提升"和"两学一做"学习教育。坚持从严处要求、向实处着力，以发展眼光促提升，以均衡理念补短板，以钉钉子精神攻难点，通过分类建设、分步实施，不断提高基层党建规范化、科学化水平。同时，扎实推进"两学一做"学习教育，努力提高党员干部综合素质，加快全镇经济社会发展，并形成"人人争做合格党员"的良好氛围。（三）全力优化政务服务。建立科学的镇村干部考核机制，把重点项目推进和重点工作任务完成情况以"加分制"纳入干部绩效考核。进一步优化农村建设项目审批程序，并实行"一站式服务、一条龙办理"的窗口"云服务"，实现窗口服务全天化，机关服务效率和质量明显提高。

（蓝燕红）

## 石塘镇

**【概况】** 石塘镇位于云和县城东北部，镇政府驻地石塘坑村西滩头，距云和县城24公里，距丽水市区35公里。区域总面积178.9平方公里，有耕地面积11906亩，山林总面积242690亩，其中重点生态公益林132710亩。境内有石塘、玉溪两大人工湖，是丽水饮用水源保护地。下辖34个行政村，149个自然村，206个村民小组，共4667户13490人，其中常住人口8259人，非农业人口225人。

2016年，全镇实现工农业总产值4.56亿元，其中：工业生产总值3.5亿元；农业生产总值1.06亿元，增长3%；农民人均纯收入15836元，增长13%。

石塘镇是茶叶之乡、板栗之乡、油茶之乡。全年完成粮食播种面积10461亩，粮食总产量3409.4吨；种植茶叶22388亩，产量530.2吨；种植板栗15620亩，产量1460吨；种植油料1324亩，产量251吨；种植蔬菜4923亩，产量6055.3吨；种植食用菌184吨；种植瓜果1353亩，产量401吨。

石塘镇有工业企业（含各类小作坊企业）459家；小学2所，幼儿园4所，卫生院2所，社区服务中心12处，文化礼堂4个，农家书屋20间，村级便民服务中心34个。

**【美丽乡村不断升级】** （一）环境整治不断加强。继续深化卫生保洁制度改革，制定出台《石塘镇卫生保洁督查机制》和《石塘镇卫生保洁考核机制》，每周组织对53省道沿线、石汶线沿线进行卫生督查，并在每周一例会上进行通报，有效解决农村保洁水平差、效率低、管理不到位等问题。同时，对违章建筑、乱堆放、乱搭建、违法广告等不良行为进行全面整治。全年共开展专项行动50余次，参与人数达2960人；拆除违章、乱搭建72处，共计7552平方米；整治乱堆放498处，清理卫生死角776处；拆除广告牌匾、宣传标语185处，清理牛皮癣73处；完成高速沿线及53省道沿线外立面改造62000平方米；完成县级交办单76处，市级交办单33处，省级交办单8处，完成率100%。(二)美丽乡村品质不断提升。完成西滩头C区块、长汀村赵岸自然村后侧外立面改造项目，改造面积14000余平方米。规溪村外立面改造项目已完成申报，改造面积6000余平方米。“童话田园 多彩规溪”项目已完成“彩虹桥”和摄影景观台建设，种植芝樱花30亩、牡丹花30亩、荷花30亩、油菜花300亩。长汀村建成长汀沙滩，长度700米，总面积3万平方米，种植棕榈树34棵，总投资200万元。2016年，长汀村累计接待游客30多万人次，门票收入80多万元，带动消费550多万元。小顺村完成2个旅游公厕和3条游览线路建设，并成功创建AAA级景区示范村。金山下村完成特色长廊街建设，总投资约200万元。(三)美丽乡村风景线建设。开通云和湖水上观光游线路，建成“十里云河石塘段”“茶香古道”两条风景线，初步形成“童话田园 多彩规溪”、闲趣渔家石塘坑、抗战记忆红色小顺、魅力畲寨新高畲、“阳光海岸休闲长汀”等“一村一品”、串点成线的景观线。10月，“十里云河”乡村风景线以全省总分第一的成绩，被评为全省最美自驾游风景线。11月，石塘镇被省委、省政府表彰为全省第一批美丽乡村示范乡镇。

**【镇域经济快速发展】** 按照“做精生态农业，优化生态工业，做大乡村服务业”的工作思路，着力加快推进产业转型升级，实现镇域经济快速健康发展。(一)农业产业不断优化。坚持“重抓茶叶、提升油茶、稳定板栗”的思路，推进农业主导产业快速发展，“两茶一栗”主导产业优势不断扩大。2016年，新增茶叶种植面积435亩；发放农业机械补贴202台次，补贴资金28.68万元。至2016年末，全镇共有市、县级农业龙头企业和农民专业合作社17家，茶叶加工户300多户。同时，启动金村茶叶加工园建设，实施500亩生态板栗套种提产试点。(二)招商引资取得成效。多次组织人员赴杭州、丽水、嘉兴等地开展招商活动，成功引进年产六千万“免烧砖”项目，合同金额1.2亿元，实到金额2170万元；达成投资意向项目3个，分别是：叶村坪千亩梯田(种植牡丹)农业观光项目、小顺高端民宿“梦里老家”项目和小顺军旅创作基地项目；累计接待中外客商实地考察10批次56人。(三)乡村旅游逐步扩大。积极开发集吃、住、游、玩、购为一体的乡村休闲服务业，通过打造精品村落、创办特色活动、发展农家乐民宿等方式，不断推动镇域乡村旅游发展。至2016年末，全镇共发展农家乐民宿42家，床位350个，从业人员200余名。全年接待游客达50万人次，实现营业额3000多万元，接待人次和营业额同比2015年均增长25%以上。

**【重点项目有序推进】** (一)农村土地综合开发项目扎实推进。完成实地勘探项目36个(共2060亩)、论证项目7个(共537亩)、立项项目4个(共231亩)、招投标代理项目3个(共168亩)、签订施工合同项目2个(共61亩)。(二)“一事一议”项目有序推进。完成2015年3个村(竹子坪、长汀、石塘坑)“一事一议”项目验收及资料汇编工作。完成2016年“一事一议”项目申报及落实工作。(三)水利设施项目进展顺利。先后完成横山头水库除险加固、自来水厂设备更新和11个村的自来水安装，实施农村污水项目治理及提升11个。至2016年末，石塘镇实现农村生活污水治理全覆盖，实际受益户达3301户。(四)重点项目建设扎实推进。有序推进云和东(石塘)旅游集散中心、云和东(石塘)交通码头、长汀沙滩、石塘镇C区块等26个重点项目建设，并将项目作战图上墙，确保按时完成。同时，积极谋划石塘峡旅游开发及金山下、朱村、张川片区茶叶加工园等10个项目，进一步夯实发展基础。

**【社会事业统筹发展】** (一)民生保障更加完善。全年计划生育率97.22%，长效节育率72.19%，综合节育率89.46%，征收社会抚养费110716元；适龄儿童入学率100%；城乡居民养老保险参保3198人，新发放社保卡603张；审核审批低保户245户407人，其中新列入低保22户54人，注销7户9人；办理残疾人护理补贴219人，办理残疾人生活困难补贴319人。(二)精神文明建设成效显著。积极开展“乡乡一台戏”、农村春晚、畲乡婚俗等多种形式的文化活动,不断活跃农村文化,丰富群众文化生活。组队参加云和县第十一届“民间民俗文化艺术月”展演活动,并荣获表演金奖、创作优秀奖。开展小顺、规溪、石塘、金山下4个村的文化礼堂星级提升和12个村的“六星文明户”创评、13个村的“六星文明户”复评工作。(三)社会治理水平有效提升。完善信访维稳调解工作机制,实现全年无重大事件和无进京非访事件,继续保持和谐稳定的良好局面。进一步完善农村公共安全监管责任制,加强各类安全隐患排查,统筹做好企业矿山安全、道路交通安全、水上安全、消防安全、农业生产安全等各项工作,确保群众生命财产安全,全年无安全生产事故发生。(四)人民武装工作有序开展。认真做好兵役登记和征兵工作,圆满完成年度征兵任务。合理整组基干民兵应急分队,提升遂行任务能力。2016年9月,石塘镇先后组织应急民兵40余人,分两次到遂昌县苏村抢险救灾。

**【自身建设不断强化】** (一)深入推进“云服务”模式。按照精简、统一、效能的原则,进一步完善行政服务各项机制,努力将服务延伸至农村一线、企业一线和项目一线,为群众和企业提供超市化便捷服务,打通服务群众的“最后一公里”。(二)着力规范行政行为。严格行政人员管理,健全行政决策机制,规范行政行为标准,强化行政行为监督,努力提升政府依法行政水平。(三)不断深化机关效能建设,通过建立健全财政财务管理制度、党务政务公开制度、村级财务双代理制度、公务接待制度、干部值班制度、干部学习制度和驻村管理制度等,实现以制度促规范、以制度提效能。(四)认真抓好党风廉政建设和反腐败工作。做到思想上警钟长鸣、工作上常抓不懈,有力提高干部拒腐防变能力。(五)创新开展片区党建工作模式。把全镇34个行政村划分为10个片区,细化落实党建工作,形成各片区相互学习、共促发展的良好氛围。

(江　鸣)

## 紧水滩镇

**【概况】** 紧水滩镇位于云和县城北部,地处瓯江干流上游,距县城18公里,交通便利。东临石塘镇,南依浮云街道、凤凰山街道,西与赤石乡毗邻,北与松阳县大东坝镇接壤。镇域总面积147.65平方公里,户籍人口2340户7280人。下辖22个行政村,其中移民村13个。山林总面积184288亩,其中国家级生态公益林134242,油茶林1.44万亩,森林覆盖率达85%以上。

紧水滩于1987年建成紧水滩水力发电厂而设置建制镇。紧水滩水库的建成,使沿途形成了依山傍水风光旖旎的自然景观。紧水滩镇始终围绕“生态立镇、旅游兴镇、品牌强镇”的目标定位,利用得天独厚的生态资源和底蕴深厚的民俗文化,以仙宫AAAA景区为依托,大力发展生态农副产品,努力提升休闲旅游产业,精心打造“山水仙宫,船帮古镇”的金名片。

**【美丽乡村勾勒新面貌】** (一)基础设施得到极大改善。以“村村有项目,年年有变化”为目标,大力推进农村基础设施建设。2016年,全镇完成通村道路路基工程建设10.6公里,路面硬化8.8公里,农村公路养护63.19公里;完成危旧房改造47户;完成土地开发417亩,其中旱地284亩,水田133亩;完成土地征收28.5亩。大源农业综合项目顺利开工建设,完成投资280万元。(二)童话乡村建设亮点突出。围绕“十里云河”美丽乡村风景线建设,创建石浦、龙门2个精品村。省级历史文化古村落—石浦“船帮古镇”修复工程进展顺利,年度投资1000万元。22个村联建的村级集体经济项目—龙门小木屋,已基本完工,正对外招商,总投资950万元。深入开展“六边三化三美”,完成“十里云河”精品游线环村绿化带建设13.24公里,立面改造103幢2.5万平方米,建设文化墙11处1100平方米、景观小品10处。2016年,金水坑村获评浙江省最美乡村,梓坊、龙门等村获评丽水市最美乡村,石浦村获评丽水市“六边三化三美”美丽乡村精品村,田垟村获评丽水市“六边三化三美”花样村庄。(三)生态环境治理扎实有效。全面开展农村环境综合整治，全镇各村的卫生保洁都做到"人员、设施、清运处理"三到位。完成全镇22个村的农村生活污水治理，实现保洁范围全覆盖。"五水共治""三改一拆"等工作强力推进，全年累计拆除违法建筑48处3.15万平方米，全镇22个行政村全部创成"无违建村"，紧水滩镇获评2015年度丽水市"无违建乡镇（街道）"创建先进集体。完成云和湖网箱整治工作，库区水体质量明显改善。大力开展青山白化治理，镇域生态环境更加优美。

**【生态经济迈出新步伐】**（一）高效生态农业逐步提升。2016年，新增生态精品农产品2个，生态精品示范家庭农场2家；完成粮食播种面积8760亩；完成油茶低改1000余亩，全镇油茶种植面积超过2万亩，成为云和重要的"油库"；新增生态茶叶50亩，全镇茶叶种植面积达到2200多亩；新增良种蜜蜂180箱；食用菌生产每年稳定在110万袋左右。龙门、田垟等村的西瓜种植面积逐年递增，2016年达到300多亩，"田垟西瓜"品牌影响力不断扩大。农民专业合作社不断兴起，先后培育发展渔夫有机鱼、清江生态鳖、森泰林产品、兴农林产品等农民专业合作社，形成"产、供、销"三位一体的经营模式。2016年，紧水滩镇成功创建丽水市生态精品农业示范乡镇。（二）生态旅游业迅速壮大。2016年，仙宫景区共接待游客11万余人次，门票收入510万元，同比分别增长10%和18.6%；新发展"农家乐""渔家乐"5家，床位数180张，餐位数260个，年营业额增长1000多万元。石浦梦幻灯景建设共计投入300万元，自9月底开业以来，吸引游客40多万人次，实现旅游收入200余万元。同时，也带动周边农家乐增加（游客）消费8000余人次、民宿住宿增加（游客）消费500余人次，促进农民增收280余万元。（三）生态林业经济效益良好。2016年，新增林地流转1200亩；规模林地流转颁发权证350亩；推进林相改造，加强珍贵彩色健康森林建设，完成建设美丽林相6500亩；成功创建森林人家特色村1个；累计抚育造林3.7万多亩，林业经济效益明显。（四）招商引资取得新突破。成功引进投资7000万元的林农光互补光伏发电项目和投资2000多万元的梓坊水生态科普基地项目，均已顺利开工；引进船帮驿站、隐龙门等高端民宿项目，均已建成营业。

**【民生保障获得新改善】**（一）高度重视文化工作。成功举办田垟西瓜文化节、乡村村晚、文化礼堂"重阳敬老"等群众性文化活动；成功创评240户"六星文明户"；积极配合《秘密》摄影剧组到石浦村开展取景拍摄。（二）高度重视教育工作。开展"春泥计划"活动2期，参与学生共计60名。（三）高度重视计划生育工作。全年计划生育率达100%，国家免费孕检率达到80%以上，外出育龄妇女管理率达到85%以上，三优教育培训普及已覆盖80%的育龄妇女，免费药具获取率90%以上。先后开展"5·29"计生协活动日、"7·11"世界人口日等活动。2016年，紧水滩镇成功创建市级卫生应急示范乡镇。（四）高度重视空巢老人问题。完成3家居家养老服务照料中心建设，切实做好居家养老服务照料中心的运营管理。新增城乡居民基本养老保险参保人数9人，实现60周岁以上参合农民健康体检率65%以上，城乡居民基本医疗保险参保率95%以上。全面完成农民下山转移和农村劳动力向二、三产业转移的任务目标。全面落实"一户一策一干部"帮扶机制，低收入农户增收工程取得明显成效，实现"年收入4600元以下的低收农户"全面脱贫。

**【平安社会书写新篇章】**（一）健全平安网络建设。扎实开展网格化管理、组团式服务活动。坚持打防并举的原则，切实加强法治宣传、矛盾纠纷排查、治安防范网络建设，及时调整充实各行政村的综治工作站、信访代理站、治保、调解、帮教、禁毒等村级组织。（二）积极化解矛盾纠纷。全面开展不稳定因素的排查化解，进一步加强重点时段、重点群体的管控，针对换届选举、环境综合整治、AAAA级景区建设、土地开发等热点、难点问题，采取领导包案、接访等形式，集中化解一批矛盾纠纷和信访案件。2016年,共受理群众来信来访9件27人次,成功办结9件,办结率100%,息访率67%;调解各类矛盾纠纷12起,成功调解12起,调解成功率100%。全年未发生重大案件和群体性事件,也未发生进京赴省非法上访事件。全面落实安全生产目标管理责任制,切实加强道路交通、森林防火、消防安全等工作,并完成云和湖水上浮排设施综合整治。

**【党风廉政夯实固堡垒】** (一)不断加强思想建设。扎实开展各级各层面学习教育,举办"村党支部书记扛旗攻坚大擂台"4期,村党支部书记上台演讲74人次。积极开展先进性教育、践行科学发展观、创先争优、"三严三实"、"三会一课"等主题教育活动,坚持班子成员驻村调研制度,主动听民意、解民忧、兴农事、促和谐,进一步增强党委班子的领导力、执行力和号召力。不断深入开展"两学一做"学习教育,强化党员的规矩意识、宗旨意识、服务意识,引导党员发挥先锋模范作用。(二)不断加强队伍建设。认真开展"双学双争",切实加强纪检干部队伍建设。抓好纪检"三转"工作,强化纪检队伍自我监督;抓好村监会建设,完善村监会各项管理制度;抓好队伍廉政考核,制定党风廉政考核实施办法。(三)不断加强廉政建设。认真贯彻监督执纪"四种形态",加强专项督查,全年共开展财务审查3次、公车督查2次、明察暗访10余次;坚持"一案双查",强化案件查办,全年共受理信访举报3件,立案查处2件,给予党纪处分3人。

(李　丹)

## 赤石乡

**【概况】** 赤石乡地处云和县西部,东邻紧水滩镇、凤凰山街道,南靠崇头镇,西南与龙泉市安仁镇毗连、西接龙泉市道太乡,北连松阳县大东坝镇,属中亚热带季风气候。区域总面积121.54平方公里,水域面积1.5万亩,林地面积16.5万亩,其中国家级和省级生态公益林10.63万亩。下辖14个行政村,92个自然村,81个村民小组;党支部19个,其中党总支3个,农村党支部14个,党员总数369人;小学1所(赤石小学),在校学生144人,教职工13人。

至2016年末,全乡在册户籍人口1741户5437人,其中:男性2864人,女性2573人;少数民族人口562人,少数民族村1个(阴岩村);移民1365人,其中后靠移民802人,跨库移民563人。

2016年,实现计划生育率98.66%;义务教育普及率100%;新型农村合作医疗参合率99%,城乡居民养老保险新参保完成率110%,60岁以上农民健康体检参检率达70%。

**【"美丽乡村"建设】** 围绕乡村环境提升,深入推进"三改一拆""五水共治""六边三化三美""路段长制"等工作。全年共完成市督办的"六边三化三美"任务45件、"路段长制"任务37项,均已整改到位。深入开展"三改一拆"工作,重点对53省道沿线违章建筑进行拆除,共拆除乱搭建10039平方米,并对拆后地块进行绿化和美化。全面开展"五水共治"工作,严格落实《赤石乡全面实施"河长制" 进一步加强水环境保护和综合整治实施意见》《赤石乡"河长制"实施方案》《赤石乡卫生保洁实施方案》等制度,落实境内8条重要河道的乡、村两级"河长制",形成"五水共治"和农村环境治理长效机制;定期开展河道大清扫,全年共出动车辆38辆次,清理河道垃圾35吨,消除河道卫生死角300多处。开展农村畜禽养殖污染整治、农村生活污水治理和云和湖水上安全集中整治,累计整治规范养猪场1400多平方米,减少生猪养殖780余头;建设污水处理终端17座,完成8个村生活污水的无害化处理;查处水上违章浮动设施2545平方米,拆除网箱588只21456平方米。同时,启动垃圾减量化处理试点工作,共发放垃圾分类宣传册300多份,分类投放垃圾桶600余只。

**【生态旅游快速发展】** 以"云栖木屋"为旅游吸引点,全力打造云和湖畔美丽乡村。多村联建集体经济项目"云栖木屋"的18幢木屋(54个房间,90个床位)和三层景观台已经全部完工,完成假山、配套道路、亮化、绿化提升等工程。

赤石村以“云栖木屋”为依托，将部分闲置民房通过租赁方式盘活利用，积极打造民宿示范村。至2016年末，全乡共有农家乐经营户17家；省级农家乐特色点1个，市级农家乐特色村1个，四星级经营点1个。全年累计接待游客18万人次，同比增长20%；营业总收入1000余万元，同比增长30%以上。同时，完成“美丽宜居示范村”建设，完成市级农家乐民宿综合体建设和验收，成功引进陈宣蔚大师青瓷制作体验馆。

**【产业经济稳步发展】** （一）招商引资工作有序推进。全年共引进县外内资5000万元，实际到位资金3520万元，分别完成年度招商任务的500%和352%。（二）着力破解村集体经济发展难题。乡村联建的集体经济项目“云栖民宿”通过招商推向市场后，产生明显的社会效益，为赤石打造民宿示范村和生态旅游小镇奠定扎实的基础，成为壮大村级集体经济的又一成功探索。（三）农村经济发展实现稳中有升。全年完成粮食播种面积3894亩，蔬菜种植面积1180亩，茶叶种植面积688亩，水果种植面积2062亩；完成生态示范家庭农场创建2个。同时，积极扶持发展“新三宝”，做好来料加工和农村电子商务两大产业发展的帮扶引导工作。

**【社会民生持续改善】** （一）重点抓好低收入农户扶贫增收工作。根据县政府、县扶贫办关于全面巩固“消除4600”扶贫成果，精确识别低收入农户重点帮扶对象，深入实施精准扶贫方略，提升低收入农户自我发展能力的相关要求，积极开展低收入农户动态管理及认定工作。2016年，全乡保留低收入农户1户1人，无新增农户。认定保留的1人，因年小又缺少家人管教，文化知识水平低、缺少劳动技能等原因致贫。后经乡政府调查研究，将计划采取教育帮扶与就业帮扶相结合的措施进行帮扶。（二）农村公共安全监管责任制进一步健全完善。切实加强各类安全隐患排查，认真细致地做好企业、学校、民宿、码头、道路交通等各项安全工作。（三）和谐乡风进一步浓厚。全年共开展矛盾纠纷和不稳定因素集中排查24次，排查出矛盾纠纷14起，成功调解14起调解成功率100%；受理群众信访件5件，全部给予答复。

**【作风建设不断强化】** （一）完善制度。2016年，赤石乡行政服务中心在实现“一站式”服务的基础上，制定限时办结、项目代办等制度，窗口服务质量得到有效提升。（二）规范行政行为。坚持重大事项向乡党委请示报告、向人大主席团报告制度，认真执行县委、县政府及乡党委的各项决议、决定，积极办理人大代表提出的议案、建议和意见，开展好政务公开，接受群众监督，探索推行效能建设跟踪制度，着力提高办事效率。（三）强化廉政建设。坚持从现在做起，从具体事情做起，通过定期学习、谈心谈话等举措，认真抓好廉政建设和反腐败斗争，做到思想上警钟长鸣、工作上常抓不懈，有力提高干部拒腐防变能力。

（季少闽）

## 安溪畲族乡

**【概况】** 安溪畲族乡地处云和县城南部，东邻元和街道，南接景宁畲族自治县，西靠雾溪畲族乡，北连白龙山街道。区域总面积33.5平方公里，下辖8个行政村、40个村民小组，其中下武村、黄处村、严山村为畲族村。乡政府驻下村村后塘，距县城7.5公里。

至2016年末，全乡共有873户2717人，其中畲族人口193户816人，占总人口的30%；人口出生率8.12‰，死亡率4.8‰；计划生育率100%；参加城乡居民合作医疗保险2665人，参保率99.03%；参加城乡居民养老保险1425人；累计发放社保卡2556张。

2016年，全乡实现工农业总产值4328万元，其中工业总产值1205万元，同比增长11.88%，农业总产值3123万元，同比增长6.5%，农民人均纯收入13894元，同比增长15.8%。

2016年，安溪畲族乡共有行政编制12人、在编12人，事业编制10人、在编 10人；小学1所，在校学生83人，教师10名，义务教育普及率100%；卫生院1所，医务人员4

人;个体工业企业13家。

【生态经济进一步提升】 依托鲜明的生态特色、独特的资源禀赋,巧打生态经济牌,大力发展生态农业和乡村旅游业。(一)生态农业加快发展。全年新增种植油茶190亩、雪梨220余亩;种植袋料香菇54.8万袋、黑木耳33.5万袋;完成200亩黑木耳产业提升项目标准化生产基地建设;完成梨园春家庭农场林下附生铁皮石斛项目基地建设,梨树上附生种植150亩。(二)乡村旅游快速发展。结合畲乡风情精品游线建设,完成《云和县黄处村创建AAA级景区规划》编制,启动黄处村AAA级乡村旅游景区化示范村建设;实施叮当岩-佛儿岩景区游步道工程,已完成总工程量的70%。实施黄处广场周边环境提升、电线杆线路优化改造工程。完成《云和县安溪畲乡民宿集聚区设计方案》评审、论证,该方案涵盖浙闽古道(泗洲岭古道)修复设计方案。

【乡村面貌进一步改善】 以"三改一拆""五水共治""六边三化三美"等工作为抓手,大力推进"山水童话乡村"和"美丽乡村"建设。(一)美丽乡村加快建设。先后完成畲汉同心广场提升工程、上村村庄整治提升工程和村级组织活动场所建设、下村村省级美丽宜居示范村和沿溪景观改造等项目,积极谋划畲族特色门楼、廊桥及黄处村省级美丽宜居示范村建设等项目。(二)生态环境持续改善。完成上村、下村及下武村的农村生活污水治理工程,启动木樨花、东岱、严山、黄家地4个村的农村生活污水治理工程。组建环保志愿服务队9支,组织开展洁净专项行动20次,累计清理河道16条18公里,清理河道垃圾60余吨。深入推进"三改一拆"工作,累计拆除违章建筑15000平方米。(三)基础设施不断完善。实施东岱村、木樨花等2个行政村"一事一议"项目2个,项目合计投资178万元。完成村级集体经济项目——茶山水电站的配套设施建设。完成东岱外村至马蹄岗、木樨花村至林斜2条通村公路的路面硬化工程。积极谋划温泉古村落酒店、安溪通景公路2个重点项目的前期工作。

【发展后劲进一步增强】 不断加大招商引资、深化改革等工作力度,实现产业转型升级,进一步提升乡域经济发展后劲。(一)招商引资成效显著。成功引进黄处村养生养心民宿项目,预算总投资2000万元,其中一期投资额为1100万元,圆满完成年度招商任务。(二)改革工作深入实施。开展农村土地确权登记试点工作,完成土地地块信息录入,实现土地四至信息图像化。推进民族经济发展试验区建设,结合《安溪畲族乡乡域总规(2014—2030年)》,科学编制"试验区"规划,加快畲乡风情精品游线建设和雪梨等特色产业培育,推进泗洲岭古道修复和畲乡集镇建设。(三)项目建设稳步推进。完成下武至木樨花、东岱马蹄岗至外村2条林区道路建设,有效盘活林区资源。实施垦造耕地续建项目3个,规划新增耕地195亩。

【民生事业进一步发展】 (一)社会事业协调发展。组织开展农民转移就业培训13期382人次,涉及雪梨种植、来料加工、残疾人就业及电子商务等内容。建成畲族特色文化礼堂、畲汉同心文化广场等民族文化设施。组建文化传承人队伍10支100余人,举办乡乡一台戏、乡村春晚等形式多样的主题晚会,选送的畲族特色节目多次在市、县获奖,有力促进畲族文化的保护和传续。同时,教育、卫生、计生等各项社会事业同步推进。(二)社会保障逐步完善。对18户39人"4600元以下低收入农户"实施"一户一策"精准扶贫。对困难户、低保户、五保户等特殊群体进行摸底走访,开展帮扶解困工作,实现应保尽保、应扶尽扶。依托省残联结对黄处村的优势,做好残疾人帮困扶助工作。全乡2665人参加医疗保险,参保率达99.03%,1425人参加养老保险,累计发放社保卡2556张。(三)社会治理稳步推进。不断优化信访维稳工作机制,构建乡级、村级、网格级的三级服务网络。举办平安综治、大调解及反邪教业务培训班。制定《刑释解教人员安置帮教工作手册》,完成26名在册刑释解教人员的走访摸底、建册立档工作,并举办刑释和社区矫正人员培训班1期。

**【党的建设进一步增强】** (一)思想建设不断加强。深入开展“两学一做”学习教育,认真学习党章、党纪、党规和习近平总书记系列重要讲话精神,并组织党员开展批评与自我批评,切实提升党员的思想意识、规矩意识。(二)组织建设不断加强。完成56名流动党员、1个“空心村”的调查摸底工作,补充完善流动党员信息库。通过创新管理方式、活动载体及帮扶措施,多措并举,狠抓“空心村”党建。落实基层党建责任清单,进一步明确乡、村两级党组织的职责和任务。(三)作风建设不断加强。严格贯彻中央“八项规定”和省委“六个严禁”“28条办法”,厉行勤俭节约,严禁铺张浪费。修改完善《正风肃纪管理办法》,每月定期开展机关效能督查,对违纪行为“零容忍”。严格控制“三公”经费,“三公”经费较往年大幅下降。不断创新“三资”管理机制,严抓严管,通过规范制度、规范操作、规范公开,实现农村“三资”管理规范化。实行村监会主任工分制考核,切实发挥村监会的监督职责,严防村级党员干部的不正之风。

(滕 霄)

## 雾溪畲族乡

**【概况】** 雾溪畲族乡位于云和县城西南部,距县城8公里,区域总面积33.25平方公里,耕地面积995亩,粮食播种面积1697亩,亩产323公斤。境内地势西南高东北低,有支流2条,同属瓯江水系,随地势汇合于雾溪水库,流域内有水口、三渡溪、石门、石门三级、岙头5座水力发电站。辖区内有6个行政村,21个自然村,29个村民小组,共696户2056人,其中畲族人口528人,占总人口的24.3%,非农业人口26人。

2016年,全乡实现工农业总产值4448万元,其中:农业产值2121万元,工业总产值2327万元;财政总收入1484.57万元;农民人均收入11451元;计划生育率100%,节育率91.4%,晚婚率56%,人口自然增长率0.47‰;新型农村合作医疗参合率达100。

农业方面,已形成笋竹林、中药材、食用菌三大支柱产业,其中:毛竹高效经营示范基地500亩;工业方面,有企业6家,其中:集体企业1家,水力发电站5座,主要产品有:电动机外壳、缝纫机外壳等。

2016年,雾溪乡共有干部24人,其中公务员编制10人,事业编制11人,大学生村官3人;党支部8个,其中农村党支部6个,党员数206名。

**【经济发展提速增效】** (一)农业综合生产能力不断增强。全乡建成毛竹高效经营示范基地500亩,推广和实施毛竹竹腔施肥1100亩,笋竹林经济效益明显提高;完成农作物播种面积4000多亩,其中粮食播种面积1697亩;食用菌生产100多万袋;建成农业专业合作社12家、家庭农场8个;种植高山蔬菜1000多亩,主要是高山茭白、包菜等;检测农产品672批次,合格率为100%。(二)特色产业增效明显。出台中药材种植补助和土地流转补贴扶持政策,大力发展中药材产业,培育中药材专业合作社2家,种植以白术、温郁金、厚朴等为主的中药材2500亩,解决农村季节性富余劳动力300余人,种植农户人均年收入增加4000元。(三)新型业态逐步形成。出台来料加工产业扶持政策,引导转移农户大力发展来料加工,累计培育来料加工经纪人10人,来料加工从业人员300余人,实现创收600多万元。出台农村电子商务产业扶持政策,鼓励发展农村电子商务,帮助青年电商加入“云和青年网上创业联盟”,电子商务销售总额突破800万元。

**【生态建设走在前列】** 以“三改一拆”“五水共治”“六边三化三美”等工作为抓手,大力推进“美丽乡村”建设,不断改善农村环境面貌。(一)水源保护持续发力。结合“五水共治”工作,按照饮用水源保护的相关规定,开展环境污染整治,强化点源污染治理,做好面源污染控制,通过加强绿化、保持水土、涵养水源和科学使用化肥农药等举措,防止水体污染;通过推行“河长制”“路段长制”、卫生联保机制和强化保洁队伍建设等措施,重抓卫生保洁工作,水源水质不断向好。(二)人口转移有序推进。按照县委、县政府《雾溪水源地保护人口转移实施方案》和相关政策要求,全面有序地推进人口转移工作。2016年,完成二期人口转移244户845人报名工作,并对通过资格初审的160户农户进行房屋测量。(三)"秘境畲乡"建设。以畲乡风情游线为轴,将全乡纳入到"秘境畲乡"建设版图,完成坪垟岗村文化广场提升改造和文化墙、景观亭、停车场建设,启动阿妹桥、民俗馆建设项目;分别完成雾溪村、砻头村先锋广场提升项目,启动生态景观河道建设;启动雾溪村(石板桥至工业园区)通村道路项目建设。认真开展"三改一拆"工作,拆除违法建筑18处,清理非法"一户多宅"110户,成功创建云和县第一批"无违建乡镇"。

**【发展动力逐步提升】** 着眼于扩大创业就业、促进增收,不断加大劳动力培训转移等工作力度,推进产业转型升级,进一步提升乡域经济发展后劲。(一)创业就业氛围良好。2016年,先后开展玩具加工、来料加工、电子商务等专题培训8班次,培训300余人次;组织乡、村干部外出学习考察10余人次;遴选31名云和师傅、耕种大户和创业先锋,结对帮带低收入农户,并在天津、无锡、义乌、丽水等地建立异地综合开发联络站,带动群众外出创业就业。(二)集体项目稳步推进。启动集便民服务、就业培训等功能于一体的就业服务中心项目建设,完成项目招投标工作。成立云和县雾溪资产经营公司统一经营管理,筹集村集体经济发展专项资金进行投资置业,租赁收入反哺各村公益性惠民支出,实现村集体经济"零"的突破。

**【社会事业全面发展】** 坚持把"抓民生、促和谐、保增长"作为改善民生的有力抓手,全力以赴为群众办好事、办实事。(一)社会事业全面发展。加大教育帮扶,累计向55人次发放计划生育奖学金及贫困助学资金5.7万元,一期人口转移群众子女新生全部安排县江滨实验小学就读。全面加强卫生和计划生育工作,按要求调整组建村级卫计服务队伍,全面实现村级卫生计生工作融合。持续抓好畲族文化保护传承工作,积极开展"乡村春晚"、民间民俗文化艺术月和民俗文化交流活动,成功举办第一届"花艺文化节"。(二)社会保障逐步完善。实施"一类一措施、一户一办法"精准扶贫,帮助低收入农户增收,通过"保障兜底一批、岗位吸引一批、产业扶助一批、部门结对一批、亲友带动一批"的"五个一批"方式,成功消除"4600元以下低收入农户"79户209人。同时,认真做好城乡居民养老保险、医疗保险、低保、五保审核等工作,确保做到"应保尽保"。(三)社会治理稳步推进。开展"强化网格管理、提升服务质效"工作,不断完善综合治理工作机制,通过网格排查、宣传入户、党员联系等措施,做好社会平安稳定工作。积极开展"无邪教乡镇"创建工作,组织志愿巡查200余次,发放宣传品500于份。2016年,成功创建第二批省级"无邪教乡"。

**【自身建设不断加强】** 以开展"归零翻篇开新局"主题大讨论活动和"两学一做"学习教育为契机,切实加强自身建设。(一)加强作风建设。修订完善《雾溪乡正风肃纪十项制度》,对乡机关运转进行全面规范,定期开展机关效能督查。制定出台《雾溪乡村干部岗位考核办法》,明确岗位职责,加强日常考核管理,每年安排10万元经费,用于落实考评制度。(二)加强廉政建设。认真落实党风廉政建设责任制,切实把廉政要求落实到工作的各个环节。同时,将党风廉政建设与经济工作同部署、同落实、同检查、同考核,切实加强对涉农资金、工程项目等工作的监督。(三)加强为民服务。继续开展"周三服务集日"等便民活动,始终把群众满意作为衡量工作的首要标准,牢固树立"全心全意为人民服务"的宗旨观念,真正做到勤政为民。

(邱长棋)

# 文件选编

## 中共云和县委 云和县人民政府关于加快旅游产业发展的实施意见

云委发〔2016〕34号

为切实贯彻落实《国务院关于促进旅游业改革发展的若干意见》（国发〔2014〕31号）、《浙江省人民政府关于加快培育旅游业成为万亿产业的实施意见》（浙政发〔2014〕42号）、《中共丽水市委、丽水市人民政府关于加快生态旅游业发展的实施意见》（丽委发〔2014〕80号）等文件精神，结合我县实际，现就加快我县旅游产业发展提出如下实施意见：

### 一、总体要求

（一）指导思想。深入贯彻落实"绿水青山就是金山银山"的战略指导思想，紧紧围绕打造"山水童话"特色的现代化生态休闲旅游名城的总目标，以云和梯田景区创5A为龙头，不断优化旅游发展环境、推进旅游项目建设、加快旅游产品开发、提升旅游服务质量、做强生态旅游经济，全面推动旅游全域景区化建设，全力将旅游产业培育成第一战略支柱产业，着力将我县建设成长三角知名的休闲旅游目的地。

（二）工作目标。到2020年，实现游客接待量850万人次、年均增长20%以上，旅游总收入48亿元、年均增长20%以上。云和梯田景区、童话特色小镇达到国家AAAAA级景区标准，云和湖省级旅游度假区达到国家级旅游度假区标准，全县新增达到AAA标准的景区6个，建成国家全域旅游先行区，云和生态旅游知名度与美誉度得到全面提升。

### 二、主要任务

（一）坚持规划引领，强化基础配套

1.加强旅游资源保护利用。按照旅游资源"严格保护、统一管理、合理开发、永续利用"的原则，切实加强旅游资源的保护与利用工作。旅游景区内及景区村的村庄整治及建设方案需会同县旅委共同制定，必须符合县域旅游发展规划。

2.强化旅游规划引导作用。坚持"高起点规划、高品位建设、高标准发展"的原则，处理好开发、保护和发展的关系。县域其他专项规划要注重与旅游规划的紧密衔接，进一步完善旅游规划体系。

3.加快旅游基础设施建设。加快旅游集散中心、旅游咨询服务中心的建设力度，鼓励企业、个人兴办和投资旅游项目，提升旅游服务能力。非政府性投资新建、改建的旅游公厕,被国家旅游主管部门评定机构或授权组织评定为国家A、AA、AAA级旅游厕所,分别一次性给予5万元、10万元、20万元奖励。

4.改善旅游交通环境。按照“提高进出性、增强通畅性、丰富游览性、建设标准化、换乘无缝化”的要求,大力推进旅游交通网络和自驾车服务体系建设。交通部门每年安排通景公路建设和改造项目资金不少于2000万元,AAAA级景区通景公路五年内达到二级公路标准;林业部门每年安排“三沿”(沿路、沿湖、沿景)景观林改造资金不少于500万元,五年内完成“三沿”景观带改造工作;县农办每年用于通景公路沿线、景区周边村庄环境整治及乡村旅游基础配套设施建设资金不少于2000万元。同时,旅游、交通、住建等部门要按照国家标准统一规划、制作、设置和维护旅游公共标识。

(二)加大政策扶持,推进项目建设

1.加大旅游投资扶持力度。鼓励境内外经济实体、社会团体和各界人士以独资、合资、合作、承包、租赁、托管、股份制等形式,投资开发全县区域内的各类旅游资源。对符合《云和县旅游产业发展总体规划(2015-2030)》,在合同期内完成并通过验收的旅游项目,固定资产投资额(不含财政补助,下同)在1000万元以上的给予补助。固定资产投资超过1000万元以上的部分,按3%给予补助;超过2000万元以上的部分,按4%给予补助;童话特色小镇项目、“浙商回归”投资项目、外资项目或投资额超过5000万元并经县政府认定为重大旅游项目的,采取一事一议,补助资金另行安排。旅游投资项目中如有房地产开发或其他捆绑政策的,不享受固定资产投资补助。固定资产投资额的确认要按照国家有关规定执行,固定资产投资额不含财政补助,不含通过招拍挂方式取得土地使用权的费用。

2.鼓励景区进行品牌升级。对被国家旅游主管部门评定机构或授权组织评定为国家AAA、AAAA、AAAAA级旅游景区,分别一次性给予200万元、500万元、1000万元奖励。对新晋级的国家AAAA、AAAAA级旅游景区,给予补足差额奖励。国家AAA、AAAAA、AAAAA级旅游景区有效期满,每通过一次复评达标,分别给予奖励5万元、10万元、30万元。对被国家旅游主管部门或国家旅游主管部门与其他部门联合授予除A级景区之外的其他荣誉称号的景区,给予奖励20万元;对被省级旅游主管部门或省级旅游主管部门与其他部门联合授予的其他荣誉称号的景区,给予奖励10万元。

(三)鼓励多元发展,推动产业融合

1.推动旅游产业与相关产业的融合发展。推进旅游与文化(体育)、农(渔)业、林业、工业、商业等相关产业融合发展。被评为省级、国家级各类旅游示范基地或休闲养生(养老)基地、运动休闲旅游基地、非遗旅游景区、中医药文化养生旅游、休闲农业、林业、渔业等示范基地的,分别给予一次性20万元、50万元奖励。

2.加快旅游产业与信息产业的结合。县旅委牵头建立统一的旅游基础信息资源标准数据规范与共享机制,提升旅游管理信息化水平。国家AAAA级以上的旅游景区,四星级以上的旅游饭店,省级以上的特色文化主题酒店、绿色饭店等要充分利用社会资源构建面向各级客源地市场的旅游电子商务系统。

3.鼓励投资旅游文化演艺事业。鼓励民营资本组建文化演艺公司,利用我县丰富的文化旅游资源开发特色鲜明、艺术性强的旅游演艺产品。对组团(8人以上)进驻AAAA级旅游景区演出一年以上的团队,节目地方特色鲜明、表演艺术性强,年演出达到100天、200场以上的,给予演出团队一次性补助10万元。根据景区提供的游客对节目满意度调查情况再给予一定奖励,奖励额最高5万元。

4.加大地方特色旅游商品开发力度。(1)加快农特产品向旅游商品转化,鼓励民间资本建设旅游商品生产基地,对新建的旅游商品生产基地,视建设规模和资金投入给予一定资金扶持。特色商品在旅游主管部门主办的旅游商品评比中获得国家级金质奖、银质奖(省级金质奖)、铜质奖(省级银质奖)的，分别一次性给予3万元、2万元、1万元的奖励。(2)新建规模在1000平方米以上的旅游购物商场，经旅游部门认定后，自营业之日起三年内，每年每平方米补助30元，单个企业三年补助总额不超过10万元；新建规模在100平方米以上1000平方米以下的旅游商品专卖店，经旅游部门认定后，自营业之日起三年内，每年补助8000元。(3)旅游餐饮企业、旅游景区参与上级旅游主管部门组织的特色美食评选和技能竞赛活动，对获奖的单位和个人按活动章程给予一定奖励。

（四）优化服务环境，提升接待能力

1.鼓励旅游饭店提档升级。(1)适度发展高星级酒店，构建多元化住宿业态，对被国家旅游主管部门评定机构或授权组织评定为三星、四星、五星级的旅游饭店，分别一次性给予20万元、100万元、300万元奖励；对晋级为四星、五星级旅游饭店的，给予补足差额奖励。三星、四星、五星级旅游饭店有效期满，每通过一次复评达标，分别给予奖励5万元、10万元、20万元。(2)对被评定的国家银叶级、金叶级绿色饭店，分别给予奖励10万元、20万元；对被评定的省银鼎级、金鼎级特色文化主题酒店，分别给予奖励 10 万元、20 万元。(3)鼓励农家乐、民宿发展，具体奖励政策参照《云和县促进农家乐民宿经济发展的若干意见》(云政办发〔2016〕53 号)文件执行。

2.鼓励旅行社做大做强。对被评定的三星、四星、五星级品质旅行社，分别给予10万元、20万元和50万元奖励；对评定升级为四星、五星级的品质旅行社，给予补足差额奖励。三星、四星、五星级品质旅行社有效期满，每通过一次复评达标，分别给予奖励3万元、5万元、10万元。

3.建立涉旅企业激励机制。对纳入县旅游主管部门管理的A级景区、旅行社、星级饭店、特色文化主题饭店、绿色饭店，在账务健全的基础上，以年主营业务收入(不含商品零售收入)为标准给予奖励。年主营业务收入首次达到300万元及以上、500万元及以上、1000万元及以上、2000万元及以上、3000万元及以上、5000万元及以上、1亿元及以上的，分别给予一次性5万元、8万元、10万元、15万元、20万元、30万元、50万元的奖励。

（五）强化旅游营销，拓展旅游市场

1.激活旅游市场主体。(1)对县内旅行社年接待县外游客总量在1000人次以上的给予奖励。年接待县外游客在1000人次以上的部分，每人次给予3元奖励；超过2000人次以上部分，每人次给予4元奖励；超过3000人次以上部分，每人次给予5元奖励；超过5000人次以上部分，每人次给予10元奖励。接待境外游客(含港、澳、台)，每人次再给予10元奖励。(2)对县内旅行社年接待过夜游客总量超过500人次以上的部分，并购买至少一个景区门票的，在享受地接奖励的基础上，每人次给予 10 元奖励。(3)市外旅行社送团全年总量达到1000人次的，给予2000元宣传费奖励；达到2000人次的，给予5000元宣传费奖励；达到3000人次的，给予10000元宣传费奖励；4000人次以上的部分，每人次给予10元宣传费奖励。(4)鼓励各类俱乐部、4S店、专业网站、媒体等组织机构开展以云和为目的地的自驾游，一次性组织人数在100人以上且购买 AAAA 级景区门票并在县内酒店住宿一晚以上的，每次奖励该组织机构3000元；一次性组织人数在150人以上且购买 AAAA 级景区门票并在县内酒店住宿一晚以上的，每次奖励该组织5000元；一次性组织人数在200人以上且购买 AAAA 级景区门票并在县内酒店住宿一晚以上的，每次奖励该组织10000元。以上奖励需事先经县旅委认定。(5)旅游电子商务网站、票务代理机构销售云和旅游产品(事先书面通知县旅委)，年度内累计销售星级饭店或纳入旅游主管部门管理的宾馆酒店客房1000间以上的部分，给予4元/间·夜奖励；年度内累计销售景区门票2000张以上的部分，给予4元/张奖励。

2.加快智慧旅游步伐。加快构建面向各级客源市场的旅游电子商务系统和旅游网络营销系统。鼓励旅游企业积极实施“智慧旅游”项目建设，对开展智慧旅游建设的旅游企业按项目技术设备实际投入额的20%给予资金补助,最高不超过20万元。

3.强化旅游宣传营销。积极与周边县(市、区)开展联合营销活动,鼓励企业参加大型旅游宣传营销活动,对旅游企业参加上级旅游主管部门组织的各类旅游交易会、展销会、博览会的,给予展位费50%补助,单个企业每次参展补助不超过5000元。整合旅游宣传资源,相关部门要在户外广告中规划出一批公益广告位,用于云和旅游整体形象宣传,县广播电视台、《今日云和》等县内媒体要开辟旅游专栏、专版,确保每周有一条以上有关旅游的新闻报道;强化与主流媒体、自媒体、新媒体的合作,积极开展对外宣传营销活动,不断巩固旅游客源地市场、拓展旅游新兴市场。注重整合有效资源,延长办节时间,全力将开犁节、垂钓节办成集音乐、文化、农事、体育活动等为一体的综合性节庆,提升云和旅游的知名度和美誉度。

(六)创新投融资模式,激发投资活力

1.推进旅游投资运营企业实体化。(1)鼓励旅投集团公司做大做强,在云和县瓯上旅游投资有限公司的基础上,组建云和旅投集团,引导、支持旅投集团依法依规整合国有资产,建立完善的现代企业制度和风险防控机制。通过投资开发旅游项目、兼并重组、合资合作、参股控股等模式,突出其"融资、投资、开发"核心功能,全力打造成为管理实体化、运营市场化、资产证券化的综合型投融资平台。(2)鼓励运营公司做实做活,成立梯田景区运营公司、云和湖景区运营公司、公交公司、旅行社等自主经营、自负盈亏、自担风险、自我约束、自我发展的运营公司,景区运营公司"以实绩论英雄";公交公司强化运输能力和经营效益;旅行社强化地接功能,代理安排全县机关、企事业单位和社会团体经审批获准的公务考察、工会疗休养活动,全面提升利润空间。同时,建立运营公司激励机制,调动员工工作积极性。(3)支持民营旅游投资运营企业发展。

2.推进旅游企业股改上市。鼓励投资运营景区等旅游资源、资产的企业,通过旅游资源、资产的确权登记,项目特许权和旅游景区运营权、门票收入权质押等方式,积极对接资本市场,扩大融资规模,改造提升旅游产品品质。鼓励国有、民营旅游企业以及其他涉旅企业股改上市或"新三板"挂牌及融资,以及发行企业债、公司债(绿色债券)、中期票据等债务融资工具扩大直接融资,借助资本市场实现旅游资源资本化、证券化。

3.探索设立旅游发展产业基金。按照政府引导、杠杆放大、社会投入的模式,谋划设立旅游发展产业基金,充分发挥其放大功效,带动社会投资投向旅游实体经济。旅游发展产业基金,主要采取股权投资的方式,重点投资县域范围内的旅游景区建设、旅游新业态、旅游全产业链的延伸开发等。

## 三、保障措施

(一)加强组织领导。成立由县政府主要领导担任组长,县委、县人大、县政府、县政协分管领导为副组长的旅游工作领导小组,建立旅游工作联席会议制度,AAAA级景区成立管委会,协调解决旅游工作中遇到的困难和问题。各乡镇(街道)要专门确定旅游工作分管领导,实现定人定责,承担旅游项目规划区范围内的土地征收和流转工作,处理好影响旅游项目建设和旅游产业经营的各类问题。旅游部门要主动与有关职能部门对接,统筹协调相关行业、部门的旅游业务指导、管理、监督工作。各相关部门要主动服务旅游事业,为旅游项目审批、项目建设、产业经营、安全保障等提供全面支持。

(二)加强要素保障。加强财政支持。提高旅游发展专项资金额度,从2016年开始县财政每年安排旅游专项资金3000万元,主要用于开展市场营销、旅游规划、人才培训、商品开发以及发放符合本《意见》的奖励和补助等。专项资金可跨年度累计使用。国资公司等部门根据旅游发展的需要,要将相关旅游资产及时纳入旅投集团。

加强用地支持。强化旅游用地管理,旅游规划区内存量的国有土地、新征收的建设用地由县土地收储中心收储并统一管理，用于旅游项目开发建设。优先落实旅游重点建设项目用地，全县每年上级下达的建设用地指标的一半以上要用于旅游产业发展用地，其中安排乡村旅游项目用地不少于50亩。

加强金融支持。金融机构要积极在旅游景区增设网点、自动提款机和自助购票设备；鼓励景区与银行合作创建“刷卡无障碍景区”，做到景区、酒店、餐馆和商户银行卡受理终端全覆盖；要给予旅游企业和旅游项目的融资支持，并将此作为政府对金融机构服务质量评估的重要依据之一。

（三）加强行业管理。县旅委要进一步理顺管理职能。云和湖管委会要依据《云和湖度假区管理办法》，履行云和湖旅游度假区的管理职能。仙宫湖、玉溪湖参照《云和湖度假区管理办法》，委托管委会统一管理。

要制定出台《云和县旅游企业行为规范》，进一步规范旅游企业在服务质量、安全生产、依法经营、统计信息、收费标准等行业行为。成立旅游质量监督所，加强对旅游市场的监管和游客投诉的处理。建立旅游行业安全隐患排查和督查制度，健全旅游安全预警和应急机制，及时快速处置旅游突发事件。

（四）加强人才兴旅。(1)县旅委事业编制人才引进参照县里关于紧缺急需实用人才引进的实施办法执行，符合条件的，经县委人才工作领导小组认定，可享受县相应人才政策。(2)旅游企业（即纳入县旅游主管部门监管的企业，下同）招收旅游行业高级人才，并以合同形式明确在云和工作三年以上的，给予廉租房租金全额补贴。旅游企业自主举办单班30人以上员工培训的，给予补助授课专家的讲课费用。旅游企业和机关企事业单位职工考取省级、国家级导游资格证的，给予报销考务费。(3)对获得全国导游员资格证且持有导游IC卡，并在云和从事导游工作满3年，每年累计带团时间在60天以上，无重大投诉且年审合格的，自第4年起，每年给予1500元的奖励，奖励年限不超过3年。(4)对获得中（含外语导游员）、高级导游员资格且在云和从事导游工作，每年累计带团时间在 30天以上，且无重大投诉的，年审合格后，每年分别给予3000元、5000 元的奖励，奖励年限不超过3年。(5)对参加省、市旅游主管部门组织的竞赛活动中获得奖项，且继续在本县旅游企业服务满一年以上的导游，给予一定的资金奖励。

（五）加强督查考核。将旅游工作列入对乡镇（街道）和部门的重点考核工作，并将考核结果作为部门目标责任制考核和领导个人考核的重要内容。

## 四、附则

（一）申报奖励的旅游企业涉及不服从旅游主管部门监督管理的，或发生重大旅游投诉、重大安全责任事故的，或违法违规行为受到查处的，或为骗取奖励伪造数据的，一律取消当年奖励政策，并在三年内不得申报同一奖项的奖励和补助。

（二）由县旅委、县财政局另行制定本《意见》的资金管理办法，符合奖励条件的旅游企业或个人提出申请，县旅委进行审核，报县财政备案后兑现。对同一项目有涉及其他县委、县政府政策文件的，按照“就高不就低、不重复享受”原则确定。

（三）本《意见》自发布之日起实施，《云和县人民政府关于加快旅游产业发展的若干意见》（云政发〔2010〕17号）同时废止。本《意见》实施前符合奖励补助的项目，经领导小组研究同意的，可参照本《意见》执行。本《意见》由云和县旅委负责解释，并由县监察局负责监督实施。

中共云和县委

云和县人民政府

2016年8月8日

# 中共云和县委 云和县人民政府<br>关于促进工业经济平稳健康发展的若干意见

云委发〔2016〕41 号

为深入践行“绿水青山就是金山银山”战略指导思想，切实贯彻创新、协调、绿色、开放、共享的发展理念，转变工业经济发展方式，加快工业经济转型升级，增强县域工业经济竞争力，特制定本意见。

## 一、鼓励有效投资

1.鼓励新项目投资

新入园的工业投资项目，在合同约定的建设期内完成建设，以企业实际缴纳的城镇土地使用税、房产税留县财政部分为计算依据，100%奖励给企业。园区内工业投资项目，免交城市建设配套费。对投资额达到500万美元以上的外资项目，优先安排用地，并按当年实际到位资金每美元奖励人民币0.10元。

2.鼓励技改投资

新办企业生产设备投入达到1000万元以上，按设备投入的6%给予补助。投产三年以上企业技改项目，当年生产设备投入达到100万元以上(进口国际先进设备20万美元以上)，按设备投入的6%给予补助。

3.鼓励“机器换人”

对企业利用工业机器人、智能化控制系统，按投入的20%给予补助，每家企业每年奖励不超过50万元。

4.鼓励“两化融合”改造

企业运用“互联网+”，在技术、产品、业务等方面进行融合，应用网络化制造资源协同平台，使企业内部研发系统、管理系统、服务支持系统实现协同运行，产生示范效应的，给予一次性奖励20万元。

5.鼓励“空间换地”

园区内的企业，在符合城市及相关规划、消防安全、建筑安全，以及不影响第三方的前提下，鼓励提高容积率，增加生产用房。新增加的建筑物取得房产证后，给予每平方米30元补助。

## 二、鼓励企业创新发展

6.鼓励创意研发

支持企业设立创意中心、技术中心，被认定为国家级、省级、市级、县级各类“中心”的，分别奖励50万元、20万元、10万元、5万元。

7.鼓励管理创新

企业首次通过国家级(一级)、省级(二级)、市级(三级)安全标准化验收的，分别奖励10万元、5万元、3万元。企业首次获得CE、API认证的，奖励3万元。企业通过《铸造行业准入条件》(工业和信息化部公告 2013年第26号)符合性审查及准入公告的，奖励10万元。企业被列入精细化管理行业试点，并积极导入精细化管理模式，取得成效，有示范效应的，给予一次性奖励20万元。

8.鼓励品牌与标准化创新

对获得“浙江制造”品牌认证企业奖励20万元。对为主制定“浙江制造”产品标准 、参与制定“浙江制造”产品标准的企业，分别奖励15万元、10万元。对获省级、市级标准创新型企业的，分别奖励15万元、8万元。

## 三、鼓励企业节能减排和安全生产

9.鼓励环保和安全技术改造

企业当年投资10万元以上的

环保、安全技术改造项目，按投资额的10%给予补助，补助额度单项最高不超过50万元。

10.鼓励企业节能降耗

企业当年投资10万元以上的节能项目、清洁能源利用改造项目、电能替代改造项目，按投资额的8%给予补助，最高补助金额每项不超过50万元。对完成年度节能降耗考核任务的省级、市级、县级重点用能企业，分别奖励10万元、5万元、3万元。

11.鼓励治污减排

污染企业采取关停或工程措施治污减排的，按当年获得环保部门认可的主要污染物减排量，每吨奖励5000元。

12.鼓励循环发展

企业通过省级清洁生产审核或“绿色企业”验收和首次被列入省级循环经济试点、示范的企业，奖励5万元。

## 四、鼓励企业开拓市场

13.鼓励拓展销售渠道

企业参加由经商部门指定或在备案目录内的各类展会，展位费补助30%。（各类展会备案目录另行公布）

14.鼓励进口和出口

开展外贸先进企业评比（评比办法另行制定），根据评比结果给予表彰奖励。

## 五、加强服务平台建设

15.加强人才队伍建设

企业职工经培训、考核、评审，当年获得能管员证书、单证员证书、安全员证书、特种设备操作证、特种岗位上岗证、中级以上专业技术职称的，每人一次性奖励1000元。

16.强化中小企业培育监测平台建设

县财政每年安排20万元资金，用于中小企业监测平台建设。把规模以上企业、重点培育上规的企业、规模以下在统计样本框内的企业、新入园企业、分行业重点监控企业纳入中小企业培育监测平台进行监测管理。对及时准确填报数据，定期进入企业账户进行数据维护的企业统计（信息）人员进行奖励。

## 六、附则

17.本意见自2017年1月1日起执行。县经商局、县财政局根据本意见制订具体实施细则。原《中共云和县委 云和县人民政府关于加快工业经济发展的若干意见》（云委〔2011〕6号）文件同时废止。

中共云和县委

云和县人民政府

2016年9月19日

# 云和县人民政府<br>关于加快电子商务发展的实施意见(试行)

云政发〔2016〕10 号

各乡(镇)人民政府、街道办事处,县政府直属各单位:

为贯彻落实《浙江省人民政府关于进一步加快电子商务发展的若干意见》(浙政发〔2012〕24 号)、《丽水市人民政府关于促进丽水市电子商务发展的实施意见》(丽政发〔2015〕23 号)等文件精神,充分发挥电子商务在促进经济和社会发展中的积极作用,结合全县实际,现就加快电子商务发展提出如下实施意见。

## 一、指导思想

以科学发展观为指导,紧紧围绕产业结构调整升级和经济增长方式转变的主线,按照"政府推动与企业主导相结合、营造环境与推广应用相结合、网络经济与实体经济相结合、加快发展与加强管理相结合"原则,突出重点,注重实效,积极推进企业信息化建设,推广电子商务应用,着力营造电子商务发展的良好环境,促进全县电子商务产业可持续繁荣发展,实现全县经济社会又好又快发展。

## 二、目标任务

全面实施"电商换市"工程。到2020年,全县电子商务销售总额达30亿元以上;培育200家规模以上电商企业或企业分部;全县80%规上企业开展电子商务应用,打造电子商务产业集聚区(园区或大楼)、培育一批电子商务示范村、电子商务示范乡镇(街道),争创省级、国家级电子商务示范县,基本形成保障体系健全,配套服务完善,产业发展集聚的电商产业发展新格局。

## 三、扶持对象

扶持能够为全县电子商务产业提供支撑服务的项目和平台建设,如仓储物流、网商组织、产品检验、数据开发等;扶持销售本地农特产品、工业产品、旅游产品等在县内工商注册登记并经营的网商、电商企业及农村电子商务服务站;扶持网商、电商企业相对集中、产业配套比较完善的电子商务集聚区(园区或大楼)。

## 四、政策措施

(一)扶持电子商务集聚区(园区或大楼)发展

1.集聚区入驻网商、电商企业达10家以上,且营业面积达3000平方米以上,累计年销售额2000万元以上,纳入限上管理网商、电商企业1家以上,给予集聚区一次性奖励10万元。集聚区入驻网商、电商企业达20家以上,且营业面积达5000平方米以上,累计年销售额5000万元以上,纳入限上管理网商、电商企业3家以上,给予集聚区一次性奖励20万元。

2.对以上集聚区内的网商、电商企业营业用房(不包括仓储、物流面积等)每平方米租金给予4元/月进行补助,补助期限为3年。单个网商、电商企业每年最高补助额度不超过1万元(需出具正规发票)。

(二)扶持电子商务服务平台建设

3.整合提升电子商务供货平台,当年内带动20家以上本地网商、电商企业发展，营业面积200平方米以上且年销售额达3000万元(需出具正规发票)。经认定后，给予一次性奖励10万元。

4.鼓励发展县域跨境电子商务。对利用速卖通、ebay、亚马逊等平台销售本地产品的网商、电商企业，按跨境电子商务产生的物流费用(以邮政部门统计为准)的10%给予补助，每户每年补助额度最高不超过5万元。

5.实施“电子商务进万村”工程。鼓励建设县级农村电子商务服务中心、村级电子商务服务点，对认定后的县级农村电子商务服务中心一次性给予10万元补助(原则上不超过2个)，对承建单位开设的农村电子商务服务点达到省商务厅标准并通过验收的每个给予一次性2000元补助。次年起对已认定的农村电子商务服务点给予每年500元补助，此外，每年培育农村电子商务示范服务点10个，并给予奖励2000元/个。示范点认定由县电子商务领导小组办公室负责评定。村级电子商务服务点原则上每村不超过一个。

6.建设县级电子商务公共服务中心。按省商务厅标准，被认定为县级电子商务公共服务中心的企业，给予一次性30万元补助。原则上不超过1个。

7.在电子商务各领域中认定一批基础扎实、成长性好的示范单位、企业、平台、基地等。对获得国家级示范单位、企业、平台、基地等的给予一次性20万元奖励。对获得省级示范单位、企业、平台、基地，如淘宝镇等，给予一次性10万元奖励。对获得市级示范单位、企业、平台、基地，如淘宝村等，给予一次性5万元奖励。

(三)鼓励网商、电商企业发展

8.扶持网商、电商企业做大做强。①对2016年起新注册的网商、电商企业，从注册之日起两年内网络年销售额达到20万元以上的给予一次性奖励2000元。②网商、电商企业网络年销售额首次达到50万元、100万元、500万元、1000万元以上的分别给予一次性奖励3000元、1万元、2万元、5万元。(第二次达到以上指标不再奖励)

(四)加强电子商务人才队伍建设

9.鼓励个人积极参与由商务部门组织的电子商务人才技能培训。个人被评审部门认定为助理电子商务师、电子商务师、高级电子商务师的分别给予一次性奖励1000元、2000元、3000元。个人被评审部门认定为电子商务职业经理人的给予一次性奖励3000元。

10.积极鼓励企业申报创建培训机构和实践基地。被省商务厅认定为浙江省电子商务培训机构或实践基地的企业，分别给予一次性奖励1万元。

11. 鼓励个人积极参与国家、省、市与电子商务相关的活动和比赛。个人获国家级、省级、市级行政部门颁发荣誉的，分别给予一次性奖励5000元、2000元、1000元。

(五)深化电子商务服务保障

12.鼓励建设公共仓储配送中心。支持通过利用标准厂房、闲置厂房、闲置校区等建设公共仓储配送中心，为广大中小网商提供专业化、集约化、智能化、便利化的仓储配送服务。年服务企业20家以上、日均发货3000单以上的公共仓储配送中心运营单位，给予每年奖励10万元。

13.鼓励建设公共海外仓。给予公共海外仓(按省商务厅有关标准建设)经营主体建设费用50%的奖励，每个海外仓一次性奖励最高不超过150万元(含省级补助资金)。

14.支持电商企业参加展会拓展市场。鼓励电商企业参加商务部门组织的国内外知名电商展会，经县经商局备案许可后，每家参展企业给予展位费50%的补助。

15.支持建设社区电子商务服务站，提供在线购物、智能投递、政策查询、便利生活等服务。对建设社区智能终端的运营主体，给予验收合格的电子商务服务站给予每年一次性补助每个5000元。

## 五、政策保障

县财政每年安排700万元资金用于电商发展扶持政策的兑现和电商公共服务平台等建设项目的引导扶持，促进全县电子商务发展。资金使用办法由县经商局会同相关部门提出使用方案,报县政府审批,由县财政部门拨付。

## 六、组织保障

(一)强化组织领导。成立县电子商务工作领导小组,建立联席会议机制,统筹协调解决电子商务发展的重大事项和问题。领导小组办公室设在县经商局,负责对全县电子商务工作的组织协调、日常管理、督促检查、考核奖励和政策解释等工作。各成员单位根据职责分工,积极推进本行业、本区域电子商务应用和监管服务。

(二)强化宣传引导。每年召开一次电子商务工作推进会,组织一次网商、电商企业创业展示活动。充分利用各类媒体宣传等有效形式,普及电子商务知识,宣传报道电子商务示范企业、示范点和典型人物,提升示范效应,营造良好的发展氛围。

(三)强化申报管理。符合申报条件的网商、电商企业,在次年3月底前向县经商局提出申请,并提供相关佐证材料,经县经商局、财政局审核后,报县政府审批确定。对核准的补助(奖励)资金,由县财政局予以拨付。

## 七、附则

1.本《实施意见》中的涉及的销售额、营业额,以相关权威单位发布的数据为准。

2.网商、电商企业同一内容涉及本政策中多项补助或奖励的,按补助或奖励金额最高项执行,不重复享受。

3.年度内已获得上级部门补助资金的项目、网商、电商企业不再重复享受本意见扶持政策。

4.对骗取财政资金等违反财经法规的行为,依照国务院《财政违法行为处罚处分条例》和有关法律法规进行查处,并取消其今后申报资格。

5.本《实施意见》所称以上、以下、以内,包括本数。

6.本《实施意见》自2016年1月1日起施行,试行三年。

云和县人民政府

2016年3月1日

# 云和县人民政府<br>关于进一步加强爱国卫生工作的实施意见

云政发〔2016〕16号

各乡(镇)人民政府、街道办事处,县政府直属各单位:

为进一步巩固我县爱国卫生工作成效,切实改善城乡环境,提高人民健康水平,根据《国务院关于进一步加强新时期爱国卫生工作的意见》(国发〔2014〕66号)、《浙江省人民政府关于进一步加强新时期爱国卫生工作的实施意见》(浙政发〔2015〕23号)和《丽水市人民政府关于进一步加强新时期爱国卫生工作的实施意见》(丽政发〔2015〕95号)文件精神,结合云和实际,现就进一步加强爱国卫生工作提出如下实施意见。

## 一、指导思想

以邓小平理论、"三个代表"重要思想、科学发展观为指导,坚持"政府组织、部门协作、全民参与、属地管理、科学治理、社会监督"的工作方针,全面落实《浙江省爱国卫生促进条例》,围绕打造美丽城乡、美丽县城的要求,充分发挥群众运动的优势,着力治理影响群众健康的危害因素,不断改善城乡环境,切实维护人民群众健康权益,努力为建设"山水童话"特色的现代化生态休闲旅游名城提供有力保障。

## 二、总体目标

通过广泛深入开展爱国卫生运动,人民群众文明卫生素质显著提升,健康生活方式进一步普及;城乡环境卫生条件明显改善,影响健康的主要环境危害因素得到有效治理;有利于健康的社会环境和政策环境进一步改善,重点传染病、慢性病、地方病和精神疾病等公共卫生问题防控干预取得明显成效,城乡居民健康水平进一步提高。

从2016年起,按照全面深入、整体部署、分类实施、重点突破的工作原则,力争用3—5年时间,通过开展扎实有效的专项治理和创建活动,建立健全爱国卫生工作长效管理机制,确保如期实现省、市下达的目标任务,为加快推进"两美云和"建设做出应有贡献。

## 三、主要任务

(一)全力推动卫生城镇创建活动。将巩固国家卫生县城创建成果,创建卫生乡镇(街道)作为提高城乡环境治理水平的重要抓手,推进美丽城乡建设、生态旅游发展、特色小镇建设的基础性工作,有机结合"六边三化三美""五水共治""三改一拆"等工作,整合资源、形成合力,大力推进卫生县城、乡镇、村建设。各乡镇(街道)要认真贯彻落丽政发〔2015〕95号文件精神,研究制订科学合理的创建目标和实施方案,并持之以恒地抓好落实。2018年,要确保通过国家卫生县城复审;到2020年,创成1个国家卫生乡镇,50%的乡镇创成省级卫生乡镇。同时,积极探索发展"健康城市",着力构建健康促进型社会。

(二)深入开展城乡环境卫生整治行动。以完善城乡环境卫生基础设施和长效管理机制为主要内容,以县城环境卫生薄弱地带整治、农村生活垃圾和污水处理为重点,持久深入地开展整治行动,统筹治理城乡环境卫生。推行县、乡生活垃圾和污水统筹治理,鼓励有条件的乡镇推进乡镇垃圾污水处理设施和服务向农村延伸,加快完善农村生活垃圾集中清运体系建设,提高行政村生活垃圾集中清运率。建立健全农村环境卫生管理制度和运行机制，重点加强公路沿线城乡居民生活垃圾和“白色垃圾”的收集处理，改善沿线民居风貌和人居环境，打造乡村靓丽风景线。加快推行垃圾分类收集处理和资源回收利用。加快推进标准化农贸市场建设，规范活禽经营市场秩序。建立城乡环境卫生整治行动评价和部门联合督导机制，大力开展“爱国卫生月”活动和重大节假日的环境卫生整治活动，不断提高县城环境卫生长效管理水平。到2020年，全县实现农村环境综合整治全覆盖，生活垃圾无害化处理率≥90%，生活污水集中处理率≥85%；建制镇生活垃圾无害化处理率达到90%，生活污水处理率达到75%；农村河道保洁覆盖率达到100%，农村生活污水治理行政村覆盖率达到90%，行政村垃圾集中处置覆盖率达到100%。

(三)切实保障城乡饮用水安全。认真贯彻落实《浙江省饮用水水源保护条例》，加强对水源地的保护和监管。加快推进城乡集中供水设施改造和建设，建立健全供水设施维护长效机制，对集中式供水单位实施卫生监督。加强饮用水卫生监测、检测能力建设和质量控制。到2020年，具备《生活饮用水卫生》标准(GB5749—2006)规定的水质常规指标的检测能力。

(四)加大农村无害化厕所改造及管理力度。坚持因地制宜，把农村改厕与农村生活污水处理、环境卫生整治结合起来，统一规划，整村推进。农村新建住房和保障性安居工程等项目要配套建设无害化卫生厕所，确保卫生户厕与住房同时设计、同步施工。农村学校、乡镇卫生院、农贸市场、乡镇政府机关、交通要道等公共场所和旅游景点、农家乐及流动人口较为密集地要建设无害化卫生公厕。推广粪便统一收集、集中处理的“四格式”生态厕所等新技术。加强卫生厕所的后续管理工作，建立厕所建、管、用并重的长效管理机制。开展粪便无害化效果监测与卫生学评价，有效防控肠道传染病和寄生虫病的发生与流行。到2020年，全县农村无害化卫生厕所普及率达96%，基本完成农村户厕无害化改造。农村学校、乡镇卫生院、农贸市场、乡镇政府机关等公共场所厕所达到无害化卫生厕所标准，旅游景区、乡村旅游点、交流集散地、旅游线路和其他旅游接待场所厕所达到A级旅游厕所标准。

(五)科学预防控制传染病和病媒生物。强化县爱卫会在疾病防控工作中的组织协调作用，全面落实传染源管理、危险因素控制、防病知识普及、社会心理支持等综合防控措施，切实做好传染病、地方病、慢性病、精神疾病等防控工作。落实预防为主的工作方针，建立健全传染病和病媒生物监测网络，定期开展监测调查，根据疾病流行规律和研判情况，及时动员部署，针对不同病种采取有效防控措施，从源头上控制疾病的发生与传播。充分发挥乡镇(街道)、社区、机关、企事业单位等基层爱国卫生组织作用，强化专业防控和群众参与的协作配合，坚持群防群控，形成共同防治疾病、促进健康的工作格局。做好突发公共卫生事件处置、重大疫情防控、重大自然灾害和大型活动卫生防疫保障等工作。加强对蚊蝇鼠蟑等病媒生物的监测，定期开展“除四害”活动，实现病媒生物防制服务市场化、专业化。加强卫生执法力度，依法查处病媒生物密度超标或预防控制设施不合格的单位。到2020年，城乡四害密度控制水平达到国家规定的C级标准。

(六)努力提升居民健康素养水平。健康教育是公民素质教育的重要组成部分，是防控疾病传播与流行的重要措施。培育和践行社会主义核心价值观，大力开展讲卫生、树新风、除陋习活动，摈弃乱扔、乱吐、乱贴、乱行等不文明行为，提高群众文明卫生意识，营造社会和谐、精神文明的社会新风尚。将健康教育纳入国民素质教育体系，健全健康教育工作网络，结合各类健康主题日，经常性组织开展宣传教育活动。创新健康教育方式和载体，充分利用互联网、移动客户端等新媒体传播健康知识，加大新闻媒体开展卫生防病知识公益宣传力度。继续实施“全民健康生活方式行动”等活动，丰富基层健康教育活动载体，宣传和普及常见病、多发病防治知识，引导广大群众养成良好的卫生习惯，提高预防控制疾病的能力。到2020年，建成1个健康教育馆，全县居民健康素养水平达 24%以上。

(七)广泛开展全民健身活动。完善体育健身设施,科学规划建设一批全民健身设施、健康步道、健康主题公园,改善城乡居民的运动健身条件。落实公共体育设施和符合开放条件的学校体育设施免费或低收费向社会开放政策,并完善长效管理机制。设计举办适合不同人群特点的健身休闲项目,积极推广广播体操和工间操,广泛开展形式多样的社区健身活动,引导群众经常、持久的参加健身活动。切实加强青少年体育工作,确保学生每天体育活动时间不少于1小时,掌握1项以上体育运动技能。推进体卫结合,开展基层国民体质监测站点与乡镇卫生院(社区卫生服务中心)结合试点,实施“运动处方”“营养处方”“健康处方”“康复处方”,推广和规范太极拳、五禽戏、八段锦、六段功等中医养生运动。

(八)积极开展无烟环境创建活动。认真履行《烟草控制框架公约》,将控烟成效纳入精神文明创建测评体系,落实各项社会控烟政策措施,稳步推进公共场所和工作场所禁烟工作。领导干部要主动发挥带头表率作用,模范遵守公共场所禁烟规定。严格落实不向未成年人售烟的有关法律规定,将青少年作为吸烟预防干预的重点人群,努力减少新增吸烟人群。积极开展无烟学校、无烟单位、无烟公共场所和无烟草广告县城创建活动,努力营造无烟环境。

## 四、保障措施

(一)加强组织领导。各乡镇(街道)、有关部门要切实加强组织领导,将爱国卫生工作作为一项重要民生工程列入重要议事日程,定期研究解决工作中的重大问题,保障爱国卫生工作的正常开展。要按照“只能加强,不能削弱”的要求,加强爱卫会及其办事机构建设,健全爱国卫生组织体系,提供必要的经费保障,确保事有人干、责有人负。

(二)提高依法履职水平。认真贯彻实施《浙江省爱国卫生促进条例》《传染病防治法》《环境保护法》等法律法规,不断提高依法行政、依法治理的水平。强化信息资源开发利用,推动爱国卫生工作信息在部门间实现共享。积极畅通监督渠道,主动接受社会和公众监督,认真梳理、整改群众反映的问题,不断提高群众对爱国卫生工作的满意度。

(三)创新工作方式。各乡镇(街道)、有关部门要创新机制,拓宽渠道,积极鼓励和吸引社会力量参与环境整治、改水改厕、健康教育、病媒生物防制等工作。要改进爱国卫生活动形式和内容,广泛动员社会力量通过捐赠、创办服务机构、提供志愿服务等方式参与爱国卫生公益活动,发挥群众组织在自我教育、自我管理、自我服务等方面的积极作用,为广大群众开展自我健康管理搭建平台、提供便利。

(四)健全督查机制。县爱卫办要研究制订爱国卫生工作规划及年度工作计划,研究部署重要工作任务。建立健全督查考核制度,会同有关部门加强工作督导,掌握工作进展,定期交流信息,督促各项工作落到实处。对工作突出、成效明显的要给予表扬;对工作不力的要及时督促整改。

云和县人民政府
2016年4月12日

# 云和县人民政府
# 关于扶持跨境电子商务发展的若干意见

云政发〔2016〕27 号

各乡(镇)人民政府、街道办事处,县政府直属各单位:

发展跨境电商对于我县木玩产业转型升级、提高品牌知名度和竞争力,增加企业产品附加值具有重要意义。为切实做好我县产业集群跨境电商发展试点工作,促进全县跨境电子商务产业可持续发展,特制订本若干意见。

## 一、目标任务

设立云和跨境产业带,实现100家云和企业进驻产业带专区,从线下迈向跨境B2C,优选和培养50家跨境电商标杆企业。推动100家外贸企业注册海外商标及专利,打好品牌出海的基础。

## 二、扶持对象

县内工商注册登记并经营的跨境电子商务企业。

## 三、政策措施

1.加强学习交流:为提高企业对跨境电商的认知度和参与度,启动游学寻参项目,由云和县电子商务促进会组织100家企业外出参观学习培训,培训经费给予一次性补助。

2.鼓励人才引进。企业从政府认可的第三方培训服务商引进定向电商人才前80位的,并签订劳动合同1年以上,按每人1200元标准给予一次性补助。

3.鼓励企业触网。在跨境销售平台新开通店铺的企业,出口云和本地的产品,且交易笔数(相关认定数据以所在的跨境销售平台后台系统记录为准)1笔以上的企业,一次性给予平台开通费用40%的补助,最高额度不超过5万元。

4.加强跨境产业带专区建设。采取政府购买服务的形式,积极引进国内知名的电子商务专业服务商,建设、维护云和跨境电商产业带。

5.支持跨境电商发展。鼓励跨境电商做大做强,扶持政策参照云政发〔2016〕10号文件第八条"扶持网商、电商企业做大做强"条款执行。

## 四、资金保障

县财政第一年安排150万资金,之后每年安排100万元资金用于跨境电商发展扶持政策的兑现,促进全县跨境电子商务发展。

## 五、组织保障

(一)强化组织领导。县电子商务工作领导小组统筹协调解决跨境电子商务发展的重大事项和问题。县跨境电子商务工作办公室负责做好全县跨境电子商务工作的组织协调、日常管理、督促检查、考核奖励和政策解释等工作。县电子商务领导小组各成员单位根据职责分工,积极推进本行业、本区域电子商务应用和监管服务。

(二)强化宣传引导。每年召开一次跨境电子商务工作推进会,组织一次网商、电商企业创业展示活动,充分利用各类媒体宣传等有效形式,普及跨境电子商务知识,宣传报道电子商务示范企业、示范点和典型人物,提升示范效应,营造良好的发展氛围。

(三)强化申报管理。符合申报条件的网商、电商企业等主体单位,在次年3月底前向县经商局提出申请,并提供相关佐证材料,经县经商局、财政局审核后，报县政府审批，资金由县财政局予以拨付。

### 六、附则

1.本《若干意见》中所的涉及的销售额、营业额，以相关权威单位发布的数据为准。

2.对骗取财政资金等违反财经法规的行为，依照国务院《财政违法行为处罚处分条例》和有关法律法规进行查处，并取消其今后申报资格。

3.本《若干意见》自发布之日起实施，实行期三年。

云和县人民政府

2016年8月24日

# 云和县人民政府
# 关于加快推进残疾人全面小康进程的实施意见

云政发〔2016〕30号

各乡镇人民政府、街道办事处，县政府直属各单位：

为深入贯彻落实《国务院关于加快推进残疾人小康进程的意见》(国发〔2015〕7号)、《浙江省人民政府关于加快推进残疾人全面小康进程的实施意见》(浙政发〔2015〕50 号)和《丽水市人民政府关于加快推进残疾人全面小康进程的实施意见》(丽政发〔2016〕46 号)文件精神，推动残疾人事业与经济社会协调发展，结合我县实际，提出以下实施意见：

## 一、总体要求

认真贯彻落实党的十八大和十八届三中、四中、五中全会精神，坚持普惠与特惠相结合，兜底保障与就业增收相结合，政府扶持、社会帮扶与残疾人自强自立相结合，统筹兼顾和分类指导相结合的原则，加快推进全县残疾人全面小康进程。到2020年，建成比较完善的残疾人社会保障和基本公共服务体系，促进残疾人共享经济社会发展成果、共享全面小康。

## 二、全面提高残疾人社会保障水平

(一)推进残疾人救助工作

1.加大社会救助力度。对符合城乡低保条件的残疾人家庭，确保应保尽保；对依靠家庭供养的成年重度残疾人和成年三、四级精神、智力残疾人，可按照单人户纳入低保范围，并享受与低保家庭同等的和个人直接相关的专项社会救助政策。对低保、低保边缘家庭中的未成年重度残疾人和未成年三、四级精神、智力残疾人，参照社会散居孤儿的养育标准发放基本生活补贴，同时不再重复享受最低生活保障金。低保家庭残疾人初次就业、再就业的，3年内所获得的就业收入可不计入家庭收入。

2.加大临时救助力度。完善贫困残疾人家庭临时救助机制，确保其遭遇突发性、临时性、紧迫性困难时及时得到相应救助。对纳入城乡医疗救助范围的残疾人，逐步提高救助标准。对纳入医疗救助的精神残疾人门诊服用基本抗精神病药物个人自付部分，实行全额保障。

(二)加大残疾人基本医疗康复保障

3.减轻残疾人医疗康复负担。根据省、市统一部署，逐步扩大基本医疗保险支付的医疗康复项目范围，将脑瘫、智障残疾儿童医疗康复项目纳入基本医疗保险和大病保险支付范围，公办残疾人康复机构逐步实现残疾儿童康复家庭零负担；将残疾儿童、精神残疾人和“三瘫一截”等成年重度残疾人纳入基层责任医生签约服务范围，服务费个人承担部分由县财政给予80%补助。条件成熟时，县人民医院设立精神病科室，鼓励民办医院设立精神病科室。

(三)落实残疾人福利补贴制度

4.落实困难残疾人生活补贴制度。对家庭人均收入在低保标准 150%以下的残疾人或本人收入在低保标准150%以下的劳动年龄阶段残疾人，按照我县低保标准的30%发放生活补贴。

5.落实重度残疾人护理补贴

制度。对需要长期照护的重度残疾人以及非重度智力、精神、多重残疾人，按照自理能力等级分三档分别给予省定标准护理补贴。

6.落实残疾人康复补贴制度。对0—6周岁视力、听力、言语、智力（孤独症）、肢体残疾儿童免费实施手术、配置辅助器具和康复训练等基本服务；对7—18 周岁残疾儿童少年提供基本养护服务。对残疾人自费配置人工耳蜗等辅助器具，可给予适当补贴。

7.落实残疾人社会保险补贴制度。残疾人参加城乡居民基本养老保险，个人缴费部分按我县年最低缴费标准给予部分或全部补贴。残疾人参加城乡居民基本医疗保险，个人缴费部分给予全额补贴。对个体就业和灵活就业的残疾人，参加职工基本养老保险缴费有困难的，按我县年最低缴费标准给予一定的补助，并逐步提高标准。建立残疾人补充保险制度，支持各类商业保险机构开展残疾人意外伤害保险，对残疾人集中就业单位参加综合责任保险和意外伤害保险，可给予一定的补助。

（四）优先保障城乡残疾人基本住房

8.进一步完善残疾人住房长效救助机制。对符合住房保障条件的城镇残疾人家庭，优先提供公共租赁住房或发放住房租赁补贴。实施农村危房改造时，对符合救助条件的困难残疾人家庭予以优先安排，减免相关费用。到2020年完成农村贫困残疾人家庭危房改造任务。

## 三、大力促进残疾人就业创业和生产增收

（一）依法推进按比例就业

9.推动残疾人分散就业。建立用人单位按比例安置残疾人就业公示制度，将安置残疾人就业情况纳入企业信用信息公示范围。党政机关、事业单位、国有企业应当带头招录（聘）和安置残疾人就业，未达到安置比例的，应当按照规定比例设定和预留出残疾人的岗位，优先招录（聘）残疾人。县政府残疾人工作委员会成员单位要积极创造条件，安排一定数量的岗位用于残疾人就业，编办、组织人事部门要做好编制预留、招录组织等工作。

10.依法征缴残疾人就业保障金。除创业3 年内、在职职工总数不超过20 人的小微企业外，对未达到安置比例要求的用人单位，严格依法征缴残疾人就业保障金；对超比例安置残疾人就业的企业，每多安置1人，每年按不低于我县4个月最低工资的标准予以奖励。

（二）积极促进残疾人集中就业

11.落实残疾人集中就业单位优惠政策。结合我县实际制定政府优先采购残疾人庇护产品目录。党政机关、事业单位和团体组织使用纳入预算管理的资金采购与残疾人庇护产品同一品目或者类别的产品和服务的，应当优先采购残疾人庇护产品。

对福利企业超比例安置残疾人就业的，每多安置1人，每年按不低于我县1个月最低工资的标准予以奖励，并对残疾人职业技能培训、无障碍设施改造给予补助。对县级残疾人辅助性（庇护性）就业机构，除根据规模给予一次性开办补助经费外，每安置1人，每年按不低于我县2个月最低工资的标准予以补助，并对场地（所）租赁、技能培训、康复器材（设备）配路、无障碍设施改造给予补助。对盲人按摩机构等其他残疾人集中就业机构，可按安置残疾人人数给予一定的社保缴费补助。

（三）帮助和扶持残疾人多种形式创业就业

12.推动建立残疾人创业孵化机制。鼓励电子商务产业基地增设残疾人创业孵化区，对依托大众创业孵化平台或利用现有残疾人服务设施创办的残疾人创业孵化园（基地），可给予场地（所）租赁、无障碍设施改造、设施设备购置补助。开展残疾人文化创业试点，鼓励扶持具有特殊才能的残疾人通过文化创业增收致富。大力发展残疾人来料加工，鼓励来料加工经纪人带动残疾人就业。在城镇便民服务点优先设置残疾人就业摊点，帮助残疾人自力更生从事经营活动。

13.落实促进残疾人就业优惠政策。对残疾人从事个体经营、自主创业、灵活就业所需的场地（所）租赁、启动资金、设施设备购置等予以补助。推进残疾人电子商务

就业,对安置残疾人就业的电子商务企业,每安置1人,每年按不低于我县2个月最低工资的标准予以奖励。

14.推进残疾人公益性岗位就业。积极开发适合残疾人就业的公益性岗位,每年提供10%的公益性岗位优先安排就业困难残疾人和残疾人家庭成员就业。逐步推行乡镇(街道)残疾人专职委员公益性岗位,工资待遇可参照社区工作者工资标准执行,村(社区)残疾人专职委员可按我县最低工资标准一定比例予以补助。

(四)推进农村残疾人增收

15.促进残疾人精准扶贫。把农村低收入残疾人和农村计划生育特殊家庭的残疾人作为重点扶持对象纳入精准扶贫工作机制和贫困监测体系,将其生活水平提高纳入新农村建设考核指标。加大农村残疾人扶贫开发支持力度,符合条件的农村低收入残疾人优先享受产业扶贫、小额信贷扶贫、异地搬迁等财政专项扶贫政策。鼓励农业龙头企业、种养业大户等吸纳低收入残疾人就业,按安置低收入残疾人情况对其发展农业产业予以优先扶持。

(五)加强就业服务和劳动监察

16.加大残疾人就业服务。残疾人就业服务机构、公共就业服务机构要免费向残疾人提供职业指导、职业介绍等就业服务,对符合条件的残疾人提供就业援助。加强残疾人就业服务信息网络建设,加大残疾人职业技能培训力度,定期举办残疾人职业技能竞赛。

17.保障残疾人劳动合法权益。加强劳动保障监察,严肃查处强迫残疾人劳动、不依法与残疾劳动者签订劳动合同、不缴纳社会保险费等违法行为。依法纠正用人单位招用人员时歧视残疾人行为,保障残疾人的尊严。开展残疾人的普法教育,增强维护自身劳动保障权益的能力。

## 四、加快推进残疾人基本公共服务

(一)加强残疾预防和康复服务

18.建立产前免费筛查和残疾报告制度。落实国家残疾预防行动计划,实行产前筛查免费制度,控制残疾发生率。逐步建立残疾报告制度,推动卫计局与残联信息共享,加强对残疾人的婚育指导。

19.加强残疾儿童康复工作。做好儿童残疾筛查随报工作,推进新生儿残疾筛查工作,逐步建立新生儿筛查定期报告制度,形成早预防、早筛查、早转介、早治疗、早康复的工作机制。

20.推进残疾人康复机构建设。依托专业康复机构指导社区和家庭为残疾人实施康复训练。加强全县残疾人康复机构和技术指导队伍建设,形成以县残疾人康复指导中心为支撑,残疾人社区康复站为基础的残疾人康复服务网络。提高儿童福利机构的康复服务能力,鼓励和扶持社会力量兴办残疾儿童康复服务机构。

(二)努力提高残疾人受教育水平

21.完善特殊教育体系。建立义务教育和非义务教育学段相衔接、教育与康复并重、医教结合的特殊教育体系。鼓励和支持普通幼儿园、残疾儿童康复机构、儿童福利机构、社会力量等开展残疾儿童学前教育。

22.保障残疾儿童义务教育。切实解决未入学适龄残疾儿童少年义务教育问题,将因身体状况不便到学校就读的残疾适龄儿童,纳入学籍管理,采取送教上门等形式实施义务教育。建立完善随班就读保障体系,打通普通教育与特殊教育的交流通道。

23.实施手语、盲文规范化行动计划。为听力、视力残障人员提供国家通用手语、盲文翻译和语音阅读、提示等服务。

24.加强特殊教育师资队伍建设。加大对特殊教育学校教师、普通学校承担残疾学生教学和管理工作教师的培训力度。完善特殊教育教师收入分配激励机制,全面落实国家规定的特殊教育津贴政策。对在具备相关资质的特殊教育机构专职从事残疾人教育、康复工作的特殊教育工作者,给予特殊教育津贴补贴。

25.推进残疾人学生职业教育。积极推进高中阶段(含普通高中、中等职业技术学校)残疾学生免费教育。支持特教学校与职业院校开展合作办学,培养残疾学生的职业技能。积极向省特教学院、华强中专等推荐学员。

（三）加强残疾人文化体育服务

26.促进残疾人参与文体活动。公共文化体育设施和公园等公共场所对残疾人免费开放。充分发挥县级公共图书馆盲人阅览室的作用。扶持盲人读物、残疾人题材图书和音像制品出版。残疾人集中就业、康复托养、庇护照料等场所，配备适合残疾人康复健身的文体设施和用品，并定期组织开展文体活动。

27.积极培养特殊艺术人才。广泛开展残疾人艺术创作、文化展示、艺术会演等活动。加强特殊艺术人才基地建设。对残疾人文体人才的就学、就业、创业给予优先安排和政策扶持，对作出突出贡献的残疾人文体人才给予奖励。

28.大力开展残疾人体育工作。将残疾人体育工作纳入全民健身体系，公办全民健身场所普遍开展残疾人健身项目。到2020年，建成1个残疾人文化体育活动示范点和示范基地，残疾人社区文体活动参与率达到65%以上。

（四）强化残疾人服务设施建设和管理

29.加快推进残疾人服务设施建设。将残疾人专业服务设施、无障碍设施改造等纳入政府为民办实事项目。"十三五"期间至少建有1家示范性残疾人专业托养机构，平均每百名残疾人的康复和集中托养床位达到3张以上；人口在1万人以上的乡镇（街道）至少建有1家残疾人庇护机构；鼓励、扶持村（社区）建立残疾人庇护机构。县残疾人康复指导中心要做好残疾人康复指导、转介和辅助器具适配，至少开展1—2项残疾儿童康复项目。

30.规范服务设施管理。制订残疾人康复、托养、庇护服务与评估标准，整合乡镇（街道）、村（社区）养老助残资源，为智力、精神和重度残疾人提供托养照料、居家安养服务。对民营机构开展的残疾人康复、托养、庇护、教育、文化体育等服务，参照养老服务业相关优惠政策扶持。

（五）全面推进无障碍环境建设

31.加快推进公共场所和设施的无障碍改造。住建部门要按照无障碍设施工程建设相关标准和规范要求，加强对新建、改建设施的规划、设计、施工、验收的严格监管。行政机关、中小学校和街道社区办事机构、金融机构、社会福利机构、医疗机构、公共交通站点等公共场所和设施要按照无障碍环境建设规范进行无障碍改造。公共服务建设项目无障碍设施竣工验收时，应吸收残联组织和残疾人代表参加。继续实施"无障碍设施进家庭"建设项目。

32.加大信息无障碍建设。相关部门要建立信息无障碍标准体系，发布重要信息和与残疾人相关的信息，积极创造条件为残疾人提供语音、文字等信息服务，逐步实现政务信息以无障碍方式发布、影像制品加配字幕。县广播电视台要推进主要新闻栏目加配手语解说和字幕。

33.促进公共交通工具无障碍。逐步推进公共交通工具达到无障碍设施标准，方便残疾人乘坐。残疾人免费乘坐市内公共交通工具。公共停车区设路残疾人专用无障碍停车位。

## 五、建立社会参与、市场推动的残疾人服务机制

（一）有序推进政府购买服务

34.加大政府购买服务力度。将残疾人康复、托养、护理、无障碍改造、文化体育、法律维权等服务纳入政府购买服务指导性目录，规范服务标准，健全监管机制，满足残疾人需求。鼓励引导民办机构进入残疾人各项服务领域，通过"民办公助"、"公办民营"等形式，建立托养、康复、就业、教育、培训等服务模式。

（二）大力发展残疾人慈善事业

35.扶持助残公益项目。引导社会公众、社会组织通过捐款捐物、扶贫开发、助学助医等方式，为残疾人提供慈善帮扶。支持服务残疾人的各类公益慈善组织，采取公益创投等方式，在场地（所）、设备、管理、岗位购买、人员培训等方面给予扶持。

（三）广泛开展志愿助残服务

36.建立健全志愿助残工作机制。依托志愿服务组织机构，健全

县、乡、村志愿助残队伍。加强助残志愿者专业技能培训。广泛开展志愿助残群众性活动,各部门要组织干部职工定期到城乡社区、残疾人服务机构、扶贫基地等开展志愿助残活动。鼓励各类学校定期组织青少年学生参与助残公益劳动和志愿服务。

37.积极培育和扶持社会助残组织。推动基层助残社会组织登记工作。加强残疾人专门协会与助残社会组织交流合作,促进共享融合发展。

(四)加快发展残疾人服务产业

38.扩大残疾人服务供给。充分发挥市场机制作用,创新残疾人服务方式和内容,加快形成多元化的残疾人服务供给模式,更好地满足残疾人特殊性、多样化、多层次的需求。统筹规划残疾人服务业发展,大力扶持为残疾人生产生活提供服务的中小企业,在用地、融资、税收等方面给予优惠,在人才、技术、管理等方面给予支持。

39.鼓励商业保险公司开发适合残疾人的康复、托养、护理等保险产品。

(五)加大残疾人事业宣传力度

40.拓展残疾人事业宣传平台。县级广播、报刊、电视和网站等主要新闻媒体要开设残疾人专版专栏专题,每年定期刊登播放助残公益广告。在“全国助残日”“国际残疾人日”等残疾人重大节日期间,广泛开展特色主题宣传活动。

41.营造扶残助残良好氛围。对维护残疾人合法权益、发展残疾人事业、为残疾人服务等方面作出突出贡献的单位和个人给予鼓励,在全社会营造理解、尊重、关心、帮助残疾人的良好氛围。

## 六、强化保障措施

42.认真落实政府主体责任。各乡镇(街道)要将加快推进残疾人小康进程纳入重要议事日程,县政府将加快推进残疾人小康进程有关内容列入对各乡镇(街道)的年度考核。

43.完善县政府残疾人工作委员会工作机制。县政府残疾人工作委员会成员单位要将加快推进残疾人小康进程相关工作纳入本部门重点任务,各牵头部门要落实责任,制定具体工作措施。各成员单位要各司其职、密切配合,形成合力。各级残联组织要充分发挥好“代表、服务、管理”职能。各部门要将工作任务逐一进行分解,确定实施主体,明确任务目标,确保任务完成。

44.建立残疾人事业投入保障机制。财政部门要按照支出责任合理安排加快推进残疾人全面小康进程所需经费,本实施意见所需经费要列入财政预算,并进一步优化和调整支出结构,不断加大残疾人事业投入,建立投入稳步增长机制。确保福利彩票公益金本级使用部分的10%以上用于为残疾人服务的福利设施、设备和残疾人民生项目。

45.加强信息化建设。逐步建立完善民政、人力社保、卫生计生、教育、公安、综合执法、税务、市场监管、残联等单位之间相关数据信息的互通共享机制,提高工作效率。

46.开展评估和督查。相关残工委成员单位联合制定我县落实残疾人小康进程重点工作完成情况评估及检查验收标准,适时对各部门落实情况进行专项督查,2020年年底进行总体评估并通报完成情况。各部门要结合实际,制定具体贯彻落实办法。

本《实施意见》自发布之日起施行,文中条款涉及有执行期限的从其规定。

云和县人民政府

2016年10月9日

# 云和县人民政府<br>关于进一步降低企业成本<br>减轻企业负担优化发展环境的实施意见

云政发〔2016〕31 号

各乡（镇）人民政府，各街道办事处，县政府直属各单位：

为进一步降低企业成本，减轻企业负担，根据《浙江省人民政府办公厅关于进一步降低企业成本优化发展环境的若干意见》（浙政办发〔2016〕39号），按照《丽水市人民政府关于进一步降低企业成本减轻企业负担优化发展环境的实施意见》（丽政发〔2016〕27 号），结合云和实际，提出以下实施意见：

## 一、切实降低制度性交易成本

1.推进“零土地”技改高效审批。对“零土地”技术改造项目实行审批目录清单管理，清单以外项目实行承诺验收制。对纳入审批目录清单的“零土地”技术改造项目，由相关行政主管部门单独按照规定进行审批，其他部门不再进行审批，仍然参照目录外的程序实行承诺验收制。降低项目建设指标限制，项目经审查符合城乡规划用地性质、消防安全、建筑安全、环保安全，且不影响第三方生产、生活使用安全的，企业厂区范围内的容积率不再设定上限指标限制、绿地率不再设定下限指标限制。（责任单位：经商局、住建局、环保局、国土局、消防局、气象局）

2.全面实施“五证合一”登记制度。健全完善“一次申报、一口受理、一网联办、一窗发放、一照通用”的企业登记工作机制，按照“先照后证”的要求，进一步规范登记工作程序和经营范围审核，优化登记注册流程，放宽市场主体住所登记条件。（责任单位：市场监管局）

## 二、切实降低企业税费负担

3.落实企业创新方面税收优惠政策。认真落实原已出台的支持科技创新、有效投资、生态经济、外贸企业、民生经济、“四换三名”工程等税收优惠政策，对符合规定条件的企业享受优惠政策，除法律、法规、规章另有规定外，只需备案，无须税务机关批准。企业开发新技术、新产品、新工艺发生的研究开发费用，在据实扣除的基础上，再加计扣除50%；落实国家高新技术企业减按15%税率征收企业所得税。［责任单位：国税局、财政局〈地税局〉］

4.落实小微企业税收优惠政策。增值税小规模纳税人月销售额不超过3万元（按季纳税销售额不超过9万元）的，免征增值税；对符合《企业所得税法》规定条件的小型微利企业，自2015年10月1日至2017年12月31日，对年应纳税所得额30万元（含30万元）以下的小型微利企业，其所得减按50%计入应纳税所得额，按20%的税率征收企业所得税；对金融机构与小微企业签订的借款合同免征收印花税。［责任单位：国税局、财政局（地税局）］

5.降低新型墙材、地方水利建设基金收费标准。新型墙体材料专项基金按规定标准的80%征收。简化新型墙体材料专项基金缴款结算程序。将预拌混凝土、预拌砂浆、水泥预制件列入新型墙体材料目录,纳入新型墙体材料专项基金支持范围。浙商回归项目新型墙体材料专项基金实行“即征即退”政策。地方水利建设基金按现有费率的70%征收。[责任单位:经商局、财政局(地税局)]

6.降低质量检测鉴定收费标准。从2016年3月5起,将生产企业工业产品生产许可证质量检验检测费、强制检定计量器具检定费按标准降低30%,执行时间暂定1年;对新开办的小微企业当年产品质量委托检测费用降低50%收取,首次送检和大学生创业的企业免收当年产品质量委托检测费用;对餐饮住宿业电梯、安全阀的检验检测费降低20%收取;免收工业产品生产许可证审批发证费。水利部门的水土保持补偿费、交通运输部门的船舶及船用产品设施检验费、食品药品监管部门的药品检验费、质监部门的特种设备制造过程监督检验收费按规定的80%征收。防雷技术服务机构提供防雷检测服务、电磁环境检测评估的基准收费标准按60%执行;防雷设计技术评价、雷击风险评估实行不收费。对于木制玩具出口质量安全示范区内出口的企业,实行产品检验检测费全免;从2016年1月1日起至2018年12月31日止,在电子商务平台上销售的木玩产品和内销的木玩产品实行公共服务监测,给予每家企业一年3个批次的免费检测,超过3个批次的,按国家发改委收费标准的50%计价。(责任单位:市场监管局、经商局、交通局、水利局、气象局)

7.严格落实支持企业兼并重组的相关优惠政策。企业通过合并、分立、出售、置换等方式,将全部或部分实物资产以及相关联的债权、负债和劳动力一并转让给其他单位和个人的行为,不属于增值税征收范围,其中货物的转让行为均不征收增值税。(责任单位:国税局、地税局)

8.严格落实固定资产加速折旧所得税政策。对规定领域重点行业企业新购进的固定资产,允许缩短折旧年限或采取加速折旧的方法;专门用于研发的仪器、设备,单位价值不超过100万元的,允许一次性计入当期成本费用,在计算应纳税所得额时扣除;单位价值超过100万元的,可以缩短折旧年限或采取加速折旧,对其中小微企业新购进单位价值不超过100万元的研发和生产共用仪器设备,允许一次性计入当期成本费用在税前扣除;对持有的单位价值不超过5000元的固定资产,允许一次性计入当期成本费用,在计算应纳税所得额时扣除。[责任单位:国税局、财政局(地税局)]

## 三、切实降低企业用工成本

9.完善工资保证金制度。建筑企业连续2年无拖欠、克扣农民工工资记录的,工资保证金在原标准基础上下调20%;企业连续6年无拖欠、克扣农民工工资记录的,工资保证金在原标准基础上下调50%。被评为市、县级龙头企业、骨干企业、诚信企业、优秀企业等,工资保证金在原标准基础上下调50%(有效期2年)。(牵头单位:人力社保局、住建局)

10.落实社保费优惠措施。失业保险费率实行临时性下调措施,从2016年5月1日起单位缴纳费率由1.5%降到1%,执行期限至2018年12月31日。依法参加失业保险并足额缴纳失业保险费、上年度未裁员或裁员率低于云和县城镇登记失业率的企业,可申请稳岗补贴,补贴额度不超过企业及其职工上年度实际缴纳失业保险费总额的50%。允许符合产业结构调整方向的困难企业暂缓缴纳社会保险费,缓缴期限不超过1年。(责任单位:人力社保局、财政局)

## 四、切实降低企业创新成本

11.优化企业创业创新服务。大力推广应用科技创新券,全县每年发放使用科技创新券25万元以上。通过政府帮助企业购买科技服务的方式,降低企业科技创新成本,激发中小企业创新活力。(责任单位:科技局)

12.鼓励企业开展“机器换人”。对企业购置工业机器人和智能化制造系统的,给予企业设备购置款20%的奖励。每家企业每年最高不超过50万元。(责任单位:

经商局、财政局）

## 五、切实降低企业用能成本

13.落实电价优惠政策。严格执行国家工商业销售电价下调政策。2016—2017年，燃煤（油）锅炉电能替代改造完成后用电价格，按大工业用电相应电压等级的电度电价执行，免收基本电费。企业厂区内符合规划设计、可独立计量的集体宿舍楼，可申请执行居民合表电价。鼓励符合条件的电力用户与发电企业直接交易，自主协商确定电价。（责任单位：发改局、经商局、电力局、工业园区）

14.降低企业用气价格。加快推进城市管道天然气建设，严格执行省降低非居民用户用气价格措施。所有煤改气用户气价控制在省级门站价格加价每立方米0.6元以内，终端销售价格不得高于每立方米3.4元。企业生产经营场所内符合规划设计、可以单独计量的职工集体宿舍、食堂生活用气，可选择执行居民气价。（责任单位：发改局）

## 六、切实降低企业融资成本

15.优化企业融资环境。在企业正常付息的前提下，金融机构应当引导企业合理转贷、续贷，不抽贷、不压贷、不惜贷。鼓励金融机构提高信用贷款比例，积极推广“无还款续贷”业务，完善小微企业应急转贷政策。［责任单位：金融办、人民银行、财政局（地税局）］

16.提高企业直接融资比重。鼓励企业对接多层次资本市场，大力推动企业股改上市。对成功完成股改、挂牌或上市的企业，给予一定奖励。［责任单位：金融办、财政局（地税局）、国税局］

## 七、切实降低企业用地成本

17.落实差别化城镇土地使用税减免政策。对不同行业纳税人主要依据“亩产税收”等指标，实行差别化的城镇土地使用税减免政策。其中对亩产税收达到行业平均200%、150%、100%以上的，分别给予应缴纳城镇土地使用税100%、75%、50%的减免。对新建国家鼓励和扶持产业项目的企业，在创业初期亩产税收贡献不大的，在取得土地使用权两年内给予50%的减免。［责任单位：财政局(地税局)］

18.降低企业入园落地用地门槛。调整履约保证金，将原5万元/亩的标准（竣工保证金2万元/亩、投产保证金1万元/亩、达产保证金2万元/亩）调整为4万元/亩（开工保证金1万元/亩、竣工保证金2万元/亩、达产保证金1万元/亩）。（责任单位：国土局、住建局、工业园区）

19.鼓励企业集约用地。园区内的企业，在符合城市及相关规划、消防安全、建筑安全，以及不影响第三方的前提下，鼓励提高容积率，增加生产用房。新增加的建筑物取得房产证后，给予每平方米30元补助。（责任单位：国土局、经商局、住建局、工业园区）

20.支持标准厂房建设。鼓励标准厂房微利出租或按土地出让合同约定分割转让，企业购买或租用政府确认的标准厂房，三年内按实际证载面积每平方米每年补助24元。［责任单位：经商局、国土局、住建局、财政局(地税局)］

## 八、切实降低企业开拓海外市场成本

21.鼓励发展县域跨境电子商务。对利用速卖通、易趣、亚马逊等平台销售本地产品的网商、电商企业，按跨境电子商务产生的物流费用（以邮政部门统计为准）的10%给予补助，每户每年补助额度最高不超过5万元。（责任单位：经商局、财政局、玩具协会、电商促进会）

22.鼓励建设公共海外仓。给予公共海外仓（按省商务厅有关标准建设）经营主体建设费用50%的奖励，每个海外仓一次性奖励最高不超过150万元（含省级补助资金）。（责任单位：经商局、财政局、玩具协会、电商促进会）

本《意见》自发布之日起实施，企业获得的奖励扶持金额不得超过其当年上交税收净额地方所得部分。县级其他支持经济发展的相关政策与本意见重复的，按“就高不就低”的原则执行。国家或省市有新政策出台的，按新政策执行。

云和县人民政府

2016年9月3日

# 云和县人民政府
# 关于进一步加快科技进步的若干意见

云政发〔2016〕37 号

各乡(镇)人民政府，各街道办事处，县政府直属各单位：

为认真贯彻创新驱动发展战略，进一步加快转变经济增长方式，推动经济转型升级，提升我县区域创新能力，发挥科技创新对经济发展和社会进步的引领、支撑作用，结合云和实际，制定本意见。

## 一、加大科技创新投入

(一)推进科技创新券制度。加大政府购买服务力度，推进科技资源开放共享，推动大众创业、万众创新，实施科技创新券制度。每年由县财政安排科技创新券专项资金不少于60万元，并根据创新券绩效情况，逐年增加。

(二)加强产学研合作，加快先进技术成果的引进、开发与应用。围绕我县主导产业，每年确定两个专题，采取竞争方式，择优支持两家企业与科研院校、科技服务机构等开展技术委托开发、合作开发、成果引进等科技合作。科技合作奖励按企业实际支出合作经费的30%计算，最高不超过20万元。

(三)设立县科学技术进步奖。科技进步奖每两年评选1次，设一、二、三等奖，一等奖1项、二等奖2项、三等奖若干项，奖金分别为2万元、1万元、0.5万元。对获得国家、省、市政府颁发的科技进步奖的，给予上级实发奖金等额配套奖励。

(四)加强科技培训。每年安排科技培训经费6万元，用于企业研发投入、知识产权保护、科技统计等方面的培训，以提升企业人员科技素质。

## 二、加强科技平台建设

(一)支持科技孵化器建设。积极引导各类非政府组织、企业和自然人利用社会资金、闲置场地开展科技孵化器建设。被认定为国家级、省级科技企业孵化器的，分别奖励100万元、50万元。

(二)鼓励企业加快创新能力建设。被认定为省级企业研究院、高新技术企业研发中心、农业企业研发中心的，分别奖励50万元、10万元、5万元。

## 三、鼓励科技创新

(一)积极培育创新型企业。被认定为国家高新技术企业的，奖励15 万元，通过重新认定的，奖励10万元；被认定为丽水市高新技术企业的，奖励5万元；被认定为省级科技型(中小)企业、农业科技企业的，分别奖励3万元。

(二)支持实施科技创新。由企业、专业合作社等营利性组织承担的国家、省级科技计划项目(科技特派员项目、公益技术应用研究项目除外)，并按期通过验收的，国家级、省级项目分别奖励10万元、5万元。

## 四、深入实施知识产权战略

(一)鼓励企业大力开发自主知识产权技术与产品。获得国内授权的发明、实用新型、外观设计专利的，其权利人是法人组织的，分别给予每件2万元、0.4万元和0.1万元的补助；其权利人是个人的，分别给予每件1万元、0.3万元和 0.1万元的补助；获得国外专利管理机构授权的发明、实用新型专利的，每件分别补助3万元、1万元（同一件专利获得多个国外专利管理机构授权，只实行一次补助）。被认定为国家、省、市、县专利（知识产权）示范企业的，分别奖励15万元、8万元、5万元、2万元。被认定为国家重点新产品和省级新产品，并取得成果登记证书的，分别奖励10万元、2万元。

（二）加大知识产权保护力度。奖励权利人依照法律积极开展专利诉讼，切实保障自身合法权益。对通过法律诉讼维权的案件，每件给予胜诉人50%的诉讼费补助，最高不超过10万元。

## 五、完善科技特派员机制

充分发挥科技特派员作用。开展特派员考核，每年在省、市、县科技特派员（包括团队科技特派员）中，评选3名为我县经济社会发展作出突出贡献的优秀科技特派员，给予每名2万元的奖励。

## 六、附则

本意见自发布之日起施行。相关资金管理或实施办法由县科技局和县财政局联合制定。

云和县人民政府

2016年11月24日

# 附 录

## 2016年度先进名录

### 【国家级先进集体】

云和司法所：

全国先进司法所

县城西小学：

国防教育特色学校

县供电公司：

全国“安康杯”竞赛优胜单位

石塘供电所：

国网公司先进班组

全国电力用户满意服务明星班组

金水坑村：

全国计生协村级先进单位

### 【国家级先进个人】

县公安局　章程：

全国优秀人民警察

县职技校　叶石云

“CCTV2015年度三农人物”

### 【省级先进集体】

云和县：

省卫生应急示范县

省级知识产权示范县

全省首批“基本无违建县”

省级农产品质量安全放心示范县

2012—2015年度无偿献血先进县

县人武部机关党支部：

浙江省军区“先进党支部”

县信访局：

浙江省信访督查“百千万”专项行动先进集体

县审计局：

全省内部审计与监督优胜单位

全省县级审计机关考核先进单位

县文广新局：

全省“扫黄打非”工作先进集体

县科技局：

全省科技政务信息工作先进单位

全省科技宣传与普及工作先进单位

县公安局：

全省公安机关G20杭州峰会安保先进集体

全省年度执法质量优秀单位

全省公安队伍正规化建设示范单位

县司法局：

2011—2015年全省法治宣传教育先进集体

县新闻中心：

浙报集团“先进报道组”

丽报集团“先进记者站”

县林业局：

浙江省国有林场改革工作先进集体

G20森林消防工作先进单位

县水利局：

全省“五水共治”工作先进集体

县供电公司：

省电力公司2015—2016年度对标工作先进单位

白龙山街道：

省级文明街道

省无邪教街道

石塘镇：

浙江省美丽乡村示范乡镇

雾溪畲族乡：

省无邪教乡

新华社区：

浙江省关心下一代工作先进集体

老李帮忙团党支部：

浙江省先进基层党组织

勤俭村：

省级电子商务专业村

金水坑村：

浙江省最美乡村

### 【省级先进个人】

县科技局　周新余：

全省科技工作先进个人
县科技局 梅莉军：
全省科技政务信息工作先进个人
县信访局 汤建飞：
G20维稳安保工作先进个人
县信访局 周婷；
G20维稳安保工作先进个人
县法院 胡旭芬：
G20维稳安保工作先进个人
县法院 练丽玲：
省高院二等功
县法院 叶津：
省高院二等功
县司法局 褚伟军：
全省“六五”普法先进个人
G20维稳安保工作先进个人
县司法局 廖谭华：
全省“六五”普法先进个人
全省司法行政系统第五届百名优秀人物
县司法局 王小荣：
法治浙江建设十周年先进个人
工业园区 梁力：
浙江省“千名好书记”
县供电公司 叶洪庆：
省电力公司劳动模范
县邮政公司 梅盛希：
浙江省“万名好党员”
县职技校 叶石云：
2016年度浙江骄傲十大人物奖
云和三中 钟华燕：
浙江省“万名好党员”
黄源小学 项宗义：
浙江好人
元和街道 吴涛：
G20维稳安保工作先进个人
老李帮忙团 李光亮：
第五届“浙江慈善奖”

## 【市级先进集体】

云和县：
丽水市“最美县城”
县林业局：
农村金融改革工作先进基层集体
“六五”普法先进单位
县供电公司：
丽水市五一劳动奖状
元和街道：
农村电子商务示范街道
安置帮教工作先进集体
农村生活污水治理工作优胜基层单位
白龙山街道：
平安创建先进单位
综治工作先进单位
群众体育先进街道
金融创新先进街道
农村电子商务示范街道
凤凰山街道：
敬老文明号
“护航G20、平安夺金鼎”嘉奖
紧水滩镇：
市级平安创建先进集体
市级卫生应急示范乡镇
丽水市生态精品农业示范乡镇
“无违建乡镇（街道）”创建先进集体
贵溪村：
农村电子商务示范村
勤俭村：
农村电子商务示范村
高胥村：
农村电子商务示范村
长田村：
农村电子商务示范村
梓坊村：
丽水市最美乡村
龙门村：
丽水市最美乡村
田垟村：
“六边三化三美”花样村庄
石浦村：
“六边三化三美”美丽乡村精品村

## 【市级先进个人】

工业园区 梁力：
丽水市优秀共产党员
工业园区 王瑞龙：
丽水市优秀党务工作者
元和街道 叶淑英：
优秀党务工作者
元和街道 吴小锋：
六边三化三美工作先进个人
元和街道 姜轸：
农村生活污水治理工作优秀个人
紧水滩镇 夏阳：
六边三化三美工作优秀个人
社会主义新农村建设工作优秀个人
紧水滩镇 李丹：
丽水市优秀共青团员
紧水滩镇 江礼远：
丽水市生态精品农业优秀个人

## 【县级先进集体】

2016年度县级综合先进集体（17个）
表彰单位：县委 县政府
（云委发〔2017〕29号）
元和街道

浮云街道
紧水滩镇
县发改局(粮食局)
县住建局
县经商局
县农办(扶贫办)
县旅委
县民政局
县卫生计生局
县审计局
县人力社保局
县信访局
县新闻中心
县妇联
县电力局
县移动公司

**2016年度县级单项先进集体**

表彰单位:县委 县政府
(云委发〔2017〕17号)
作风建设先进集体(7个)
紧水滩镇
浮云街道
白龙山街道
县总工会
县市场监管局
县审计局
县司法局
推进项目建设先进集体(10个)
1.项目推进工作综合优秀奖
县交通运输局
县住建局
县旅委
2.重大建设项目前期工作优秀奖
县民政局
云和工业园区管委会
3.项目服务工作优秀奖
县财政局
浮云街道
凤凰山街道
4.项目保障工作优秀奖
县征收办
县国土局
房屋与土地征收工作先进集体(2个)
元和街道
白龙山街道
平安综治工作先进集体(6个)
元和街道
崇头镇
安溪乡
县住建局
县经商局
县农业局
基层组织建设先进集体(7个)
浮云街道党工委
元和街道党工委
紧水滩镇党委
县卫生计生局机关党委
县市场监管局机关党委
县农村信用合作联社党委
县安监局党支部
信访工作先进集体(6个)
浮云街道
白龙山街道
紧水滩镇
县人力社保局
县国土局
县旅委
精神文明建设工作先进集体(7个)
元和街道
紧水滩镇
石塘镇
县民政局
县广播电视台
县旅委
县综合行政执法局
社区共建工作先进集体(4个)
县住建局
县农办(扶贫办)
县卫生计生局
县人力社保局
六边三化三美工作先进集体(5个)
石塘镇
紧水滩镇
赤石乡
浮云街道
县交通运输局
农民培训转移就业工作先进集体(3个)
雾溪乡
浮云街道
凤凰山街道
武装工作(党管武装)先进集体(3个)
浮云街道
紧水滩镇
安溪乡
统战工作先进集体(5个)
元和街道
石塘镇
安溪乡
县公安局
县工商联
人口和计划生育工作先进集体(6个)
浮云街道
元和街道

白龙山街道
凤凰山街道
县民政局
县妇联
五水共治工作先进集体(6个)
元和街道
白龙山街道
紧水滩镇
县环保局
县水利局
县统计局
三改一拆("无违建县"创建)工作先进集体(6个)
浮云街道
凤凰山街道
白龙山街道
元和街道
县综合行政执法局
县住建局
农旅融合工作先进集体(6个)
县农办(扶贫办)
县发改局
县农业局
崇头镇
石塘镇
紧水滩镇

**2016 年度招商引资工作先进单位**

表彰单位:县府办
(云政办发〔2017〕13号)
重点招商部门优胜奖
一等奖:
县旅委
二等奖:
县发改局
云和工业园区管委会
县住建局
三等奖:
县经商局
县农业局
乡镇(街道)优胜奖
一等奖:
赤石乡
二等奖:
白龙山街道
紧水滩镇
三等奖:
凤凰山街道
安溪乡
一般招商部门优胜奖
一等奖:
县市场监管局
二等奖:
县民政局
县林业局
三等奖:
县环保局
县财政局

**2016年度平安乡镇(街道)**

表彰单位:县委 县政府
云委发〔2017〕16号
浮云街道
元和街道
白龙山街道
凤凰山街道
崇头镇
石塘镇
紧水滩镇
赤石乡
安溪畲族乡
雾溪畲族乡

**县级先进基层党组织、优秀共产党员、优秀党务工作者**

表彰单位:县委
(云委发〔2017〕40号)
先进基层党组织(48个)
浮云街道中山社区党总支
浮云街道蔬菜股份经济合作社党支部
元和街道睦田村党支部
元和街道霞晓桥村党支部
白龙山街道长田村党支部
白龙山街道大坪股份经济合作社党支部
凤凰山街道巧云村党支部
凤凰山街道新华社区党总支
崇头镇水碓垟村党支部
崇头镇商坑下村党支部
崇头镇朱宅村党支部
崇头镇林山下村党支部
石塘镇长汀村党支部
石塘镇石塘村党支部
石塘镇小顺村党支部
石塘镇金村党支部
紧水滩镇大牛村党支部
紧水滩镇菖蒲砻村党支部
紧水滩镇田垟村党支部
赤石乡建升村党支部
赤石乡张源头村党支部
安溪畲族乡黄家地村党支部
雾溪畲族乡雾溪村党支部
县发改局第一党支部
县经商局机关一支部
县农业局第三党支部
县林业局办公室党支部
县总工会党支部
县文广新局机关党支部

县广播电视台机关党支部
县电力综合党支部
县新华书店党支部
县人民医院党总支
县妇幼保健计划生育服务中心党支部
县国税局第一党支部
县信用联社第二党支部
县电信局行政党支部
邮政云和县分公司行政党支部
云和中学党总支
云和二中党总支
云和县实验小学党总支
元和街道离退休党支部
县工业园区第六联合党支部
浙江达成玩具有限公司党支部
云和县绿林工艺品有限公司党支部
云和县盼盼幼儿园党支部
老李帮忙团服务中心党支部
云和县谢氏骨科专科医院党支部
优秀共产党员(93名)
蓝　敏(浮云街道党政综合办主任)
林丽芳(浮云街道卫计办主任)
金流斌(浮云街道城乡建设管理中心干部)
林慧华(浮云街道青阳门社区党支部书记)
吴　涛(元和街道综治办主任)
叶　盛(元和街道林业站站长)
梅伟忠(元和街道小徐村党支部书记)
张　洁(元和街道元和社区党支部书记)
钱松林(元和街道李山前村党支部书记)
叶迪广(元和街道竹坑村党支部书记)
陈　捷(白龙山街道城乡建设管理服务中心主任)
官伟丽(白龙山街道箬溪社区党支部书记)
刘祖金(白龙山街道黄水碓村党支部书记)
徐根华(白龙山街道新建村党支部书记)
徐见化(凤凰山街道城乡建设管理中心主任)
徐惠芳(凤凰山街道党政综合办副主任)
王旭芳(凤凰山街道普光社区党支部书记)
阙伟胜(凤凰山街道勤俭村党支部书记)
张启明(凤凰山街道新岭村党支部书记)
刘少云(凤凰山街道西弄村党支部书记)
徐正忠(崇头镇大湾分中心主任)
蓝王敏(崇头镇人大办公室副主任)
王存女(崇头镇梅源村党员)
雷美珍(崇头镇三望栏村支部委员)
朱胜华(崇头镇垟背村党支部书记)
陈孟贵(崇头镇坑根村党员)
季光明(崇头镇下垟村党员)
叶志袁(崇头镇黄家畲村党支部书记)
周伟林(崇头镇潘山头村党支部书记)
项宗祥(崇头镇沙铺村党员)
郑土根(崇头镇大湾村党员)
刘伟峰(石塘镇农村工作指导中心副主任)
叶宗荣(石塘镇纪委副书记)
夏晓青(石塘镇党政办副主任)
王志伟(石塘镇石塘坑村党支部书记)
王余福(石塘镇张川村党支部书记)
兰西生(石塘镇张兰村党支部书记)
谢世殷(石塘镇横山头村党支部书记)
王文培(石塘镇竹子坪村党支部书记)
毛作云(石塘镇石门坑村党支部书记)
林宗平(紧水滩镇梓坊村党支部书记)
叶端伟(紧水滩镇金水坑村党支部书记)
刘昌伟(紧水滩镇乌弄坑村党支部书记)
涂兴昌(紧水滩镇田铺村党支部书记)
王友付(紧水滩镇大源村党支部书记)
朱哲勇(赤石乡党政办主任)
戴邦富(赤石乡干部)
阙祖松(赤石乡店子村党支部书记)
钟祖坤(赤石乡阴岩村党支部书记)
汤巧慧(安溪畲族乡经济商务工作

中心主任)
洪广平(安溪畲族乡上村村党支部书记)
王盛林(雾溪畲族乡经济商务工作中心主任)
宋建金(雾溪畲族乡岙头村党支部书记)
朱玉杰(县委办综合科科长)
林　海(县纪委办公室副主任)
胡承兄(县政协委员工委主任)
王　芳(县委政法委维稳办副主任)
周莉娜〔县农办(扶贫办)综合秘书科科长〕
柳项云(县新闻中心记者)
叶霁萱(县人民法院司法警察大队大队长助理)
程良清(县检察院监所科科长)
陈兆松(县发改局规划科科员)
王明友(县经商局副局长)
唐　毅(县教育局副局长)
肖飞龙(县科技局局长)
王　杰(县公安局城南派出所副所长)
陈　琛(县公安局城北派出所副所长)
严珊珊(县民政局基层政权和社区建设科干部)
陈　乐(县财政局办公室副主任)
富丽军(县国土局纪检监察室主任)
叶海平(县水利局水政水资源科副科长)
项林如(县农业局机关党委副书记)
朱林宝(县文广新局副局长)
张建宏(县疾病预防控制中心主任)
陈家元(县环保局综合科副科长)
宋有芝(县林业局森林公安局局长)
叶　红(县市场监管局副主任科员)
毛根伟(县旅委综合协调科科长)
田　颖(县机关事务管理局接待科科长)
朱丽云(县工业园区管委会安全生产科科长)
董丽云(县供销总社主任科员)
鲍晓萍(县住房办使用管理科科长)
李志光(县国税局纪检组长)
叶丽珍(县职技校团委书记)
王明金(云和三中教师)
梁伟华(县江滨实验小学教务处副主任)
卢　洁(县实验幼儿园教师)
诸葛根(云和中学第四党支部书记)
陈插忠(县农业局离退休党支部书记)
翁勇斌(浙江汉威阀门制造有限公司党支部书记)
柳世平(云和县和一实业有限公司党支部书记)
邱晓菊(云和县星星幼教集团党支部副书记)
徐仙娥(云和师傅协会党总支副书记)
优秀党务工作者(19名)
陈励耕(浮云街道党工委委员)
马芳芳(元和街道党工委委员)
徐宇波(白龙山街道党工委委员)
柳伟方(凤凰山街道党工委委员)
马晓玲(崇头镇党委委员)
陈　烽(石塘镇党委委员)
柳奕红(紧水滩镇党委副书记)
刘　鑫(赤石乡党委委员)
蓝张蔚(安溪畲族乡党委委员)
叶建军(雾溪畲族乡党委副书记)
叶发水(县国土局纪委书记)
魏　明(县公安局政工监督室副主任)
柳成东〔县财政(地税)局局长〕
张　俊(县水利局办公室主任)
王伯忠(县教育局机关党委干部)
汪丽芳(县档案局办公室主任)
周金宝(县安监局副局长)
袁雅玲(县移开办综合科科长)
季伟忠(县工业园区管委会主任)

**2016 年度县级各类先进个人(246名)**

表彰单位:县委 县政府
(云委发〔2017〕38号)
记三等功人员(连续3年考核优秀):(33名)
(一)县管领导干部(8名)
吴巧媛　练奕万　沙建民
王少艳　王存宝　余　媛
王永春　叶毅夫
(二)一般干部(25名)
张小丽　林　海　林上泉
沈昺丞　刘婧婧　徐永伟
王顺玉　戴练静　雷魏芳
朱刘上　卢　翔　林良娟
吴国锋　蔡　礼　魏小红
张兴章　叶永平　梁微琴

官新荣　曹海平　余伟丽
夏俊燕　叶　伟　应凤莲
杜梅斌
公务员嘉奖:(150名)
(一)县管领导干部(85名)
1.机关部门正职(21名)
潘吉文　褚伟军　刘伟玲
蓝晓荣　韦望荣　王兰夏
吴兆江　王长荣　林志龙
李建宁　汤建飞　黄克汝
高洪波　吕　明　雷长育
朱振华　吴　莹　桑旭婷
钟晓松　叶　峰　刘定华
2.机关部门副职(34名)
谢岩伟　邢決功　李　伟
周华伟　方有德　黄俊毅
周世福　朱登峰　蔡　勇
卢进斌　刘伟峰　杨剑琼
胡　煜　杨恒斌　季　剑
周春波　周新余　周仁礼
赵文清　余　芳　吴林娟
金建明　洪永波　徐剑琴
叶　敏　洪美英　张盛武
徐志强　林珊珊　吴伟勇
李　俐　李向军　季巧英
张　悦
3.乡镇(街道)正职(9名):
梅显云　邱向明　武　燚
齐荣军　魏　斌　王晓燕
项宗荣　叶府平　郑云良
4.乡镇(街道)副职(19 名):
占大鲸　李海芳　徐雪飞
张文军　蓝　菲　蒋　浩
陈晓华　吴巧红　钟鼎春
毛作跃　马叶俊　袁石忠
柳奕红　陈德明　陈水菊
杨环锋　楼海东　蔡志林
卢　春
5.优秀挂职干部(2名):
陈珏丽　徐　旸
(二)部门一般干部(57名)
吴昌盛　叶剑敏　叶海平
毛美香　周世详　赵丽俐
陈　津　程玉英　吴显宗
潘文成　李云伟　叶通营
符欢欢　褚移淇　王连娟
李禄林　叶明霞　吕瑞英
陈丽玲　蓝梦婷　华　斌
续晓峰　刘育亮　李　政
李明德　张小慧　王　杰
毛作其　梅海波　刘　鹏
刘万忠　寿　涛　王海波
刘少伟　杜慧强　夏张玲
李　宁　魏利伟　梅珊珊
周明霞　杜　烨　刘　婵
叶伟明　梅伟琴　余建林
雷丽梅　林真真　刘　卿
季小珠　安　蔚　王伟淼
雷　嘉　王素梅　周晶琳
章　程　季岩水　俞伟良
(三)乡镇(街道)一般干部(8名)
蓝新奎　李　丹　孙尚文
季少闽　廖丽伟　叶海龙
徐雨欣　蓝瑞龙
先进工作者(55名)
(一)县管领导干部(10名):
林华勋　徐仙娥　项大伟
毛晓伟　张　霞　穆晓通
胡凌凌　林友平　毛华康
张华燕
(二)部门一般干部(33 名):
陈家林　周　琳　浦中原
陈　晟　梁燕华　赵瑞文
袁杨芳　张钦炜　余建军
董喻春　孙佳平　严少平
吕圣平　罗庆伟　傅绍康
卢春芳　兰根成　黄　剑
彭慧慧　钱　瑾　陈晓琴
王　璐　严晶晶　叶彬彬
蓝春明　楼寿高　程　琛
项海君　魏永平　卢扬波
涂　霞　赵伟龙　周建营
(三)乡镇(街道)一般干部(12名):
季时伟　刘兴宝　叶海丰
王晓慧　朱哲勇　张　勤
王金梁　马尚友　吴小峰
雷龙斌　董柳娟　汤巧慧
优秀农村工作指导员(第一书记)(8名)
季海燕　王伊健　张　霞
刘昌荣　梅海燕　雷靖宇
徐松青　张彦良

## 2016 年度全县项目推进工作先进个人

表彰单位:县政府
(云政发〔2017〕8号)
杜金华(县农办)
许华芳(县发改局)
陈　君(县教育局)
严少平(县民政局)
蓝波成(县财政局)
叶巧琴(县国土局)
吕　毅(县交通运输局)
钟德恩(县水利局)
毛根伟(县旅委)
蓝梓洋(县征收办)
江　浩(云和工业园区管委会)

叶　俊（浮云街道办事处）
王益鸣（白龙山街道办事处）
徐雪飞（元和街道办事处）
杨环锋（赤石乡人民政府）

**2016 年度征收工作先进个人**

表彰单位：县政府
（云政发〔2017〕9号）
占大鲸（浮云街道办事处）
蓝永平（凤凰山街道办事处）
叶海丰（崇头镇政府）
谢　勇（紧水滩镇政府）
朱哲勇（赤石乡政府）
王华军（县征收办）

**2016 年度人大代表建议和政协提案**
**办理工作先进单位和先进个人**

表彰单位：县政府
（云政发〔2017〕10号）
建议提案办理工作先进单位名单（6个）
县农办
县住建局
县交通运输局
县旅委
县文广新局
县公安局
建议提案办理工作先进个人名单（8名）
李玲玲　县府办
袁永杰　县府办
李云伟　县农办
王　彬　县住建局
梁维琛　县交通运输局
韩李莲　县旅委
袁　璐　县文广新局
李必成　县公安局

**2016 年度农业农村工作**
**先进单位和先进个人**

表彰单位：县政府
（云政发〔2017〕12号）
农村生活污水治理先进单位和个人
先进单位：
石塘镇
凤凰山街道
住建局
先进个人：
梁必武（紧水滩镇）
彭何军（元和街道）
朱晓燕（县住建局）
董存富（县治污办）
环境保洁先进单位和个人
先进单位：
赤石乡
浮云街道
紧水滩镇
先进个人：
许少王（雾溪乡）
张　勤（石塘镇）
赵雪华（安溪乡）
农民异地搬迁工作先进单位和个人
先进单位：
浮云街道
凤凰山街道
雾溪乡
先进个人：
陈晓华（凤凰山街道）
李海芳（浮云街道）
刘小荣（雾溪乡）
张金华（赤石乡）
叶佳卉（元和街道）
农村实用人才培育工作先进集体
白龙山街道
赤石乡
云和县中等职业技术学校
农民培训转移就业工作先进个人
李海芳（浮云街道）
张慧丽（白龙山街道）
赵丽萍（雾溪乡）
徐仙娥（县农训办）
陈晓华（凤凰山街道）
邱晓兰（县职技校）
柳林静（石塘镇）
华　斌（县人力社保局）
“六边三化三美”工作先进个人
胡瑞景（县市场监管局）
董伟平（县综合行政执法局）
李海芳（浮云街道）
张慧丽（白龙山街道）
蓝夏薇（崇头镇）
李燕萍（紧水滩镇）
张金华（赤石乡）
张伟兴（县六边办）
毛建伟（县六边办）
杨智勇（县六边办）
农村产权制度改革先进单位和个人
先进单位：
浮云街道
白龙山街道
紧水滩镇
先进个人：
毛必田（县农业局）
粮油生产先进单位
崇头镇
石塘镇
紧水滩镇

动植物疫病防控先进单位和个人
先进单位:
崇头镇
石塘镇
安溪乡
先进个人:
刘兴宝(白龙山街道)
汤巧慧(安溪乡)
梅翘芬(县畜牧兽医局)
农产品质量安全先进单位
崇头镇
安溪乡
雾溪乡
农产品转化为旅游地商品先进单位
云和县仙宫果业有限公司
云和县鹤顶农业科技开发有限公司
云和县大田水果专业合作社
云和县苏坑农产品专业合作社
云和县清江生态龟鳖养殖专业合作社
农产品营销大户
石余凤(白龙山街道)
廖水成(雾溪乡)
李正凯(元和街道)
刘正海(浮云街道)
吴金录(凤凰山街道)
叶春平(崇头镇)
张金良(紧水滩镇)
刘邦友(安溪乡)
张启作(赤石乡)
雷天清(石塘镇)
耕地保护先进单位
崇头镇
紧水滩镇
安溪乡

生态墓园工作先进单位和个人
先进单位:
凤凰山街道
赤石乡
石塘镇
先进个人:
刘裕林(元和街道)
林陈平(凤凰山街道)
吴永贵(紧水滩镇)
林　煊(安溪乡)
周　俊(县民政局)
叶敦和(县公墓管理所)
无森林火灾乡镇
浮云街道
元和街道
白龙山街道
凤凰山街道
崇头镇
石塘镇
安溪乡
雾溪乡
生态公益林管护先进单位
崇头镇
凤凰山街道
安溪乡
绿化造林工作先进单位
元和街道
紧水滩镇
赤石乡

**2016 年度武装工作先进单位和个人**

表彰单位:县政府 县人武部
(云政发〔2017〕14号)
武装工作先进单位
浮云街道办事处
紧水滩镇人民政府
安溪畲族乡人民政府
优秀专武干部
叶　俊(浮云街道人武部部长)
杨亨忠(凤凰山街道人武部部长)
陈　平(崇头镇人武部副部长)
项德华(赤石乡人武部部长)
滕　霄(安溪畲族乡人武部副部长)

**2016 年度消防、禁毒工作先进单位和先进个人**

表彰单位:县政府
(云政发〔2017〕15号)
消防工作先进单位(9个)
紧水滩水力发电厂(市级表彰)
县农办(市级表彰)
浮云街道
凤凰山街道
紧水滩镇
县住建局
县安监局
云和工业园区管委会
县公安局城南派出所
消防工作先进个人(11名)
陈励耕(浮云街道)(市级表彰)
邱寒冰(县公安局城南派出所)(市级表彰)
齐荣军(元和街道)
吴晓雯(白龙山街道)
刘长余(凤凰山街道)
朱丽云(云和工业园区管委会)
吴建勇(县电力公司)
廖伟平(县供排水公司)
石余福(县城发公司)
刘　杰(县公安局城北派出所)
王洁峰(云和皇成国际大酒店有限公司)

禁毒工作先进单位(3个)
崇头镇
县教育局
县公安局城北派出所
禁毒工作先进个人(6名)
吴新木(白龙山街道)
周　磊(县文广新局)
张　悦(团县委)
吕周亮(县江滨实验小学)
陈军旺(县公安局城南派出所)
刘成元(县老李帮忙团禁毒宣教队)

**2016年度法治政府建设(依法行政)**

**工作先进单位和先进个人**

表彰单位:县政府
(云政发〔2017〕19号)
先进单位(5个)
县发改局
县综合行政执法局
县农业局
县环保局
紧水滩镇
先进个人(10人)
金建明(县人力社保局)
王　晶(县市场监管局)
褚慧芬(县司法局)
金凌翔(县安监局)
王慧琴(县卫生计生局)
张根伟(县林业局)
张　润(县国土局)
林　斌(县民政局)
项万华(浮云街道)
季少闽(赤石乡)

**2016年度"三改一拆"和"无违建县"**

**创建工作先进个人**

表彰单位:县政府
(云政发〔2017〕27号)
叶　俊(浮云街道)
夏梦琦(元和街道
王益鸣(白龙山街道
陈庆和(凤凰山街道)
叶海丰(崇头镇)
毛庭良(石塘镇)
吴永贵(紧水滩镇)
朱哲勇(赤石乡)
滕　霄(安溪乡)
刘　伟(雾溪乡)
吴　东(县综合行政执法局)
陈伟军(县国土局)
鲍　毅(县住建局)
蒋　强(县经商局)
刘　杰(县公安局)
冯伟成(县公路局)
余　莉(云和工业园区管委会)
章云丽(县"三改一拆"办)

**2016年度全县平安综治、大调解、信访工作先进个人**

表彰单位:县委办 县府办
(云委办发〔2017〕6号)
(一)平安综治工作先进个人(14人)
张文军　白龙山街道
蒋　浩　凤凰山街道
陈水菊　赤石乡
项万华　浮云街道
王之胤　石塘镇
柳美玲　紧水滩镇
雷龙斌　雾溪畲族乡
杨进寿　县市场监管局
周金宝　县安监局
吴祖培　县运管局
周　婷　县信访局
高晓凤　县公安局
兰华生　县教育局
毛跃龙　县发改局
(二)"大调解"工作先进个人(5人)
刘　彬　县阳光人民调解委员会
袁永杰　县府办
纪鸿景　县法院
周金燕　县检察院
邱寒冰　县公安局
(三)信访工作先进个人(14人)
洪永波　县水利局
梅明明　县委政法委
王　杰　县公安局
朱丽云　云和工业园区管委会
陈建云　县住建局
吴　东　县综合行政执法局
梁维琛　县交通运输局
吴　涛　元和街道
张安生　凤凰山街道
彭　珍　崇头镇
王丽珍　石塘镇
季少闽　赤石乡
朱　玲　安溪畲族乡
刘　伟　雾溪畲族乡

**2016年度全县人口和计划生育工作先进个人**

表彰单位:县委办 县府办
云委办发〔2017〕9号
罗俊青　崇头镇人民政府
郑俊霞　石塘镇人民政府

马婷婷　赤石乡人民政府
汤玉和　县卫生计生局
李明德　县公安局

**2016年度全县党委信息工作先进单位和先进个人**

表彰单位:县委办
云委办发〔2017〕35号
党委信息工作先进单位(18个)
一等奖:
县发改局
县经商局
县市场监管局
县农办
县人力社保局
二等奖:
县统计局
县卫生计生局
县科技局
县委党校
县广播电视台
石塘镇
三等奖:
县住建局
县民政局
县林业局
县旅委
凤凰山街道
浮云街道
紧水滩镇
党委信息工作先进个人(23名)
陈　骅　潘文成　李晓娟
周莉娜　张梅診　方正华
艾月娥　叶国荣　徐见日
项丽欢　廖丽韦　王晓晔
林　斌　吴丽萍　韩李莲
徐惠芳　蓝　敏　蓝慧中
高晓凤　何　玲　张　俊
叶彬彬　刘　松

**2016学年中小学(幼儿园)教育教学**

**年度奖获奖单位和个人**

表彰单位:县府办
云政办发〔2017〕96号
小学内涵建设综合评估获奖单位(7个)
一等奖:
县实验小学
二等奖:
江滨实验小学
崇头镇中心小学
三等奖:
城西小学
古坊小学
赤石乡中心小学
黄源小学
教育管理奖(10人)
刘定华　云和中学校长
董士林　县职技校校长
吴林辉　云和二中校长
陈春伟　云和三中校长
林珍兰　梅源中学校长
饶小丽　县实验小学校长
林定跃　江滨实验小学校长
林红萍　崇头镇中心小学校长
项宗义　黄源小学校长
吴晓东　县实验幼儿园园长
教学质量奖(113人)
周文龙　周荣阳　张韵松
叶云祥　王月平　王林飞
王　诒　商晓丽　潘榕榕
潘光水　梅澄芳　柳晓莉
柳伟忠　凌　艳　何成放
高　梅　邹勇贵　周林慧
钟洁慧　张颖颖　叶迪伟
叶　翠　徐玉莉　徐丽君
徐金文　王启洪　邱　露
刘万钦　蓝余军　蓝培华
季海平　丁成进　陈素青
陈　颖　钟丽琴　袁伟芳
袁仕艳　彭　敏　马卫峰
蓝海燕　官丽红　周　萍
章卫星　王燕琴　汤中科
任玉娟　雷　弘　江思敏
杨慧慧　熊慧敏　王雪琴
戴建华　黄海云　周秀聪
林　平　邱海燕　郑昕昕
许春晓　吴鹏雄　梅显军
林珍兰　蓝　皓　周　燕
叶晓俊　叶伟娟　杨晓秋
许利红　吴晓东　吴广武
沈明娥　刘伟芳　刘少娟
雷梦莹　雷汉兵　陈元森
陈丽芳　陈海波　周景跃
叶玉梅　吴珍珍　王秋华
饶练忠　吕周亮　刘春英
林定跃　廖慧娟　梁伟华
蓝立军　姜　红　程伟锋
陈园园　陈丽红　陈川莲
王林灵　季尚梅　张益龙
叶　子　梁伟珺　李晶晶
詹君倩　林红萍　何沈瑶
杨珊珊　马蒋伟　李月珠
蓝晓红　吴洋洋　梅向荣
李士亮　江　成　张裕芬
邱华英　程　霞
优秀班主任奖(78人)
陈丽珍　张敏红　周荣阳

周文龙　梅振华　毛翠梅
李伟东　汤刘珍　季美珍
黄天中　周成伟　钟洁慧
徐雅莉　黄玖红　黄小明
彭　敏　蓝海燕　官丽红
宋克伟　叶慧英　季　春
钟丽梅　陈海娥　王　芳
吴富勤　林　黎　郑慧芬
项华娟　周　菲　叶丽娜
王桂林　彭丽萍　蓝丽红
张素红　毛伟娟　蓝珊梅
江伟娟　王秋华　叶玉梅
吴珍珍　周春燕　金焰桢
徐吴桢　蓝　虹　陈红梅
王伟丹　雷丽仙　刘晶鸿
蓝晓仙　李晶晶　吴海红
黄富英　颜乐华　叶仙娥
钟云女　潘松丽　蓝晓红
李月珠　郑丽薇　洪惠珍
吴洋洋　彭丽笑　林桂芬
林　巧　吴妙清　汤玲玲
蓝蔚芳　华桃丽　罗江林
张晓美　任媛媛　蓝永芳
余慧华　卢丽丽　刘　欣
潘佳丽　王钦芬　柳　雅

教育科研奖(41人)

周荣阳　徐伟龙　张敏红
袁文翰　马　晔　季苏菲
吴俊杰　张伟琴　林温云
罗　英　王　诒　刘定华
褚丽萍　梅澄芳　林伟琴
王建西　董士林　张春影
严　莉　吴　汛　杨海峰
廖水英　蓝贤菊　钟海燕
吴鹏雄　许春晓　赵　琦
邱海燕　许少云　李红霞
夏丽燕　叶晓俊　林晓雅
吴广武　林定跃　程伟锋
周　倩　林慧玲　叶艳芳
王　智　朱伟玲

综合类先进个人奖(13人)

蓝金珠　季海平　胡洁俊
徐　莹　汤　菁　梅林峰
蒋子燕　杨慧慧　罗兰娟
蓝　明　林永红　叶　森
练蓓蓓

**2016年度工业制造业二十强企业**

表彰单位:县政府

(云政发〔2017〕16号)

浙江新云木业集团有限公司
浙江七彩木制工艺品有限公司
云和县绿林工艺品有限公司
云和县森友工艺品有限公司
浙江振鹏工艺品有限公司
浙江木艺工艺品有限公司
浙江金马工艺品有限公司
云和县金成木业有限公司
浙江和信玩具有限公司
云和县金茂工艺品有限公司
云和县童摇工艺品有限公司
浙江汉威阀门制造有限公司
浙江金海工具有限公司
浙江隆程锻件有限公司
云和立信泵阀制造有限公司
丽水华宏钢铁制品有限公司
云和县协诚混凝土有限公司
浙江诚创精密机械股份有限公司
浙江兴昌轴承有限公司
云和县军达轴承有限公司

**2016年度云和县工业制造业企业纳税大户(20家)**

表彰单位:县政府

(云政发〔2017〕4号)

浙江新云木业集团有限公司
丽水华宏钢铁制品有限公司
浙江诚创精密机械股份有限公司
浙江七彩木制工艺品有限公司
云和县金成木业有限公司
云和县金茂工艺品有限公司
环驰云和钢球有限公司
浙江振鹏工艺品有限公司
云和县森友工艺品有限公司
云和县绿林工艺品有限公司
云和县奇美乐玩具有限公司
浙江正艺玩具有限公司
浙江木佬佬玩具工艺品有限公司
浙江金马工艺品有限公司
浙江和信玩具有限公司
浙江新云工艺品有限公司
云和立信泵阀制造有限公司
云和县永安工艺厂
浙江金尔泰玩具有限公司
云和县军达轴承有限公司

**2016年度云和县地方财政贡献奖获奖企业(20家)**

表彰单位:县政府

(云政发〔2017〕5号)

国网浙江省电力公司紧水滩水力发电厂
云和县石塘水电站
云和恒盛房地产开发有限公司
云和县农村信用合作联社
云和嘉瑞养生旅游发展有限公司
丽水市烟草公司云和分公司

浙江佳和矿业集团房地产开发有限公司云和分公司
丽水华宏钢铁制品有限公司
浙江新云木业集团有限公司
丽水艺树市政园林有限公司
浙江龙丽丽龙高速公路有限公司丽龙管理处
丽水宏盛电力有限公司
云和县住宅建设有限公司
丽水百乐房地产开发有限公司
云和县金坑口水电有限公司
浙江恒盛商贸城开发有限公司
云和县沙铺砻水力发电有限责任公司
云和县朝阳建筑工程有限公司
国网浙江云和县供电公司
浙江七彩木制工艺品有限公司

**第三届政府质量奖获奖者**

**表彰单位:县政府**

(云政发〔2017〕11号)

获奖企业:

浙江木佬佬玩具工艺品有限公司
浙江七彩木制工艺品有限公司

获奖个人:

廖灵飞(浙江木佬佬玩具工艺品有限公司)

**2016年度县长特别奖企业**

表彰单位:县政府

(云政发〔2017〕17号)

浙江新云木业集团有限公司
浙江诚创精密机械股份有限公司
丽水华宏钢铁制品有限公司
浙江七彩木制工艺品有限公司
云和县金成木业有限公司
云和县金茂工艺品有限公司

# 社区领导人名录

| 社区名 | 书　记 | 主　任 |
|---|---|---|
| 中山社区 | 王碧红 | 钟小舟 |
| 浮云社区 | 朱锡煌 | 叶苏珍 |
| 青阳门社区 | 林慧华 | 余伟红 |
| 元和社区 | 张　洁 | 梅丽萍 |
| 箬溪社区 | | 官伟丽 |
| 大坪社区 | 刘　燕 | |
| 新华社区 | 杨晓兰 | 周慧仙 |
| 解放社区 | 叶红卫 | 林霞慧 |
| 普光社区 | 王旭芳 | 王芳艳 |

# 行政村领导人名录

**浮云街道**

| 村　名 | 书　记 | 主　任 |
|---|---|---|
| 红光村 | 许伟龙 | 柳慧东 |
| 象山村 | 陈春和(主持工作) | 陈金林 |
| 大徐村 | 周传荣 | 陈建和 |
| 云章村 | 叶伟荣 | 叶水亮 |
| 庄前村 | 金建忠 | 邱裕飞 |
| 局村村 | 刘昌龙 | 陈伟明 |
| 溪口村 | 张莲菊 | 兰华云 |
| 天堂坑村 | 张邦根 | 张启会 |
| 蔬菜股份经济合作社 | 梅小平 | |

**元和街道**

| 村　名 | 书　记 | 主　任 |
|---|---|---|
| 小徐村 | 梅必龙 | 梅伟忠 |
| 古竹村 | 廖士伟(支部委员) | 汤其林 |
| 白洋墩村 | 林少青 | 林跃华 |
| 睦田村 | 卢建华 | 王海锋 |
| 山脚村 | 雷余田 | 张友荣(副主任) |
| 霞晓桥村 | 杨克标 | 魏剑波 |
| 沈岸村 | 蓝伟军 | 兰月星 |
| 云坛村 | 叶发明 | 梅永福 |
| 陈村村 | 王善宗 | 陈琴仙 |
| 李山前村 | 钱松林 | 陈善林 |
| 梅湾村 | 邱武彪 | 潘万伟 |
| 靓青山村 | 徐建国(支部委员) | 徐伟明(村委委员) |
| 包山村 | 赵志和(支部委员) | 徐锦山(村委委员) |
| 平里村 | 李士忠 | 陈吉松 |
| 竹坑村 | 叶迪广 | 李贵森 |
| 沈村村 | 邱真敏 | 江为正 |
| 苏坑村 | 蓝益聪 | 雷宗明 |
| 沈庄村 | 官建华 | 刘化宗 |

**白龙山街道**

| 村　名 | 书　记 | 主　任 |
|---|---|---|
| 黄水碓村 | 刘祖金 | 刘巍宗 |
| 大坪村 | 梅显平 | 蓝良军 |
| 程宅村 | 李新田 | 程晓东 |
| 瓦窑村 | 郭晓光 | 林少龙 |
| 沙溪村 | 林元旺 | 林初明 |
| 新建村 | 徐根华 | 王上伟 |
| 高胥村 | 梅小华 | 林乐文 |
| 河上村 | 蒋友兵 | 赵海明 |
| 长田村 | 王明兴 | 华永德 |
| 隔溪寮 | 宋　伟 | 李伟荣 |
| 三门村 | 吴元西 | 杨进伟 |
| 村头村 | 刘伟忠 | 杨章平 |

### 凤凰山街道

| 村　名 | 书　记 | 主　任 |
|---|---|---|
| 勤俭村 | 柳景杭 | 陈小玲 |
| 巧云村 | 林水明 | 李岩宝 |
| 后山村 | 朱洪伟（副书记） | 王泽利（副主任） |
| 贵溪村 | 严建友 | 严建友 |
| 柘园村 | 雷堂新（副书记） | 雷进邦 |
| 梅垄村 | 赵树清 | 陈伟明 |
| 新岭村 | 张启明 | 徐美阳 |
| 西弄村 | 刘少云 | 蓝乾文 |
| 河坑村 | 叶好和 | 张永青 |
| 杨家山村 | 刘金华 | 卢俊华 |

### 崇头镇

| 村　名 | 书　记 | 主　任 |
|---|---|---|
| 崇头村 | 高贵云 | 刘国忠 |
| 梅源村 | 季兰友 | 叶绍东 |
| 南山村 | 蓝礼陈 | 李伟军 |
| 三望栏村 | 王诒礼 | 徐良德 |
| 垟背村 | 朱胜华（副书记） | 严志文 |
| 岩下村 | 蓝仁宝（主持工作） | 蓝忠华 |
| 黄地村 | 项金龙（副书记） | |
| 栗溪村 | 陈英武 | 陈英兄 |
| 下垟村 | 季光明（主持工作） | 陈孝根 |
| 张化村 | 季炜东 | 刘金根 |
| 砻铺村 | 王仁都 | 吴庭松 |
| 坑根村 | 刘余伟 | 陈学伟 |
| 梅竹村 | 刘家永 | 柳云伟 |
| 陈家垟村 | | 项增旺 |
| 叶垟村 | 雷能东 | 卓和娟 |
| 水碓垟村 | 练良贤 | 雷长伟 |
| 陈坞村 | 钟海涛 | 陈昌武 |
| 夏家垟村 | 项希平 | 李正发 |
| 黄家畲村 | 刘伟平 | 叶志袁 |
| 大垟村 | 叶继宝 | 李长岩 |
| 贵庄村 | 项光南 | 项光库 |
| 盘条口村 | 龚昌宝 | 陈可付 |
| 张家地村 | 毛进达 | 梅敦水 |
| 王荫山村 | 刘必根 | 刘志龙 |
| 后垟村 | 毛伟明 | 毛作春 |
| 潘山头村 | 周伟林 | 周永伟 |
| 杉板坑村 | 钟定宝 | 胡志进 |
| 商坑下村 | 易先夏 | 沈庭有 |
| 坑下村 | 项朝通 | 熊厚章 |
| 沙铺村 | 项朝金 | 项吴根 |
| 朱宅村 | 朱国林 | 陈学友 |
| 林山村 | 周丽英 | 杨亨呈 |
| 回龙山村 | 杨贵林 | 杨建华 |
| 大湾村 | 刘茂兄 | 蓝裕明 |
| 林山下村 | 李美香 | 周光明 |
| 叶山头村 | 叶挺安 | 潘吉元 |
| 项山村 | 余传雷 | 余根有 |

### 石塘镇

| 村　名 | 书　记 | 主　任 |
|---|---|---|
| 规溪村 | 王建波 | 叶东波 |
| 下坑村 | 高元红 | 叶秋华 |
| 张庄村 | 李道达 | 方元康 |
| 双港村 | 王三平 | 王遗强 |
| 上坪村 | 梁守春 | 陈昌理 |
| 石塘坑村 | 王志伟 | 王志金 |
| 叶村坪村 | | 蓝日兴 |
| 高定村 | 叶景候 | 杨秋河 |
| 滩下村 | 徐行政 | 陈巧俊 |
| 朱村村 | 叶伟良 | 杨国勇 |
| 金山下 | 高明彪 | 叶春冬 |
| 张川村 | 吴标养 | 王余福 |
| 泉溪村 | 刘东明 | 刘平乐 |
| 联合村 | 王　伟 | 雷天清 |
| 张兰村 | 兰西生 | 兰云生 |
| 金村村 | 林小伟 | 朱松明 |
| 南坑村 | 黄细明 | 张福来 |
| 杨村村 | 黄火贵 | 张兰根 |
| 竹子坪村 | 王文培 | 王文东 |
| 大岗山村 | 叶　盛 | 林明标 |
| 石水缸村 | 李顺荣 | 李彩顺 |
| 桑岭村 | 江礼豪 | 江礼洪 |
| 石门坑村 | 毛作云 | 汤良伟 |
| 石塘村 | 顾碧荣 | 刘章权 |
| 坪地村 | 蓝加龙 | 郑志伟 |
| 岭足村 | 李贞利 | 王汉强 |
| 湖滨村 | 叶焕星 | 刘少燕 |
| 小顺村 | 陈飞龙 | 陈小明 |
| 高畲村 | 蓝永田 | 蓝贤奎 |
| 长汀村 | 蓝克明 | 徐宇军 |
| 大源口村 | 吴廖平 | |
| 黄庄村 | 陈加德 | 陈周文 |
| 北溪村 | 王兰青 | 叶俊龙 |
| 横山头村 | 谢世殷 | 谢伟林 |

### 紧水滩镇

| 村　名 | 书　记 | 主　任 |
|---|---|---|
| 金水坑村 | 叶端伟 | 谢伟峰 |
| 菖蒲砻村 | 张玉平 | 符永飞 |
| 石浦村 | 彭晓虎 | 续金生 |
| 乌弄坑村 | 刘昌伟 | 叶三亮 |
| 莲塘村 | 蓝陈明 | 黄建锋 |
| 枫桶岗村 | 张克邦 | 雷海波 |
| 外垟村 | 谢建丰 | 廖光海 |
| 田垟村 | 叶雄峰 | 黄细堂 |
| 龙门村 | 颜　锋 | 汤登伟 |
| 龙渡村 | 王决伟 | 孙　庆 |

| | | |
|---|---|---|
| 瑞滩村 | 汤春梅 | 饶文武 |
| 梅山村 | 颜元苏 | 黄云金 |
| 饭甑砻村 | 卜广禄 | 艾裕炎 |
| 梓坊村 | 林宗平 | 张世海 |
| 渡蛟村 | 邱少荣 | 孙克宝 |
| 大源村 | 王友付 | 王建彪 |
| 徐湖村 | 李乾平 | 李　俊 |
| 大牛村 | 陈荣标 | 蓝伟林 |
| 垟后村 | 蓝连进 | 蓝余兴 |
| 田铺村 | 涂兴昌 | 王祖强 |
| 桃子坑村 | 颜理富 | 吴兴华 |
| 大南山村 | 涂久泉 | 涂久元 |

**赤石乡**

| 村　名 | 书　记 | 主　任 |
|---|---|---|
| 赤石村 | 汤贞荣 | 吴锦华 |
| 担布坑村 | 邱德明 | 邱宝林 |

| | | |
|---|---|---|
| 店子村 | 阙祖松 | 阙伟平 |
| 高山村 | 马兰轩 | 马盛飞 |
| 建林村 | 张兆伟 | 王火荣 |
| 建升村 | 兰建伟 | 项伟平 |
| 建源村 | 马伟平 | 刘远跃 |
| 临海垟村 | 刘攀峰 | 周培兄 |
| 麻垟村 | 沈根明 | 季海林 |
| 南洞村 | 马珊花 | 李启冬 |
| 新林村 | 张水良 | 周火平 |
| 垟田村 | 周世云 | 雷伟青 |
| 阴岩村 | 钟陈法 | 钟祖坤 |
| 张源头村 | 雷水旺 | 李乾福 |

**安溪畲族乡**

| 村　名 | 书　记 | 主　任 |
|---|---|---|
| 上村村 | 洪广平 | 洪方胜 |
| 下村村 | 洪方美 | 洪广敏 |

| | | |
|---|---|---|
| 下武村 | 蓝春荣 | 蓝华平 |
| 黄处村 | 雷年春 | 彭陈玲 |
| 东岱村 | 周乃威 | 廖建华 |
| 严山村 | 雷章告 | 蓝建华 |
| 黄家地村 | 柳伟明 | 柳绍轩 |
| 木樨花村 | 赖建伟 | 赖伟华 |

**雾溪畲族乡**

| 村　名 | 书　记 | 主　任 |
|---|---|---|
| 雾溪村 | 郑伟明 | 蓝海芳 |
| 坪垟岗村 | 蓝祖龙 | 蓝忠华 |
| 西坑村 | 宋少伟 | 王成东 |
| 砻头村 | 严荣尧 | 宋伟庆 |
| 岙头村 | 宋建金 | 宋有义 |
| 水竹垟村 | 柳乃程 | 柳伟兴 |

# 统计资料选辑

## 县情综合数据库(表一)

| 指标名称 | 单位 | 1978年 | 1980年 | 1985年 | 1990年 | 1995年 | 2000年 | 2005年 | 2006年 | 2007年 | 2008年 | 2009年 | 2010年 | 2011年 | 2012年 | 2013年 | 2014年 | 2015年 | 2016年 |
|---|---|---|---|---|---|---|---|---|---|---|---|---|---|---|---|---|---|---|---|
| 土地面积 | 平方公里 | 978 | 978 | 978 | 978 | 978 | 978 | 978 | 978 | 978 | 978 | 978 | 978 | 978 | 978 | 978 | 978 | 978 | 978 |
| 年末总人口(户籍) | 人 | 103101 | 106601 | 111513 | 109121 | 108444 | 109251 | 110376 | 110927 | 111438 | 112048 | 112621 | 112785 | 113460 | 113469 | 113530 | 113597 | 113271 | 113680 |
| 乡村人口 | 人 | 91058 | 92466 | 91455 | 92972 | 93389 | 91384 | 90876 | 91011 | 91121 | 91452 | 91783 | 91962 | 92854 | 93180 | 93166 | 92626 | 66974 | 67038 |
| 城镇人口 | 人 | 12043 | 14135 | 20058 | 16149 | 15055 | 17867 | 19500 | 19916 | 20317 | 20596 | 20838 | 20823 | 20606 | 20289 | 20264 | 20971 | 46297 | 46642 |
| 年末常住人口 | 万人 | | | | | | 10.42 | 10.71 | 10.8 | 10.9 | 10.99 | 11.07 | 11.16 | 11.18 | 11.15 | 11.12 | 11.14 | 11.22 | 11.39 |
| 人口自然增长率 | ‰ | 11.83 | 8.09 | 8.47 | 4.39 | 4.77 | 5.19 | 3.82 | 2.27 | 2.2 | 4.09 | 3.28 | 0.71 | 6.31 | 3.85 | 2.62 | 4.64 | 1.22 | 3.38 |
| 年末从业人员 | 人 | 35200 | 38600 | 47701 | 62500 | 64100 | 70500 | 78500 | 75700 | 83000 | 84500 | 84700 | 78900 | 78900 | 79000 | 78800 | 78700 | 79600 | 80500 |
| 第一产业 | 人 | 24500 | 24800 | 34074 | 39542 | 38600 | 39400 | 23000 | 25500 | 25500 | 27600 | 27700 | 24600 | 24500 | 24600 | 23500 | 23000 | 20500 | 20000 |
| 第二产业 | 人 | 6659 | 9369 | 8151 | 15786 | 12400 | 11500 | 23900 | 20400 | 27000 | 29900 | 32000 | 28700 | 28700 | 28500 | 29300 | 28300 | 28800 | 28300 |
| 第三产业 | 人 | 4041 | 4431 | 5476 | 7172 | 13100 | 19600 | 31600 | 29800 | 30500 | 27000 | 25000 | 25600 | 25700 | 25900 | 26000 | 27400 | 30300 | 32200 |
| 职工人数(不含私营) | 人 | 7700 | 10800 | 9321 | 10783 | 9832 | 7655 | 9498 | 8579 | 8648 | 9461 | 9202 | 9384 | 8928 | 10075 | 11430 | 11060 | 11720 | 11808 |
| 国有经济单位 | 人 | 5400 | 8300 | 6276 | 8231 | 8372 | 5970 | 5770 | 5878 | 5957 | 6003 | 6011 | 6072 | 5863 | 5635 | 6571 | 6630 | 6637 | 8582 |
| 城镇集体经济单位 | 人 | 2300 | 2500 | 3045 | 2552 | 1460 | 680 | 151 | 191 | 192 | 182 | 193 | 130 | 208 | 603 | 706 | 501 | 655 | 665 |
| 其他经济单位 | 人 | | | | | | 1005 | 3577 | 2510 | 2499 | 3276 | 2998 | 3182 | 2857 | 3837 | 4153 | 3929 | 4428 | 4561 |
| 城镇个体私营从业人员 | 人 | | | | 2613 | 3371 | 9750 | 15435 | 9580 | 17415 | 19657 | 21419 | 20393 | 20754 | 23528 | 28102 | 32304 | 32958 | 37248 |
| 农村劳动力 | 人 | 27500 | 27800 | 38380 | 48634 | 53900 | 55200 | 50752 | 53638 | 53629 | 60700 | 60700 | 59163 | 61982 | 62301 | 56698 | 56557 | 55538 | 54485 |
| 生产总值(当年价格) | 万元 | 2761 | 3819 | 7116 | 18777 | 59359 | 80062 | 165413 | 196320 | 231687 | 270079 | 280527 | 336251 | 394727 | 442641 | 484718 | 507829 | 540430 | 595927 |
| 第一产业 | 万元 | 1180 | 1405 | 2640 | 5170 | 16660 | 19690 | 23625 | 24385 | 25841 | 29070 | 30607 | 33056 | 37329 | 39647 | 42028 | 43017 | 43964 | 46202 |
| 第二产业 | 万元 | 1024 | 1501 | 2679 | 8461 | 28842 | 33514 | 77645 | 98484 | 117228 | 139039 | 140404 | 176149 | 207168 | 235748 | 259034 | 265151 | 273369 | 298677 |
| 第三产业 | 万元 | 557 | 913 | 1797 | 5146 | 13858 | 26858 | 64143 | 73451 | 88618 | 101970 | 109516 | 127046 | 150230 | 167246 | 183655 | 199661 | 223096 | 251048 |
| 生产总值指数(1978年=100) | % | 100 | 136.9 | 217.45 | 342.18 | 609.49 | 804.21 | 1456.8 | 1663 | 1863.7 | 2068.6 | 2237.5 | 2535.7 | 2777.2 | 3113.5 | 3414.02 | 3536.94 | 3840.67 | 4166.8 |
| 户籍人均生产总值(当年价格) | 元 | 268 | 358 | 638 | 1721 | 5431 | 7530 | 15036 | 17742 | 20838 | 24170 | 24973 | 29835 | 34894 | 39011 | 42707 | 44718 | 47643 | 52516 |
| 常住人均生产总值(当年价格) | 元 | 268 | 358 | 638 | 1721 | 5504 | 7717 | 15495 | 18254 | 21354 | 24676 | 25433 | 30252 | 35338 | 39645 | 43531 | 45627 | 48339 | 52714 |
| 全社会用电量 | 万千瓦时 | | | | 4463 | 5684 | 7921 | 18910 | 20938 | 23859 | 28180 | 28856 | 33079 | 50154 | 67580 | 78870 | 74603 | 88235 | 112430 |

说明:(1)1978年至1990年,紧水滩、石塘两大电站先后建成发电,库区移民外迁,使部分年份总人口下降;1995年底,新华机械厂搬迁至德清县武康镇,1995年全县各有关数据除人口当年迁出外,其他均包括新华机械厂。(2)根据城乡户籍制度改革,从2015年开始,全县户籍人口分为乡村人口和城镇人口,以前年份为农业人口与非农业人口。(3)生产总值(包括第一、二、三产业)和人均生产总值,从1993年开始根据经济普查已作调整。(4)从2013年开始,GDP分产业数据执行《国民经济行业分类》(GB/T4754-2011)和《三次产业划分规定》(国统字〔2012〕108号)。(5)2008年后,职工人数调整为在岗职工平均人数。(6)2016年起研发支出计入地区生产总值,后表同

# 县情综合数据库(表二)

| 指标名称 | 单位 | 1978年 | 1980年 | 1985年 | 1990年 | 1995年 | 2000年 | 2005年 | 2006年 | 2007年 | 2008年 | 2009年 | 2010年 | 2011年 | 2012年 | 2013年 | 2014年 | 2015年 | 2016年 |
|---|---|---|---|---|---|---|---|---|---|---|---|---|---|---|---|---|---|---|---|
| 固定资产投资 | 万元 | 294 | 1095 | 13302 | 5658 | 8861 | 27963 | 112972 | 178491 | 178623 | 179176 | 184466 | 204477 | 216280 | 270526 | 332878 | 360282 | 417238 | 465712 |
| 其中:国有及国有控股企业投资 | 万元 | 292 | 1011 | 12891 | 4731 | 3791 | 22615 | 73108 | 126654 | 91847 | 91441 | 97562 | 114851 | 109035 | 147367 | 163252 | 208843 | 242142 | 311772 |
| 非国有投资 | 万元 | 2 | 84 | 94 | 194 | 2655 | 1562 | 34104 | 47837 | 82576 | 83385 | 74403 | 76619 | 107245 | 123159 | 169626 | 151439 | 175096 | 153940 |
| 财政总收入 | 万元 | | | | | 2452 | 6466 | 19250 | 23525 | 28206 | 31501 | 32930 | 34583 | 43256 | 52209 | 62713 | 68232 | 75806 | 76213 |
| 一般公共预算收入 | 万元 | 501 | 638 | 479 | 740 | 1474 | 4259 | 11391 | 13717 | 16518 | 18402 | 19003 | 20312 | 24471 | 28696 | 33630 | 36598 | 42899 | 46640 |
| 一般公共预算支出 | 万元 | 653 | 900 | 916 | 2383 | 5539 | 11536 | 28447 | 35327 | 46572 | 57191 | 68854 | 82262 | 95880 | 104122 | 124583 | 132922 | 161741 | 207528 |
| 在岗职工工资总额(不含私营) | 万元 | 383 | 614 | 990 | 2344 | 5291 | 7934 | 25061 | 25772 | 30733 | 36689 | 40533 | 43659 | 45625 | 48156 | 52318 | 53368 | 65491 | 71863 |
| 在岗职工平均工资(不含私营) | 元 | 494 | 571 | 1088 | 2185 | 5371 | 10524 | 26463 | 29712 | 35468 | 38779 | 44048 | 46525 | 51104 | 47797 | 51082 | 53109 | 62556 | 71123 |
| 农村常住居民人均可支配收入 | 元 | 95 | 105 | 300 | 465 | 695 | 1989 | 3360 | 3716 | 4267 | 4963 | 5560 | 6370 | 7570 | 8580 | 9704 | 12789 | 14108 | 15420 |
| 城镇常住居民人均可支配收入 | 元 | | | | | | | 11860 | 12813 | 14556 | 16701 | 18180 | 20131 | 22549 | 25188 | 27933 | 28726 | 31053 | 33785 |
| 金融机构人民币年末存款余额 | 万元 | | | | | 41570 | 79722 | 169617 | 196848 | 196610 | 252443 | 313232 | 391077 | 466875 | 552634 | 629203 | 725336 | 810287 | 908598 |
| 城乡居民储蓄存款余额 | 万元 | 132 | 353 | 1923 | 5639 | 22293 | 42715 | 81977 | 95037 | 90441 | 121441 | 173086 | 209739 | 244804 | 295558 | 336154 | 379931 | 431016 | 496255 |
| 金融机构人民币年末贷款余额 | 万元 | | | | | 29584 | 47959 | 111472 | 138023 | 159640 | 175706 | 216905 | 262468 | 303022 | 370543 | 477144 | 545653 | 619450 | 684367 |
| 耕地面积 | 公顷 | 5673 | 5653 | 5083 | 4875 | 4800 | 4315 | 4176 | 4143 | 4231 | 6972 | 8109 | 8283 | 8399 | 8455 | 8609 | 8656 | 9000 | 8907 |
| 农用机械总动力 | 万千瓦 | 0.6 | 0.95 | 1.59 | 2.17 | 3.21 | 3.96 | 4.00 | 5.49 | 5.52 | 5.53 | 3.46 | 3.60 | 6.16 | 6.37 | 6.61 | 6.83 | 6.98 | 7.07 |
| 化肥施用折纯量 | 吨 | 861 | 1146 | 1310 | 1696 | 2518 | 1366 | 1094 | 605 | 1245 | 748 | 609 | 597 | 597 | 597 | 603 | 586 | 558 | 558 |
| 农村用电量 | 万千瓦时 | 298 | 102 | 454 | 852 | 2889 | 880 | 1537 | 1625 | 1630 | 1682 | 1682 | 1683 | 1683 | 1683 | 1683 | 1683 | 1657 | 1686 |
| 农林牧渔业总产值(当年价格) | 万元 | 1911 | 1983 | 3498 | 6871 | 24880 | 31030 | 37476 | 39080 | 42754 | 46060 | 48550 | 51869 | 57296 | 61601 | 65540 | 68896 | 70588 | 74579 |
| 指数(1978年=100) | % | 100.0 | 103.8 | 142.4 | 164.1 | 347.6 | 518.3 | 507.8 | 515.8 | 547.3 | 551.4 | 566.5 | 586.8 | 600.0 | 645.0 | 686.3 | 721.4 | 739.1 | 780.9 |
| 主要农产品产量 | | | | | | | | | | | | | | | | | | | |
| 粮　食 | 吨 | 32839 | 35392 | 34242 | 36024 | 38998 | 33124 | 25371 | 25198 | 25906 | 32144 | 26735 | 25754 | 24604 | 23658 | 24115 | 23494 | 21871 | 20723 |
| 油　料 | 吨 | 160 | 71 | 201 | 315 | 302 | 268 | 339 | 290 | 253 | 278 | 431 | 379 | 384 | 341 | 310 | 309 | 353 | 358 |
| 茶　叶 | 吨 | 88 | 97 | 87 | 100 | 135 | 123 | 217 | 257 | 337 | 577 | 712 | 691 | 803 | 873 | 870 | 826 | 860 | 907 |
| 蔬　菜 | 吨 | | | | | | 33131 | 40763 | 39765 | 36582 | 28801 | 30664 | 31118 | 29164 | 29545 | 30108 | 30299 | 27360 | 26070 |
| 水　果 | 吨 | 36 | 90 | 173 | 1167 | 2560 | 898 | 8300 | 8720 | 8683 | 8665 | 9383 | 9628 | 8844 | 8709 | 8268 | 8859 | 8597 | 7999 |
| 香　菇 | 吨 | | | 15 | 46 | 2632 | 5148 | 3292 | 3952 | 4269 | 3642 | 4102 | 3638 | 4431 | 3555 | 2524 | 4815 | 5017 | 4841 |
| 水产品 | 吨 | 11 | 11 | 111 | 196 | 304 | 624 | 2520 | 2552 | 2850 | 2910 | 3016 | 3500 | 1850 | 1303 | 1335 | 1395 | 1604 | 1617 |

说明:(1)从2011年开始固定资产投资仅指限额以上固定资产投资,2011年以前固定资产投资指全社会固定资产投资,包括限额以上、限额以下固定资产投资以及农户投资。(2)从1995年开始,农村用电量包括紧水滩和双港,在此之前属地区电力部门管辖统计。(3)从1995年开始统计财政总收入。(4)2008年后职工工资总额名称变更为在岗职工工资总额,职工平均货币工资名称变更为在岗职工平均工资,口径均指不含私营单位;根据法人原则,从2012年开始紧水滩电厂归省电力公司统计。(5)从2004年开始我市才开展城镇居民人均可支配收入抽样调查。(6)2008年后耕地面积资料来源于土管部门。(7)从2012年开始,地方财政收入更名为一般公共预算收入,地方财政支出更名为一般公共预算支出。(8)根据城乡住户一体化调查改革,从2014年开始,农村常住居民人均纯收入更名为农村常住居民人均可支配收入,城乡常住居民人均可支配收入数据按照新口径发布。(9)从2014年开始,在岗职工平均工资包含劳务派遣

# 县情综合数据库(表三)

| 指标名称 | 单位 | 1978年 | 1980年 | 1985年 | 1990年 | 1995年 | 2000年 | 2005年 | 2006年 | 2007年 | 2008年 | 2009年 | 2010年 | 2011年 | 2012年 | 2013年 | 2014年 | 2015年 | 2016年 |
|---|---|---|---|---|---|---|---|---|---|---|---|---|---|---|---|---|---|---|---|
| 猪牛羊肉等产量 | 吨 | 766 | 1036 | 2204 | 2811 | 3186 | 2513 | 2029 | 1518 | 1461 | 1984 | 1817 | 2111 | 2028 | 2452 | 3017 | 3416 | 3128 | 3135 |
| 年末生猪存栏数 | 头 | 35000 | 34500 | 38925 | 49149 | 50293 | 29932 | 25421 | 15944 | 13114 | 15781 | 19612 | 21184 | 18934 | 22374 | 29181 | 22647 | 21000 | 21229 |
| 年末牛存栏数 | 头 | 6000 | 6100 | 7996 | 8494 | 7616 | 3971 | 3438 | 2911 | 2644 | 2730 | 2457 | 2229 | 1754 | 1806 | 2000 | 2185 | 2065 | 2017 |
| 全部工业企业单位数 | 个 | | | | 813 | 1991 | 1195 | 1080 | 1058 | 1141 | 1506 | 1674 | 1704 | 1681 | 1816 | 2057 | 2060 | —— | —— |
| 规模以上工业产值(当年价格) | 万元 | 2104 | 1975 | 3437 | 14338 | 103567 | 87251 | 215791 | 250441 | 301501 | 405246 | 423407 | 541876 | 737527 | 922796 | 1080438 | 1130017 | 636606 | 742765 |
| 工业用电量 | 万千瓦时 | | | | 3601 | 3919 | 5984 | 13713 | 15206 | 17857 | 21330 | 21117 | 24407 | 40034 | 56550 | 67073 | 62129 | 74471 | 96715 |
| 公路线路长度 | 公里 | | | | 194 | 245 | 245 | 270 | 270 | 331 | 331 | 331.5 | 332 | 858 | 866.08 | 870.6 | 886.3 | 886.3 | 887.81 |
| 邮电业务收入 | 万元 | 22 | 29 | 57 | 185 | 799 | 2791 | 5308 | 5963 | 7017 | 7256 | 8494 | 9381 | 9917 | 9634 | 10293 | 12556 | 9842 | 10852 |
| 旅客周转量 | 万人公里 | 3245 | 4227 | 8625 | 4272 | 10274 | 7405 | | | | | 7817 | 7882 | 7115 | 7153 | 7255 | 6439 | 6344 | 6267 |
| 货物周转量 | 万吨公里 | 920 | 907 | 881 | 3184 | 15952 | 8961 | | | | | 12667 | 15278 | 13329 | 15810 | 15917 | 16413 | 16814 | 17246 |
| 社会消费品零售总额 | 万元 | 1155 | 1711 | 3333 | 5438 | 18064 | 31886 | 60929 | 69217 | 80487 | 96601 | 110416 | 115868 | 135898 | 157448 | 182097 | 205731 | 229662 | 258945 |
| 自营出口 | 万美元 | | | | | | 1545 | 3021 | 2200 | 2367 | 3684 | 4486 | 6588 | 6407 | 7833 | 9632 | 12516 | 14496 | 15923 |
| 小学在校学生数 | 人 | 15966 | 15643 | 12327 | 9096 | 8521 | 7131 | 7911 | 8055 | 7891 | 7765 | 7418 | 7486 | 7572 | 7584 | 7773 | 7882 | 8157 | 8033 |
| 普通中学在校学生数 | 人 | 4983 | 5018 | 5350 | 5683 | 5200 | 5747 | 4872 | 4802 | 5037 | 5372 | 5609 | 5448 | 5229 | 4920 | 4778 | 4684 | 4566 | 4488 |
| 学龄儿童入学率 | % | | | 97.22 | 99.68 | 99.8 | 99.98 | 100 | 99.97 | 100 | 100 | 100 | 100 | 100 | 100 | 100 | 100 | 100 | 100 |
| 医院数 | 个 | 17 | 18 | 20 | 20 | 22 | 20 | 20 | 20 | 20 | 20 | 20 | 20 | 20 | 12 | 12 | 10 | 11 | 11 |
| 医院床位数 | 张 | 171 | 212 | 199 | 218 | 240 | 241 | 224 | 200 | 245 | 252 | 252 | 255 | 320 | 348 | 430 | 400 | 480 | 545 |
| 医生数 | 人 | 121 | 139 | 144 | 167 | 162 | 173 | 172 | 144 | 125 | 149 | 227 | 234 | 278 | 284 | 310 | 309 | 324 | 364 |
| 居民生活用电量 | 万千瓦时 | | | | | | | 2792 | 3157 | 3631 | 4202 | 4813 | 5275 | 5888 | 6530 | 7016 | 7188 | 7582 | 8826 |

说明:(1)由于统计方法制度改革,从2015年开始,工业产值统计为年主营业务收入2000万元及以上规模工业企业产值,以前年份为全部工业产值。(2)2011年公路管理局统计口径调整,公路线路长度中包括村道线路长度,2011年以前不包括村道线路长度。(3)邮电业务收入2000年以前用1990年不变价格,从2001年开始用当年价格。(4)从2014年开始,邮电业务收入中的邮政业务收入包含快递业务收入。(5)社会消费品零售总额从1993年开始根据经济普查已作调整。(6)社会消费品零售总额2010年开始采用法人所在地原则口径统计。(7)医生数根据市统计局数据将1998年—2005年数据作调整。(8)2009年开始医生数为全社会口径

图书在版编目(CIP)数据

云和年鉴. 2017 / 云和县年鉴编纂委员会编. - 北京 : 方志出版社, 2018.8
ISBN 978-7-5144-3202-2

Ⅰ. ①云… Ⅱ. ①云… Ⅲ. ①云和县-2017-年鉴 Ⅳ. ①Z525.54
中国版本图书馆CIP数据核字(2018)第201531号

## 云和年鉴(2017)

编　　者：云和县年鉴编纂委员会
责任编辑：刘方圆

出 版 人：冀祥德
出 版 者：方志出版社
　　　　　地址　北京市朝阳区潘家园东里9号(国家方志馆4层)
　　　　　邮编　100021
　　　　　网址　http://www.fzph.org
发　　行：方志出版社发行中心
　　　　　电话（010）67110500
经　　销：各地新华书店
印　　刷：丽水市恒丰印业有限公司

开　　本：889×1194　1/16
印　　张：21.5
字　　数：587千字
版　　次：2018年8月第1版　2018年8月第1次印刷
印　　数：0001～1000册

ISBN 978-7-5144-3202-2　定价:188.00元